データでみる
県勢

日本国勢図会地域統計版

公益財団法人 矢野恒太記念会　編集・発行

第32版

資料を提供していただいた諸団体 （50音順）

アルメディア、原子力安全推進協会、産業タイムズ社、生命保険協会、石炭フロンティア機構、石油化学工業協会、石油連盟、セメント協会、全国たばこ耕作組合中央会、損害保険料率算出機構、天然ガス鉱業会、東京商工リサーチ、日本LPガス協会、日本観光振興協会、日本鉱業協会、日本自動車工業会、日本新聞協会、日本製紙連合会、日本鉄鋼連盟、日本放送協会、日本ミネラルウォーター協会
（株式会社、社団法人等の名称は省略しました）

データでみる県勢の版歴

1988年12月1日	初版発行	2011年12月1日	第21版発行
1990年12月1日	第2版発行	2012年12月1日	第22版発行
1992年12月1日	第3版発行	2013年12月1日	第23版発行
1994年12月1日	第4版発行	2014年12月1日	第24版発行
1995年12月1日	第5版発行	2015年12月10日	第25版発行
1996年12月1日	第6版発行	2016年12月1日	第26版発行
1997年12月1日	第7版発行	2017年12月1日	第27版発行
1998年12月1日	第8版発行	2018年12月1日	第28版発行
1999年12月1日	第9版発行	2019年12月1日	第29版発行
2000年12月1日	第10版発行	2020年12月1日	第30版発行
2001年12月1日	第11版発行	2021年12月1日	第31版発行
2002年12月1日	第12版発行	2022年12月1日	第32版発行
2003年12月1日	第13版発行		
2004年12月1日	第14版発行		
2005年12月1日	第15版発行		
2006年12月1日	第16版発行		
2007年12月1日	第17版発行		
2008年12月1日	第18版発行		
2009年12月1日	第19版発行		
2010年12月1日	第20版発行		

アンケートのお願い　本書へのご意見、ご感想は、とじ込みの郵便はがきのほか、下記のウェブサイトでも受け付けております。皆様のご意見をお待ちしています。

URL: https://yanotsuneta-kinenkai.jp/q/kensei2023.html

まえがき

　新型コロナウイルス感染症の世界的大流行（パンデミック）は、ほぼ3年間にわたって人々の生命や健康を脅かし、社会に大きな影響を与えてきました。しかし、コロナと併存しながら、少しずつ日常生活を取り戻しつつあり、コロナ禍の経済活動の停滞が、各地で緩やかに持ち直してきています。

　本書は、1927年に矢野恒太*が発刊した統計データブック『日本国勢図会』に掲載していた地域統計を拡充して、1988年に初版を刊行しました。その後、1994年より内容を拡充するとともに、年刊化しています。

　本年版では、新しい試みとして、第3部「市町村統計」で市町村ランキングを掲載いたしました。紙幅の都合で、上位10自治体しか掲載できませんでしたが、下記のURLより全市町村のデータをダウンロードいただけます。皆様のご意見、ご要望等をお寄せくださいますようお願い申し上げます。

　刊行にあたり、ご協力いただいた方々に深く感謝の意を表します。

2022年10月　　　　　　　　　　　　公益財団法人　　矢野恒太記念会

　　　　　　　　　　　　　　　　　　編　集　長　　岡　田　康　弘

*矢野恒太（やのつねた）　慶応1.12.2〜昭和26.9.23（1866.1.18〜1951.9.23）
　　　　　　　　　　第一生命保険の創立者。保険のみならず統計、
　　　　　　　　　　公衆衛生、社会教育など各方面に功績があった。

目　次

第3部　市町村統計

凡　　例

- ▼年次は西暦を使いました。「年度」とあるもの以外は暦年（１月から12月まで）です。「年度」は特記しない限り会計年度を指し、その年の４月から翌年３月までです。

- ▼単位は原則として計量法に基づく法定計量単位を使用しています。重量単位 t は特記しない限り、メートル法によるトン（1000kg）です。

- ▼数値の単位未満は四捨五入している場合があり、合計の数値と内訳の計とが一致しない場合があります。また、慣習上四捨五入しない統計調査があります。金融統計では単位未満を切り捨てているため、合計の数値と内訳の計が大きく食い違うことがあります。

- ▼構成比（％）の内訳は、その他の項目がある場合を除き100％になるよう調整していません。

- ▼統計データは編集時点での最新データを使用していますが、その後訂正されることがあります。

- ▼統計図表の市町村名は、2022年３月31日時点でのものです。本書第３部「市町村統計」では、データによっては合併や編入のあった旧市町村の数値を合算している場合があります。

統計表の記号等について

―　は皆無、または定義上該当数値がないもの
０または0.0 は表章単位に満たないもの
…　は数値が得られないもの、不詳なもの

正誤表について　本書の訂正情報は、矢野恒太記念会のウェブサイトにてお知らせしております。

URL： https://yanotsuneta-kinenkai.jp/

第 1 部
府県のすがた

統計資料と解説

（レーダーチャート）
全国平均を100とする指数で、各指標の
全国平均値は下図を参照されたい。

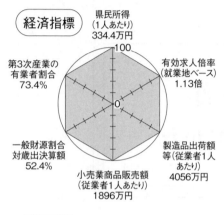

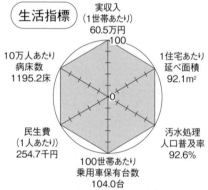

県民所得　内閣府「県民経済計算」によ
る2019年度の数値。1人あたり県民所得
は、2019年10月1日現在推計人口により
算出されている。

有効求人倍率　厚生労働省「一般職業紹
介状況（職業安定業務統計）」による
2021年の平均値。公共職業安定所（ハロ
ーワーク）取扱分のみで、新規学卒者を
除きパートタイムを含む。

製造品出荷額等　経済産業省「工業統計
調査（産業別統計表、地域別統計表）」
（2020年）による2019年1年間の数値。
全事業所。製造品出荷額等は、製造品出
荷額、加工賃収入額、くず廃物の出荷額、
その他の収入額（転売収入、修理料収入
額、冷蔵保管料および自家発電の余剰電
力の販売収入額など）の合計で、消費税
および内国消費税額を含んだ額。算出に
使用した従業者は、2020年6月1日現在
の常用労働者数と個人事業主および無給
家族従業者数の合計。

小売業商品販売額　総務省・経済産業省
「経済センサス－活動調査（卸売業、小
売業）」（2016年）による2015年1年間の
数値。商品販売実績。従業者は、2016年
7月1日現在。管理・補助的経済活動の
みを行う事業所を除き、商品販売額に金
額が有り、かつ産業細分類の格付けに必
要な事項の数値が得られた事業所のみを
対象とする。

一般財源割合対歳出決算額　総務省「都
道府県決算状況調」による2020年度の数
値。一般財源とは、地方自治体がいかな
る経費にでも自由に使える収入で、地方
歳入のうち地方税、地方譲与税、地方特
例交付金、地方交付税からなる。

第3次産業の就業者割合　総務省「国勢
調査」（2020年）による。2020年9月24
～30日に収入となる仕事を少しでもした
人や、収入となる仕事をもっている人
（就業者）で、休業者や無給の家族従業
者を含む。第3次産業は農林水産業（第
1次産業）、鉱業、採石業、砂利採取業、
建設業、製造業（第2次産業）を除く全
産業。不詳補完値。

実収入　総務省「家計調査　家計収支
編」（2021年）による勤労者世帯の月平
均実収入。農林漁家を含み、単身世帯を
除く。実収入は税込み収入で、世帯員全
員の現金収入の合計。

1住宅あたり延べ面積　総務省「住宅・土地統計調査」(2018年確報集計)による。専用住宅のみ。5年ごとの調査。

汚水処理人口普及率　国土交通省資料による2021年度末現在の人口普及率。下水道に加えて、農業集落排水施設等や浄化槽、コミュニティプラントでの処理を含めたもの。

100世帯あたり乗用車保有台数　自動車検査登録情報協会「自動車保有車両数月報」による2021年末現在の数値。住民基本台帳(2022年1月1日現在)の世帯数で算出。

民生費　総務省「地方財政統計年報」による2020年度の数値。県民1人あたりの算出には、住民基本台帳人口(2021年1月1日現在)を用いた。都道府県財政と市区町村財政の単純合計額。民生費の内訳は、社会福祉費、老人福祉費、児童福祉費、生活保護費、災害救助費。

10万人あたり病床数　厚生労働省「医療施設(動態)調査(確定数)・病院報告の概況」(2021年)による2021年10月1日現在の数値。病院の病床数。

(人口ピラミッド)

総務省「住民基本台帳に基づく人口、人口動態及び世帯数」による2022年1月1日現在の人口。外国人を含む。人口ピラミッドは、年齢別男女別人口を5歳ごとに積み上げたもので、本書では構成比で作成。年齢不詳者および年齢別人口が非公表の外国人については、人口総計から除いて人口ピラミッドを作成した。

(統計データ)

市町村数　総務省資料による2022年3月31日現在の状況。

面積　国土交通省国土地理院「全国都道府県市区町村別面積調」による。2021年10月1日現在の数値。

人口　総務省統計局「人口推計」による2021年10月1日現在の数値。

人口密度　人口密度の算出に用いた原数値は上記「面積」と「人口」の項を参照。

人口増減率　資料は上記「人口」の項に同じ。2020～21年の増減率。

人口構成の割合　総務省統計局「人口推計」による2021年10月1日現在の数値。0～14歳を年少人口、15～64歳を生産年齢人口、65歳以上を老年人口と呼ぶ。

世帯数　資料は「人口ピラミッド」の項に同じ。世帯とは、居住と生計を共にする社会生活上の単位をいう。居住が一緒でも生計が別の場合は別世帯。

1世帯平均人員　資料は上記「世帯数」の項を参照。

就業者数　前ページ「第3次産業の就業者割合」の項を参照。

産業別就業者割合　第1次産業は農林水産業、第2次産業は鉱業、採石業、砂利採取業、製造業および建設業、第3次産業はその他の産業で、不詳補完値。

県内総生産、県民所得　内閣府「県民経済計算」(2019年度)による。会計年度。

農業産出額　農林水産省「生産農業所得統計」(2020年)による。農業産出額は、都道府県別の品目別生産量に品目別農家庭先価格を乗じて求められるもので、農業生産構造の地域差を明らかにすることを目的とする。

製造品出荷額等　資料は8ページ右段「製造品出荷額等」の項を参照。

小売業商品販売額　資料は8ページ右段「小売業商品販売額」の項を参照。

財政規模　総務省「都道府県決算状況調」による。会計年度。

一般財源割合対歳出決算額　資料は8ページ右段「一般財源割合対歳出決算額」の項を参照。会計年度。

家計 - 1世帯あたり月平均　総務省「家計調査　家計収支編」(2021年) による。都道府県庁所在市（東京都は区部）における勤労者世帯（単身世帯を除く）の調査。2021年 1 ～12月の平均。勤労者世帯の 2 人以上世帯。実収入は世帯員全員の収入の合計。平均消費性向は、可処分所得（実収入から税金、社会保険料などの非消費支出を差し引いたもの）に対する消費支出の割合。

家計 - 1世帯あたり貯蓄現在高　総務省「全国家計構造調査（旧全国消費実態調査)」(2019年) による。2019年10月末現在。勤労者世帯の 2 人以上世帯。本調査は 5 年に一度。

乳児死亡率　厚生労働省「人口動態統計（確定数）の概況」(2021年) による。出生1000人に対する生後 1 年未満の死亡乳児数。

平均寿命　厚生労働省「2015年都道府県別生命表」による。都道府県別生命表は、国勢調査と人口動態統計を基礎にして 5 年ごとに作成される。

10万人あたり医師数　厚生労働省「医師・歯科医師・薬剤師統計」(2020年) による。医療施設の従事者のみ。人口10万あたりは2020年10月 1 日現在の国勢調査人口により算出。

（主な生産物）
割合は全国に対するもの。全国順位はデータの秘匿により順位が確定できないものがある。使用統計は農林水産関連が農林水産省「作物統計」、「漁業・養殖業生産統計」などによる収穫量や生産量、漁獲量など。葉たばこは全国たばこ耕作組合中央会資料による。酒類は国税庁「国税庁統計年報」による製成数量。温泉湧出量は環境省資料。原油や天然ガスは天然ガス鉱業会資料、発電電力量は資源エネルギー庁「電力調査統計」による。工業関連は経済産業省「工業統計調査　品目別統計表」による製造品出荷額（従業者 4 人以上の事業所）。一部は「同　産業別統計表」や「同　地域別統計表」による（#で示したもの）が、これらは当該産業に格付けされた事業所の出荷額等（加工賃収入等を含む）で、当該品目以外の出荷額等を含む一方、当該産業に格付けされない事業所を含まない。なお、個々の事業所の秘密を守るため、集計対象事業所が基本的に 2 以下の場合はデータが秘匿されている。

（行政データ）
都道府県知事名は2022年 9 月29日現在（全国知事会資料による）。都道府県議会議員、市区町村長、市区町村議会議員は2021年12月31日現在（総務省「地方公共団体の議会の議員及び長の所属党派別人員調」による）。都道府県職員数、市区町村職員数計は2021年 4 月 1 日現在（総務省「2021年地方公共団体定員管理調査結果」による）。職員には教育、警察、消防、病院、水道、交通、下水道などを含む。また、一部事業組合等を含む。なお、2017年 4 月より、政令指定都市の教職員は、道府県職員から市町村職員として計上されることになり、職員数に大きな変動が見られる。

（市町村図）
市町村要覧編集委員会編「全国市町村要覧」に掲載された地図および国土地理院ウェブサイトの地図を参考に作成。2022年 3 月31日現在。グレーの部分は市部。◎印は都道府県庁所在地。実線・点線は市町村区分で、実線は町村における郡部の区分も兼ねる（北海道の実線は総合振興局および振興局の区分）。

北 海 道

経済指標

（全国平均＝100）

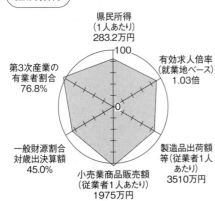

- 県民所得（1人あたり）283.2万円
- 有効求人倍率（就業地ベース）1.03倍
- 製造品出荷額等（従業者1人あたり）3510万円
- 小売業商品販売額（従業者1人あたり）1975万円
- 一般財源割合対歳出決算額 45.0%
- 第3次産業の有業者割合 76.8%

生活指標

（全国平均＝100）

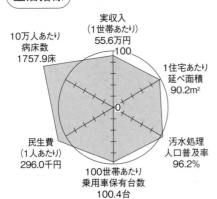

- 実収入（1世帯あたり）55.6万円
- 1住宅あたり延べ面積 90.2m²
- 汚水処理人口普及率 96.2%
- 100世帯あたり乗用車保有台数 100.4台
- 民生費（1人あたり）296.0千円
- 10万人あたり病床数 1757.9床

主な生産物

てんさい	（2021年）	100％	（1位）
ほたてがい	（2020年）	100％	（1位）
こんぶ類	（2020年）	98％	（1位）
すけとうだら	（2020年）	97％	（1位）
小豆	（2021年）	93％	（1位）
さけ類	（2020年）	92％	（1位）
ばれいしょ	（2021年）	78％	（1位）
小麦	（2021年）	66％	（1位）
生乳	（2021年）	56％	（1位）

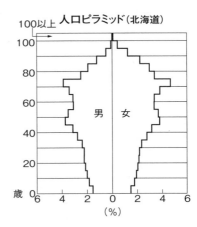

人口ピラミッド（北海道）

100以上

男　女

（％）

統計データ

35市129町15村
（国後・択捉・色丹の6村を除く）

面積・人口・世帯（⇨第2部　第1章）
面積（2021年）　7万8421km²
人口（2021年）　518万2794人
人口密度（2021年）　66.1人/km²
人口増減率（2020〜21年）　−0.80%
人口構成の割合　0〜14歳　10.5%
（2021年）　15〜64歳　57.0%
　65歳以上　32.5%
世帯数（2022年）　279.7万世帯
1世帯平均人員（2022年）　1.85人

労働（⇨第2部　第2章）
就業者数（2020年）　263.7万人
産業別就業者割合　第1次産業　6.3%
（2020年）　第2次産業　16.9%
　第3次産業　76.8%

経済・財政（⇨第2部　第4・5章）
県内総生産（2019年度）　20兆4646億円
県民所得（2019年度）　14兆8924億円
農業産出額（2020年）　1兆2667億円
製造品出荷額等（2019年）　6兆1336億円
小売業商品販売額(2015年) 6兆5815億円
財政規模（普通会計）（2020年度）
　歳入（決算額）　3兆1368億円
　歳出（決算額）　3兆1001億円
一般財源割合（2020年度）
　対歳出決算額　45.0%

家計（⇨第2部　第7章）
1世帯あたり月平均（2021年）
　実収入　55万5600円
　消費支出　28万1309円
　平均消費性向　60.3%
1世帯あたり貯蓄現在高（2019年）
　711.0万円

保健・衛生（⇨第2部　第1・7章）
乳児死亡率（2021年）出生千あたり　2.1人
平均寿命（2015年）男80.28年／女86.77年
10万人あたり医師数（2020年）　251.3人

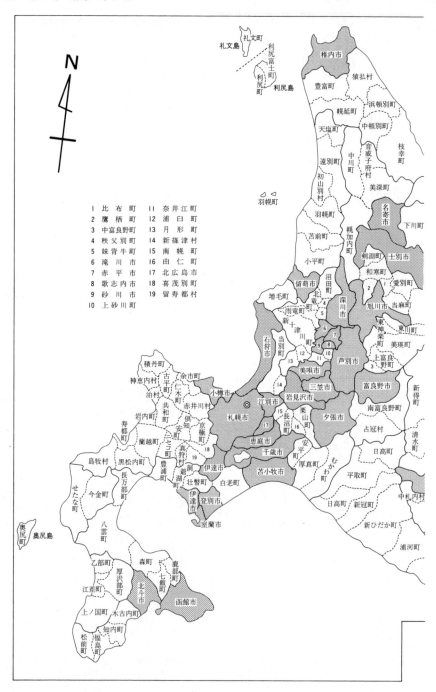

N

1 比布町
2 鷹栖町
3 中富良野町
4 秩父別町
5 妹背牛町
6 滝川市
7 赤平市
8 歌志内市
9 砂川市
10 上砂川町
11 奈井江町
12 浦臼町
13 月形町
14 新篠津村
15 南幌町
16 由仁町
17 北広島市
18 喜茂別町
19 留寿都村

礼文町
礼文島
利尻富士町
利尻島
利尻町

稚内市
猿払村
豊富町
浜頓別町
幌延町
中頓別町
天塩町
枝幸町
音威子府村
中川町
遠別町
美深町
初山別村
羽幌町
名寄市
下川町
羽幌町
苫前町
幌加内町
剣淵町
士別市
小平町
和寒町
留萌町
沼田町
深川市
愛別町
増毛町
北竜町
旭川市
当麻町
雨竜町
東神楽町
新十津川町
東川町
石狩市
当別町
美瑛町
美唄市
上富良野町
積丹町
余市町
小樽市
三笠市
富良野市
神恵内村
古平町
江別市
岩見沢市
新得町
泊村
赤井川村
札幌市
長沼町
栗山町
夕張市
南富良野町
共和町
仁木町
京極町
恵庭市
安平町
占冠村
岩内町
倶知安町
真狩村
千歳市
日高町
清水町
寿都町
蘭越町
ニセコ町
喜茂別町
洞爺湖町
厚真町
むかわ町
平取町
島牧村
黒松内村
豊浦町
壮瞥町
伊達市
白老町
苫小牧市
日高町
新冠町
中札内村
せたな町
今金町
長万部町
伊達市
登別市
新ひだか町
浦河町
奥尻島
奥尻島
八雲町
室蘭市
乙部町
森町
鹿部町
厚沢部町
北斗市
七飯町
江差町
函館市
上ノ国町
木古内町
知内町
松前町
福島町

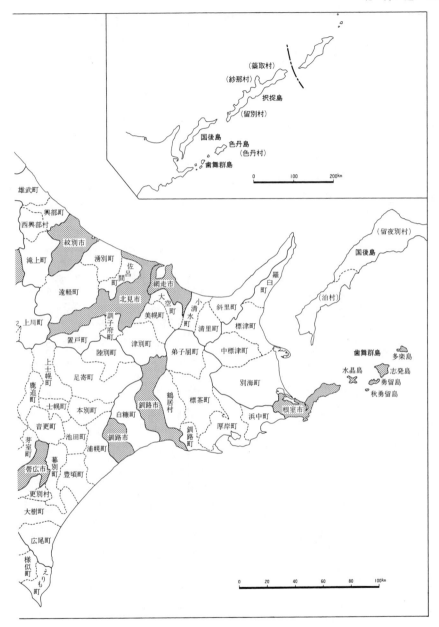

（行政データ）　　知事：鈴木 直道（すずき なおみち）
道議会議員：100（男 87 女 12 欠員 1）／市町村長：179（男 178 女 1 欠員 0）
市町村議会議員計：2 283（男 1 942 女 310 欠員 31）
道職員数：63 246（一般行政 12 819）／市町村等職員数計：77 893（一般行政 33 622）

青森県

人口ピラミッド（青森）

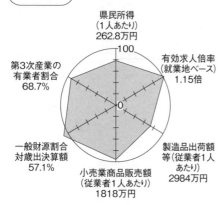

(%)

経済指標 （全国平均=100）

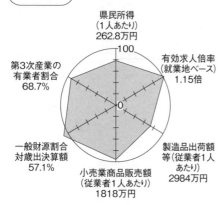

- 県民所得（1人あたり）262.8万円
- 有効求人倍率（就業地ベース）1.15倍
- 第3次産業の有業者割合 68.7%
- 一般財源割合対歳出決算額 57.1%
- 製造品出荷額等（従業者1人あたり）2984万円
- 小売業商品販売額（従業者1人あたり）1818万円

生活指標 （全国平均=100）

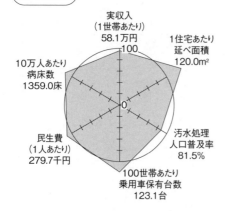

- 実収入（1世帯あたり）58.1万円
- 1住宅あたり延べ面積 120.0m²
- 10万人あたり病床数 1359.0床
- 汚水処理人口普及率 81.5%
- 民生費（1人あたり）279.7千円
- 100世帯あたり乗用車保有台数 123.1台

主な生産物

にんにく	(2021年)	67%	(1位)
りんご	(2021年)	63%	(1位)
あんず	(2019年)	63%	(1位)
さば缶詰	(2019年)	*42%	(…)
ごぼう	(2021年)	39%	(1位)
しじみ	(2020年)	26%	(2位)
いか類	(2020年)	23%	(1位)
風力発電1)	(2021年度)	17%	(1位)

＊出荷額。1）電気事業用。

統計データ　　10市22町8村

面積・人口・世帯 （⇨第2部　第1章）
- 面積（2021年）　　　　　　9646km²
- 人口（2021年）　　　　　122万1324人
- 人口密度（2021年）　　　126.6人/km²
- 人口増減率（2020〜21年）　　-1.35%
- 人口構成の割合　　0〜14歳　　10.4%
- （2021年）　　　15〜64歳　　55.3%
- 　　　　　　　　65歳以上　　34.3%
- 世帯数（2022年）　　　　59.4万世帯
- 1世帯平均人員（2022年）　　2.09人

労働 （⇨第2部　第2章）
- 就業者数（2020年）　　　　62.4万人
- 産業別就業者割合　第1次産業　11.3%
- （2020年）　　　　第2次産業　20.0%
- 　　　　　　　　　第3次産業　68.7%

経済・財政 （⇨第2部　第4・5章）
- 県内総生産（2019年度）　4兆5332億円
- 県民所得（2019年度）　　3兆2918億円
- 農業産出額（2020年）　　　　3262億円
- 製造品出荷額等（2019年）1兆7504億円
- 小売業商品販売額（2015年）1兆4715億円
- 財政規模（普通会計）（2020年度）
- 　歳入（決算額）　　　　　　7657億円
- 　歳出（決算額）　　　　　　7333億円
- 一般財源割合（2020年度）
- 　対歳出決算額　　　　　　　　57.1%

家計 （⇨第2部　第7章）
- 1世帯あたり月平均（2021年）
- 　実収入　　　　　　　　58万1245円
- 　消費支出　　　　　　　27万5886円
- 　平均消費性向　　　　　　　　58.4%
- 1世帯あたり貯蓄現在高（2019年）
- 　　　　　　　　　　　　　629.1万円

保健・衛生 （⇨第2部　第1・7章）
- 乳児死亡率(2021年)出生千あたり　1.7人
- 平均寿命(2015年)　男78.67／女85.93年
- 10万人あたり医師数（2020年）　212.5人

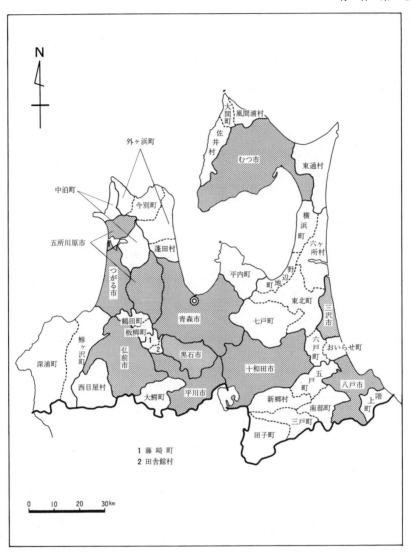

N

外ヶ浜町
中泊町
五所川原市
大間町
風間浦村
佐井村
むつ市
東通村
今別町
横浜町
蓬田村
六ヶ所村
つがる市
平内町
野辺地町
東北町
三沢市
鰺ヶ沢町
鶴田町
板柳町
青森市
七戸町
六戸町
おいらせ町
深浦町
弘前市
1
2
黒石市
十和田市
五戸町
八戸市
西目屋村
大鰐町
平川市
新郷村
南部町
上階町
三戸町
田子町

1　藤 崎 町
2　田舎館村

0　10　20　30km

（行政データ）　　知事：三村 申吾（みむら しんご）
県議会議員：48（男 43 女 3 欠員 2）／市町村長：40（男 39 女 1 欠員 0）
市町村議会議員計：584（男 523 女 51 欠員 10）
県職員数：18 838（一般行政 3 787）／市町村等職員数計：18 523（一般行政 7 781）

岩手県

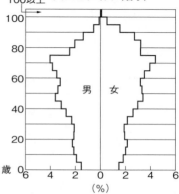

人口ピラミッド（岩手）

男　女

歳 (%)

経済指標 （全国平均=100）

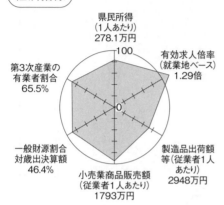

県民所得
（1人あたり）
278.1万円

有効求人倍率
（就業地ベース）
1.29倍

第3次産業の
有業者割合
65.5%

製造品出荷額
等（従業者1人
あたり）
2948万円

一般財源割合
対歳出決算額
46.4%

小売業商品販売額
（従業者1人あたり）
1793万円

生活指標 （全国平均=100）

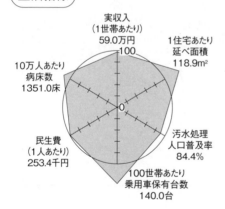

実収入
（1世帯あたり）
59.0万円

1住宅あたり
延べ面積
118.9m²

10万人あたり
病床数
1351.0床

汚水処理
人口普及率
84.4%

民生費
（1人あたり）
253.4千円

100世帯あたり
乗用車保有台数
140.0台

主な生産物

生うるし	（2021年）	82%（1位）
おきあみ類	（2020年）	77%（1位）
りんどう[1]	（2021年）	58%（1位）
光学レンズ	（2019年）	*20%（1位）
あわび類	（2020年）	18%（1位）
ブロイラー[2]	（2022年）	15%（3位）
さんま	（2020年）	15%（2位）

＊出荷額。1）切り花出荷量。
2）飼養羽数。2月1日現在。

統計データ　14市15町4村

面積・人口・世帯（⇨第4部　第1章）
面積（2021年）　1万5275km²
人口（2021年）　119万6433人
人口密度（2021年）　78.3人/km²
人口増減率（2020～21年）　-1.16%
人口構成の割合　0～14歳　10.8%
（2021年）　15～64歳　55.1%
　65歳以上　34.2%
世帯数（2022年）　53.2万世帯
1世帯平均人員（2022年）　2.27人

労働（⇨第2部　第2章）
就業者数（2020年）　62.7万人
産業別就業者割合　第1次産業　9.6%
（2020年）　第2次産業　24.8%
　第3次産業　65.5%

経済・財政（⇨第2部　第4・5章）
県内総生産（2019年度）　4兆8476億円
県民所得（2019年度）　3兆4088億円
農業産出額（2020年）　2741億円
製造品出荷額等（2019年）　2兆6435億円
小売業商品販売額(2015年)　1兆4089億円
財政規模（普通会計）（2020年度）
歳入（決算額）　1兆987億円
歳出（決算額）　1兆33億円
一般財源割合（2020年度）
対歳出決算額　46.4%

家計（⇨第2部　第7章）
1世帯あたり月平均（2021年）
実収入　59万448円
消費支出　30万7632円
平均消費性向　63.9%
1世帯あたり貯蓄現在高（2019年）　859.9万円

保健・衛生（⇨第2部　第1・7章）
乳児死亡率(2021年)出生千あたり　1.5人
平均寿命(2015年)　男79.86年／女86.44年
10万人あたり医師数（2020年）　207.3人

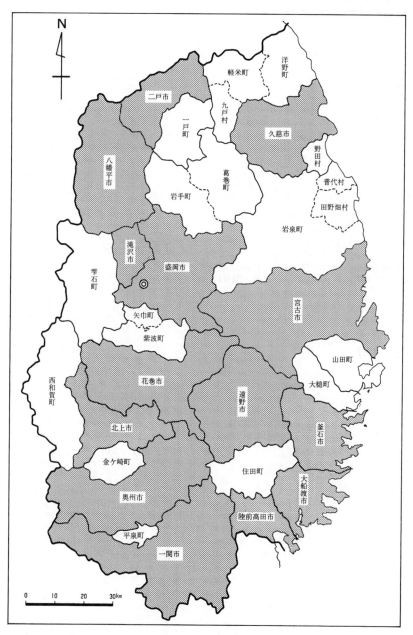

（行政データ）　　　知事：達増 拓也（たっそ たくや）
県議会議員：48（男 40 女 7 欠員 1）／市町村長：33（男 33 女 0 欠員 0）
市町村議会議員計：573（男 485 女 72 欠員 16）
県職員数：24 532（一般行政 4 411）／市町村等職員数計：14 133（一般行政 8 449）

宮城県

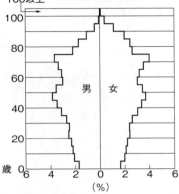

人口ピラミッド（宮城）

経済指標

（全国平均=100）

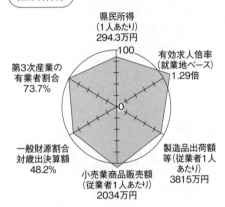

県民所得
（1人あたり）
294.3万円

有効求人倍率
（就業地ベース）
1.29倍

第3次産業の
有業者割合
73.7%

一般財源割合
対歳出決算額
48.2%

製造品出荷額
等（従業者1人
あたり）
3815万円

小売業商品販売額
（従業者1人あたり）
2034万円

生活指標

（全国平均=100）

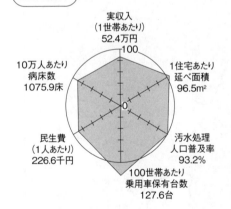

実収入
（1世帯あたり）
52.4万円

10万人あたり
病床数
1075.9床

1住宅あたり
延べ面積
96.5m²

民生費
（1人あたり）
226.6千円

汚水処理
人口普及率
93.2%

100世帯あたり
乗用車保有台数
127.6台

主な生産物

養殖ぎんざけ	（2020年）	86%	（1位）
養殖わかめ類	（2020年）	44%	（1位）
かじき類	（2020年）	32%	（1位）
かつお類	（2020年）	13%	（3位）
まぐろ類	（2020年）	13%	（2位）
半導体製造装置製造業			
	（2019年）	#12%	（2位）

#当該事業が主業の事業所で集計した
出荷額等（当該品目以外を含む）。

統計データ

14市20町1村

面積・人口・世帯 （⇨第2部　第1章）
面積（2021年）　　　　　　　　　7282km²
人口（2021年）　　　　　　　229万159人
人口密度（2021年）　　　　　314.5人/km²
人口増減率（2020〜21年）　　　　-0.51%
人口構成の割合　　　　0〜14歳　　11.5%
（2021年）　　　15〜64歳　　59.9%
　　　　　　　　65歳以上　　28.6%
世帯数（2022年）　　　　　　102.4万世帯
1世帯平均人員（2022年）　　　　　2.22人

労働 （⇨第2部　第2章）
就業者数（2020年）　　　　　　118.1万人
産業別就業者割合　　第1次産業　　4.0%
（2020年）　　　第2次産業　　22.3%
　　　　　　　　第3次産業　　73.7%

経済・財政 （⇨第2部　第4・5章）
県内総生産（2019年度）　　9兆8294億円
県民所得（2019年度）　　　6兆8029億円
農業産出額（2020年）　　　　　1902億円
製造品出荷額等（2019年）　4兆5590億円
小売業商品販売額（2015年）2兆9008億円
財政規模（普通会計）（2020年度）
　歳入（決算額）　　　　　1兆2477億円
　歳出（決算額）　　　　　1兆1482億円
一般財源割合（2020年度）
　対歳出決算額　　　　　　　　　48.2%

家計 （⇨第2部　第7章）
1世帯あたり月平均（2021年）
　実収入　　　　　　　　　　52万3549円
　消費支出　　　　　　　　　29万7733円
　平均消費性向　　　　　　　　　68.7%
1世帯あたり貯蓄現在高（2019年）
　　　　　　　　　　　　　　1001.0万円

保健・衛生 （⇨第2部　第1・7章）
乳児死亡率（2021年）出生千あたり　1.5人
平均寿命（2015年）　男80.99年／女87.16年
10万人あたり医師数（2020年）　246.3人

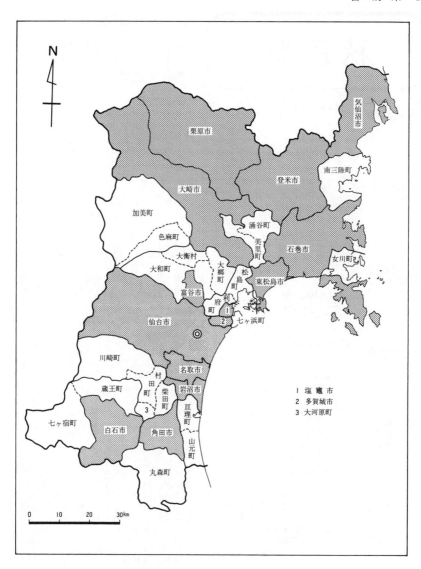

（行政データ）　　知事：村井 嘉浩（むらい よしひろ）
県議会議員：59（男 51 女 8 欠員 0）／市町村長：35（男 34 女 1 欠員 0）
市町村議会議員計：634（男 542 女 86 欠員 6）
県職員数：22 943（一般行政 4 990）／市町村等職員数計：33 413（一般行政 13 633）

秋 田 県

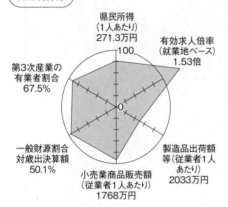

経済指標 （全国平均=100）

- 県民所得（1人あたり） 271.3万円
- 有効求人倍率（就業地ベース） 1.53倍
- 第3次産業の有業者割合 67.5%
- 一般財源割合対歳出決算額 50.1%
- 小売業商品販売額（従業者1人あたり） 1768万円
- 製造品出荷額等（従業者1人あたり） 2033万円

生活指標 （全国平均=100）

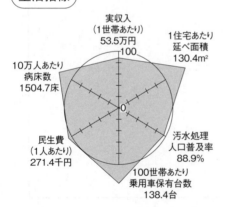

- 実収入（1世帯あたり） 53.5万円
- 1住宅あたり延べ面積 130.4m²
- 10万人あたり病床数 1504.7床
- 民生費（1人あたり） 271.4千円
- 汚水処理人口普及率 88.9%
- 100世帯あたり乗用車保有台数 138.4台

主な生産物

ラズベリー	（2019年）	40%	（2位）
プリズム	（2019年）	*35%	（…）
珪藻土、同製品	（2019年）	*25%	（…）
地熱発電1)	（2021年度）	20%	（2位）
原油	（2020年度）	19%	（2位）
固定コンデンサ	（2019年）	*13%	（3位）
杉（素材）	（2020年）	8%	（2位）
米（水稲）	（2021年）	7%	（3位）

＊出荷額。1) 電気事業用。

人口ピラミッド（秋田）

100以上 （歳） 男 女 （%）

統計データ 13市9町3村

面積・人口・世帯（⇨第2部 第1章）
- 面積（2021年） 1万1638km²
- 人口（2021年） 94万4902人
- 人口密度（2021年） 81.2人/km²
- 人口増減率（2020〜21年） -1.52%
- 人口構成の割合 0〜14歳 9.5%
- （2021年） 15〜64歳 52.4%
- 65歳以上 38.1%
- 世帯数（2022年） 42.6万世帯
- 1世帯平均人員（2022年） 2.25人

労働（⇨第2部 第2章）
- 就業者数（2020年） 48.3万人
- 産業別就業者割合 第1次産業 8.6%
- （2020年） 第2次産業 23.9%
- 第3次産業 67.5%

経済・財政（⇨第2部 第4・5章）
- 県内総生産（2019年度） 3兆6248億円
- 県民所得（2019年度） 2兆6376億円
- 農業産出額（2020年） 1898億円
- 製造品出荷額等（2019年） 1兆2998億円
- 小売業商品販売額（2015年） 1兆1563億円
- 財政規模（普通会計）（2020年度）
- 歳入（決算額） 6862億円
- 歳出（決算額） 6672億円
- 一般財源割合（2020年度）
- 対歳出決算額 50.1%

家計（⇨第2部 第7章）
- 1世帯あたり月平均（2021年）
- 実収入 53万4753円
- 消費支出 27万2654円
- 平均消費性向 61.1%
- 1世帯あたり貯蓄現在高（2019年）
- 742.4万円

保健・衛生（⇨第2部 第1・7章）
- 乳児死亡率（2021年）出生千あたり 1.2人
- 平均寿命（2015年） 男79.51年／女86.38年
- 10万人あたり医師数（2020年） 242.6人

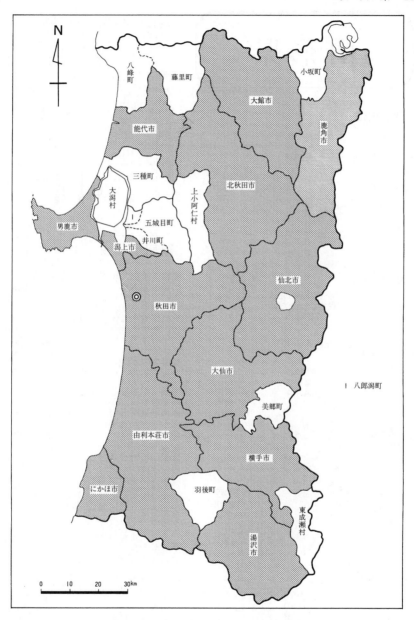

（行政データ）　　知事：佐竹 敬久（さたけ のりひさ）
県議会議員：43（男 38 女 5 欠員 0）／市町村長：25（男 25 女 0 欠員 0）
市町村議会議員計：432（男 382 女 43 欠員 7）
県職員数：14 797（一般行政 3 385）／市町村等職員数計：13 082（一般行政 6 852）

山 形 県

経済指標　（全国平均=100）

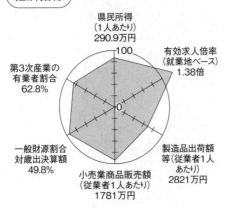

県民所得
（1人あたり）
290.9万円

第3次産業の
有業者割合
62.8%

一般財源割合
対歳出決算額
49.8%

小売業商品販売額
（従業者1人あたり）
1781万円

製造品出荷額
等（従業者1人
あたり）
2821万円

有効求人倍率
（就業地ベース）
1.38倍

生活指標　（全国平均=100）

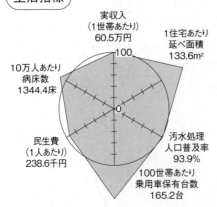

実収入
（1世帯あたり）
60.5万円

10万人あたり
病床数
1344.4床

民生費
（1人あたり）
238.6千円

汚水処理
人口普及率
93.9%

100世帯あたり
乗用車保有台数
165.2台

1住宅あたり
延べ面積
133.6㎡

主な生産物

あけび	（2019年）	74%	（1位）
おうとう	（2021年）	70%	（1位）
西洋なし	（2021年）	65%	（1位）
わらび	（2021年）	37%	（1位）
パソコン製造業	（2019年）	#31%	（…）
看板、標識機等	（2019年）	*17%	（1位）
そば	（2021年）	9%	（2位）

＊出荷額。#当該事業が主業の事業所で集計した出荷額等（当該品目以外を含む）。

人口ピラミッド（山形）

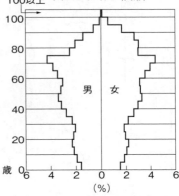

男　女

（%）

統計データ　13市19町3村

面積・人口・世帯　（⇨第2部　第1章）
面積（2021年）　　　　　　　　9323km²
人口（2021年）　　　　　　105万4890人
人口密度（2021年）　　　　113.1人/km²
人口増減率（2020〜21年）　　　　-1.23%
人口構成の割合　　　0〜14歳　　11.1%
（2021年）　　　15〜64歳　　54.6%
　　　　　　　　65歳以上　　34.3%
世帯数（2022年）　　　　　　42.0万世帯
1世帯平均人員（2022年）　　　　　2.52人

労働　（⇨第2部　第2章）
就業者数（2020年）　　　　　　56.2万人
産業別就業者割合　第1次産業　　8.7%
（2020年）　　第2次産業　　28.6%
　　　　　　　第3次産業　　62.8%

経済・財政　（⇨第2部　第4・5章）
県内総生産（2019年度）　4兆3367億円
県民所得（2019年度）　　3兆1411億円
農業産出額（2020年）　　　　2508億円
製造品出荷額等（2019年）2兆8679億円
小売業商品販売額(2015年)1兆1979億円
財政規模（普通会計）（2020年度）
　歳入（決算額）　　　　　　6959億円
　歳出（決算額）　　　　　　6742億円
一般財源割合（2020年度）
　対歳出決算額　　　　　　　　49.8%

家計　（⇨第2部　第7章）
1世帯あたり月平均（2021年）
　実収入　　　　　　　　60万5198円
　消費支出　　　　　　　35万5422円
　平均消費性向　　　　　　　　71.6%
1世帯あたり貯蓄現在高（2019年）
　　　　　　　　　　　　　881.6万円

保健・衛生　（⇨第2部　第1・7章）
乳児死亡率(2021年)出生千あたり　1.0人
平均寿命（2015年）男80.52年／女86.96年
10万人あたり医師数（2020年）　229.2人

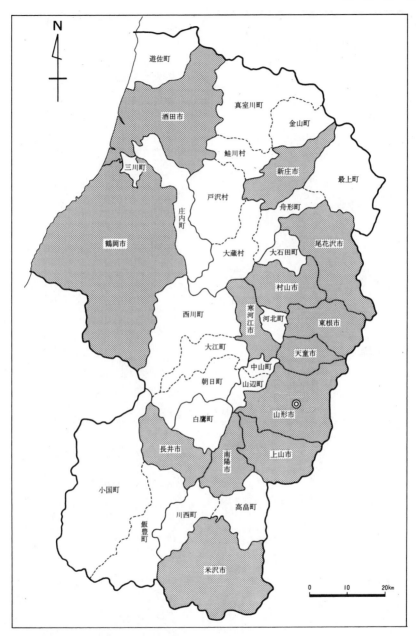

（行政データ）　　知事：吉村 美栄子（よしむら みえこ）
県議会議員：43（男 37 女 2 欠員 4）／市町村長：35（男 35 女 0 欠員 0）
市町村議会議員計：511（男 446 女 56 欠員 9）
県職員数：18 222（一般行政 4 048）／市町村等職員数計：14 598（一般行政 6 940）

福島県

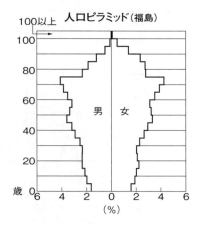

経済指標 （全国平均=100）

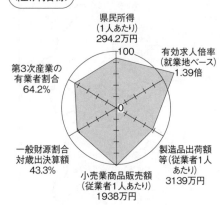

県民所得
（1人あたり）
294.2万円

有効求人倍率
（就業地ベース）
1.39倍

第3次産業の
有業者割合
64.2%

製造品出荷額
等（従業者1人
あたり）
3139万円

一般財源割合
対歳出決算額
43.3%

小売業商品販売額
（従業者1人あたり）
1938万円

生活指標 （全国平均=100）

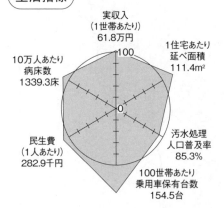

実収入
（1世帯あたり）
61.8万円

1住宅あたり
延べ面積
111.4m²

10万人あたり
病床数
1339.3床

汚水処理
人口普及率
85.3%

民生費
（1人あたり）
282.9千円

100世帯あたり
乗用車保有台数
154.5台

主な生産物

桐	（2021年）	66%	（1位）
固定局通信装置	（2019年）	*45%	（1位）
金属製パッキン類	（2019年）	*35%	（1位）
ガラス長繊維（製品）	（2019年）	*31%	（1位）
もも	（2021年）	23%	（2位）
航空機用エンジンの部品類	（2019年）	*20%	（2位）
医療用機械、装置	（2019年）	*11%	（1位）

＊出荷額。

統計データ　13市31町15村

面積・人口・世帯（⇨第2部　第1章）
面積（2021年）	1万3784km²
人口（2021年）	181万1940人
人口密度（2021年）	131.5人/km²
人口増減率（2020～21年）	-1.16%
人口構成の割合　0～14歳	11.2%
（2021年）　15～64歳	56.6%
65歳以上	32.3%
世帯数（2022年）	79.4万世帯
1世帯平均人員（2022年）	2.32人

労働（⇨第2部　第2章）
就業者数（2020年）	94.3万人
産業別就業者割合　第1次産業	6.2%
（2020年）　第2次産業	29.6%
第3次産業	64.2%

経済・財政（⇨第2部　第4・5章）
県内総生産（2019年度）	7兆9870億円
県民所得（2019年度）	5兆4487億円
農業産出額（2020年）	2116億円
製造品出荷額等（2019年）	5兆1232億円
小売業商品販売額（2015年）	2兆1840億円
財政規模（普通会計）（2020年度）	
歳入（決算額）	1兆5090億円
歳出（決算額）	1兆4050億円
一般財源割合（2020年度）	
対歳出決算額	43.3%

家計（⇨第2部　第7章）
1世帯あたり月平均（2021年）	
実収入	61万8371円
消費支出	33万8135円
平均消費性向	67.8%
1世帯あたり貯蓄現在高（2019年）	806.0万円

保健・衛生（⇨第2部　第1・7章）
乳児死亡率(2021年)出生千あたり	2.3人
平均寿命(2015年)　男80.12年／女86.40年	
10万人あたり医師数（2020年）	205.7人

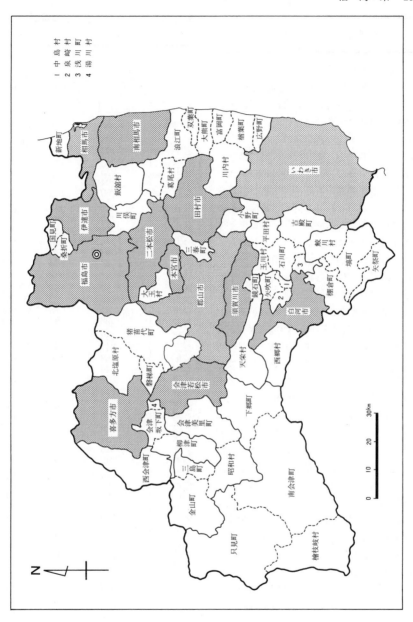

1 中島村
2 泉崎村
3 浅川町
4 湯川村

（行政データ）　　　知事：内堀 雅雄（うちぼり まさお）
県議会議員：58（男 52 女 5 欠員 1）／市町村長：59（男 59 女 0 欠員 0）
市町村議会議員計：862（男 776 女 77 欠員 9）
県職員数：27 536（一般行政 5 699）／市町村等職員数計：21 697（一般行政 12 578）

新型コロナウイルス感染症

　2020年1月に国内で初めて新型コロナウイルス感染症の感染者が確認されてから、約3年が経過した。当初は死亡する感染者の割合が高いうえに、治療法が確立しておらず、3密を避けるなど感染予防が対策の中心となった。政府は緊急事態宣言を発出し、人流の抑制に努めたが、社会活動が停滞して経済に大きな打撃を与えた。以降は、感染抑制と経済活動の両立が大きなテーマとなり、コロナとの共存（ウィズコロナ）が求められた。

　2021年2月から国内で新型コロナワクチンの接種が始まった。接種が拡大するとともに日常への回帰が進んだが、ワクチンは一定期間が過ぎると効果が減退することから、接種を繰り返す必要がある。ワクチン接種を希望する国民（当初は18歳以上）を対象に、これまで5か月以上間隔を空けて接種が行われており、3回目の接種が完了した人の割合は、2022年9月30日現在で65.4%である。

　一方、コロナウイルスの変異株が次々と登場し、感染者数は波状的に増減を繰り返している。2022年1月からの第6波では、感染力の高いオミクロン株による感染者が急増した。2022年7月からは、これまでで最も感染者数の多い第7波が到来したが、ワクチンの重症化を防ぐ効果もあり、感染者の増加ほどには死者数は増加しなかった。

　2022年9月には第7波の収束傾向が強まったほか、新たにオミクロン株対応ワクチンの接種も始まった。コロナ禍の終息を見通すことは難しいが、同月にはWHOのテドロス事務局長がコロナ禍について「まだ到達していないが、終わりが視野に入ってきた」と述べている。

新型コロナウイルス感染症の概況
（2022年9月30日現在）

	累計死者数（人）	ワクチン3回目接種回数（万回）	人口比（%）
北海道	2 586	351	67.8
青森	298	90	⑤ 72.4
岩手	192	89	③ 73.6
宮城	393	156	68.6
秋田	225	73	① 76.7
山形	194	78	② 74.3
福島	260	133	⑥ 72.3
茨城	682	201	⑨ 69.6
栃木	490	134	69.0
群馬	468	131	67.5
埼玉	2 375	488	66.0
千葉	2 569	424	67.2
東京	5 822	882	63.9
神奈川	2 967	601	65.2
新潟	157	161	④ 73.5
富山	177	72	⑧ 69.9
石川	281	75	66.4
福井	98	52	68.0
山梨	153	55	67.2
長野	347	145	⑦ 70.3
岐阜	588	136	67.9
静岡	746	248	67.7
愛知	2 866	467	62.0
三重	527	118	66.0
滋賀	321	90	63.9
京都	1 059	157	62.5
大阪	6 429	518	58.8
兵庫	2 854	344	62.6
奈良	526	87	64.9
和歌山	249	61	64.9
鳥取	74	36	64.9
島根	94	46	⑩ 69.1
岡山	408	122	64.7
広島	754	176	63.1
山口	389	92	68.9
徳島	174	49	67.0
香川	291	63	64.8
愛媛	288	90	67.3
高知	294	45	64.9
福岡	1 952	316	61.9
佐賀	224	52	63.4
長崎	328	91	68.9
熊本	639	118	67.4
大分	364	75	66.1
宮崎	359	70	64.6
鹿児島	540	107	66.5
沖縄	718	72	48.5
全国	**44 789**	**8 232**	65.4

厚生労働省資料および首相官邸資料より作成。

地域観光事業支援（県民割）

2020年以降、新型コロナウイルス感染症の拡大により、旅行需要は著しく落ち込み、各地域の観光事業は大きな打撃を受けた。帝国データバンクによると、ホテルや旅館、旅行業、観光バス、土産物店などの観光関連事業者の倒産は、2022年10月5日（16時）時点で累計306件となっている（法的整理、事業停止〈銀行取引停止処分は対象外〉、負債1000万円未満および個人事業者を含む）。

観光客の流れを地域に取り戻し、消費を促すため、2021年4月より「地域観光事業支援」が開始された。これは「県民割」とも称され、2020年12月末以降中断されている全国規模の旅行支援「GoToトラベル事業」の代替策にあたる。概ね感染が抑制されていると判断した都道府県は、それぞれの判断で地域限定旅行の割引を行い、国は補助金を交付して財政的に支援する。上限は、1人1泊あたり最大7000円（旅行割引5000円、地域限定で旅行期間中に使用可能なクーポン券2000円）である。当初、対象は居住地と同一都道府県内の旅行であったが、徐々に範囲は拡大され、隣接する都道府県からの旅行、さらに2022年4月より同一地域ブロック内の都道府県からの旅行が支援されるようになった。ただし東京は東京都民のみ、沖縄は沖縄県民のみを対象とし、一方で、奈良県は47都道府県からの旅行客を対象としている。

観光庁資料によると、2021年の年間延べ日本人宿泊者数は3億1346万人泊で、前年比0.7％の増加であった。県民割は2022年10月10日まで延長され、翌日からは感染状況改善が確認できたとして、新たな「全国旅行支援」が実施される。

日本人延べ宿泊者数（2021年）

施設所在地	延べ宿泊者数（万人泊）	対2019年比（％）	対2020年比（％）
北海道	② 1 899	-32.6	-2.1
青森	358	-15.7	10.6
岩手	442	-25.6	4.5
宮城	639	-38.4	-0.8
秋田	262	-25.5	3.9
山形	344	-35.6	0.3
福島	844	-32.2	-10.7
茨城	427	-29.8	-0.5
栃木	693	-24.8	8.0
群馬	508	-39.2	-8.6
埼玉	345	-33.9	0.0
千葉	⑥ 1 349	-44.8	3.8
東京	① 3 670	-26.0	12.0
神奈川	④ 1 457	-29.4	0.2
新潟	669	-36.0	-0.4
富山	238	-30.9	9.5
石川	444	-46.0	-11.5
福井	232	-42.6	-8.7
山梨	458	-34.7	14.4
長野	⑩ 1 078	-34.6	0.6
岐阜	373	-33.9	-11.4
静岡	⑤ 1 417	-32.3	0.5
愛知	⑨ 1 123	-28.5	7.9
三重	516	-37.1	3.0
滋賀	271	-41.0	3.2
京都	⑦ 1 181	-36.9	-3.1
大阪	③ 1 754	-40.5	6.3
兵庫	874	-33.1	-0.7
奈良	154	-29.5	8.6
和歌山	362	-22.4	8.9
鳥取	227	-15.8	9.1
島根	261	-26.2	7.2
岡山	368	-28.8	-0.5
広島	580	-43.8	-11.9
山口	328	-10.3	6.5
徳島	159	-34.7	11.3
香川	226	-42.0	-7.8
愛媛	250	-40.0	-14.9
高知	190	-32.3	-2.3
福岡	952	-41.1	-4.5
佐賀	156	-36.0	-12.2
長崎	456	-29.8	2.7
熊本	470	-29.8	2.4
大分	413	-38.2	-12.0
宮崎	314	-21.4	4.0
鹿児島	491	-34.8	-1.9
沖縄	⑧ 1 124	-55.3	-11.7
計	31 346	-34.7	0.7
外国人	432	-96.3	-78.8

観光庁「宿泊旅行統計調査報告」（2021年）より作成。確定値。外国人延べ宿泊者数は別掲。

茨城県

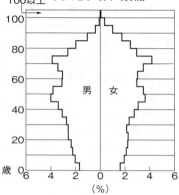

人口ピラミッド（茨城）

100以上

男　女

（％）

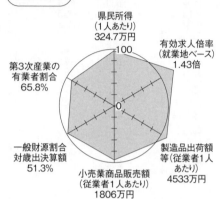

経済指標 （全国平均=100）

県民所得
（1人あたり）
324.7万円

有効求人倍率
（就業地ベース）
1.43倍

第3次産業の
有業者割合
65.8%

一般財源割合
対歳出決算額
51.3%

製造品出荷額
等（従業者1人
あたり）
4533万円

小売業商品販売額
（従業者1人あたり）
1806万円

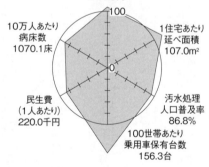

生活指標 （全国平均=100）

実収入
（1世帯あたり）
64.9万円

10万人あたり
病床数
1070.1床

1住宅あたり
延べ面積
107.0m²

民生費
（1人あたり）
220.0千円

汚水処理
人口普及率
86.8%

100世帯あたり
乗用車保有台数
156.3台

主な生産物

れんこん	（2021年）	50%	（1位）
塩化ビニール樹脂	（2019年）	*45%	（1位）
生薬・漢方	（2019年）	*40%	（1位）
はくさい	（2021年）	28%	（1位）
メロン	（2021年）	24%	（1位）
いわし類	（2020年）	24%	（1位）
ショベル系掘さく機	（2019年）	*23%	（　…　）
ピーマン	（2021年）	22%	（1位）

＊出荷額。

統計データ　32市10町2村

面積・人口・世帯（⇨第2部　第1章）
面積（2021年）　　　　　　　6097km²
人口（2021年）　　　　　285万1682人
人口密度（2021年）　　　467.7人/km²
人口増減率（2020〜21年）　　-0.53%
人口構成の割合　　　0〜14歳　11.5%
　（2021年）　　　　15〜64歳　58.4%
　　　　　　　　　　65歳以上　30.1%
世帯数（2022年）　　　　128.2万世帯
1世帯平均人員（2022年）　　　2.25人

労働（⇨第2部　第2章）
就業者数（2020年）　　　　147.8万人
産業別就業者割合　第1次産業　5.2%
　（2020年）　　　第2次産業　29.0%
　　　　　　　　　第3次産業　65.8%

経済・財政（⇨第2部　第4・5章）
県内総生産（2019年度）　14兆3922億円
県民所得（2019年度）　　9兆3478億円
農業産出額（2020年）　　　　4417億円
製造品出荷額等（2019年）12兆6383億円
小売業商品販売額（2015年）3兆1621億円
財政規模（普通会計）（2020年度）
　歳入（決算額）　　　1兆3449億円
　歳出（決算額）　　　1兆3037億円
一般財源割合（2020年度）
　対歳出決算額　　　　　　　51.3%

家計（⇨第2部　第7章）
1世帯あたり月平均（2021年）
　実収入　　　　　　　　64万9211円
　消費支出　　　　　　　30万2951円
　平均消費性向　　　　　　　57.4%
1世帯あたり貯蓄現在高（2019年）
　　　　　　　　　　　　1183.2万円

保健・衛生（⇨第2部　第1・7章）
乳児死亡率（2021年）出生千あたり　2.2人
平均寿命（2015年）男80.28年／女86.33年
10万人あたり医師数（2020年）　193.8人

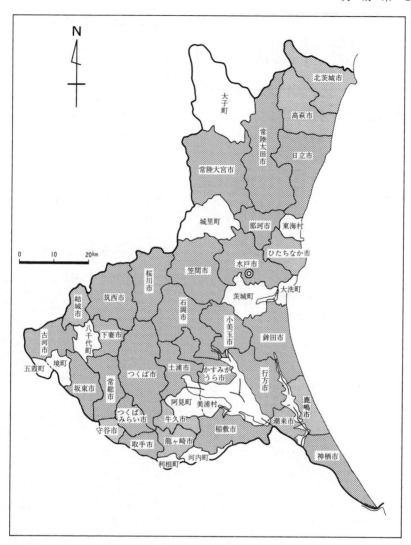

（行政データ）　　　知事：大井川 和彦（おおいがわ かずひこ）
県議会議員：62（男 55 女 5 欠員 2）／市町村長：44（男 43 女 1 欠員 0）
市町村議会議員計：830（男 699 女 113 欠員 18）
県職員数：34 457（一般行政 4 847）／市町村等職員数計：25 912（一般行政 15 798）

栃木県

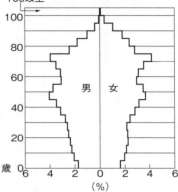

人口ピラミッド（栃木）

（%）

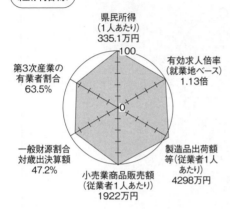

経済指標　（全国平均＝100）

- 県民所得（1人あたり）335.1万円
- 有効求人倍率（就業地ベース）1.13倍
- 製造品出荷額等（従業者1人あたり）4298万円
- 小売業商品販売額（従業者1人あたり）1922万円
- 一般財源割合対歳出決算額 47.2%
- 第3次産業の有業者割合 63.5%

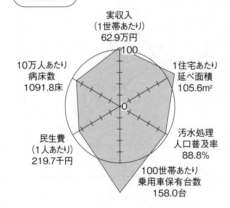

生活指標　（全国平均＝100）

- 実収入（1世帯あたり）62.9円
- 1住宅あたり延べ面積 105.6m²
- 汚水処理人口普及率 88.8%
- 100世帯あたり乗用車保有台数 158.0台
- 民生費（1人あたり）219.7千円
- 10万人あたり病床数 1091.8床

主な生産物

かんぴょう	（2020年）100％	（1位）
カメラ用交換レンズ	（2019年）*35％	（1位）
果実酒	（2020年度）35％	（1位）
医療用電子応用装置	（2019年）*34％	（2位）
アルミ圧延品	（2019年）*27％	（2位）
いちご	（2021年）15％	（1位）
ふとん、寝具	（2019年）*14％	（1位）
肉製品（ハム等）	（2019年）*8％	（3位）

＊出荷額。

統計データ　14市11町0村

面積・人口・世帯（⇨第2部　第1章）
- 面積（2021年）　6408km²
- 人口（2021年）　192万1341人
- 人口密度（2021年）　299.8人/km²
- 人口増減率（2020〜21年）　-0.61％
- 人口構成の割合　　0〜14歳　11.6％
- （2021年）　15〜64歳　58.8％
- 　65歳以上　29.6％
- 世帯数（2022年）　85.4万世帯
- 1世帯平均人員（2022年）　2.28人

労働（⇨第2部　第2章）
- 就業者数（2020年）　101.1万人
- 産業別就業者割合　第1次産業　5.2％
- （2020年）　第2次産業　31.3％
- 　第3次産業　63.5％

経済・財政（⇨第2部　第4・5章）
- 県内総生産（2019年度）　9兆2619億円
- 県民所得（2019年度）　6兆5121億円
- 農業産出額（2020年）　2875億円
- 製造品出荷額等（2019年）　9兆110億円
- 小売業商品販売額（2015年）2兆2958億円
- 財政規模（普通会計）（2020年度）
- 　歳入（決算額）　9888億円
- 　歳出（決算額）　9647億円
- 一般財源割合（2020年度）
- 　対歳出決算額　47.2％

家計（⇨第2部　第7章）
- 1世帯あたり月平均（2021年）
- 　実収入　62万8677円
- 　消費支出　31万8296円
- 　平均消費性向　62.8％
- 1世帯あたり貯蓄現在高（2019年）　1001.1万円

保健・衛生（⇨第2部　第1・7章）
- 乳児死亡率（2021年）出生千あたり　2.0人
- 平均寿命（2015年）　男80.10年／女86.24年
- 10万人あたり医師数（2020年）　236.9人

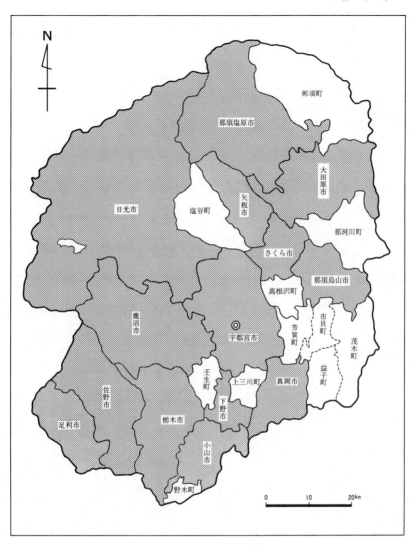

（行政データ）　　知事：福田 富一（ふくだ とみかず）
県議会議員：50（男 40 女 6 欠員 4）／市町村長：25（男 22 女 3 欠員 0）
市町村議会議員計：492（男 408 女 70 欠員 14）
県職員数：23 584（一般行政 4 499）／市町村等職員数計：16 094（一般行政 10 220）

群馬県

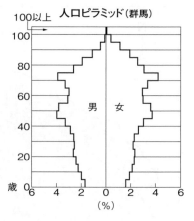

人口ピラミッド(群馬)

経済指標

（全国平均=100）

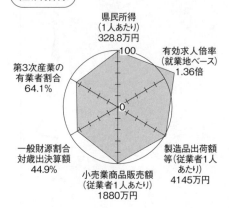

県民所得
（1人あたり）
328.8万円

有効求人倍率
（就業地ベース）
1.36倍

第3次産業の
有業者割合
64.1%

一般財源割合
対歳出決算額
44.9%

製造品出荷額
等（従業者1人
あたり）
4145万円

小売業商品販売額
（従業者1人あたり）
1880万円

生活指標

（全国平均=100）

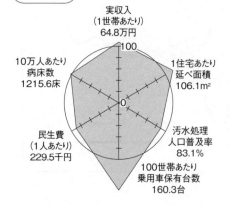

実収入
（1世帯あたり）
64.8万円

10万人あたり
病床数
1215.6床

1住宅あたり
延べ面積
106.1m²

民生費
（1人あたり）
229.5千円

汚水処理
人口普及率
83.1%

100世帯あたり
乗用車保有台数
160.3台

主な生産物

こんにゃくいも	（2021年）	94%	（1位）
乳酸菌飲料	（2021年）	43%	（1位）
パチンコ、スロット	（2019年）	*23%	（2位）
キャベツ	（2021年）	20%	（1位）
アイスクリーム	（2019年）	*13%	（2位）
即席めん類	（2019年）	*13%	（2位）
自動車部品製造業	（2019年）	#5%	（3位）

＊出荷額。#当該事業が主業の事業所で集計した出荷額等（当該品目以外を含む）。

統計データ　12市15町8村

面積・人口・世帯（⇨第2部　第1章）
面積（2021年）　　　　　　　6362km²
人口（2021年）　　　　　192万6522人
人口密度（2021年）　　　302.8人/km²
人口増減率（2020～21年）　　　-0.65%
人口構成の割合　　　　0～14歳　11.5%
（2021年）　　　　15～64歳　58.0%
　　　　　　　　　　65歳以上　30.5%
世帯数（2022年）　　　　　86.6万世帯
1世帯平均人員（2022年）　　　　2.24人

労働（⇨第2部　第2章）
就業者数（2020年）　　　　　100.8万人
産業別就業者割合　　第1次産業　　4.5%
（2020年）　　　第2次産業　31.4%
　　　　　　　　第3次産業　64.1%

経済・財政（⇨第2部　第4・5章）
県内総生産（2019年度）　　9兆3083億円
県民所得（2019年度）　　　6兆4069億円
農業産出額（2020年）　　　　　2463億円
製造品出荷額等（2019年）　　9兆522億円
小売業商品販売額（2015年）2兆2426億円
財政規模（普通会計）（2020年度）
　歳入（決算額）　　　　　1兆248億円
　歳出（決算額）　　　　　　9993億円
一般財源割合（2020年度）
　対歳出決算額　　　　　　　　44.9%

家計（⇨第2部　第7章）
1世帯あたり月平均（2021年）
　実収入　　　　　　　　　64万8028円
　消費支出　　　　　　　　31万1280円
　平均消費性向　　　　　　　　61.3%
1世帯あたり貯蓄現在高（2019年）
　　　　　　　　　　　　　　994.5万円

保健・衛生（⇨第2部　第1・7章）
乳児死亡率(2021年)出生千あたり　2.2人
平均寿命(2015年)　男80.61年／女86.84年
10万人あたり医師数（2020年）　233.8人

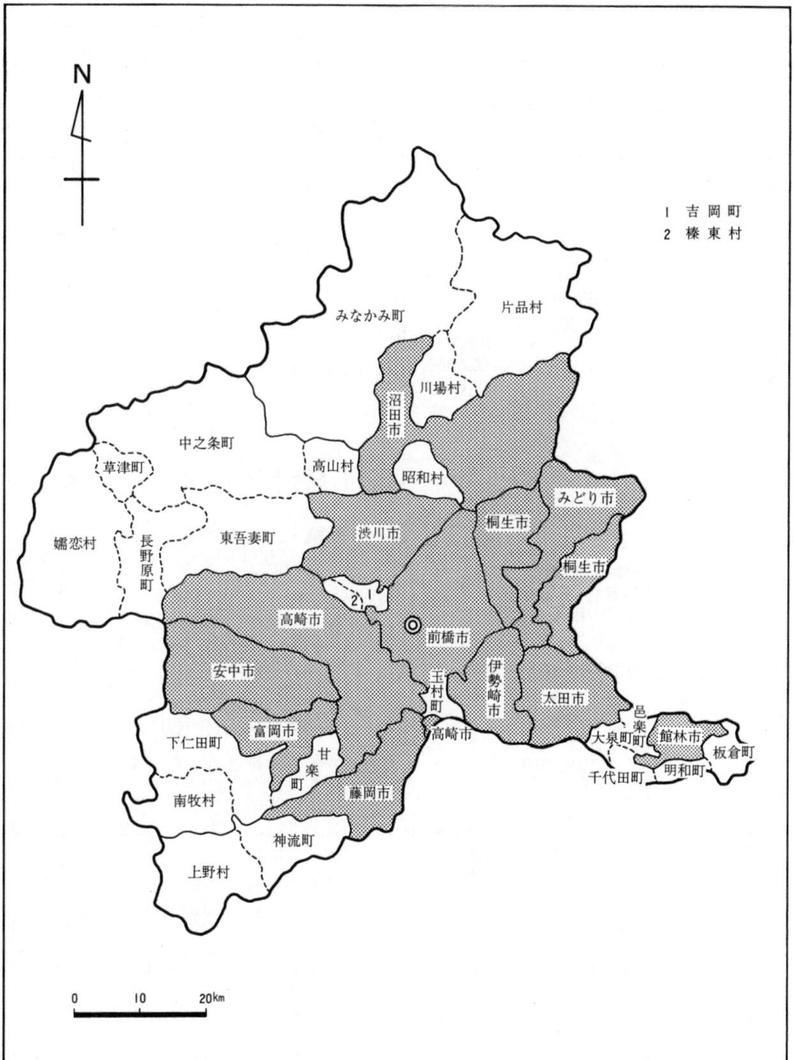

N

1　吉 岡 町
2　榛 東 村

片品村

みなかみ町

川場村

沼田市

中之条町

高山村

昭和村

草津町

みどり市

渋川市

桐生市

嬬恋村

東吾妻町

桐生市

長野原町

高崎市

2

前橋市

安中市

玉村町

伊勢崎市

太田市

富岡市

高崎市

邑楽町

館林市

下仁田町

甘楽町

大泉町

板倉町

南牧村

藤岡市

千代田町

明和町

神流町

上野村

0　　10　　20km

（行政データ）　　　知事：山本 一太（やまもと いちた）
県議会議員：50（男 42 女 5 欠員 3）／市町村長：35（男 34 女 1 欠員 0）
市町村議会議員計：565（男 495 女 63 欠員 7）
県職員数：25 806（一般行政 3 945）／市町村等職員数計：20 753（一般行政 10 303）

埼玉県

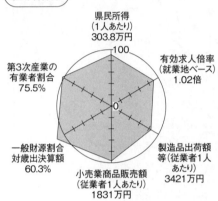

人口ピラミッド（埼玉）

経済指標

（全国平均＝100）

県民所得
（1人あたり）
303.8万円

有効求人倍率
（就業地ベース）
1.02倍

第3次産業の
有業者割合
75.5%

製造品出荷額
等（従業者1人
あたり）
3421万円

一般財源割合
対歳出決算額
60.3%

小売業商品販売額
（従業者1人あたり）
1831万円

生活指標

（全国平均＝100）

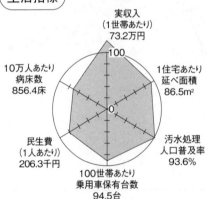

実収入
（1世帯あたり）
73.2万円

1住宅あたり
延べ面積
86.5m²

10万人あたり
病床数
856.4床

汚水処理
人口普及率
93.6%

民生費
（1人あたり）
206.3千円

100世帯あたり
乗用車保有台数
94.5台

主な生産物

金・同合金展伸材	（2019年）	＊64%	（1位）
一般インキ	（2019年）	＊32%	（…）
アイスクリーム	（2019年）	＊28%	（1位）
化粧水	（2019年）	＊19%	（1位）
チョコレート類	（2019年）	＊17%	（2位）
印刷物	（2019年）	＊13%	（2位）
ねぎ	（2021年）	12%	（1位）
医薬品製剤	（2019年）	＊11%	（1位）

＊出荷額。

統計データ

40市22町 1 村

面積・人口・世帯（⇨第 2 部　第 1 章）
面積（2021年）　　　　　　　　3798km²
人口（2021年）　　　　　　734万467人
人口密度（2021年）　　　1932.8人/km²
人口増減率（2020〜21年）　　　−0.06%
人口構成の割合　　0 〜14歳　　11.7%
（2021年）　　　15〜64歳　　61.0%
　　　　　　　　65歳以上　　27.2%
世帯数（2022年）　　　　　343.2万世帯
1 世帯平均人員（2022年）　　　　2.15人

労働（⇨第 2 部　第 2 章）
就業者数（2020年）　　　　　383.2万人
産業別就業者割合　　第 1 次産業　　1.5%
（2020年）　　　第 2 次産業　　23.0%
　　　　　　　　第 3 次産業　　75.5%

経済・財政（⇨第 2 部　第 4 ・ 5 章）
県内総生産（2019年度）　　23兆6428億円
県民所得（2019年度）　　　22兆3059億円
農業産出額（2020年）　　　　　1678億円
製造品出荷額等（2019年）13兆9529億円
小売業商品販売額（2015年）7 兆1529億円
財政規模（普通会計）（2020年度）
　歳入（決算額）　　　　　2 兆1348億円
　歳出（決算額）　　　　　2 兆946億円
一般財源割合（2020年度）
　対歳出決算額　　　　　　　　　60.3%

家計（⇨第 2 部　第 7 章）
1 世帯あたり月平均（2021年）
　実収入　　　　　　　　　73万1505円
　消費支出　　　　　　　　34万645円
　平均消費性向　　　　　　　　　57.5%
1 世帯あたり貯蓄現在高（2019年）
　　　　　　　　　　　　　1190.9万円

保健・衛生（⇨第 2 部　第 1 ・ 7 章）
乳児死亡率（2021年）出生千あたり　1.4人
平均寿命（2015年）　男80.82年／女86.66年
10万人あたり医師数（2020年）　177.8人

府県のすがた　埼玉県

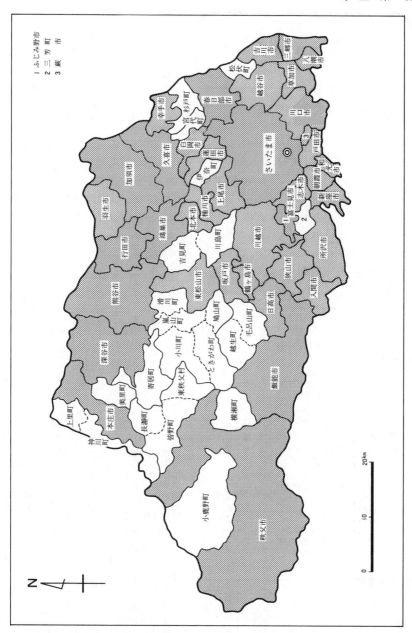

1 ふじみ野市
2 三 芳 町
3 蕨　市

（行政データ）　　知事：大野 元裕（おおの もとひろ）

県議会議員：93（男 74 女 13 欠員 6）／市町村長：63（男 61 女 2 欠員 0）

市町村議会議員計：1 271（男 963 女 287 欠員 21）

県職員数：61 450（一般行政 7 155）／市町村等職員数計：62 968（一般行政 33 672）

千葉県

人口ピラミッド(千葉)

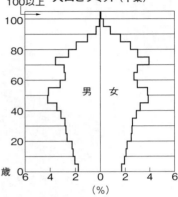

経済指標

（全国平均=100）

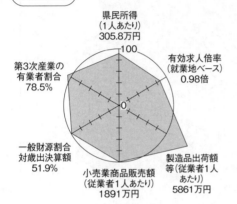

県民所得
（1人あたり）
305.8万円

有効求人倍率
（就業地ベース）
0.98倍

第3次産業の
有業者割合
78.5%

製造品出荷額
等（従業者1人
あたり）
5861万円

一般財源割合
対歳出決算額
51.9%

小売業商品販売額
（従業者1人あたり）
1891万円

生活指標

（全国平均=100）

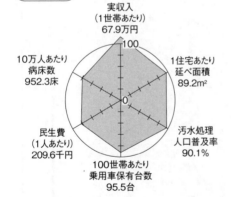

実収入
（1世帯あたり）
67.9万円

1住宅あたり
延べ面積
89.2m²

10万人あたり
病床数
952.3床

汚水処理
人口普及率
90.1%

民生費
（1人あたり）
209.6千円

100世帯あたり
乗用車保有台数
95.5台

主な生産物

らっかせい	(2021年)	84%	(1位)
ポリエチレン	(2019年)	*33%	(…)
合成ゴム	(2019年)	*25%	(1位)
しょうゆ	(2019年)	*23%	(1位)
ガソリン	(2019年)	*21%	(…)
火力発電1)	(2021年度)	12%	(1位)
日本なし	(2021年)	11%	(1位)
鉄鋼業2)	(2019年)	*9%	(3位)

＊出荷額。1) 電気事業用。2) 品目群の計。

統計データ　37市16町1村

面積・人口・世帯（⇨第2部　第1章）
面積（2021年）　5157km²
人口（2021年）　627万5160人
人口密度（2021年）　1216.8人/km²
人口増減率（2020〜21年）　-0.15%
人口構成の割合　　0〜14歳　11.6%
（2021年）　15〜64歳　60.6%
　　　　　65歳以上　27.9%
世帯数（2022年）　298.7万世帯
1世帯平均人員（2022年）　2.11人

労働（⇨第2部　第2章）
就業者数（2020年）　328.5万人
産業別就業者割合　第1次産業　2.4%
（2020年）　第2次産業　19.1%
　　　　第3次産業　78.5%

経済・財政（⇨第2部　第4・5章）
県内総生産（2019年度）　21兆2796億円
県民所得（2019年度）　19兆2118億円
農業産出額（2020年）　3853億円
製造品出荷額等（2019年）12兆5846億円
小売業商品販売額（2015年）6兆4055億円
財政規模（普通会計）（2020年度）
　歳入（決算額）　2兆2357億円
　歳出（決算額）　2兆1618億円
一般財源割合（2020年度）
　対歳出決算額　51.9%

家計（⇨第2部　第7章）
1世帯あたり月平均（2021年）
　実収入　67万8548円
　消費支出　32万7959円
　平均消費性向　60.6%
1世帯あたり貯蓄現在高（2019年）
　　1155.6万円

保健・衛生（⇨第2部　第1・7章）
乳児死亡率(2021年)出生千あたり　2.1人
平均寿命(2015年)　男80.96年／女86.91年
10万人あたり医師数（2020年）　205.8人

府県のすがた　千葉県

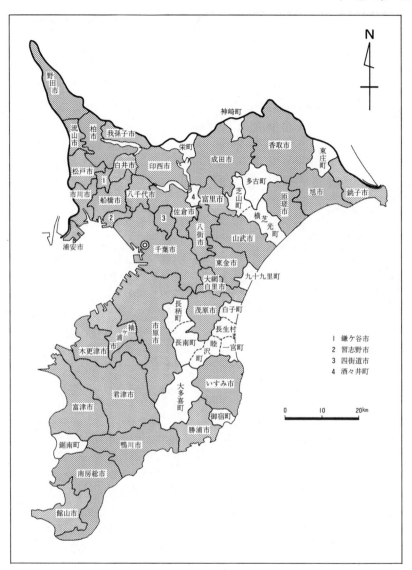

```
1 鎌ケ谷市
2 習志野市
3 四街道市
4 酒々井町
```

（行政データ）　　知事：熊谷 俊人（くまがい としひと）
県議会議員：94（男 78 女 12 欠員 4）／市町村長：54（男 50 女 3 欠員 1）
市町村議会議員計：1 154（男 924 女 212 欠員 18）
県職員数：58 585（一般行政 7 548）／市町村等職員数計：59 081（一般行政 31 007）

東京都

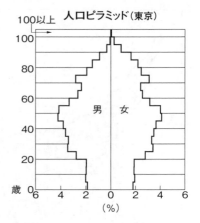

人口ピラミッド（東京）

男　女

（％）

経済指標
（全国平均=100）

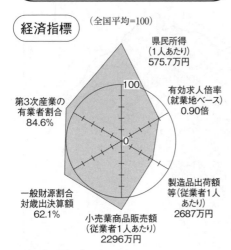

県民所得
（1人あたり）
575.7万円

有効求人倍率
（就業地ベース）
0.90倍

製造品出荷額
等（従業者1人
あたり）
2687万円

小売業商品販売額
（従業者1人あたり）
2296万円

一般財源割合
対歳出決算額
62.1%

第3次産業の
有業者割合
84.6%

生活指標
（全国平均=100）

実収入
（1世帯あたり）
74.9万円

1住宅あたり
延べ面積
65.2m²

汚水処理
人口普及率
99.8%

100世帯あたり
乗用車保有台数
42.8台

民生費
（1人あたり）
306.7千円

10万人あたり
病床数
897.4床

主な生産物

補聴器	（2019年）	*80%	（1位）
電子顕微鏡	（2019年）	*69%	（1位）
テレビ等放送装置	（2019年）	*64%	（1位）
航空機用エンジンの部品類			
	（2019年）	*38%	（1位）
かつお類	（2020年）	15%	（2位）
印刷物	（2019年）	*15%	（1位）
生コンクリート	（2019年）	*7%	（1位）

＊出荷額。

統計データ
23特別区26市5町
8村

面積・人口・世帯（⇨第2部　第1章）
面積（2021年）　　　　　　　　2194km²
人口（2021年）　　　　　　1401万99人
人口密度（2021年）　　　6385.5人/km²
人口増減率（2020～21年）　　　-0.27%
人口構成の割合　　0～14歳　　11.1%
（2021年）　　　15～64歳　　66.1%
　　　　　　　　65歳以上　　22.9%
世帯数（2022年）　　　　　735.4万世帯
1世帯平均人員（2022年）　　　　1.88人

労働（⇨第2部　第2章）
就業者数（2020年）　　　　　797.0万人
産業別就業者割合　第1次産業　　0.4%
（2020年）　　　第2次産業　15.0%
　　　　　　　　第3次産業　84.6%

経済・財政（⇨第2部　第4・5章）
県内総生産（2019年度）　115兆6824億円
県民所得（2019年度）　　80兆6356億円
農業産出額（2020年）　　　　　229億円
製造品出荷額等（2019年）7兆4207億円
小売業商品販売額(2015年)20兆5744億円
財政規模（普通会計）（2020年度）
　歳入（決算額）　　　　　9兆547億円
　歳出（決算額）　　　　8兆6095億円
一般財源割合（2020年度）
　対歳出決算額　　　　　　　　62.1%

家計（⇨第2部　第7章）
1世帯あたり月平均（2021年）
　実収入　　　　　　　　74万9114円
　消費支出　　　　　　　35万9882円
　平均消費性向　　　　　　　　60.2%
1世帯あたり貯蓄現在高（2019年）
　　　　　　　　　　　　1436.7万円

保健・衛生（⇨第2部　第1・7章）
乳児死亡率(2021年)出生千あたり　1.7人
平均寿命(2015年)　男81.07年／女87.26年
10万人あたり医師数（2020年）　320.9人

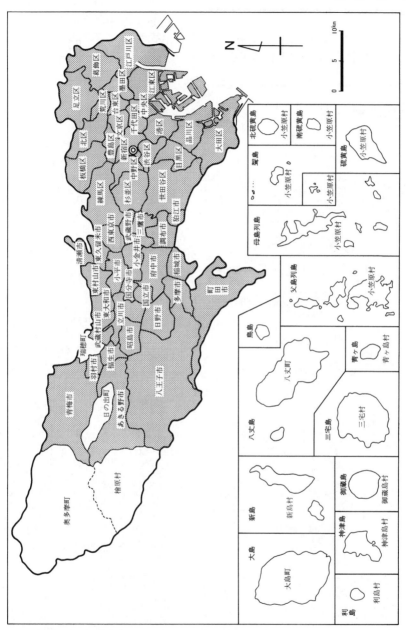

（行政データ）　　　知事：小池 百合子（こいけ ゆりこ）

都議会議員：127（男 86 女 40 欠員 1）／市区町村長：62（男 58 女 4 欠員 0）

市区町村議会議員計：1 679（男 1 147 女 485 欠員 47）

都職員数：175 972（一般行政 20 351）／市区町村等職員数計：93 445（一般行政 75 156）

神奈川県

人口ピラミッド（神奈川）

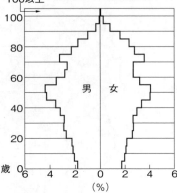

100以上
100
80
60　男　女
40
20
歳
6　4　2　0　2　4　6
（%）

経済指標　（全国平均=100）

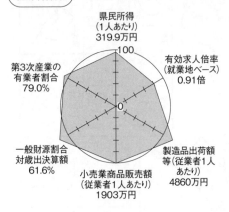

- 県民所得（1人あたり）319.9万円
- 有効求人倍率（就業地ベース）0.91倍
- 製造品出荷額等（従業者1人あたり）4860万円
- 小売業商品販売額（従業者1人あたり）1903万円
- 一般財源割合対歳出決算額 61.6%
- 第3次産業の有業者割合 79.0%

生活指標　（全国平均=100）

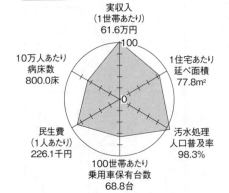

- 実収入（1世帯あたり）61.6万円
- 1住宅あたり延べ面積 77.8m²
- 汚水処理人口普及率 98.3%
- 100世帯あたり乗用車保有台数 68.8台
- 民生費（1人あたり）226.1千円
- 10万人あたり病床数 800.0床

主な生産物

```
口紅、ほお紅等    （2019年） *46％ （1位）
トラック1)       （2019年） *41％ （…）
フラットパネルディスプレイ製造装置
                （2019年） *38％ （1位）
果実酒          （2020年度） 31％ （2位）
家庭用合成洗剤    （2019年） *30％ （1位）
ガソリン         （2019年） *22％ （…）
飲用牛乳等       （2021年）  8 ％ （2位）
        ＊出荷額。1）けん引車を含む。
```

統計データ　19市13町1村

面積・人口・世帯 （⇨第 2 部　第 1 章）
- 面積 （2021年）　2416km²
- 人口 （2021年）　923万6322人
- 人口密度 （2021年）　3822.8人/km²
- 人口増減率 （2020～21年）　-0.01%
- 人口構成の割合　　0 ～14歳　11.6%
- （2021年）　15～64歳　62.7%
- 65歳以上　25.7%
- 世帯数 （2022年）　446.8万世帯
- 1世帯平均人員 （2022年）　2.06人

労働 （⇨第 2 部　第 2 章）
- 就業者数 （2020年）　489.5万人
- 産業別就業者割合　第 1 次産業　0.8%
- （2020年）　第 2 次産業　20.3%
- 第 3 次産業　79.0%

経済・財政 （⇨第 2 部　第 4・5 章）
- 県内総生産 （2019年度）　35兆2054億円
- 県民所得 （2019年度）　29兆5054億円
- 農業産出額 （2020年）　659億円
- 製造品出荷額等 （2019年）　17兆8722億円
- 小売業商品販売額（2015年）9 兆3767億円
- 財政規模（普通会計）（2020年度）
- 歳入 （決算額）　2 兆5542億円
- 歳出 （決算額）　2 兆3401億円
- 一般財源割合 （2020年度）
- 対歳出決算額　61.6%

家計 （⇨第 2 部　第 7 章）
- 1世帯あたり月平均 （2021年）
- 実収入　61万5511円
- 消費支出　32万5755円
- 平均消費性向　65.7%
- 1世帯あたり貯蓄現在高 （2019年）　1326.0万円

保健・衛生 （⇨第 2 部　第 1・7 章）
- 乳児死亡率（2021年）出生千あたり　1.4人
- 平均寿命（2015年）　男81.32年／女87.24年
- 10万人あたり医師数 （2020年）　223.0人

府県のすがた　神奈川県

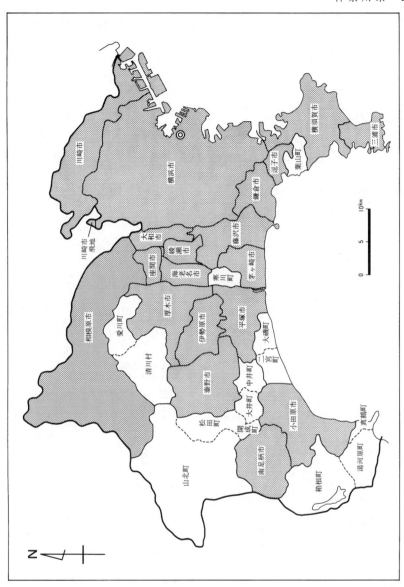

(行政データ)　　知事：黒岩 祐治（くろいわ ゆうじ）

県議会議員：105（男 85 女 19 欠員 1）／市町村長：33（男 31 女 2 欠員 0）

市町村議会議員計：771（男 586 女 182 欠員 3）

県職員数：54 162（一般行政 7 670）／市町村等職員数計：101 246（一般行政 40 658）

新潟県

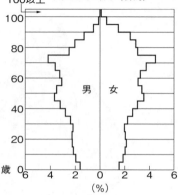

100以上
100
80
60　　　男　女
40
20
歳 0
6　4　2　0　2　4　6
(%)

経済指標　(全国平均=100)

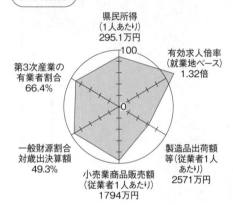

県民所得
(1人あたり)
295.1万円

有効求人倍率
(就業地ベース)
1.32倍

第3次産業の
有業者割合
66.4%

一般財源割合
対歳出決算額
49.3%

製造品出荷額
等(従業者1人
あたり)
2571万円

小売業商品販売額
(従業者1人あたり)
1794万円

生活指標　(全国平均=100)

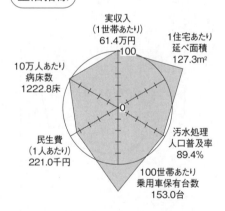

実収入
(1世帯あたり)
61.4万円

1住宅あたり
延べ面積
127.3m²

10万人あたり
病床数
1222.8床

民生費
(1人あたり)
221.0千円

汚水処理
人口普及率
89.4%

100世帯あたり
乗用車保有台数
153.0台

主な生産物

金属洋食器	(2019年)	*90%　(1位)
石油ストーブ	(2019年)	*74%　(1位)
まいたけ	(2021年)	67%　(1位)
切餅、包装餅1)	(2019年)	*66%　(1位)
米菓	(2019年)	*57%　(1位)
養殖錦鯉(販売量)	(2020年)	52%　(1位)
ピストンリング	(2019年)	*50%　(1位)
米(水稲)	(2021年)	8%　(1位)

＊出荷額。1) 和生菓子を除く。

統計データ　20市6町4村

面積・人口・世帯（⇨第 2 部　第 1 章）
面積 (2021年)　　　　　1 万2584km²
人口 (2021年)　　　　　217万7047人
人口密度 (2021年)　　　173.0人/km²
人口増減率 (2020〜21年)　　　-1.10%
人口構成の割合　　0〜14歳　11.1%
(2021年)　　15〜64歳　55.7%
65歳以上　33.2%
世帯数 (2022年)　　　　91.1万世帯
1 世帯平均人員 (2022年)　　　2.40人

労働（⇨第 2 部　第 2 章）
就業者数 (2020年)　　　　113.6万人
産業別就業者割合　第 1 次産業　5.2%
(2020年)　第 2 次産業　28.4%
第 3 次産業　66.4%

経済・財政（⇨第 2 部　第 4・5 章）
県内総生産 (2019年度)　9 兆1852億円
県民所得 (2019年度)　　6 兆5634億円
農業産出額 (2020年)　　　　2526億円
製造品出荷額等 (2019年)　5 兆113億円
小売業商品販売額 (2015年) 2 兆6031億円
財政規模 (普通会計) (2020年度)
歳入 (決算額)　　　1 兆1912億円
歳出 (決算額)　　　1 兆1705億円
一般財源割合 (2020年度)
対歳出決算額　　　　　　49.3%

家計（⇨第 2 部　第 7 章）
1 世帯あたり月平均 (2021年)
実収入　　　　　　　61万3886円
消費支出　　　　　　34万3585円
平均消費性向　　　　　　69.0%
1 世帯あたり貯蓄現在高 (2019年)
963.2万円

保健・衛生（⇨第 2 部　第 1・7 章）
乳児死亡率(2021年)出生千あたり　1.7人
平均寿命(2015年) 男80.69年／女87.32年
10万人あたり医師数 (2020年)　204.3人

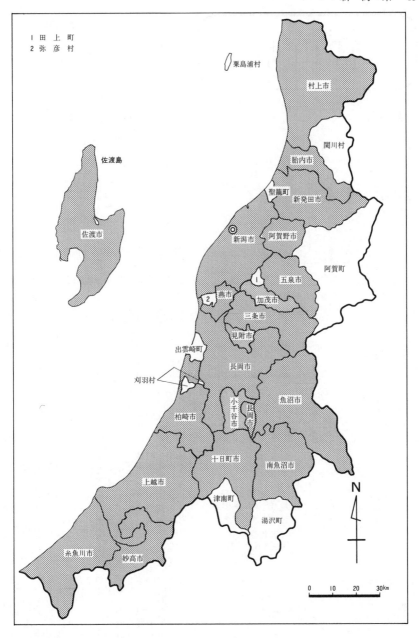

1 田 上 町
2 弥 彦 村

粟島浦村

村上市

関川村

胎内市

聖籠町

新発田市

佐渡島

新潟市

阿賀野市

阿賀町

五泉市

燕市

加茂市

三条市

見附市

出雲崎町

長岡市

魚沼市

刈羽村

柏崎市

小千谷市

長岡市

十日町市

南魚沼市

上越市

津南町

湯沢町

糸魚川市

妙高市

佐渡市

N

0　10　20　30km

（行政データ）　　　知事：花角 英世（はなずみ ひでよ）
県議会議員：53（男 46 女 6 欠員 1）／市町村長：30（男 28 女 2 欠員 0）
市町村議会議員計：571（男 487 女 77 欠員 7）
県職員数：28 386（一般行政 5 534）／市町村等職員数計：28 435（一般行政 14 238）

富山県

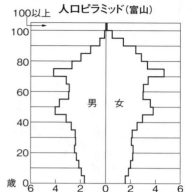

人口ピラミッド（富山）

男　女

（%）

経済指標　（全国平均＝100）

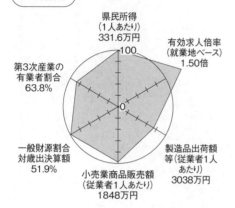

県民所得（1人あたり）331.6万円
有効求人倍率（就業地ベース）1.50倍
第3次産業の有業者割合 63.8%
一般財源割合 対歳出決算額 51.9%
製造品出荷額等（従業者1人あたり）3038万円
小売業商品販売額（従業者1人あたり）1848万円

生活指標　（全国平均＝100）

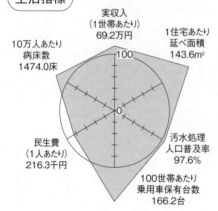

実収入（1世帯あたり）69.2万円
1住宅あたり延べ面積 143.6m²
10万人あたり病床数 1474.0床
民生費（1人あたり）216.3千円
汚水処理人口普及率 97.6%
100世帯あたり乗用車保有台数 166.2台

主な生産物

アルミサッシ	（2019年）	＊29%（1位）
銅・同合金鋳物	（2019年）	＊22%（2位）
球根類（出荷量）	（2021年）	19%（…）
アルミ再生地金、合金	（2019年）	＊16%（2位）
論理素子(集積回路)	（2019年）	＊15%（…）
医薬品原末、原液	（2019年）	＊13%（…）
水力発電1)	（2021年度）	11%（1位）

＊出荷額。1) 電気事業用。

統計データ　10市4町1村

面積・人口・世帯（⇨第2部　第1章）
面積（2021年）　4248km²
人口（2021年）　102万5440人
人口密度（2021年）　241.4人/km²
人口増減率（2020〜21年）　-0.91%
人口構成の割合　0〜14歳　11.1%
（2021年）　15〜64歳　56.1%
　65歳以上　32.8%
世帯数（2022年）　42.8万世帯
1世帯平均人員（2022年）　2.42人

労働（⇨第2部　第2章）
就業者数（2020年）　54.8万人
産業別就業者割合　第1次産業　3.0%
（2020年）　第2次産業　33.2%
　第3次産業　63.8%

経済・財政（⇨第2部　第4・5章）
県内総生産（2019年度）　4兆9102億円
県民所得（2019年度）　3兆4596億円
農業産出額（2020年）　629億円
製造品出荷額等（2019年）　3兆9411億円
小売業商品販売額（2015年）1兆2065億円
財政規模（普通会計）（2020年度）
歳入（決算額）　6169億円
歳出（決算額）　5941億円
一般財源割合（2020年度）
対歳出決算額　51.9%

家計（⇨第2部　第7章）
1世帯あたり月平均（2021年）
実収入　69万1937円
消費支出　33万1768円
平均消費性向　58.0%
1世帯あたり貯蓄現在高（2019年）
　1294.3万円

保健・衛生（⇨第2部　第1・7章）
乳児死亡率(2021年)出生千あたり　2.1人
平均寿命(2015年)　男80.61年／女87.42年
10万人あたり医師数（2020年）　261.5人

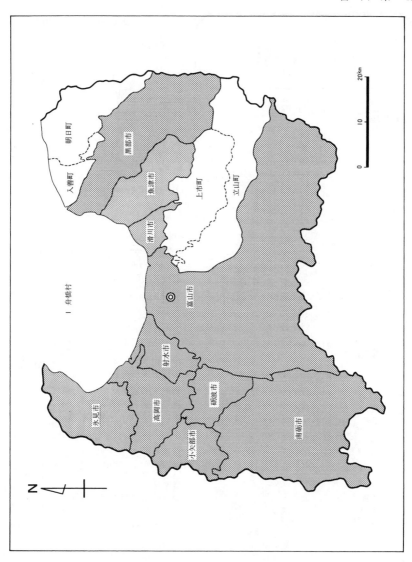

（行政データ）　　知事：新田 八朗（にった はちろう）

県議会議員：40（男 34 女 4 欠員 2）／市町村長：15（男 15 女 0 欠員 0）

市町村議会議員計：263（男 235 女 26 欠員 2）

県職員数：15 516（一般行政 3 220）／市町村等職員数計：12 789（一般行政 6 073）

石川県

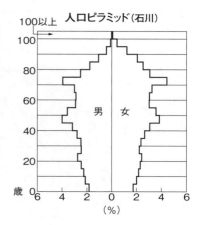

人口ピラミッド(石川)

経済指標 （全国平均=100）

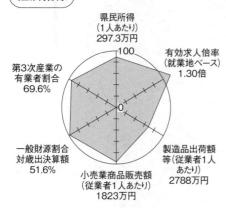

県民所得
(1人あたり)
297.3万円

有効求人倍率
(就業地ベース)
1.30倍

第3次産業の
有業者割合
69.6%

一般財源割合
対歳出決算額
51.6%

製造品出荷額
等(従業者1人
あたり)
2788万円

小売業商品販売額
(従業者1人あたり)
1823万円

生活指標 （全国平均=100）

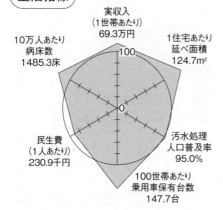

実収入
(1世帯あたり)
69.3万円

10万人あたり
病床数
1485.3床

1住宅あたり
延べ面積
124.7m²

民生費
(1人あたり)
230.9千円

汚水処理
人口普及率
95.0%

100世帯あたり
乗用車保有台数
147.7台

主な生産物

金属はく	(2019年)	*88%	(1位)
表示装置1)	(2019年)	*47%	(1位)
ポリエステル長繊維織物			
	(2019年)	*29%	(2位)
漆器製家具	(2019年)	*26%	(1位)
個装・内装機械2)	(2019年)	*26%	(1位)
機械プレス	(2019年)	*21%	(2位)
さわら類	(2020年)	11%	(2位)

＊出荷額。1) ディスプレイ等。2) 箱詰機等。

統計データ 11市8町0村

面積・人口・世帯 (⇨第2部 第1章)
面積 (2021年)　　　　　　　4186km²
人口 (2021年)　　　　　　112万5139人
人口密度 (2021年)　　　　268.8人/km²
人口増減率 (2020〜21年)　　　-0.65%
人口構成の割合　　0〜14歳　　12.0%
(2021年)　　　15〜64歳　　57.9%
　　　　　　　 65歳以上　　30.1%
世帯数 (2022年)　　　　　　49.4万世帯
1世帯平均人員 (2022年)　　　　2.28人

労働 (⇨第2部 第2章)
就業者数 (2020年)　　　　　 59.7万人
産業別就業者割合　第1次産業　　2.6%
(2020年)　　第2次産業　　27.8%
　　　　　　第3次産業　　69.6%

経済・財政 (⇨第2部 第4・5章)
県内総生産 (2019年度)　4兆7795億円
県民所得 (2019年度)　　3兆3869億円
農業産出額 (2020年)　　　　　535億円
製造品出荷額等 (2019年)　3兆478億円
小売業商品販売額(2015年)1兆3406億円
財政規模 (普通会計) (2020年度)
　歳入 (決算額)　　　　　　6240億円
　歳出 (決算額)　　　　　　6100億円
一般財源割合 (2020年度)
　対歳出決算額　　　　　　　　51.6%

家計 (⇨第2部 第7章)
1世帯あたり月平均 (2021年)
　実収入　　　　　　　　69万3159円
　消費支出　　　　　　　31万9454円
　平均消費性向　　　　　　　　57.1%
1世帯あたり貯蓄現在高 (2019年)
　　　　　　　　　　　　1093.7万円

保健・衛生 (⇨第2部 第1・7章)
乳児死亡率(2021年)出生千あたり　1.5人
平均寿命(2015年) 男81.04年／女87.28年
10万人あたり医師数 (2020年)　291.6人

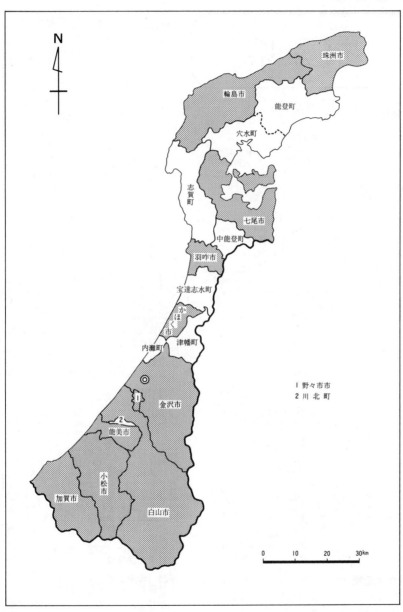

（行政データ）　　知事：馳 浩（はせ ひろし）
県議会議員：43（男 40 女 3 欠員 0）／市町村長：19（男 19 女 0 欠員 0）
市町村議会議員計：305（男 271 女 29 欠員 5）
県職員数：16 299（一般行政 3 272）／市町村等職員数計：13 579（一般行政 6 183）

福井県

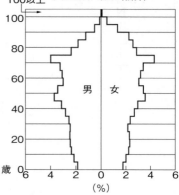

経済指標 （全国平均=100）

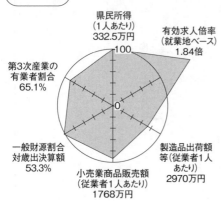

県民所得（1人あたり）332.5万円
有効求人倍率（就業地ベース）1.84倍
第3次産業の有業者割合 65.1%
製造品出荷額等（従業者1人あたり）2970万円
一般財源割合対歳出決算額 53.3%
小売業商品販売額（従業者1人あたり）1768万円

生活指標 （全国平均=100）

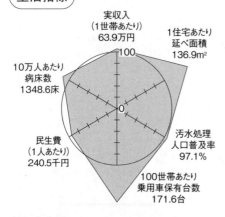

実収入（1世帯あたり）63.9万円
1住宅あたり延べ面積 136.9m²
10万人あたり病床数 1348.6床
汚水処理人口普及率 97.1%
民生費（1人あたり）240.5千円
100世帯あたり乗用車保有台数 171.6台

主な生産物

眼鏡枠	（2019年）	*95%	（1位）
漆器製食卓用品1)	（2019年）	*56%	（1位）
原子力発電2)	（2021年度）	50%	（1位）
ポリエステル長繊維織物	（2019年）	*38%	（1位）
六条大麦	（2021年）	24%	（1位）
固定コンデンサ	（2019年）	*22%	（2位）
さわら類	（2020年）	14%	（1位）

＊出荷額。1）台所用を含む。2）電気事業用。

統計データ　9市8町0村

面積・人口・世帯 （⇨第2部　第1章）
面積（2021年）　　　　　　　　4191km²
人口（2021年）　　　　　　76万6440人
人口密度（2021年）　　　　181.5人/km²
人口増減率（2020〜21年）　　　-0.84%
人口構成の割合　　　0〜14歳　12.3%
（2021年）　　　　15〜64歳　56.7%
　　　　　　　　　65歳以上　31.0%
世帯数（2022年）　　　　　　30.0万世帯
1世帯平均人員（2022年）　　　　2.56人

労働 （⇨第2部　第2章）
就業者数（2020年）　　　　　　41.5万人
産業別就業者割合　第1次産業　　3.2%
（2020年）　　　　第2次産業　31.6%
　　　　　　　　　第3次産業　65.1%

経済・財政 （⇨第2部　第4・5章）
県内総生産（2019年度）　3兆6946億円
県民所得（2019年度）　　2兆5650億円
農業産出額（2020年）　　　　　451億円
製造品出荷額等（2019年）2兆2902億円
小売業商品販売額（2015年）　8838億円
財政規模（普通会計）（2020年度）
　歳入（決算額）　　　　　　5215億円
　歳出（決算額）　　　　　　5095億円
一般財源割合（2020年度）
　対歳出決算額　　　　　　　　53.3%

家計 （⇨第2部　第7章）
1世帯あたり月平均（2021年）
　実収入　　　　　　　　　63万8683円
　消費支出　　　　　　　　28万7448円
　平均消費性向　　　　　　　　55.1%
1世帯あたり貯蓄現在高（2019年）
　　　　　　　　　　　　　1213.4万円

保健・衛生 （⇨第2部　第1・7章）
乳児死亡率(2021年)出生千あたり　1.1人
平均寿命(2015年)　男81.27年／女87.54年
10万人あたり医師数（2020年）　257.9人

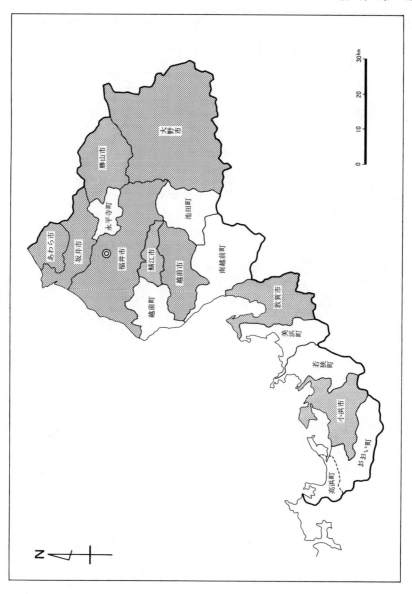

（行政データ）　　知事：杉本 達治（すぎもと たつじ）
県議会議員：37（男 32 女 2 欠員 3）／市町村長：17（男 16 女 1 欠員 0）
市町村議会議員計：298（男 260 女 34 欠員 4）
県職員数：14 012（一般行政 2 886）／市町村等職員数計：9 382（一般行政 5 168）

山梨県

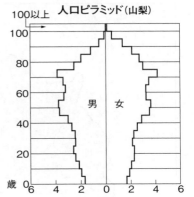

経済指標

（全国平均＝100）

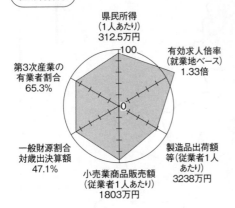

- 県民所得（1人あたり）312.5万円
- 有効求人倍率（就業地ベース）1.33倍
- 製造品出荷額等（従業者1人あたり）3238万円
- 小売業商品販売額（従業者1人あたり）1803万円
- 一般財源割合対歳出決算額 47.1%
- 第3次産業の有業者割合 65.3%

生活指標

（全国平均＝100）

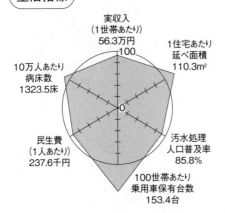

- 実収入（1世帯あたり）56.3万円
- 1住宅あたり延べ面積 110.3m²
- 汚水処理人口普及率 85.8%
- 100世帯あたり乗用車保有台数 153.4台
- 民生費（1人あたり）237.6千円
- 10万人あたり病床数 1323.5床

主な生産物

数値制御ロボット（2019年）	*74%	（1位）
ミネラルウォーター（2021年）	38%	（1位）
もも（2021年）	32%	（1位）
ウイスキー（2020年度）	32%	（1位）
ぶどう（2021年）	25%	（1位）
貴金属製装身具1)（2019年）	*23%	（…）
半導体・IC測定器（2019年）	*21%	（2位）
果実酒（2020年度）	13%	（3位）

＊出荷額。1）宝石などを含む。

統計データ

13市8町6村

面積・人口・世帯（⇨第2部　第1章）
- 面積（2021年）　4465km²
- 人口（2021年）　80万5353人
- 人口密度（2021年）　180.4人/km²
- 人口増減率（2020〜21年）　-0.57%
- 人口構成の割合　0〜14歳　11.3%
- （2021年）　15〜64歳　57.4%
- 　65歳以上　31.3%
- 世帯数（2022年）　36.8万世帯
- 1世帯平均人員（2022年）　2.22人

労働（⇨第2部　第2章）
- 就業者数（2020年）　42.6万人
- 産業別就業者割合　第1次産業　6.7%
- （2020年）　第2次産業　27.9%
- 　第3次産業　65.3%

経済・財政（⇨第2部　第4・5章）
- 県内総生産（2019年度）　3兆5660億円
- 県民所得（2019年度）　2兆5474億円
- 農業産出額（2020年）　974億円
- 製造品出荷額等（2019年）　2兆5053億円
- 小売業商品販売額（2015年）　9272億円
- 財政規模（普通会計）（2020年度）
- 　歳入（決算額）　5927億円
- 　歳出（決算額）　5667億円
- 一般財源割合（2020年度）
- 　対歳出決算額　47.1%

家計（⇨第2部　第7章）
- 1世帯あたり月平均（2021年）
- 　実収入　56万3275円
- 　消費支出　31万3311円
- 　平均消費性向　68.8%
- 1世帯あたり貯蓄現在高（2019年）
- 　880.7万円

保健・衛生（⇨第2部　第1・7章）
- 乳児死亡率（2021年）出生千あたり　1.0人
- 平均寿命（2015年）男80.85年／女87.22年
- 10万人あたり医師数（2020年）　250.1人

I 昭 和 町
2 中 央 市

（行政データ）　　知事：長崎 幸太郎（ながさき こうたろう）
県議会議員：37（男 33 女 1 欠員 3）／市町村長：27（男 26 女 0 欠員 1）
市町村議会議員計：410（男 363 女 39 欠員 8）
県職員数：12 792（一般行政 3 018）／市町村等職員数計：10 312（一般行政 5 476）

長野県

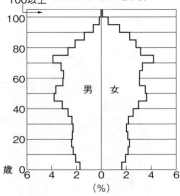

経済指標

（全国平均=100）

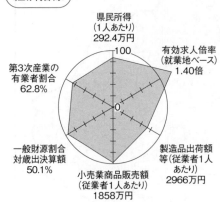

県民所得
（1人あたり）
292.4万円

有効求人倍率
（就業地ベース）
1.40倍

第3次産業の
有業者割合
62.8%

製造品出荷額
等（従業者1人
あたり）
2966万円

一般財源割合
対歳出決算額
50.1%

小売業商品販売額
（従業者1人あたり）
1858万円

生活指標

（全国平均=100）

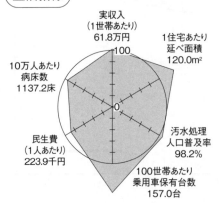

実収入
（1世帯あたり）
61.8万円

1住宅あたり
延べ面積
120.0m²

10万人あたり
病床数
1137.2床

汚水処理
人口普及率
98.2%

民生費
（1人あたり）
223.9千円

100世帯あたり
乗用車保有台数
157.0台

主な生産物

寒天	（2019年）	*84%	（1位）
顕微鏡、拡大鏡	（2019年）	*82%	（1位）
えのきたけ	（2021年）	61%	（1位）
みそ	（2019年）	*52%	（1位）
ウォッチ1)	（2019年）	*47%	（…）
わさび	（2021年）	40%	（1位）
レタス	（2021年）	33%	（1位）
りんご	（2021年）	17%	（2位）

＊出荷額。1) ムーブメントを含む。

統計データ　19市23町35村

面積・人口・世帯（⇨第2部　第1章）
面積（2021年）　　　　　1万3562km²
人口（2021年）　　　　　203万3182人
人口密度（2021年）　　　149.9人/km²
人口増減率（2020～21年）　　　-0.72%
人口構成の割合　　0～14歳　11.8%
　（2021年）　　15～64歳　55.9%
　　　　　　　　65歳以上　32.3%
世帯数（2022年）　　　　88.4万世帯
1世帯平均人員（2022年）　　　2.33人

労働（⇨第2部　第2章）
就業者数（2020年）　　　108.7万人
産業別就業者割合　第1次産業　8.5%
　（2020年）　　第2次産業　28.7%
　　　　　　　　第3次産業　62.8%

経済・財政（⇨第2部　第4・5章）
県内総生産（2019年度）　8兆4543億円
県民所得（2019年度）　　6兆255億円
農業産出額（2020年）　　　2697億円
製造品出荷額等（2019年）6兆2194億円
小売業商品販売額（2015年）2兆3561億円
財政規模（普通会計）（2020年度）
　歳入（決算額）　　　1兆669億円
　歳出（決算額）　　　1兆495億円
一般財源割合（2020年度）
　対歳出決算額　　　　　　50.1%

家計（⇨第2部　第7章）
1世帯あたり月平均（2021年）
　実収入　　　　　　　61万8020円
　消費支出　　　　　　32万9087円
　平均消費性向　　　　　　66.6%
1世帯あたり貯蓄現在高（2019年）
　　　　　　　　　　　1102.5万円

保健・衛生（⇨第2部　第1・7章）
乳児死亡率（2021年）出生千あたり　1.0人
平均寿命（2015年）男81.75年／女87.67年
10万人あたり医師数（2020年）　243.8人

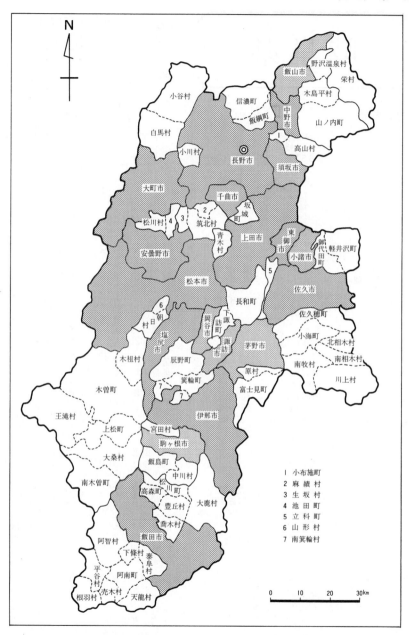

1　小布施町
2　麻績村
3　生坂村
4　池田町
5　立科町
6　山形村
7　南箕輪村

0　10　20　30km

（行政データ）　　知事：阿部 守一（あべ しゅいち）
県議会議員：57（男 49 女 8 欠員 0）／市町村長：77（男 76 女 1 欠員 0）
市町村議会議員計：1 043（男 848 女 171 欠員 24）
県職員数：27 358（一般行政 5 136）／市町村等職員数計：27 113（一般行政 15 121）

岐阜県

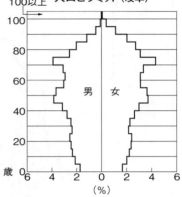

人口ピラミッド(岐阜)

100以上
100
80
60
40
20
歳
男　女
6　4　2　0　2　4　6
(％)

経済指標
（全国平均=100）

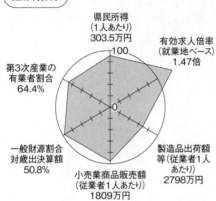

県民所得
（1人あたり）
303.5万円

有効求人倍率
（就業地ベース）
1.47倍

第3次産業の
有業者割合
64.4%

製造品出荷額
等（従業者1人
あたり）
2798万円

一般財源割合
対歳出決算額
50.8%

小売業商品販売額
（従業者1人あたり）
1809万円

生活指標
（全国平均=100）

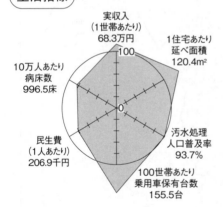

実収入
（1世帯あたり）
68.3万円

1住宅あたり
延べ面積
120.4m²

10万人あたり
病床数
996.5床

汚水処理
人口普及率
93.7%

民生費
（1人あたり）
206.9千円

100世帯あたり
乗用車保有台数
155.5台

主な生産物

ほう丁	（2019年）	*57%	（1位）
陶磁器製和飲食器	（2019年）	*43%	（1位）
油圧シリンダー	（2019年）	*34%	（1位）
換気扇	（2019年）	*21%	（…）
木製机・いす	（2019年）	*15%	（1位）
マシニングセンタ1)	（2019年）	*13%	（…）
水力発電2)	（2021年度）	10%	（2位）

＊出荷額。 1) 複合型NC工作機械。 2) 電気事業用。

統計データ
21市19町2村

面積・人口・世帯 （⇨第2部 第1章）
面積 （2021年）	1万621km²
人口 （2021年）	196万941人
人口密度 （2021年）	184.6人/km²
人口増減率 （2020〜21年）	-0.90%
人口構成の割合 0〜14歳	12.1%
（2021年） 15〜64歳	57.1%
65歳以上	30.8%
世帯数 （2022年）	83.9万世帯
1世帯平均人員 （2022年）	2.38人

労働 （⇨第2部 第2章）
就業者数 （2020年）	103.2万人
産業別就業者割合 第1次産業	2.8%
（2020年） 第2次産業	32.7%
第3次産業	64.4%

経済・財政 （⇨第2部 第4・5章）
県内総生産 （2019年度）	7兆9368億円
県民所得 （2019年度）	6兆466億円
農業産出額 （2020年）	1093億円
製造品出荷額等 （2019年）	5兆9896億円
小売業商品販売額 （2015年）	2兆2182億円
財政規模 （普通会計） （2020年度）	
歳入 （決算額）	9943億円
歳出 （決算額）	9640億円
一般財源割合 （2020年度）	
対歳出決算額	50.8%

家計 （⇨第2部 第7章）
1世帯あたり月平均 （2021年）
実収入	68万2608円
消費支出	34万3465円
平均消費性向	62.5%
1世帯あたり貯蓄現在高 （2019年）	1002.7万円

保健・衛生 （⇨第2部 第1・7章）
乳児死亡率(2021年)出生千あたり	1.4人
平均寿命(2015年)	男81.00年/女86.82年
10万人あたり医師数 （2020年）	224.5人

府県のすがた　岐阜県

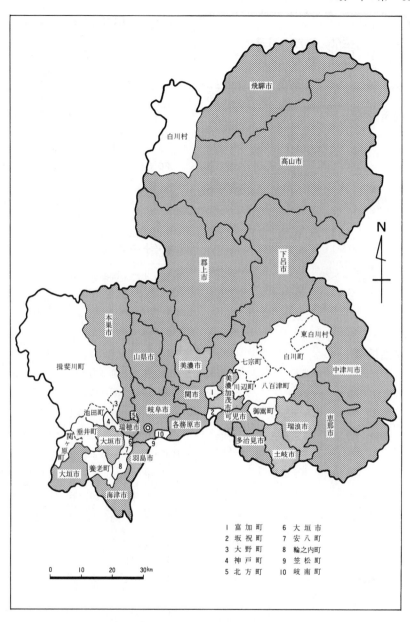

飛騨市

白川村

高山市

N

郡上市

下呂市

本巣市

揖斐川町

山県市

美濃市

東白川村

七宗町

白川町

中津川市

関市

美濃加茂市

川辺町

八百津町

1

御嵩町

2

可児市

3

池田町

神戸町

岐阜市

各務原市

瑞浪市

恵那市

垂井町

5

瑞穂市

4

多治見市

関ヶ原町

大垣市

6

土岐市

大垣市

養老町

8

羽島市

7

9

10

海津市

1	富加町		6	大垣市
2	坂祝町		7	安八町
3	大野町		8	輪之内町
4	神戸町		9	笠松町
5	北方町		10	岐南町

0　10　20　30km

（行政データ）　　知事：古田 肇（ふるた はじめ）
県議会議員：46（男 42 女 4 欠員 0）／市町村長：42（男 42 女 0 欠員 0）
市町村議会議員計：610（男 518 女 78 欠員 14）
県職員数：26 102（一般行政 4 400）／市町村等職員数計：22 366（一般行政 11 690）

静岡県

経済指標　（全国平均＝100）

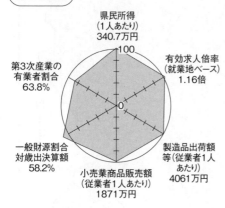

- 県民所得（1人あたり）340.7万円
- 有効求人倍率（就業地ベース）1.16倍
- 第3次産業の有業者割合 63.8%
- 一般財源割合対歳出決算額 58.2%
- 製造品出荷額等（従業者1人あたり）4061万円
- 小売業商品販売額（従業者1人あたり）1871万円

生活指標　（全国平均＝100）

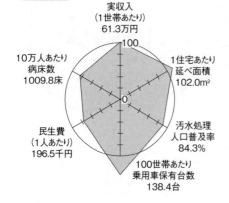

- 実収入（1世帯あたり）61.3万円
- 10万人あたり病床数 1009.8床
- 1住宅あたり延べ面積 102.0m²
- 民生費（1人あたり）196.5千円
- 汚水処理人口普及率 84.3%
- 100世帯あたり乗用車保有台数 138.4台

主な生産物

品目	年	割合	順位
ピアノ	（2019年）	*100%	（1位）
プラモデル	（2019年）	*92%	（1位）
白熱電灯器具	（2019年）	*87%	（1位）
茶	（2021年）	38%	（1位）
かつお類	（2020年）	30%	（1位）
茶系飲料	（2019年）	*23%	（1位）
軽・小型乗用車1)	（2019年）	*17%	（…）
紙・パルプ工業2)	（2019年）	*12%	（1位）

＊出荷額。1) 2000cc以下。2) 品目群の計。

人口ピラミッド（静岡）

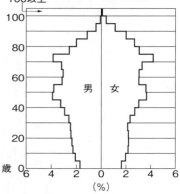

男　女

（%）

統計データ　23市12町0村

面積・人口・世帯（⇨第2部　第1章）
- 面積（2021年）　7777km²
- 人口（2021年）　360万7595人
- 人口密度（2021年）　463.9人/km²
- 人口増減率（2020〜21年）　-0.70%
- 人口構成の割合　　0〜14歳　11.9%
- （2021年）　15〜64歳　57.6%
- 　　　　　　65歳以上　30.5%
- 世帯数（2022年）　161.9万世帯
- 1世帯平均人員（2022年）　2.26人

労働（⇨第2部　第2章）
- 就業者数（2020年）　192.4万人
- 産業別就業者割合　第1次産業　3.5%
- （2020年）　第2次産業　32.7%
- 　　　　　　第3次産業　63.8%

経済・財政（⇨第2部　第4・5章）
- 県内総生産（2019年度）　17兆8663億円
- 県民所得（2019年度）　12兆4456億円
- 農業産出額（2020年）　1887億円
- 製造品出荷額等（2019年）　17兆2749億円
- 小売業商品販売額（2015年）　4兆900億円
- 財政規模（普通会計）（2020年度）
- 　歳入（決算額）　1兆2956億円
- 　歳出（決算額）　1兆2738億円
- 一般財源割合（2020年度）
- 　対歳出決算額　58.2%

家計（⇨第2部　第7章）
- 1世帯あたり月平均（2021年）
- 　実収入　61万2985円
- 　消費支出　32万7209円
- 　平均消費性向　65.1%
- 1世帯あたり貯蓄現在高（2019年）
- 　　　　　　1255.9万円

保健・衛生（⇨第2部　第1・7章）
- 乳児死亡率(2021年)出生千あたり　2.5人
- 平均寿命(2015年)　男80.95年／女87.10年
- 10万人あたり医師数（2020年）　219.4人

府県のすがた　静岡県

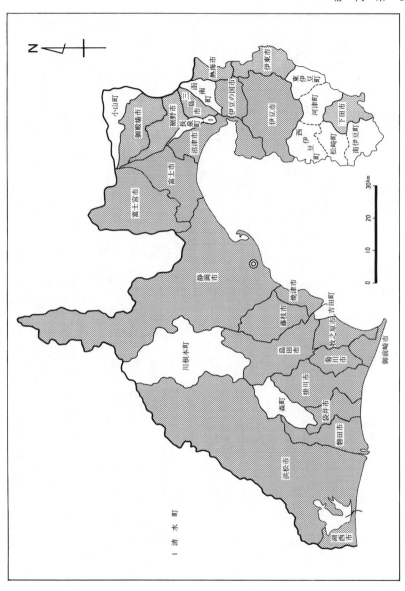

(行政データ)　　知事：川勝 平太（かわかつ へいた）

県議会議員：68（男 58 女 9 欠員 1）／市町村長：35（男 34 女 1 欠員 0）

市町村議会議員計：663（男 551 女 109 欠員 3）

県職員数：33 943（一般行政 5 709）／市町村等職員数計：43 983（一般行政 18 012）

愛知県

経済指標　（全国平均＝100）

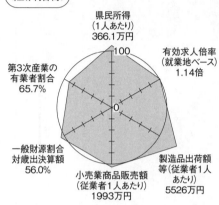

- 県民所得（1人あたり）366.1万円
- 有効求人倍率（就業地ベース）1.14倍
- 製造品出荷額等（従業者1人あたり）5526万円
- 小売業商品販売額（従業者1人あたり）1993万円
- 一般財源割合対歳出決算額 56.0%
- 第3次産業の有業者割合 65.7%

生活指標　（全国平均＝100）

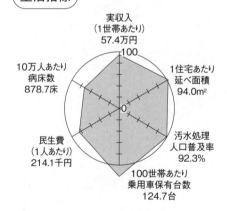

- 実収入（1世帯あたり）57.4万円
- 1住宅あたり延べ面積 94.0m²
- 汚水処理人口普及率 92.3%
- 100世帯あたり乗用車保有台数 124.7台
- 民生費（1人あたり）214.1千円
- 10万人あたり病床数 878.7床

主な生産物

電動工具	（2019年）	*73%	（1位）
衛生陶器	（2019年）	*54%	（1位）
普通乗用車1)	（2019年）	*44%	（1位）
パチンコ、スロット	（2019年）	*43%	（1位）
あさり類	（2020年）	37%	（1位）
乗用車用タイヤ	（2019年）	*27%	（…）
キャベツ	（2021年）	18%	（2位）
鉄鋼業2)	（2019年）	*14%	（1位）

　＊出荷額。1) 2000cc超。2) 品目群の計。

人口ピラミッド（愛知）

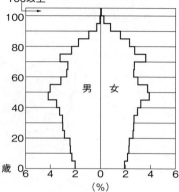

男　女　（%）　歳

統計データ　38市14町2村

面積・人口・世帯（⇨第2部　第1章）
- 面積（2021年）　5173km²
- 人口（2021年）　751万6604人
- 人口密度（2021年）　1453.0人/km²
- 人口増減率（2020〜21年）　-0.34%
- 人口構成の割合　0〜14歳　12.8%
- （2021年）　15〜64歳　61.6%
- 　65歳以上　25.5%
- 世帯数（2022年）　338.6万世帯
- 1世帯平均人員（2022年）　2.22人

労働（⇨第2部　第2章）
- 就業者数（2020年）　401.2万人
- 産業別就業者割合　第1次産業　1.9%
- （2020年）　第2次産業　32.4%
- 　第3次産業　65.7%

経済・財政（⇨第2部　第4・5章）
- 県内総生産（2019年度）　40兆9107億円
- 県民所得（2019年度）　27兆6662億円
- 農業産出額（2020年）　2893億円
- 製造品出荷額等（2019年）　48兆1864億円
- 小売業商品販売額（2015年）8兆8648億円
- 財政規模（普通会計）（2020年度）
  - 歳入（決算額）　2兆6200億円
  - 歳出（決算額）　2兆5574億円
- 一般財源割合（2020年度）
  - 対歳出決算額　56.0%

家計（⇨第2部　第7章）
- 1世帯あたり月平均（2021年）
  - 実収入　57万3548円
  - 消費支出　28万7377円
  - 平均消費性向　62.7%
- 1世帯あたり貯蓄現在高（2019年）
  - 1393.3万円

保健・衛生（⇨第2部　第1・7章）
- 乳児死亡率（2021年）出生千あたり　1.9人
- 平均寿命（2015年）男81.10年／女86.86年
- 10万人あたり医師数（2020年）　224.4人

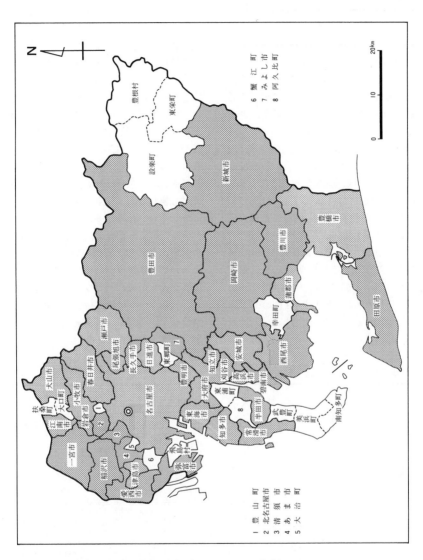

（行政データ）　　知事：大村 秀章（おおむら ひであき）
県議会議員：102（男 93 女 5 欠員 4）／市町村長：54（男 54 女 0 欠員 0）
市町村議会議員計：1 143（男 933 女 196 欠員 14）
県職員数：62 823（一般行政 8 920）／市町村等職員数計：88 895（一般行政 41 221）

テレワークの現況

　日本では、1984年に始まったといわれるテレワークは、コロナ禍によって実施率が一気に上昇した。国土交通省による2021年テレワーク人口実態調査によると、2021年の雇用型就業者でのテレワーク実施状況は全国平均で27.0％となり、2018年の16.6％より10.4ポイント増加した。業種や地域、職種などでばらつきがあり、業種別では情報通信業が74.0％で最も高い一方、医療・福祉が5.7％と最も低く、次いで宿泊業・飲食業が7.5％と低い。

　就業地域別でみると、首都圏が42.3％（2018年21.6％）で最も高く、近畿圏が27.7％（2018年17.6％）、中京圏が22.9％（2018年16.6％）、地方都市圏が17.2％（2018年12.9％）であった。また、通勤時間が長いほどテレワーカーの割合が高まる傾向にあり、通勤時間30分未満の13.9％に対し、1時間半を超える雇用型就業者では56.4％と過半数を上回った。

　職種別にみると、研究職が64.1％と最も高く、次いで営業51.6％、管理職51.1％となっている。一方、テレワーカー割合の低い職種は、保安・農業林業・生産工程・輸送・建設・清掃等従事者が4.0％、販売4.7％、サービス6.2％、専門・技術職（保健医療や社会福祉、教員等）14.3％である。これらは、直接対面や現地作業が必要なため、仕事内容がテレワークになじまない仕事が多い。

　テレワーカー割合の高い職種（研究職や営業、管理職、専門技術職、事務職）について企業規模別に比較すると、企業規模が大きいほどテレワーカー割合が高い。テレワークは設備投資や労務管理の整備などが必要で、大企業に比べ中小企業での導入が進んでいない。

雇用型テレワーカー割合（就業地域別）（％）

	2016（居住地域別）	2017（居住地域別）	2018	2019	2020	2021	テレワーカー割合 高い業種	低い業種
首都圏	16.9	18.3	21.6	19.1	34.4	42.3	60.7	11.8
近畿圏	13.5	15.2	17.6	15.2	23.4	27.7	42.5	9.5
中京圏	13.1	13.8	16.6	14.7	19.7	22.9	36.5	7.3
地方都市圏	11.0	12.6	12.9	11.9	15.9	17.2	28.6	5.8
全国	13.3	14.8	16.6	14.8	23.0	27.0	42.7	8.0

	通勤時間別（2021年） 30分未満	30分〜1時間未満	1〜1.5時間未満	1.5時間以上	企業規模別（2021年）（テレワーカー割合の高い業種での結果） 1〜19人	20〜99人	100〜299人	300〜999人	1000人以上
首都圏	18.1	45.6	55.4	63.1	35.5	50.3	59.9	64.3	71.7
近畿圏	14.3	31.4	42.0	49.1	21.4	28.6	39.3	50.7	56.6
中京圏	13.9	28.3	41.6	47.4	13.7	21.2	30.3	37.5	54.6
地方都市圏	12.6	23.0	29.9	41.6	15.1	20.2	27.9	29.6	42.9
全国	13.9	32.9	46.9	56.4	21.8	30.4	40.4	46.3	57.8

国土交通省「テレワーク人口実態調査」（2021年）より作成。テレワーカー割合の高い業種は、研究職、営業、管理職、専門・技術職（技術職等）、事務職。低い業種は専門・技術職（保健医療、社会福祉等）、サービス、販売、保安・農林漁業・生産工程・輸送等、その他。首都圏は東京、埼玉、千葉、神奈川。近畿圏は京都、大阪、兵庫、奈良。中京圏は愛知、岐阜、三重。地方都市圏は上記以外。

保育所等の「隠れ」待機児童数

　厚生労働省によると、全国の保育所等の待機児童数は、2022年4月1日現在で2944人と5年連続で減少した。認定こども園など保育施設の整備や、就学前人口の減少、コロナ禍での利用控え等による需要の減少などが影響している。

　一方、厚生労働省の定める「待機児童」には含まれない、「隠れ待機児童」が存在する。隠れ待機児童とは、子どもが保育所に入れない等の理由で、保護者が育児休業中の場合や、求職活動を休止している場合のほか、自宅や職場近くなど特定の保育所を希望している場合などに、待機児童と見なされない児童のことである。

　求職活動の休止や育児休業の長期化は、保護者のキャリアに影響する。また、子どもの送り迎えに時間や労力を要する保育所等では、保護者の社会復帰後の働き方が大きく制限されるため、隠れ待機児童の改善は大きな課題である。

　隠れ待機児童は、全国で6万1283人（2022年4月1日現在）にのぼる。直近2年は、コロナ禍での利用控えなどにより減少傾向にあるものの、女性就業率が上昇傾向にあることや、働き方の変化によって、保育所利用のニーズが再び増加し、隠れ待機児童が増える可能性がある。厚生労働省は、2024年までに保育の受け皿を更に約14万人分確保するとしているが、保育所等の需給は地域差が大きく、既に定員割れとなっている保育施設もある。保護者の希望と施設の整備状況にズレが生じており、自治体には利用者のニーズに沿った施設整備や、マッチングなどの支援が求められている。

待機児童数の推移（各年4月1日現在）

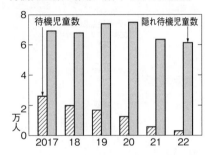

都道府県別の待機児童数（2022年4月1日現在）（単位　人）

	待機児童数	隠れ待機児童数[1]		待機児童数	隠れ待機児童数[1]		待機児童数	隠れ待機児童数[1]
北海道	22	1 311	石川	—	1	岡山	79	1 325
青森	—	94	福井	—	94	広島	8	1 233
岩手	35	221	山梨	—	47	山口	14	239
宮城	75	541	長野	9	131	徳島	—	189
秋田	7	73	岐阜	—	102	香川	19	257
山形	—	162	静岡	23	1 236	愛媛	25	291
福島	23	431	愛知	53	2 279	高知	4	59
茨城	8	1 285	三重	64	552	福岡	100	2 451
栃木	14	617	滋賀	118	970	佐賀	8	198
群馬	1	291	京都	17	990	長崎	—	230
埼玉	296	5 786	大阪	134	7 032	熊本	9	632
千葉	250	2 815	兵庫	311	4 189	大分	—	688
東京	300	12 541	奈良	81	634	宮崎	—	73
神奈川	220	6 581	和歌山	30	38	鹿児島	148	557
新潟	—	126	鳥取	—	26	沖縄	439	1 352
富山	—	202	島根	—	111	全国	2 944	61 283

厚生労働省資料より作成。1) 特定の保育園等のみを希望、求職活動休止中、育児休業中、地方単独事業を利用している者の合計。

三重県

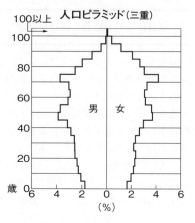

100以上

男　女

（％）

経済指標　（全国平均＝100）

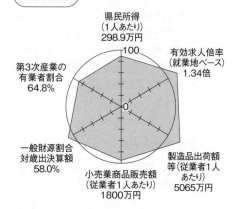

県民所得
（1人あたり）
298.9万円

有効求人倍率
（就業地ベース）
1.34倍

第3次産業の
有業者割合
64.8%

一般財源割合
対歳出決算額
58.0%

製造品出荷額
等（従業者1人
あたり）
5065万円

小売業商品販売額
（従業者1人あたり）
1800万円

生活指標　（全国平均＝100）

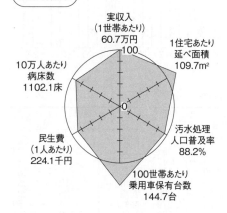

実収入
（1世帯あたり）
60.7万円

1住宅あたり
延べ面積
109.7m²

10万人あたり
病床数
1102.1床

民生費
（1人あたり）
224.1千円

汚水処理
人口普及率
88.2%

100世帯あたり
乗用車保有台数
144.7台

主な生産物

さつき（出荷量）	（2020年）	79%	（1位）
陶磁器製台所用品1)	（2019年）	*76%	（1位）
液晶パネル	（2019年）	*54%	（1位）
錠、かぎ	（2019年）	*49%	（1位）
ラジアル玉軸受	（2019年）	*24%	（…）
いせえび	（2020年）	22%	（1位）
ゴムホース	（2019年）	*22%	（…）
エチルアルコール	（2019年）	*16%	（…）

＊出荷額。1) 調理用品を含む。

統計データ　14市15町0村

面積・人口・世帯（⇨第2部　第1章）
面積（2021年）　　　　　　5774km²
人口（2021年）　　　　　175万5689人
人口密度（2021年）　　　304.0人/km²
人口増減率（2020〜21年）　　−0.82%
人口構成の割合　　0〜14歳　11.9%
（2021年）　　15〜64歳　57.8%
　　　　　　65歳以上　30.3%
世帯数（2022年）　　　　　80.7万世帯
1世帯平均人員（2022年）　　　2.21人

労働（⇨第2部　第2章）
就業者数（2020年）　　　　　91.9万人
産業別就業者割合　第1次産業　3.2%
（2020年）　　第2次産業　32.0%
　　　　　　第3次産業　64.8%

経済・財政（⇨第2部　第4・5章）
県内総生産（2019年度）　8兆864億円
県民所得（2019年度）　5兆3283億円
農業産出額（2020年）　　　　1043億円
製造品出荷額等（2019年）10兆7685億円
小売業商品販売額（2015年）1兆9897億円
財政規模（普通会計）（2020年）
　歳入（決算額）　　　　　　8047億円
　歳出（決算額）　　　　　　7620億円
一般財源割合（2020年度）
　対歳出決算額　　　　　　　　58.0%

家計（⇨第2部　第7章）
1世帯あたり月平均（2021年）
　実収入　　　　　　　　　60万7261円
　消費支出　　　　　　　　32万2726円
　平均消費性向　　　　　　　　64.4%
1世帯あたり貯蓄現在高（2019年）
　　　　　　　　　　　　　1141.4万円

保健・衛生（⇨第2部　第1・7章）
乳児死亡率(2021年)出生千あたり　1.6人
平均寿命(2015年)　男80.86年／女86.99年
10万人あたり医師数（2020年）　231.6人

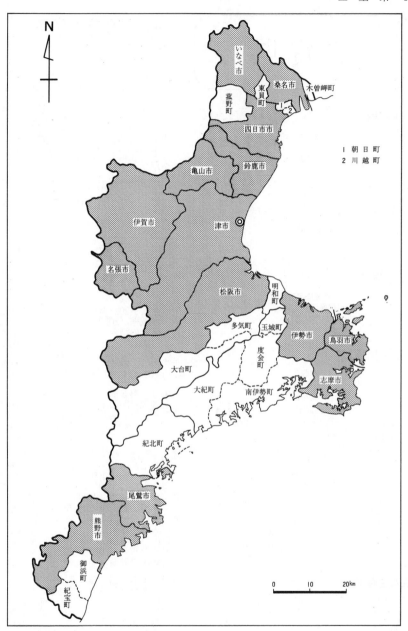

N

いなべ市
桑名市
東員町
木曽岬町
菰野町
四日市市
亀山市
鈴鹿市

I 朝 日 町
2 川 越 町

伊賀市
津市
名張市
松阪市
明和町
多気町
玉城町
伊勢市
鳥羽市
度会町
大台町
志摩市
大紀町
南伊勢町
紀北町
尾鷲市
熊野市
御浜町
紀宝町

0   10   20km

（行政データ）　　知事：一見 勝之（いちみ かつゆき）
県議会議員：51（男 45 女 6 欠員 0）／市町村長：29（男 28 女 1 欠員 0）
市町村議会議員計：498（男 407 女 84 欠員 7）
県職員数：23 624（一般行政 4 345）／市町村等職員数計：20 537（一般行政 10 874）

滋賀県

人口ピラミッド（滋賀）

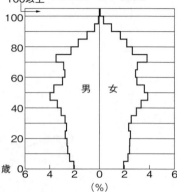

男　女

歳
（%）

経済指標 （全国平均=100）

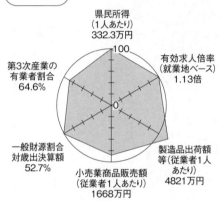

県民所得
（1人あたり）
332.3万円

有効求人倍率
（就業地ベース）
1.13倍

第3次産業の
有業者割合
64.6%

製造品出荷額
等（従業者1人
あたり）
4821万円

一般財源割合
対歳出決算額
52.7%

小売業商品販売額
（従業者1人あたり）
1668万円

生活指標 （全国平均=100）

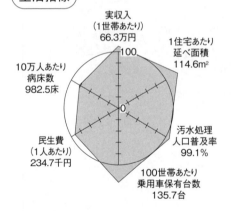

実収入
（1世帯あたり）
66.3万円

1住宅あたり
延べ面積
114.6m²

10万人あたり
病床数
982.5床

汚水処理
人口普及率
99.1%

民生費
（1人あたり）
234.7千円

100世帯あたり
乗用車保有台数
135.7台

主な生産物

理容用電気器具	（2019年）	*75%	（1位）
プラスチック雨どい	（2019年）	*67%	（1位）
はかり	（2019年）	*53%	（1位）
即席めん類	（2019年）	*21%	（1位）
はん用ディーゼル機関			
	（2019年）	*20%	（…）
エアコン1)	（2019年）	*20%	（…）
医薬品製剤	（2019年）	*10%	（3位）

＊出荷額。1）パッケージ型を除く。

統計データ　13市6町0村

面積・人口・世帯（⇨第2部　第1章）
面積（2021年）　　　　　　　4017km²
人口（2021年）　　　　　141万9509人
人口密度（2021年）　　　　351.1人/km²
人口増減率（2020〜21年）　　　-0.22%
人口構成の割合　　　0〜14歳　　13.4%
　（2021年）　　　15〜64歳　　59.9%
　　　　　　　　　65歳以上　　26.6%
世帯数（2022年）　　　　　　60.2万世帯
1世帯平均人員（2022年）　　　　2.35人

労働（⇨第2部　第2章）
就業者数（2020年）　　　　　　73.2万人
産業別就業者割合　第1次産業　　2.4%
　（2020年）　　　第2次産業　　33.0%
　　　　　　　　　第3次産業　　64.6%

経済・財政（⇨第2部　第4・5章）
県内総生産（2019年度）　　6兆9226億円
県民所得（2019年度）　　　4兆7059億円
農業産出額（2020年）　　　　　619億円
製造品出荷額等（2019年）　8兆754億円
小売業商品販売額（2015年）1兆4452億円
財政規模（普通会計）（2020年度）
　歳入（決算額）　　　　　　6551億円
　歳出（決算額）　　　　　　6487億円
一般財源割合（2020年度）
　対歳出決算額　　　　　　　　52.7%

家計（⇨第2部　第7章）
1世帯あたり月平均（2021年）
　実収入　　　　　　　　　66万2768円
　消費支出　　　　　　　　31万4238円
　平均消費性向　　　　　　　　59.4%
1世帯あたり貯蓄現在高（2019年）
　　　　　　　　　　　　　1366.2万円

保健・衛生（⇨第2部　第1・7章）
乳児死亡率（2021年）出生千あたり　1.6人
平均寿命（2015年）男81.78年／女87.57年
10万人あたり医師数（2020年）　236.3人

府県のすがた

滋賀県

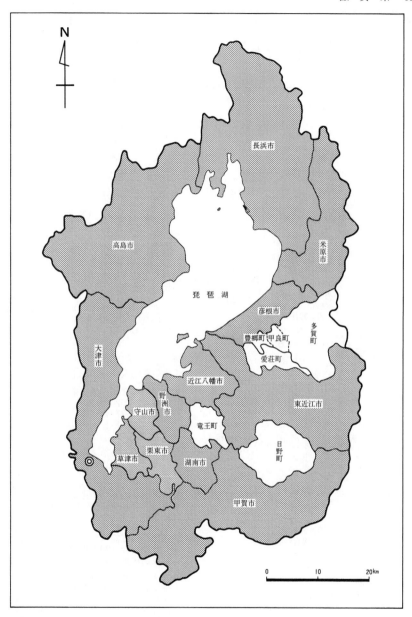

（行政データ）　　知事：三日月 大造（みかづき たいぞう）
県議会議員：44（男 35 女 7 欠員 2）／市町村長：19（男 19 女 0 欠員 0）
市町村議会議員計：369（男 303 女 57 欠員 9）
県職員数：19 931（一般行政 3 277）／市町村等職員数計：15 437（一般行政 7 918）

京都府

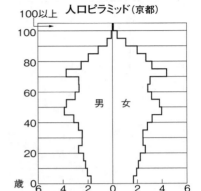

人口ピラミッド（京都）

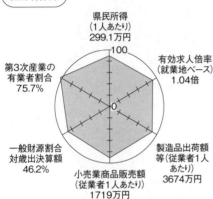

経済指標 （全国平均=100）

- 県民所得（1人あたり）299.1万円
- 有効求人倍率（就業地ベース）1.04倍
- 製造品出荷額等（従業者1人あたり）3674万円
- 小売業商品販売額（従業者1人あたり）1719万円
- 一般財源割合対歳出決算額 46.2%
- 第3次産業の有業者割合 75.7%

生活指標 （全国平均=100）

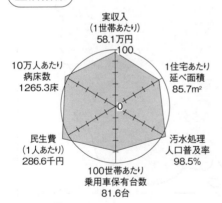

- 実収入（1世帯あたり）58.1万円
- 1住宅あたり延べ面積 85.7m²
- 汚水処理人口普及率 98.5%
- 100世帯あたり乗用車保有台数 81.6台
- 民生費（1人あたり）286.6千円
- 10万人あたり病床数 1265.3床

主な生産物

絹織物(幅13cm以上)	(2019年)	*59%	（1位）
分析装置1)	(2019年)	*48%	（1位）
既製和服・帯	(2019年)	*45%	（1位）
かるた、花札等	(2019年)	*23%	（…）
宗教用具	(2019年)	*18%	（1位）
清酒	(2020年度)	17%	（2位）
鉛蓄電池	(2019年)	*9%	（1位）
和生菓子	(2019年)	*7%	（1位）

＊出荷額。1）光分析装置を除く。

統計データ 15市10町1村

面積・人口・世帯 （⇨第2部　第1章）
- 面積（2021年）　　　　　　4612km²
- 人口（2021年）　　　　256万1399人
- 人口密度（2021年）　　555.4人／km²
- 人口増減率（2020〜21年）　　−0.65%
- 人口構成の割合　0〜14歳　11.3%
- （2021年）　15〜64歳　59.1%
- 　65歳以上　29.6%
- 世帯数（2022年）　　　123.3万世帯
- 1世帯平均人員（2022年）　　2.04人

労働 （⇨第2部　第2章）
- 就業者数（2020年）　　　129.7万人
- 産業別就業者割合　第1次産業　1.9%
- （2020年）　第2次産業　22.4%
- 　第3次産業　75.7%

経済・財政 （⇨第2部　第4・5章）
- 県内総生産（2019年度）　10兆7661億円
- 県民所得（2019年度）　　7兆7518億円
- 農業産出額（2020年）　　　　642億円
- 製造品出荷額等（2019年）5兆7419億円
- 小売業商品販売額（2015年）2兆9759億円
- 財政規模（普通会計）（2020年度）
- 歳入（決算額）　　　　1兆1772億円
- 歳出（決算額）　　　　1兆1582億円
- 一般財源割合（2020年度）
- 対歳出決算額　　　　　　　　46.2%

家計 （⇨第2部　第7章）
- 1世帯あたり月平均（2021年）
- 実収入　　　　　　　　58万907円
- 消費支出　　　　　　　32万4687円
- 平均消費性向　　　　　　　　67.7%
- 1世帯あたり貯蓄現在高（2019年）
- 　　　　　　　　　　　1250.1万円

保健・衛生 （⇨第2部　第1・7章）
- 乳児死亡率（2021年）出生千あたり　1.1人
- 平均寿命（2015年）男81.40年／女87.35年
- 10万人あたり医師数（2020年）　332.6人

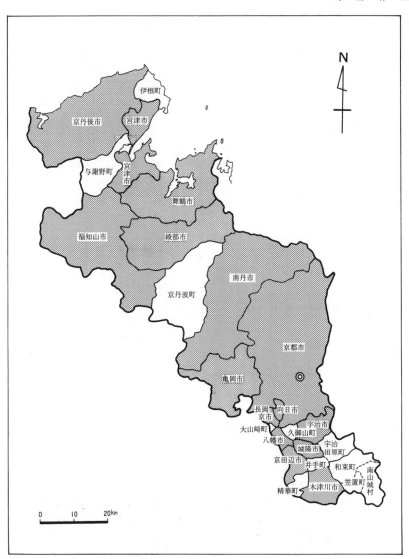

（行政データ）　　知事：西脇 隆俊（にしわき たかとし）

府議会議員：60（男 46 女 13 欠員 1）／市町村長：26（男 24 女 2 欠員 0）

市町村議会議員計：498（男 390 女 97 欠員 11）

府職員数：22 624（一般行政 4 104）／市町村等職員数計：34 122（一般行政 14 448）

大阪府

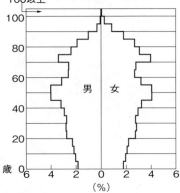

人口ピラミッド（大阪）

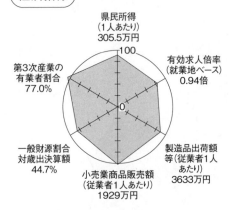

経済指標　（全国平均=100）

県民所得
（1人あたり）
305.5万円

有効求人倍率
（就業地ベース）
0.94倍

第3次産業の
有業者割合
77.0%

製造品出荷額
等（従業者1人
あたり）
3633万円

一般財源割合
対歳出決算額
44.7%

小売業商品販売額
（従業者1人あたり）
1929万円

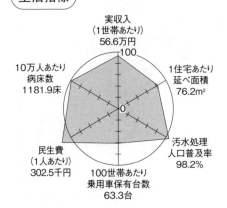

生活指標　（全国平均=100）

実収入
（1世帯あたり）
56.6万円

10万人あたり
病床数
1181.9床

1住宅あたり
延べ面積
76.2m²

汚水処理
人口普及率
98.2%

民生費
（1人あたり）
302.5千円

100世帯あたり
乗用車保有台数
63.3台

主な生産物

魔法びん	（2019年）	*100%	（1位）
自転車1)	（2019年）	*89%	（1位）
石けん	（2019年）	*45%	（1位）
リチウムイオン蓄電池	（2019年）	*22%	（…）
チョコレート類	（2019年）	*21%	（1位）
ボルト、ナット類	（2019年）	*19%	（1位）
食パン	（2019年）	*12%	（1位）

＊出荷額。1）子供車、特殊車を除く。

統計データ　33市9町1村

面積・人口・世帯（⇨第2部　第1章）
面積（2021年）　　　　　　　　1905km²
人口（2021年）　　　　　　　880万6114人
人口密度（2021年）　　　　4621.8人/km²
人口増減率（2020～21年）　　　　-0.36%
人口構成の割合　　　0～14歳　　11.6%
（2021年）　　　15～64歳　　60.7%
　　　　　　　　65歳以上　　27.7%
世帯数（2022年）　　　　　443.4万世帯
1世帯平均人員（2022年）　　　　　1.98人

労働（⇨第2部　第2章）
就業者数（2020年）　　　　　449.0万人
産業別就業者割合　第1次産業　　0.5%
（2020年）　　第2次産業　　22.5%
　　　　　　　第3次産業　　77.0%

経済・財政（⇨第2部　第4・5章）
県内総生産（2019年度）　41兆1884億円
県民所得（2019年度）　　27兆145億円
農業産出額（2020年）　　　　　311億円
製造品出荷額等（2019年）17兆2701億円
小売業商品販売額（2015年）10兆3252億円
財政規模（普通会計）（2020年度）
　歳入（決算額）　　　　3兆7894億円
　歳出（決算額）　　　　3兆7335億円
一般財源割合（2020年度）
　対歳出決算額　　　　　　　　44.7%

家計（⇨第2部　第7章）
1世帯あたり月平均（2021年）
　実収入　　　　　　　　56万6338円
　消費支出　　　　　　　27万545円
　平均消費性向　　　　　　　　56.3%
1世帯あたり貯蓄現在高（2019年）
　　　　　　　　　　　　1106.1万円

保健・衛生（⇨第2部　第1・7章）
乳児死亡率（2021年）出生千あたり　1.5人
平均寿命（2015年）　男80.23年／女86.73年
10万人あたり医師数（2020年）　285.7人

府県のすがた 大阪府

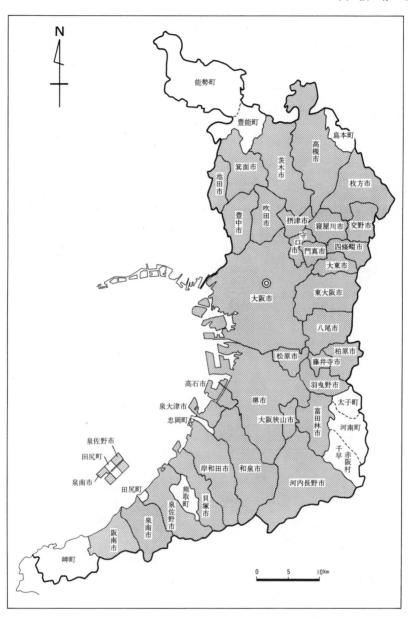

（行政データ）　　知事：吉村 洋文（よしむら ひろふみ）

府議会議員：88（男 78 女 6 欠員 4）／市町村長：43（男 42 女 1 欠員 0）

市町村議会議員計：910（男 687 女 213 欠員 10）

府職員数：73 182（一般行政 7 761）／市町村等職員数計：89 734（一般行政 42 440）

兵庫県

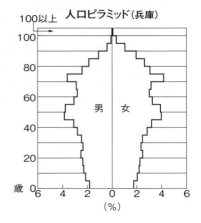

人口ピラミッド（兵庫）

経済指標　（全国平均=100）

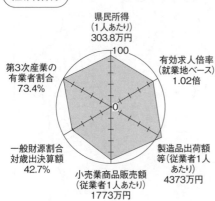

県民所得
（1人あたり）
303.8万円

有効求人倍率
（就業地ベース）
1.02倍

製造品出荷額
等（従業者1人
あたり）
4373万円

小売業商品販売額
（従業者1人あたり）
1773万円

一般財源割合
対歳出決算額
42.7%

第3次産業の
有業者割合
73.4%

生活指標　（全国平均=100）

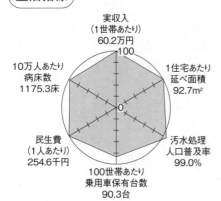

実収入
（1世帯あたり）
60.2万円

1住宅あたり
延べ面積
92.7m²

汚水処理
人口普及率
99.0%

100世帯あたり
乗用車保有台数
90.3台

民生費
（1人あたり）
254.6千円

10万人あたり
病床数
1175.3床

主な生産物

ガス風呂釜	（2019年）	*88%	（1位）
原子炉、同部品類	（2019年）	*62%	（1位）
こんぶつくだ煮	（2021年）	37%	（1位）
ずわいがに	（2020年）	28%	（1位）
清酒	（2020年度）	28%	（1位）
コーヒー	（2019年）	*21%	（…）
鉄鋼業1)	（2019年）	*10%	（2位）
医薬品製剤	（2019年）	*10%	（2位）

＊出荷額。1) 品目群の計。

統計データ　29市12町0村

面積・人口・世帯（⇨第2部　第1章）
面積（2021年）　　　　　　　　8401km²
人口（2021年）　　　　　　　543万2413人
人口密度（2021年）　　　　　646.6人/km²
人口増減率（2020〜21年）　　　　-0.60%
人口構成の割合　　0〜14歳　　12.1%
（2021年）　　　　15〜64歳　　58.3%
　　　　　　　　　65歳以上　　29.6%
世帯数（2022年）　　　　　　258.3万世帯
1世帯平均人員（2022年）　　　　　2.12人

労働（⇨第2部　第2章）
就業者数（2020年）　　　　　　267.4万人
産業別就業者割合　第1次産業　　1.8%
（2020年）　　　　第2次産業　24.8%
　　　　　　　　　第3次産業　73.4%

経済・財政（⇨第2部　第4・5章）
県内総生産（2019年度）　　22兆1952億円
県民所得（2019年度）　　　16兆6697億円
農業産出額（2020年）　　　　　1478億円
製造品出荷額等（2019年）　16兆3896億円
小売業商品販売額（2015年）5兆7265億円
財政規模（普通会計）（2020年度）
　歳入（決算額）　　　　　2兆6233億円
　歳出（決算額）　　　　　2兆6074億円
一般財源割合（2020年度）
　対歳出決算額　　　　　　　　　42.7%

家計（⇨第2部　第7章）
1世帯あたり月平均（2021年）
　実収入　　　　　　　　　60万2113円
　消費支出　　　　　　　　33万9509円
　平均消費性向　　　　　　　　　71.3%
1世帯あたり貯蓄現在高（2019年）
　　　　　　　　　　　　　　1154.0万円

保健・衛生（⇨第2部　第1・7章）
乳児死亡率（2021年）出生千あたり　1.5人
平均寿命（2015年）　男80.92年／女87.07年
10万人あたり医師数（2020年）　266.1人

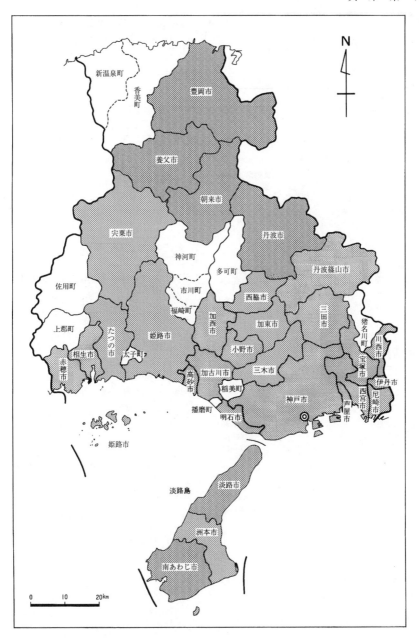

（行政データ）　　知事：齋藤 元彦（さいとう もとひこ）
県議会議員：86（男 70 女 13 欠員 3）／市町村長：41（男 37 女 4 欠員 0）
市町村議会議員計：868（男 689 女 160 欠員 19）
県職員数：56 914（一般行政 5 929）／市町村等職員数計：61 231（一般行政 27 423）

奈良県

人口ピラミッド(奈良)

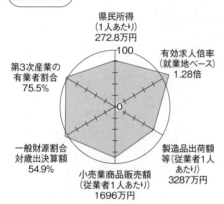

経済指標 （全国平均=100）

- 県民所得（1人あたり）272.8万円
- 有効求人倍率（就業地ベース）1.28倍
- 製造品出荷額等（従業者1人あたり）3287万円
- 小売業商品販売額（従業者1人あたり）1696万円
- 一般財源割合対歳出決算額 54.9%
- 第3次産業の有業者割合 75.5%

生活指標 （全国平均=100）

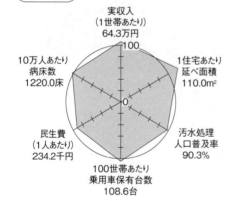

- 実収入（1世帯あたり）64.3万円
- 1住宅あたり延べ面積 110.0m²
- 汚水処理人口普及率 90.3%
- 100世帯あたり乗用車保有台数 108.6台
- 民生費（1人あたり）234.2千円
- 10万人あたり病床数 1220.0床

主な生産物

ソックス	(2019年)	*52%	（1位）
アルミ・同合金粉	(2019年)	*44%	（1位）
銘板,銘木,床柱	(2019年)	*35%	（1位）
歯ブラシ	(2019年)	*18%	（…）
柿	(2021年)	15%	（2位）
でんぷん	(2019年)	*15%	（…）
あめ菓子	(2019年)	*14%	（…）
集成材	(2019年)	*13%	（2位）

*出荷額。

統計データ　12市15町12村

面積・人口・世帯（⇨第2部　第1章）
面積（2021年）　3691km²
人口（2021年）　131万5339人
人口密度（2021年）　356.4人/km²
人口増減率（2020〜21年）　-0.69%
人口構成の割合　0〜14歳　11.5%
　（2021年）　15〜64歳　56.3%
　　　　　　　65歳以上　32.1%
世帯数（2022年）　60.4万世帯
1世帯平均人員（2022年）　2.21人

労働（⇨第2部　第2章）
就業者数（2020年）　63.2万人
産業別就業者割合　第1次産業　2.4%
　（2020年）　第2次産業　22.1%
　　　　　　　第3次産業　75.5%

経済・財政（⇨第2部　第4・5章）
県内総生産（2019年度）　3兆9252億円
県民所得（2019年度）　3兆6370億円
農業産出額（2020年）　395億円
製造品出荷額等（2019年）　2兆1494億円
小売業商品販売額(2015年)1兆2477億円
財政規模（普通会計）（2020年度）
　歳入（決算額）　6219億円
　歳出（決算額）　6138億円
一般財源割合（2020年度）
　対歳出決算額　54.9%

家計（⇨第2部　第7章）
1世帯あたり月平均（2021年）
　実収入　64万3245円
　消費支出　34万2936円
　平均消費性向　66.5%
1世帯あたり貯蓄現在高（2019年）
　　　　　1161.2万円

保健・衛生（⇨第2部　第1・7章）
乳児死亡率(2021年)出生千あたり　2.2人
平均寿命(2015年)　男81.36年／女87.25年
10万人あたり医師数（2020年）　277.1人

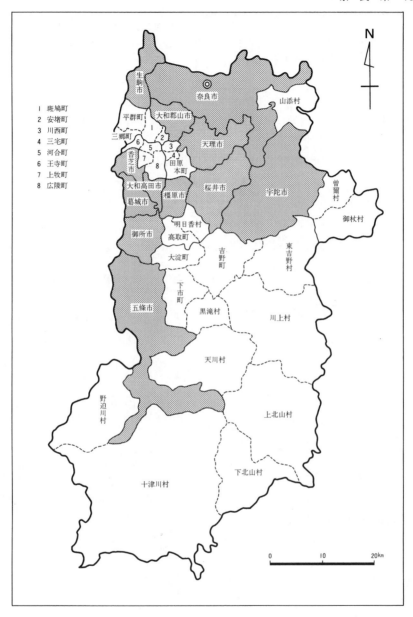

1　斑鳩町
2　安堵町
3　川西町
4　三宅町
5　河合町
6　王寺町
7　上牧町
8　広陵町

（行政データ）　　知事：荒井 正吾（あらい しょうご）
県議会議員：43（男 38 女 3 欠員 2）／市町村長：39（男 39 女 0 欠員 0）
市町村議会議員計：490（男 409 女 72 欠員 9）
県職員数：16 537（一般行政 3 185）／市町村等職員数計：14 847（一般行政 8 413）

和歌山県

人口ピラミッド（和歌山）

100以上

男　女

歳

（%）

経済指標　（全国平均=100）

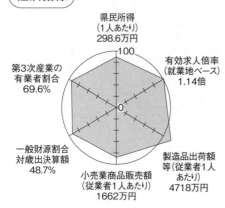

県民所得
（1人あたり）
298.6万円

有効求人倍率
（就業地ベース）
1.14倍

第3次産業の
有業者割合
69.6%

製造品出荷額
等（従業者1人
あたり）
4718万円

一般財源割合
対歳出決算額
48.7%

小売業商品販売額
（従業者1人あたり）
1662万円

生活指標　（全国平均=100）

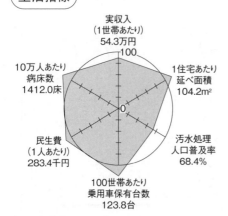

実収入
（1世帯あたり）
54.3万円

10万人あたり
病床数
1412.0床

1住宅あたり
延べ面積
104.2m²

民生費
（1人あたり）
283.4千円

汚水処理
人口普及率
68.4%

100世帯あたり
乗用車保有台数
123.8台

主な生産物

はっさく	（2019年）	70%	（1位）
うめ	（2021年）	65%	（1位）
スターチス[1]	（2021年）	55%	（1位）
グリーンピース	（2021年）	43%	（1位）
丸編ニット生地	（2019年）	*40%	（1位）
柿	（2021年）	21%	（1位）
みかん	（2021年）	20%	（1位）
野菜・果実漬物	（2019年）	*15%	（1位）

＊出荷額。1）切り花出荷量。

統計データ　9市20町1村

面積・人口・世帯（⇨第2部　第1章）
面積（2021年）　　　　　　4725km²
人口（2021年）　　　　91万3599人
人口密度（2021年）　　193.4人/km²
人口増減率（2020〜21年）　　-0.97%
人口構成の割合　　　0〜14歳　11.3%
（2021年）　　　　15〜64歳　54.9%
　　　　　　　　　　65歳以上　33.8%
世帯数（2022年）　　　44.3万世帯
1世帯平均人員（2022年）　　2.11人

労働（⇨第2部　第2章）
就業者数（2020年）　　　　46.3万人
産業別就業者割合　第1次産業　8.1%
（2020年）　　　　第2次産業　22.3%
　　　　　　　　　第3次産業　69.6%

経済・財政（⇨第2部　第4・5章）
県内総生産（2019年度）　3兆7446億円
県民所得（2019年度）　　2兆7809億円
農業産出額（2020年）　　　1104億円
製造品出荷額等（2019年）2兆6754億円
小売業商品販売額（2015年）　9817億円
財政規模（普通会計）（2020年度）
　歳入（決算額）　　　　　6484億円
　歳出（決算額）　　　　　6267億円
一般財源割合（2020年度）
　対歳出決算額　　　　　　　48.7%

家計（⇨第2部　第7章）
1世帯あたり月平均（2021年）
　実収入　　　　　　　54万2519円
　消費支出　　　　　　25万2372円
　平均消費性向　　　　　　57.9%
1世帯あたり貯蓄現在高（2019年）
　　　　　　　　　　　　961.4万円

保健・衛生（⇨第2部　第1・7章）
乳児死亡率(2021年)出生千あたり　2.7人
平均寿命(2015年)　男79.94年／女86.47年
10万人あたり医師数（2020年）　307.8人

府県のすがた　和歌山県

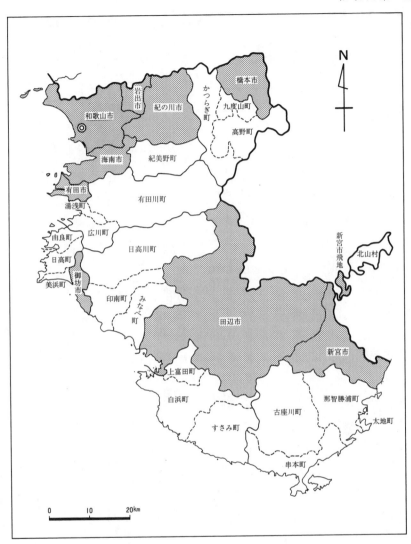

（行政データ）　　知事：仁坂 吉伸（にさか よしのぶ）

県議会議員：42（男 39 女 3 欠員 0）／市町村長：30（男 29 女 1 欠員 0）

市町村議会議員計：411（男 349 女 49 欠員 13）

県職員数：14 941（一般行政 3 529）／市町村等職員数計：13 413（一般行政 6 366）

鳥取県

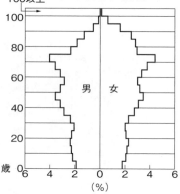

人口ピラミッド（鳥取）

経済指標　（全国平均=100）

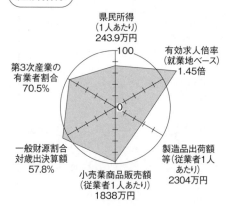

- 県民所得（1人あたり）243.9万円
- 有効求人倍率（就業地ベース）1.45倍
- 製造品出荷額等（従業者1人あたり）2304万円
- 小売業商品販売額（従業者1人あたり）1838万円
- 一般財源割合対歳出決算額 57.8%
- 第3次産業の有業者割合 70.5%

生活指標　（全国平均=100）

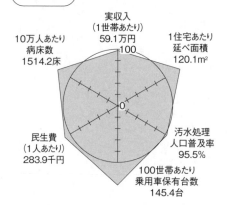

- 実収入（1世帯あたり）59.1万円
- 1住宅あたり延べ面積 120.1m²
- 汚水処理人口普及率 95.5%
- 100世帯あたり乗用車保有台数 145.4台
- 民生費（1人あたり）283.9千円
- 10万人あたり病床数 1514.2床

主な生産物

品目	年	割合	順位
らっきょう	（2020年）	39%	（1位）
ずわいがに	（2020年）	28%	（2位）
はたはた	（2020年）	27%	（2位）
織物製背広服上衣	（2019年）	*22%	（…）
べにずわいがに	（2020年）	18%	（2位）
芝（出荷量）	（2020年）	14%	（2位）
補整着	（2019年）	*12%	（…）
ミネラルウォーター	（2021年）	9%	（3位）

*出荷額。

統計データ　4市14町1村

面積・人口・世帯（⇨第2部　第1章）
- 面積（2021年）　　　　　　3507km²
- 人口（2021年）　　　　54万8629人
- 人口密度（2021年）　　156.4人/km²
- 人口増減率（2020〜21年）　　−0.86%
- 人口構成の割合　　0〜14歳　12.3%
- （2021年）　　　15〜64歳　55.0%
- 　　　　　　　　65歳以上　32.7%
- 世帯数（2022年）　　　24.0万世帯
- 1世帯平均人員（2022年）　　2.30人

労働（⇨第2部　第2章）
- 就業者数（2020年）　　　28.6万人
- 産業別就業者割合　第1次産業　7.8%
- （2020年）　　　第2次産業　21.7%
- 　　　　　　　　第3次産業　70.5%

経済・財政（⇨第2部　第4・5章）
- 県内総生産（2019年度）　1兆8934億円
- 県民所得（2019年度）　　1兆3595億円
- 農業産出額（2020年）　　　　764億円
- 製造品出荷額等（2019年）　　7868億円
- 小売業商品販売額（2015年）　6304億円
- 財政規模（普通会計）（2020年度）
- 　歳入（決算額）　　　　　3890億円
- 　歳出（決算額）　　　　　3748億円
- 一般財源割合（2020年度）
- 　対歳出決算額　　　　　　　57.8%

家計（⇨第2部　第7章）
- 1世帯あたり月平均（2021年）
- 　実収入　　　　　　　59万1161円
- 　消費支出　　　　　　30万9494円
- 　平均消費性向　　　　　　　63.6%
- 1世帯あたり貯蓄現在高（2019年）
- 　　　　　　　　　　　1017.6万円

保健・衛生（⇨第2部　第1・7章）
- 乳児死亡率（2021年）出生千あたり　1.9人
- 平均寿命（2015年）　男80.17年／女87.27年
- 10万人あたり医師数（2020年）　314.8人

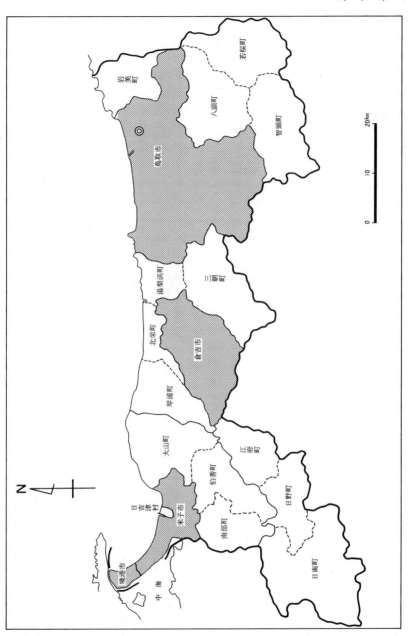

（行政データ）　　知事：平井 伸治（ひらい しんじ）
県議会議員：35（男 30 女 5 欠員 0）／市町村長：19（男 19 女 0 欠員 0）
市町村議会議員計：278（男 237 女 36 欠員 5）
県職員数：11 837（一般行政 2 931）／市町村等職員数計：7 010（一般行政 4 065）

島根県

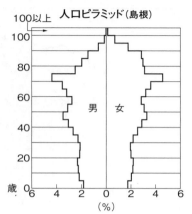

経済指標　（全国平均=100）

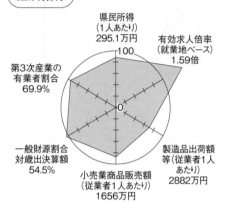

県民所得
（1人あたり）
295.1万円

有効求人倍率
（就業地ベース）
1.59倍

第3次産業の
有業者割合
69.9%

一般財源割合
対歳出決算額
54.5%

製造品出荷額
等（従業者1人
あたり）
2882万円

小売業商品販売額
（従業者1人あたり）
1656万円

生活指標　（全国平均=100）

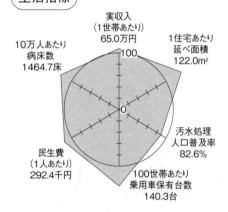

実収入
（1世帯あたり）
65.0万円

1住宅あたり
延べ面積
122.0m²

10万人あたり
病床数
1464.7床

汚水処理
人口普及率
82.6%

民生費
（1人あたり）
292.4千円

100世帯あたり
乗用車保有台数
140.3台

主な生産物

しじみ	（2020年）	45%	（1位）
固定コンデンサ	（2019年）	*30%	（1位）
あなご類	（2020年）	19%	（2位）
普通合板	（2019年）	*14%	（2位）
木炭	（2021年）	13%	（…）
あじ類	（2020年）	13%	（2位）
かわら	（2019年）	*11%	（2位）
ぶり類	（2020年）	11%	（3位）

*出荷額。

統計データ　8市10町1村

面積・人口・世帯（⇨第2部　第1章）
面積（2021年）　　　　　　6708km²
人口（2021年）　　　　　66万4887人
人口密度（2021年）　　　99.1人/km²
人口増減率（2020〜21年）　 -0.93%
人口構成の割合　　　 0〜14歳　12.1%
（2021年）　　　　 15〜64歳　53.4%
　　　　　　　　　　65歳以上　34.5%
世帯数（2022年）　　　　29.3万世帯
1世帯平均人員（2022年）　　　2.27人

労働（⇨第2部　第2章）
就業者数（2020年）　　　　34.8万人
産業別就業者割合　第1次産業　6.6%
（2020年）　　　　第2次産業　23.5%
　　　　　　　　　第3次産業　69.9%

経済・財政（⇨第2部　第4・5章）
県内総生産（2019年度）　2兆6893億円
県民所得（2019年度）　　1兆9991億円
農業産出額（2020年）　　　　620億円
製造品出荷額等（2019年）1兆2488億円
小売業商品販売額（2015年）　7067億円
財政規模（普通会計）（2020年度）
　歳入（決算額）　　　　　　5497億円
　歳出（決算額）　　　　　　5206億円
一般財源割合（2020年度）
　対歳出決算額　　　　　　　　54.5%

家計（⇨第2部　第7章）
1世帯あたり月平均（2021年）
　実収入　　　　　　　　　 65万165円
　消費支出　　　　　　　　29万6245円
　平均消費性向　　　　　　　　56.0%
1世帯あたり貯蓄現在高（2019年）
　　　　　　　　　　　　　1120.1万円

保健・衛生（⇨第2部　第1・7章）
乳児死亡率(2021年)出生千あたり　0.9人
平均寿命(2015年)　男80.79年／女87.64年
10万人あたり医師数（2020年）　297.1人

府県のすがた　島根県

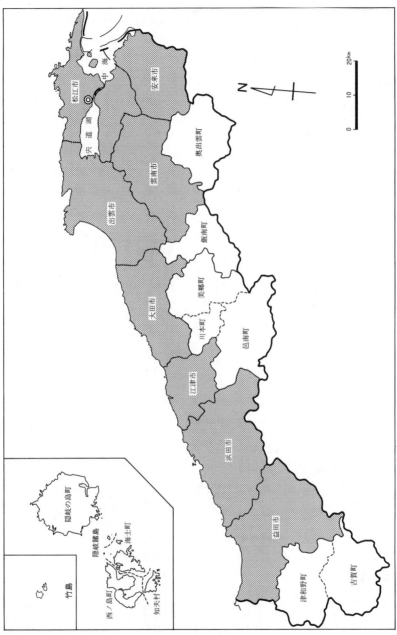

（行政データ）　　知事：丸山 達也（まるやま たつや）
県議会議員：37（男 31 女 3 欠員 3）／市町村長：19（男 19 女 0 欠員 0）
市町村議会議員計：314（男 277 女 29 欠員 8）
県職員数：14 559（一般行政 3 307）／市町村等職員数計：9 899（一般行政 4 938）

岡山県

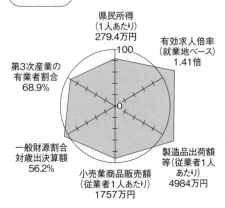

経済指標　(全国平均=100)

県民所得
(1人あたり)
279.4万円

有効求人倍率
(就業地ベース)
1.41倍

第3次産業の
有業者割合
68.9%

一般財源割合
対歳出決算額
56.2%

製造品出荷額
等(従業者1人
あたり)
4984万円

小売業商品販売額
(従業者1人あたり)
1757万円

生活指標　(全国平均=100)

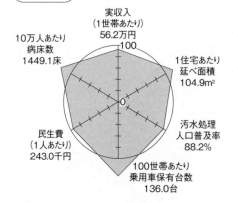

実収入
(1世帯あたり)
56.2万円

10万人あたり
病床数
1449.1床

1住宅あたり
延べ面積
104.9m²

民生費
(1人あたり)
243.0千円

汚水処理
人口普及率
88.2%

100世帯あたり
乗用車保有台数
136.0台

主な生産物

畳表	(2019年)	*68%	(1位)
織物製学校服	(2019年)	*61%	(1位)
ロックウール1)	(2019年)	*49%	(1位)
水あめ、麦芽糖	(2019年)	*35%	(…)
マッシュルーム	(2020年)	33%	(2位)
田植機	(2019年)	*30%	(…)
ポリエチレン	(2019年)	*16%	(…)
ぶどう	(2021年)	9%	(3位)

＊出荷額。1) ロックウール製品を含む。

人口ピラミッド(岡山)

男　女

歳
(%)

統計データ　15市10町2村

面積・人口・世帯 (⇨第2部　第1章)
面積 (2021年) 7114km²
人口 (2021年) 187万6265人
人口密度 (2021年) 263.7人/km²
人口増減率 (2020〜21年) -0.64%
人口構成の割合 0〜14歳 12.2%
(2021年) 15〜64歳 57.1%
65歳以上 30.6%
世帯数 (2022年) 86.1万世帯
1世帯平均人員 (2022年) 2.18人

労働 (⇨第2部　第2章)
就業者数 (2020年) 93.5万人
産業別就業者割合 第1次産業 4.2%
(2020年) 第2次産業 27.0%
第3次産業 68.9%

経済・財政 (⇨第2部　第4・5章)
県内総生産 (2019年度) 7兆8425億円
県民所得 (2019年度) 5兆2993億円
農業産出額 (2020年) 1414億円
製造品出荷額等 (2019年) 7兆7397億円
小売業商品販売額 (2015年) 2兆931億円
財政規模 (普通会計) (2020年度)
歳入 (決算額) 8016億円
歳出 (決算額) 7788億円
一般財源割合 (2020年度)
対歳出決算額 56.2%

家計 (⇨第2部　第7章)
1世帯あたり月平均 (2021年)
実収入 56万1588円
消費支出 29万5256円
平均消費性向 63.6%
1世帯あたり貯蓄現在高 (2019年)
1090.8万円

保健・衛生 (⇨第2部　第1・7章)
乳児死亡率(2021年)出生千あたり 1.5人
平均寿命(2015年) 男81.03年／女87.67年
10万人あたり医師数 (2020年) 320.1人

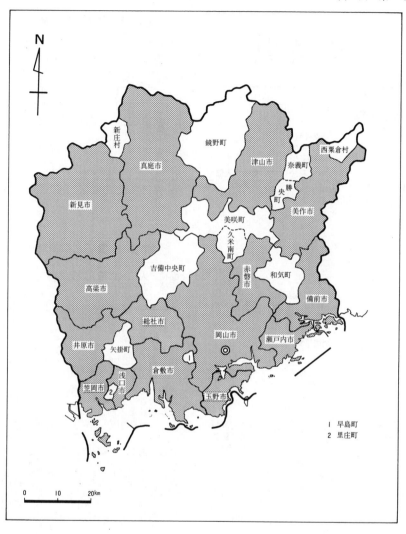

（行政データ）　　知事：伊原木 隆太（いばらぎ りゅうた）
県議会議員：55（男 46 女 8 欠員 1）／市町村長：27（男 26 女 1 欠員 0）
市町村議会議員計：471（男 409 女 57 欠員 5）
県職員数：21 050（一般行政 3 856）／市町村等職員数計：22 535（一般行政 10 570）

広島県

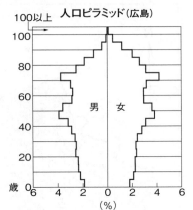

100以上
100
80
60　男　女
40
20
歳 0
6　4　2　0　2　4　6
(%)

経済指標

（全国平均=100）

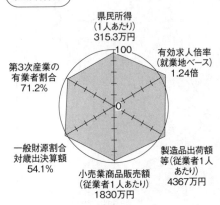

県民所得
（1人あたり）
315.3万円

有効求人倍率
（就業地ベース）
1.24倍

第3次産業の
有業者割合
71.2%

一般財源割合
対歳出決算額
54.1%

製造品出荷額
等（従業者1人
あたり）
4367万円

小売業商品販売額
（従業者1人あたり）
1830万円

生活指標

（全国平均=100）

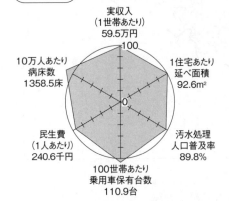

実収入
（1世帯あたり）
59.5万円

10万人あたり
病床数
1358.5床

1住宅あたり
延べ面積
92.6m²

民生費
（1人あたり）
240.6千円

汚水処理
人口普及率
89.8%

100世帯あたり
乗用車保有台数
110.9台

主な生産物

養殖かき類	（2020年）	60%	（1位）
レモン	（2019年）	60%	（1位）
ソース類	（2019年）	*28%	（1位）
アルミ・同合金ダイカスト	（2019年）	*27%	（1位）
貨物船1)	（2019年）	*25%	（1位）
プラスチックフィルム・シート類	（2019年）	*19%	（1位）

＊出荷額。1) 20総トン以上の鋼製動力船。

統計データ　14市9町0村

面積・人口・世帯（⇨第２部　第１章）
面積（2021年）　　　　　　8479km²
人口（2021年）　　　　　277万9630人
人口密度（2021年）　　　　327.8人/km²
人口増減率（2020〜21年）　　　-0.72%
人口構成の割合　　0〜14歳　12.5%
（2021年）　　15〜64歳　57.8%
　　　　　　　65歳以上　29.7%
世帯数（2022年）　　　　132.8万世帯
1世帯平均人員（2022年）　　　2.10人

労働（⇨第２部　第２章）
就業者数（2020年）　　　　143.1万人
産業別就業者割合　第１次産業　2.7%
（2020年）　　第２次産業　26.1%
　　　　　　第３次産業　71.2%

経済・財政（⇨第２部　第４・５章）
県内総生産（2019年度）　11兆9691億円
県民所得（2019年度）　　8兆8691億円
農業産出額（2020年）　　　　1190億円
製造品出荷額等（2019年）9兆8047億円
小売業商品販売額（2015年）3兆3097億円
財政規模（普通会計）（2020年度）
　歳入（決算額）　　　　1兆1389億円
　歳出（決算額）　　　　1兆993億円
一般財源割合（2020年度）
　対歳出決算額　　　　　　　54.1%

家計（⇨第２部　第７章）
1世帯あたり月平均（2021年）
　実収入　　　　　　　　59万4913円
　消費支出　　　　　　　27万8255円
　平均消費性向　　　　　　　55.9%
1世帯あたり貯蓄現在高（2019年）
　　　　　　　　　　　　1056.4万円

保健・衛生（⇨第２部　第１・７章）
乳児死亡率（2021年）出生千あたり　1.6人
平均寿命（2015年）　男81.08年／女87.33年
10万人あたり医師数（2020年）　267.1人

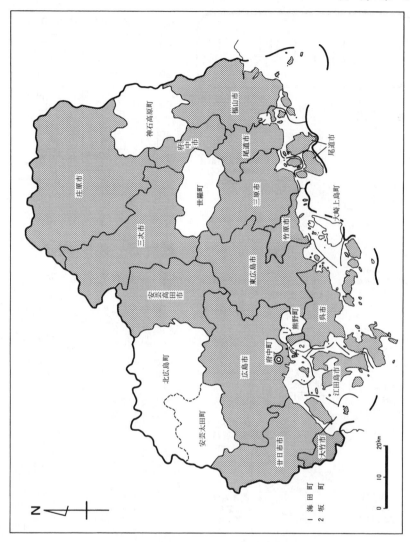

（行政データ）　　知事：湯﨑 英彦（ゆざき ひでひこ）
県議会議員：64（男 60 女 4 欠員 0）／市町村長：23（男 23 女 0 欠員 0）
市町村議会議員計：479（男 413 女 63 欠員 3）
県職員数：26 699（一般行政 4 535）／市町村等職員数計：33 053（一般行政 15 121）

山口県

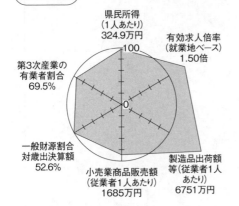

経済指標 （全国平均＝100）

県民所得
（1人あたり）
324.9万円

有効求人倍率
（就業地ベース）
1.50倍

第3次産業の
有業者割合
69.5%

一般財源割合
対歳出決算額
52.6%

小売業商品販売額
（従業者1人あたり）
1685万円

製造品出荷額
等（従業者1人
あたり）
6751万円

生活指標 （全国平均＝100）

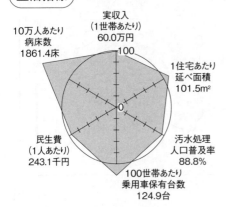

実収入
（1世帯あたり）
60.0万円

10万人あたり
病床数
1861.4床

1住宅あたり
延べ面積
101.5m²

民生費
（1人あたり）
243.1千円

汚水処理
人口普及率
88.8%

100世帯あたり
乗用車保有台数
124.9台

主な生産物

スダイダイ[1)	（2019年）	100%	（1位）
トルエン	（2019年）	*27%	（…）
あまだい類	（2020年）	26%	（1位）
殺菌剤	（2019年）	*20%	（…）
ポルトランドセメント			
	（2019年）	*19%	（…）
合成ゴム	（2019年）	*15%	（…）
さざえ	（2020年）	12%	（2位）

＊出荷額。1)酢だいだい（柑橘類）。

統計データ　13市6町0村

面積・人口・世帯（⇨第2部　第1章）
面積（2021年）　　　　　　　6113km²
人口（2021年）　　　　　132万7518人
人口密度（2021年）　　　217.2人/km²
人口増減率（2020〜21年）　　-1.08%
人口構成の割合　　　0〜14歳　11.3%
（2021年）　　　15〜64歳　53.6%
　　　　　　　　　65歳以上　35.0%
世帯数（2022年）　　　　　65.9万世帯
1世帯平均人員（2022年）　　　　2.03人

労働（⇨第2部　第2章）
就業者数（2020年）　　　　　65.8万人
産業別就業者割合　　第1次産業　4.1%
（2020年）　　　第2次産業　26.4%
　　　　　　　　第3次産業　69.5%

経済・財政（⇨第2部　第4・5章）
県内総生産（2019年度）　　6兆3505億円
県民所得（2019年度）　　　4兆4074億円
農業産出額（2020年）　　　　　589億円
製造品出荷額等（2019年）　6兆5735億円
小売業商品販売額（2015年）1兆4889億円
財政規模（普通会計）（2020年度）
　歳入（決算額）　　　　　　7449億円
　歳出（決算額）　　　　　　7190億円
一般財源割合（2020年度）
　対歳出決算額　　　　　　　　52.6%

家計（⇨第2部　第7章）
1世帯あたり月平均（2021年）
　実収入　　　　　　　　59万9731円
　消費支出　　　　　　　31万1728円
　平均消費性向　　　　　　　63.7%
1世帯あたり貯蓄現在高（2019年）
　　　　　　　　　　　　935.2万円

保健・衛生（⇨第2部　第1・7章）
乳児死亡率（2021年）出生千あたり　1.9人
平均寿命（2015年）　男80.51年／女86.88年
10万人あたり医師数（2020年）　260.1人

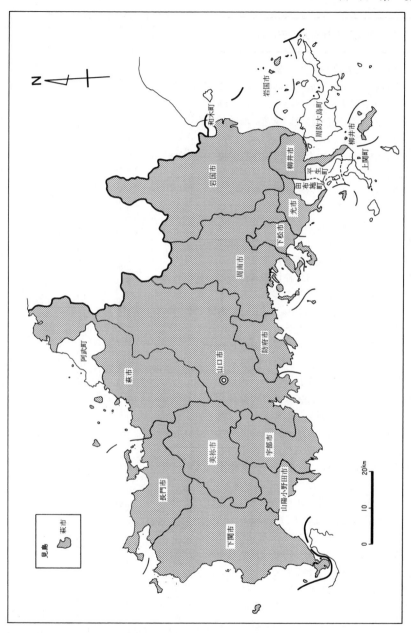

（行政データ）　　知事：村岡 嗣政（むらおか つぐまさ）
県議会議員：47（男 40 女 4 欠員 3）／市町村長：19（男 18 女 1 欠員 0）
市町村議会議員計：379（男 326 女 49 欠員 4）
県職員数：19 391（一般行政 3 543）／市町村等職員数計：15 250（一般行政 8 739）

不就学の外国人の子ども

　日本では、人口が減少し、働き手が不足している。そのため、政府は外国人労働者の受け入れ拡大を図っており、それに伴って外国人の子どもの数が急速に増加している。しかし、外国人の子どものうち、日本語がわからないなどの理由から学校に通っていない子どもも多く、日本社会に馴染めず、孤立する者が増えている。

　文部科学省が、全国市区町村の教育委員会を対象に行った調査によると、学校などに通っていない「不就学」の可能性がある子どもは、2021年5月時点で1万46人にのぼった。これは、住民基本台帳に登録されている小中学生の年齢にあたる外国人の子ども13万3310人の7.5％にあたる。「不就学」の内訳をみると、小中学校や外国人学校への不就学を確認した子どもが649人、電話や家庭訪問などで就学状況の確認を試みたものの、確認できなかった子どもが8597人、教育委員会が就学状況確認の対象としておらず、就学状況が不明な者が800人となっている。

　不就学のおそれのある外国人の子どもの数を都道府県別にみると、東京都が3870人で最も多く、次に神奈川県1746人、大阪府1161人と続く。不就学率（右図の注記参照）が最も高いのは宮城県の15.4％で、次いで沖縄県15.2％、東京都14.5％などとなっている。一方で、福井県や長崎県、鹿児島県など7県では、不就学のおそれのある外国人の子どもはおらず、地域によって大きな差がある。

　共生社会の実現のためには、国籍に関係なく、子どもたちが学びやすい環境の整備が必要である。文部科学省は、国の補助金を活用して、日本語指導員の増強などを積極的に行うよう呼び掛けている。

外国人の子どもの就学状況（2021年）（人）

	就学1)	転居・出国2)	不就学3)	不就学率4)（％）
北海道	719	14	75	9.3
青森	93	4	—	—
岩手	99	5	8	7.1
宮城	419	5	77	15.4
秋田	64	3	4	5.6
山形	121	5	1	0.8
福島	298	6	7	2.3
茨城	3 200	45	261	7.4
栃木	1 956	27	65	3.2
群馬	3 695	41	228	5.8
埼玉	10 168	408	270	2.5
千葉	7 459	260	640	7.7
東京	22 056	794	3 870	14.5
神奈川	10 836	135	1 746	13.7
新潟	462	13	6	1.2
富山	810	37	12	1.4
石川	430	9	9	2.0
福井	431	12	—	—
山梨	782	16	19	2.3
長野	1 565	35	11	0.7
岐阜	3 454	73	83	2.3
静岡	6 372	370	136	2.0
愛知	16 381	207	865	5.0
三重	3 568	80	10	0.3
滋賀	1 895	16	17	0.9
京都	1 566	142	21	1.2
大阪	7 954	67	1 161	12.6
兵庫	4 339	84	167	3.6
奈良	434	23	5	1.1
和歌山	144	—	—	—
鳥取	102	6	3	2.7
島根	287	7	1	0.3
岡山	734	48	12	1.5
広島	1 908	46	78	3.8
山口	344	13	24	6.3
徳島	131	1	1	0.8
香川	433	13	4	0.9
愛媛	238	10	1	0.4
高知	61	—	—	—
福岡	2 362	79	34	1.4
佐賀	119	3	1	0.8
長崎	162	1	—	—
熊本	291	10	1	0.3
大分	257	3	3	1.1
宮崎	116	3	—	—
鹿児島	154	7	—	—
沖縄	601	8	109	15.2
全国	120 070	3 194	10 046	7.5

文部科学省資料より作成。2021年3月現在。1) 義務教育諸学校と外国人学校。2) 予定を含む。3) 不就学の可能性がある者。4) 外国人の子どもの住民基本台帳の人数に対する不就学者の割合。

小型家電のリサイクル

　家電製品には、レアメタル（希少金属）などの有用金属や鉛などの有害な物質が使われていて、廃棄後に適切な処理が必要である。廃棄電からは鉱石を精錬するより容易に金属を回収できるため、これらを都市鉱山ととらえて、金属資源の有効活用を進めている。2001年に大型家電4品目でリサイクルの義務化が始まった。従来は不燃ごみの区分であった小型家電も、2013年に小型家電リサイクル法が施行され、リサイクルの対象となった。

　2020年度に回収された小型家電は10万2489トン（1人あたり0.53キログラム）で、過去最多となった。1人あたり回収量を多い順に見ると、岡山2.24キログラム、愛媛2.12キログラム、高知2.01キログラムと続く。一方、少ないのは沖縄0.12キログラム、宮崎0.25キログラム、大阪0.30キログラムで、都道府県ごとの差が大きい。小型家電の回収は、各市町村や販売店などの認定事業者によって実施され、回収品目や具体的な回収方法は市町村単位で決められている。この違いが回収量の差につながっているとみられることから、政府は回収量の多い市町村の実例を各自治体に周知して、リサイクルの活性化を目指している。

　回収した小型家電から再資源化された金属は5万2222トン（うち鉄が4万5305トン、アルミニウム3661トン、銅2686トン、金340キログラム）、プラスチックは7529トンであった。リサイクル品は多くが海外に輸出されてきたが、近年は中国をはじめアジア各国が金属くずや廃プラスチックなどの受け入れ規制を設けており、国内で家電リサイクル体制を確立していく必要に迫られている。

小型家電の1人あたり回収量（kg／人）

	2018年度	2020年度	市町村回収1)	直接回収2)
北海道	0.81	0.96	0.49	0.47
青森	0.82	0.79	0.51	0.27
岩手	0.36	0.37	0.19	0.18
宮城	0.36	0.39	0.14	0.25
秋田	0.46	0.53	0.27	0.25
山形	0.33	0.33	0.10	0.23
福島	0.49	0.51	0.35	0.16
茨城	0.58	0.46	0.14	0.31
栃木	1.01	0.94	0.73	0.21
群馬	1.21	0.92	0.71	0.22
埼玉	0.94	0.65	0.46	0.19
千葉	0.40	0.49	0.28	0.19
東京	0.64	0.67	0.49	0.19
神奈川	0.32	0.41	0.20	0.20
新潟	0.74	0.77	0.60	0.17
富山	0.97	0.91	0.74	0.17
石川	2.99	1.31	1.10	0.21
福井	0.82	0.76	0.40	0.36
山梨	0.94	0.91	0.81	0.10
長野	1.02	1.13	0.84	0.29
岐阜	0.74	0.77	0.52	0.24
静岡	0.90	0.92	0.70	0.22
愛知	0.96	1.24	0.94	0.30
三重	1.25	1.39	1.18	0.21
滋賀	0.84	0.99	0.70	0.29
京都	0.46	0.62	0.29	0.33
大阪	0.30	0.30	0.06	0.24
兵庫	0.51	0.67	0.29	0.38
奈良	0.52	0.52	0.22	0.31
和歌山	1.40	1.89	1.61	0.29
鳥取	1.22	1.36	0.69	0.66
島根	0.73	0.89	0.59	0.30
岡山	1.74	2.24	1.34	0.91
広島	0.67	0.77	0.29	0.48
山口	1.36	1.01	0.72	0.29
徳島	0.69	1.08	0.82	0.26
香川	0.63	0.80	0.41	0.39
愛媛	1.51	2.12	1.76	0.36
高知	1.10	2.01	1.89	0.12
福岡	0.42	0.53	0.32	0.20
佐賀	0.53	0.64	0.43	0.21
長崎	0.64	0.76	0.63	0.13
熊本	0.41	1.17	0.95	0.22
大分	0.48	0.47	0.30	0.17
宮崎	0.17	0.25	0.11	0.14
鹿児島	0.39	0.38	0.24	0.14
沖縄	0.73	0.12	0.09	0.03
全国	0.52	0.53	…	…

環境省および経済産業省資料より作成。1) 市町村が収集し、認定事業者などに引き渡した量。2) 認定事業者が小売店などから回収した量。

徳 島 県

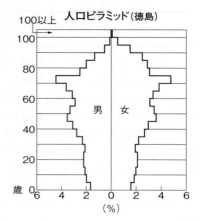

経済指標 　（全国平均=100）

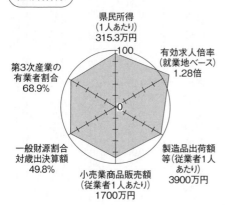

県民所得
（1人あたり）
315.3万円

有効求人倍率
（就業地ベース）
1.28倍

第3次産業の
有業者割合
68.9%

製造品出荷額
等（従業者1人
あたり）
3900万円

一般財源割合
対歳出決算額
49.8%

小売業商品販売額
（従業者1人あたり）
1700万円

生活指標 　（全国平均=100）

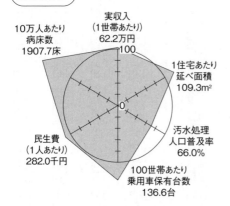

実収入
（1世帯あたり）
62.2万円

10万人あたり
病床数
1907.7床

1住宅あたり
延べ面積
109.3m²

汚水処理
人口普及率
66.0%

民生費
（1人あたり）
282.0千円

100世帯あたり
乗用車保有台数
136.6台

主な生産物

すだち	（2019年）	99%	（1位）
発光ダイオード	（2019年）	*75%	（1位）
しろうり	（2020年）	58%	（1位）
足袋類	（2019年）	*27%	…
果実缶詰	（2019年）	*20%	…
大人用紙おむつ	（2019年）	*18%	（1位）
しいたけ1)	（2021年）	8%	（2位）
にんじん	（2021年）	8%	（3位）

＊出荷額。1) 乾物は生換算。

統計データ　8 市15町 1 村

面積・人口・世帯（⇨第 2 部　第 1 章）
面積（2021年）　　　　　　　　4147km²
人口（2021年）　　　　　　　71万1975人
人口密度（2021年）　　　　171.7人/km²
人口増減率（2020〜21年）　　　　-1.05%
人口構成の割合　　　0 〜14歳　　10.8%
（2021年）　　　　15〜64歳　　54.5%
　　　　　　　　　65歳以上　　34.7%
世帯数（2022年）　　　　　　33.7万世帯
1 世帯平均人員（2022年）　　　　2.15人

労働（⇨第 2 部　第 2 章）
就業者数（2020年）　　　　　　34.4万人
産業別就業者割合　第 1 次産業　　7.6%
（2020年）　　　　第 2 次産業　23.5%
　　　　　　　　　第 3 次産業　68.9%

経済・財政（⇨第 2 部　第 4 ・ 5 章）
県内総生産（2019年度）　 3 兆2224億円
県民所得（2019年度）　　 2 兆2944億円
農業産出額（2020年）　　　　　　955億円
製造品出荷額等（2019年）　1 兆9209億円
小売業商品販売額（2015年）　　7571億円
財政規模（普通会計）（2020年）
　歳入（決算額）　　　　　　　5562億円
　歳出（決算額）　　　　　　　5254億円
一般財源割合（2020年度）
　対歳出決算額　　　　　　　　　49.8%

家計（⇨第 2 部　第 7 章）
1 世帯あたり月平均（2021年）
　実収入　　　　　　　　　62万1781円
　消費支出　　　　　　　　34万6633円
　平均消費性向　　　　　　　　　69.1%
1 世帯あたり貯蓄現在高（2019年）
　　　　　　　　　　　　　1272.9万円

保健・衛生（⇨第 2 部　第 1 ・ 7 章）
乳児死亡率(2021年)出生千あたり　1.6人
平均寿命(2015年) 男80.32年／女86.66年
10万人あたり医師数（2020年）　 338.4人

府県のすがた　徳島県

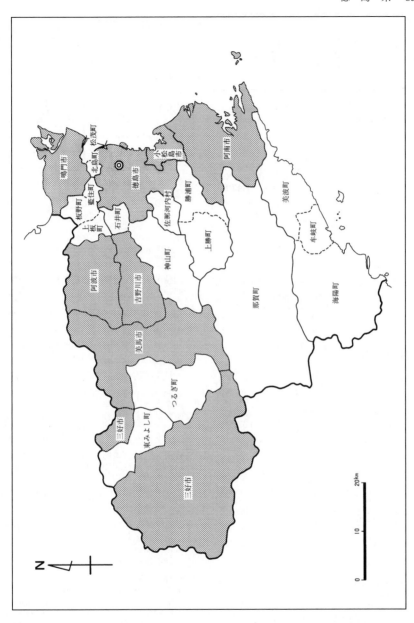

（行政データ）　　知事：飯泉 嘉門（いいずみ かもん）
県議会議員：38（男 32 女 4 欠員 2）／市町村長：24（男 22 女 2 欠員 0）
市町村議会議員計：364（男 321 女 40 欠員 3）
県職員数：13 504（一般行政 3 167）／市町村等職員数計：9 447（一般行政 5 370）

香川県

経済指標 （全国平均=100）

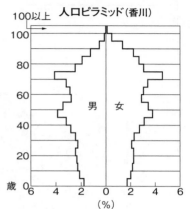

人口ピラミッド（香川）

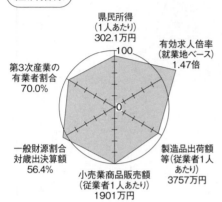

県民所得
（1人あたり）
302.1万円

有効求人倍率
（就業地ベース）
1.47倍

第3次産業の
有業者割合
70.0%

一般財源割合
対歳出決算額
56.4%

製造品出荷額
等（従業者1人
あたり）
3757万円

小売業商品販売額
（従業者1人あたり）
1901万円

生活指標 （全国平均=100）

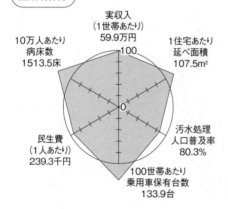

実収入
（1世帯あたり）
59.9万円

10万人あたり
病床数
1513.5床

1住宅あたり
延べ面積
107.5m²

民生費
（1人あたり）
239.3千円

汚水処理
人口普及率
80.3%

100世帯あたり
乗用車保有台数
133.9台

主な生産物

衣服用ニット手袋	（2019年）	*96%（1位）
オリーブ	（2019年）	*87%（1位）
スポーツ用革手袋	（2019年）	*75%（1位）
うちわ、扇子	（2019年）	*50%（1位）
建設用クレーン	（2019年）	*47%（1位）
油そう船1)	（2019年）	*26%（ … ）
鉄製金網	（2019年）	*23%（1位）
冷凍調理食品	（2019年）	* 9 %（1位）

＊出荷額。1) 20総トン以上の鋼製動力船。

統計データ　8市9町0村

面積・人口・世帯（⇨第2部　第1章）
面積（2021年）　　　　　　　1877km²
人口（2021年）　　　　　　94万2224人
人口密度（2021年）　　　　502.0人/km²
人口増減率（2020〜21年）　　　−0.84%
人口構成の割合　　0〜14歳　　12.0%
（2021年）　　15〜64歳　　55.9%
　　　　　　　65歳以上　　32.2%
世帯数（2022年）　　　　　44.6万世帯
1世帯平均人員（2022年）　　　　2.17人

労働（⇨第2部　第2章）
就業者数（2020年）　　　　　47.8万人
産業別就業者割合　第1次産業　　4.8%
（2020年）　　第2次産業　25.1%
　　　　　　　第3次産業　70.0%

経済・財政（⇨第2部　第4・5章）
県内総生産（2019年度）　　4兆87億円
県民所得（2019年度）　　2兆8931億円
農業産出額（2020年）　　　　808億円
製造品出荷額等（2019年）　2兆7416億円
小売業商品販売額(2015年) 1兆1694億円
財政規模（普通会計）（2020年度）
歳入（決算額）　　　　　4928億円
歳出（決算額）　　　　　4785億円
一般財源割合（2020年度）
対歳出決算額　　　　　　56.4%

家計（⇨第2部　第7章）
1世帯あたり月平均（2021年）
実収入　　　　　　　59万8700円
消費支出　　　　　　31万3265円
平均消費性向　　　　　　63.9%
1世帯あたり貯蓄現在高（2019年）
1219.4万円

保健・衛生（⇨第2部　第1・7章）
乳児死亡率(2021年)出生千あたり　1.8人
平均寿命(2015年)　男80.85年／女87.21年
10万人あたり医師数（2020年）　290.0人

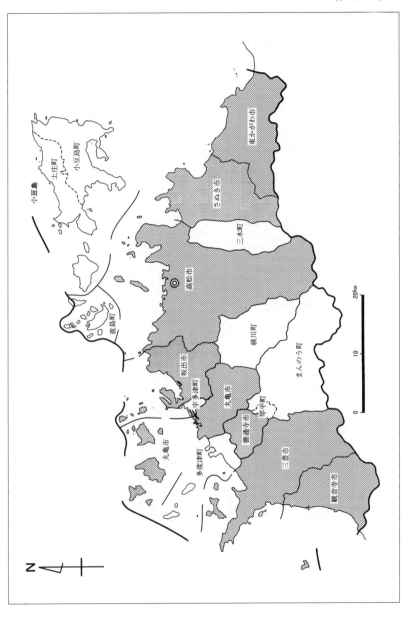

（行政データ）　　知事：池田 豊人（いけだ とよひと）
県議会議員：41（男 37 女 2 欠員 2）／市町村長：17（男 16 女 0 欠員 1）
市町村議会議員計：297（男 256 女 39 欠員 2）
県職員数：14 720（一般行政 2 806）／市町村等職員数計：11 572（一般行政 5 570）

愛媛県

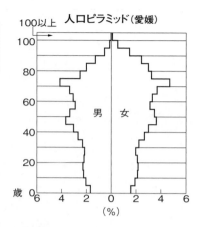

人口ピラミッド（愛媛）

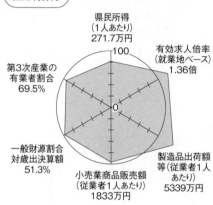

経済指標 （全国平均=100）

県民所得（1人あたり）271.7万円
有効求人倍率（就業地ベース）1.36倍
第3次産業の有業者割合 69.5%
一般財源割合 対歳出決算額 51.3%
小売業商品販売額（従業者1人あたり）1833万円
製造品出荷額等（従業者1人あたり）5339万円

生活指標 （全国平均=100）

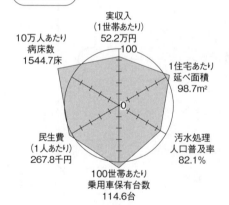

実収入（1世帯あたり）52.2万円
10万人あたり病床数 1544.7床
1住宅あたり延べ面積 98.7m²
民生費（1人あたり）267.8千円
汚水処理人口普及率 82.1%
100世帯あたり乗用車保有台数 114.6台

主な生産物

タオル	（2019年）	*59%	（1位）
養殖まだい	（2020年）	58%	（1位）
養殖真珠	（2020年）	43%	（1位）
ポリカーボネート	（2019年）	*33%	（2位）
貨物船1)	（2019年）	*19%	（…）
みかん	（2021年）	17%	（2位）
紙・パルプ工業2)	（2019年）	*8%	（2位）

＊出荷額。1) 20総トン以上の鋼製動力船。2) 品目群の計。

統計データ　11市9町0村

面積・人口・世帯（⇨第2部　第1章）
面積（2021年）　5676km²
人口（2021年）　132万921人
人口密度（2021年）　232.7人/km²
人口増減率（2020～21年）　-1.04%
人口構成の割合　0～14歳　11.4%
（2021年）　15～64歳　54.9%
　65歳以上　33.6%
世帯数（2022年）　65.6万世帯
1世帯平均人員（2022年）　2.05人

労働（⇨第2部　第2章）
就業者数（2020年）　65.4万人
産業別就業者割合　第1次産業　6.7%
（2020年）　第2次産業　23.8%
　第3次産業　69.5%

経済・財政（⇨第2部　第4・5章）
県内総生産（2019年度）　5兆1483億円
県民所得（2019年度）　3兆6579億円
農業産出額（2020年）　1226億円
製造品出荷額等（2019年）　4兆3303億円
小売業商品販売額（2015年）1兆5286億円
財政規模（普通会計）（2020年度）
歳入（決算額）　7313億円
歳出（決算額）　7137億円
一般財源割合（2020年度）
対歳出決算額　51.3%

家計（⇨第2部　第7章）
1世帯あたり月平均（2021年）
実収入　52万1550円
消費支出　26万5938円
平均消費性向　60.2%
1世帯あたり貯蓄現在高（2019年）　928.4万円

保健・衛生（⇨第2部　第1・7章）
乳児死亡率(2021年)出生千あたり　1.5人
平均寿命(2015年)　男80.16年／女86.82年
10万人あたり医師数（2020年）　276.7人

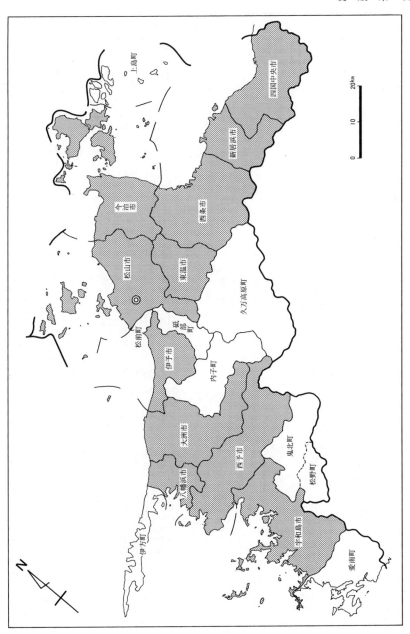

(行政データ)　　知事：中村　時広（なかむら　ときひろ）
県議会議員：47（男 41 女 4 欠員 2）／市町村長：20（男 20 女 0 欠員 0）
市町村議会議員計：380（男 327 女 49 欠員 4）
県職員数：20 246（一般行政 3 831）／市町村等職員数計：14 863（一般行政 8 331）

高知県

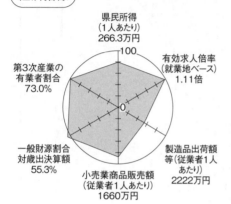

経済指標 （全国平均=100）

- 県民所得（1人あたり）266.3万円
- 有効求人倍率（就業地ベース）1.11倍
- 製造品出荷額等（従業者1人あたり）2222万円
- 小売業商品販売額（従業者1人あたり）1660万円
- 一般財源割合対歳出決算額 55.3%
- 第3次産業の有業者割合 73.0%

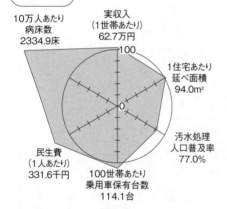

生活指標 （全国平均=100）

- 実収入（1世帯あたり）62.7万円
- 1住宅あたり延べ面積 94.0m²
- 汚水処理人口普及率 77.0%
- 100世帯あたり乗用車保有台数 114.1台
- 民生費（1人あたり）331.6千円
- 10万人あたり病床数 2334.9床

主な生産物

ぶんたん（文旦）	（2019年）	95％	（1位）
花みょうが	（2020年）	93％	（1位）
ゆず	（2019年）	52％	（1位）
しょうが	（2021年）	41％	（1位）
ししとう	（2021年）	36％	（1位）
そうだがつお類[1]	（2020年）	34％	（1位）
にら	（2021年）	25％	（1位）
なす	（2021年）	13％	（1位）

1) かつお類全体では全国の7％で4位。

人口ピラミッド（高知）

男　女

（％）

統計データ　11市17町6村

面積・人口・世帯（⇨第2部　第1章）
面積（2021年）　7104km²
人口（2021年）　68万4039人
人口密度（2021年）　96.3人/km²
人口増減率（2020〜21年）　-1.08%
人口構成の割合　　0〜14歳　10.8%
（2021年）　15〜64歳　53.4%
　　　65歳以上　35.9%
世帯数（2022年）　35.1万世帯
1世帯平均人員（2022年）　1.98人

労働（⇨第2部　第2章）
就業者数（2020年）　34.5万人
産業別就業者割合　第1次産業　10.1%
（2020年）　第2次産業　16.9%
　　　第3次産業　73.0%

経済・財政（⇨第2部　第4・5章）
県内総生産（2019年度）　2兆4646億円
県民所得（2019年度）　1兆8619億円
農業産出額（2020年）　1113億円
製造品出荷額等（2019年）　5953億円
小売業商品販売額（2015年）　7534億円
財政規模（普通会計）（2020年度）
　歳入（決算額）　5077億円
　歳出（決算額）　4923億円
一般財源割合（2020年度）
　対歳出決算額　55.3%

家計（⇨第2部　第7章）
1世帯あたり月平均（2021年）
　実収入　62万6843円
　消費支出　30万4635円
　平均消費性向　59.0%
1世帯あたり貯蓄現在高（2019年）
　　　802.3万円

保健・衛生（⇨第2部　第1・7章）
乳児死亡率（2021年）出生千あたり　2.0人
平均寿命（2015年）　男80.26年／女87.01年
10万人あたり医師数（2020年）　322.0人

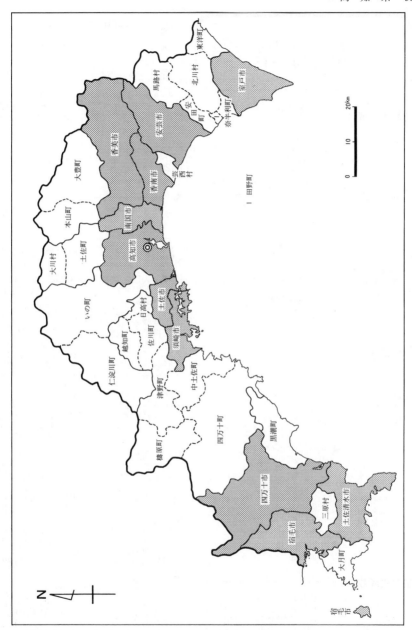

（行政データ）　　知事：濵田 省司（はまだ せいじ）
県議会議員：37（男 33 女 2 欠員 2）／市町村長：34（男 32 女 1 欠員 1）
市町村議会議員計：438（男 365 女 61 欠員 12）
県職員数：13 970（一般行政 3 467）／市町村等職員数計：11 490（一般行政 6 097）

福岡県

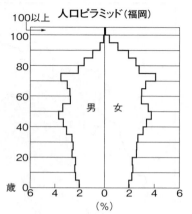

（%）

経済指標 （全国平均=100）

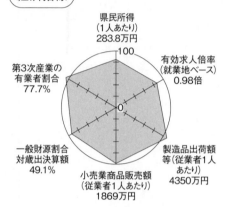

県民所得
（1人あたり）
283.8万円

有効求人倍率
（就業地ベース）
0.98倍

第3次産業の
有業者割合
77.7%

製造品出荷額
等（従業者1人
あたり）
4350万円

一般財源割合
対歳出決算額
49.1%

小売業商品販売額
（従業者1人あたり）
1869万円

生活指標 （全国平均=100）

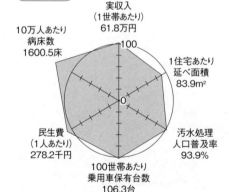

実収入
（1世帯あたり）
61.8万円

10万人あたり
病床数
1600.5床

1住宅あたり
延べ面積
83.9m²

民生費
（1人あたり）
278.2千円

汚水処理
人口普及率
93.9%

100世帯あたり
乗用車保有台数
106.3台

主な生産物

コークス	（2019年）	*26%	（ … ）
たけのこ	（2021年）	22%	（1位）
たんす	（2019年）	*20%	（2位）
普通乗用車1)	（2019年）	*19%	（ … ）
ポルトランドセメント			
	（2019年）	*13%	（ … ）
たい類	（2020年）	12%	（2位）
いちご	（2021年）	10%	（ … ）

＊出荷額。1) 2000cc超。

統計データ　29市29町2村

面積・人口・世帯（⇨第2部　第1章）
面積（2021年）　　　　　　4987km²
人口（2021年）　　　　512万3748人
人口密度（2021年）　　1027.4人/km²
人口増減率（2020～21年）　　-0.22%
人口構成の割合　　　0～14歳　12.9%
（2021年）　　15～64歳　58.9%
　　　　　　　65歳以上　28.2%
世帯数（2022年）　　　　248.9万世帯
1世帯平均人員（2022年）　　　2.05人

労働（⇨第2部　第2章）
就業者数（2020年）　　　　254.7万人
産業別就業者割合　第1次産業　　2.4%
（2020年）　　第2次産業　19.9%
　　　　　　第3次産業　77.7%

経済・財政（⇨第2部　第4・5章）
県内総生産（2019年度）　19兆9424億円
県民所得（2019年度）　　14兆5731億円
農業産出額（2020年）　　　　1977億円
製造品出荷額等（2019年）　9兆9760億円
小売業商品販売額（2015年）5兆8640億円
財政規模（普通会計）（2020年度）
　歳入（決算額）　　　2兆1366億円
　歳出（決算額）　　　2兆182億円
一般財源割合（2020年度）
　対歳出決算額　　　　　　　49.1%

家計（⇨第2部　第7章）
1世帯あたり月平均（2021年）
　実収入　　　　　　　61万7987円
　消費支出　　　　　　31万3182円
　平均消費性向　　　　　　　60.8%
1世帯あたり貯蓄現在高（2019年）
　　　　　　　　　　　776.9万円

保健・衛生（⇨第2部　第1・7章）
乳児死亡率（2021年）出生千あたり　2.0人
平均寿命（2015年）男80.66年／女87.14年
10万人あたり医師数（2020年）　309.9人

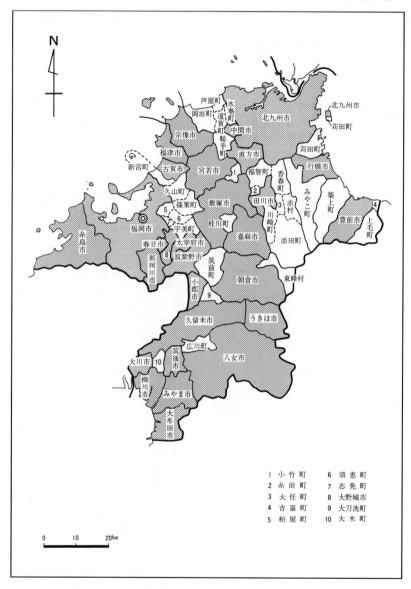

1	小 竹 町	6	須 恵 町
2	糸 田 町	7	志 免 町
3	大 任 町	8	大野城市
4	吉 富 町	9	大刀洗町
5	粕 屋 町	10	大 木 町

（行政データ）　　知事：服部 誠太郎（はっとり せいたろう）
県議会議員：87（男 76 女 8 欠員 3）／市町村長：60（男 59 女 1 欠員 0）
市町村議会議員計：1 042（男 882 女 149 欠員 11）
県職員数：43 974（一般行政 7 565）／市町村等職員数計：51 319（一般行政 23 403）

佐 賀 県

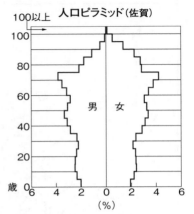

人口ピラミッド（佐賀）

男　女

歳　（%）

経済指標

（全国平均＝100）

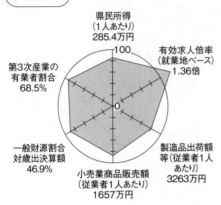

県民所得
（1人あたり）
285.4万円

有効求人倍率
（就業地ベース）
1.36倍

第3次産業の
有業者割合
68.5%

製造品出荷額
等（従業者1人
あたり）
3263万円

一般財源割合
対歳出決算額
46.9%

小売業商品販売額
（従業者1人あたり）
1657万円

生活指標

（全国平均＝100）

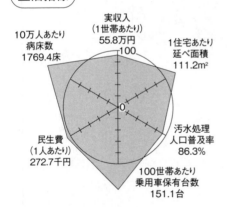

実収入
（1世帯あたり）
55.8万円

1住宅あたり
延べ面積
111.2m²

10万人あたり
病床数
1769.4床

汚水処理
人口普及率
86.3%

民生費
（1人あたり）
272.7千円

100世帯あたり
乗用車保有台数
151.1台

主な生産物

陶磁器製置物	（2019年）	*35%	（1位）
シリコンウエハ	（2019年）	*29%	（…）
二条大麦	（2021年）	29%	（1位）
原子力発電1)	（2021年度）	27%	（2位）
養殖のり類	（2020年）	26%	（1位）
陶磁器製和飲食器	（2019年）	*18%	（2位）
えび類	（2020年）	16%	（1位）
たまねぎ	（2021年）	9%	（2位）

＊出荷額。1) 電気事業用。

統計データ

10市10町0村

面積・人口・世帯（⇨第2部　第1章）
面積（2021年）　2441km²
人口（2021年）　80万5971人
人口密度（2021年）　330.2人/km²
人口増減率（2020〜21年）　-0.67%
人口構成の割合　0〜14歳　13.3%
（2021年）　15〜64歳　55.5%
　65歳以上　31.1%
世帯数（2022年）　34.1万世帯
1世帯平均人員（2022年）　2.38人

労働（⇨第2部　第2章）
就業者数（2020年）　41.7万人
産業別就業者割合　第1次産業　7.5%
（2020年）　第2次産業　24.0%
　第3次産業　68.5%

経済・財政（⇨第2部　第4・5章）
県内総生産（2019年度）　3兆2196億円
県民所得（2019年度）　2兆3307億円
農業産出額（2020年）　1219億円
製造品出荷額等（2019年）　2兆839億円
小売業商品販売額（2015年）　8432億円
財政規模（普通会計）（2020年度）
　歳入（決算額）　5921億円
　歳出（決算額）　5757億円
一般財源割合（2020年度）
　対歳出決算額　46.9%

家計（⇨第2部　第7章）
1世帯あたり月平均（2021年）
　実収入　55万7555円
　消費支出　29万2629円
　平均消費性向　63.2%
1世帯あたり貯蓄現在高（2019年）
　739.2万円

保健・衛生（⇨第2部　第1・7章）
乳児死亡率（2021年）出生千あたり　1.9人
平均寿命（2015年）男80.65年／女87.12年
10万人あたり医師数（2020年）　290.3人

（行政データ）　　知事：山口 祥義（やまぐち よしのり）
県議会議員：38（男 35 女 2 欠員 1）／市町村長：20（男 20 女 0 欠員 0）
市町村議会議員計：336（男 289 女 39 欠員 8）
県職員数：13 361（一般行政 3 079）／市町村等職員数計：8 902（一般行政 5 329）

長崎県

人口ピラミッド（長崎）

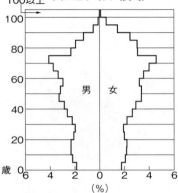

100以上
100
80
60　男　女
40
20
歳　0
6　4　2　0　2　4　6
（%）

経済指標
（全国平均=100）

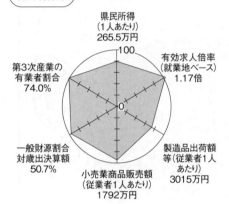

県民所得
（1人あたり）
265.5万円

有効求人倍率
（就業地ベース）
1.17倍

第3次産業の
有業者割合
74.0%

製造品出荷額
等（従業者1人
あたり）
3015万円

一般財源割合
対歳出決算額
50.7%

小売業商品販売額
（従業者1人あたり）
1792万円

生活指標
（全国平均=100）

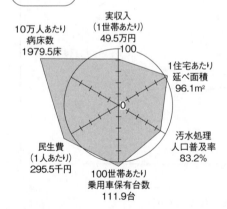

実収入
（1世帯あたり）
49.5万円

10万人あたり
病床数
1979.5床

1住宅あたり
延べ面積
96.1m²

民生費
（1人あたり）
295.5千円

汚水処理
人口普及率
83.2%

100世帯あたり
乗用車保有台数
111.9台

主な生産物

養殖ふぐ類	（2020年）	50%	（1位）
あじ類	（2020年）	45%	（1位）
びわ	（2021年）	30%	（1位）
たい類	（2020年）	17%	（1位）
陶磁器製和飲食器	（2019年）	*16%	（3位）
さば類	（2020年）	14%	（2位）
ぶり類	（2020年）	12%	（2位）
貨物船1)	（2019年）	*12%	（…）

*出荷額。1) 20総トン以上の鋼製動力船。

統計データ　13市8町0村

面積・人口・世帯（⇨第2部　第1章）
面積（2021年）　　　　　　　4131km²
人口（2021年）　　　　　129万6839人
人口密度（2021年）　　　　313.9人/km²
人口増減率（2020〜21年）　　　-1.18%
人口構成の割合　　　0〜14歳　12.4%
　（2021年）　　　15〜64歳　54.0%
　　　　　　　　　65歳以上　33.6%
世帯数（2022年）　　　　　63.2万世帯
1世帯平均人員（2022年）　　　　2.09人

労働（⇨第2部　第2章）
就業者数（2020年）　　　　　64.8万人
産業別就業者割合　第1次産業　6.7%
　（2020年）　　　第2次産業　19.3%
　　　　　　　　　第3次産業　74.0%

経済・財政（⇨第2部　第4・5章）
県内総生産（2019年度）　4兆7898億円
県民所得（2019年度）　　3兆5237億円
農業産出額（2020年）　　　　1491億円
製造品出荷額等（2019年）1兆7385億円
小売業商品販売額（2015年）1兆4784億円
財政規模（普通会計）（2020年度）
　歳入（決算額）　　　　　　8037億円
　歳出（決算額）　　　　　　7852億円
一般財源割合（2020年度）
　対歳出決算額　　　　　　　　50.7%

家計（⇨第2部　第7章）
1世帯あたり月平均（2021年）
　実収入　　　　　　　　49万5377円
　消費支出　　　　　　　27万9125円
　平均消費性向　　　　　　　　69.0%
1世帯あたり貯蓄現在高（2019年）
　　　　　　　　　　　　　790.6万円

保健・衛生（⇨第2部　第1・7章）
乳児死亡率（2021年）出生千あたり　2.5人
平均寿命（2015年）　男80.38年／女86.97年
10万人あたり医師数（2020年）　319.1人

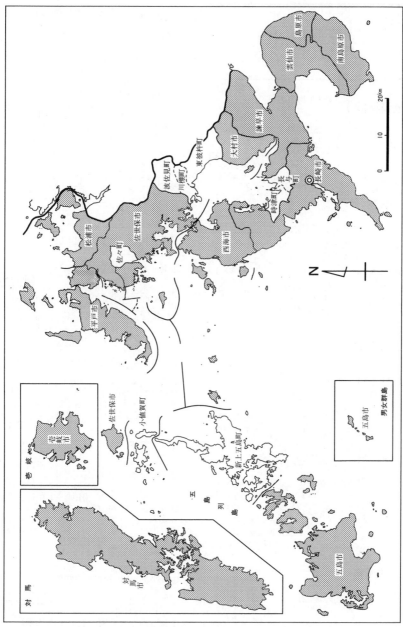

（行政データ）　　知事：大石 賢吾（おおいし けんご）

県議会議員：46（男 40 女 6 欠員 0）／市町村長：21（男 21 女 0 欠員 0）

市町村議会議員計：392（男 353 女 32 欠員 7）

県職員数：20 027（一般行政 4 016）／市町村等職員数計：14 407（一般行政 8 324）

熊 本 県

人口ピラミッド（熊本）

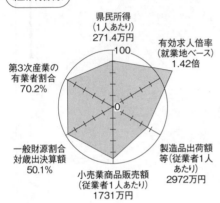

経済指標

（全国平均＝100）

県民所得
（1人あたり）
271.4万円

有効求人倍率
（就業地ベース）
1.42倍

第3次産業の
有業者割合
70.2%

製造品出荷額
等（従業者1人
あたり）
2972万円

一般財源割合
対歳出決算額
50.1%

小売業商品販売額
（従業者1人あたり）
1731万円

生活指標

（全国平均＝100）

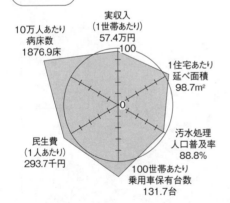

実収入
（1世帯あたり）
57.4万円

10万人あたり
病床数
1876.9床

1住宅あたり
延べ面積
98.7m²

民生費
（1人あたり）
293.7千円

汚水処理
人口普及率
88.8%

100世帯あたり
乗用車保有台数
131.7台

主な生産物

い	（2021年）	100%	（1位）
葉たばこ（販売量）	（2021年）	19%	（1位）
トマト	（2021年）	18%	（1位）
すいか	（2021年）	15%	（1位）
論理素子（集積回路）	（2019年）	*13%	（…）
半導体製造装置製造業	（2019年）	#13%	（1位）

＊出荷額。#当該事業が主業の事業所で集
計した出荷額等（当該品目以外を含む）。

統計データ　14市23町 8 村

面積・人口・世帯（⇨第 2 部　第 1 章）
面積（2021年）　7409km²
人口（2021年）　172万8263人
人口密度（2021年）　233.3人／km²
人口増減率（2020～21年）　−0.58%
人口構成の割合　　0 ～14歳　13.1%
（2021年）　15～64歳　55.0%
　　　65歳以上　31.9%
世帯数（2022年）　79.6万世帯
1 世帯平均人員（2022年）　2.19人

労働（⇨第 2 部　第 2 章）
就業者数（2020年）　87.5万人
産業別就業者割合　第 1 次産業　8.6%
（2020年）　第 2 次産業　21.1%
　　　第 3 次産業　70.2%

経済・財政（⇨第 2 部　第 4 ・ 5 章）
県内総生産（2019年度）　6 兆3634億円
県民所得（2019年度）　4 兆7474億円
農業産出額（2020年）　3407億円
製造品出荷額等（2019年）2 兆8706億円
小売業商品販売額（2015年）1 兆7785億円
財政規模（普通会計）（2020年度）
　歳入（決算額）　9446億円
　歳出（決算額）　9018億円
一般財源割合（2020年度）
　対歳出決算額　50.1%

家計（⇨第 2 部　第 7 章）
1 世帯あたり月平均（2021年）
　実収入　57万4053円
　消費支出　31万2466円
　平均消費性向　66.5%
1 世帯あたり貯蓄現在高（2019年）
　　731.5万円

保健・衛生（⇨第 2 部　第 1 ・ 7 章）
乳児死亡率（2021年）出生千あたり　2.2人
平均寿命（2015年）男81.22年／女87.49年
10万人あたり医師数（2020年）　297.0人

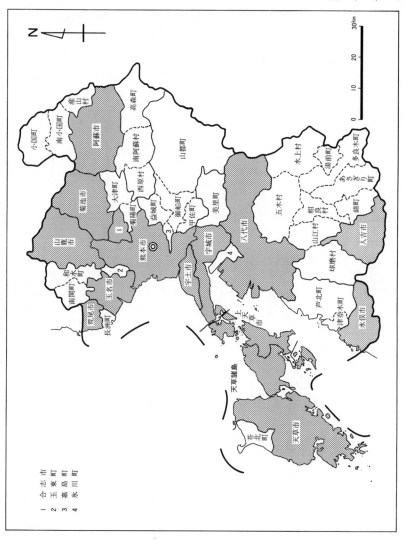

府県のすがた　熊本県

（行政データ）　　　知事：蒲島 郁夫（かばしま いくお）
県議会議員：49（男 45 女 2 欠員 2）／市町村長：45（男 45 女 0 欠員 0）
市町村議会議員計：682（男 613 女 64 欠員 5）
県職員数：19 994（一般行政 4 278）／市町村等職員数計：24 286（一般行政 11 384）

大分県

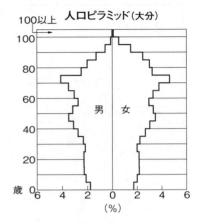

経済指標　（全国平均=100）

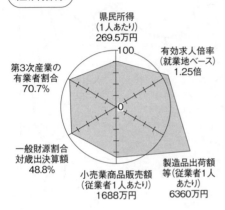

県民所得
（1人あたり）
269.5万円

有効求人倍率
（就業地ベース）
1.25倍

第3次産業の
有業者割合
70.7%

製造品出荷額
等（従業者1人
あたり）
6360万円

一般財源割合
対歳出決算額
48.8%

小売業商品販売額
（従業者1人あたり）
1688万円

生活指標　（全国平均=100）

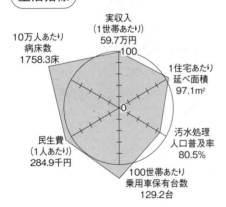

実収入
（1世帯あたり）
59.7万円

10万人あたり
病床数
1758.3床

1住宅あたり
延べ面積
97.1m²

民生費
（1人あたり）
284.9千円

汚水処理
人口普及率
80.5%

100世帯あたり
乗用車保有台数
129.2台

主な生産物

かぼす	（2019年）	99%	（1位）
デジタルカメラ	（2019年）	*51%	（1位）
ぎんなん	（2019年）	43%	（1位）
地熱発電1)	（2021年度）	42%	（1位）
単式蒸留焼酎	（2020年度）	21%	（3位）
養殖ぶり	（2020年）	16%	（2位）
温泉（湧出量）	（2020年）	12%	（1位）
しいたけ2)	（2021年）	9%	（1位）

＊出荷額。1) 電気事業用。2) 乾物は生換算。

統計データ　14市3町1村

面積・人口・世帯　（⇨第2部　第1章）
面積（2021年）　　　　　　　　6341km²
人口（2021年）　　　　　　111万4449人
人口密度（2021年）　　　175.8人/km²
人口増減率（2020〜21年）　　　-0.84%
人口構成の割合　　0〜14歳　　12.0%
（2021年）　　15〜64歳　　54.3%
　　　　　　　　65歳以上　　33.7%
世帯数（2022年）　　　　　54.2万世帯
1世帯平均人員（2022年）　　　　2.09人

労働　（⇨第2部　第2章）
就業者数（2020年）　　　　　　55.0万人
産業別就業者割合　第1次産業　　6.1%
（2020年）　　第2次産業　　23.2%
　　　　　　　第3次産業　　70.7%

経済・財政　（⇨第2部　第4・5章）
県内総生産（2019年度）　　4兆5251億円
県民所得（2019年度）　　　3兆579億円
農業産出額（2020年）　　　　1208億円
製造品出荷額等（2019年）　4兆3135億円
小売業商品販売額（2015年）1兆2353億円
財政規模（普通会計）（2020年度）
　歳入（決算額）　　　　　　7089億円
　歳出（決算額）　　　　　　6844億円
一般財源割合（2020年度）
　対歳出決算額　　　　　　　　48.8%

家計　（⇨第2部　第7章）
1世帯あたり月平均（2021年）
　実収入　　　　　　　　　59万7470円
　消費支出　　　　　　　　28万9318円
　平均消費性向　　　　　　　　59.6%
1世帯あたり貯蓄現在高（2019年）
　　　　　　　　　　　　　756.3万円

保健・衛生　（⇨第2部　第1・7章）
乳児死亡率（2021年）出生千あたり　1.8人
平均寿命（2015年）男81.08年／女87.31年
10万人あたり医師数（2020年）　287.1人

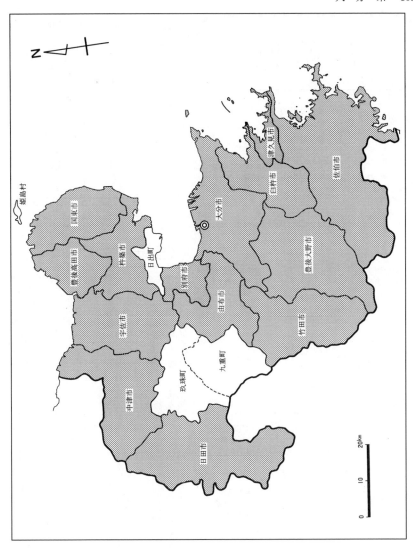

（行政データ）　　　知事：広瀬 勝貞（ひろせ かつさだ）

県議会議員：43（男 41 女 2 欠員 0）／市町村長：18（男 18 女 0 欠員 0）

市町村議会議員計：349（男 310 女 34 欠員 5）

県職員数：17 765（一般行政 3 862）／市町村等職員数計：12 219（一般行政 7 100）

宮崎県

経済指標 （全国平均＝100）

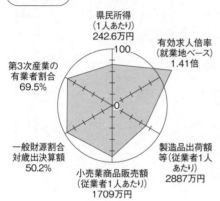

県民所得
（1人あたり）
242.6万円

有効求人倍率
（就業地ベース）
1.41倍

第3次産業の
有業者割合
69.5%

製造品出荷額
等（従業者1人
あたり）
2887万円

一般財源割合
対歳出決算額
50.2%

小売業商品販売額
（従業者1人あたり）
1709万円

生活指標 （全国平均＝100）

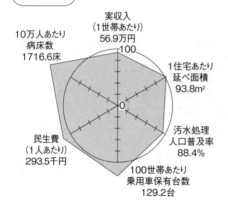

実収入
（1世帯あたり）
56.9万円

10万人あたり
病床数
1716.6床

1住宅あたり
延べ面積
93.8m²

汚水処理
人口普及率
88.4%

民生費
（1人あたり）
293.5千円

100世帯あたり
乗用車保有台数
129.2台

主な生産物

マンゴー	（2019年）	34%	（2位）
単式蒸留焼酎	（2020年度）	33%	（1位）
ブロイラー1)	（2022年）	20%	（2位）
ピーマン	（2021年）	18%	（2位）
杉（素材）	（2020年）	15%	（1位）
きゅうり	（2021年）	12%	（1位）
肉用牛1)	（2022年）	10%	（3位）
豚1)	（2022年）	9%	（2位）

1) 飼養頭数（羽数）。2月1日現在。

人口ピラミッド（宮崎）

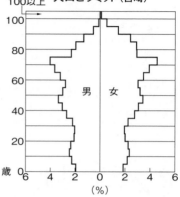

男　女

歳

(%)

統計データ　9市14町3村

面積・人口・世帯（⇨第2部　第1章）
面積（2021年）　　　　　　7735km²
人口（2021年）　　　　106万1240人
人口密度（2021年）　　137.2人/km²
人口増減率（2020〜21年）　　−0.78%
人口構成の割合　　　0〜14歳　13.0%
（2021年）　　15〜64歳　53.8%
　　　　　　　65歳以上　33.1%
世帯数（2022年）　　　　53.0万世帯
1世帯平均人員（2022年）　　　2.03人

労働（⇨第2部　第2章）
就業者数（2020年）　　　　53.3万人
産業別就業者割合　第1次産業　9.8%
（2020年）　　第2次産業　20.7%
　　　　　　第3次産業　69.5%

経済・財政（⇨第2部　第4・5章）
県内総生産（2019年度）　3兆7040億円
県民所得（2019年度）　　2兆6133億円
農業産出額（2020年）　　　　3348億円
製造品出荷額等（2019年）1兆6523億円
小売業商品販売額（2015年）1兆1548億円
財政規模（普通会計）（2020年度）
　歳入（決算額）　　　　　6885億円
　歳出（決算額）　　　　　6676億円
一般財源割合（2020年度）
　対歳出決算額　　　　　　　　50.2%

家計（⇨第2部　第7章）
1世帯あたり月平均（2021年）
　実収入　　　　　　　　56万8643円
　消費支出　　　　　　　26万4686円
　平均消費性向　　　　　　　　57.1%
1世帯あたり貯蓄現在高（2019年）
　　　　　　　　　　　　656.6万円

保健・衛生（⇨第2部　第1・7章）
乳児死亡率(2021年)出生千あたり　2.4人
平均寿命(2015年)　男80.34年／女87.12年
10万人あたり医師数（2020年）　255.5人

府県のすがた　宮崎県

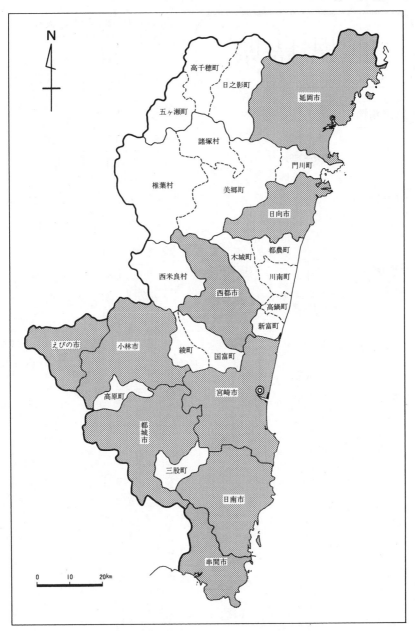

N

高千穂町
日之影町
五ヶ瀬町
諸塚村
椎葉村
美郷町
延岡市
門川町
日向市
木城町
都農町
川南町
西米良村
西都市
高鍋町
新富町
えびの市
小林市
綾町
国富町
高原町
宮崎市
都城市
三股町
日南市
串間市

0　　10　　20km

（行政データ）　　知事：河野　俊嗣（こうの しゅんじ）
県議会議員：39（男 34 女 3 欠員 2）／市町村長：26（男 26 女 0 欠員 0）
市町村議会議員計：386（男 335 女 44 欠員 7）
県職員数：18 526（一般行政 3 763）／市町村等職員数計：10 749（一般行政 6 717）

鹿児島県

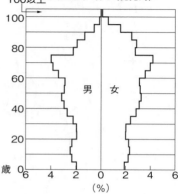

人口ピラミッド（鹿児島）

100以上

男　女

歳　0

（％）

（⇨第2部　第1章）

経済指標 （全国平均＝100）

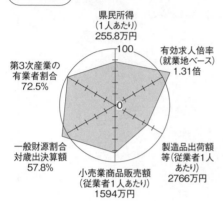

県民所得
（1人あたり）
255.8万円

有効求人倍率
（就業地ベース）
1.31倍

第3次産業の
有業者割合
72.5%

製造品出荷額
等（従業者1人
あたり）
2766万円

一般財源割合
対歳出決算額
57.8%

小売業商品販売額
（従業者1人あたり）
1594万円

生活指標 （全国平均＝100）

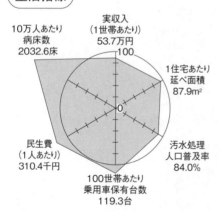

実収入
（1世帯あたり）
53.7万円

10万人あたり
病床数
2032.6床

1住宅あたり
延べ面積
87.9m²

民生費
（1人あたり）
310.4千円

汚水処理
人口普及率
84.0%

100世帯あたり
乗用車保有台数
119.3台

主な生産物

養殖うなぎ	（2020年）	42%（1位）
さとうきび	（2021年）	40%（2位）
かんしょ	（2021年）	28%（1位）
養殖ぶり	（2020年）	26%（1位）
単式蒸留焼酎	（2020年度）	26%（2位）
ブロイラー[1]	（2022年）	20%（1位）
豚[1]	（2022年）	13%（1位）
肉用牛[1]	（2022年）	13%（2位）

　　1）飼養頭数（羽数）。2月1日現在。

統計データ 19市20町4村

面積・人口・世帯（⇨第2部　第1章）
面積（2021年）　　　　　　　9186km²
人口（2021年）　　　　　157万6391人
人口密度（2021年）　　　171.6人/km²
人口増減率（2020～21年）　　　-0.75%
人口構成の割合　　　　0～14歳　13.0%
（2021年）　　　　15～64歳　53.9%
　　　　　　　　　65歳以上　33.1%
世帯数（2022年）　　　　　81.1万世帯
1世帯平均人員（2022年）　　　　1.98人

労働（⇨第2部　第2章）
就業者数（2020年）　　　　　76.9万人
産業別就業者割合　第1次産業　8.3%
（2020年）　　　　第2次産業　19.2%
　　　　　　　　　第3次産業　72.5%

経済・財政（⇨第2部　第4・5章）
県内総生産（2019年度）　5兆7729億円
県民所得（2019年度）　　4兆975億円
農業産出額（2020年）　　　　4772億円
製造品出荷額等（2019年）　2兆247億円
小売業商品販売額(2015年)1兆6530億円
財政規模（普通会計）（2020年度）
　歳入（決算額）　　　　　　9068億円
　歳出（決算額）　　　　　　8536億円
一般財源割合（2020年度）
　対歳出決算額　　　　　　　　57.8%

家計（⇨第2部　第7章）
1世帯あたり月平均（2021年）
　実収入　　　　　　　　53万7030円
　消費支出　　　　　　　31万3810円
　平均消費性向　　　　　　　　71.2%
1世帯あたり貯蓄現在高（2019年）
　　　　　　　　　　　　645.2万円

保健・衛生（⇨第2部　第1・7章）
乳児死亡率(2021年)出生千あたり　1.6人
平均寿命(2015年) 男80.02年／女86.78年
10万人あたり医師数（2020年）　283.6人

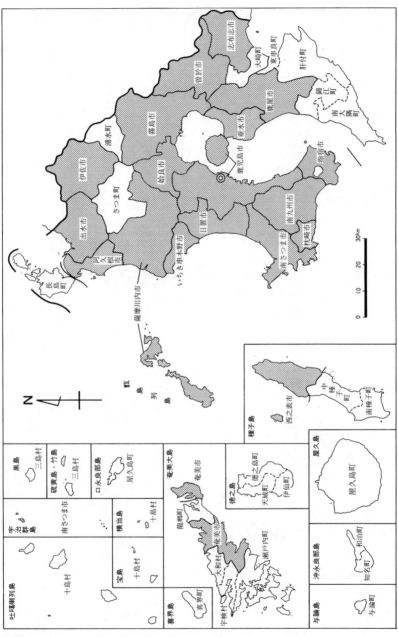

（行政データ）　　知事：塩田 康一（しおた こういち）
県議会議員：51（男 44 女 5 欠員 2）／市町村長：43（男 43 女 0 欠員 0）
市町村議会議員計：678（男 598 女 72 欠員 8）
県職員数：26 437（一般行政 5 008）／市町村等職員数計：19 053（一般行政 11 094）

沖縄県

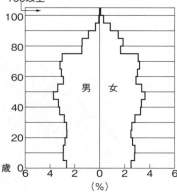

人口ピラミッド（沖縄）

男　女

歳（%）

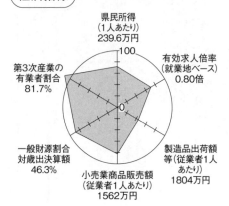

経済指標 （全国平均=100）

- 県民所得（1人あたり）239.6万円
- 有効求人倍率（就業地ベース）0.80倍
- 製造品出荷額等（従業者1人あたり）1804万円
- 小売業商品販売額（従業者1人あたり）1562万円
- 一般財源割合対歳出決算額 46.3%
- 第3次産業の有業者割合 81.7%

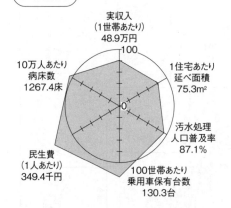

生活指標 （全国平均=100）

- 実収入（1世帯あたり）48.9万円
- 1住宅あたり延べ面積 75.3m²
- 汚水処理人口普及率 87.1%
- 100世帯あたり乗用車保有台数 130.3台
- 民生費（1人あたり）349.4千円
- 10万人あたり病床数 1267.4床

主な生産物

シークヮーサー	（2019年）	100%	（1位）
パインアップル	（2019年）	100%	（1位）
養殖もずく類	（2020年）	100%	（1位）
さとうきび	（2021年）	60%	（1位）
マンゴー	（2019年）	52%	（1位）
にがうり	（2020年）	40%	（1位）
とうがん	（2020年）	33%	（1位）
養殖くるまえび	（2020年）	31%	（1位）
菊（切り花出荷量）	（2021年）	18%	（2位）

統計データ　11市11町19村

面積・人口・世帯 （⇨第2部　第1章）
- 面積 （2021年）　2282km²
- 人口 （2021年）　146万8463人
- 人口密度 （2021年）　643.5人/km²
- 人口増減率 （2020〜21年）　0.07%
- 人口構成の割合　0〜14歳　16.5%
- （2021年）　15〜64歳　60.4%
- 　65歳以上　23.1%
- 世帯数 （2022年）　68.4万世帯
- 1世帯平均人員 （2022年）　2.17人

労働 （⇨第2部　第2章）
- 就業者数 （2020年）　73.1万人
- 産業別就業者割合　第1次産業　3.9%
- （2020年）　第2次産業　14.4%
- 　第3次産業　81.7%

経済・財政 （⇨第2部　第4・5章）
- 県内総生産 （2019年度）　4兆6333億円
- 県民所得 （2019年度）　3兆5024億円
- 農業産出額 （2020年）　910億円
- 製造品出荷額等 （2019年）　4990億円
- 小売業商品販売額 （2015年）1兆3661億円
- 財政規模 （普通会計） （2020年度）
- 　歳入 （決算額）　8795億円
- 　歳出 （決算額）　8668億円
- 一般財源割合 （2020年度）
- 　対歳出決算額　46.3%

家計 （⇨第2部　第7章）
- 1世帯あたり月平均 （2021年）
- 　実収入　48万9424円
- 　消費支出　26万361円
- 　平均消費性向　63.3%
- 1世帯あたり貯蓄現在高 （2019年）
- 　407.0万円

保健・衛生 （⇨第2部　第1・7章）
- 乳児死亡率(2021年)出生千あたり　1.6人
- 平均寿命(2015年)　男80.27年／女87.44年
- 10万人あたり医師数 （2020年）　257.2人

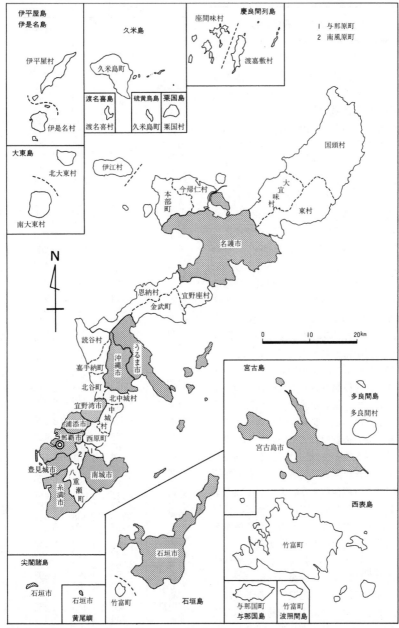

伊平屋島
伊是名島

伊平屋村

伊是名村

大東島

北大東村

南大東村

久米島

久米島町

渡名喜島

渡名喜村

硫黄鳥島　粟国島

久米島町　粟国村

慶良間列島

座間味村

渡嘉敷村

1　与那原町
2　南風原町

伊江村

今帰仁村

本部町

国頭村

大宜味村

東村

名護市

恩納村

宜野座村

金武町

読谷村

嘉手納町

北谷町

沖縄市

うるま市

北中城村

宜野湾市

中城村

浦添市

那覇市

西原町

豊見城市

八重瀬町

南城市

糸満市

宮古島

宮古島市

多良間島

多良間村

西表島

竹富町

石垣市

尖閣諸島

石垣市

石垣市
黄尾嶼

石垣市

竹富町

石垣島

与那国町
与那国島

竹富町
波照間島

N

0　　　10　　　20km

（行政データ）　　　知事：玉城 デニー（たまき でにー）

県議会議員：48（男 41 女 7 欠員 0）／市町村長：41（男 40 女 1 欠員 0）

市町村議会議員計：644（男 571 女 68 欠員 5）

県職員数：26 967（一般行政 3 981）／市町村等職員数計：13 453（一般行政 8 262）

減少する犬猫の殺処分数

　環境省によると、2020年度に動物愛護センターや保健所等で保護された犬や猫は7万2433頭であった。そのうち、所有者不明は保護数全体の81.8%にあたる5万9253頭である。保護された犬や猫は飼い主へ返還され、飼い主が不明の場合は新たな飼い主へ譲渡される。

　譲渡先が決まらないなど、譲渡不可の場合は殺処分となる。2020年度の犬や猫の殺処分数は、保護数全体の32.8%にあたる2万3764頭であった。1989年度には犬や猫が105万頭ほど保護され、その96.8%が殺処分されていたが、地域の取り組みなどが進み、保護数や殺処分数は大幅に減少している。ただし、2020年度の保護数全体に占める殺処分数の割合で、都道府県別の最大は長崎県の70.7%、最小は岡山県の4.9%と地域差が大きい。

　2022年6月、改正動物愛護管理法が施行され、今後飼育される犬や猫へのマイクロチップの装着が義務化された。対象となるのはペットショップやブリーダーなどの販売業者で、犬や猫の仕入れ後30日以内（生後90日以内は90日を経過した日から30日以内）に装着し、所有者情報を登録する義務がある。犬や猫を販売業者から購入した飼い主は、取得後30日以内に氏名や電話番号などの所有者情報を販売業者から変更する必要がある。

　マイクロチップの装着によって個体の識別が容易になり、保護された犬や猫を高い確率で飼い主へ返還できるようになる。また、飼い主による安易な犬猫の放棄を防ぐ効果も見込まれる。これにより、譲渡先の確保が必要な保護犬や猫の頭数が減って、殺処分数が更に減少すると期待されている。

犬猫の殺処分数等（会計年度）（単位　頭）

	引取り数[1]（2020）	うち所有者不明	殺処分数[2]	
			2010	2020
北海道	2 162	1 368	6 810	139
青森	952	698	3 116	621
岩手	886	560	2 324	228
宮城	1 800	1 537	5 440	681
秋田	1 389	772	1 382	742
山形	261	244	2 587	75
福島	2 852	1 909	4 976	1 910
茨城	2 376	2 261	6 346	294
栃木	963	848	3 094	126
群馬	2 254	1 568	3 950	1 038
埼玉	1 717	1 283	5 011	687
千葉	2 892	2 433	7 826	451
東京	393	270	2 179	59
神奈川	1 990	1 366	3 373	301
新潟	1 735	950	2 260	315
富山	241	213	1 124	27
石川	432	314	1 539	33
福井	706	574	1 318	64
山梨	774	715	1 711	96
長野	1 302	912	2 359	160
岐阜	2 110	1 549	3 011	888
静岡	1 448	1 314	6 002	378
愛知	3 362	2 830	9 178	744
三重	750	708	4 193	144
滋賀	1 000	727	2 024	572
京都	999	902	4 153	612
大阪	1 613	1 084	9 364	808
兵庫	1 995	1 479	8 540	1 021
奈良	944	866	2 376	548
和歌山	1 526	1 386	3 528	713
鳥取	288	211	1 423	32
島根	467	400	2 487	70
岡山	1 256	1 201	4 111	61
広島	3 141	3 015	9 128	291
山口	2 389	2 232	5 726	257
徳島	1 111	1 005	3 481	433
香川	2 532	2 430	4 189	812
愛媛	2 746	2 458	5 931	1 413
高知	797	789	5 222	555
福岡	2 208	1 929	8 263	717
佐賀	432	412	2 897	149
長崎	2 763	2 369	7 213	1 953
熊本	1 291	1 190	4 898	115
大分	2 722	2 253	3 521	1 487
宮崎	1 407	1 232	3 406	221
鹿児島	1 905	1 445	4 252	585
沖縄	1 154	1 042	7 451	138
全国	72 433	59 253	204 693	23 764

環境省資料より作成。犬と猫の合計。1）動物愛護センターや保健所等の保護頭数。2）引取り後の死亡、保管中の病気等による自然死も含む。

第 2 部
府県別統計

1871（明4）年 6月	3府	45県	261藩		廃藩置県直前。
7月	3府	302県			廃藩置県。
12月	3府	72県			府県の全国的廃置。
1872（明5）年12月	3府	69県	1藩		琉球藩を置く。
1873（明6）年12月					
～1874（明7）12月	3府	60県	1藩		
1875（明8）年12月	3府	59県	1藩		
1876（明9）年12月					
～1878（明11）年12月	3府	35県	1藩		3府は東京、京都、大阪。35県は青森、岩手、宮城、秋田、山形、福島、茨城、栃木、群馬、埼玉、千葉、神奈川、新潟、石川、山梨、長野、岐阜、静岡、愛知、三重、滋賀、堺、兵庫、和歌山、島根、岡山、広島、山口、愛媛、高知、福岡、長崎、熊本、大分、鹿児島。1藩は琉球。
1879（明12）年12月	3府	36県			琉球藩を廃し、沖縄県を置く（1879年4月）。
1880（明13）年12月	3府	37県			徳島県を置く（1880年3月）。
1881（明14）年12月	3府	38県			堺県を廃す（1881年2月）。福井県を置く（1881年2月）。鳥取県を置く（1881年9月）。
1882（明15）年12月	3府	41県			開拓使を廃し、函館、札幌、根室県を置く（1882年2月）。
1883（明16）年12月					
～1885（明18）年12月	3府	44県			富山、佐賀、宮崎県を置く（1883年5月）。
1886（明19）年12月	3府	41県			函館、札幌、根室県を廃し、北海道庁を置く（1886年1月）。
1887（明20）年12月	3府	42県			奈良県を置く（1887年11月）。
1888（明21）年12月	3府	43県			香川県を置く（1888年12月）。
1943（昭18）年12月	1都	2府	43県		東京府の都制施行（1943年7月）。
1946（昭21）年12月以降	1都	1道	2府	42県	府県制改正（道府県制）に伴い、北海道を置き、沖縄県を除く。
1972（昭47）年5月	1都	1道	2府	43県	沖縄県復帰。

総務省自治行政局市町村課「全国市町村要覧」より作成。明は明治、昭は昭和。

第 1 章
国土・人口

表1-1　総面積・地形別面積 （単位　km²）

	総面積 （各年10月1日）		地形別面積 （1982年度）				
	1980	2021	山地	丘陵地	台地	低地	内水域等
北海道	78 521 (83 517)	① 78 421 (83 424)	40 842	12 024	15 364	9 794	334
青森	1) 9 616	⑧ 9 646	4 868	1 570	1 831	1 237	118
岩手	15 278	② 15 275	11 021	2 089	881	1 261	11
宮城	7 291	⑯ 7 282	2 158	2 673	652	1 757	23
秋田	1) 11 611	⑥ 11 638	6 755	1 629	710	2 453	84
山形	9 327	⑨ 9 323	6 307	841	776	1 393	2
福島	13 783	③ 13 784	10 389	702	1 114	1 437	129
茨城	6 092	㉔ 6 097	1 444	436	2 270	1 647	290
栃木	6 414	⑳ 6 408	3 388	615	1 637	752	13
群馬	6 356	㉑ 6 362	4 887	224	654	585	13
埼玉	3 799	㊴ 3 798	1 230	232	900	1 414	20
千葉	5 143	㉘ 5 157	388	1 575	1 670	1 452	42
東京	2 156	㊺ 2 194	848	164	629	274	246
神奈川	2 397	㊸ 2 416	895	415	451	575	55
新潟	12 578	⑤ 12 584	8 142	1 161	491	2 775	8
富山	4 252	㉝ 4 248	2 733	331	196	987	5
石川	4 197	㉟ 4 186	2 048	1 277	199	656	0
福井	4 189	㉞ 4 191	3 021	101	119	932	8
山梨	4 463	㉜ 4 465	3 820	26	222	343	58
長野	13 585	④ 13 562	11 543	101	1 171	751	26
岐阜	10 596	⑦ 10 621	8 258	933	208	1 174	23
静岡	7 773	⑬ 7 777	5 650	443	325	1 155	204
愛知	5 130	㉗ 5 173	2 134	635	940	1 148	278
三重	5 776	㉕ 5 774	3 704	428	565	1 031	38
滋賀	4 016	㊳ 4 017	1 949	372	197	935	563
京都	4 613	㉛ 4 612	3 146	428	168	820	44
大阪	1 864	㊻ 1 905	706	212	2	610	334
兵庫	8 373	⑫ 8 401	4 858	1 354	492	1 604	49
奈良	3 692	㊵ 3 691	2 960	371	66	273	18
和歌山	4 723	㉚ 4 725	3 832	384	177	316	2
鳥取	2) 3 492	㊶ 3 507	3 057	3	10	411	24
島根	2) 6 627	⑲ 6 708	4 845	1 182	7	495	183
岡山	7 087	⑰ 7 114	4 896	976	45	1 141	22
広島	8 463	⑪ 8 479	6 754	1 082	45	559	26
山口	6 101	㉓ 6 113	4 062	1 315	104	461	160
徳島	4 145	㊱ 4 147	3 308	146	72	551	63
香川	1 880	㊼ 1 877	922	105	316	474	53
愛媛	5 668	㉖ 5 676	4 692	347	67	557	0
高知	7 107	⑱ 7 104	6 076	508	180	327	11
福岡	4 954	㉙ 4 987	2 389	515	704	1 224	112
佐賀	2 433	㊷ 2 441	1 243	448	51	645	42
長崎	4 107	㊲ 4 131	2 551	358	474	339	347
熊本	7 406	⑮ 7 409	5 669	205	543	958	17
大分	6 332	㉒ 6 341	5 000	250	441	595	46
宮崎	7 734	⑭ 7 735	5 663	639	647	764	23
鹿児島	9 163	⑩ 9 186	4 732	1 742	1 904	771	21
沖縄	2 250	㊹ 2 282	547	766	784	151	11
全国	372 712 (377 708)	372 971 (377 975)	230 331	44 337	41 471	51 963	4 199

資料・注記は354ページ参照。○内の数字は全国順位。

表1-2　可住地面積と地目別面積（単位　km²）

	可住地面積（2021年）	総面積に占める割合（%）	地目別面積（1987年度）田、畑、果樹園、その他の樹木林	森林、荒地	建物用地	幹線交通用地、他の用地	湖沼、河川
北海道	① 21 562	*27.5*	13 554	61 157	1 078	641	1 822
青森	⑧ 3 140	*32.6*	2 035	6 862	341	109	247
岩手	⑤ 3 562	*23.3*	2 276	12 324	351	109	189
宮城	⑪ 2 976	*40.9*	1 906	4 587	377	153	229
秋田	⑩ 2 995	*25.7*	2 021	8 898	299	80	317
山形	⑭ 2 680	*28.7*	1 803	6 982	290	49	193
福島	③ 4 004	*29.0*	2 571	10 203	475	154	356
茨城	④ 3 659	*60.0*	2 413	2 281	645	287	451
栃木	⑬ 2 803	*43.7*	1 717	3 887	396	190	214
群馬	㉑ 2 130	*33.5*	1 235	4 477	381	129	141
埼玉	⑲ 2 392	*63.0*	1 251	1 386	698	250	211
千葉	⑥ 3 378	*65.5*	1 950	1 910	757	346	170
東京	㉜ 1 354	*61.7*	150	975	728	228	69
神奈川	㉛ 1 409	*58.3*	356	1 047	671	252	72
新潟	② 4 229	*33.6*	2 669	8 860	553	149	327
富山	㉗ 1 701	*40.0*	906	2 910	227	65	142
石川	㉝ 1 333	*31.8*	752	3 051	220	77	69
福井	㊷ 994	*23.7*	625	3 238	162	57	94
山梨	㊺ 862	*19.3*	543	3 605	159	54	110
長野	⑨ 3 043	*22.4*	1 910	10 893	438	122	227
岐阜	㉓ 1 983	*18.7*	1 035	8 851	363	122	227
静岡	⑱ 2 552	*32.8*	1 347	5 303	594	212	294
愛知	⑫ 2 814	*54.4*	1 327	2 411	904	304	182
三重	㉔ 1 883	*32.6*	1 089	4 013	319	147	181
滋賀	㊱ 1 206	*30.0*	755	2 166	214	113	766
京都	㊴ 1 106	*24.0*	558	3 568	278	105	84
大阪	㉟ 1 254	*65.8*	270	671	629	220	80
兵庫	⑰ 2 579	*30.7*	1 284	5 973	616	298	191
奈良	㊼ 778	*21.1*	433	2 941	176	62	75
和歌山	㊶ 1 011	*21.4*	621	3 754	160	56	112
鳥取	㊻ 850	*24.2*	620	2 652	121	32	72
島根	㊲ 1 193	*17.8*	820	5 439	145	43	237
岡山	㉒ 2 060	*29.0*	1 332	5 129	351	112	168
広島	⑳ 2 186	*25.8*	1 266	6 593	347	142	112
山口	㉙ 1 631	*26.7*	970	4 628	250	158	84
徳島	㊹ 887	*21.4*	637	3 202	118	45	129
香川	㊸ 946	*50.4*	624	974	148	57	59
愛媛	㉚ 1 597	*28.1*	1 068	4 231	222	68	69
高知	㊵ 1 035	*14.6*	651	6 135	132	33	126
福岡	⑯ 2 620	*52.5*	1 389	2 538	639	234	144
佐賀	㉞ 1 273	*52.1*	951	1 197	165	57	62
長崎	㉘ 1 641	*39.7*	985	2 739	218	81	27
熊本	⑮ 2 636	*35.6*	1 808	5 057	314	99	111
大分	㉖ 1 701	*26.8*	1 102	4 816	212	103	94
宮崎	㉕ 1 730	*22.4*	1 093	6 175	245	65	146
鹿児島	⑦ 3 201	*34.8*	2 020	6 460	444	90	99
沖縄	㊳ 1 114	*48.8*	597	1 383	133	100	12
全国	**115 672**	*31.0*	**69 294**	**268 531**	**17 702**	**6 659**	**9 597**

資料・注記は354ページ参照。○内の数字は全国順位。

府県別統計　国土

表 1 - 3　明治13年の人口（1880年）

	人口 (千人)	人口性比 (女100人 に対する 男の数)	出生率 (人口千 あたり)		人口 (千人)	人口性比 (女100人 に対する 男の数)	出生率 (人口千 あたり)
開拓使	163	103.2	23.8	三重	842	100.4	24.6
				滋賀	738	98.1	28.2
青森	475	106.4	21.9	京都	822	100.5	23.9
岩手	592	106.0	25.0	大阪	583	98.6	27.2
宮城	619	106.6	21.2	堺	957	101.2	28.0
秋田	619	110.4	21.0	兵庫	1 392	103.8	24.3
山形	683	102.9	27.1	和歌山	598	104.6	22.8
福島	809	104.5	23.0				
茨城	894	102.6	20.2	島根	1 037	105.2	22.0
栃木	581	100.8	28.2	岡山	1 001	109.6	22.1
群馬	582	100.6	27.8	広島	1 213	105.3	22.4
埼玉	934	99.3	29.0	山口	878	104.5	25.1
千葉	1 103	102.9	22.9	愛媛	1 439	105.4	25.0
東京	957	100.8	27.7	高知	1 179	107.1	17.2
(小笠原島)	0.2	129.4	12.8				
神奈川	757	103.1	29.4	福岡	1 097	103.3	26.5
				長崎	1 190	102.8	19.2
新潟	1 546	100.2	22.0	熊本	987	100.1	18.2
石川	1 834	101.4	26.1	大分	732	102.9	25.9
				鹿児島	1 270	102.5	18.2
山梨	395	99.4	28.9				
長野	1 000	102.0	26.1	沖縄	311	98.9	—
岐阜	840	103.6	28.9				
静岡	970	103.0	23.5	全国	35 925	102.8	24.1
愛知	1 304	98.8	26.8				

統計院「第 1 回　日本帝国統計年鑑」（1882年）より作成。 1 月 1 日現在。出生率は、1879年中の死亡
数を1880年 1 月 1 日人口に加えて比例させたもの。

表1-3の解説　日本では1871（明治 4 ）年の廃藩置県によって新しい行政区分がスタートし
たが、本格的な地方自治制度が成立するのは第 2 次大戦後である。表1－3の1880（明治
13）年 1 月の時点では 3 府36県 1 開拓使で、現在の47都道府県とは行政区分が異なるため、
直接比較できない県がある。例えば1880年当時の東京府は、現在の区部に該当する範囲に
伊豆七島と小笠原諸島を加えた地域で、1893年に神奈川県より三多摩地方を編入して現在
の東京都の境域となった。1943年に府と市を統合して東京都となり、現在の23区に整理さ
れたのは戦後のことである。一方、大阪府は、1880年当時の境域は摂津国の東側半分だけ
で、河内国と和泉国は大和国と合わせて堺県となっていた。翌1881年に大阪府と堺県が統
合され大阪府となり、1887年に大和を分離（奈良県となる）して現在の大阪府の境域とな
った。このほか現在と異なる部分を拾いあげると、石川県が富山県と福井県北部（越前）
を含む（1881年に福井県を分離、1883年に富山県を分離）、島根県が鳥取県を含む（1881
年に分離）、高知県が徳島県を含む（1880年分離）、愛媛県が香川県を含む（1888年分離）、
長崎県が佐賀県を含む（1883年分離）、鹿児島県が宮崎県を含む（1883年分離）などである。
　明治期の日本の産業構造は農業を主体としており、稲作がほぼ全国的に行われ、米どこ
ろの県が人口の上位を占めていた。男性労働力の地域的な配分においても現在のような偏
りが少なく、ほぼ全国的に男性労働力が確保されていた。現在のような、人口の東京圏へ
の集中も見られない。ただし、いかに北陸が米どころとはいえ、石川県が人口で全国 1 位
となれた理由は、前記のように1876～80年の石川県が富山と福井を含む広範な地域であっ
たためである。

表1-4 **人口の推移** (各年10月 1 日現在)(単位 千人)

	1980	1990	2000	2010	2020	2021		日本人人口
北海道	5 576	5 644	5 683	5 506	5 225	⑧	5 183	5 147
青森	1 524	1 483	1 476	1 373	1 238	㉛	1 221	1 216
岩手	1 422	1 417	1 416	1 330	1 211	㉜	1 196	1 189
宮城	2 082	2 249	2 365	2 348	2 302	⑭	2 290	2 269
秋田	1 257	1 227	1 189	1 086	960	㊳	945	941
山形	1 252	1 258	1 244	1 169	1 068	㊱	1 055	1 048
福島	2 035	2 104	2 127	2 029	1 833	㉑	1 812	1 799
茨城	2 558	2 845	2 986	2 970	2 867	⑪	2 852	2 785
栃木	1 792	1 935	2 005	2 008	1 933	⑲	1 921	1 880
群馬	1 849	1 966	2 025	2 008	1 939	⑱	1 927	1 866
埼玉	5 420	6 405	6 938	7 195	7 345	⑤	7 340	7 152
千葉	4 735	5 555	5 926	6 216	6 284	⑥	6 275	6 114
東京	11 618	11 856	12 064	13 159	14 048	①	14 010	13 459
神奈川	6 924	7 980	8 490	9 048	9 237	②	9 236	9 007
新潟	2 451	2 475	2 476	2 374	2 201	⑮	2 177	2 161
富山	1 103	1 120	1 121	1 093	1 035	㊲	1 025	1 008
石川	1 119	1 165	1 181	1 170	1 133	㉝	1 125	1 111
福井	794	824	829	806	767	㊸	760	746
山梨	804	853	888	863	810	㊷	805	789
長野	2 084	2 157	2 215	2 152	2 048	⑯	2 033	1 999
岐阜	1 960	2 067	2 108	2 081	1 979	⑰	1 961	1 907
静岡	3 447	3 671	3 767	3 765	3 633	⑩	3 608	3 515
愛知	6 222	6 691	7 043	7 411	7 542	④	7 517	7 261
三重	1 687	1 793	1 857	1 855	1 770	㉒	1 756	1 705
滋賀	1 080	1 222	1 343	1 411	1 414	㉖	1 411	1 377
京都	2 527	2 602	2 644	2 636	2 578	⑬	2 561	2 505
大阪	8 473	8 735	8 805	8 865	8 838	③	8 806	8 565
兵庫	5 145	5 405	5 551	5 588	5 465	⑦	5 432	5 324
奈良	1 209	1 375	1 443	1 401	1 324	㉙	1 315	1 302
和歌山	1 087	1 074	1 070	1 002	923	㊵	914	907
鳥取	604	616	613	589	553	㊼	549	544
島根	785	781	762	717	671	㊻	665	655
岡山	1 871	1 926	1 951	1 945	1 888	⑳	1 876	1 847
広島	2 739	2 850	2 879	2 861	2 800	⑫	2 780	2 729
山口	1 587	1 573	1 528	1 451	1 342	㉗	1 328	1 312
徳島	825	832	824	785	720	㊹	712	706
香川	1 000	1 023	1 023	996	950	㊴	942	930
愛媛	1 507	1 515	1 493	1 431	1 335	㉘	1 321	1 309
高知	831	825	814	764	692	㊺	684	680
福岡	4 553	4 811	5 016	5 072	5 135	⑨	5 124	5 045
佐賀	866	878	877	850	811	㊶	806	800
長崎	1 591	1 563	1 517	1 427	1 312	㉚	1 297	1 288
熊本	1 790	1 840	1 859	1 817	1 738	㉓	1 728	1 712
大分	1 229	1 237	1 221	1 197	1 124	㉞	1 114	1 102
宮崎	1 152	1 169	1 170	1 135	1 070	㉟	1 061	1 054
鹿児島	1 785	1 798	1 786	1 706	1 588	㉔	1 576	1 565
沖縄	1 107	1 222	1 318	1 393	1 467	㉕	1 468	1 449
全国	117 060	123 611	126 926	128 057	126 146		125 502	122 780

2020年までは総務省統計局「国勢調査」、21年は同「人口推計」より作成。○内の数字は全国順位。

図1-1　人口増減率（2020年10月〜21年9月）

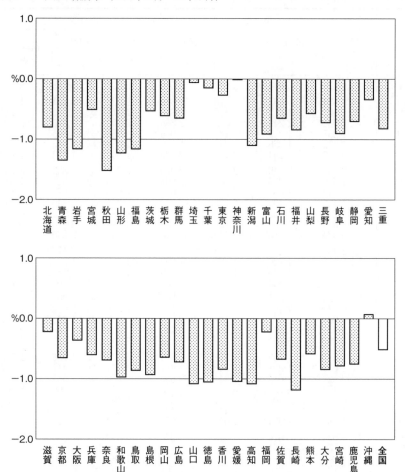

表1-5より作成。増減数を期首人口で除したもの。

☛ 2021年の人口増加は沖縄県のみ

　総務省「人口推計」によると、2021年に前年よりも人口が増加したのは、全国で沖縄県のみであった。2020年には、埼玉県、千葉県、東京都、神奈川県、福岡県、沖縄県の6都県で前年よりも人口が増えたが、21年は沖縄県を除く5都県でも減少に転じた。東京都の人口が減るのは、1995年以来26年ぶりである。コロナ禍の影響によるテレワークの浸透などで、東京都への転入者が減り転出者が増えたことが人口減少につながった。なお、2021年の総人口は前年に比べ64万人減り、減少幅は比較可能な1950年以降で最大である。

表1-5　年平均人口増減率（各年10月 1 日現在）（%）

	1995～2000	2000～05	2005～10	2010～15	2015～20	2020～21 人口増減率	2020～21 自然増減率	2020～21 社会増減率
北海道	-0.03	-0.20	-0.43	-0.46	-0.59	-0.80	-0.77	-0.03
青森	-0.08	-0.54	-0.90	-0.97	-1.10	-1.35	-0.99	-0.36
岩手	-0.05	-0.44	-0.81	-0.77	-1.10	-1.16	-0.92	-0.25
宮城	0.31	-0.04	-0.10	-0.12	-0.27	-0.51	-0.51	-0.00
秋田	-0.41	-0.75	-1.06	-1.19	-1.28	-1.52	-1.21	-0.31
山形	-0.20	-0.45	-0.79	-0.78	-1.01	-1.23	-0.94	-0.29
福島	-0.06	-0.34	-0.60	-1.16	-0.86	-1.16	-0.80	-0.36
茨城	0.20	-0.07	-0.04	-0.36	-0.34	-0.53	-0.58	0.04
栃木	0.21	0.12	-0.09	-0.34	-0.42	-0.61	-0.56	-0.05
群馬	0.21	-0.01	-0.16	-0.35	-0.35	-0.65	-0.65	-0.00
埼玉	0.52	0.33	0.39	0.20	0.21	-0.06	-0.38	0.32
千葉	0.44	0.44	0.52	0.02	0.20	-0.15	-0.41	0.26
東京	0.49	0.84	0.91	0.54	0.78	-0.27	-0.21	-0.05
神奈川	0.59	0.70	0.58	0.17	0.24	-0.01	-0.32	0.31
新潟	-0.10	-0.36	-0.47	-0.60	-0.91	-1.10	-0.82	-0.28
富山	-0.04	-0.16	-0.33	-0.50	-0.60	-0.91	-0.72	-0.19
石川	0.02	-0.12	-0.07	-0.27	-0.38	-0.65	-0.51	-0.14
福井	0.05	-0.18	-0.37	-0.49	-0.51	-0.84	-0.58	-0.25
山梨	0.14	-0.08	-0.49	-0.66	-0.61	-0.57	-0.61	0.04
長野	0.19	-0.17	-0.40	-0.50	-0.49	-0.72	-0.66	-0.07
岐阜	0.07	-0.00	-0.25	-0.47	-0.53	-0.90	-0.60	-0.30
静岡	0.16	0.13	-0.14	-0.35	-0.37	-0.70	-0.58	-0.13
愛知	0.50	0.59	0.43	0.19	0.16	-0.34	-0.23	-0.11
三重	0.17	0.10	-0.13	-0.42	-0.51	-0.82	-0.58	-0.25
滋賀	0.85	0.55	0.44	0.03	0.01	-0.22	-0.24	0.02
京都	0.11	0.02	-0.09	-0.20	-0.25	-0.65	-0.47	-0.18
大阪	0.02	0.03	0.11	-0.06	-0.00	-0.36	-0.43	0.07
兵庫	0.54	0.14	-0.01	-0.19	-0.25	-0.60	-0.49	-0.11
奈良	0.17	-0.30	-0.29	-0.53	-0.59	-0.69	-0.58	-0.11
和歌山	-0.20	-0.64	-0.66	-0.78	-0.87	-0.97	-0.78	-0.20
鳥取	-0.05	-0.21	-0.61	-0.52	-0.71	-0.86	-0.68	-0.18
島根	-0.26	-0.51	-0.68	-0.65	-0.68	-0.93	-0.79	-0.14
岡山	0.00	0.07	-0.12	-0.25	-0.35	-0.64	-0.50	-0.14
広島	-0.02	-0.02	-0.11	-0.12	-0.31	-0.72	-0.44	-0.27
山口	-0.36	-0.47	-0.56	-0.65	-0.91	-1.08	-0.83	-0.25
徳島	-0.20	-0.35	-0.61	-0.77	-0.98	-1.05	-0.82	-0.24
香川	-0.08	-0.21	-0.33	-0.40	-0.54	-0.84	-0.64	-0.20
愛媛	-0.18	-0.34	-0.50	-0.65	-0.74	-1.04	-0.80	-0.24
高知	-0.07	-0.44	-0.81	-0.97	-1.03	-1.08	-0.89	-0.20
福岡	0.33	0.14	0.09	0.12	0.13	-0.22	-0.35	0.12
佐賀	-0.17	-0.24	-0.39	-0.40	-0.52	-0.67	-0.52	-0.16
長崎	-0.37	-0.50	-0.71	-0.71	-0.96	-1.18	-0.70	-0.48
熊本	-0.00	-0.18	-0.27	-0.35	-0.54	-0.58	-0.52	-0.05
大分	-0.17	-0.19	-0.22	-0.51	-0.74	-0.84	-0.69	-0.15
宮崎	-0.10	-0.29	-0.31	-0.56	-0.63	-0.78	-0.64	-0.14
鹿児島	-0.09	-0.37	-0.54	-0.69	-0.74	-0.75	-0.66	-0.09
沖縄	0.69	0.65	0.45	0.58	0.47	0.07	0.09	-0.02
全国	0.21	0.13	0.05	-0.15	-0.15	-0.51	-0.48	-0.03

2020年までは総務省統計局「国勢調査」、20～21年は同「人口推計」より作成。354ページの注記参照。

表 1-6　人口密度の推移（1 km²につき　人）

	1970	1980	1990	2000	2010	2020	2021
北海道	66.0	71.0	72.0	72.5	70.2	66.6	66.1
青森	148.5	158.5	154.4	153.6	142.4	128.3	126.6
岩手	89.8	93.1	92.8	92.7	87.1	79.2	78.3
宮城	249.6	285.6	308.7	324.7	322.3	316.1	314.5
秋田	106.9	108.2	105.7	102.4	93.3	82.4	81.2
山形	131.4	134.2	135.0	133.4	125.4	114.6	113.1
福島	141.2	147.7	152.7	154.3	147.2	133.0	131.5
茨城	352.1	419.9	467.0	489.8	487.2	470.2	467.7
栃木	246.3	279.4	302.0	312.8	313.3	301.7	299.8
群馬	261.0	290.9	309.0	318.2	315.6	304.8	302.8
埼玉	1 017.7	1 426.7	1 686.8	1 827.1	1 894.2	1 934.0	1 932.8
千葉	662.9	920.8	1 077.5	1 149.4	1 205.5	1 218.5	1 216.8
東京	5 328.1	5 387.9	5 430.2	5 516.5	6 015.7	6 402.6	6 385.5
神奈川	2 294.7	2 888.6	3 308.5	3 514.9	3 745.4	3 823.2	3 822.8
新潟	187.7	194.9	196.7	196.8	188.7	174.9	173.0
富山	242.2	259.5	263.8	263.9	257.4	243.6	241.4
石川	238.9	266.7	278.3	282.2	279.5	270.5	268.8
福井	177.7	189.6	196.7	197.9	192.4	183.0	181.5
山梨	170.7	180.2	191.0	198.9	193.3	181.4	180.4
長野	144.1	153.4	158.8	163.1	158.7	151.0	149.9
岐阜	166.0	185.0	195.0	198.9	195.9	186.3	184.6
静岡	397.7	443.5	471.9	484.3	483.9	467.2	463.9
愛知	1 059.4	1 212.7	1 299.9	1 366.1	1 434.8	1 458.0	1 453.0
三重	267.3	292.0	310.4	321.5	321.0	306.6	304.0
滋賀	221.6	268.9	304.3	334.3	351.2	351.9	351.1
京都	487.8	547.9	564.3	573.3	571.4	559.0	555.4
大阪	4 110.2	4 545.4	4 636.5	4 651.7	4 669.7	4 638.4	4 621.8
兵庫	559.0	614.5	644.9	661.4	665.6	650.5	646.6
奈良	251.9	327.6	372.7	390.9	379.5	358.8	356.4
和歌山	221.0	230.1	227.5	226.4	212.0	195.3	193.4
鳥取	162.9	173.0	176.0	174.9	167.8	157.8	156.4
島根	116.8	118.4	117.9	113.5	107.0	100.1	99.1
岡山	241.2	264.0	270.8	274.3	273.5	265.4	263.7
広島	288.4	323.7	336.3	339.6	337.4	330.2	327.8
山口	248.4	260.1	257.4	250.1	237.4	219.6	217.2
徳島	190.9	199.1	200.7	198.8	189.4	173.5	171.7
香川	485.5	531.7	545.9	545.3	530.7	506.3	502.0
愛媛	250.6	265.8	267.0	263.0	252.1	235.2	232.7
高知	110.7	117.0	116.1	114.6	107.6	97.3	96.3
福岡	818.2	919.1	968.9	1 009.0	1 019.0	1 029.8	1 027.4
佐賀	347.8	355.8	360.0	359.4	348.3	332.5	330.2
長崎	383.4	387.2	382.3	370.6	347.5	317.7	313.9
熊本	230.3	241.7	248.7	251.1	245.4	234.6	233.3
大分	182.7	194.1	195.2	192.7	188.7	177.2	175.8
宮崎	135.9	148.9	151.2	151.3	146.7	138.3	137.2
鹿児島	189.1	194.8	195.8	194.4	185.7	172.9	171.6
沖縄	422.1	491.8	539.9	580.4	611.9	642.9	643.5
全国	281.1	314.1	331.6	340.4	343.4	338.2	336.5

1970～2020年は総務省統計局「国勢調査」より作成。2021年は総務省統計局「人口推計」の総人口と国土交通省国土地理院「全国都道府県市区町村別面積調」の面積より算出。各年10月 1 日現在。

表 1 - 7　男女別人口と人口性比（各年10月 1 日現在）

	2000		2020		2021		
	男 （千人）	女 （千人）	男 （千人）	女 （千人）	男 （千人）	女 （千人）	人口性比 （女100人 に対する 男の数）
北海道	2 719	2 964	2 465	2 760	2 446	2 737	89.4
青森	703	773	583	655	575	646	89.1
岩手	681	735	583	628	577	620	93.0
宮城	1 159	1 207	1 123	1 179	1 117	1 174	95.2
秋田	565	625	452	507	446	499	89.3
山形	601	643	516	552	511	544	93.8
福島	1 038	1 089	904	929	894	918	97.4
茨城	1 488	1 497	1 431	1 436	1 423	1 428	99.6
栃木	996	1 009	965	968	958	963	99.5
群馬	999	1 026	959	980	953	974	97.9
埼玉	3 500	3 438	3 652	3 693	3 646	3 694	98.7
千葉	2 977	2 949	3 118	3 166	3 111	3 164	98.3
東京	6 029	6 036	6 898	7 149	6 875	7 135	96.4
神奈川	4 309	4 181	4 588	4 649	4 584	4 652	98.5
新潟	1 202	1 274	1 069	1 133	1 057	1 120	94.4
富山	540	581	503	532	498	527	94.5
石川	572	609	550	583	546	579	94.3
福井	402	427	374	393	371	389	95.3
山梨	437	451	397	413	395	410	96.4
長野	1 081	1 134	1 000	1 048	994	1 040	95.6
岐阜	1 022	1 086	960	1 018	952	1 009	94.3
静岡	1 857	1 910	1 791	1 842	1 778	1 829	97.2
愛知	3 526	3 518	3 762	3 781	3 746	3 771	99.3
三重	901	956	864	906	857	898	95.4
滋賀	663	679	697	716	696	715	97.3
京都	1 278	1 366	1 231	1 347	1 223	1 339	91.3
大阪	4 304	4 501	4 236	4 602	4 216	4 590	91.9
兵庫	2 675	2 876	2 600	2 865	2 582	2 850	90.6
奈良	691	752	624	701	619	696	89.0
和歌山	507	563	435	488	431	483	89.2
鳥取	293	320	264	289	262	286	91.6
島根	364	398	324	347	322	343	93.7
岡山	936	1 015	908	980	902	974	92.6
広島	1 392	1 486	1 357	1 443	1 347	1 432	94.1
山口	723	805	637	705	630	697	90.5
徳島	392	432	343	376	340	372	91.4
香川	492	531	459	491	455	487	93.4
愛媛	704	789	633	702	627	694	90.2
高知	384	430	327	365	323	361	89.5
福岡	2 389	2 627	2 431	2 704	2 425	2 698	89.9
佐賀	414	462	384	427	382	424	90.1
長崎	712	804	617	695	610	687	88.8
熊本	878	981	822	916	818	910	89.9
大分	576	645	533	590	529	585	90.4
宮崎	552	618	505	565	501	560	89.5
鹿児島	838	948	748	840	743	833	89.3
沖縄	648	670	723	745	723	745	97.0
全国	62 111	64 815	61 350	64 797	61 019	64 483	94.6

2000・2020年は総務省統計局「国勢調査」、2021年は同「人口推計」より作成。

図1-2　人口ピラミッド（2021年10月 1 日現在）

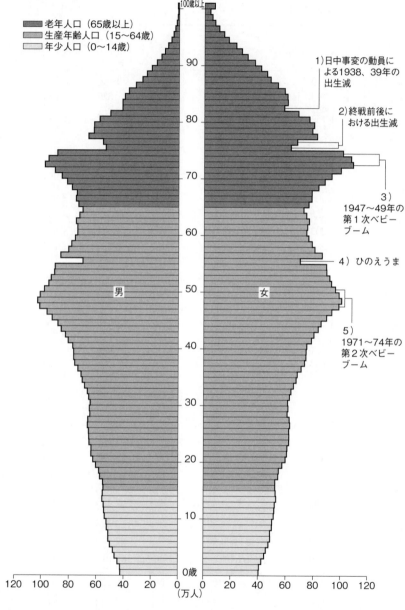

凡例：
- 老年人口（65歳以上）
- 生産年齢人口（15〜64歳）
- 年少人口（0〜14歳）

男　女

1)日中事変の動員による1938、39年の出生減

2)終戦前後における出生減

3）1947〜49年の第 1 次ベビーブーム

4）ひのえうま

5）1971〜74年の第 2 次ベビーブーム

総務省統計局「人口推計」より作成。100歳以上人口は男性が1.0万人、女性が7.5万人。明治・大正生まれの人口は67.7万人（総人口に占める割合0.5％）、昭和生まれは8833.2万人（同70.4％）、平成生まれは3446.3万人（同27.5％）、令和生まれは203.1万人（同1.6％）で、戦後生まれの人口は 1 億815.4万人（同86.2％）。1) 82歳。2) 75、76歳。3) 72〜74歳。4) 55歳。5) 47〜50歳。

表1-8　年齢別人口の割合（各年10月1日現在）（%）

	2000 （国勢調査）			2020 （人口推計）			2021 （人口推計）		
	0～14 歳	15～64 歳	65歳 以上	0～14 歳	15～64 歳	65歳 以上	0～14 歳	15～64 歳	65歳 以上
北海道	14.0	67.8	18.2	10.7	57.2	32.1	10.5	57.0	32.5
青森	15.1	65.4	19.5	10.5	55.7	33.7	10.4	55.3	34.3
岩手	15.0	63.5	21.5	11.0	55.4	33.6	10.8	55.1	34.2
宮城	15.0	67.7	17.3	11.7	60.2	28.1	11.5	59.9	28.6
秋田	13.7	62.8	23.5	9.7	52.8	37.5	9.5	52.4	38.1
山形	15.0	62.1	23.0	11.3	54.9	33.8	11.1	54.6	34.3
福島	16.0	63.7	20.3	11.3	57.1	31.7	11.2	56.6	32.3
茨城	15.4	68.0	16.6	11.7	58.7	29.7	11.5	58.4	30.1
栃木	15.3	67.5	17.2	11.8	59.1	29.1	11.6	58.8	29.6
群馬	15.2	66.6	18.2	11.7	58.2	30.2	11.5	58.0	30.5
埼玉	14.8	72.4	12.8	11.9	61.1	27.0	11.7	61.0	27.2
千葉	14.2	71.6	14.1	11.7	60.7	27.6	11.6	60.6	27.9
東京	11.8	72.3	15.9	11.2	66.1	22.7	11.1	66.1	22.9
神奈川	14.0	72.2	13.8	11.8	62.7	25.6	11.6	62.7	25.7
新潟	14.8	63.9	21.3	11.3	56.0	32.8	11.1	55.7	33.2
富山	14.0	65.2	20.8	11.2	56.2	32.6	11.1	56.1	32.8
石川	14.9	66.4	18.7	12.1	58.1	29.8	12.0	57.9	30.1
福井	15.7	63.8	20.5	12.5	56.9	30.6	12.3	56.7	31.0
山梨	15.5	65.0	19.5	11.4	57.7	30.8	11.3	57.4	31.3
長野	15.1	63.4	21.5	12.0	56.1	32.0	11.8	55.9	32.3
岐阜	15.3	66.5	18.2	12.3	57.3	30.4	12.1	57.1	30.8
静岡	15.1	67.2	17.7	12.1	57.8	30.1	11.9	57.6	30.5
愛知	15.4	70.1	14.5	13.0	61.7	25.3	12.8	61.6	25.5
三重	15.2	65.9	18.9	12.1	58.0	29.9	11.9	57.8	30.3
滋賀	16.4	67.5	16.1	13.6	60.1	26.3	13.4	59.9	26.6
京都	13.7	68.8	17.5	11.4	59.2	29.3	11.3	59.1	29.6
大阪	14.2	70.8	15.0	11.7	60.7	27.6	11.6	60.7	27.7
兵庫	15.0	68.1	16.9	12.2	58.5	29.3	12.1	58.3	29.6
奈良	14.8	68.5	16.6	11.7	56.6	31.7	11.5	56.3	32.1
和歌山	14.9	63.9	21.2	11.4	55.2	33.4	11.3	54.9	33.8
鳥取	15.3	62.7	22.0	12.4	55.3	32.3	12.3	55.0	32.7
島根	14.7	60.5	24.8	12.2	53.6	34.2	12.1	53.4	34.5
岡山	14.9	64.9	20.2	12.4	57.3	30.3	12.2	57.1	30.6
広島	14.9	66.6	18.5	12.6	58.0	29.4	12.5	57.8	29.7
山口	14.0	63.8	22.2	11.5	53.9	34.6	11.3	53.6	35.0
徳島	14.2	63.8	21.9	10.9	54.9	34.2	10.8	54.5	34.7
香川	14.5	64.5	21.0	12.1	56.2	31.8	12.0	55.9	32.2
愛媛	14.7	63.9	21.4	11.6	55.2	33.2	11.4	54.9	33.6
高知	13.8	62.7	23.6	10.9	53.6	35.5	10.8	53.4	35.9
福岡	14.8	67.8	17.4	13.0	59.1	27.9	12.9	58.9	28.2
佐賀	16.4	63.1	20.4	13.5	55.9	30.6	13.3	55.5	31.1
長崎	16.0	63.1	20.8	12.5	54.5	33.0	12.4	54.0	33.6
熊本	15.5	63.2	21.3	13.2	55.4	31.4	13.1	55.0	31.9
大分	14.7	63.5	21.8	12.1	54.6	33.3	12.0	54.3	33.7
宮崎	16.0	63.3	20.7	13.1	54.3	32.6	13.0	53.8	33.1
鹿児島	15.7	61.7	22.6	13.1	54.4	32.5	13.0	53.9	33.1
沖縄	20.2	65.9	13.9	16.6	60.8	22.6	16.5	60.4	23.1
全国	14.6	68.1	17.4	11.9	59.5	28.6	11.8	59.4	28.9

総務省統計局「国勢調査」および同「人口推計」より作成。2000年は年齢不詳を除いて算出、2020年は不詳補完値。四捨五入の関係で、内訳の合計が100にならない場合がある。

府県別統計　人口

表 1 - 9　年齢別人口 （5歳階級別）（2021年10月1日現在）（単位　千人）

	0〜4歳	5〜9歳	10〜14歳	15〜19歳	20〜24歳	25〜29歳	30〜34歳	35〜39歳	40〜44歳
北海道	156	186	202	218	227	228	245	284	326
青森	36	43	48	52	45	46	52	64	74
岩手	36	44	49	52	45	47	53	64	73
宮城	76	91	97	105	122	114	121	139	155
秋田	24	30	35	37	29	32	37	47	56
山形	33	40	44	47	41	41	47	57	65
福島	58	69	75	81	71	78	87	101	112
茨城	93	112	123	131	134	132	143	164	184
栃木	64	76	83	88	84	90	99	114	128
群馬	63	74	84	91	90	89	93	106	122
埼玉	256	293	312	326	388	391	397	440	493
千葉	216	247	264	277	330	330	336	376	417
東京	499	533	520	532	848	994	940	989	1 037
神奈川	321	365	385	404	515	520	506	562	631
新潟	68	83	91	96	88	89	100	118	137
富山	33	38	42	46	43	45	46	54	63
石川	40	46	49	54	59	53	54	61	70
福井	27	31	35	36	32	34	37	42	47
山梨	27	31	34	39	38	35	37	42	48
長野	68	81	90	94	79	86	92	106	126
岐阜	66	81	90	95	91	85	91	105	121
静岡	121	147	161	164	151	163	178	204	229
愛知	292	328	345	352	412	424	427	463	503
三重	60	71	78	82	79	82	86	96	109
滋賀	55	65	69	71	76	70	74	84	95
京都	85	98	106	119	156	134	125	139	159
大阪	311	342	365	390	493	490	477	508	561
兵庫	192	223	240	249	262	249	264	301	341
奈良	43	52	57	63	63	53	58	68	78
和歌山	30	35	38	40	35	36	41	47	52
鳥取	20	23	24	25	23	22	25	31	34
島根	24	28	29	30	25	27	30	35	40
岡山	69	78	83	88	98	91	93	104	114
広島	102	119	127	128	134	133	140	157	175
山口	43	51	57	58	56	53	57	68	78
徳島	22	26	28	30	31	28	31	38	43
香川	33	39	41	43	39	40	44	52	60
愛媛	43	52	57	58	52	53	60	70	80
高知	21	25	27	29	26	25	28	35	41
福岡	201	227	234	234	278	264	270	311	340
佐賀	32	36	40	40	35	34	38	45	50
長崎	47	55	58	59	48	50	57	68	75
熊本	68	78	81	80	73	74	82	97	106
大分	39	46	49	50	46	45	50	60	68
宮崎	40	47	51	48	39	42	47	58	65
鹿児島	60	70	74	71	60	61	72	86	94
沖縄	76	83	83	78	72	76	83	95	98
全国	4 389	5 038	5 357	5 580	6 263	6 379	6 556	7 354	8 173

総務省統計局「人口推計」（2021年10月1日現在）より作成。ただし、四捨五入の関係で本表の年齢↗

45～49歳	50～54歳	55～59歳	60～64歳	65～69歳	70～74歳	75～79歳	80～84歳	85歳以上	女
390	367	333	335	378	443	304	255	305	208
86	86	82	89	98	110	72	63	77	55
84	80	77	84	94	101	68	63	82	58
172	158	139	145	159	174	110	95	117	81
63	61	61	72	81	91	58	55	75	53
71	67	66	74	83	91	58	54	76	53
127	121	117	131	143	152	94	84	111	78
219	207	175	176	202	234	161	126	137	93
149	137	118	122	138	157	101	79	93	63
150	142	118	116	131	159	111	87	102	69
605	577	459	405	434	553	409	315	288	189
508	489	388	348	376	480	352	273	267	175
1 164	1 122	904	724	670	832	612	510	578	394
767	766	613	505	496	633	472	380	395	262
158	149	135	143	162	190	121	108	143	99
81	74	61	62	68	93	62	49	64	45
88	80	67	67	71	95	62	48	62	43
56	52	47	48	51	64	40	34	47	32
58	59	54	52	56	65	45	38	48	32
153	146	127	126	135	167	120	100	135	90
149	141	122	119	129	164	113	93	106	71
276	266	226	223	239	293	206	170	192	130
609	575	464	402	406	521	383	305	304	203
135	128	112	107	113	141	99	82	95	64
111	101	85	80	84	104	70	54	64	43
198	186	156	141	149	209	147	118	135	92
709	694	556	467	484	662	493	407	396	270
426	411	346	320	339	435	306	248	280	191
99	96	83	80	88	115	82	66	71	48
67	65	59	59	64	82	56	48	59	41
39	34	32	36	41	47	29	26	37	27
46	41	38	43	48	60	37	33	51	36
141	126	107	109	118	152	107	87	111	76
216	198	163	160	173	223	157	123	150	104
96	89	76	82	96	124	84	71	90	63
51	47	43	47	55	67	41	36	48	34
72	64	54	57	64	84	53	44	59	40
97	89	81	86	96	118	77	67	86	60
50	45	41	45	50	64	43	36	52	36
381	346	294	299	330	394	253	214	254	180
54	50	48	53	60	65	41	36	49	34
87	84	81	91	103	113	70	65	84	59
115	107	104	114	128	140	89	82	112	78
78	71	64	72	83	99	64	56	74	51
72	65	63	72	82	92	56	52	70	48
101	96	96	112	127	130	81	77	107	74
108	98	87	91	95	88	47	49	60	40
9 732	9 252	7 824	7 391	7 869	9 672	6 712	5 563	6 398	4 366

↘別人口の合計と表1-4の人口とは必ずしも一致しない。

府県別統計　人口

表1-10　在留外国人数（2021年末現在）（単位　人）

	総数	中国2)	ベトナム	韓国	フィリピン	ブラジル	ネパール	インドネシア
北海道	36 316	8 370	9 472	4 023	2 154	170	899	936
青森	5 693	888	1 827	699	727	25	91	166
岩手	7 203	1 573	1 912	683	1 218	60	136	260
宮城	21 089	5 089	4 314	2 968	1 393	233	1 538	807
秋田	4 045	920	760	457	792	11	80	90
山形	7 472	1 897	1 785	1 405	844	87	131	202
福島	14 120	3 128	3 420	1 326	2 572	190	538	376
茨城	71 121	11 584	11 816	4 090	9 923	5 996	1 485	3 970
栃木	42 430	6 247	7 747	2 158	4 830	3 995	1 988	1 081
群馬	61 945	6 340	11 087	2 084	7 890	12 890	3 446	1 808
埼玉	197 110	72 812	31 707	15 490	21 485	7 158	7 654	3 069
千葉	165 356	51 982	24 075	15 054	19 667	3 528	8 349	2 630
東京	531 131	208 290	34 851	85 082	33 027	3 792	24 722	5 457
神奈川	227 511	70 223	26 807	26 698	23 278	8 906	7 937	3 890
新潟	16 936	4 142	3 489	1 621	2 651	329	442	522
富山	18 237	4 297	4 467	835	2 401	2 398	118	587
石川	14 766	3 567	4 181	1 247	1 020	1 398	233	633
福井	16 014	2 198	2 941	1 925	1 593	5 271	125	271
山梨	17 163	3 602	2 858	1 646	2 011	2 833	363	254
長野	35 673	8 212	5 308	3 105	4 693	5 107	545	1 192
岐阜	56 697	9 327	9 981	3 382	13 564	11 732	941	1 105
静岡	97 338	10 110	13 420	4 352	17 304	30 641	2 722	2 934
愛知	265 199	44 029	43 927	27 620	39 149	59 300	8 256	6 219
三重	54 295	6 444	9 490	4 007	7 336	13 506	1 442	1 744
滋賀	33 458	4 726	6 528	3 884	2 741	9 379	395	937
京都	58 370	14 296	6 472	21 477	2 455	528	996	993
大阪	246 157	64 185	39 836	90 873	9 247	2 693	4 622	3 795
兵庫	111 940	21 804	23 358	36 354	5 174	2 395	2 699	1 683
奈良	13 873	2 908	2 905	3 173	876	328	275	322
和歌山	7 132	1 162	1 312	1 862	766	112	169	208
鳥取	4 529	763	1 211	799	612	37	70	143
島根	9 405	1 071	1 383	568	898	4 244	60	170
岡山	29 435	6 567	9 964	4 447	1 956	1 159	523	1 218
広島	50 605	11 906	12 713	6 866	7 254	2 282	669	1 884
山口	15 873	2 224	4 103	4 544	1 483	198	422	544
徳島	6 094	1 557	1 811	288	764	40	101	375
香川	13 043	3 044	3 444	802	1 936	194	304	925
愛媛	11 900	2 681	3 427	1 048	2 007	246	185	526
高知	4 500	855	1 220	436	698	21	70	256
福岡	76 234	17 882	18 160	14 169	5 405	336	7 036	1 465
佐賀	6 507	1 017	2 191	571	654	31	492	473
長崎	8 982	1 771	2 402	961	1 019	51	401	332
熊本	16 686	3 238	5 804	892	2 523	52	581	652
大分	11 879	2 118	2 952	1 511	1 499	64	466	703
宮崎	7 011	975	2 419	522	791	63	198	529
鹿児島	11 833	1 833	5 021	477	1 962	115	292	566
沖縄	18 535	2 461	2 622	1 243	2 206	642	1 885	890
全国1)	2 760 635	716 606	432 934	409 855	276 615	204 879	97 109	59 820

出入国在留管理庁「在留外国人統計」（2021年末）より作成。在留外国人の多い上位７か国について掲載。354ページの注記参照。1) 在留する都道府県未定・不詳（総数1794人）を含む。2) 台湾は含まず。

表 1 - 11　人口動態 (2021年)

	実数（千人）				率（人口千あたり　人）			
	出生数	死亡数	自然増減数	乳児死亡数	出生率	死亡率	自然増減率	乳児死亡率（出生千あたり）
北海道	28.8	69.0	-40.3	0.06	5.6	13.4	-7.8	2.1
青森	6.5	18.8	-12.3	0.01	5.4	15.4	-10.1	1.7
岩手	6.5	17.6	-11.2	0.01	5.4	14.8	-9.4	1.5
宮城	13.8	25.9	-12.1	0.02	6.1	11.4	-5.3	1.5
秋田	4.3	16.0	-11.7	0.01	4.6	17.0	-12.4	1.2
山形	5.9	15.8	-9.9	0.01	5.6	15.0	-9.4	1.0
福島	10.6	25.6	-14.9	0.03	5.9	14.2	-8.3	2.3
茨城	16.5	33.8	-17.3	0.04	5.9	12.1	-6.2	2.2
栃木	11.5	22.7	-11.2	0.02	6.1	12.1	-6.0	2.0
群馬	11.2	24.3	-13.1	0.03	6.0	13.0	-7.0	2.2
埼玉	45.4	75.2	-29.7	0.06	6.4	10.5	-4.2	1.4
千葉	38.4	65.2	-26.8	0.08	6.3	10.7	-4.4	2.1
東京	95.4	127.6	-32.2	0.16	7.1	9.5	-2.4	1.7
神奈川	58.8	89.7	-30.9	0.08	6.5	10.0	-3.4	1.4
新潟	12.6	31.0	-18.4	0.02	5.8	14.3	-8.5	1.7
富山	6.1	13.7	-7.6	0.01	6.0	13.5	-7.5	2.1
石川	7.3	13.2	-6.0	0.01	6.5	11.9	-5.4	1.5
福井	5.2	9.7	-4.5	0.01	7.0	13.0	-6.0	1.1
山梨	5.0	10.1	-5.1	0.01	6.3	12.8	-6.5	1.0
長野	12.5	26.0	-13.5	0.01	6.3	13.0	-6.7	1.0
岐阜	11.7	24.1	-12.4	0.02	6.2	12.7	-6.5	1.4
静岡	21.6	43.2	-21.6	0.05	6.1	12.3	-6.2	2.5
愛知	53.9	73.8	-19.9	0.10	7.4	10.2	-2.7	1.9
三重	11.0	21.6	-10.7	0.02	6.4	12.7	-6.3	1.6
滋賀	10.1	13.7	-3.5	0.02	7.4	9.9	-2.6	1.6
京都	15.8	28.3	-12.5	0.02	6.3	11.3	-5.0	1.1
大阪	59.8	97.3	-37.5	0.09	7.0	11.4	-4.4	1.5
兵庫	35.6	62.0	-26.4	0.05	6.7	11.6	-5.0	1.5
奈良	7.8	15.6	-7.8	0.02	6.0	12.0	-6.0	2.2
和歌山	5.5	12.9	-7.4	0.02	6.1	14.3	-8.2	2.7
鳥取	3.7	7.6	-3.9	0.01	6.8	14.0	-7.2	1.9
島根	4.4	9.9	-5.4	0.00	6.7	15.0	-8.3	0.9
岡山	13.1	22.9	-9.8	0.02	7.1	12.4	-5.3	1.5
広島	18.6	31.8	-13.1	0.03	6.8	11.6	-4.8	1.6
山口	8.0	19.4	-11.4	0.02	6.1	14.8	-8.7	1.9
徳島	4.3	10.5	-6.1	0.01	6.1	14.8	-8.7	1.6
香川	6.2	12.3	-6.1	0.01	6.7	13.3	-6.6	1.8
愛媛	8.0	18.8	-10.8	0.01	6.1	14.3	-8.2	1.5
高知	4.1	10.4	-6.3	0.01	6.0	15.3	-9.3	2.0
福岡	37.5	56.4	-18.9	0.08	7.4	11.2	-3.7	2.0
佐賀	5.9	10.1	-4.3	0.01	7.3	12.7	-5.4	1.9
長崎	8.9	18.2	-9.4	0.02	6.9	14.2	-7.3	2.5
熊本	12.7	22.1	-9.4	0.03	7.4	12.9	-5.5	2.2
大分	7.3	15.1	-7.8	0.01	6.6	13.7	-7.1	1.8
宮崎	7.6	14.5	-6.9	0.02	7.2	13.8	-6.6	2.4
鹿児島	11.6	22.0	-10.4	0.02	7.4	14.0	-6.6	1.6
沖縄	14.5	13.6	1.0	0.02	10.0	9.4	0.7	1.6
全国1)	811.6	1 439.9	-628.2	1.40	6.6	11.7	-5.1	1.7

厚生労働省「人口動態統計」（2021年）より作成。354ページの注記参照。

表 1 - 12　出生率と死亡率および合計特殊出生率の推移

	出生率 （人口千あたり　人）			死亡率 （人口千あたり　人）			合計特殊 出生率1)	
	1980	2020	2021	1980	2020	2021	1980	2021
北海道	13.6	5.7	5.6	5.8	12.5	13.4	1.64	1.20
青森	14.3	5.5	5.4	6.6	14.5	15.4	1.85	1.31
岩手	13.8	5.6	5.4	7.0	14.3	14.8	1.95	1.30
宮城	15.0	6.4	6.1	6.1	10.8	11.4	1.86	1.15
秋田	13.0	4.7	4.6	7.4	16.1	17.0	1.79	1.22
山形	13.5	5.9	5.6	8.0	14.5	15.0	1.93	1.32
福島	14.5	6.2	5.9	7.3	13.5	14.2	1.99	1.36
茨城	14.2	6.2	5.9	6.6	11.8	12.1	1.87	1.30
栃木	14.5	6.2	6.1	6.8	11.5	12.1	1.86	1.31
群馬	13.6	6.2	6.0	6.7	12.4	13.0	1.81	1.35
埼玉	13.9	6.6	6.4	4.5	9.9	10.5	1.73	1.22
千葉	13.9	6.6	6.3	4.9	10.1	10.7	1.74	1.21
東京	12.2	7.4	7.1	5.1	9.0	9.5	1.44	1.08
神奈川	13.7	6.8	6.5	4.3	9.4	10.0	1.70	1.22
新潟	13.4	5.9	5.8	7.2	13.5	14.3	1.88	1.32
富山	12.3	6.1	6.0	7.2	12.8	13.5	1.77	1.42
石川	13.6	6.9	6.5	6.9	11.4	11.9	1.87	1.38
福井	13.6	7.1	7.0	7.5	12.3	13.0	1.93	1.57
山梨	12.5	6.5	6.3	7.7	12.3	12.8	1.76	1.43
長野	13.1	6.4	6.3	7.6	12.6	13.0	1.89	1.44
岐阜	13.2	6.3	6.2	6.7	11.8	12.7	1.80	1.40
静岡	13.7	6.4	6.1	6.0	11.9	12.3	1.80	1.36
愛知	14.2	7.6	7.4	5.1	9.7	10.2	1.81	1.41
三重	12.8	6.5	6.4	7.2	12.1	12.7	1.82	1.43
滋賀	14.9	7.6	7.4	6.8	9.4	9.9	1.96	1.46
京都	12.9	6.5	6.3	6.5	10.7	11.3	1.67	1.22
大阪	13.5	7.2	7.0	5.3	10.7	11.4	1.67	1.27
兵庫	13.6	6.9	6.7	6.4	10.9	11.6	1.76	1.36
奈良	13.3	6.0	6.0	6.3	11.2	12.0	1.70	1.30
和歌山	12.4	6.3	6.1	8.1	13.8	14.3	1.80	1.43
鳥取	13.6	6.9	6.8	8.3	12.9	14.0	1.93	1.51
島根	12.7	6.8	6.7	9.1	14.5	15.0	2.01	1.62
岡山	13.1	7.3	7.1	7.5	11.7	12.4	1.86	1.45
広島	13.7	7.1	6.8	6.7	11.0	11.6	1.84	1.42
山口	12.6	6.2	6.1	7.9	13.9	14.8	1.79	1.49
徳島	12.8	6.3	6.1	8.5	13.9	14.8	1.76	1.44
香川	13.0	6.6	6.7	7.4	13.0	13.3	1.82	1.51
愛媛	13.1	6.1	6.1	7.5	13.6	14.3	1.79	1.40
高知	11.3	5.9	6.0	9.0	14.6	15.3	1.64	1.45
福岡	14.2	7.7	7.4	6.5	10.5	11.2	1.74	1.37
佐賀	14.4	7.5	7.3	8.0	12.4	12.7	1.93	1.56
長崎	14.0	7.0	6.9	7.5	13.5	14.2	1.87	1.60
熊本	13.7	7.6	7.4	7.6	12.3	12.9	1.83	1.59
大分	13.3	6.8	6.6	8.0	13.0	13.7	1.82	1.54
宮崎	14.8	7.3	7.2	7.3	13.3	13.8	1.93	1.64
鹿児島	13.8	7.4	7.4	8.7	13.6	14.0	1.95	1.65
沖縄	18.4	10.3	10.0	4.9	8.6	9.4	2.38	1.80
全国	13.6	6.8	6.6	6.2	11.1	11.7	1.75	1.30

前表資料より作成。前表の注記も参照のこと。1) 合計特殊出生率とは、その年次の15〜49歳までの女性の年齢別出生率を合計したもので、一人の女性が仮にその年次の年齢別出生率で一生の間に生むとしたときの子ども数に相当する。

表 1 - 13　世帯数

	2010 (10月 1 日現在)		2020 (10月 1 日現在)		2022 (1 月 1 日現在)	
	世帯数 (千)	一般世帯 1 世帯あたり 人員（人）	世帯数 (千)	一般世帯 1 世帯あたり 人員（人）	世帯数 (千)	1 世帯あ たり人員 （人）
北海道	2 424	2.21	2 477	2.04	2 797	1.85
青森	513	2.61	512	2.34	594	2.09
岩手	484	2.69	492	2.39	532	2.27
宮城	902	2.56	983	2.30	1 024	2.22
秋田	390	2.71	385	2.41	426	2.25
山形	389	2.94	398	2.61	420	2.52
福島	721	2.76	743	2.42	794	2.32
茨城	1 088	2.68	1 184	2.37	1 282	2.25
栃木	746	2.65	797	2.38	854	2.28
群馬	756	2.61	805	2.35	866	2.24
埼玉	2 842	2.50	3 163	2.28	3 432	2.15
千葉	2 516	2.44	2 774	2.23	2 987	2.11
東京	6 394	2.03	7 227	1.92	7 354	1.88
神奈川	3 845	2.33	4 224	2.15	4 468	2.06
新潟	839	2.77	865	2.48	911	2.40
富山	383	2.79	404	2.50	428	2.42
石川	441	2.58	470	2.34	494	2.28
福井	276	2.86	292	2.57	300	2.56
山梨	328	2.58	339	2.34	368	2.22
長野	794	2.66	832	2.41	884	2.33
岐阜	737	2.78	781	2.49	839	2.38
静岡	1 399	2.65	1 483	2.40	1 619	2.26
愛知	2 934	2.49	3 238	2.29	3 386	2.22
三重	705	2.59	743	2.33	807	2.21
滋賀	518	2.69	571	2.44	602	2.35
京都	1 122	2.31	1 191	2.12	1 233	2.04
大阪	3 832	2.28	4 136	2.10	4 434	1.98
兵庫	2 255	2.44	2 402	2.23	2 583	2.12
奈良	524	2.63	545	2.38	604	2.21
和歌山	394	2.50	394	2.28	443	2.11
鳥取	212	2.71	220	2.44	240	2.30
島根	262	2.66	270	2.40	293	2.27
岡山	755	2.52	801	2.30	861	2.18
広島	1 185	2.36	1 244	2.20	1 328	2.10
山口	597	2.36	599	2.17	659	2.03
徳島	302	2.52	308	2.26	337	2.15
香川	390	2.49	407	2.27	446	2.17
愛媛	591	2.37	601	2.16	656	2.05
高知	322	2.30	315	2.11	351	1.98
福岡	2 110	2.35	2 323	2.15	2 489	2.05
佐賀	295	2.80	313	2.51	341	2.38
長崎	559	2.47	558	2.27	632	2.09
熊本	688	2.57	719	2.34	796	2.19
大分	482	2.41	489	2.22	542	2.09
宮崎	461	2.40	470	2.20	530	2.03
鹿児島	729	2.27	728	2.11	811	1.98
沖縄	520	2.63	615	2.33	684	2.17
全国	51 951	2.42	55 830	2.21	59 761	2.11

2010、20年は国勢調査、22年は住民基本台帳より作成。354ページの注記参照。

表 1 - 14　婚姻と離婚の状況

	婚姻数 （千組）		離婚数 （千組）		婚姻率 （人口千あたり　組）		離婚率 （人口千あたり　組）	
	1980	2021	1980	2021	1980	2021	1980	2021
北海道	40.2	19.3	10.3	8.7	7.2	3.8	1.86	1.68
青森	10.4	3.7	2.3	1.8	6.8	3.1	1.52	1.47
岩手	8.7	3.7	1.3	1.5	6.1	3.1	0.91	1.23
宮城	14.4	8.6	2.2	3.2	6.9	3.8	1.04	1.42
秋田	7.8	2.6	1.3	1.0	6.2	2.8	1.05	1.11
山形	7.6	3.4	1.0	1.2	6.1	3.2	0.79	1.18
福島	12.9	6.3	2.1	2.7	6.3	3.5	1.03	1.50
茨城	16.8	10.0	2.3	4.1	6.6	3.6	0.91	1.46
栃木	11.9	7.1	1.9	2.8	6.7	3.8	1.07	1.49
群馬	11.6	6.8	2.0	2.8	6.3	3.6	1.07	1.52
埼玉	34.7	28.3	5.9	10.6	6.4	4.0	1.09	1.49
千葉	31.8	24.2	5.4	9.0	6.7	4.0	1.15	1.47
東京	87.9	69.8	16.0	19.6	7.6	5.2	1.39	1.46
神奈川	48.5	38.7	8.9	13.2	7.0	4.3	1.29	1.46
新潟	14.3	7.1	2.0	2.6	5.8	3.3	0.80	1.21
富山	6.3	3.5	1.0	1.2	5.7	3.5	0.92	1.15
石川	6.9	4.2	1.3	1.4	6.2	3.8	1.14	1.24
福井	4.7	2.8	0.8	1.0	5.9	3.8	0.99	1.36
山梨	4.7	3.0	0.8	1.2	5.9	3.8	0.98	1.46
長野	11.0	7.3	1.7	2.7	5.3	3.7	0.82	1.33
岐阜	11.8	6.6	1.7	2.6	6.1	3.5	0.89	1.35
静岡	22.5	13.3	4.2	5.2	6.5	3.8	1.22	1.47
愛知	42.8	33.5	6.6	11.1	6.9	4.6	1.06	1.53
三重	9.9	6.5	1.6	2.5	5.9	3.8	0.95	1.47
滋賀	7.0	5.7	0.9	1.9	6.5	4.2	0.81	1.37
京都	15.9	9.4	2.9	3.7	6.4	3.8	1.16	1.46
大阪	57.9	39.0	12.1	14.6	7.0	4.6	1.46	1.70
兵庫	33.3	20.9	5.7	8.2	6.6	3.9	1.13	1.54
奈良	7.7	4.4	1.1	1.8	6.4	3.4	0.94	1.41
和歌山	6.5	3.3	1.4	1.4	6.0	3.6	1.31	1.59
鳥取	3.7	2.0	0.6	0.8	6.1	3.6	0.96	1.45
島根	4.2	2.3	0.6	0.9	5.4	3.6	0.74	1.32
岡山	11.4	7.4	2.0	2.8	6.1	4.0	1.09	1.51
広島	17.6	11.1	3.2	4.0	6.5	4.1	1.16	1.47
山口	9.6	4.8	2.0	1.9	6.1	3.6	1.24	1.43
徳島	5.2	2.5	1.0	1.1	6.4	3.5	1.24	1.53
香川	6.1	3.7	1.2	1.4	6.1	3.9	1.22	1.55
愛媛	9.2	4.6	2.1	1.9	6.1	3.5	1.37	1.44
高知	4.8	2.3	1.3	1.0	5.8	3.4	1.53	1.53
福岡	32.0	22.0	7.2	8.6	7.1	4.4	1.58	1.70
佐賀	5.5	3.0	0.9	1.2	6.4	3.7	0.99	1.48
長崎	10.1	4.7	2.0	1.8	6.3	3.7	1.24	1.42
熊本	11.6	6.6	1.9	2.7	6.5	3.8	1.04	1.56
大分	7.5	4.1	1.6	1.7	6.1	3.7	1.29	1.58
宮崎	7.8	3.9	1.6	1.8	6.8	3.7	1.42	1.69
鹿児島	11.5	5.8	2.1	2.5	6.5	3.7	1.17	1.57
沖縄	8.5	7.0	2.0	3.2	7.7	4.8	1.85	2.20
全国	774.7	501.1	141.7	184.4	6.7	4.1	1.22	1.50

厚生労働省「人口動態統計」より作成。表1-11の注記参照。

図**1-3 人口の過密と過疎**（各県の面積に占める割合）（2020年）

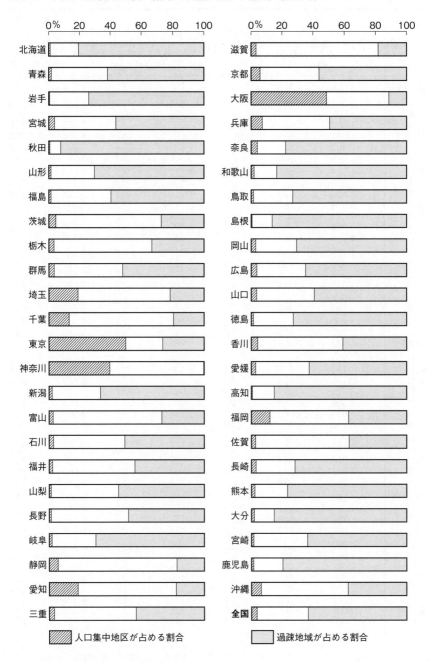

府県別統計 人口

表1-15、16より作成。過疎地域は2022年 4 月 1 日現在。

表 1 - 15　人口集中地区 （2020年10月 1 日現在）

	人口 （千人）	各県の総人口に占める割合（％）	人口増減率 (2015〜20) （％）	面積 (km²)	各県の総面積に占める割合（％）	人口密度 (1 km²あたり）人	各県の人口密度を 1.0とした指数
北海道	3 973	76.0	-1.8	802	1.0	4 954	74.4
青森	587	47.4	-3.8	164	1.7	3 587	28.0
岩手	400	33.1	-1.9	89	0.6	4 508	56.9
宮城	1 509	65.6	0.9	267	3.7	5 653	17.9
秋田	341	35.5	-4.7	84	0.7	4 054	49.2
山形	492	46.1	0.3	130	1.4	3 800	33.2
福島	773	42.2	-5.2	189	1.4	4 087	30.7
茨城	1 169	40.8	5.1	277	4.5	4 217	9.0
栃木	929	48.1	4.2	209	3.3	4 452	14.8
群馬	810	41.7	2.8	215	3.4	3 773	12.4
埼玉	5 999	81.7	2.9	717	18.9	8 366	4.3
千葉	4 824	76.8	4.4	674	13.1	7 157	5.9
東京	13 844	98.6	4.1	1 092	49.8	12 680	2.0
神奈川	8 744	94.7	1.5	955	39.5	9 158	2.4
新潟	1 119	50.8	-0.2	251	2.0	4 465	25.5
富山	414	40.0	2.8	112	2.6	3 712	15.2
石川	610	53.9	2.8	119	2.8	5 151	19.0
福井	355	46.3	2.7	91	2.2	3 894	21.3
山梨	255	31.5	-2.3	60	1.3	4 256	23.5
長野	720	35.2	0.2	174	1.3	4 139	27.4
岐阜	806	40.8	3.9	191	1.8	4 224	22.7
静岡	2 237	61.6	1.0	445	5.7	5 026	10.8
愛知	5 942	78.8	2.4	965	18.7	6 157	4.2
三重	774	43.7	-1.9	190	3.3	4 075	13.3
滋賀	754	53.3	7.4	130	3.2	5 821	16.5
京都	2 176	84.4	-0.2	268	5.8	8 133	14.5
大阪	8 479	95.9	0.3	927	48.7	9 146	2.0
兵庫	4 306	78.8	0.2	601	7.2	7 165	11.0
奈良	888	67.0	0.5	147	4.0	6 036	16.8
和歌山	348	37.7	-2.9	88	1.9	3 977	20.4
鳥取	211	38.1	-0.6	54	1.5	3 912	24.8
島根	172	25.6	2.1	41	0.6	4 175	41.7
岡山	918	48.6	2.3	207	2.9	4 427	16.7
広島	1 831	65.4	-0.1	302	3.6	6 069	18.4
山口	684	50.9	-1.1	215	3.5	3 179	14.5
徳島	242	33.6	-2.1	58	1.4	4 207	24.2
香川	315	33.1	-0.9	78	4.1	4 047	8.0
愛媛	721	54.0	-1.7	157	2.8	4 578	19.5
高知	307	44.3	-3.3	53	0.7	5 794	59.5
福岡	3 787	73.7	2.5	599	12.0	6 323	6.1
佐賀	283	34.9	8.1	67	2.7	4 247	12.8
長崎	631	48.1	-4.6	126	3.0	5 014	15.8
熊本	866	49.8	1.4	166	2.2	5 217	22.2
大分	548	48.7	-0.6	121	1.9	4 546	25.7
宮崎	510	47.6	0.1	120	1.5	4 254	30.8
鹿児島	661	41.6	-0.3	125	1.4	5 286	30.6
沖縄	1 023	69.7	5.3	144	6.3	7 116	11.1
全国	88 286	70.0	1.6	13 250	3.6	6 663	19.7

総務省統計局「国勢調査」（2020年）より作成。354ページの資料・注記参照。各県の総面積に占める割合は、北海道は北方領土、島根県は竹島、全国計はその両方を除いた面積より算出。

表 1-16　過疎地域（2022年 4 月 1 日現在）

	過疎市町村数	人口（千人）	各県の総人口に占める割合（％）	面積（km²）	各県の総面積に占める割合（％）	人口密度（1 km²あたり　人）	各県の人口密度を1.0とした指数
北海道	152	1 262	*24.1*	67 248	*80.6*	19	0.28
青森	30	287	*23.2*	5 963	*61.8*	48	0.37
岩手	25	480	*39.6*	11 311	*74.0*	42	0.54
宮城	16	311	*13.5*	4 111	*56.4*	76	0.24
秋田	23	657	*68.4*	10 739	*92.3*	61	0.74
山形	22	311	*29.1*	6 561	*70.4*	47	0.41
福島	34	310	*16.9*	8 220	*59.6*	38	0.28
茨城	11	197	*6.9*	1 668	*27.4*	118	0.25
栃木	6	99	*5.1*	2 142	*33.4*	46	0.15
群馬	13	194	*10.0*	3 322	*52.2*	59	0.19
埼玉	7	51	*0.7*	827	*21.8*	61	0.03
千葉	13	188	*3.0*	1 015	*19.7*	186	0.15
東京	7	26	*0.2*	583	*26.6*	44	0.01
神奈川	1	7	*0.1*	7	*0.3*	953	0.25
新潟	19	438	*19.9*	8 378	*66.6*	52	0.30
富山	4	109	*10.5*	1 156	*27.2*	94	0.39
石川	10	186	*16.4*	2 132	*50.9*	87	0.32
福井	8	91	*11.9*	1 860	*44.4*	49	0.27
山梨	14	109	*13.4*	2 458	*55.0*	44	0.24
長野	40	204	*10.0*	6 593	*48.6*	31	0.21
岐阜	17	194	*9.8*	7 407	*69.7*	26	0.14
静岡	7	82	*2.3*	1 367	*17.6*	60	0.13
愛知	4	21	*0.3*	934	*18.1*	22	0.02
三重	10	147	*8.3*	2 522	*43.7*	58	0.19
滋賀	4	35	*2.5*	734	*18.3*	48	0.14
京都	12	196	*7.6*	2 589	*56.1*	76	0.14
大阪	4	47	*0.5*	220	*11.5*	214	0.05
兵庫	16	331	*6.1*	4 140	*49.3*	80	0.12
奈良	19	125	*9.4*	2 865	*77.6*	44	0.12
和歌山	23	282	*30.6*	3 940	*83.4*	72	0.37
鳥取	15	125	*22.5*	2 560	*73.0*	49	0.31
島根	19	315	*46.9*	5 797	*86.4*	54	0.54
岡山	19	306	*16.2*	5 015	*70.5*	61	0.23
広島	14	332	*11.8*	5 486	*64.7*	60	0.18
山口	10	216	*16.1*	3 621	*59.2*	60	0.27
徳島	13	116	*16.2*	3 013	*72.7*	39	0.22
香川	10	128	*13.5*	770	*41.0*	167	0.33
愛媛	14	307	*23.0*	3 548	*62.5*	86	0.37
高知	29	219	*31.6*	6 046	*85.1*	36	0.37
福岡	23	419	*8.2*	1 862	*37.3*	225	0.22
佐賀	11	121	*14.9*	904	*37.0*	133	0.40
長崎	15	371	*28.3*	2 961	*71.7*	125	0.39
熊本	32	421	*24.2*	5 671	*76.5*	74	0.32
大分	15	409	*36.4*	5 404	*85.2*	76	0.43
宮崎	16	184	*17.2*	4 916	*63.6*	37	0.27
鹿児島	42	585	*36.8*	7 316	*79.6*	80	0.46
沖縄	17	100	*6.8*	861	*37.7*	116	0.18
全国	885	11 647	*9.2*	238 762	*63.2*	49	0.14

一般社団法人全国過疎地域連盟の資料より作成。人口、面積、人口密度は、2022年 4 月 1 日現在の過疎市町村に関する2020年10月 1 日現在の国勢調査のデータ。354ページの資料・注記参照。

府県別統計　人口

表 1 - 17　人口移動（Ⅰ）（1970年）

	自府県内移動者数（千人）	他府県からの転入者数（千人）	他府県への転出者数（千人）	転出入計（ -は転出超過 ）（千人）	移動率（%）		
					自府県内移動者	他府県からの転入者	他府県への転出者
北海道	358.6	74.4	149.0	-74.6	6.93	1.44	2.88
青森	36.5	36.9	53.8	-16.9	2.56	2.59	3.78
岩手	33.9	30.3	51.5	-21.2	2.48	2.21	3.76
宮城	53.4	59.4	61.9	-2.5	2.94	3.27	3.41
秋田	26.7	26.5	44.8	-18.3	2.15	2.14	3.61
山形	21.4	23.2	38.4	-15.2	1.74	1.89	3.14
福島	40.8	49.6	67.7	-18.1	2.10	2.55	3.48
茨城	47.9	75.9	61.9	14.0	2.24	3.55	2.89
栃木	31.0	52.4	45.6	6.8	1.96	3.32	2.89
群馬	36.0	40.7	41.0	-0.3	2.17	2.45	2.47
埼玉	119.2	302.8	167.0	135.8	3.09	7.85	4.33
千葉	105.0	252.7	141.5	111.2	3.13	7.52	4.21
東京	656.3	668.5	773.0	-104.6	5.80	5.90	6.83
神奈川	264.8	396.1	268.4	127.7	4.87	7.29	4.94
新潟	53.8	42.2	67.3	-25.1	2.28	1.79	2.85
富山	19.1	22.3	26.7	-4.5	1.86	2.17	2.60
石川	22.9	26.3	28.7	-2.4	2.29	2.63	2.87
福井	13.1	16.3	20.6	-4.3	1.77	2.20	2.78
山梨	17.2	19.7	24.8	-5.1	2.26	2.59	3.26
長野	58.6	39.5	49.0	-9.5	3.01	2.03	2.51
岐阜	48.6	53.9	52.8	1.1	2.78	3.08	3.02
静岡	91.8	100.1	90.4	9.7	2.98	3.25	2.94
愛知	282.9	214.8	168.5	46.3	5.30	4.03	3.16
三重	39.6	47.3	49.7	-2.4	2.58	3.08	3.23
滋賀	15.5	39.0	30.7	8.3	1.75	4.42	3.48
京都	93.3	86.5	83.4	3.2	4.24	3.93	3.79
大阪	462.0	382.8	326.1	56.7	6.19	5.13	4.37
兵庫	202.2	203.3	185.4	18.0	4.40	4.42	4.03
奈良	18.5	54.6	37.7	16.9	2.00	5.91	4.08
和歌山	22.0	29.4	35.7	-6.3	2.12	2.83	3.44
鳥取	10.6	18.1	21.9	-3.8	1.87	3.19	3.86
島根	18.3	22.8	34.5	-11.7	2.38	2.96	4.48
岡山	47.1	63.8	57.7	6.0	2.77	3.75	3.40
広島	102.2	91.9	83.0	8.9	4.23	3.80	3.43
山口	45.1	51.7	63.8	-12.1	3.01	3.45	4.26
徳島	21.1	20.8	28.6	-7.8	2.67	2.63	3.62
香川	20.4	32.9	34.4	-1.6	2.25	3.62	3.79
愛媛	38.9	40.1	53.2	-13.1	2.75	2.83	3.75
高知	28.5	22.0	29.5	-7.5	3.63	2.80	3.75
福岡	163.1	139.3	170.7	-31.4	4.08	3.48	4.27
佐賀	18.4	27.1	40.0	-13.0	2.20	3.23	4.78
長崎	47.6	47.9	87.2	-39.3	3.03	3.06	5.57
熊本	49.1	49.9	83.2	-33.3	2.89	2.94	4.90
大分	35.2	44.1	52.0	-8.0	3.05	3.82	4.51
宮崎	38.3	38.1	56.0	-17.9	3.65	3.63	5.34
鹿児島	61.0	57.3	96.1	-38.8	3.53	3.31	5.56
沖縄	…	…	…	…	…	…	…
全国	4 037.5	4 235.0	4 235.0	0	3.92	4.11	4.11

総務庁統計局「日本の国内人口移動　1954〜71年」より作成。日本人のみ。1970年は沖縄の調査が行われていない。移動率は、同年10月1日現在の国勢調査による日本人人口で割ったもの。

人口移動（Ⅱ）（2021年）

	自府県内 移動者数 （千人）	他府県から の転入者数 （千人）	他府県への 転出者数 （千人）	転出入計 （－は転出 超過） （千人）	移動率（％）		
					自府県内 移動者	他府県から の転入者	他府県への 転出者
北海道	182.0	52.5	54.5	-2.0	3.51	1.01	1.05
青森	15.4	16.8	21.1	-4.3	1.26	1.38	1.73
岩手	17.2	17.0	20.0	-3.0	1.44	1.42	1.67
宮城	53.5	46.1	46.8	-0.7	2.33	2.01	2.04
秋田	9.1	10.9	13.8	-2.9	0.96	1.16	1.46
山形	13.6	12.8	15.8	-2.9	1.29	1.22	1.49
福島	25.1	24.7	30.8	-6.1	1.38	1.36	1.70
茨城	44.8	56.6	54.6	2.0	1.57	1.98	1.91
栃木	24.0	36.3	36.8	-0.5	1.25	1.89	1.92
群馬	27.3	34.4	34.1	0.3	1.42	1.79	1.77
埼玉	147.5	189.7	161.9	27.8	2.01	2.58	2.21
千葉	125.1	160.1	143.5	16.6	1.99	2.55	2.29
東京	467.3	420.2	414.7	5.4	3.34	3.00	2.96
神奈川	224.5	236.2	204.3	31.8	2.43	2.56	2.21
新潟	33.8	22.4	28.1	-5.8	1.55	1.03	1.29
富山	10.8	13.0	14.8	-1.9	1.05	1.27	1.45
石川	15.4	19.2	20.2	-1.0	1.37	1.71	1.80
福井	8.6	11.1	12.9	-1.8	1.12	1.46	1.69
山梨	14.0	16.0	15.3	0.7	1.74	1.98	1.90
長野	33.8	31.2	31.3	-0.1	1.66	1.53	1.54
岐阜	27.9	29.9	35.0	-5.1	1.42	1.52	1.79
静岡	69.2	56.5	60.5	-4.0	1.92	1.57	1.68
愛知	210.9	120.4	123.2	-2.7	2.81	1.60	1.64
三重	23.8	30.4	33.5	-3.0	1.35	1.73	1.91
滋賀	20.5	29.5	28.4	1.0	1.45	2.09	2.02
京都	50.7	57.0	60.9	-3.9	1.98	2.23	2.38
大阪	240.9	168.0	162.4	5.6	2.74	1.91	1.84
兵庫	100.6	91.6	96.9	-5.3	1.85	1.69	1.78
奈良	16.7	24.6	25.9	-1.3	1.27	1.87	1.97
和歌山	10.1	11.8	13.8	-2.0	1.11	1.30	1.51
鳥取	5.7	8.9	9.9	-1.0	1.03	1.62	1.81
島根	7.4	10.8	11.9	-1.1	1.11	1.62	1.79
岡山	32.8	29.2	32.4	-3.2	1.75	1.56	1.73
広島	58.3	45.4	52.6	-7.2	2.10	1.63	1.89
山口	17.6	22.2	25.3	-3.1	1.32	1.67	1.90
徳島	10.6	9.6	11.3	-1.7	1.48	1.35	1.59
香川	11.1	16.7	18.6	-1.9	1.18	1.78	1.97
愛媛	16.9	18.6	21.4	-2.9	1.28	1.41	1.62
高知	10.7	9.3	10.8	-1.5	1.56	1.36	1.58
福岡	156.3	102.3	96.5	5.8	3.05	2.00	1.88
佐賀	10.2	16.0	17.3	-1.3	1.27	1.99	2.15
長崎	19.8	21.6	27.5	-5.9	1.52	1.66	2.12
熊本	42.9	29.2	29.9	-0.7	2.48	1.69	1.73
大分	14.9	18.8	20.7	-1.9	1.34	1.69	1.86
宮崎	15.4	18.1	19.6	-1.6	1.45	1.70	1.85
鹿児島	31.2	26.5	28.0	-1.5	1.98	1.68	1.78
沖縄	45.7	26.8	27.1	-0.2	3.11	1.83	1.84
全国	2 771.1	2 476.6	2 476.6	0	2.21	1.97	1.97

総務省統計局「住民基本台帳人口移動報告年報」（2021年）より作成。外国人を含む。移動率は同年10月1日現在の総人口で割ったもの。

図1-4　三大都市圏中心部への流入人口と割合（2020年10月1日現在）

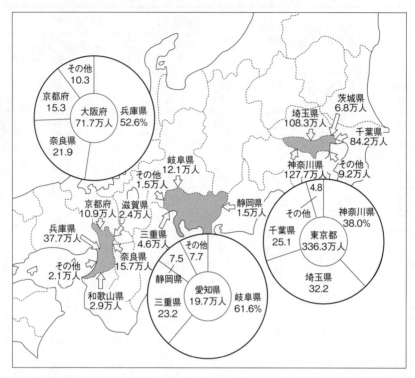

国勢調査の不詳補完値より作成。流入人口は、常住地から通勤・通学のために流入してくる人口。
円グラフは内訳の合計が100%になるように調整していない。

💻 2020年の昼夜間人口比率

　昼夜間人口比率とは、夜間人口（常住人口）100人あたりの昼間人口（従業・通学地による人口）割合のことをいう。昼夜間人口比率が100を超えている場合は通勤・通学人口の流入超過を、100を下回っている場合は流出超過を示している。2020年10月1日現在の国勢調査不詳補完値によると、昼夜間人口比率は東京都が119.2で最も高く、大阪府104.4、京都府102.0など、16都府県で昼間人口が夜間人口を上回った。一方、最も低いのは埼玉県の87.6で、以下、千葉県88.3、神奈川県89.9などとなっている。自治体別にみると、企業が集中する東京都千代田区が1753.7で最も高く、次が福島県大熊町の688.0であった。大熊町には、東京電力福島第一原子力発電所があり、廃炉作業などで近隣自治体から通うケースが多い。

　昼夜間人口比率は、2015年に比べて17都府県で低下した。最も低下したのは東京都（-0.9ポイント）で、ほかに宮城県、愛知県、大阪府など、コロナ禍により大都市圏中心部で流入超過人口が減ったことが影響した。

表 1-18　昼間人口（各年10月 1 日現在）

	2010			2015			2020		
	昼間人口（千人）	常住（夜間）人口（千人）	昼夜間人口比率	昼間人口（千人）	常住（夜間）人口（千人）	昼夜間人口比率	昼間人口（千人）	常住（夜間）人口（千人）	昼夜間人口比率
北海道	5 504	5 506	100.0	5 379	5 382	99.9	5 223	5 225	100.0
青森	1 374	1 373	100.0	1 306	1 308	99.8	1 237	1 238	99.9
岩手	1 326	1 330	99.7	1 277	1 280	99.8	1 208	1 211	99.8
宮城	2 352	2 348	100.2	2 340	2 334	100.3	2 304	2 302	100.1
秋田	1 085	1 086	99.9	1 021	1 023	99.8	958	960	99.8
山形	1 167	1 169	99.8	1 120	1 124	99.7	1 065	1 068	99.7
福島	2 021	2 029	99.6	1 918	1 914	100.2	1 835	1 833	100.1
茨城	2 887	2 970	97.2	2 842	2 917	97.4	2 799	2 867	97.6
栃木	1 990	2 008	99.1	1 955	1 974	99.0	1 914	1 933	99.0
群馬	2 005	2 008	99.9	1 971	1 973	99.9	1 939	1 939	100.0
埼玉	6 373	7 195	88.6	6 352	7 267	87.4	6 435	7 345	87.6
千葉	5 560	6 216	89.5	5 486	6 223	88.2	5 550	6 284	88.3
東京	15 576	13 159	118.4	16 243	13 515	120.2	16 752	14 048	119.2
神奈川	8 254	9 048	91.2	8 197	9 126	89.8	8 306	9 237	89.9
新潟	2 375	2 374	100.0	2 303	2 304	99.9	2 201	2 201	100.0
富山	1 091	1 093	99.8	1 064	1 066	99.8	1 033	1 035	99.8
石川	1 172	1 170	100.2	1 156	1 154	100.2	1 134	1 133	100.2
福井	807	806	100.1	787	787	100.0	768	767	100.2
山梨	855	863	99.0	829	835	99.3	805	810	99.3
長野	2 149	2 152	99.9	2 094	2 099	99.8	2 042	2 048	99.7
岐阜	1 998	2 081	96.0	1 950	2 032	96.0	1 906	1 979	96.3
静岡	3 760	3 765	99.9	3 694	3 700	99.8	3 627	3 633	99.8
愛知	7 521	7 411	101.5	7 591	7 483	101.4	7 638	7 542	101.3
三重	1 820	1 855	98.1	1 784	1 816	98.2	1 742	1 770	98.4
滋賀	1 363	1 411	96.6	1 364	1 413	96.5	1 366	1 414	96.6
京都	2 668	2 636	101.2	2 659	2 610	101.9	2 629	2 578	102.0
大阪	9 281	8 865	104.7	9 245	8 839	104.6	9 228	8 838	104.4
兵庫	5 348	5 588	95.7	5 272	5 535	95.3	5 210	5 465	95.3
奈良	1 260	1 401	89.9	1 224	1 364	89.7	1 195	1 324	90.2
和歌山	983	1 002	98.1	946	964	98.2	908	923	98.4
鳥取	589	589	100.0	573	573	99.8	552	553	99.8
島根	718	717	100.0	695	694	100.1	672	671	100.1
岡山	1 943	1 945	99.9	1 923	1 922	100.1	1 890	1 888	100.1
広島	2 869	2 861	100.3	2 850	2 844	100.2	2 804	2 800	100.1
山口	1 444	1 451	99.5	1 399	1 405	99.6	1 337	1 342	99.6
徳島	783	785	99.7	753	756	99.6	717	720	99.6
香川	998	996	100.2	979	976	100.3	951	950	100.1
愛媛	1 433	1 431	100.1	1 385	1 385	100.0	1 336	1 335	100.1
高知	763	764	99.9	727	728	99.9	691	692	99.9
福岡	5 078	5 072	100.1	5 103	5 102	100.0	5 136	5 135	100.0
佐賀	852	850	100.2	837	833	100.5	817	811	100.7
長崎	1 423	1 427	99.8	1 374	1 377	99.8	1 309	1 312	99.7
熊本	1 810	1 817	99.6	1 778	1 786	99.5	1 732	1 738	99.7
大分	1 197	1 197	100.0	1 165	1 166	99.9	1 123	1 124	99.9
宮崎	1 136	1 135	100.0	1 103	1 104	99.9	1 069	1 070	99.9
鹿児島	1 704	1 706	99.9	1 647	1 648	99.9	1 587	1 588	99.9
沖縄	1 392	1 393	100.0	1 433	1 434	99.9	1 467	1 467	100.0
全国	128 057	128 057	100.0	127 095	127 095	100.0	126 146	126 146	100.0

総務省統計局「国勢調査」より作成。2015・20年は不詳補完値。354ページの注記参照。

表 1 - 19 将来人口 (各年10月 1 日時点)

	2030			2035			2040		
	人口 (千人)	年齢別人口 (%)		人口 (千人)	年齢別人口 (%)		人口 (千人)	年齢別人口 (%)	
		0 ～14 歳	65歳 以上		0 ～14 歳	65歳 以上		0 ～14 歳	65歳 以上
北海道	4 792	9.7	36.1	4 546	9.3	38.0	4 280	9.1	40.9
青森	1 076	9.3	39.1	994	8.8	41.4	909	8.5	44.4
岩手	1 096	10.2	37.3	1 029	9.8	38.8	958	9.5	41.2
宮城	2 144	10.7	33.1	2 046	10.2	35.0	1 933	9.9	37.9
秋田	814	8.5	43.0	744	8.0	44.9	673	7.7	47.5
山形	957	10.6	37.6	897	10.2	38.9	834	9.9	41.0
福島	1 635	10.1	37.5	1 534	9.7	39.4	1 426	9.4	42.2
茨城	2 638	10.6	33.5	2 512	10.2	35.3	2 376	10.1	38.2
栃木	1 806	11.1	31.7	1 730	10.8	33.2	1 647	10.7	35.7
群馬	1 796	10.7	33.1	1 720	10.3	34.9	1 638	10.2	37.7
埼玉	7 076	11.0	29.4	6 909	10.8	31.3	6 721	10.8	34.2
千葉	5 986	10.7	30.4	5 823	10.4	32.2	5 646	10.4	35.0
東京	13 883	10.6	24.7	13 852	10.4	26.5	13 759	10.4	29.0
神奈川	8 933	10.9	28.3	8 751	10.7	30.7	8 541	10.7	33.6
新潟	2 031	10.6	35.6	1 926	10.3	37.0	1 815	10.1	39.2
富山	955	10.3	34.7	910	9.9	36.0	863	9.9	38.8
石川	1 071	11.3	32.0	1 033	11.0	33.3	990	11.0	35.9
福井	710	11.6	33.8	680	11.3	35.0	647	11.3	37.2
山梨	724	10.3	36.0	684	10.0	38.6	642	9.9	41.4
長野	1 878	10.8	35.4	1 793	10.5	37.3	1 705	10.4	40.0
岐阜	1 821	11.4	32.1	1 735	11.1	34.6	1 646	11.0	37.3
静岡	3 380	11.2	33.3	3 242	10.9	35.0	3 094	10.9	37.5
愛知	7 359	12.1	27.3	7 228	11.8	29.0	7 071	11.8	31.6
三重	1 645	11.3	32.6	1 576	11.0	34.2	1 504	10.9	36.9
滋賀	1 372	12.9	28.7	1 341	12.6	30.2	1 304	12.6	32.7
京都	2 431	10.5	31.5	2 339	10.2	33.2	2 238	10.2	36.1
大阪	8 262	10.7	29.6	7 963	10.5	31.6	7 649	10.5	34.7
兵庫	5 139	11.0	32.3	4 949	10.6	34.3	4 743	10.5	37.3
奈良	1 202	10.7	34.9	1 136	10.4	36.9	1 066	10.5	39.7
和歌山	829	10.8	35.4	782	10.6	36.7	734	10.6	38.9
鳥取	516	11.9	34.9	495	11.6	35.6	472	11.5	37.4
島根	615	11.5	36.6	588	11.3	37.0	558	11.3	38.5
岡山	1 797	11.8	31.9	1 742	11.6	32.7	1 681	11.6	34.9
広島	2 689	12.1	30.9	2 609	11.9	31.9	2 521	12.0	34.1
山口	1 230	10.8	35.9	1 166	10.6	36.6	1 100	10.6	38.6
徳島	651	10.2	36.7	614	9.9	37.8	574	9.8	40.1
香川	889	11.2	33.8	853	10.9	34.7	815	10.9	37.0
愛媛	1 212	10.7	36.3	1 148	10.3	37.5	1 081	10.1	40.0
高知	614	10.1	37.9	576	9.8	38.8	536	9.7	41.2
福岡	4 955	12.3	30.5	4 842	12.0	31.6	4 705	11.9	33.7
佐賀	757	12.9	33.4	728	12.6	34.3	697	12.5	35.8
長崎	1 192	11.6	36.6	1 124	11.3	37.8	1 054	11.1	39.6
熊本	1 636	12.8	34.3	1 577	12.6	35.0	1 512	12.6	36.2
大分	1 044	11.5	35.6	997	11.2	36.4	947	11.1	38.1
宮崎	977	12.5	36.3	928	12.1	37.1	877	12.0	38.7
鹿児島	1 437	12.5	36.7	1 362	12.1	37.8	1 284	11.8	39.4
沖縄	1 470	16.0	26.1	1 466	15.6	27.8	1 452	15.4	30.0
全国	119 125	11.1	31.2	115 216	10.8	32.8	110 919	10.8	35.3

国立社会保障・人口問題研究所「日本の地域別将来推計人口」(2018年推計) より作成。

表1-20　人口規模別の市町村数 (2022年1月1日現在)

	市					町村		
	30万人以上	10万人以上30万人未満	5万人以上10万人未満	3万人以上5万人未満	3万人未満	3万人以上	1万人以上3万人未満	1万人未満
北海道	2	7	6	6	14	1	23	120
青森	—	3	3	4	—	—	13	17
岩手	—	3	3	4	4	1	8	10
宮城	1	2	7	3	1	3	12	6
秋田	1	—	5	3	4	—	3	9
山形	—	2	3	4	4	—	8	14
福島	2	2	5	4	—	—	15	31
茨城	—	8	12	10	2	3	7	2
栃木	1	5	5	2	1	2	9	—
群馬	2	3	4	3	—	2	10	11
埼玉	5	16	18	1	—	7	12	4
千葉	5	12	10	9	1	—	9	8
東京	2	15	9	—	—	1	1	11
	*13	*9	*1	—	—	—	—	—
神奈川	5	9	3	2	—	4	6	4
新潟	1	2	8	7	2	—	3	7
富山	1	1	1	6	1	—	4	1
石川	1	2	3	2	3	1	5	2
福井	—	1	4	1	3	—	5	3
山梨	—	1	3	5	4	—	5	9
長野	1	2	8	5	3	—	15	43
岐阜	1	4	7	6	3	—	13	8
静岡	2	8	6	5	2	3	4	5
愛知	6	9	19	4	—	7	5	4
三重	1	5	2	3	3	1	9	5
滋賀	1	4	6	2	—	1	4	3
京都	1	1	10	2	1	1	4	6
大阪	7	14	12	—	—	2	5	3
兵庫	5	5	6	10	3	4	8	—
奈良	1	2	5	1	3	2	7	18
和歌山	1	—	4	1	3	—	8	13
鳥取	—	2	—	2	—	—	8	7
島根	—	2	1	2	1	—	3	8
岡山	2	—	3	7	3	—	8	4
広島	2	4	2	2	4	2	4	3
山口	—	6	2	4	1	—	3	3
徳島	—	1	2	3	2	1	6	9
香川	1	1	3	2	1	—	7	2
愛媛	1	3	2	5	—	1	3	5
高知	1	—	—	3	7	—	4	19
福岡	3	6	11	6	3	8	14	9
佐賀	—	2	2	3	3	—	5	5
長崎	1	2	1	4	5	1	5	2
熊本	1	1	6	3	3	3	9	19
大分	1	1	4	3	5	—	8	2
宮崎	1	2	2	1	3	—	8	9
鹿児島	1	2	3	7	6	—	6	18
沖縄	1	4	4	2	—	4	8	18
全国	72	187	245	176	112	65	342	519

総務省「住民基本台帳に基づく人口、人口動態及び世帯数」(2022年1月1日現在)より作成。北海道および全国の村には北方領土の6村を含まない。人口には外国人を含む。*印は東京23区の内訳で、外数。

表1-21　市町村数の変遷

	1953年9月30日現在 （町村合併促進法施行前）			1999年3月31日現在 （地方分権一括法施行前）			2022年3月31日現在		
	市	町	村*	市	町	村*	市	町	村*
北海道	16	103	159	34	154	24	35	129	15
青森	3	33	127	8	34	25	10	22	8
岩手	5	33	183	13	30	16	14	15	4
宮城	5	49	133	10	59	2	14	20	1
秋田	4	50	170	9	50	10	13	9	3
山形	5	30	187	13	27	4	13	19	3
福島	5	65	309	10	52	28	13	31	15
茨城	4	54	308	20	48	17	32	10	2
栃木	5	37	128	12	35	2	14	11	—
群馬	5	40	151	11	33	26	12	15	8
埼玉	8	49	266	43	38	11	40	22	1
千葉	10	76	198	31	44	5	37	16	1
東京	5	19	60	27	5	8	26	5	8
神奈川	8	35	73	19	17	1	19	13	1
新潟	7	51	326	20	57	35	20	6	4
富山	5	28	125	9	18	8	10	4	1
石川	3	36	141	8	27	6	11	8	—
福井	4	18	128	7	22	6	9	8	—
山梨	2	19	171	7	37	20	13	8	6
長野	6	34	338	17	36	67	19	23	35
岐阜	6	55	225	14	55	30	21	19	2
静岡	12	50	219	21	49	4	23	12	—
愛知	13	83	121	31	47	10	38	14	2
三重	7	37	230	13	47	9	14	15	—
滋賀	3	24	133	7	42	1	13	6	—
京都	5	25	119	12	31	1	15	10	1
大阪	17	43	89	33	10	1	33	9	1
兵庫	14	58	250	21	70	—	29	12	—
奈良	2	32	104	10	20	17	12	15	12
和歌山	4	33	163	7	36	7	9	20	1
鳥取	2	28	105	4	31	4	4	14	1
島根	4	34	164	8	41	10	8	10	1
岡山	9	67	201	10	56	12	15	10	2
広島	6	65	258	13	67	6	14	9	—
山口	10	31	129	14	37	5	13	6	—
徳島	3	43	82	4	38	8	8	15	1
香川	3	21	134	5	38	—	8	9	—
愛媛	6	41	187	12	44	14	11	9	—
高知	1	40	129	9	25	19	11	17	6
福岡	12	68	182	24	65	8	29	29	2
佐賀	2	27	93	7	37	5	10	10	—
長崎	5	48	107	8	70	1	13	8	—
熊本	5	41	274	11	62	21	14	23	8
大分	7	40	148	11	36	11	14	3	1
宮崎	6	26	47	9	28	7	9	14	3
鹿児島	6	51	66	14	73	9	19	20	4
沖縄	—	—	—	10	16	27	11	11	19
全国	285	1 970	7 640	670	1 994	568	792	743	183

総務省資料より作成。東京23区は含まない。*北海道および全国の村には北方領土の6村を含まない。

第 2 章
労　　　働

表 2 - 1　労働力人口（2020年国勢調査、不詳補完）（単位　千人）

	15歳以上人口	労働力人口	就業者	家事の1)ほか仕事	完全失業者	非労働力人口	家事	労働力率(%)
北海道	4 610	2 754	2 637	310	117	1 856	647	*59.7*
青森	1 089	654	624	57	30	435	136	*60.1*
岩手	1 063	651	627	62	25	412	136	*61.3*
宮城	1 986	1 235	1 181	124	54	751	273	*62.2*
秋田	858	503	483	49	20	355	121	*58.6*
山形	938	582	562	53	20	356	110	*62.1*
福島	1 593	984	943	90	41	609	199	*61.8*
茨城	2 478	1 539	1 478	174	60	939	327	*62.1*
栃木	1 670	1 053	1 011	119	43	617	211	*63.1*
群馬	1 673	1 048	1 008	128	40	625	214	*62.6*
埼玉	6 270	3 991	3 832	508	159	2 279	879	*63.6*
千葉	5 416	3 417	3 285	419	132	1 999	764	*63.1*
東京	12 052	8 277	7 970	839	307	3 775	1 483	*68.7*
神奈川	7 937	5 084	4 895	631	189	2 853	1 140	*64.1*
新潟	1 927	1 180	1 136	111	43	747	244	*61.2*
富山	901	565	548	56	17	336	110	*62.7*
石川	975	618	597	60	21	357	113	*63.3*
福井	661	427	415	43	12	233	75	*64.7*
山梨	700	443	426	52	17	257	89	*63.3*
長野	1 765	1 124	1 087	134	37	641	229	*63.7*
岐阜	1 699	1 068	1 032	139	36	631	218	*62.8*
静岡	3 156	2 000	1 924	232	76	1 155	402	*63.4*
愛知	6 367	4 151	4 012	535	139	2 216	815	*65.2*
三重	1 519	949	919	119	30	570	199	*62.5*
滋賀	1 190	758	732	98	26	432	161	*63.7*
京都	2 202	1 354	1 297	173	57	848	302	*61.5*
大阪	7 561	4 710	4 490	571	219	2 852	1 056	*62.3*
兵庫	4 622	2 787	2 674	366	113	1 836	687	*60.3*
奈良	1 152	659	632	95	27	493	190	*57.2*
和歌山	809	482	463	64	19	327	116	*59.6*
鳥取	477	297	286	27	10	180	57	*62.2*
島根	581	358	348	35	10	223	72	*61.6*
岡山	1 590	971	935	111	36	620	214	*61.0*
広島	2 392	1 482	1 431	175	51	910	323	*62.0*
山口	1 170	682	658	80	24	488	172	*58.3*
徳島	614	359	344	37	15	255	80	*58.5*
香川	815	495	478	55	17	320	107	*60.8*
愛媛	1 146	680	654	81	26	466	155	*59.3*
高知	604	359	345	32	15	245	72	*59.5*
福岡	4 306	2 670	2 547	292	123	1 637	564	*62.0*
佐賀	690	433	417	43	16	257	79	*62.8*
長崎	1 136	674	648	65	26	462	146	*59.3*
熊本	1 485	910	875	88	36	574	177	*61.3*
大分	966	575	550	61	24	391	131	*59.5*
宮崎	913	556	533	51	22	357	107	*60.9*
鹿児島	1 338	801	769	89	32	537	170	*59.9*
沖縄	1 196	774	731	62	43	422	133	*64.7*
全国	108 259	68 121	65 468	7 797	2 653	40 137	14 404	*62.9*
15〜64歳	72 923	58 472	56 114	5 474	2 358	14 451	6 476	*80.2*
65歳以上	35 336	9 649	9 354	2 322	295	25 686	7 928	*27.3*

総務省「国勢調査」（2020年）より作成。354ページの資料・注記参照。1) 家事が主。

表2-2 **男女別労働力人口**（2020年国勢調査、不詳補完）（単位 千人）

	労働力人口		就業者		非労働力人口		労働力率（%）	
	男	女	男	女	男	女	男	女
北海道	1 505	1 248	1 435	1 202	643	1 214	70.1	50.7
青森	354	301	335	290	153	282	69.8	51.6
岩手	359	292	343	284	147	265	71.0	52.5
宮城	691	543	658	523	267	484	72.1	52.9
秋田	275	228	262	221	125	231	68.8	49.7
山形	318	265	305	257	131	225	70.7	54.1
福島	557	427	530	413	221	388	71.6	52.4
茨城	880	659	840	638	351	589	71.5	52.8
栃木	600	454	572	438	228	389	72.5	53.8
群馬	588	460	562	446	233	392	71.6	54.0
埼玉	2 270	1 721	2 169	1 663	827	1 453	73.3	54.2
千葉	1 938	1 479	1 854	1 431	730	1 268	72.6	53.8
東京	4 563	3 714	4 381	3 589	1 307	2 468	77.7	60.1
神奈川	2 897	2 188	2 779	2 116	1 019	1 834	74.0	54.4
新潟	649	531	621	515	277	470	70.0	53.0
富山	309	256	297	250	124	212	71.4	54.7
石川	335	283	322	275	133	224	71.6	55.8
福井	233	195	225	190	86	147	73.0	57.0
山梨	245	198	234	191	94	162	72.2	54.9
長野	619	505	596	491	235	407	72.5	55.4
岐阜	586	482	563	468	229	402	71.9	54.5
静岡	1 119	882	1 070	854	426	730	72.4	54.7
愛知	2 358	1 793	2 273	1 739	796	1 420	74.8	55.8
三重	527	422	509	411	207	363	71.8	53.7
滋賀	425	333	408	324	157	275	73.0	54.8
京都	734	620	700	597	304	544	70.7	53.2
大阪	2 574	2 136	2 440	2 050	1 006	1 846	71.9	53.6
兵庫	1 525	1 262	1 455	1 219	640	1 195	70.4	51.4
奈良	361	298	343	288	175	319	67.4	48.3
和歌山	262	220	250	213	114	213	69.7	50.8
鳥取	159	138	152	135	66	114	70.5	54.8
島根	194	164	188	160	83	140	70.1	53.9
岡山	530	441	507	428	224	396	70.3	52.7
広島	821	661	790	641	325	585	71.6	53.0
山口	374	308	359	299	174	315	68.3	49.4
徳島	193	166	184	160	95	160	67.1	50.9
香川	271	224	260	218	118	202	69.7	52.6
愛媛	368	312	352	302	166	300	68.9	51.0
高知	189	170	180	165	92	153	67.3	52.7
福岡	1 432	1 237	1 359	1 188	571	1 066	71.5	53.7
佐賀	230	203	220	197	91	165	71.6	55.1
長崎	361	313	345	303	165	298	68.6	51.3
熊本	483	428	461	414	209	365	69.8	53.9
大分	311	263	297	254	140	251	69.0	51.1
宮崎	293	263	279	254	131	226	69.1	53.8
鹿児島	424	377	404	365	194	343	68.6	52.4
沖縄	422	352	395	336	161	260	72.3	57.5
全国	37 708	30 413	36 064	29 405	14 390	25 747	72.4	54.2
15～64歳	32 002	26 470	30 588	25 527	4 751	9 700	87.1	73.2
65歳以上	5 706	3 944	5 476	3 878	9 639	16 047	37.2	19.7

表2-1の内訳。

府県別統計　労働

表2-3 産業別就業者数 (2020年国勢調査、不詳補完) (単位 千人)

	農業、林業	漁業	建設業	製造業	電気・ガス・熱供給・水道業	情報通信業	運輸業、郵便業	卸売業、小売業
北海道	137.9	28.8	231.1	213.3	15.3	55.8	150.4	433.4
青森	63.5	6.9	60.4	64.2	3.3	6.5	29.7	98.5
岩手	55.7	4.7	59.0	96.1	3.2	7.0	31.5	94.5
宮城	41.5	6.2	118.3	144.6	9.4	29.1	73.3	204.4
秋田	41.0	0.6	46.7	68.1	2.7	4.9	19.4	75.5
山形	48.2	0.5	48.8	111.5	2.5	5.2	20.4	83.0
福島	57.3	1.2	98.1	180.6	6.7	9.5	45.5	137.8
茨城	75.6	1.6	115.4	312.1	7.8	29.1	89.8	216.2
栃木	52.6	0.2	71.5	243.8	3.7	12.5	53.8	147.6
群馬	45.7	0.1	73.0	243.8	4.2	13.0	53.5	149.1
埼玉	56.5	0.1	290.0	590.5	13.8	190.0	284.6	629.8
千葉	74.6	3.6	246.7	380.2	15.0	180.4	255.7	537.4
東京	27.1	0.8	434.0	763.2	29.7	888.9	391.2	1 194.6
神奈川	35.7	1.4	331.9	660.5	19.1	366.0	308.4	759.6
新潟	57.2	1.5	109.9	211.2	7.9	15.6	54.9	184.1
富山	15.5	0.9	46.2	135.6	4.7	9.6	25.1	81.1
石川	13.7	1.9	49.4	116.4	3.1	13.2	28.6	98.7
福井	12.4	1.0	39.3	91.9	5.1	6.1	17.0	61.6
山梨	28.5	0.1	32.5	86.1	2.0	6.1	16.6	61.9
長野	91.9	0.2	80.9	231.0	5.2	16.8	42.9	155.5
岐阜	29.1	0.2	82.4	254.7	4.5	14.6	50.0	157.3
静岡	62.9	3.9	139.8	488.9	8.5	28.0	106.1	289.6
愛知	72.2	3.3	272.6	1 028.2	19.1	97.3	235.5	624.8
三重	24.4	4.9	64.1	230.0	4.9	10.4	51.2	133.4
滋賀	17.4	0.4	42.7	198.5	2.7	9.8	35.0	105.6
京都	23.9	0.7	76.3	213.4	5.6	30.4	64.2	216.3
大阪	20.6	0.8	307.2	703.7	19.7	162.9	297.7	782.7
兵庫	43.5	4.6	171.1	492.2	13.7	63.8	157.9	434.8
奈良	14.8	0.1	37.8	101.6	3.4	14.2	28.2	108.0
和歌山	35.6	2.0	35.8	67.5	2.6	4.7	22.7	70.6
鳥取	21.2	1.1	22.6	39.4	1.4	3.5	12.1	43.0
島根	20.4	2.5	31.7	50.0	2.6	3.9	12.7	50.6
岡山	37.9	1.2	74.6	176.9	4.1	14.2	55.9	147.5
広島	35.3	3.7	110.4	263.0	8.7	26.7	81.0	237.0
山口	23.8	3.1	59.5	114.0	4.0	6.6	35.1	101.5
徳島	24.3	2.0	27.2	53.4	1.8	3.7	13.5	51.1
香川	21.4	1.6	37.4	82.5	3.4	7.3	25.5	77.6
愛媛	38.8	5.3	52.8	102.8	3.4	8.8	33.1	101.2
高知	31.5	3.3	28.9	29.0	1.6	4.3	12.8	54.3
福岡	57.2	3.6	208.9	297.1	13.9	74.5	161.0	446.7
佐賀	28.1	3.2	35.0	65.2	2.8	4.5	20.2	61.0
長崎	33.2	10.0	55.0	70.1	3.7	6.8	28.7	98.7
熊本	71.6	4.0	72.8	111.6	3.5	11.1	35.0	132.3
大分	30.8	2.9	48.9	78.1	2.7	7.2	23.8	83.0
宮崎	49.7	2.8	45.4	64.7	2.5	7.2	21.6	79.8
鹿児島	59.2	4.7	64.0	83.0	4.5	7.9	33.8	119.0
沖縄	25.3	2.9	69.4	35.6	4.1	19.2	33.9	108.3
全国	1 986.3	141.2	4 857.4	10 439.5	317.9	2 518.8	3 680.5	10 319.9

総務省「国勢調査」(2020年) より作成。表2-1就業者数の内訳で、日本標準産業分類大分類による分類。掲載した産業のほか、鉱業、採石業、砂利採取業 (20.5千人) がある。1) 他のサービス業に分類さ↗

金融業、保険業	不動産業、物品賃貸業	学術研究、専門・技術サービス業	宿泊業、飲食サービス業	生活関連サービス業、娯楽業	教育、学習支援業	医療、福祉	サービス業1)	公務2)
51.6	55.0	78.5	162.7	95.1	128.4	406.7	248.0	143.1
12.8	7.4	12.7	30.4	22.2	29.3	92.0	47.7	36.1
11.3	8.2	13.6	31.8	20.7	29.1	89.6	44.0	26.3
26.0	26.6	37.5	64.5	40.1	63.0	150.9	95.9	49.6
9.2	5.5	10.2	23.2	17.6	22.0	76.4	36.4	22.6
11.5	5.8	11.4	27.9	18.6	25.3	79.7	37.4	24.4
17.2	12.7	24.6	48.4	32.2	42.4	121.4	70.3	36.6
26.9	21.0	66.2	67.6	54.9	71.5	173.9	95.7	52.5
17.8	14.4	37.1	55.2	38.1	47.0	119.4	62.8	32.4
19.9	13.6	27.1	52.6	36.0	47.9	136.4	61.4	31.1
104.0	104.1	152.8	200.9	139.1	179.3	456.8	308.7	129.9
101.7	90.0	135.1	183.1	136.2	161.4	392.9	273.1	116.7
329.6	326.1	580.8	463.6	292.9	417.3	873.4	703.0	252.0
132.5	153.3	270.0	274.5	172.4	251.1	605.3	407.3	145.6
22.2	14.0	27.0	58.0	40.3	53.5	157.2	79.8	40.4
11.9	6.5	13.6	25.9	18.3	25.5	73.1	38.6	15.4
12.0	8.7	16.7	37.1	20.9	32.4	80.8	41.8	21.1
9.3	4.5	11.6	21.5	13.3	21.1	55.7	28.7	14.7
8.5	6.4	10.5	28.7	16.7	21.7	55.2	26.5	17.2
20.0	14.2	27.5	65.9	36.7	47.1	148.3	67.1	35.3
21.8	12.7	28.8	56.1	37.8	49.3	131.7	66.6	33.8
37.6	29.6	54.9	111.0	67.4	87.0	226.7	123.7	58.0
78.3	78.7	143.5	215.5	128.7	183.1	456.4	273.8	100.9
18.4	11.7	23.2	49.8	32.6	43.6	120.2	64.4	31.8
14.1	10.7	22.9	38.3	24.3	41.0	95.3	48.9	24.3
27.4	32.4	49.5	92.9	45.1	89.0	187.6	92.7	49.1
109.5	139.4	177.6	273.3	156.4	225.1	635.0	362.0	116.5
60.5	65.5	103.2	150.0	94.9	148.8	384.8	197.5	86.5
16.5	14.6	22.2	34.5	22.3	40.7	98.5	48.4	25.7
9.5	6.2	10.6	26.2	15.4	24.3	75.0	33.5	20.8
6.5	3.4	7.1	15.3	9.3	16.4	48.0	20.6	15.3
6.8	4.2	9.2	17.7	10.9	19.6	60.5	27.7	17.0
18.7	15.1	24.6	44.7	29.4	51.9	143.9	63.3	30.5
28.9	29.2	45.9	73.6	46.8	73.8	208.2	102.9	55.7
12.6	9.1	15.4	33.7	22.3	33.4	107.1	46.5	30.0
7.7	4.8	8.6	16.7	10.6	18.7	60.1	23.4	16.2
11.2	8.0	13.3	24.7	15.5	24.9	69.9	32.7	20.3
15.2	9.2	17.9	33.2	21.8	32.2	107.0	47.6	23.8
7.5	4.7	9.2	20.2	11.7	19.4	63.6	24.2	18.1
61.2	62.1	89.1	146.7	90.6	129.6	402.4	209.8	91.6
8.2	4.5	9.1	21.4	14.5	21.7	69.1	29.1	19.3
15.4	8.9	16.8	37.9	22.5	34.2	119.7	48.4	37.8
16.9	14.0	22.7	46.6	31.2	43.5	154.0	63.4	40.0
11.2	8.3	14.8	32.5	18.9	27.6	94.7	39.3	25.0
10.7	7.0	13.4	27.7	18.6	28.1	90.6	38.0	25.5
14.2	10.5	18.5	44.5	27.3	41.8	143.8	53.8	38.0
14.5	17.8	24.6	62.1	29.1	44.9	119.1	73.4	46.3
1 616.9	1 520.3	2 561.0	3 670.4	2 318.2	3 310.2	8 818.3	5 030.0	2 341.3

府県別統計　労働

＼れないもの。なお、本項目には大分類「複合サービス事業」(郵便局や協同組合、490.0千人) を含めた。2) 他に分類されるものを除く。

図 2-1　産業別の就業者割合（2020年国勢調査、不詳補完）

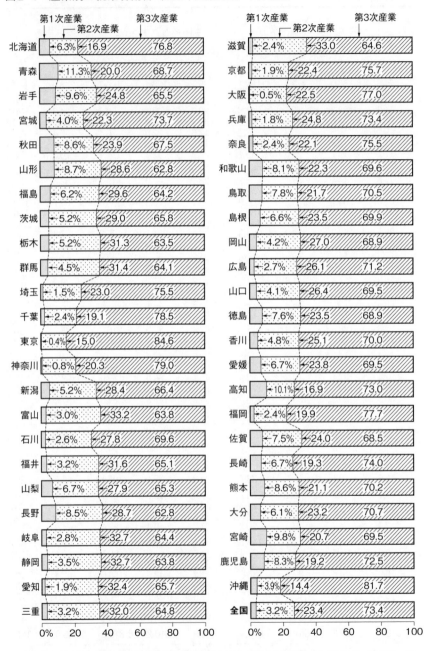

表2-3より作成。第 1 次産業は農林水産業。第 2 次産業は鉱業、採石業、砂利採取業、建設業、製造業。第 3 次産業は電気・ガス・熱供給・水道業を含むその他の産業。

表2-4 従業上の地位別就業者数（2020年国勢調査、不詳補完）

	就業者数（千人）				割合（%）			
	雇用者1)	役員	自営業主2)	家族従業者	雇用者1)	役員	自営業主2)	家族従業者
北海道	2 340.3	149.8	208.9	87.7	88.8	5.7	7.9	3.3
青森	517.3	27.3	68.2	38.5	82.9	4.4	10.9	6.2
岩手	531.7	27.8	64.7	30.3	84.8	4.4	10.3	4.8
宮城	1 056.2	62.1	92.1	32.8	89.4	5.3	7.8	2.8
秋田	406.9	21.4	53.2	22.5	84.3	4.4	11.0	4.7
山形	470.8	29.2	62.0	29.7	83.7	5.2	11.0	5.3
福島	816.9	53.2	87.9	38.2	86.6	5.6	9.3	4.0
茨城	1 294.7	68.2	128.7	55.0	87.6	4.6	8.7	3.7
栃木	885.8	53.3	87.8	37.0	87.6	5.3	8.7	3.7
群馬	883.3	56.0	90.3	34.4	87.6	5.6	9.0	3.4
埼玉	3 488.4	202.4	274.9	68.4	91.0	5.3	7.2	1.8
千葉	2 991.2	167.4	226.1	67.4	91.1	5.1	6.9	2.1
東京	7 207.3	585.4	653.8	109.0	90.4	7.3	8.2	1.4
神奈川	4 514.2	266.6	318.1	63.1	92.2	5.4	6.5	1.3
新潟	994.9	59.5	102.4	38.9	87.6	5.2	9.0	3.4
富山	489.3	28.2	43.8	14.5	89.3	5.1	8.0	2.6
石川	527.9	33.2	51.9	16.8	88.5	5.6	8.7	2.8
福井	364.5	24.6	37.8	12.9	87.8	5.9	9.1	3.1
山梨	355.2	23.0	49.8	20.4	83.5	5.4	11.7	4.8
長野	914.1	59.2	122.5	50.3	84.1	5.4	11.3	4.6
岐阜	909.4	56.6	90.5	32.0	88.1	5.5	8.8	3.1
静岡	1 698.7	99.2	166.2	59.3	88.3	5.2	8.6	3.1
愛知	3 636.7	210.5	284.0	91.8	90.6	5.2	7.1	2.3
三重	816.8	43.2	77.3	25.3	88.8	4.7	8.4	2.7
滋賀	659.3	32.7	56.3	16.6	90.0	4.5	7.7	2.3
京都	1 133.5	74.9	127.6	35.6	87.4	5.8	9.8	2.7
大阪	4 037.5	262.8	372.0	80.8	89.9	5.9	8.3	1.8
兵庫	2 396.4	139.8	219.1	58.1	89.6	5.2	8.2	2.2
奈良	556.0	34.2	57.6	17.9	88.0	5.4	9.1	2.8
和歌山	376.2	21.1	59.7	27.2	81.2	4.6	12.9	5.9
鳥取	245.6	14.6	29.8	11.0	85.7	5.1	10.4	3.8
島根	301.0	18.0	35.0	12.1	86.5	5.2	10.1	3.5
岡山	825.2	52.3	84.3	25.4	88.3	5.6	9.0	2.7
広島	1 283.9	81.7	115.4	31.7	89.7	5.7	8.1	2.2
山口	581.2	32.2	58.9	17.9	88.3	4.9	9.0	2.7
徳島	288.9	19.3	38.7	16.4	84.0	5.6	11.3	4.8
香川	419.3	27.6	43.7	14.6	87.8	5.8	9.2	3.1
愛媛	558.7	36.7	69.2	26.4	85.4	5.6	10.6	4.0
高知	281.6	17.0	44.8	18.3	81.7	4.9	13.0	5.3
福岡	2 261.4	132.3	219.8	65.4	88.8	5.2	8.6	2.6
佐賀	352.5	18.1	43.7	21.0	84.5	4.3	10.5	5.0
長崎	550.9	29.5	68.8	28.4	85.0	4.6	10.6	4.4
熊本	736.7	45.8	94.0	43.9	84.2	5.2	10.8	5.0
大分	477.0	29.6	54.3	19.2	86.6	5.4	9.9	3.5
宮崎	446.6	27.0	60.4	26.4	83.7	5.1	11.3	5.0
鹿児島	652.3	39.2	85.9	30.7	84.8	5.1	11.2	4.0
沖縄	634.4	30.4	78.9	17.7	86.8	4.2	10.8	2.4
全国	58 168.5	3 624.3	5 560.9	1 739.0	88.8	5.5	8.5	2.7

総務省「国勢調査」（2020年）より作成。表2-1就業者の内訳。1) 役員を含む。2) 家庭内職者（92.6千人）を含む。

表2-5　雇用形態別雇用者数と役員数 (2020年国勢調査、不詳補完) (単位　千人)

	正規の職員・従業員		派遣社員1)		パート・アルバイト2)		役員	
	男	女	男	女	男	女	男	女
北海道	922.2	474.6	22.4	31.0	199.0	541.3	116.3	33.5
青森	214.2	125.0	4.2	4.8	35.4	106.4	19.8	7.5
岩手	222.8	124.9	5.5	5.6	38.5	106.5	20.8	7.0
宮城	442.1	230.9	13.1	19.2	78.8	210.0	46.8	15.4
秋田	166.8	101.9	3.0	3.4	29.7	80.5	16.3	5.1
山形	190.5	123.7	5.1	6.1	32.5	83.8	21.7	7.5
福島	349.9	186.9	11.5	11.6	53.9	150.0	39.5	13.8
茨城	553.8	251.1	21.8	21.8	100.1	277.9	51.4	16.8
栃木	376.7	174.2	15.9	15.4	64.2	186.1	39.6	13.7
群馬	357.6	175.5	17.1	15.3	68.7	193.1	41.8	14.2
埼玉	1 442.5	673.6	49.6	68.3	295.7	756.3	160.5	41.8
千葉	1 252.3	590.5	42.2	60.0	244.9	633.9	132.1	35.3
東京	2 834.9	1 758.1	86.2	172.1	551.1	1 219.5	442.6	142.9
神奈川	1 896.5	900.8	66.9	92.0	368.3	923.1	209.7	56.8
新潟	411.0	234.5	8.6	12.3	70.6	198.4	45.6	14.0
富山	201.7	122.1	5.8	7.0	33.5	91.1	21.4	6.7
石川	210.4	128.3	6.2	8.6	38.7	102.6	24.9	8.3
福井	146.2	89.6	4.4	5.3	25.2	69.1	18.4	6.2
山梨	140.6	71.4	5.1	5.3	28.7	81.1	17.3	5.7
長野	365.3	192.4	9.7	11.9	71.3	204.3	45.8	13.4
岐阜	365.0	178.8	12.2	13.6	70.2	213.0	42.7	13.9
静岡	700.4	337.8	28.9	33.3	130.4	368.7	75.1	24.1
愛知	1 564.1	683.8	60.8	68.0	268.2	781.3	157.9	52.6
三重	335.6	159.9	16.5	14.2	62.3	185.2	32.0	11.2
滋賀	269.1	125.1	15.3	13.6	53.8	149.7	25.0	7.7
京都	420.6	235.4	13.1	17.7	108.6	263.2	55.7	19.2
大阪	1 544.7	849.5	53.6	81.3	352.5	893.1	198.0	64.7
兵庫	946.7	483.0	34.7	43.7	196.2	552.4	105.2	34.6
奈良	215.0	111.4	5.7	7.7	49.3	132.6	25.9	8.3
和歌山	150.0	77.3	2.7	3.4	30.2	91.4	15.3	5.8
鳥取	96.3	61.9	1.6	2.2	19.0	49.9	10.8	3.8
島根	118.7	73.6	3.6	3.2	23.7	60.1	13.5	4.5
岡山	332.3	184.5	8.9	11.5	61.1	174.6	38.4	13.9
広島	530.5	269.0	14.9	18.8	96.0	273.1	60.7	21.0
山口	239.0	127.1	5.6	6.1	44.3	126.8	23.8	8.4
徳島	114.3	72.2	2.5	3.1	20.2	57.3	13.6	5.7
香川	171.8	95.0	3.9	6.3	28.8	85.9	20.0	7.5
愛媛	224.0	125.5	4.3	6.5	38.9	122.7	26.7	10.1
高知	105.5	74.6	1.7	2.8	22.4	57.6	12.2	4.8
福岡	873.0	509.3	29.4	42.6	181.0	493.8	98.1	34.2
佐賀	138.2	85.1	3.5	4.2	26.0	77.4	13.4	4.8
長崎	217.5	131.7	4.6	4.9	40.9	121.9	21.7	7.8
熊本	281.4	180.7	8.0	10.3	54.6	156.0	32.8	13.0
大分	192.1	110.4	4.7	5.0	32.6	102.6	22.0	7.6
宮崎	172.8	109.1	3.6	5.2	31.1	97.8	19.5	7.5
鹿児島	250.6	150.1	4.3	6.1	49.2	152.8	28.3	11.0
沖縄	242.0	147.9	6.4	9.1	59.8	138.8	23.4	7.0
全国	23 509.0	12 479.7	759.3	1 021.4	4 580.3	12 194.6	2 744.0	880.4

総務省「国勢調査」(2020年) より作成。表2-4雇用者の内訳。1) 労働者派遣事業所からの派遣社員。
2) その他の雇用者を含む。

表 2 - 6 **雇用の動向**（常用労働者）（2021年）（単位 千人）

	常用労働者(2021年1月1日)	入職と離職[1]				労働力の移動（入職者）		
		入職者	離職者	入職率(%)	離職率(%)	県内移動	他県からの流入	他県への流出
北海道	1 769.5	254.1	268.7	14.4	15.2	241.3	12.8	22.0
青森	498.0	76.8	72.2	15.4	14.5	67.2	9.6	7.2
岩手	516.3	61.6	76.9	11.9	14.9	58.6	3.0	8.0
宮城	787.4	127.8	147.4	16.2	18.7	109.3	18.5	20.0
秋田	429.6	71.7	60.6	16.7	14.1	62.8	8.9	4.9
山形	442.0	66.8	69.6	15.1	15.8	60.4	6.4	6.2
福島	573.9	73.3	84.2	12.8	14.7	62.0	11.3	10.0
茨城	1 070.3	123.0	99.5	11.5	9.3	88.6	34.4	24.9
栃木	842.5	116.4	123.9	13.8	14.7	96.1	20.3	21.2
群馬	683.5	130.1	101.3	19.0	14.8	112.5	17.6	20.7
埼玉	2 480.5	490.6	424.4	19.8	17.1	395.7	95.0	104.3
千葉	2 014.0	267.8	289.0	13.3	14.3	211.3	56.5	60.5
東京	10 272.3	1 033.2	1 186.7	10.1	11.6	707.1	326.1	204.2
神奈川	2 972.3	326.9	312.6	11.0	10.5	246.8	80.1	106.2
新潟	762.5	119.8	120.3	15.7	15.8	102.7	17.1	10.7
富山	498.2	67.5	76.8	13.5	15.4	58.5	9.0	7.6
石川	371.6	46.3	36.0	12.5	9.7	39.4	6.9	6.8
福井	298.5	26.8	21.9	9.0	7.3	23.5	3.3	6.1
山梨	285.1	22.2	22.0	7.8	7.7	19.4	2.8	7.3
長野	753.2	151.4	121.4	20.1	16.1	132.1	19.3	15.1
岐阜	785.6	86.2	63.9	11.0	8.1	68.1	18.1	15.0
静岡	1 796.9	221.8	250.9	12.3	14.0	193.0	28.8	30.8
愛知	3 080.0	434.0	429.8	14.1	14.0	383.1	51.0	51.0
三重	646.8	71.0	67.8	11.0	10.5	57.3	13.7	18.2
滋賀	508.0	83.1	71.7	16.3	14.1	64.7	18.3	21.6
京都	1 012.7	181.8	169.5	18.0	16.7	148.5	33.2	50.1
大阪	3 115.5	421.8	457.6	13.5	14.7	343.4	78.4	90.5
兵庫	2 129.4	338.1	424.4	15.9	19.9	284.5	53.6	53.8
奈良	295.9	37.0	45.8	12.5	15.5	24.8	12.1	15.9
和歌山	253.8	64.6	56.9	25.5	22.4	43.2	21.4	4.2
鳥取	183.4	40.9	31.8	22.3	17.4	37.3	3.5	5.0
島根	190.4	29.3	32.0	15.4	16.8	23.5	5.8	5.2
岡山	811.6	121.4	72.8	15.0	9.0	101.7	19.7	17.9
広島	1 129.5	251.0	195.9	22.2	17.3	228.0	23.0	19.6
山口	513.1	114.9	108.1	22.4	21.1	104.5	10.4	9.6
徳島	204.4	60.1	38.7	29.4	18.9	38.5	21.6	12.5
香川	355.4	61.2	69.8	17.2	19.7	46.0	15.2	8.2
愛媛	454.0	75.4	81.7	16.6	18.0	67.4	8.0	6.8
高知	187.2	22.0	19.1	11.8	10.2	18.8	3.2	4.3
福岡	2 209.5	232.6	273.0	10.5	12.4	192.0	40.6	48.3
佐賀	292.2	43.0	40.0	14.7	13.7	33.2	9.8	14.0
長崎	473.2	106.2	65.5	22.4	13.8	98.2	8.1	12.9
熊本	502.5	157.3	124.8	31.3	24.8	142.1	15.2	12.5
大分	379.7	58.2	41.7	15.3	11.0	47.4	10.8	5.9
宮崎	395.5	63.1	63.3	16.0	16.0	57.9	5.2	6.2
鹿児島	735.1	91.3	84.3	12.4	11.5	80.8	10.5	10.8
沖縄	496.8	79.3	76.5	16.0	15.4	72.7	6.7	38.6
全国	51 458.8	7 200.6	7 172.5	14.0	13.9	5 896.0	1 304.6	1 304.6

厚生労働省「雇用動向調査」（2021年）より作成。常用労働者 5 人以上の事業所に関する調査。1) 事業所の新設や閉鎖等に伴う労働者の増減を含まず。354ページの資料・注記参照。

表 2 - 7　外国人労働者（各年10月末現在）（単位　人）

| | 2019 | 2020 | 2021 | うち派遣・請負労働者 | 主な在留資格別（2021） | | | |
					専門的1)・技術的分野	技能実習	資格外2)活動（留学等）	身分3)に基づく在留資格
北海道	24 387	25 363	25 028	878	5 966	12 223	2 585	3 147
青森	3 901	4 065	3 861	33	617	2 256	240	588
岩手	5 176	5 407	5 225	245	654	2 831	413	1 074
宮城	13 587	13 797	13 415	1 364	2 504	3 919	4 303	2 384
秋田	2 203	2 402	2 233	16	420	1 074	154	561
山形	4 496	4 744	4 427	415	575	2 175	157	1 429
福島	9 548	9 958	9 527	1 444	1 463	3 750	1 127	2 883
茨城	37 245	39 479	43 340	8 126	7 342	14 351	3 901	15 572
栃木	27 385	27 606	29 236	9 426	4 606	7 227	2 285	13 288
群馬	39 296	44 456	46 449	18 499	5 658	9 416	7 713	20 634
埼玉	75 825	81 721	86 780	17 478	14 507	15 404	19 444	33 362
千葉	60 413	67 177	68 155	8 999	12 666	13 952	15 317	22 853
東京	485 345	496 954	485 382	82 100	167 598	21 032	143 666	134 987
神奈川	91 581	94 489	100 592	17 819	25 616	12 900	15 190	43 310
新潟	10 430	10 427	10 262	1 113	1 711	3 778	1 520	2 929
富山	11 844	12 027	11 467	1 885	1 637	5 305	371	3 799
石川	10 943	10 696	10 606	2 107	1 675	4 738	1 406	2 426
福井	9 125	10 339	10 524	3 643	1 077	3 865	379	4 970
山梨	8 166	8 360	9 208	2 634	1 550	1 880	787	4 816
長野	20 015	19 858	20 714	3 910	2 852	5 679	1 028	9 994
岐阜	35 396	34 936	34 998	9 987	3 828	12 373	2 160	15 773
静岡	64 547	65 734	66 806	28 869	8 109	13 067	4 949	39 627
愛知	175 119	175 114	177 769	51 904	28 503	36 834	19 974	87 661
三重	30 316	30 054	30 391	10 160	3 724	9 009	1 711	15 134
滋賀	20 058	20 011	20 881	9 627	3 741	4 267	916	11 698
京都	20 184	21 560	21 356	2 099	6 326	4 863	4 051	5 325
大阪	105 379	117 596	111 862	16 791	31 947	21 498	26 943	26 661
兵庫	41 083	44 441	45 558	7 913	10 076	10 974	10 650	12 153
奈良	5 563	6 011	6 403	611	1 507	2 537	757	1 343
和歌山	2 809	3 115	3 390	197	767	1 390	221	849
鳥取	3 121	3 250	2 968	87	431	1 493	261	695
島根	4 184	4 405	4 592	1 403	427	1 754	287	2 060
岡山	19 592	20 143	20 584	1 997	3 795	8 566	3 705	3 288
広島	36 607	37 707	36 547	4 025	5 099	15 001	6 035	8 722
山口	8 518	9 072	8 932	675	1 368	3 659	1 439	2 004
徳島	4 946	4 985	4 777	235	607	2 675	417	820
香川	10 174	10 422	9 955	779	1 406	5 221	830	1 971
愛媛	9 784	10 430	9 569	1 319	1 356	5 912	384	1 304
高知	3 141	3 473	3 391	74	506	2 053	195	558
福岡	52 530	54 957	53 948	8 852	10 070	13 004	19 710	8 868
佐賀	5 423	5 823	5 391	277	677	2 508	1 213	754
長崎	5 977	6 178	5 782	340	1 197	2 532	987	736
熊本	12 345	12 928	13 013	957	2 139	7 734	871	1 784
大分	7 368	7 591	7 313	336	1 137	3 528	1 292	1 058
宮崎	5 028	5 519	5 236	88	662	3 419	456	577
鹿児島	8 387	8 761	8 880	496	1 384	5 494	386	1 416
沖縄	10 314	10 787	10 498	1 300	3 026	2 668	1 817	2 483
全国	1 658 804	1 724 328	1 727 221	343 532	394 509	351 788	334 603	580 328

厚生労働省「外国人雇用状況の届出状況」より作成。1) 特定技能（2万9592人、うち飲食料品製造1万681人、介護4029人、農業3408人）を含む。2) うち留学が26万7594人。3) 永住者、日本人や永住者との配偶者等、定住者。注記は355ページ参照。

表 2-8　産業別外国人労働者数 （2021年10月末現在）（単位　人）

	建設業	製造業	情報通信業	卸売、小売業	宿泊業、飲食サービス業	教育、学習支援業	医療、福祉	サービス業1)
北海道	2 673	6 721	391	2 489	1 949	1 865	985	1 118
青森	284	1 536	5	452	286	178	214	92
岩手	413	2 719	13	403	234	326	168	248
宮城	1 050	3 971	159	2 089	1 210	1 274	449	1 413
秋田	112	968	4	269	142	260	150	93
山形	446	2 237	11	263	200	237	192	420
福島	902	3 568	36	1 614	706	295	274	1 339
茨城	2 124	16 102	328	2 992	1 382	2 744	1 328	4 655
栃木	1 335	11 770	106	1 904	1 490	871	748	7 676
群馬	1 471	15 481	120	2 577	2 099	504	1 205	18 645
埼玉	9 683	29 181	977	10 303	5 898	2 008	3 337	14 900
千葉	6 694	15 872	520	10 672	5 998	1 619	4 120	10 692
東京	17 323	28 476	57 054	85 876	106 053	23 656	8 676	75 157
神奈川	10 372	25 400	3 948	15 056	12 664	2 955	4 789	13 004
新潟	793	4 330	60	1 544	723	626	468	1 108
富山	1 117	5 456	31	1 231	526	148	451	1 850
石川	738	4 840	38	938	809	983	397	1 164
福井	744	3 709	28	857	450	152	323	3 612
山梨	559	3 171	19	930	754	323	355	2 532
長野	950	9 798	128	1 258	1 360	534	670	3 353
岐阜	2 028	17 822	68	2 203	1 431	462	1 201	6 685
静岡	3 424	26 739	247	5 193	4 380	1 436	1 490	18 095
愛知	10 257	75 313	1 457	17 344	14 317	5 953	4 738	31 607
三重	1 832	13 579	36	2 128	1 470	410	1 140	7 029
滋賀	598	9 936	41	1 093	565	289	433	6 297
京都	1 436	6 576	324	2 627	2 436	3 387	958	1 545
大阪	8 019	27 678	2 236	17 392	12 904	5 751	5 469	19 111
兵庫	2 964	16 908	496	5 570	4 055	2 137	2 274	7 187
奈良	605	2 523	19	714	345	279	698	734
和歌山	222	1 345	26	453	248	91	372	267
鳥取	161	1 484	37	262	207	171	113	150
島根	324	1 546	8	355	289	119	150	1 462
岡山	1 757	9 121	75	2 762	1 139	1 475	827	1 751
広島	2 847	16 523	238	4 700	1 987	1 883	1 109	3 053
山口	1 124	3 077	22	2 072	600	330	484	647
徳島	441	1 756	6	497	306	246	506	173
香川	995	4 681	19	1 106	346	222	630	690
愛媛	826	5 576	37	921	265	189	761	214
高知	283	729	6	551	160	216	215	91
福岡	4 321	10 569	791	10 705	6 490	3 975	2 039	8 509
佐賀	469	2 531	8	448	331	187	332	362
長崎	417	1 648	35	946	388	398	357	262
熊本	1 205	3 667	43	1 617	608	402	504	1 000
大分	767	2 232	34	744	934	461	351	546
宮崎	513	2 125	40	515	269	216	267	92
鹿児島	879	3 829	20	837	354	283	451	371
沖縄	1 521	910	263	1 526	1 735	980	620	1 126
全国	110 018	465 729	70 608	228 998	203 492	73 506	57 788	282 127

表2-7の2021年の産業別内訳。1) 日本標準産業分類のサービス業（他に分類されないもの）で、電気・ガス・熱供給・水道業（585人）、運輸業、郵便業（6万3379人）、金融業、保険業（1万658人）、不動産業、物品賃貸業（1万5134人）、学術研究、専門・技術サービス業（5万9360人）、生活関連サービス業、娯楽業（2万3013人）、複合サービス事業（5140人、協同組合など）は含まない。

表 2 - 9   有効求人倍率（公共職業安定所取扱数）（単位　倍）

	受理地ベース				就業地ベース1)			
	2010	2019	2020	2021	2010	2019	2020	2021
北海道	0.41	1.24	1.03	1.00	0.42	1.29	1.08	1.03
青森	0.35	1.24	0.99	1.05	0.37	1.36	1.08	1.15
岩手	0.43	1.39	1.09	1.19	0.44	1.51	1.17	1.29
宮城	0.44	1.63	1.26	1.30	0.43	1.63	1.25	1.29
秋田	0.42	1.48	1.29	1.44	0.44	1.60	1.36	1.53
山形	0.50	1.54	1.15	1.27	0.53	1.65	1.23	1.38
福島	0.42	1.51	1.25	1.28	0.43	1.67	1.39	1.39
茨城	0.48	1.62	1.33	1.35	0.53	1.80	1.43	1.43
栃木	0.50	1.40	1.06	1.06	0.52	1.56	1.16	1.13
群馬	0.66	1.70	1.26	1.26	0.60	1.79	1.37	1.36
埼玉	0.41	1.31	1.00	0.93	0.45	1.47	1.10	1.02
千葉	0.44	1.31	0.98	0.85	0.51	1.53	1.15	0.98
東京	0.65	2.10	1.45	1.19	0.53	1.52	1.07	0.90
神奈川	0.41	1.19	0.87	0.79	0.46	1.40	1.03	0.91
新潟	0.54	1.64	1.28	1.34	0.55	1.65	1.23	1.32
富山	0.68	1.91	1.31	1.37	0.73	2.14	1.46	1.50
石川	0.57	1.95	1.31	1.34	0.57	1.90	1.26	1.30
福井	0.79	2.05	1.64	1.74	0.81	2.18	1.71	1.84
山梨	0.55	1.42	1.05	1.19	0.56	1.60	1.18	1.33
長野	0.57	1.60	1.16	1.33	0.60	1.67	1.22	1.40
岐阜	0.61	2.01	1.39	1.43	0.63	2.14	1.47	1.47
静岡	0.48	1.57	1.04	1.10	0.51	1.69	1.12	1.16
愛知	0.64	1.93	1.21	1.17	0.63	1.88	1.20	1.14
三重	0.57	1.66	1.16	1.20	0.62	1.91	1.32	1.34
滋賀	0.50	1.35	0.95	0.94	0.57	1.64	1.14	1.13
京都	0.56	1.60	1.17	1.06	0.54	1.63	1.18	1.04
大阪	0.52	1.78	1.29	1.13	0.47	1.53	1.09	0.94
兵庫	0.49	1.43	1.04	0.93	0.53	1.54	1.11	1.02
奈良	0.53	1.49	1.21	1.17	0.56	1.70	1.36	1.28
和歌山	0.58	1.41	1.05	1.09	0.60	1.53	1.14	1.14
鳥取	0.60	1.71	1.32	1.35	0.64	1.82	1.42	1.45
島根	0.70	1.70	1.46	1.49	0.73	1.85	1.55	1.59
岡山	0.67	2.02	1.59	1.39	0.65	2.02	1.58	1.41
広島	0.64	2.05	1.42	1.32	0.63	1.82	1.31	1.24
山口	0.61	1.62	1.27	1.33	0.64	1.87	1.45	1.50
徳島	0.69	1.50	1.16	1.19	0.71	1.59	1.24	1.28
香川	0.71	1.80	1.42	1.36	0.74	1.93	1.51	1.47
愛媛	0.61	1.64	1.33	1.28	0.62	1.75	1.41	1.36
高知	0.50	1.29	1.03	1.08	0.48	1.29	1.08	1.11
福岡	0.46	1.57	1.15	1.06	0.45	1.43	1.05	0.98
佐賀	0.49	1.29	1.09	1.20	0.52	1.57	1.26	1.36
長崎	0.46	1.22	0.98	1.06	0.49	1.35	1.09	1.17
熊本	0.46	1.63	1.23	1.30	0.49	1.76	1.33	1.42
大分	0.54	1.53	1.19	1.16	0.56	1.68	1.28	1.25
宮崎	0.45	1.45	1.18	1.32	0.48	1.61	1.29	1.41
鹿児島	0.44	1.35	1.14	1.25	0.45	1.43	1.21	1.31
沖縄	0.31	1.19	0.81	0.73	0.32	1.34	0.90	0.80
全国	0.52	1.60	1.18	1.13	0.52	1.60	1.18	1.13

厚生労働省「一般職業紹介状況（職業安定業務統計）」より作成。各月結果の年平均。公共職業安定所（ハローワーク）における求人、求職の状況で、新規学卒者を除きパートタイムを含む。有効求人倍率は、有効求人数を有効求職者数で除したもの。1) 実際に就業する都道府県を求人地として集計。

表 2 - 10 **完全失業率**（モデル推計値）（年平均）（%）

	1997	2000	2005	2010	2015	2019	2020	2021
北海道	3.7	5.5	5.3	5.1	3.5	2.6	2.9	3.0
青森	3.9	5.3	6.0	6.5	4.2	2.5	3.0	3.0
岩手	2.4	3.6	4.7	5.1	2.9	2.1	2.5	2.4
宮城	3.1	5.0	5.0	5.7	3.7	2.6	3.0	3.0
秋田	3.2	4.2	4.8	5.4	3.5	2.6	2.8	2.6
山形	2.1	3.2	3.8	4.5	2.7	1.7	2.2	2.2
福島	2.6	4.1	4.8	5.2	3.1	2.1	2.4	2.3
茨城	2.7	3.9	3.9	4.8	3.2	2.4	2.5	2.7
栃木	2.5	3.9	3.8	4.7	3.1	2.2	2.3	2.6
群馬	2.8	3.8	3.5	4.7	2.8	2.2	2.1	2.4
埼玉	4.0	5.0	4.5	5.2	3.2	2.3	2.9	3.1
千葉	3.4	4.3	3.9	4.7	3.1	2.1	2.7	2.8
東京	4.1	5.0	4.7	5.5	3.6	2.4	3.1	3.0
神奈川	3.7	4.6	3.9	4.9	3.3	2.1	2.8	3.0
新潟	2.6	3.8	3.7	4.4	2.9	2.1	2.3	2.3
富山	2.2	3.3	3.1	3.8	2.5	1.7	1.9	1.9
石川	2.5	3.7	3.1	4.3	2.3	1.6	1.9	1.9
福井	1.9	2.8	2.7	3.3	1.8	1.4	1.6	1.6
山梨	2.3	3.4	3.4	4.4	2.8	2.0	1.8	2.2
長野	2.1	2.7	3.2	4.0	2.7	2.0	2.1	2.4
岐阜	2.1	2.9	2.8	3.7	2.3	1.3	1.6	1.7
静岡	2.7	3.6	3.1	3.9	2.7	2.0	2.4	2.4
愛知	2.9	4.2	3.4	4.3	2.5	1.8	2.5	2.5
三重	2.4	3.6	3.0	4.0	2.2	1.3	1.8	2.0
滋賀	2.4	4.2	4.0	4.3	2.2	1.8	2.4	2.5
京都	4.1	5.2	4.5	5.7	3.3	2.4	2.7	2.8
大阪	4.7	6.7	6.0	6.9	4.2	2.9	3.4	3.5
兵庫	3.7	5.9	5.0	5.3	3.7	2.3	2.7	2.8
奈良	3.0	4.7	4.2	4.8	3.2	1.9	2.7	2.5
和歌山	2.2	3.9	3.9	4.3	2.4	1.6	2.3	2.5
鳥取	2.1	3.2	4.0	4.2	2.7	2.3	2.3	2.0
島根	1.7	3.4	2.3	3.2	2.6	1.6	1.4	1.7
岡山	2.7	4.1	3.8	4.3	3.1	2.4	2.2	2.3
広島	2.9	4.1	3.7	4.1	3.0	2.4	2.4	2.4
山口	2.8	3.8	3.5	3.9	2.8	1.8	1.9	2.0
徳島	3.3	4.4	3.8	4.7	3.0	1.9	2.2	2.5
香川	2.8	3.8	3.7	3.9	2.8	2.0	2.2	2.4
愛媛	3.1	4.2	4.1	4.6	2.8	1.7	2.0	2.0
高知	4.0	4.7	4.9	5.0	3.0	1.9	2.5	2.5
福岡	4.4	6.2	5.9	6.0	4.1	2.8	3.0	3.0
佐賀	2.5	4.3	3.8	4.5	3.0	1.9	2.0	1.6
長崎	3.3	4.8	4.7	5.0	3.2	2.2	2.5	2.4
熊本	3.6	4.6	4.6	5.0	3.5	2.7	2.8	2.8
大分	2.5	4.2	4.1	4.6	2.9	2.0	2.0	2.2
宮崎	3.7	3.7	4.1	4.9	3.2	1.4	1.9	2.3
鹿児島	2.9	3.6	4.7	5.1	3.5	2.4	2.7	2.7
沖縄	6.0	7.9	7.9	7.5	5.1	2.7	3.3	3.7
全国	3.4	4.7	4.4	5.1	3.4	2.4	2.8	2.8

総務省「労働力調査」より作成。都道府県別完全失業率（モデル推定値）は1997年より公表。注記は355ページ参照。

表 2 - 11　実労働時間と現金給与（Ⅰ）（事業所規模30人以上）（2021年平均）

	調査産業計				製造業			
	常用労働者（千人）	1人あたり月間			常用労働者（千人）	1人あたり月間		
		総実労働時間（時間）	現金給与総額（千円）	きまって支給する給与（千円）		総実労働時間（時間）	現金給与総額（千円）	きまって支給する給与（千円）
北海道	972.9	140.3	316.5	260.0	103.8	151.5	290.4	242.5
青森	208.8	148.8	286.2	238.2	34.9	163.9	294.5	240.1
岩手	213.8	151.1	309.4	255.0	54.1	164.6	318.6	262.4
宮城	430.6	147.0	320.4	263.7	62.7	157.6	336.7	271.1
秋田	174.9	146.5	292.2	242.3	37.9	161.3	316.6	255.7
山形	205.9	153.2	310.3	256.6	73.8	165.8	316.6	262.6
福島	347.5	149.7	322.2	266.3	117.1	159.9	351.5	281.1
茨城	593.6	145.6	357.2	288.4	199.5	159.6	397.4	312.6
栃木	424.7	148.0	342.6	278.9	144.6	163.6	410.7	326.8
群馬	431.9	147.8	328.5	270.9	159.1	159.2	373.3	296.6
埼玉	1 220.0	133.5	308.9	255.8	261.7	156.5	391.5	315.3
千葉	997.0	132.0	323.6	269.6	148.1	152.4	418.4	330.3
東京	5 634.6	143.5	462.1	364.0	416.7	153.5	538.8	413.5
神奈川	1 856.3	136.5	370.6	299.2	324.7	155.7	497.8	380.6
新潟	441.6	146.0	313.0	256.5	122.4	159.9	341.7	277.1
富山	250.2	147.1	328.4	270.0	97.5	158.6	343.0	281.4
石川	228.4	143.2	331.3	268.5	58.9	161.1	377.7	298.5
福井	162.5	149.1	348.8	279.0	51.3	158.2	357.9	286.1
山梨	152.4	144.4	333.7	272.5	47.4	161.2	414.6	318.5
長野	420.4	147.5	335.9	271.7	138.3	158.1	390.0	304.6
岐阜	350.3	144.7	320.4	264.6	114.9	164.6	359.8	292.7
静岡	834.1	143.8	346.3	279.8	293.8	157.8	404.3	316.1
愛知	2 008.0	144.9	384.7	304.4	662.8	160.7	474.7	365.7
三重	397.7	144.8	354.5	289.8	152.5	161.5	435.0	345.2
滋賀	311.8	135.6	343.1	273.5	128.7	158.0	453.8	350.2
京都	546.3	131.6	333.1	272.2	109.6	156.4	428.9	333.9
大阪	2 373.5	137.8	373.2	298.3	358.3	155.6	417.0	329.3
兵庫	1 069.8	138.6	345.4	275.9	268.3	158.7	412.3	317.5
奈良	229.7	129.7	295.5	243.1	35.7	155.9	370.4	298.7
和歌山	145.4	145.9	324.2	264.4	35.3	157.8	370.1	297.0
鳥取	94.6	146.2	295.8	245.1	21.5	160.2	305.6	253.8
島根	122.3	150.2	323.8	265.1	28.2	161.4	358.7	285.6
岡山	392.2	144.6	324.5	265.3	112.1	160.5	366.1	295.9
広島	635.8	147.0	354.4	285.5	168.5	158.7	395.6	314.8
山口	259.4	145.6	338.9	268.7	74.8	160.5	407.8	315.7
徳島	136.0	148.8	351.0	280.3	35.4	162.4	431.1	315.1
香川	182.0	144.7	313.7	258.3	39.9	157.5	331.1	270.0
愛媛	237.6	146.0	306.1	250.5	50.3	160.5	359.0	281.7
高知	116.3	142.3	298.9	248.1	12.0	158.3	308.6	256.5
福岡	1 003.1	144.3	333.3	272.9	156.3	152.0	335.9	270.8
佐賀	143.0	142.2	283.7	239.7	39.6	156.9	316.8	260.6
長崎	217.2	147.2	301.9	249.4	39.9	168.3	383.7	303.9
熊本	307.8	145.9	314.8	259.7	63.2	165.9	361.3	284.9
大分	200.6	148.3	309.0	255.5	43.0	160.6	333.2	269.0
宮崎	177.3	147.5	285.0	239.7	36.2	162.9	287.0	240.9
鹿児島	275.9	145.6	290.7	241.8	45.4	157.5	310.9	249.1
沖縄	268.8	141.9	275.3	233.4	13.4	156.4	237.9	210.8
全国	**29 547.1**	142.4	368.5	296.7	**5 994.6**	159.0	416.5	327.1

厚生労働省「毎月勤労統計調査　地方調査」（2021年平均分）より作成。注記は355ページ参照。

実労働時間と現金給与 (Ⅱ)(事業所規模 5 人以上)(2021年平均)

	調査産業計				製造業			
	常用労働者(千人)	1人あたり月間			常用労働者(千人)	1人あたり月間		
		総実労働時間(時間)	現金給与総額(千円)	きまって支給する給与(千円)		総実労働時間(時間)	現金給与総額(千円)	きまって支給する給与(千円)
北海道	1 794.6	138.5	292.3	244.0	150.9	153.5	291.0	244.0
青森	420.7	148.3	263.8	223.8	45.9	162.6	281.1	233.1
岩手	418.1	146.8	282.8	236.0	69.6	162.3	298.9	249.8
宮城	796.2	144.3	301.4	251.8	81.5	154.7	330.7	269.7
秋田	323.9	146.9	276.6	231.9	54.3	156.9	278.4	231.7
山形	375.3	148.1	278.5	234.3	95.7	162.9	295.4	249.0
福島	649.6	145.6	289.1	245.1	143.6	158.6	332.4	269.9
茨城	982.0	142.0	322.7	265.8	241.6	157.2	377.7	301.2
栃木	711.5	141.8	303.8	253.1	178.4	159.9	377.7	305.8
群馬	716.5	142.1	301.2	252.9	197.0	157.5	355.8	287.1
埼玉	2 138.7	130.5	291.7	245.0	378.3	152.0	367.2	302.2
千葉	1 720.5	128.5	292.9	249.0	197.1	151.7	397.0	319.6
東京	8 003.0	137.6	412.8	331.4	566.8	151.2	500.5	391.8
神奈川	2 988.9	129.4	327.2	270.4	414.9	152.9	456.3	356.4
新潟	809.0	141.8	289.5	241.5	165.1	157.3	321.7	264.9
富山	422.0	140.1	292.6	245.9	117.9	156.3	326.5	271.3
石川	424.1	137.5	295.7	245.4	82.6	156.3	344.5	279.1
福井	298.8	144.3	316.5	258.1	67.5	155.4	327.1	266.6
山梨	287.9	140.3	296.0	248.1	63.3	156.1	371.4	293.7
長野	756.9	141.8	297.0	246.1	183.1	155.2	359.6	286.8
岐阜	673.2	135.6	277.1	233.9	164.4	159.9	323.7	268.8
静岡	1 411.4	138.5	308.1	255.7	376.4	153.4	373.0	297.6
愛知	3 178.4	138.1	341.0	277.0	800.1	157.0	441.9	346.0
三重	656.7	138.5	314.1	261.0	178.3	159.1	410.5	330.3
滋賀	501.2	130.4	306.0	248.6	150.9	155.6	428.2	333.7
京都	956.6	124.1	284.9	239.3	152.4	152.9	381.2	306.3
大阪	3 943.5	133.0	330.2	271.9	545.9	152.4	377.9	308.1
兵庫	1 779.9	129.5	300.0	246.2	330.0	156.2	395.7	310.8
奈良	394.4	121.6	253.1	213.5	52.0	148.0	323.6	269.0
和歌山	279.1	139.8	287.8	241.3	51.1	156.3	328.6	272.6
鳥取	181.8	142.6	268.8	225.7	28.9	155.0	279.3	236.0
島根	234.9	144.2	284.3	236.6	38.7	157.9	325.0	262.7
岡山	671.9	139.7	290.6	241.7	143.2	159.7	348.2	284.1
広島	1 072.7	140.2	318.6	260.1	215.3	156.2	368.5	297.0
山口	478.5	140.0	297.0	242.8	91.9	158.7	379.0	299.2
徳島	245.9	144.0	306.1	251.7	41.5	160.7	408.2	303.1
香川	337.0	142.4	294.7	247.1	56.3	156.6	321.0	266.3
愛媛	445.4	141.6	278.7	231.3	73.0	155.0	315.0	254.1
高知	225.5	137.5	264.8	224.1	19.9	157.2	282.7	240.2
福岡	1 820.1	137.2	298.1	246.8	202.4	152.0	323.3	264.2
佐賀	277.0	138.6	261.7	222.5	50.5	155.7	304.1	254.7
長崎	417.9	141.4	270.9	226.2	51.8	168.2	356.0	287.8
熊本	563.1	141.7	282.0	235.6	79.6	163.6	336.1	269.7
大分	380.0	140.5	269.5	229.3	63.0	159.3	303.4	251.8
宮崎	338.5	143.5	264.9	224.2	47.9	159.6	274.1	233.4
鹿児島	531.5	139.9	265.3	223.9	60.9	154.5	303.8	245.5
沖縄	477.9	139.9	250.8	216.8	25.4	155.6	221.0	202.6
全国	51 893.1	136.1	319.5	263.7	8 009.7	155.9	384.8	308.8

資料・注記は前表に同じ。

図 **2-2**　**賃金の格差**（事業所規模 5 人以上で現金給与総額）（東京＝100）（2021年平均）

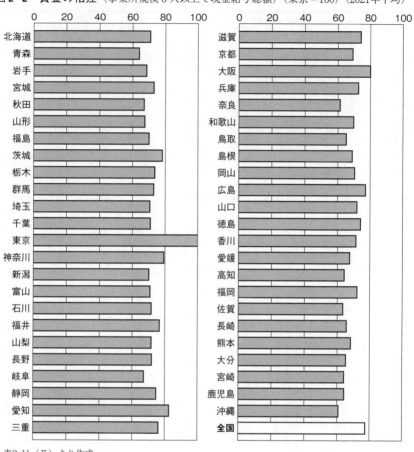

表2-11（Ⅱ）より作成。

🐢　高齢労働者の増加

　少子高齢化が進む中で、就労意欲を持つ高齢者の活用は大きな課題となってきた。総務省「労働力調査」によると、2021年の65歳以上における就業者数は909万人、就業率（人口に占める就業者の割合）は25.1％で、2010年の570万人、19.4％から大きく上昇した。地域別で、就業率が最も高いのは北関東・甲信の27.0％で、東北や九州の26.0％、北陸や東海の25.9％と続く。一方、最も低いのは北海道の21.7％で、次いで沖縄の23.1％、近畿の22.7％となっている（65歳以上就業者は農業・林業で全体の53.3％を占め、地域差は産業構成の影響を受けることに留意）。

　日本の高齢者の就業率は主要国の中でも高い水準にあり、就労意欲を持つ高齢者の活用が進んだと言えるが、年金が少なく働かざるを得ない高齢者が少なくないとの指摘もある。

表 2 - 12 地域別最低賃金の推移（単位 時間あたり円）

	2000	2005	2010	2015	2019	2020	2021	2022
北海道	633	641	691	764	861	861	889	920
青森	600	608	645	695	790	793	822	853
岩手	600	608	644	695	790	793	821	854
宮城	613	623	674	726	824	825	853	883
秋田	600	608	645	695	790	792	822	853
山形	600	610	645	696	790	793	822	854
福島	606	614	657	705	798	800	828	858
茨城	642	651	690	747	849	851	879	911
栃木	643	652	697	751	853	854	882	913
群馬	639	649	688	737	835	837	865	895
埼玉	673	682	750	820	926	928	956	987
千葉	672	682	744	817	923	925	953	984
東京	703	714	821	907	1 013	1 013	1 041	1 072
神奈川	701	712	818	905	1 011	1 012	1 040	1 071
新潟	637	645	681	731	830	831	859	890
富山	640	648	691	746	848	849	877	908
石川	641	649	686	735	832	833	861	891
福井	637	645	683	732	829	830	858	888
山梨	643	651	689	737	837	838	866	898
長野	641	650	693	746	848	849	877	908
岐阜	663	671	706	754	851	852	880	910
静岡	667	677	725	783	885	885	913	944
愛知	677	688	745	820	926	927	955	986
三重	663	671	714	771	873	874	902	933
滋賀	647	657	706	764	866	868	896	927
京都	673	682	749	807	909	909	937	968
大阪	699	708	779	858	964	964	992	1 023
兵庫	671	679	734	794	899	900	928	960
奈良	643	652	691	740	837	838	866	896
和歌山	641	649	684	731	830	831	859	889
鳥取	605	612	642	693	790	792	821	854
島根	603	612	642	696	790	792	824	857
岡山	636	644	683	735	833	834	862	892
広島	638	649	704	769	871	871	899	930
山口	632	642	681	731	829	829	857	888
徳島	607	615	645	695	793	796	824	855
香川	613	625	664	719	818	820	848	878
愛媛	607	614	644	696	790	793	821	853
高知	606	613	642	693	790	792	820	853
福岡	639	648	692	743	841	842	870	900
佐賀	600	608	642	694	790	792	821	853
長崎	600	608	642	694	790	793	821	853
熊本	600	609	643	694	790	793	821	853
大分	600	610	643	694	790	792	822	854
宮崎	600	608	642	693	790	793	821	853
鹿児島	600	608	642	694	790	793	821	853
沖縄	600	608	642	693	790	792	820	853
全国	659	668	730	798	901	902	930	961

厚生労働省資料より作成。毎年10月初旬に発効。全国は加重平均。最低賃金制度は、国が賃金の最低額を定め、使用者はそれ以上の賃金を労働者に支払わなければならないとする制度。最低賃金にはこのほか、特定（産業別）最低賃金（地域別より高い金額水準で定められる）がある。地域別最低賃金は、2002年に日額表示から時間額表示に完全移行した。本表2000年の数値は、厚生労働省が「第2回目安制度のあり方に関する全員協議会」で示した時間額ベースで、それ以降とは必ずしも接続しない。

第 3 章
資源・エネルギー

図3-1　主要鉱山・炭鉱・非鉄製錬所（2021年4月1日現在）

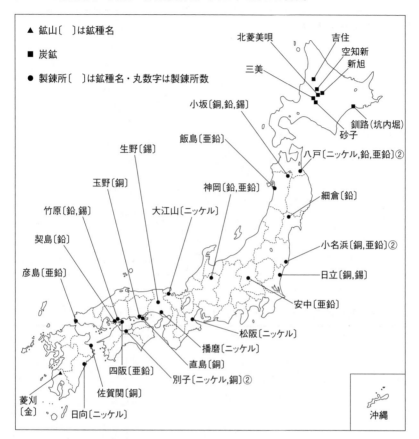

日本鉱業協会資料および石炭フロンティア機構「石炭データブック」（2022年版）より作成。

図3-2　原油・天然ガスの産出量（2020年度）

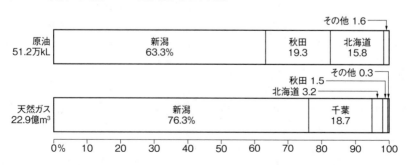

天然ガス鉱業会資料より作成。

図3-3　全国の製油所（2022年3月末現在）（石油連盟資料より作成）

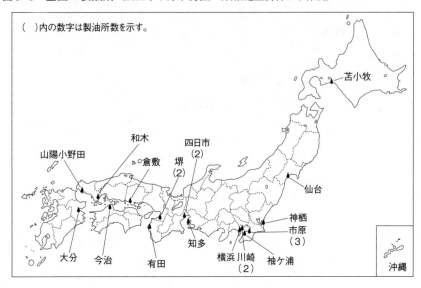

表3-1　原油処理能力とガソリンスタンド数（会計年度末現在）

	原油処理能力（バレル／日）	ガソリンスタンド数			原油処理能力（バレル／日）	ガソリンスタンド数	
	2021	1994	2021		2021	1994	2021
北海道	150 000	3 045	① 1 736	滋賀	—	639	301
青森	—	968	531	京都	—	903	407
岩手	—	993	491	大阪	241 000	2 333	901
宮城	145 000	1 243	611	兵庫	—	1 857	⑤ 969
秋田	—	784	442	奈良	—	554	253
山形	—	913	423	和歌山	127 500	729	360
福島	—	1 414	789	鳥取	—	407	207
茨城1)	203 100	2 096	④ 980	島根	—	622	306
栃木	—	1 370	626	岡山	350 200	1 225	564
群馬	—	1 421	584	広島	—	1 452	695
埼玉	—	2 144	⑤ 969	山口	240 000	887	400
千葉	639 000	2 469	③ 1 015	徳島	—	696	325
東京	—	2 894	935	香川	—	669	343
神奈川	587 000	2 031	805	愛媛	138 000	996	516
新潟	—	1 548	828	高知	—	676	336
富山	—	613	356	福岡	—	2 047	911
石川	—	710	326	佐賀	—	625	277
福井	—	524	265	長崎	—	830	446
山梨	—	709	348	熊本	—	1 468	661
長野	—	1 492	788	大分	136 000	863	429
岐阜	—	1 309	670	宮崎	—	906	454
静岡	—	2 129	904	鹿児島	—	1 484	781
愛知	160 000	3 146	② 1 335	沖縄	—	452	328
三重	341 000	1 136	548	全国	3 457 800	60 421	28 475

○内の数字は全国順位。資料・注記は355ページ参照のこと。

表 3 - 2　燃料油の販売量（2021年）（単位　千kL）

	ガソリン	ナフサ	ジェット燃料油	灯油	軽油	重油	計
北海道	⑥ 2 042	12	③ 347	① 2 296	② 2 152	① 2 238	④ 9 087
青森	527	—	49	③ 633	455	294	1 958
岩手	526	0	5	334	442	217	1 525
宮城	1 119	0	56	⑥ 490	878	421	2 965
秋田	414	0	10	⑧ 428	302	135	1 289
山形	403	0	5	305	282	125	1 121
福島	817	8	3	⑩ 343	709	291	2 171
茨城	1 334	⑦ 1 890	25	294	1 018	④ 771	⑩ 5 332
栃木	884	0	0	220	652	139	1 896
群馬	810	1	1	244	488	137	1 681
埼玉	④ 2 201	0	20	314	⑤ 1 460	95	4 092
千葉	⑦ 1 969	① 12 548	⑩ 84	310	⑧ 1 168	505	① 16 585
東京	① 4 091	⑧ 1 533	① 826	② 803	① 2 567	② 1 859	② 11 680
神奈川	⑤ 2 073	② 5 005	38	④ 542	⑥ 1 399	325	③ 9 382
新潟	1 020	0	14	⑦ 478	684	242	2 437
富山	406	0	3	192	309	229	1 139
石川	508	0	79	167	302	155	1 211
福井	323	0	0	122	243	96	784
山梨	349	—	—	104	192	67	712
長野	890	—	3	⑤ 494	520	140	2 046
岐阜	759	0	12	129	418	90	1 408
静岡	⑩ 1 496	0	28	264	⑩ 1 121	436	3 346
愛知	② 2 626	488	⑦ 120	⑨ 400	④ 1 660	⑥ 682	⑦ 5 977
三重	1 138	⑤ 2 681	⑧ 103	276	902	464	⑨ 5 564
滋賀	529	0	1	99	348	41	1 019
京都	649	—	2	82	335	113	1 181
大阪	③ 2 284	⑨ 1 070	⑥ 132	274	③ 1 724	⑦ 606	⑥ 6 092
兵庫	⑨ 1 568	21	⑤ 157	239	⑨ 1 133	262	3 379
奈良	418	0	—	54	174	23	669
和歌山	280	521	2	54	159	124	1 140
鳥取	269	—	24	71	175	132	669
島根	240	—	7	65	165	105	582
岡山	866	④ 3 321	7	270	633	⑤ 685	⑧ 5 782
広島	1 011	0	21	181	765	⑨ 520	2 499
山口	621	③ 4 851	27	167	523	③ 850	⑤ 7 040
徳島	278	—	12	58	159	161	668
香川	515	0	11	115	385	208	1 235
愛媛	426	⑥ 2 634	20	94	331	402	3 908
高知	266	—	14	49	148	106	582
福岡	⑧ 1 969	0	④ 230	316	⑦ 1 267	⑧ 572	4 355
佐賀	324	—	6	41	231	107	709
長崎	449	—	34	80	258	295	1 115
熊本	542	—	30	95	420	203	1 291
大分	468	⑩ 983	17	94	309	313	2 183
宮崎	391	—	84	66	278	172	991
鹿児島	676	—	⑨ 92	91	436	474	1 770
沖縄	670	—	② 436	58	272	⑩ 515	1 951
全国	44 436	37 569	3 198	12 894	30 951	17 145	146 193

府県別統計　資源・エネルギー

石油連盟ウェブサイトより作成。石油製品製造・輸入業者の販売業者および消費者向け販売量。納地主義による集計。○内の数字は全国順位。

表3-3　都市ガスの地域別需給（2021年）（単位　TJ、*は千件）

	北海道	東北	関東	中部・北陸	近畿	中国・四国	九州・沖縄	全国
生産量	41 216	40 526	811 841	208 210	395 951	54 987	53 763	1 606 495
販売量	38 353	45 840	882 449	221 916	385 075	67 933	56 910	1 698 476
家庭用	13 386	9 275	219 140	40 234	102 345	11 499	16 134	412 012
商業用	9 720	3 748	81 717	13 222	32 108	4 362	6 843	151 720
工業用	8 328	27 947	521 178	153 683	221 857	46 077	26 061	1 005 132
その他	6 920	4 871	60 414	14 777	28 765	5 994	7 872	129 612
需要家数1)	876	826	16 018	2 989	7 808	1 136	1 706	31 360
調定数2) *	741	712	14 365	2 597	6 744	1 001	1 515	27 674
家庭用*	699	667	13 755	2 503	6 454	949	1 441	26 466
商業用*	34	35	479	65	232	40	56	941
工業用*	1	0	19	4	13	1	1	39
その他*	8	10	112	25	45	12	17	228

経済産業省「ガス事業生産動態統計調査」（2022年8月22日閲覧）より作成。ガス事業者に対する調査で、事業者がガスを生産する以外に、他の事業者から購入する分がある。TJはテラジュール（仕事量の単位）で、熱量換算すると2.39億キロカロリー。1）メーター取付数のことで単位は千個。2）取り付けられているガスメーターのうち、ガス料金の請求書が発行されているメーターのこと。

表3-4　LPガス販売量（2021年度）（単位　千t）

	家庭業務用	産業用1)	都市ガス用	合計		家庭業務用	産業用1)	都市ガス用	合計
北海道	321	63	33	417	滋賀	79	47	—	126
青森	92	13	5	110	京都	62	36	—	98
岩手	102	16	2	120	大阪	169	342	31	543
宮城	166	210	10	386	兵庫	202	178	42	422
秋田	68	8	1	77	奈良	39	6	0	45
山形	76	16	2	93	和歌山	50	6	0	56
福島	139	51	3	194	鳥取	23	4	1	29
茨城	187	189	31	407	島根	81	41	0	123
栃木	84	39	0	123	岡山	143	202	10	355
群馬	146	31	0	177	広島	175	43	10	228
埼玉	385	69	1	456	山口	93	113	26	231
千葉	270	490	172	932	徳島	39	5	0	45
東京	673	330	519	1 521	香川	106	53	1	160
神奈川	608	240	146	994	愛媛	116	136	3	255
新潟	84	24	82	190	高知	43	5	6	55
富山	87	125	0	212	福岡	307	134	41	481
石川	114	83	3	199	佐賀	75	23	0	98
福井	50	34	2	86	長崎	117	24	1	142
山梨	40	8	—	48	熊本	88	29	6	123
長野	97	16	2	114	大分	87	256	0	343
岐阜	112	40	—	152	宮崎	42	11	0	53
静岡	319	99	67	486	鹿児島	142	24	13	179
愛知	577	322	126	1 025	沖縄	140	10	6	157
三重	138	90	29	257	全国	7 353	4 331	1 437	13 122

日本LPガス協会資料より作成。LPガス元売会社の販売実績であり、卸売会社や小売会社が消費者などに販売した数量とは異なる。LPガスの流通構造に起因するダブルカウント分（一度販売したものを買い戻して再び販売した分）が一部含まれている。1）工業用（大口含む）、化学原料用、自動車用の合計。

表 3 - 5　発電方式別発電電力量（2021年度）（単位　百万kWh）（電気事業者のみ）

	水力	火力	原子力	風力	太陽光	地熱	合計 (その他とも)
北海道	4 956	25 273	—	1 130	1 187	87	⑨ 32 632
青森	404	2 981	—	1 253	527	—	5 165
岩手	1 049	1 408	—	404	404	204	3 468
宮城	264	11 620	—	43	1 129	—	13 056
秋田	1 053	13 875	—	926	156	399	16 408
山形	1 434	5 151	—	132	99	—	6 817
福島	6 453	47 416	—	314	1 547	74	④ 55 805
茨城	77	40 576	—	148	1 372	—	⑥ 42 174
栃木	1 874	6 795	—	—	761	—	9 430
群馬	4 753	163	—	—	486	—	5 402
埼玉	222	298	—	—	86	—	606
千葉	0	83 902	—	89	814	—	① 84 805
東京	158	6 407	—	1	22	—	6 588
神奈川	521	81 821	—	1	63	—	② 82 406
新潟	7 346	29 791	—	16	156	—	⑧ 37 309
富山	9 300	6 366	—	3	36	—	15 705
石川	1 662	8 537	—	155	179	—	10 534
福井	1 713	9 248	33 553	42	37	—	⑤ 44 593
山梨	2 952	—	—	—	111	—	3 063
長野	7 373	116	—	—	213	—	7 702
岐阜	8 870	41	—	2	143	—	9 057
静岡	5 047	1 602	—	319	496	—	7 470
愛知	962	65 502	—	96	478	—	③ 67 037
三重	695	16 502	—	409	880	—	18 486
滋賀	104	16	—	—	47	—	167
京都	646	11 808	—	—	77	—	12 531
大阪	1	18 733	—	—	169	—	18 904
兵庫	1 042	36 601	—	71	695	—	⑦ 38 447
奈良	1 048	—	—	—	106	—	1 154
和歌山	547	2 454	—	286	264	—	3 551
鳥取	955	661	—	67	181	—	1 865
島根	564	6 448	—	242	94	—	7 348
岡山	693	6 172	—	1	1 346	—	8 212
広島	1 480	10 637	—	—	288	—	12 404
山口	338	22 386	—	145	523	—	⑩ 23 391
徳島	830	17 809	—	41	77	—	18 757
香川	—	3 817	—	—	136	—	3 953
愛媛	605	10 059	2 362	217	186	—	13 429
高知	2 022	1 854	—	163	118	—	4 198
福岡	51	10 800	—	21	592	—	11 592
佐賀	548	138	18 156	51	100	—	18 993
長崎	7	22 086	—	101	233	—	22 426
熊本	805	8 160	—	34	399	—	9 398
大分	683	15 796	—	8	718	823	18 027
宮崎	3 123	1 006	—	129	468	—	4 726
鹿児島	530	1 085	13 696	362	827	376	16 875
沖縄	—	7 529	—	30	16	—	7 576
全国	85 759	681 500	67 767	7 441	19 053	1 962	863 685

資源エネルギー庁「電力調査統計」（2022年10月18日閲覧）より作成。バイオマスおよび廃棄物による発電は火力発電に含む。〇内の数字は全国順位。

図3-4　主な水力・火力発電所（2021年 3 月末現在）（単位　万kW）

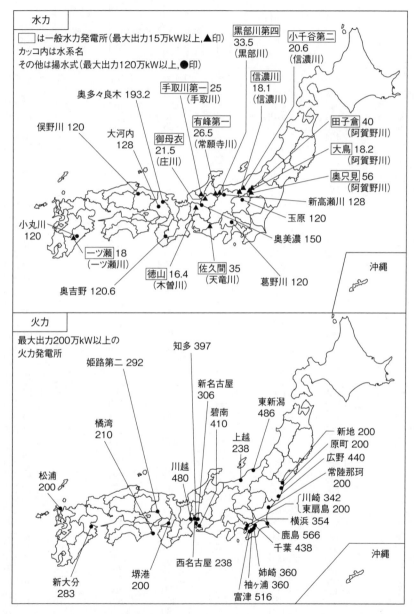

資源エネルギー庁「電気事業便覧」、同ウェブサイトおよび各電力会社資料より作成。揚水式は、上部と下部の 2 か所に貯水池を作り、夜間の余剰電力で水を汲み上げておき、電力消費の多い昼間に水を落として発電する方式である。蓄電池と同様の働きがあり、短期間に限り大きな電力量を供給できるが、水が無くなると発電を終了する。

図 3-5　原子力発電所の現況 （2021年9月15日現在）

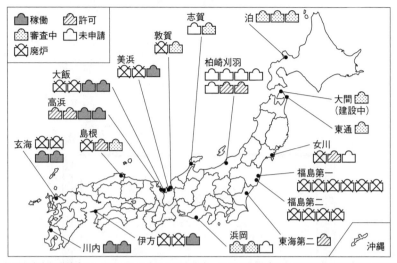

原子力安全推進協会ウェブサイトをもとに編者作成。原子力規制委員会が策定した新規制基準の適合状況。本図の廃炉は2011年の福島第一原子力発電所事故以降のもののみである。再稼働の許可を受けた原子炉は17基で、うち10基が稼働中。

表 3-6　太陽光・風力発電の導入容量 （2021年末現在）（単位　千kW）

	太陽光		風力		太陽光		風力
	住宅1)	非住宅2)			住宅1)	非住宅2)	
北海道	209	1 975	581	滋賀	229	689	—
青森	66	751	666	京都	198	408	0
岩手	147	835	157	大阪	500	588	—
宮城	286	1 722	28	兵庫	512	2 217	55
秋田	41	270	673	奈良	162	444	—
山形	77	226	123	和歌山	130	608	169
福島	278	2 185	176				
茨城	433	3 581	108	鳥取	63	323	59
栃木	343	2 132	—	島根	77	313	179
群馬	339	2 191	0	岡山	323	1 885	—
埼玉	686	1 137	—	広島	370	1 275	—
千葉	548	2 521	65	山口	209	1 109	119
東京	465	152	4				
神奈川	528	324	5	徳島	100	680	20
				香川	153	697	0
新潟	91	333	28	愛媛	207	667	129
富山	75	266	3	高知	95	369	86
石川	71	484	132				
福井	60	182	28	福岡	606	1 775	36
				佐賀	174	523	72
山梨	153	569	0	長崎	199	788	120
長野	410	1 233	—	熊本	347	1 293	43
岐阜	313	1 214	9	大分	197	1 160	11
静岡	619	1 737	187	宮崎	236	1 211	81
愛知	1 015	1 841	65	鹿児島	274	1 998	274
三重	281	2 134	202	沖縄	118	302	16
				全国	13 012	51 322	4 708

資料・注記は355ページ参照。

第 4 章
産　　業

表 4-1 農業経営体数（農林業センサス）（各年 2 月 1 日現在）（単位 経営体）

	2015 計	2020 計	個人経営体	団体経営体	法人経営体	増減率(2020/2015)(%) 個人経営体	法人経営体
北海道	40 714	⑧ 34 913	⑩ 30 566	① 4 347	4 047	-16.8	13.2
青森	35 914	29 022	28 232	790	646	-19.4	23.3
岩手	46 993	⑦ 35 380	⑦ 34 133	⑦ 1 247	840	-25.1	2.8
宮城	38 872	30 005	28 714	⑥ 1 291	688	-23.6	29.3
秋田	38 957	28 947	27 902	⑩ 1 045	710	-26.4	18.1
山形	33 820	28 241	27 233	1 008	626	-17.0	18.6
福島	53 157	④ 42 598	③ 41 671	927	756	-20.3	14.9
茨城	57 989	① 44 852	① 44 009	843	770	-23.1	16.7
栃木	40 473	⑩ 32 726	⑨ 31 976	750	557	-19.7	24.3
群馬	26 235	20 298	19 518	780	739	-23.5	13.7
埼玉	37 484	28 376	27 796	580	538	-24.7	5.9
千葉	44 985	⑥ 35 420	⑥ 34 459	961	895	-21.9	20.5
東京	6 023	5 117	5 041	76	71	-15.2	0.0
神奈川	13 809	11 402	11 091	311	294	-18.0	9.7
新潟	56 114	② 43 502	② 41 955	② 1 547	1 218	-23.1	2.9
富山	17 759	12 356	11 331	1 025	760	-32.5	28.6
石川	13 636	9 890	9 293	597	468	-28.9	19.1
福井	16 018	10 546	9 871	675	414	-35.5	16.0
山梨	17 970	14 970	14 686	284	268	-17.0	-4.3
長野	53 808	③ 42 777	④ 41 419	④ 1 358	1 132	-21.1	-2.1
岐阜	29 643	21 015	20 179	836	675	-30.0	16.2
静岡	33 143	25 938	25 247	691	634	-22.4	12.8
愛知	36 074	26 893	26 228	665	618	-25.9	1.1
三重	26 423	18 804	18 132	672	533	-29.7	5.3
滋賀	20 188	14 680	13 836	844	606	-28.4	39.3
京都	18 016	14 181	13 659	522	333	-22.1	11.0
大阪	9 293	7 673	7 558	115	97	-17.6	-5.8
兵庫	47 895	⑤ 38 302	⑤ 37 120	⑧ 1 182	649	-20.9	53.4
奈良	13 291	10 858	10 682	176	147	-18.6	6.5
和歌山	21 496	18 141	17 976	165	154	-15.7	6.9
鳥取	18 381	14 481	13 989	492	311	-21.9	4.0
島根	19 920	15 285	14 594	691	505	-24.3	18.3
岡山	36 801	28 699	28 047	652	538	-22.6	28.1
広島	29 929	22 290	21 491	799	697	-26.2	4.8
山口	21 417	15 839	15 346	493	440	-26.6	7.8
徳島	18 513	14 568	14 263	305	293	-21.7	1.0
香川	20 814	16 459	16 023	436	392	-21.7	43.1
愛媛	26 988	21 734	21 221	513	462	-19.8	2.7
高知	15 841	12 657	12 345	312	264	-20.6	6.5
福岡	36 032	28 375	27 239	⑨ 1 136	871	-21.8	28.8
佐賀	17 020	14 330	13 417	913	349	-16.1	36.9
長崎	21 908	17 936	17 500	436	387	-18.6	24.0
熊本	41 482	⑨ 33 952	⑧ 32 616	⑤ 1 336	1 077	-18.9	26.1
大分	25 416	19 133	18 273	860	718	-25.5	-2.0
宮崎	26 361	21 117	20 314	803	758	-20.5	4.4
鹿児島	39 222	29 717	28 276	③ 1 441	1 338	-25.2	4.0
沖縄	15 029	11 310	10 875	435	424	-25.4	-1.2
全国	1 377 266	1 075 705	1 037 342	38 363	30 707	-22.6	13.3

農林水産省「農林業センサス」（2020年）より作成。確報。農林業センサスは、5 年ごとに実施される全数調査。○内の数字は全国順位。注記は355ページ参照。

府県別統計　農業

表 4 - 2　個人経営体数と世帯員数（農林業センサス）（2020年 2 月 1 日現在）

	個人経営体（経営体）			世帯員（人）		
	計	主業	準主業	副業的	農業従事者	基幹的農業従事者	65歳以上（％）
北海道	30 566	① 21 910	848	7 808	80 552	① 70 643	40.5
青森	28 232	② 11 604	3 313	13 315	72 618	⑦ 48 083	61.0
岩手	34 133	6 734	5 956	21 443	88 578	⑨ 44 458	73.7
宮城	28 714	5 204	5 100	18 410	75 069	32 818	72.2
秋田	27 902	5 980	4 845	17 077	69 738	33 720	71.6
山形	27 233	⑧ 7 698	4 065	15 470	70 575	39 034	68.3
福島	41 671	⑩ 7 331	7 376	26 964	106 728	⑤ 51 599	74.8
茨城	44 009	④ 9 654	4 809	29 546	104 547	② 57 496	69.8
栃木	31 976	⑨ 7 417	5 072	19 487	80 171	⑩ 42 914	69.5
群馬	19 518	5 172	1 679	12 667	43 669	27 832	68.5
埼玉	27 796	4 607	4 493	18 696	65 073	37 683	72.6
千葉	34 459	⑤ 9 114	4 665	20 680	83 894	⑥ 50 328	67.0
東京	5 041	554	2 176	2 311	12 416	7 974	57.3
神奈川	11 091	1 938	2 801	6 352	27 140	16 455	64.9
新潟	41 955	7 130	8 802	26 023	107 016	⑧ 46 085	75.4
富山	11 331	905	1 729	8 697	29 251	11 258	③ 84.2
石川	9 293	1 043	1 338	6 912	22 402	9 756	⑩ 80.0
福井	9 871	741	1 335	7 795	24 673	8 767	⑤ 82.6
山梨	14 686	3 482	1 865	9 339	33 076	20 500	74.0
長野	41 419	⑦ 8 546	5 664	27 209	102 706	③ 55 516	73.5
岐阜	20 179	1 999	2 326	15 854	49 003	21 064	⑨ 80.2
静岡	25 247	6 209	3 568	15 470	63 228	38 720	70.6
愛知	26 228	6 882	3 493	15 853	66 459	40 159	65.8
三重	18 132	1 805	2 626	13 701	43 366	18 819	⑧ 81.1
滋賀	13 836	1 326	2 116	10 394	34 103	9 961	78.0
京都	13 659	1 577	2 073	10 009	30 936	15 130	77.1
大阪	7 558	900	1 370	5 288	18 149	8 326	73.6
兵庫	37 120	3 739	5 241	28 140	87 029	34 591	79.6
奈良	10 682	1 315	1 406	7 961	25 073	10 628	76.5
和歌山	17 976	5 732	2 104	10 140	41 768	27 202	63.9
鳥取	13 989	1 905	2 119	9 965	33 880	17 342	79.9
島根	14 594	1 320	2 174	11 100	33 863	14 438	② 84.5
岡山	28 047	2 823	3 407	21 817	66 262	29 253	⑥ 82.1
広島	21 491	1 989	2 580	16 922	47 726	24 534	④ 83.5
山口	15 346	1 515	1 820	12 011	32 715	16 613	① 84.9
徳島	14 263	2 905	1 659	9 699	33 097	19 186	71.8
香川	16 023	1 752	1 826	12 445	37 113	18 190	⑦ 81.7
愛媛	21 221	4 528	2 417	14 276	46 304	28 654	74.0
高知	12 345	4 112	1 032	7 201	26 993	19 349	63.6
福岡	27 239	6 955	3 404	16 880	64 179	38 077	66.2
佐賀	13 417	4 060	1 814	7 543	34 610	19 015	63.7
長崎	17 500	5 524	2 384	9 592	41 698	25 107	61.7
熊本	32 616	③ 10 812	3 731	18 073	79 336	④ 51 827	61.3
大分	18 273	2 965	1 961	13 347	39 162	21 496	77.3
宮崎	20 314	7 040	1 670	11 604	44 375	31 570	61.9
鹿児島	28 276	⑥ 8 781	2 939	16 556	55 146	37 580	64.1
沖縄	10 875	3 621	1 347	5 907	18 207	13 288	60.5
全国	1 037 342	230 855	142 538	663 949	2 493 672	1 363 038	69.6

農林水産省「農林業センサス」（2020年）より作成。○内の数字は全国順位。注記は355ページ参照。

図4-1　主業・副業別個人経営体数割合 （農林業センサス）（2020年2月1日現在）

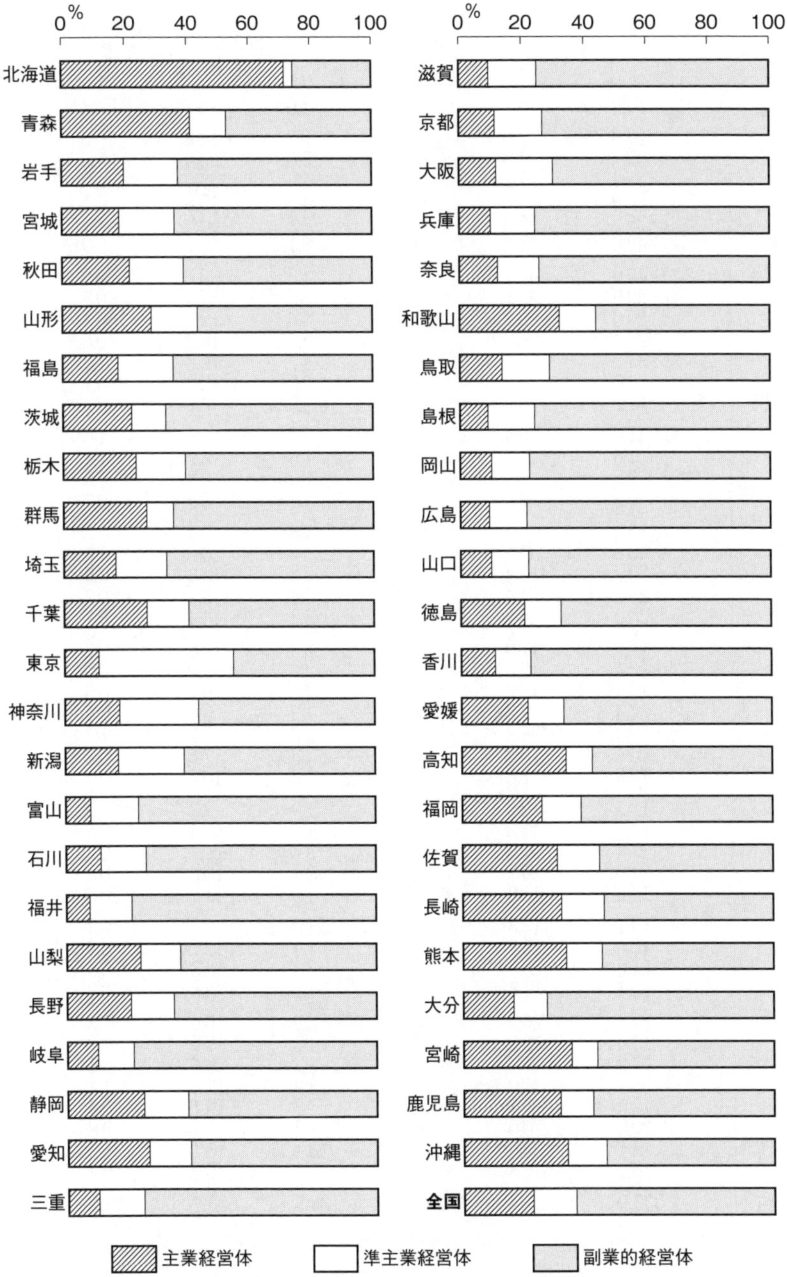

凡例: 主業経営体　準主業経営体　副業的経営体

表4-2より作成。

表 4-3 農業経営体数 （農業構造動態調査）（2021年 2 月 1 日現在）（単位 千経営体）

	農業経営体	個人経営体	主業経営体	準主業経営体	副業的経営体	団体経営体	法人経営体
北海道	⑦ 34.2	29.7	22.1	1.0	6.7	4.5	4.2
青森	27.8	27.0	11.0	3.2	12.8	0.8	0.6
岩手	⑨ 33.1	31.8	6.2	5.6	20.0	1.3	0.9
宮城	28.4	27.1	4.8	4.6	17.6	1.3	0.7
秋田	26.9	25.9	5.7	4.4	15.8	1.1	0.7
山形	26.8	25.8	7.1	4.2	14.5	1.1	0.6
福島	② 42.0	41.0	6.8	7.1	27.1	0.9	0.8
茨城	① 42.9	42.1	9.7	4.3	28.1	0.9	0.8
栃木	⑩ 30.9	30.1	6.8	5.4	17.9	0.8	0.6
群馬	20.0	19.2	5.0	1.6	12.7	0.8	0.8
埼玉	27.4	26.8	4.1	4.4	18.3	0.6	0.6
千葉	⑥ 34.7	33.7	9.1	4.7	19.8	1.0	0.9
東京	5.0	4.9	0.4	2.3	2.2	0.1	0.1
神奈川	11.2	10.9	1.9	2.9	6.1	0.3	0.3
新潟	③ 41.0	39.4	6.7	8.3	24.5	1.6	1.2
富山	11.6	10.5	0.8	1.5	8.2	1.1	0.8
石川	9.8	9.2	1.0	1.3	6.8	0.6	0.5
福井	9.5	8.8	0.8	1.2	6.9	0.7	0.4
山梨	15.0	14.7	3.6	1.8	9.4	0.3	0.3
長野	④ 40.8	39.4	8.0	5.4	26.0	1.4	1.1
岐阜	20.2	19.4	1.8	2.3	15.3	0.9	0.7
静岡	25.1	24.4	6.0	3.4	15.0	0.7	0.7
愛知	25.0	24.3	6.6	3.3	14.4	0.7	0.7
三重	17.7	17.0	1.9	2.3	12.8	0.7	0.6
滋賀	13.1	12.2	1.2	2.1	9.0	0.9	0.6
京都	13.4	12.8	1.4	2.0	9.4	0.5	0.4
大阪	7.4	7.3	0.6	1.2	5.4	0.1	0.1
兵庫	⑤ 37.4	36.2	3.5	5.0	27.7	1.2	0.7
奈良	10.4	10.2	1.3	1.3	7.6	0.2	0.2
和歌山	17.8	17.6	5.7	1.9	10.0	0.2	0.2
鳥取	12.5	12.0	1.9	1.9	8.3	0.5	0.3
島根	14.1	13.3	1.0	1.8	10.4	0.8	0.6
岡山	28.4	27.8	2.7	3.4	21.7	0.7	0.6
広島	21.6	20.7	1.9	3.0	15.8	0.8	0.7
山口	14.4	13.9	1.3	1.5	11.2	0.5	0.4
徳島	14.1	13.8	2.8	1.6	9.4	0.3	0.3
香川	15.8	15.3	1.8	1.4	12.1	0.5	0.4
愛媛	21.0	20.4	4.7	2.4	13.3	0.5	0.5
高知	12.1	11.8	3.9	1.1	6.8	0.3	0.3
福岡	27.7	26.5	7.0	2.9	16.6	1.2	0.9
佐賀	14.0	13.1	3.8	1.7	7.6	0.9	0.4
長崎	17.9	17.4	5.5	2.2	9.6	0.5	0.4
熊本	⑧ 33.2	31.9	11.0	3.3	17.6	1.4	1.1
大分	18.6	17.7	2.9	1.8	13.1	0.9	0.7
宮崎	20.8	20.0	6.9	1.6	11.5	0.8	0.8
鹿児島	28.1	26.6	8.3	3.1	15.1	1.5	1.4
沖縄	10.2	9.8	3.4	1.4	5.0	0.4	0.4
全国	1 030.9	991.4	222.4	135.8	633.1	39.5	31.6

農林水産省「農業構造動態調査」（2021年）より作成。農業構造動態調査は、5 年ごとに実施している農林業センサスの間の動向を把握するための調査で、農林業センサスは全数調査であるのに対して、標本調査により把握した推定値。〇内の数字は全国順位。

図**4 - 2**　**耕地面積**（2021年7月15日現在）（表4-4より作成）

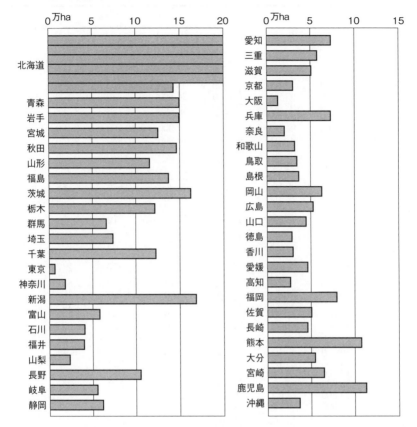

♒ 耕地のかい廃面積

　日本の耕地面積は、主に宅地等への転用や耕作放棄によって、年々減少し続けている。2021年の耕地面積は435万ヘクタールで（表4-4参照）、ピークの1961年に比べて28.5％減少した。

　2021年のかい廃（宅地転用や荒廃等で作物栽培が困難となった土地）面積は3万ヘクタール（調査実施日より前1年間に生じたもの）で、うち41.6％は荒廃農地である（表4-5参照）。都道府県別で、かい廃面積が最も大きいのは鹿児島県で、次いで熊本県、茨城県、福島県、静岡県となっている。また、荒廃農地に限ると静岡県が最も大きく、愛媛県、熊本県と続く。静岡県では、荒廃農地がかい廃面積全体の76.7％を占め、愛媛県では83.5％を占める。

　荒廃農地が発生する要因は、高齢化や農地の引き受け手不足による農業従事者の減少である。各都道府県には農地の貸し手と借り手をつなぐ「農地中間管理機構」が設置され、農地の集積・集約化に取り組むほか、遊休農地の荒廃化を防ぐ努力をしている。

表 4 - 4　耕地面積（2021年 7 月15日現在）（単位　ha）

	計	田	畑	普通畑	樹園地	牧草地	耕地率[1]（%）
北海道	① 1 143 000	222 000	920 700	417 600	3 030	500 000	14.6
青森	④ 149 600	79 200	70 400	35 100	22 200	13 100	⑩ 15.5
岩手	⑤ 149 300	93 900	55 400	24 800	3 420	27 200	9.8
宮城	⑧ 125 500	103 400	22 100	15 200	1 130	5 700	⑥ 17.2
秋田	⑥ 146 400	128 400	17 900	11 800	2 170	3 910	12.6
山形	115 800	91 600	24 200	11 900	10 100	2 190	12.4
福島	⑦ 137 300	97 100	40 200	28 900	6 480	4 780	10.0
茨城	③ 162 300	95 300	67 000	60 600	5 970	376	① 26.6
栃木	⑩ 121 700	94 800	26 900	22 300	2 110	2 480	⑤ 19.0
群馬	65 900	24 700	41 200	37 200	2 880	1 150	10.4
埼玉	73 500	40 900	32 600	29 800	2 670	68	④ 19.4
千葉	⑨ 122 700	72 700	50 100	46 800	2 880	422	② 23.8
東京	6 410	223	6 180	4 670	1 450	62	2.9
神奈川	18 200	3 530	14 600	11 300	3 370	—	7.5
新潟	② 168 200	149 400	18 800	16 000	2 120	693	13.4
富山	58 000	55 300	2 690	1 760	709	222	13.7
石川	40 600	33 700	6 830	5 090	1 240	503	9.7
福井	39 900	36 200	3 690	2 660	757	267	9.5
山梨	23 300	7 710	15 600	4 780	9 960	857	5.2
長野	105 200	51 700	53 400	35 600	14 700	3 180	7.8
岐阜	55 200	42 300	12 900	8 780	2 980	1 150	5.2
静岡	61 500	21 500	40 000	14 800	24 100	1 140	7.9
愛知	73 300	41 500	31 800	26 200	5 180	350	14.2
三重	57 600	44 000	13 600	8 150	5 410	26	10.0
滋賀	50 900	47 100	3 830	2 850	934	48	12.7
京都	29 700	23 100	6 620	3 630	2 920	68	6.4
大阪	12 400	8 640	3 760	1 820	1 940	—	6.5
兵庫	72 800	66 700	6 120	4 270	1 550	287	8.7
奈良	19 800	14 000	5 830	2 430	3 360	37	5.4
和歌山	31 600	9 260	22 300	2 250	20 000	31	6.7
鳥取	34 100	23 300	10 900	8 750	1 320	799	9.7
島根	36 200	29 200	6 970	5 130	1 320	526	5.4
岡山	62 700	49 300	13 400	9 170	3 580	616	8.8
広島	52 800	39 600	13 100	7 360	5 160	622	6.2
山口	44 500	37 100	7 400	4 600	2 470	334	7.3
徳島	28 100	19 200	8 910	5 290	3 520	103	6.8
香川	29 300	24 400	4 860	2 160	2 690	19	⑨ 15.6
愛媛	46 200	21 700	24 500	5 350	18 900	196	8.1
高知	26 200	19 800	6 450	2 950	3 320	174	3.7
福岡	79 300	64 000	15 300	7 370	7 770	176	⑧ 15.9
佐賀	50 500	41 800	8 640	4 130	4 460	51	③ 20.7
長崎	45 900	21 000	24 900	19 400	5 180	299	11.1
熊本	107 500	66 100	41 400	21 800	13 100	6 470	14.5
大分	54 500	38 800	15 700	8 590	4 370	2 710	8.6
宮崎	64 800	34 600	30 100	25 100	3 930	1 140	8.4
鹿児島	112 900	35 200	77 600	62 100	12 500	2 990	12.3
沖縄	36 500	800	35 700	27 900	1 890	5 920	⑦ 16.0
全国	4 349 000	2 366 000	1 983 000	1 126 000	263 200	593 400	11.7

農林水産省「耕地及び作付面積統計」（2021年）より作成。掲載統計数値は、原数が 7 桁以上の場合は 3 桁で四捨五入を行い、 6 と 5 桁は 2 桁で、 4 桁は 1 桁で行う。 3 桁以下は四捨五入をしない。〇内の数字は全国順位。1) 国土面積のうち、田畑計の耕地面積が占める割合。

表 4-5　耕地の拡張・かい廃面積 (2021年)（単位　ha）

	田畑計			田		畑	
	拡張 (増加 要因)	かい廃 (減少 要因)	荒廃農地	拡張 (増加 要因)	かい廃 (減少 要因)	拡張 (増加 要因)	かい廃 (減少 要因)
北海道	220	1 030	71	36	122	184	907
青森	267	542	⑩ 441	55	251	223	302
岩手	237	446	244	98	199	143	251
宮城	397	652	387	281	523	246	259
秋田	135	478	78	99	320	234	356
山形	58	1 150	78	20	621	208	698
福島	565	1 600	⑨ 449	357	1 070	209	529
茨城	322	1 650	⑤ 520	104	826	492	1 090
栃木	253	616	107	71	717	552	269
群馬	184	1 020	304	45	611	339	606
埼玉	286	916	376	110	315	200	625
千葉	97	883	⑥ 506	40	370	57	513
東京	63	192	38	0	5	65	189
神奈川	2	259	87	0	84	2	175
新潟	41	846	23	18	671	34	186
富山	24	179	27	19	163	36	47
石川	20	255	98	14	211	37	75
福井	31	151	45	24	125	15	34
山梨	167	260	150	50	90	117	170
長野	676	786	398	292	439	472	435
岐阜	95	360	122	68	248	33	118
静岡	146	1 460	① 1 120	31	239	130	1 230
愛知	2	465	55	2	345	12	132
三重	57	443	121	38	235	30	219
滋賀	38	299	74	33	270	9	33
京都	73	161	103	52	117	21	44
大阪	36	171	26	34	145	7	31
兵庫	94	361	108	89	336	35	55
奈良	102	281	95	79	211	28	75
和歌山	97	358	243	59	133	40	227
鳥取	119	308	270	59	159	60	149
島根	95	298	197	62	231	41	75
岡山	234	1 100	390	157	778	114	362
広島	23	781	314	12	620	65	215
山口	—	391	175	—	205	11	197
徳島	53	371	248	37	161	16	210
香川	76	432	163	56	309	27	130
愛媛	126	950	② 793	61	397	182	670
高知	61	415	304	44	356	77	119
福岡	197	618	171	104	292	94	327
佐賀	35	321	179	4	137	31	184
長崎	309	566	⑧ 480	136	270	173	296
熊本	285	1 860	③ 754	156	1 120	129	739
大分	336	596	368	147	316	195	286
宮崎	160	642	243	83	375	213	403
鹿児島	406	2 310	④ 747	140	975	270	1 330
沖縄	114	584	⑦ 505	6	23	108	561
全国	7 410	30 800	12 800	3 480	16 700	6 020	16 100

農林水産省「耕地及び作付面積統計」(2021年) より作成。拡張・かい廃面積は、前年 7 月15日から当
該年 7 月14日までの間に生じたもの。○内の数字は全国順位。注記は355ページ参照。

表 4‑6　農業産出額と生産農業所得（2020年）（単位　億円）

	農業産出額[1] (A)	耕種[2]	米	野菜	果実	畜産[3]	肉用牛
北海道	① 12 667	5 329	② 1 198	① 2 145	69	7 337	② 960
青森	⑦ 3 262	2 378	548	⑨ 821	① 906	883	144
岩手	⑩ 2 741	1 112	⑩ 566	292	142	1 628	⑤ 259
宮城	⑰ 1 902	1 176	⑤ 795	275	30	724	⑥ 245
秋田	⑱ 1 898	1 532	③ 1 078	301	89	365	58
山形	⑬ 2 508	2 128	④ 837	465	④ 729	376	115
福島	⑮ 2 116	1 667	⑥ 762	480	⑧ 299	434	118
茨城	③ 4 417	3 055	⑦ 756	② 1 645	97	1 270	150
栃木	⑨ 2 875	1 643	⑧ 662	⑩ 756	71	1 225	⑧ 213
群馬	⑭ 2 463	1 383	152	⑥ 1 004	80	1 079	146
埼玉	⑳ 1 678	1 432	327	⑧ 831	54	245	36
千葉	④ 3 853	2 657	⑨ 641	③ 1 383	111	1 194	94
東京	㊼ 229	210	1	129	32	20	2
神奈川	㊲ 659	510	31	345	64	147	12
新潟	⑫ 2 526	2 040	① 1 503	321	92	485	35
富山	㊴ 629	547	434	54	23	78	11
石川	㊸ 535	446	281	101	34	88	13
福井	㊹ 451	406	284	80	12	44	8
山梨	㉜ 974	891	58	117	⑤ 650	78	12
長野	⑪ 2 697	2 402	413	⑦ 891	② 894	269	60
岐阜	㉚ 1 093	681	206	339	54	411	115
静岡	⑲ 1 887	1 350	172	582	⑩ 254	451	73
愛知	⑧ 2 893	2 059	274	⑤ 1 011	195	831	100
三重	㉛ 1 043	620	270	145	70	419	79
滋賀	㊶ 619	512	353	105	6	106	64
京都	㊳ 642	493	171	250	19	125	15
大阪	㊻ 311	292	65	141	65	19	2
兵庫	㉒ 1 478	886	420	349	38	592	⑩ 167
奈良	㊺ 395	335	95	113	75	55	11
和歌山	㉙ 1 104	1 068	78	141	③ 759	35	7
鳥取	㊱ 764	474	150	214	64	290	54
島根	㊵ 620	366	189	101	43	253	85
岡山	㉓ 1 414	828	284	223	⑨ 264	585	96
広島	㉗ 1 190	703	236	247	168	487	70
山口	㊷ 589	407	145	160	49	182	45
徳島	㉝ 955	700	123	352	95	255	63
香川	㉟ 808	488	121	242	69	320	48
愛媛	㉔ 1 226	968	150	197	⑥ 532	258	25
高知	㉘ 1 113	1 030	114	711	111	82	15
福岡	⑯ 1 977	1 584	344	707	239	383	66
佐賀	㉕ 1 219	873	227	343	197	342	162
長崎	㉑ 1 491	957	104	471	140	532	⑦ 234
熊本	⑤ 3 407	2 186	361	④ 1 221	⑦ 338	1 192	④ 400
大分	㉖ 1 208	771	187	351	131	430	117
宮崎	⑥ 3 348	1 170	173	681	129	2 157	③ 708
鹿児島	② 4 772	1 582	208	562	98	3 120	① 1 151
沖縄	㉞ 910	512	5	127	60	397	⑨ 198
全国[6]	89 370	56 562	16 431	22 520	8 741	32 372	7 385

農林水産省「生産農業所得統計」（2020年）より作成。xは秘匿。〇内の数字は全国順位。注記は355ペ
ージ参照のこと。1) 加工農産物を含む。2) 麦類、雑穀、豆類、いも類、花き、工芸農作物、その他↗

府県別統計　農業

乳用牛	豚	鶏	鶏卵	ブロイラー	生産農業所得4)(B)	(B)/(A)5)(%)	
① 4 983	③ 512	322	⑩ 172	⑤ 149	4 985	39.4	北海道
93	224	411	⑨ 179	④ 217	1 211	37.1	青森
④ 264	⑧ 314	781	135	③ 612	974	35.5	岩手
⑩ 138	141	199	132	58	719	37.8	宮城
29	192	80	67	x	631	33.2	秋田
85	137	35	13	x	932	37.2	山形
89	85	141	109	18	765	36.2	福島
⑧ 211	⑥ 397	509	① 452	37	1 606	36.4	茨城
② 463	⑦ 322	224	⑥ 207	x	1 120	39.0	栃木
⑤ 259	④ 465	199	126	61	992	40.3	群馬
69	60	75	74	x	657	39.2	埼玉
⑥ 255	⑤ 447	388	② 295	47	1 293	33.6	千葉
12	2	2	2	—	96	41.9	東京
41	52	41	40	—	264	40.1	神奈川
57	139	253	⑧ 179	25	945	37.4	新潟
14	20	32	32	—	229	36.4	富山
24	15	35	34	—	205	38.3	石川
8	2	26	24	2	183	40.6	福井
24	12	29	15	14	367	37.7	山梨
114	46	42	15	25	1 063	39.4	長野
43	79	172	127	19	421	38.5	岐阜
115	68	162	121	31	684	36.2	静岡
⑦ 213	⑨ 266	220	⑦ 181	28	1 112	38.4	愛知
73	86	181	161	14	378	36.2	三重
26	4	12	10	x	248	40.1	滋賀
41	8	60	45	10	222	34.6	京都
13	2	2	1	—	111	35.7	大阪
119	17	287	171	⑨ 86	527	35.7	兵庫
32	3	9	9	x	139	35.2	奈良
6	1	17	11	5	453	41.0	和歌山
81	46	108	21	⑧ 87	275	36.0	鳥取
97	27	40	29	11	249	40.2	島根
⑨ 146	21	322	⑤ 228	⑩ 78	469	33.2	岡山
63	94	256	④ 229	18	398	33.4	広島
21	21	92	48	36	244	41.4	山口
37	40	113	20	70	334	35.0	徳島
52	26	194	129	44	290	35.9	香川
40	128	63	40	23	467	38.1	愛媛
26	22	18	8	9	354	31.8	高知
95	51	164	111	25	921	46.6	福岡
20	52	105	12	⑦ 91	628	51.5	佐賀
58	129	109	42	67	593	39.8	長崎
③ 339	⑩ 227	196	81	⑥ 95	1 495	43.9	熊本
89	105	117	38	62	528	43.7	大分
95	② 521	830	97	① 700	1 112	33.2	宮崎
106	① 856	1 005	③ 273	② 699	1 415	29.7	鹿児島
36	115	46	32	14	318	34.9	沖縄
9 247	6 619	8 334	4 546	3 621	33 433	37.4	全国6)

↘作物を含む。3) 養蚕、その他畜産物を含む。4) 付加価値額。5) 農業産出額に占める生産農業所得の割合。6) 都道府県間の中間生産物を重複しない全国値（農業総産出額）。

178 第 2 部　府県別統計

図4-3　農業産出額に占める耕種と畜産の割合（2020年）

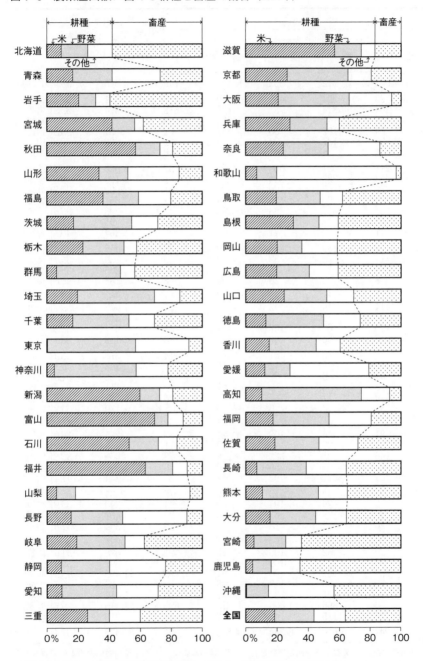

表4-6より作成。全国は農業総産出額の割合。便宜上、耕種に加工農作物を含む。

表4-7　農業生産関連事業の年間販売金額（2020年度）（確報）

	事業体数1)	年間販売金額（百万円）	農産加工	農産物直売所	観光農園	農家民宿	農家レストラン
北海道	②3 110	①153 995	①120 391	29 959	④1 476	⑥188	①1 980
青森	1 210	27 187	12 127	14 708	176	17	159
岩手	1 490	28 105	9 229	17 613	695	⑩138	431
宮城	1 230	26 870	8 955	16 847	99	10	⑧959
秋田	1 290	16 409	5 756	10 076	199	30	347
山形	1 640	33 005	8 906	22 930	615	12	541
福島	⑥2 160	51 456	17 595	⑨32 713	348	⑤213	587
茨城	⑤2 220	54 763	11 754	⑥41 205	⑨1 265	x	x
栃木	1 420	57 064	22 507	⑩32 583	⑩1 207	25	741
群馬	⑩1 890	55 361	26 444	26 605	⑥1 322	④224	765
埼玉	1 740	53 795	9 651	⑤42 316	⑧1 281	15	531
千葉	③2 640	⑦68 003	21 367	③44 389	⑤1 444	54	750
東京	980	57 090	⑤41 778	14 030	425	69	⑩788
神奈川	1 540	31 749	5 010	25 547	869	x	x
新潟	⑧1 950	35 150	11 430	22 290	556	②232	641
富山	720	9 645	2 210	6 634	103	24	674
石川	660	22 511	8 545	13 266	218	39	444
福井	720	14 533	4 710	9 237	141	⑧158	287
山梨	⑨1 930	54 351	⑨33 645	17 643	①2 505	81	478
長野	①4 110	⑥71 453	24 212	④42 968	②2 007	①758	②1 508
岐阜	1 290	46 432	19 749	25 742	541	⑨139	261
静岡	④2 520	②100 298	②58 975	⑦39 372	⑦1 306	45	600
愛知	1 470	⑧67 394	8 897	①55 801	③1 515	20	④1 160
三重	1 150	44 814	22 122	20 376	868	⑦172	③1 276
滋賀	890	15 905	4 097	11 000	203	97	508
京都	1 100	20 083	6 237	13 175	298	62	310
大阪	580	20 697	1 534	18 381	426	x	x
兵庫	⑦2 010	35 228	7 137	26 133	1 022	③226	709
奈良	500	15 837	3 554	11 582	323	x	x
和歌山	1 830	36 631	18 289	17 876	285	31	150
鳥取	670	36 042	21 644	13 979	260	4	155
島根	970	13 639	5 322	7 759	216	16	326
岡山	1 130	23 609	4 230	18 327	590	16	446
広島	1 170	25 961	11 450	13 628	636	47	200
山口	1 130	52 482	⑧34 994	16 367	705	3	413
徳島	600	17 420	6 585	10 503	61	7	263
香川	430	33 118	22 620	10 261	65	1	171
愛媛	1 010	⑤75 983	③46 974	28 438	275	7	290
高知	720	38 036	14 015	23 640	235	21	124
福岡	1 650	③82 477	⑩30 821	②50 228	715	6	707
佐賀	540	30 193	14 970	14 183	186	14	⑨841
長崎	690	24 891	8 998	15 327	79	57	430
熊本	1 680	④79 034	⑦40 032	⑧37 477	379	10	⑤1 135
大分	980	27 531	10 215	16 363	248	75	630
宮崎	1 110	⑩62 915	④44 380	17 217	196	17	⑦1 105
鹿児島	1 320	⑨66 593	⑥40 110	24 997	348	20	⑥1 118
沖縄	380	17 208	4 480	11 786	388	112	443
全国	64 160	2 032 947	918 659	1 053 477	29 320	3 623	27 868

農林水産省「6次産業化総合調査」（2020年度）より作成。農業生産関連事業を営む農業経営体および農業協同組合等。○内の数字は全国順位。注記は356ページ参照。xは秘匿。1）1の位を四捨五入。

表 4-8 米の収穫量の推移

	収穫量（水稲と陸稲の合計）(千 t)						10アールあたり水稲収量(kg)
	1990	2000	2010	2019[1]	2020[1]	2021[1]	2021
北海道	790	729	602	588	594	574	597
青森	409	339	286	282	284	257	616
岩手	403	349	313	280	279	269	555
宮城	556	459	400	377	377	353	547
秋田	600	550	489	527	527	501	591
山形	493	450	407	404	402	394	626
福島	488	448	446	369	367	336	555
茨城	449	441	406	344	360	345	543
栃木	396	381	343	311	319	301	549
群馬	108	92	73	75	77	73	492
埼玉	202	185	152	154	158	152	508
千葉	346	349	333	289	298	278	549
東京	1.7	1.1	0.7	0.5	0.5	0.5	405
神奈川	19	16	15	14	14	14	492
新潟	735	659	618	646	667	620	529
富山	262	230	214	206	206	200	551
石川	172	142	138	133	131	125	527
福井	170	152	139	131	130	126	515
山梨	37	30	28	27	26	26	532
長野	279	232	212	198	193	190	603
岐阜	155	135	118	109	106	103	478
静岡	103	101	90	81	74	77	506
愛知	185	163	154	137	134	131	496
三重	189	178	155	130	130	130	495
滋賀	203	196	171	161	158	156	519
京都	97	89	80	73	72	72	504
大阪	36	33	28	24	22	23	490
兵庫	230	214	189	183	174	176	491
奈良	59	53	47	44	41	43	512
和歌山	45	41	37	31	29	30	497
鳥取	87	80	72	65	66	64	505
島根	139	114	94	88	87	88	521
岡山	186	195	172	156	151	151	524
広島	174	151	135	113	113	116	522
山口	162	133	116	92	73	93	506
徳島	71	71	64	52	52	48	465
香川	85	82	77	57	58	57	501
愛媛	88	87	78	64	64	67	510
高知	73	65	59	48	49	50	451
福岡	258	219	192	159	145	164	473
佐賀	182	166	137	72	104	119	510
長崎	86	73	63	52	47	51	470
熊本	261	228	202	161	157	156	484
大分	151	142	121	90	81	96	487
宮崎	122	113	100	75	76	78	489
鹿児島	155	133	119	89	88	89	479
沖縄	2.5	3.6	2.7	2.0	2.1	2.2	325
全国	10 499	9 490	8 483	7 762	7 763	7 563	539

農林水産省「作物統計」より作成。1) 水稲のみの数値。

表4-9　米、麦の収穫量（2021年産）（単位　t）

	米		麦				
	水稲	陸稲1)	小麦	二条大麦	六条大麦	はだか麦	計
北海道	② 573 700	…	① 728 400	7 760	x	1 460	737 700
青森	256 900	…	1 720	—	x	—	x
岩手	⑩ 268 600	…	7 850	—	201	—	8 050
宮城	⑤ 353 400	…	4 360	x	4 450	—	8 880
秋田	③ 501 200	…	626	—	—	—	626
山形	④ 393 800	…	187	—	x	—	x
福島	⑦ 335 800	…	1 070	12	59	x	x
茨城	⑥ 344 800	969	13 800	3 110	4 450	926	22 300
栃木	⑧ 300 900	259	8 060	35 300	4 580	117	48 100
群馬	73 300	…	21 000	6 730	1 790	9	29 500
埼玉	152 400	…	20 000	2 940	773	320	24 000
千葉	⑨ 277 800	…	2 750	—	145	17	2 910
東京	486	…	23	2	—	x	x
神奈川	14 400	…	109	—	x	x	113
新潟	① 620 000	…	159	—	333	—	492
富山	200 000	…	98	x	10 200	x	10 300
石川	125 400	…	184	x	4 710	—	4 890
福井	126 200	…	216	—	13 300	x	13 500
山梨	25 800	…	237	—	88	—	325
長野	189 900	…	6 260	22	2 240	—	8 520
岐阜	103 200	…	10 700	—	480	—	11 200
静岡	77 400	…	2 310	46	1	x	x
愛知	130 900	…	④ 29 400	—	462	49	29 900
三重	130 200	…	⑤ 22 800	—	462	80	23 300
滋賀	156 200	…	20 900	258	5 030	284	26 500
京都	71 600	…	320	265	—	—	585
大阪	22 600	…	2	—	x	x	4
兵庫	175 800	…	4 200	1	811	271	5 280
奈良	43 200	…	336	—	—	x	x
和歌山	30 300	…	5	—	1	0	6
鳥取	63 600	…	255	259	x	10	x
島根	87 500	…	251	1 510	11	137	1 910
岡山	150 900	…	3 880	8 880	2	671	13 400
広島	115 900	…	296	x	211	145	x
山口	93 100	…	5 720	733	—	983	7 440
徳島	47 900	…	195	95	x	32	x
香川	56 600	…	9 170	x	—	2 900	12 100
愛媛	67 300	…	743	—	—	6 940	7 680
高知	49 600	…	6	18	—	5	29
福岡	163 700	…	② 78 100	25 400	—	1 970	105 500
佐賀	118 800	…	③ 56 700	45 700	—	1 100	103 500
長崎	50 800	…	2 250	4 520	—	502	7 270
熊本	156 300	…	21 600	7 380	34	389	29 400
大分	95 500	…	9 820	5 640	23	2 690	18 200
宮崎	77 800	…	133	201	x	18	x
鹿児島	89 100	…	73	743	x	56	x
沖縄	2 160	…	16	2	—	—	18
全国	7 563 000	1 270	1 097 000	157 600	55 100	22 100	1 332 000

農林水産省「作物統計」より作成。xは秘匿。○内の数字は全国順位。1) 陸稲は主産県調査、全国は推計値。

表 4-10　水稲の市町村別収穫量（2021年産）

市町村	都道府県	t	市町村	都道府県	t	市町村	都道府県	t
新潟市	新潟	136 800	大潟村	秋田	61 200	栗原市	宮城	52 200
大仙市	秋田	72 700	上越市	新潟	60 900	つがる市	青森	49 300
鶴岡市	山形	67 600	登米市	宮城	59 100	酒田市	山形	47 800
横手市	秋田	67 400	奥州市	岩手	56 200	新発田市	新潟	42 800
長岡市	新潟	64 200	大崎市	宮城	53 700	富山市	富山	41 900

農林水産省「作物統計」より作成。上位15市町村。水稲の全国計は前表参照。

表 4-11　大豆、そば、かんしょの収穫量（2021年産）（単位　t）

	大豆	そば	かんしょ[1]		大豆	そば	かんしょ[1]
北海道	① 105 400	① 17 300	…	滋賀	④ 8 630	355	…
青森	⑤ 8 210	969	…	京都	308	52	…
岩手	6 660	1 410	…	大阪	11	x	…
宮城	② 22 200	161	…	兵庫	1 730	68	…
秋田	③ 13 900	⑤ 2 160	…	奈良	150	11	…
山形	7 300	② 3 640	…	和歌山	25	1	…
福島	1 820	④ 2 310	…	鳥取	734	108	…
茨城	3 960	2 060	② 189 200	島根	806	140	…
栃木	3 480	2 130	…	岡山	1 270	60	…
群馬	417	404	…	広島	273	49	…
埼玉	582	179	…	山口	931	15	…
千葉	841	89	③ 87 400	徳島	14	14	27 100
東京	5	1	…	香川	48	12	…
神奈川	55	11	…	愛媛	512	27	…
新潟	7 770	638	…	高知	45	2	…
富山	7 100	370	…	福岡	7 210	37	…
石川	2 240	120	…	佐賀	7 540	20	…
福井	2 750	1 220	…	長崎	164	76	…
山梨	242	106	…	熊本	2 730	562	18 000
長野	2 990	③ 2 500	…	大分	1 380	104	…
岐阜	3 020	126	…	宮崎	251	212	71 000
静岡	200	48	…	鹿児島	342	880	① 190 600
愛知	6 170	6	…	沖縄	x	34	…
三重	4 080	56	…	全国	246 500	40 900	671 900

農林水産省「作物統計」より作成。○内の数字は全国順位。1）主産県調査、全国は推計値。

表 4-12　豆類（大豆以外）の収穫量（2021年産）

	小豆			らっかせい			いんげん	
	t	%		t	%		t	%
北海道	39 100	92.7	千葉	12 500	84.5	北海道	6 860	95.3
兵庫	520	1.2	茨城	1 370	9.3			
京都	362	0.9						
全国×	42 200	100.0	全国×	14 800	100.0	全国×	7 200	100.0

農林水産省「作物統計」より作成。主産県調査、全国は推計値。×その他とも。

表 4 - 13　果実の収穫量（Ⅰ）（2021年産／主産県のみ公表）（単位　t）

	みかん1)	りんご	日本なし	かき	ぶどう	もも
北海道	…	7 930	…	—	6 720	…
青森	…	① 415 700	…	…	4 510	1 550
岩手	…	③ 42 400	…	…	3 310	…
宮城	…	2 240	1 520	738	…	…
秋田	…	15 700	1 670	…	1 500	…
山形	…	④ 32 300	1 210	5 530	④ 14 600	④ 8 880
福島	…	⑤ 18 600	⑤ 11 900	7 390	2 550	② 24 300
茨城	…	…	② 19 100	2 560	…	…
栃木	…	…	③ 15 900	…	…	…
群馬	…	5 920	4 040	…	…	…
埼玉	…	…	6 470	…	1 310	…
千葉	1 100	…	① 20 500	…	…	…
東京	…	…	1 620	…	…	…
神奈川	14 100	…	3 880	…	…	…
新潟	…	…	6 020	8 030	1 860	1 630
富山	…	1 150	2 400	1 780	…	…
石川	…	681	2 130	1 110	957	…
福井	…	…	865	829	…	…
山梨	…	701	…	3 920	① 40 600	① 34 600
長野	…	② 110 300	④ 12 000	⑤ 9 870	② 28 800	③ 10 600
岐阜	…	1 420	1 800	④ 12 600	…	622
静岡	③ 99 700	…	…	2 940	…	…
愛知	24 100	…	4 800	9 490	3 450	…
三重	18 500	…	…	3 150	…	…
滋賀	…	…	515	…	425	…
京都	…	…	1 060	…	…	…
大阪	12 100	…	…	…	3 890	…
兵庫	…	…	911	…	2 090	…
奈良	…	…	…	② 28 300	…	…
和歌山	① 147 800	…	…	① 39 700	…	⑤ 7 310
鳥取	…	…	11 100	1 920	497	…
島根	…	…	…	2 150	2 060	…
岡山	…	…	…	2 460	③ 15 100	5 620
広島	22 000	1 210	1 670	1 810	2 930	…
山口	8 610	…	2 710	…	…	…
徳島	9 180	…	4 360	…	…	…
香川	11 200	…	397	1 000	1 320	903
愛媛	② 127 800	…	…	7 710	1 100	398
高知	5 800	…	…	…	…	…
福岡	20 900	…	7 490	③ 15 800	⑤ 6 910	…
佐賀	46 900	…	3 900	…	…	…
長崎	⑤ 52 000	…	…	…	…	…
熊本	④ 90 000	…	7 920	2 190	…	…
大分	11 500	…	7 770	…	2 190	…
宮崎	7 870	…	…	…	1 350	…
鹿児島	11 400	…	…	…	…	…
沖縄	…	—	—	—	…	…
全国	749 000	661 900	184 700	187 900	165 100	107 300

農林水産省「果樹生産出荷統計」より作成。2021年産は主産県のみの調査。速報値。全国は推計値。○内の数字は全国順位。1) みかんは、果実数が多くなる年（表年）と少なくなる年（裏年）とが交互に発生する傾向がある。

府県別統計

農作物

果実の収穫量（Ⅱ）（2021年産／主産県調査）

キウイフルーツ	t	%
福岡	3 880	19.7
愛媛	3 390	17.2
和歌山	2 420	12.3
神奈川	1 210	6.1
群馬	959	4.9
静岡	790	4.0
山梨	761	3.9
栃木	690	3.5
全国×	19 700	100.0

くり	t	%
茨城	3 800	24.2
熊本	2 210	14.1
愛媛	1 300	8.3
岐阜	685	4.4
埼玉	581	3.7
宮崎	527	3.4
栃木	455	2.9
長野	451	2.9
全国×	15 700	100.0

びわ	t	%
長崎	876	30.3
千葉	444	15.4
香川	229	7.9
鹿児島	195	6.7
愛媛	176	6.1
兵庫	163	5.6
大分	122	4.2
和歌山	106	3.7
全国×	2 890	100.0

すもも	t	%
山梨	6 680	35.5
長野	2 590	13.8
和歌山	2 130	11.3
山形	1 700	9.0
青森	878	4.7
北海道	756	4.0
全国×	18 800	100.0

うめ	t	%
和歌山	67 500	64.5
群馬	5 770	5.5
三重	1 620	1.5
神奈川	1 590	1.5
福井	1 580	1.5
山梨	1 480	1.4
全国×	104 600	100.0

西洋なし	t	%
山形	13 900	64.7
新潟	1 790	8.3
青森	1 780	8.3
長野	1 280	6.0
福島	565	2.6
全国×	21 500	100.0

農林水産省「果樹生産出荷統計」より作成。速報値。×その他とも。
おうとう（全国計13100 t、山形9160 t、北海道1500 t、山梨942 t）。
パインアップル（沖縄6990 t）。

表4-14　特産果実の収穫量（2019年産）

レモン	t	%
広島	6 284	60.2
愛媛	2 248	21.5
和歌山	694	6.6
全国×	10 433	100.0

スダチ	t	%
徳島	4 156	98.7
高知	32	0.8
愛媛	9	0.2
全国×	4 212	100.0

カボス	t	%
大分	5 800	99.0
福岡	17	0.3
埼玉	16	0.3
全国×	5 859	100.0

キンカン	t	%
宮崎	2 850	71.3
鹿児島	937	23.4
熊本	80	2.0
全国×	3 999	100.0

マンゴー	t	%
沖縄	1 837	52.2
宮崎	1 184	33.6
鹿児島	404	11.5
全国×	3 519	100.0

パッションフルーツ	t	%
鹿児島	306	65.6
沖縄	75	16.0
東京	70	15.0
全国×	466	100.0

農林水産省「特産果樹生産動態等調査」より作成。×その他とも。
アンズ（全国計2010 t、青森1257 t、長野751 t）、オリーブ（全国計618 t、香川540 t）、
バナナ（全国計140.4 t、沖縄83.5 t、鹿児島56.9 t）、アケビ（全国計62 t、山形46 t）。

表 4-15　野菜の収穫量（I）（2021年産／主産県のみ調査）（単位　t）

	ばれいしょ	だいこん	にんじん	さといも	はくさい	キャベツ	ほうれんそう
北海道	① 1 686 000	② 143 200	① 204 700	…	23 100	58 900	4 190
青森	15 600	③ 114 400	④ 42 500	…	5 560	17 300	…
岩手	…	26 600	2 610	783	7 910	29 100	3 170
宮城	6 690	9 700	…	…	9 180	6 800	2 930
秋田	…	17 100	…	…	6 700	8 130	1 170
山形	…	14 600	…	1 820	6 200	…	…
福島	16 000	20 900	1 700	2 060	16 300	…	2 920
茨城	④ 49 500	55 400	31 900	2 950	① 250 300	④ 109 400	④ 17 800
栃木	…	10 700	…	⑤ 8 120	18 900	…	6 160
群馬	…	32 800	…	3 370	③ 29 500	① 292 000	② 21 500
埼玉	…	24 200	16 700	① 18 700	④ 24 600	18 400	① 22 800
千葉	⑤ 29 800	① 147 500	② 112 200	② 14 800	7 230	⑤ 119 900	③ 18 500
東京	…	8 380	2 850	2 860	…	6 490	4 140
神奈川	…	⑤ 74 100	…	5 200	…	67 400	7 870
新潟	…	49 000	6 040	5 160	7 940	…	…
富山	…	3 720	…	1 230	1 610	1 870	472
石川	…	8 580	557	…	…	…	…
福井	…	5 200	758	2 650	…	3 250	730
山梨	…	…	…	…	…	3 360	…
長野	16 000	16 300	…	…	② 228 000	⑤ 72 500	3 290
岐阜	…	19 200	6 700	3 380	8 280	6 340	11 800
静岡	14 600	18 700	3 040	3 740	…	19 800	3 890
愛知	…	24 500	21 400	4 520	21 900	② 267 200	4 620
三重	2 350	…	1 200	1 930	8 340	11 200	…
滋賀	…	3 550	…	…	4 070	9 950	1 190
京都	…	…	…	…	…	7 110	5 250
大阪	…	…	…	830	…	9 600	…
兵庫	…	11 100	3 360	1 890	22 600	26 200	3 290
奈良	…	3 120	…	…	…	…	3 470
和歌山	…	8 490	2 010	…	9 130	7 270	840
鳥取	…	…	2 070	…	3 240	4 550	1 210
島根	…	…	…	…	…	5 900	…
岡山	2 170	9 500	945	…	13 700	11 700	…
広島	7 150	10 300	…	…	5 470	10 200	4 510
山口	…	9 690	…	…	4 530	7 310	1 600
徳島	…	23 300	③ 49 900	…	3 360	6 640	2 780
香川	…	8 150	3 100	…	…	10 500	…
愛媛	…	…	…	④ 9 590	4 150	12 900	1 380
高知	…	…	…	…	…	…	…
福岡	…	14 000	…	1 550	…	21 300	10 100
佐賀	2 940	…	…	…	…	7 840	860
長崎	③ 81 800	45 700	⑤ 33 000	…	20 700	11 400	1 540
熊本	13 800	23 100	20 000	4 790	16 800	43 000	4 650
大分	…	11 800	3 660	2 240	23 500	16 800	…
宮崎	11 400	70 200	14 600	③ 13 700	14 800	22 500	⑤ 13 100
鹿児島	② 91 000	④ 92 500	21 500	⑤ 7 250	⑤ 23 900	68 600	…
沖縄	…	…	…	2 640	46	…	…
全国	2 175 000	1 251 000	638 800	142 700	899 900	1 485 000	210 500

府県別統計

農作物

農林水産省「野菜生産出荷統計」より作成。○内の数字は全国順位。速報値。全国は推計値。

野菜の収穫量（Ⅱ）（2021年産／主産県のみ調査）（単位　t）

	ねぎ	たまねぎ	レタス	きゅうり	なす	トマト	ピーマン
北海道	④ 21 600	① 662 800	15 300	16 300	…	② 65 200	5 810
青森	11 800	…	1 950	6 270		19 200	4 210
岩手	7 020	…	10 000	13 000	3 160	9 640	⑤ 8 820
宮城	9 950	…	…	13 700	2 920	11 100	2 460
秋田	14 500	…	…	8 450	6 120	8 210	…
山形	8 910	…	…	12 600	6 640	10 200	1 070
福島	10 500	3 340	…	④ 39 300	4 050	23 500	2 910
茨城	③ 52 200	5 950	② 87 000	25 600	④ 18 100	④ 47 600	① 33 400
栃木	12 200	11 400	4 750	10 800	12 200	31 700	…
群馬	⑤ 18 400	8 140	③ 54 500	② 53 900	③ 27 400	21 100	…
埼玉	① 52 400	4 750	3 650	③ 45 500	8 830	14 600	…
千葉	② 52 300	6 060	7 580	⑤ 31 200	6 580	⑤ 32 500	1 890
東京	…	…	…	…	…	…	…
神奈川	8 240	…	3 040	10 800	3 620	12 500	…
新潟	9 010	…	…	8 390	5 310	8 560	628
富山	2 380	7 710	…	1 230	1 980	1 760	…
石川	941	…	…	1 780	…	3 290	…
福井	2 040	…	…	…	1 150	2 230	…
山梨	…	…	…	4 730	5 950	6 830	…
長野	16 500	4 880	① 178 800	13 900	3 770	14 300	2 180
岐阜	1 670	2 680	…	5 730	4 000	26 100	533
静岡	9 780	12 100	25 000	…	…	13 800	…
愛知	7 440	⑤ 26 900	5 300	13 200	13 300	③ 49 200	693
三重	4 160	3 050	…	1 740	1 490	9 670	493
滋賀	…	…	…	3 240	2 160	3 140	…
京都	8 180	…	…	3 950	7 150	4 520	2 010
大阪	6 120	3 640	448	1 710	6 380	…	…
兵庫	4 330	③ 100 200	⑤ 25 900	3 560	3 330	8 310	2 370
奈良	2 980	…	525	1 940	4 740	3 510	…
和歌山	…	4 860	…	2 510	…	3 640	1 100
鳥取	11 500	…	…	…	…	3 840	757
島根	2 050	2 900	…	3 320	1 820	4 330	805
岡山	2 120	4 620	1 620	2 730	5 100	5 330	549
広島	8 250	…	…	3 970	3 490	10 400	1 200
山口	…	5 070	…	3 430	2 130	4 040	470
徳島	3 170	…	5 900	6 900	6 220	5 100	443
香川	3 450	7 880	14 800	4 270	2 020	2 950	…
愛媛	2 120	9 510	1 880	8 800	3 740	6 640	1 590
高知	2 580	…	…	25 500	① 39 300	7 230	④ 13 000
福岡	6 460	4 450	15 200	9 910	⑤ 17 800	19 800	…
佐賀	2 460	② 100 800	1 550	14 800	3 540	3 470	…
長崎	2 740	④ 32 600	④ 35 000	6 840	1 750	12 400	…
熊本	4 490	13 400	16 800	15 900	② 33 300	① 132 500	3 450
大分	16 300	…	2 150	2 600	1 790	10 200	7 610
宮崎	2 300	1 530	…	① 63 700	2 290	16 600	② 26 800
鹿児島	6 790	…	6 300	10 900	2 470	5 270	③ 13 300
沖縄	…	…	4 550	…	…	3 310	2 710
全国	440 400	1 093 000	546 800	551 300	297 700	725 200	148 500

資料は前表に同じ。○内の数字は全国順位。速報値。全国は推計値。

野菜の収穫量（Ⅲ）（2021年産／主産県のみ調査）

いちご

	t	%
栃木	24 400	14.8
福岡	16 600	10.1
熊本	12 100	7.3
愛知	11 000	6.7
長崎	10 700	6.5
静岡	10 500	6.4
茨城	9 220	5.6
佐賀	7 380	4.5
全国×	164 800	100.0

すいか

	t	%
熊本	49 300	15.4
千葉	37 500	11.7
山形	32 200	10.1
新潟	17 800	5.6
愛知	16 700	5.2
鳥取	16 700	5.2
茨城	15 900	5.0
長野	15 000	4.7
全国×	319 600	100.0

メロン

	t	%
茨城	36 500	24.3
熊本	25 400	16.9
北海道	20 400	13.6
山形	10 400	6.9
青森	9 650	6.4
愛知	9 610	6.4
千葉	7 880	5.3
静岡	6 470	4.3
全国×	150 000	100.0

かぶ

	t	%
千葉	29 400	27.2
埼玉	16 000	14.8
青森	6 230	5.8
京都	5 170	4.8
滋賀	4 370	4.0
福岡	3 710	3.4
北海道	3 300	3.0
全国×	108 200	100.0

かぼちゃ

	t	%
北海道	81 400	46.7
鹿児島	7 140	4.1
長野	6 960	4.0
茨城	6 410	3.7
長崎	4 960	2.8
神奈川	3 980	2.3
沖縄	3 540	2.0
全国×	174 300	100.0

えだまめ

	t	%
北海道	9 820	13.7
群馬	7 370	10.3
千葉	5 670	7.9
山形	5 630	7.9
埼玉	5 570	7.8
秋田	5 100	7.1
新潟	4 690	6.6
全国×	71 500	100.0

ごぼう

	t	%
青森	51 200	38.6
茨城	13 600	10.2
北海道	12 300	9.3
宮崎	9 860	7.4
群馬	7 460	5.6
全国×	132 800	100.0

れんこん

	t	%
茨城	25 500	49.5
佐賀	6 450	12.5
徳島	4 850	9.4
愛知	2 730	5.3
熊本	2 050	4.0
全国×	51 500	100.0

やまのいも

	t	%
北海道	81 600	46.0
青森	56 700	32.0
長野	6 480	3.7
千葉	5 310	3.0
群馬	5 120	2.9
全国×	177 400	100.0

スイートコーン

	t	%
北海道	80 800	36.9
千葉	17 100	7.8
茨城	14 900	6.8
群馬	12 400	5.7
山梨	8 950	4.1
全国×	218 800	100.0

ブロッコリー

	t	%
北海道	27 900	16.3
埼玉	16 000	9.3
愛知	14 600	8.5
香川	13 400	7.8
徳島	11 600	6.8
全国×	171 600	100.0

セロリ

	t	%
長野	12 600	42.0
静岡	5 760	19.2
福岡	3 460	11.5
愛知	2 650	8.8
香川	924	3.1
全国×	30 000	100.0

府県別統計 農作物

資料は前表に同じ。速報値。全国は推計値。×その他とも。
にら（全国56300 t、高知14300 t、栃木8970 t、茨城7680 t）。
にんにく（全国20200 t、青森13500 t、北海道898 t、香川751 t）。
しょうが（全国48500 t、高知19900 t、熊本5230 t、千葉5050 t）。

表 4 - 16　地域特産野菜の収穫量（2020年産）

オクラ	t	%
鹿児島	5 210	43.4
高知	2 050	17.1
沖縄	1 060	8.8
熊本	806	6.7
福岡	390	3.3
全国×	12 000	100.0

にがうり（ゴーヤー）	t	%
沖縄	7 130	39.8
宮崎	2 600	14.5
鹿児島	1 930	10.8
群馬	1 900	10.6
長崎	950	5.3
全国×	17 900	100.0

とうがん	t	%
沖縄	2 900	33.1
愛知	1 360	15.5
岡山	1 170	13.4
神奈川	894	10.2
和歌山	601	6.9
全国×	8 750	100.0

らっきょう	t	%
鳥取	2 850	38.5
鹿児島	2 190	29.6
宮崎	763	10.3
徳島	450	6.1
沖縄	378	5.1
全国×	7 400	100.0

クレソン	t	%
栃木	267	39.6
山梨	245	36.4
沖縄	46	6.8
和歌山	24	3.6
大分	22	3.3
全国×	674	100.0

うど	t	%
栃木	570	39.3
群馬	458	31.6
秋田	128	8.8
山形	49	3.4
青森[2]	46	3.2
全国×	1 450	100.0

エシャレット	t	%
茨城	346	74.9
静岡	104	22.5
全国×	462	100.0

くわい	t	%
広島	111	55.0
埼玉	59	29.2
茨城[1]	11	5.4
全国×	202	100.0

しろうり	t	%
徳島	1 800	58.4
千葉	773	25.1
愛知	78	2.5
全国×	3 080	100.0

農林水産省「地域特産野菜生産状況調査」より作成。地域特産野菜は各年調査。1) 茨城と同順位の大阪11 t 。2) 青森と同順位の東京46 t 。×その他とも。

ズッキーニ（全国計11300 t 、長野3370 t 、宮崎3050 t 、群馬1260 t ）。

しそ（全国計8470 t 、愛知3870 t 、宮崎1080 t 、静岡671 t ）。

マッシュルーム（全国計6980 t 、千葉2890 t 、岡山2300 t 、山形1360 t ）。

パプリカ（全国計6710 t 、宮城1370 t 、茨城1280 t 、大分898 t ）。

パクチー（全国計571 t 、福岡153 t 、千葉133 t 、茨城95 t ）。

🐄　牛のげっぷを減らせ

　牛などの反すう動物が出すげっぷには、二酸化炭素より強い温室効果を持つメタンが含まれ、全世界で年間約20億トン（CO_2換算）が排出されている（農研機構による推計）。これは、温室効果ガス全体の約 5 ％にあたり、その削減は大きな課題となっている。

　メタン発生の少ない飼料の開発が進められ、国内ではカシューナッツの殻の圧搾液を混ぜたものや、コーヒー豆の搾りかすの発酵物などが商品化されている。また、メタンの発生を減らすと、牛が摂取できる栄養分が増すために、乳や肉の質を高める効果が期待される。こうしたことから、政府は低メタン飼料の普及を支援している。一方、牛を品種改良することで、メタン生成を減らす試みも進んでいる。

表 4-17 主な花きの主産県 （2021年産／主産県のみ公表）

きく[1]

	千本	%
愛知	446 700	34.4
沖縄	234 200	18.0
福岡	78 300	6.0
鹿児島	66 000	5.1
長崎	49 700	3.8
全国×	1 298 000	100.0

カーネーション[1]

	千本	%
長野	44 000	21.8
愛知	37 700	18.7
北海道	19 700	9.8
兵庫	17 400	8.6
千葉	17 200	8.5
全国×	201 500	100.0

ばら[1]

	千本	%
愛知	32 200	16.6
静岡	19 200	9.9
山形	12 900	6.6
福岡	12 800	6.6
愛媛	10 900	5.6
全国×	194 400	100.0

りんどう[1]

	千本	%
岩手	44 100	58.5
秋田	9 560	12.7
山形	7 250	9.6
福島	4 390	5.8
長野	2 400	3.2
全国×	75 400	100.0

スターチス[1]

	千本	%
和歌山	67 200	54.9
北海道	32 400	26.5
長野	8 580	7.0
千葉	3 060	2.5
全国×	122 400	100.0

ガーベラ[1]

	千本	%
静岡	52 300	42.7
福岡	16 500	13.5
和歌山	10 800	8.8
愛知	9 130	7.4
長崎	6 460	5.3
全国×	122 600	100.0

球根類[2]

	千球	%
鹿児島	16 500	22.2
富山	14 400	19.4
新潟	13 300	17.9
宮崎	5 780	7.8
全国×	74 200	100.0

洋ラン類[3]

	千鉢	%
愛知	2 970	25.0
熊本	1 210	10.2
福岡	959	8.1
千葉	737	6.2
山梨	724	6.1
全国×	11 900	100.0

観葉植物[3]

	千鉢	%
愛知	21 500	50.1
静岡	5 190	12.1
三重	3 250	7.6
鹿児島	1 720	4.0
千葉	1 400	3.3
全国×	42 900	100.0

農林水産省「花きの作付（収穫）面積及び出荷量」より作成。数値は出荷量。速報値。全国は推計値。1) 切り花類。2) チューリップ、ユリなど。3) 鉢もの類。×その他とも。

表 4-18 工芸作物の収穫量 （2021年産）

茶[1]

	t	%
静岡	29 700	38.0
鹿児島	26 500	33.9
三重	5 360	6.9
宮崎	3 050	3.9
京都	2 450	3.1
福岡	1 650	2.1
熊本	1 280	1.6
埼玉	728	0.9
全国×	78 100	100.0

葉たばこ（販売量）

	t	%
熊本	2 684	18.9
沖縄	1 687	11.8
岩手	1 592	11.2
青森	1 448	10.2
長崎	1 299	9.1
宮崎	1 133	8.0
鹿児島	927	6.5
佐賀	538	3.8
福島	471	3.3
全国×	14 237	100.0

さとうきび

	千t	%
沖縄	810	59.8
鹿児島	544	40.2
全国	1 354	100.0

てんさい

	千t	%
北海道	4 061	100.0

農林水産省「作物統計」および全国たばこ耕作組合中央会資料より作成。1) 荒茶。×その他とも。 こんにゃくいも（全国計54200 t、群馬51200 t）。い（主産県計6390 t、熊本6360 t）。

表 4 - 19　畜産農家の飼養戸数と飼養頭羽数（Ⅰ）（2022年2月1日現在）

	乳用牛			肉用牛			
	飼養戸数 （戸）	飼養頭数 （頭）	1戸あたり 飼養頭数 （頭）	飼養戸数 （戸）	飼養頭数 （頭）	うち 黒毛和種 （頭）	1戸あたり 飼養頭数 （頭）
北海道	5 560	① 846 100	152.2	2 240	① 553 300	193 900	247.0
青森	156	12 200	78.2	763	54 600	30 300	71.6
岩手	765	④ 40 100	52.4	3 650	⑤ 89 200	68 000	24.4
宮城	430	17 800	41.4	2 690	80 000	69 600	29.7
秋田	82	3 920	47.8	681	19 200	17 000	28.2
山形	200	11 700	58.5	581	41 700	40 100	71.8
福島	263	11 600	44.1	1 650	49 400	39 000	29.9
茨城	292	24 000	82.2	442	49 400	30 100	111.8
栃木	615	② 54 800	89.1	799	84 400	43 200	105.6
群馬	412	⑤ 33 600	81.6	502	57 300	32 100	114.1
埼玉	162	7 680	47.4	136	17 800	11 800	130.9
千葉	453	27 800	61.4	247	41 000	11 400	166.0
東京	45	1 480	32.9	18	570	510	31.7
神奈川	142	4 850	34.2	58	4 970	2 290	85.7
新潟	155	5 860	37.8	178	11 300	5 440	63.5
富山	34	2 180	64.1	30	3 690	2 330	123.0
石川	42	3 100	73.8	76	3 680	3 350	48.4
福井	22	1 060	48.2	44	2 110	1 450	48.0
山梨	52	3 590	69.0	60	5 020	2 350	83.7
長野	258	14 400	55.8	343	20 900	15 400	60.9
岐阜	95	5 450	57.4	452	32 900	30 700	72.8
静岡	175	13 700	78.3	110	19 500	7 600	177.3
愛知	247	21 100	85.4	340	42 400	12 600	124.7
三重	32	6 820	213.1	148	30 200	26 500	204.1
滋賀	42	2 660	63.3	89	21 100	17 100	237.1
京都	46	3 890	84.6	67	5 180	4 810	77.3
大阪	24	1 220	50.8	9	780	550	86.7
兵庫	232	12 900	55.6	1 140	56 400	46 000	49.5
奈良	39	3 150	80.8	41	4 370	3 170	106.6
和歌山	9	530	58.9	47	2 790	2 540	59.4
鳥取	109	8 980	82.4	257	21 000	12 900	81.7
島根	86	10 900	126.7	746	32 800	25 200	44.0
岡山	207	16 800	81.2	406	34 900	15 300	86.0
広島	121	8 900	73.6	460	25 700	13 900	55.9
山口	54	2 480	45.9	350	14 500	10 100	41.4
徳島	81	3 920	48.4	170	22 500	9 690	132.4
香川	61	4 950	81.1	159	21 800	8 840	137.1
愛媛	88	4 770	54.2	154	10 000	5 310	64.9
高知	44	3 090	70.2	135	6 000	2 680	44.4
福岡	183	11 700	63.9	169	23 400	13 700	138.5
佐賀	39	2 140	54.9	532	52 800	51 600	99.2
長崎	132	6 530	49.5	2 180	88 100	71 600	40.4
熊本	494	③ 43 600	88.3	2 170	④ 133 600	87 100	61.6
大分	98	12 500	127.6	1 050	51 500	40 200	49.0
宮崎	209	13 600	65.1	4 940	③ 254 500	220 800	51.5
鹿児島	147	13 100	89.1	6 690	② 337 800	321 000	50.5
沖縄	65	4 040	62.2	2 170	78 000	76 500	35.9
全国	13 300	1 371 000	103.1	40 400	2 614 000	1 758 000	64.7

農林水産省「畜産統計」より作成。○内の数字は全国順位。速報値。

畜産農家の飼養戸数と飼養頭羽数（Ⅱ）（2022年2月1日現在）

	豚			採卵鶏			ブロイラー
	飼養戸数(戸)	飼養頭数(頭)	1戸あたり飼養頭数(頭)	飼養戸数(戸)1)	飼養羽数(千羽)2)	1戸あたり飼養羽数3)(千羽)	飼養羽数(千羽)4)
北海道	203③	727 800	3 585.2	56	6 453	93.9	⑤ 5 180
青森	60	358 600	5 976.7	25	6 497	186.0	④ 8 058
岩手	86	491 900	5 719.8	21	5 149	173.3	③ 21 095
宮城	94	187 000	1 989.4	38	3 947	87.0	1 958
秋田	66	260 300	3 943.9	15	2 209	134.3	x
山形	74	184 900	2 498.6	12	468	38.2	x
福島	55	121 600	2 210.9	44	5 882	92.8	841
茨城	264	420 700	1 593.6	101	① 15 142	122.1	1 435
栃木	92	356 200	3 871.7	42	6 103	123.2	x
群馬	185④	604 800	3 269.2	53	8 968	94.3	1 562
埼玉	66	76 200	1 154.5	61	4 294	42.8	x
千葉	215⑤	582 500	2 709.3	103	② 12 837	101.7	1 671
東京	9	2 000	222.2	12	76	5.2	—
神奈川	41	60 800	1 482.9	41	1 206	28.6	—
新潟	92	166 800	1 813.0	37	6 304	115.4	x
富山	14	22 200	1 585.7	17	831	43.3	—
石川	12	18 200	1 516.7	11	1 268	89.7	—
福井	3	1 290	430.0	12	771	63.7	x
山梨	14	10 800	771.4	22	585	22.0	351
長野	51	56 000	1 098.0	18	538	25.1	670
岐阜	27	89 700	3 322.2	49	4 945	83.4	1 001
静岡	80	95 000	1 187.5	42	5 496	102.5	996
愛知	142	305 500	2 151.4	121	⑤ 9 750	63.2	997
三重	43	84 600	1 967.4	70	6 429	75.0	706
滋賀	5	4 390	878.0	16	255	15.2	x
京都	9	13 400	1 488.9	25	1 655	59.6	593
大阪	5	2 380	476.0	11	42	3.5	—
兵庫	19	18 200	957.9	41	5 571	120.1	2 120
奈良	8	4 140	517.5	23	307	11.7	x
和歌山	7	1 830	261.4	20	300	14.4	239
鳥取	16	59 500	3 718.8	8	261	31.8	3 111
島根	5	35 500	7 100.0	15	939	50.7	396
岡山	20	47 400	2 370.0	62	9 323	105.7	2 842
広島	24	138 300	5 762.5	43	④ 9 926	152.2	731
山口	8	33 300	4 162.5	14	1 778	94.6	1 552
徳島	20	46 500	2 325.0	17	831	36.5	4 254
香川	22	30 700	1 395.5	52	5 310	65.7	2 500
愛媛	74	192 000	2 594.6	37	2 275	39.5	817
高知	15	24 300	1 620.0	11	260	21.4	471
福岡	43	82 000	1 907.0	64	3 244	44.3	1 444
佐賀	34	82 600	2 429.4	24	267	9.6	3 637
長崎	79	195 900	2 479.7	56	1 798	27.2	3 117
熊本	146	339 400	2 324.7	38	2 493	55.9	3 848
大分	38	94 300	3 602.6	18	1 067	50.8	2 291
宮崎	335②	764 200	2 281.2	54	2 768	38.7	② 27 599
鹿児島	452①	1 199 000	2 652.7	103	③ 11 731	84.3	① 28 090
沖縄	219	211 700	966.7	38	1 547	33.5	685
全国	3 590	8 949 000	2 492.8	1 810	180 096	75.9	139 230

農林水産省「畜産統計」より作成。〇内の数字は全国順位。速報値。1) 種鶏のみおよび成鶏めす千羽未満の飼養者を除く。2) 種鶏を除く。3) 成鶏めすのみ。4) ふ化後3か月未満で肉用として出荷する鶏で、地鶏および銘柄鶏も含む。年間出荷数3千羽未満の飼養者を除く。

府県別統計　畜産業

表 **4 - 20**　畜産物の生産量（2021年）

	枝肉生産量（t）			鶏卵生産量（t）	生乳生産量（t）	飲用牛乳等生産量（kL）	（参考）ブロイラー出荷羽数（千羽）
	牛	うち和牛	豚				
北海道	① 94 912	7 611	② 102 804	102 898	① 4 265 600	① 560 252	⑤ 38 836
青森	10 348	1 795	④ 87 401	103 192	72 089	x	④ 42 496
岩手	7 112	4 439	29 369	82 268	④ 211 532	74 376	③ 116 490
宮城	8 986	6 309	27 966	72 984	108 900	70 465	10 789
秋田	1 793	1 573	23 933	42 697	23 106	x	x
山形	7 797	6 452	32 973	7 805	63 242	23 076	x
福島	1 615	1 193	18 228	63 829	67 361	35 434	3 320
茨城	15 539	5 999	③ 101 972	① 216 195	174 864	③ 193 660	5 841
栃木	5 525	1 586	20 281	⑤ 110 016	② 347 879	178 183	x
群馬	7 432	1 736	59 843	108 882	⑤ 208 496	114 568	7 512
埼玉	13 892	4 368	45 254	40 043	49 582	85 325	x
千葉	9 556	1 090	69 679	106 605	193 486	175 734	8 076
東京	③ 42 416	31 505	15 703	997	8 720	73 372	—
神奈川	6 493	3 668	47 429	20 276	29 038	② 279 341	—
新潟	903	434	33 570	82 103	39 551	40 888	x
富山	616	286	6 792	16 225	12 121	x	—
石川	2 520	996	2 796	18 314	17 907	26 481	—
福井	—	—	—	13 334	5 766	x	x
山梨	1 819	971	3 077	8 339	19 458	2 326	1 408
長野	2 638	1 254	9 661	8 148	91 890	118 449	2 804
岐阜	7 445	5 139	7 258	74 508	33 263	83 605	4 138
静岡	3 800	1 299	17 940	107 316	88 403	83 360	5 234
愛知	7 862	2 185	39 349	103 490	154 055	169 370	5 456
三重	4 185	3 208	12 401	95 808	56 779	27 020	2 688
滋賀	3 921	2 976	—	4 535	18 648	22 745	x
京都	6 321	5 289	1 427	29 154	28 461	91 093	2 782
大阪	14 282	5 262	3 588	793	9 328	115 092	—
兵庫	④ 27 387	18 587	7 330	100 789	77 936	154 008	12 494
奈良	1 300	513	494	2 919	24 958	x	x
和歌山	171	96	—	4 357	4 679	x	912
鳥取	2 245	788	6 082	5 743	60 706	x	17 481
島根	1 695	1 034	7 126	15 477	76 191	15 173	2 289
岡山	3 407	968	4 841	③ 137 575	114 500	119 742	16 069
広島	8 379	2 212	4 515	④ 134 739	50 395	55 486	3 709
山口	1 074	229	—	26 467	15 045	x	7 574
徳島	3 187	1 032	16 024	14 705	26 015	x	17 870
香川	8 352	1 905	13 426	63 153	37 441	x	10 886
愛媛	1 319	592	14 139	28 099	29 656	x	4 224
高知	1 415	603	8 445	4 132	19 179	x	2 232
福岡	⑤ 25 195	17 150	17 078	46 191	73 360	147 116	5 761
佐賀	2 503	2 296	8 125	5 415	14 046	x	16 440
長崎	8 622	5 213	45 965	24 966	45 179	x	14 475
熊本	14 244	9 224	14 050	44 499	③ 267 173	128 728	19 160
大分	3 281	2 073	9 570	17 783	72 409	49 034	9 833
宮崎	25 076	13 889	⑤ 80 379	53 388	82 844	36 138	② 139 817
鹿児島	② 47 566	40 215	① 215 729	② 183 220	77 980	9 121	① 144 326
沖縄	1 707	1 521	24 193	19 884	22 844	25 002	3 421
全国	477 854	228 765	1 318 203	2 574 255	7 592 061	3 575 929	719 259

資料・注記は356ページ参照。○内の数字は全国順位。*x*は秘匿。

表 4 - 21　林野面積・森林面積（2020年 2 月 1 日現在）**と素材生産量**

	林野面積 (千ha)			林野率[1] (%)	現況 森林面積 (千ha)	国産材の素材生産量[2] (2021年)（千m³)		
	計	国有林	民有林			計	針葉樹	広葉樹
北海道	5 504	2 916	2 588	70.2	5 313	① 3 163	2 615	548
青森	626	380	245	64.9	613	971	924	47
岩手	1 152	365	787	75.4	1 140	③ 1 431	1 228	203
宮城	408	122	286	56.0	404	627	588	39
秋田	833	372	461	71.5	818	④ 1 183	1 109	74
山形	645	328	317	69.2	644	305	302	3
福島	942	373	569	68.4	938	890	756	134
茨城	199	44	155	32.6	198	401	374	27
栃木	339	119	220	52.9	339	658	571	87
群馬	409	179	231	64.3	407	252	240	12
埼玉	119	12	108	31.5	119	67	43	24
千葉	161	8	153	31.2	155	50	35	15
東京	77	6	71	35.2	76	64	58	6
神奈川	94	9	84	38.7	93	10	9	1
新潟	803	225	578	63.8	799	119	112	7
富山	241	61	180	56.6	241	112	96	16
石川	278	26	252	66.5	278	108	98	10
福井	310	37	273	74.0	310	122	120	2
山梨	349	6	343	④ 78.2	347	125	104	21
長野	1 029	325	704	75.9	1 022	460	453	7
岐阜	841	155	686	② 79.2	839	385	381	4
静岡	493	85	408	63.4	488	608	608	0
愛知	218	11	207	42.1	218	139	127	12
三重	371	22	349	64.3	371	277	276	1
滋賀	204	19	185	50.9	204	72	57	15
京都	342	7	335	74.2	342	159	140	19
大阪	57	1	56	30.0	57	x	10	x
兵庫	563	30	534	67.0	562	301	287	14
奈良	284	13	271	⑤ 76.9	284	125	125	0
和歌山	360	16	344	76.2	360	206	201	5
鳥取	258	30	228	73.7	257	232	211	21
島根	528	32	496	③ 78.7	524	346	289	57
岡山	489	37	452	68.7	485	427	389	38
広島	618	47	571	72.9	610	347	267	80
山口	440	11	428	71.9	437	221	198	23
徳島	313	17	296	75.5	313	333	321	12
香川	87	8	79	46.5	87	13	8	5
愛媛	401	39	362	70.6	400	563	563	―
高知	594	124	470	① 83.7	592	519	516	3
福岡	222	25	198	44.6	222	402	395	7
佐賀	111	15	95	45.3	111	130	119	11
長崎	246	24	222	59.6	242	139	120	19
熊本	466	63	403	62.9	458	938	907	31
大分	455	50	404	71.7	449	⑤ 1 129	1 116	13
宮崎	586	177	409	75.7	584	② 2 042	2 026	16
鹿児島	589	150	438	64.1	585	664	596	68
沖縄	116	32	84	50.7	106	x	0	x
全国	24 770	7 153	17 617	66.4	24 436	21 847	20 088	1 759

農林水産省「2020年農林業センサス」および同「木材統計」より作成。○内の数字は全国順位。注記は
356ページ参照。

表 4 - 22　林業産出額 (2020年) (単位　千万円)

	林業産出額	木材生産	針葉樹	広葉樹	薪炭生産	栽培きのこ類生産	林野副産物採取
北海道	③ 3 877	2 793	2 318	475	20	969	94
青森	786	744	679	65	2	29	11
岩手	⑤ 1 782	1 307	1 035	259	45	394	36
宮城	849	438	406	30	2	406	4
秋田	⑧ 1 415	1 002	905	95	1	405	7
山形	660	245	240	5	4	396	15
福島	1 012	688	606	80	1	321	2
茨城	699	392	368	24	1	304	2
栃木	1 013	587	551	30	2	423	1
群馬	604	172	168	4	2	430	0
埼玉	146	45	28	17	0	100	0
千葉	243	41	26	12	0	198	3
東京	34	19	16	2	0	15	1
神奈川	48	11	10	1	0	37	0
新潟	② 4 810	103	96	6	1	4 694	12
富山	389	71	67	4	2	314	1
石川	248	132	115	16	1	110	6
福井	155	102	97	5	1	51	1
山梨	135	104	86	13	0	30	1
長野	① 5 982	463	436	17	2	5 456	61
岐阜	753	456	444	11	5	281	12
静岡	⑩ 1 157	307	304	2	2	845	4
愛知	287	208	207	2	1	77	1
三重	465	320	316	4	5	135	5
滋賀	81	44	36	7	0	35	2
京都	232	116	94	17	1	109	6
大阪	31	5	5	0	x	24	x
兵庫	322	204	193	11	2	84	32
奈良	230	147	147	0	18	61	4
和歌山	385	140	134	4	84	158	4
鳥取	368	226	211	16	3	131	7
島根	589	397	321	76	10	175	7
岡山	609	446	435	8	1	144	18
広島	719	274	232	41	0	433	12
山口	327	230	209	20	6	88	4
徳島	1 037	281	275	6	2	748	6
香川	465	8	7	―	2	452	2
愛媛	675	550	549	―	4	116	5
高知	729	500	496	3	88	129	13
福岡	⑦ 1 457	187	177	9	4	1 257	9
佐賀	143	125	115	9	x	11	x
長崎	639	100	81	18	1	530	8
熊本	⑨ 1 348	1 142	1 108	26	16	187	3
大分	⑥ 1 604	1 038	1 020	7	11	549	6
宮崎	④ 2 550	1 977	1 950	26	16	547	9
鹿児島	704	548	475	58	8	140	8
沖縄	72	2	0	2	1	69	0
全国	42 864	19 437	17 796	1 541	378	22 596	453

農林水産省「林業産出額」より作成。xは秘匿。〇内の数字は全国順位。注記は356ページ参照。

表 4 - 23　特用林産物生産量 (2021年)（単位　t）

	たけのこ	しいたけ1)	えのきたけ	ぶなしめじ	まいたけ	なめこ	まつたけ
北海道	—	③ 5 732	x	x	⑤ 2 409	⑤ 1 320	—
青森	—	176	—	—	10	176	—
岩手	5	⑤ 5 349	99	0	69	137	② 5.6
宮城	113	1 111	1 667	3 174	69	908	③ 0.5
秋田	3	3 920	x	461	138	260	x
山形	161	1 237	1 347	1 016	237	③ 4 405	0.1
福島	15	3 464	x	x	9	④ 1 622	0.1
茨城	108	781	—	2 824	202	181	—
栃木	164	3 398	—	x	283	51	—
群馬	14	4 238	280	166	1 281	972	—
埼玉	2	715	x	x	120	303	—
千葉	321	3 520	—	x	54	x	—
東京	—	225	—	—	16	4	—
神奈川	15	209	—	—	x	1	—
新潟	20	2 594	② 19 386	② 22 045	① 36 680	② 5 017	—
富山	31	1 592	x	x	x	1	—
石川	331	366	x	x	64	148	0.3
福井	380	226	92	—	111	22	—
山梨	7	204	—	x	17	50	—
長野	38	3 054	① 79 018	① 51 122	④ 2 729	① 5 687	① 31.8
岐阜	51	2 586	—	x	87	483	0.0
静岡	342	1 968	—	3 181	② 5 102	7	—
愛知	15	919	—	x	27	1	—
三重	280	912	—	x	x	863	—
滋賀	3	376	—	—	x	x	—
京都	③ 3 164	219	—	—	0	1	0.0
大阪	92	120	—	x	—	x	—
兵庫	161	746	—	x	x	15	0.0
奈良	1	423	—	230	x	x	x
和歌山	79	1 134	—	19	—	151	x
鳥取	45	397	52	105	45	87	0.0
島根	51	1 490	0	34	179	3	x
岡山	184	1 575	1	29	16	13	④ 0.4
広島	5	714	360	x	x	7	0.2
山口	136	502	x	x	x	0	x
徳島	416	② 7 084	—	x	—	x	0.1
香川	⑤ 986	129	135	x	—	0	0.0
愛媛	121	1 509	x	x	—	2	x
高知	341	560	—	1 211	1	2	—
福岡	① 4 386	890	4 933	14 636	③ 3 768	8	—
佐賀	64	126	x	x	—	x	—
長崎	0	3 202	x	1 069	x	x	—
熊本	④ 2 287	2 217	1 865	x	x	5	—
大分	363	① 7 695	2 930	x	—	460	—
宮崎	620	④ 5 626	x	88	52	x	—
鹿児島	② 3 999	1 245	1 088	146	x	x	—
沖縄	1	100	x	x	—	—	—
全国	19 917	86 573	129 587	119 545	54 521	24 063	39.4

農林水産省「特用林産物生産統計調査」より作成。○内の数字は全国順位。1) 乾しいたけは、生しいたけ換算。エリンギ（全国計38344 t、1 位長野16434 t、2 位新潟12007 t）、きくらげ（全国計3031 t、1 位鳥取269 t、2 位山口259 t、3 位大分238 t）、乾きくらげは、生きくらげに換算。xは秘匿。

表 4 - 24　漁業経営の状況（海面漁業）（2018年11月 1 日現在）

	経営体数		漁業就業者（人）		保有漁船（隻）	
	計	うち 個人	計	15〜59歳 の男性の 割合（%）	計	うち 動力船1)
北海道	11 089	10 006	① 24 378	56.6	19 142	6 376
青森	3 702	3 567	③ 8 395	39.2	4 860	2 749
岩手	3 406	3 317	④ 6 327	38.9	5 791	1 146
宮城	2 326	2 214	⑤ 6 224	42.9	5 318	1 498
秋田	632	590	773	26.6	888	351
山形	284	271	368	35.6	395	177
福島	377	354	1 080	51.7	444	316
茨城	343	318	1 194	61.5	465	371
栃木	—	—	—	—	—	—
群馬	—	—	—	—	—	—
埼玉	—	—	—	—	—	—
千葉	1 796	1 739	3 678	43.5	3 084	1 180
東京	512	503	896	55.2	548	429
神奈川	1 005	920	1 848	49.5	1 779	844
新潟	1 338	1 307	1 954	31.7	1 896	617
富山	250	204	1 216	63.6	486	319
石川	1 255	1 176	2 409	41.9	1 814	952
福井	816	778	1 328	43.1	1 235	738
山梨	—	—	—	—	—	—
長野	—	—	—	—	—	—
岐阜	—	—	—	—	—	—
静岡	2 200	2 095	4 814	52.6	3 079	1 917
愛知	1 924	1 849	3 373	46.3	3 154	1 253
三重	3 178	3 054	6 108	34.8	6 582	3 047
滋賀	—	—	—	—	—	—
京都	636	618	928	48.4	983	488
大阪	519	493	870	62.1	778	688
兵庫	2 712	2 247	4 840	58.1	5 167	3 921
奈良	—	—	—	—	—	—
和歌山	1 581	1 535	2 402	41.9	2 327	1 653
鳥取	586	538	1 125	55.6	680	377
島根	1 576	1 487	2 519	39.3	2 231	1 258
岡山	872	843	1 306	42.6	1 736	1 177
広島	2 162	2 059	3 327	34.6	3 314	2 471
山口	2 858	2 790	3 923	29.2	3 865	2 905
徳島	1 321	1 276	2 046	36.8	2 381	1 261
香川	1 234	1 125	1 913	42.9	2 587	1 675
愛媛	3 444	3 284	6 186	42.9	6 058	3 884
高知	1 599	1 507	3 295	43.9	2 524	1 762
福岡	2 386	2 277	4 376	44.7	4 625	2 707
佐賀	1 609	1 554	3 669	49.1	4 855	1 854
長崎	5 998	5 740	② 11 762	41.4	9 913	6 314
熊本	2 829	2 734	5 392	34.9	4 800	2 591
大分	1 914	1 807	3 455	34.5	3 117	2 088
宮崎	950	790	2 202	52.8	1 438	1 176
鹿児島	3 115	2 877	6 116	45.7	4 905	3 319
沖縄	2 733	2 683	3 686	57.3	2 947	2 071
全国	79 067	74 526	151 701	45.3	132 201	69 920

農林水産省「2018年漁業センサス」より作成。〇内の数字は全国順位。356ページの注記参照。

表 4 - 25　漁業生産量と産出額（2020年）

	漁業生産量（t）					産出額（億円）		
		海面		内水面		海面		
	計	漁業漁獲量	養殖業収穫量	漁業漁獲量	養殖業収穫量	計	漁業	養殖業
北海道	996 240	894 911	94 115	7 106	108	2 021	1 801	220
青森	175 855	91 117	81 374	3 300	64	454	348	106
岩手	96 550	65 683	30 419	236	212	306	238	68
宮城	249 251	165 161	83 798	105	187	718	487	231
秋田	6 362	5 979	85	244	54	27	26	0
山形	4 945	4 399	—	448	98	22	22	—
福島	72 734	71 505	77	9	1 143	99	99	0
茨城	x	302 213	x	2 438	920	225	x	x
栃木	1 061	—	—	356	705	—	—	—
群馬	273	—	—	1	272	—	—	—
埼玉	3	—	—	2	1	—	—	—
千葉	103 423	99 143	4 142	50	88	252	232	19
東京	x	45 535	x	61	34	150	x	x
神奈川	31 799	30 599	816	345	39	145	141	4
新潟	28 571	26 679	1 317	411	164	104	98	7
富山	26 300	26 115	19	120	46	116	116	0
石川	54 567	53 224	1 308	19	16	153	149	3
福井	12 402	12 073	294	28	7	76	72	5
山梨	942	—	—	3	939	—	—	—
長野	1 356	—	—	50	1 306	—	—	—
岐阜	1 433	—	—	217	1 216	—	—	—
静岡	x	184 055	2 445	x	2 499	459	432	26
愛知	69 437	53 459	10 292	18	5 668	160	131	29
三重	144 968	124 667	19 972	82	247	361	212	149
滋賀	1 122	—	—	833	289	—	—	—
京都	10 680	9 716	944	10	10	39	29	10
大阪	x	14 884	515	—	x	37	36	1
兵庫	118 122	41 591	76 490	7	34	488	237	252
奈良	13	—	—	0	13	—	—	—
和歌山	17 023	13 065	3 303	7	648	127	62	65
鳥取	93 613	91 390	1 885	293	45	207	185	21
島根	93 927	89 364	431	4 121	11	175	169	6
岡山	24 362	2 579	21 469	250	64	67	16	51
広島	118 200	18 958	99 158	17	67	226	61	164
山口	23 840	22 811	987	15	27	141	123	17
徳島	21 456	9 368	11 629	33	426	97	45	52
香川	35 027	12 113	22 905	—	9	167	55	112
愛媛	148 213	81 166	66 848	146	53	756	170	586
高知	83 100	64 547	18 198	117	238	424	240	184
福岡	66 965	16 411	50 245	81	228	305	89	217
佐賀	83 226	6 531	76 685	5	5	306	33	273
長崎	251 077	228 051	23 021	—	5	893	564	328
熊本	66 444	13 080	52 990	35	339	334	47	287
大分	59 324	35 518	23 550	93	163	325	94	232
宮崎	135 571	118 947	13 339	33	3 252	309	224	85
鹿児島	x	53 799	48 932	x	7 125	649	182	467
沖縄	x	12 928	25 651	—	x	184	94	90
全国	4 233 815	3 213 334	969 649	21 745	29 087	12 103	7 735	4 368

資料・注記は356ページ参照。xは秘匿分。

表4-26　海面漁業の魚種別漁獲量（Ⅰ）（2020年）（単位　t）

	魚類						
	まぐろ類	かつお類	さけ類	いわし類	あじ類	さば類	さんま
北海道	316	13	①51 789	21 780	363	19 973	①12 073
青森	5 197	2 656	②1 530	26 195	289	13 834	x
岩手	5 265	260	③1 305	8 893	380	12 804	②4 338
宮城	②22 380	③24 923	④431	③53 107	468	12 555	③3 675
秋田	56	7	⑤342	112	427	296	—
山形	31	1	282	6	84	21	—
福島	3 113	992	2	47 229	16	13 456	⑤2 379
茨城	1 446	1 644	0	①229 602	283	①63 223	—
栃木	—	—	—	—	—	—	—
群馬	—	—	—	—	—	—	—
埼玉	—	—	—	—	—	—	—
千葉	x	325	—	47 736	⑤4 226	19 423	964
東京	9 152	②29 066	—	—	65	2	x
神奈川	6 923	9 052	0	2 633	632	2 673	1
新潟	3 590	10 999	271	363	1 240	325	0
富山	3 627	332	19	x	1 214	759	④3 083
石川	248	231	13	x	2 403	9 002	x
福井	39	25	7	95	443	135	x
山梨	—	—	—	—	—	—	—
長野	—	—	—	—	—	—	—
岐阜	—	—	—	—	—	—	—
静岡	①30 175	①58 882	—	49 339	901	③37 977	257
愛知	x	2	—	34 349	231	219	—
三重	⑤14 220	⑤11 376	—	⑤49 483	2 020	④35 547	x
滋賀	—	—	—	—	—	—	—
京都	37	33	3	3 339	761	305	2
大阪	—	—	—	10 819	267	72	—
兵庫	4	0	0	16 799	1 234	218	—
奈良	—	—	—	—	—	—	—
和歌山	1 006	623	—	2 105	1 808	3 049	0
鳥取	4 009	8 408	—	④50 427	2 548	8 932	—
島根	341	339	0	37 909	②14 459	10 407	1
岡山	—	—	—	416	7	2	—
広島	—	—	—	15 450	28	26	—
山口	184	37	0	5 897	1 884	959	3
徳島	766	503	—	3 683	209	79	—
香川	x	—	—	6 728	157	98	—
愛媛	545	706	—	47 689	4 172	9 583	—
高知	④17 857	④13 590	—	12 959	2 424	6 435	x
福岡	10	49	—	137	757	722	—
佐賀	4	3	—	511	321	29	3
長崎	4 302	7 698	—	②61 542	①50 183	②55 033	1 153
熊本	8	54	—	5 117	298	284	—
大分	1 319	171	—	18 399	1 872	5 383	—
宮崎	③21 291	9 434	—	38 128	③6 882	⑤32 438	—
鹿児島	10 882	3 182	—	10 352	④4 589	13 477	0
沖縄	8 377	287	—	—	15	—	—
全国	177 029	195 900	55 995	944 027	110 558	389 750	29 675

農林水産省「漁業・養殖業生産統計」より作成。xは秘匿。○内の数字は全国順位。

海面漁業の魚種別漁獲量（Ⅱ）（2020年）（単位　t）

府県別統計
漁業

	魚類			その他			
	ぶり類	たら類	たい類	えび類	かに類	いか類	あさり類
北海道	① 15 344	① 199 742	4	② 1 400	① 4 653	② 11 024	② 1 460
青森	1 737	② 5 076	367	19	473	① 18 557	1
岩手	④ 8 424	③ 4 952	86	0	335	4 785	2
宮城	3 254	④ 3 673	384	3	508	5 045	25
秋田	459	507	139	73	995	181	—
山形	274	450	319	135	408	923	—
福島	28	90	53	5	34	587	11
茨城	1 380	3	182	44	9	1 899	—
栃木	—	—	—	—	—	—	—
群馬	—	—	—	—	—	—	—
埼玉	—	—	—	—	—	—	—
千葉	⑤ 6 369	x	488	203	18	860	12
東京	30	—	2	11	314	202	46
神奈川	1 272	x	158	37	13	223	0
新潟	1 115	598	679	385	④ 1 849	945	—
富山	1 174	17	94	637	429	4 019	—
石川	4 856	⑤ 732	509	④ 859	1 228	④ 5 661	0
福井	3 224	36	205	450	392	1 573	—
山梨	—	—	—	—	—	—	—
長野	—	—	—	—	—	—	—
岐阜	—	—	—	—	—	—	—
静岡	777	—	112	261	37	246	③ 707
愛知	422	—	891	706	734	465	① 1 602
三重	3 757	—	303	293	50	302	26
滋賀	—	—	—	—	—	—	—
京都	1 281	6	95	7	47	325	1
大阪	68	—	264	66	17	81	—
兵庫	421	101	③ 2 143	③ 1 398	③ 2 675	⑤ 5 141	0
奈良	—	—	—	—	—	—	—
和歌山	905	—	502	164	3	215	—
鳥取	5 410	554	223	161	② 2 974	1 773	
島根	③ 10 713	93	1 238	2	⑤ 1 557	1 702	0
岡山	29	—	377	134	51	96	0
広島	155	—	642	78	27	122	56
山口	1 974	0	⑤ 1 270	363	58	1 094	4
徳島	707	—	329	227	3	223	2
香川	93	—	503	379	42	329	—
愛媛	3 053	—	④ 1 384	⑤ 727	155	1 506	0
高知	3 821	—	351	53	2	179	0
福岡	2 019	—	② 2 796	225	197	878	④ 213
佐賀	135	—	293	① 1 940	12	427	1
長崎	② 12 397	—	① 3 981	184	109	③ 6 558	⑤ 103
熊本	422	—	631	272	90	196	28
大分	1 214	—	542	148	56	493	4
宮崎	1 492	—	134	81	6	1 308	—
鹿児島	1 165	—	727	304	9	472	2
沖縄	24	—	12	13	10	1 567	—
全国	101 392	216 631	23 413	12 446	20 580	82 180	4 305

資料・脚注は（Ⅰ）に同じ。

表 4 - 27　養殖業の魚種別収獲量（2020年）（単位　t ）

	海面養殖業					内水面養殖業	
	ぶり類	まだい	かき類1)	わかめ類	のり類2)	うなぎ	あゆ
北海道	—	—	4 109	741	—	—	x
青森	—	—	—	48	—	—	x
岩手	—	—	⑤ 6 159	② 16 423	—	—	x
宮城	—	—	② 18 432	① 23 447	⑤ 15 463	—	x
秋田	—	—	—	79	—	—	x
山形	—	—	—	—	—	—	4
福島	—	—	—	—	77	x	x
茨城	—	—	—	—	—	—	—
栃木	—	—	—	—	—	x	④ 318
群馬	—	—	—	—	—	—	5
埼玉	—	—	—	—	—	—	—
千葉	—	x	x	x	x	—	40
東京	—	x	—	—	—	—	x
神奈川	—	—	x	518	x	—	14
新潟	—	—	654	65	—	x	x
富山	—	—	—	2	—	—	x
石川	—	—	1 287	x	—	x	—
福井	—	75	34	13	—	—	—
山梨	—	—	—	—	—	x	4
長野	—	—	—	—	—	x	—
岐阜	—	—	—	—	—	x	② 906
静岡	205	1 248	185	x	374	④ 1 536	91
愛知	—	—	x	275	9 913	② 4 315	① 1 189
三重	x	④ 3 538	2 405	x	8 348	229	13
滋賀	—	—	—	—	—	—	⑤ 217
京都	25	6	280	43	—	—	—
大阪	x	x	x	365	85	—	—
兵庫	x	x	④ 9 115	④ 3 461	② 63 135	x	x
奈良	—	—	—	—	—	2	x
和歌山	43	1 867	6	66	—	x	③ 630
鳥取	—	—	x	5	x	—	x
島根	—	—	115	149	—	—	x
岡山	—	—	③ 15 289	62	6 117	4	x
広島	65	142	① 95 992	148	2 773	2	2
山口	26	x	22	138	358	—	13
徳島	4 877	—	48	③ 5 511	x	⑤ 243	152
香川	7 079	492	900	64	13 989	x	—
愛媛	② 20 706	① 38 258	553	3	2 794	39	x
高知	9 409	③ 5 960	—	—	x	204	x
福岡	—	x	1 652	x	③ 48 446	12	x
佐賀	1 021	127	241	14	① 75 027	x	—
長崎	⑤ 9 830	⑤ 2 566	1 306	803	303	x	x
熊本	5 726	② 8 835	79	153	④ 35 929	131	87
大分	③ 20 004	489	105	x	82	17	85
宮崎	④ 11 915	1 011	34	x	—	③ 2 856	127
鹿児島	① 43 113	1 041	x	9	389	① 7 057	x
沖縄	—	x	—	—	71	x	—
全国	137 511	65 973	159 019	53 809	289 396	16 806	4 044

農林水産省「漁業・養殖業生産統計」より作成。xは秘匿。〇内の数字は全国順位。1) 殻付きの重量。2) 生重量。**真珠**（全国計15776kg、 1 位愛媛6755kg、 2 位長崎5685kg、 3 位三重2220kg）。

表 4 - 28 **事業所数**（事業内容等不詳を含む）（2021年 6 月 1 日現在）（速報）

	総数	うち民営 事業所	割合 (%)	(参考)民営事業所		
				2009	2012	2016
北海道	249 011	⑦ 240 581	4.1	257 684	242 432	233 168
青森	60 013	58 200	1.0	67 664	61 549	59 069
岩手	59 231	57 007	1.0	66 009	59 537	59 451
宮城	107 148	104 496	1.8	111 343	98 190	102 026
秋田	48 959	46 993	0.8	57 028	52 285	49 432
山形	55 467	53 892	0.9	63 346	59 304	56 551
福島	91 153	88 197	1.5	101 403	89 518	88 128
茨城	121 751	118 553	2.0	131 994	122 835	118 031
栃木	88 370	86 327	1.5	99 390	92 263	88 332
群馬	94 549	92 112	1.6	104 687	96 546	92 006
埼玉	267 988	⑤ 263 140	4.5	275 063	258 199	250 834
千葉	215 071	⑨ 210 230	3.6	213 775	200 702	196 579
東京	812 225	① 804 332	13.7	757 551	701 848	685 615
神奈川	344 198	③ 339 855	5.8	335 961	313 856	307 269
新潟	112 068	108 520	1.9	128 821	120 995	114 895
富山	53 395	51 770	0.9	59 522	55 397	52 660
石川	62 662	61 109	1.0	68 427	64 173	61 301
福井	43 655	42 122	0.7	47 551	44 160	42 443
山梨	44 926	43 442	0.7	49 287	45 636	43 173
長野	109 243	105 338	1.8	120 928	112 369	107 916
岐阜	100 660	97 720	1.7	112 569	104 946	100 331
静岡	177 163	⑩ 173 860	3.0	198 607	184 470	174 850
愛知	344 883	④ 339 199	5.8	354 453	331 581	322 820
三重	80 396	77 807	1.3	88 359	82 365	79 387
滋賀	59 295	57 532	1.0	61 473	58 057	56 655
京都	132 109	129 581	2.2	136 977	125 948	118 716
大阪	476 995	② 472 141	8.1	480 304	442 249	422 568
兵庫	238 197	⑧ 233 220	4.0	248 242	231 113	222 343
奈良	52 968	51 291	0.9	52 869	49 409	48 235
和歌山	50 344	48 553	0.8	55 151	51 133	48 218
鳥取	26 675	25 442	0.4	29 058	27 492	26 446
島根	35 988	34 403	0.6	39 875	37 225	35 476
岡山	89 363	86 742	1.5	91 258	85 833	83 415
広島	137 357	134 192	2.3	144 539	135 296	131 074
山口	62 468	60 050	1.0	70 470	65 985	62 774
徳島	38 655	37 148	0.6	41 759	39 217	37 021
香川	50 206	48 633	0.8	54 014	50 047	47 893
愛媛	67 383	64 937	1.1	73 388	68 510	65 223
高知	36 911	35 258	0.6	41 361	38 378	36 239
福岡	245 456	⑥ 241 367	4.1	237 836	224 833	223 008
佐賀	39 269	37 897	0.6	41 317	39 101	38 131
長崎	64 477	62 461	1.1	69 766	65 467	63 159
熊本	82 498	80 247	1.4	84 206	79 219	74 104
大分	56 433	54 766	0.9	60 051	56 303	54 443
宮崎	53 389	51 843	0.9	57 506	54 955	52 663
鹿児島	79 233	76 439	1.3	85 049	80 279	77 256
沖縄	75 403	73 484	1.3	71 331	67 284	67 648
全国	5 995 257	5 862 429	100.0	6 199 222	5 768 489	5 578 975

総務省・経済産業省「経済センサス-活動調査」（2012、2016、2021年）より作成。2009年データは、「経済センサス-基礎調査」。2021年の値は速報値。総数は、民営事業所と国・地方自治体の事業所の計。○内の数字は全国順位。356ページの注記参照。

府県別統計

事業所・法人・企業

表 4 - 29　民間事業所数と従業者数（2021年 6 月 1 日現在）（速報）

	民間事業所数	割合(%)	従業者数（千人）				1 事業所あたり従業者数（人）
			男女計1)	割合(%)	男	女	
北海道	213 026	4.2	2 153	3.7	1 153	981	10.1
青森	54 523	1.1	499	0.9	261	236	9.1
岩手	53 944	1.1	516	0.9	283	231	9.6
宮城	93 911	1.8	1 022	1.8	571	446	10.9
秋田	44 517	0.9	399	0.7	214	184	9.0
山形	51 626	1.0	463	0.8	250	210	9.0
福島	80 619	1.6	798	1.4	448	347	9.9
茨城	107 129	2.1	1 224	2.1	693	523	⑦ 11.4
栃木	78 983	1.6	865	1.5	486	371	10.9
群馬	84 119	1.7	890	1.5	504	381	10.6
埼玉	226 535	4.5	2 574	4.5	1 380	1 176	⑧ 11.4
千葉	179 251	3.5	2 121	3.7	1 108	1 001	⑤ 11.8
東京	616 002	12.1	9 433	16.4	5 484	3 879	① 15.3
神奈川	280 687	5.5	3 481	6.1	1 919	1 540	③ 12.4
新潟	102 811	2.0	998	1.7	551	441	9.7
富山	48 420	1.0	503	0.9	281	219	10.4
石川	55 791	1.1	542	0.9	295	244	9.7
福井	39 434	0.8	374	0.7	205	166	9.5
山梨	40 374	0.8	364	0.6	202	161	9.0
長野	98 643	1.9	919	1.6	515	401	9.3
岐阜	91 077	1.8	877	1.5	473	401	9.6
静岡	159 628	3.1	1 720	3.0	965	745	10.8
愛知	295 277	5.8	3 832	6.7	2 242	1 574	② 13.0
三重	71 200	1.4	795	1.4	443	347	⑨ 11.2
滋賀	53 115	1.0	615	1.1	349	263	⑥ 11.6
京都	108 368	2.1	1 140	2.0	612	522	10.5
大阪	377 959	7.4	4 491	7.8	2 471	1 980	④ 11.9
兵庫	199 966	3.9	2 195	3.8	1 162	1 022	11.0
奈良	44 923	0.9	440	0.8	218	217	9.8
和歌山	44 959	0.9	377	0.7	199	174	8.4
鳥取	23 891	0.5	228	0.4	121	107	9.6
島根	32 345	0.6	294	0.5	161	130	9.1
岡山	77 428	1.5	835	1.5	459	371	10.8
広島	120 069	2.4	1 294	2.3	719	563	10.8
山口	55 759	1.1	571	1.0	307	254	10.2
徳島	33 794	0.7	305	0.5	160	144	9.0
香川	44 528	0.9	436	0.8	240	193	9.8
愛媛	59 021	1.2	563	1.0	301	256	9.5
高知	32 839	0.6	276	0.5	141	133	8.4
福岡	205 965	4.1	2 295	4.0	1 220	1 059	⑩ 11.1
佐賀	35 274	0.7	357	0.6	188	166	10.1
長崎	57 885	1.1	525	0.9	268	255	9.1
熊本	71 677	1.4	709	1.2	367	333	9.9
大分	49 937	1.0	474	0.8	254	216	9.5
宮崎	48 325	1.0	439	0.8	225	212	9.1
鹿児島	70 858	1.4	655	1.1	339	314	9.2
沖縄	62 205	1.2	581	1.0	299	279	9.3
全国	5 078 617	100.0	57 458	100.0	31 704	25 366	11.3

総務省・経済産業省「経済センサス－活動調査」（2021年）より作成。表4-28と異なり、本表の数値は、事業内容等不詳の事業所を含まず。1) 男女別「不詳」を含む。表4-28の注記参照。

表 4 - 30 従業者規模別の民営事業所数 (2021年6月1日)(速報)

	1～4人	5～9人	10～29人	30～99人	100～299人	300人以上	出向・派遣従業者のみ[1]
北海道	118 673	42 568	36 725	10 976	1 881	359	1 844
青森	31 675	10 234	9 210	2 577	397	60	370
岩手	30 736	10 332	9 357	2 655	406	78	380
宮城	50 139	19 416	17 681	4 994	922	189	570
秋田	26 401	8 312	7 089	2 083	294	52	286
山形	31 369	9 448	7 706	2 410	369	73	251
福島	45 944	15 791	13 618	3 961	703	125	477
茨城	60 198	20 404	18 760	5 826	1 120	293	528
栃木	44 971	15 110	13 275	4 177	751	180	519
群馬	49 287	15 335	13 652	4 342	841	186	476
埼玉	124 542	43 685	41 403	12 739	2 493	546	1 127
千葉	95 899	35 468	33 805	10 531	2 019	436	1 093
東京	330 167	120 891	108 470	37 703	9 420	3 399	5 952
神奈川	152 529	54 591	51 899	16 151	3 168	946	1 403
新潟	60 377	18 979	16 683	5 062	906	171	633
富山	28 074	8 991	7 809	2 570	481	90	405
石川	33 183	10 234	8 753	2 594	468	108	451
福井	23 508	7 246	6 150	1 846	332	63	289
山梨	25 081	7 178	5 723	1 739	314	66	273
長野	60 324	17 640	14 674	4 417	793	173	622
岐阜	53 816	16 806	14 760	4 255	788	148	504
静岡	92 503	29 861	26 224	8 223	1 597	372	848
愛知	158 173	58 535	54 892	17 397	3 572	921	1 787
三重	40 265	13 909	11 862	3 785	742	168	469
滋賀	30 127	9 717	9 248	2 918	622	147	336
京都	64 218	19 871	17 106	5 324	1 005	251	593
大阪	208 288	74 495	66 075	21 487	4 252	1 112	2 250
兵庫	113 174	39 094	33 646	10 283	2 140	487	1 142
奈良	26 432	8 443	7 168	2 186	373	80	241
和歌山	28 272	7 947	6 265	1 848	314	45	268
鳥取	13 604	4 732	4 032	1 130	186	36	171
島根	19 041	6 254	5 098	1 478	209	40	225
岡山	43 362	15 211	13 393	4 098	735	168	461
広島	67 657	23 872	20 186	6 177	1 181	255	741
山口	31 478	11 040	9 476	2 775	453	109	428
徳島	20 716	6 213	4 968	1 384	244	46	223
香川	25 708	8 683	7 031	2 261	395	69	381
愛媛	34 139	11 431	9 700	2 870	460	88	333
高知	19 915	6 152	4 939	1 355	219	25	234
福岡	111 380	42 710	36 681	11 404	1 966	474	1 350
佐賀	20 026	6 732	6 047	1 790	339	60	280
長崎	34 122	11 243	9 156	2 584	392	80	308
熊本	40 739	14 269	12 080	3 492	546	133	418
大分	28 897	9 736	8 142	2 389	378	67	328
宮崎	28 264	9 310	7 749	2 339	316	67	280
鹿児島	41 102	13 897	11 549	3 313	487	94	416
沖縄	37 205	11 667	9 626	2 792	466	104	345
全国	2 855 700	983 683	869 541	270 690	52 455	13 239	33 309

総務省・経済産業省「経済センサス－活動調査」(2021年) より作成。事業内容等不詳の事業所を含まず。
1) 所属する従業者が1人もおらず、他からの出向・派遣従業者のみの事業所。

表 4 - 31　産業別の民営事業所数（Ⅰ）（2021年 6 月 1 日現在）（速報）

	農林漁業(個人経営を除く)	鉱業、採石業、砂利採取業	建設業	製造業	電気・ガス・熱供給・水道業	情報通信業
北海道	① 5 082	① 175	⑥ 21 326	10 207	② 467	⑥ 2 508
青森	850	28	5 640	2 685	132	396
岩手	⑧ 1 104	⑩ 62	5 281	3 479	108	425
宮城	956	56	10 460	5 091	139	1 132
秋田	933	49	4 862	3 122	136	286
山形	741	21	5 660	4 527	83	334
福島	900	⑨ 63	9 944	6 384	200	540
茨城	1 020	③ 73	13 985	9 775	⑦ 301	826
栃木	777	50	8 764	8 006	207	503
群馬	840	30	9 390	9 712	⑧ 300	584
埼玉	734	33	⑤ 25 506	④ 23 655	231	⑦ 2 145
千葉	⑥ 1 237	⑦ 65	⑦ 19 901	10 303	⑤ 352	⑧ 1 898
東京	577	④ 71	① 41 197	② 38 174	① 823	① 28 065
神奈川	746	23	② 28 937	⑥ 17 121	252	③ 4 877
新潟	③ 1 422	② 86	12 327	10 192	185	783
富山	810	34	5 393	4 683	74	437
石川	552	27	5 801	6 347	70	599
福井	541	17	4 514	4 732	52	346
山梨	365	29	4 144	4 134	103	331
長野	④ 1 350	⑦ 65	10 679	9 749	274	939
岐阜	906	④ 71	9 654	⑧ 12 128	148	562
静岡	895	56	⑩ 16 359	⑤ 17 564	⑨ 298	⑩ 1 364
愛知	⑨ 1 042	⑥ 68	③ 27 177	③ 32 538	③ 437	④ 3 911
三重	811	40	7 401	6 773	177	460
滋賀	749	22	5 420	5 161	85	389
京都	515	25	8 502	⑨ 11 973	94	1 190
大阪	357	13	④ 27 166	① 38 727	⑥ 344	② 6 855
兵庫	⑩ 1 024	35	⑨ 16 522	⑦ 16 530	⑩ 278	⑨ 1 815
奈良	207	7	3 543	4 277	69	351
和歌山	297	9	4 237	3 564	74	264
鳥取	442	6	2 210	1 428	41	233
島根	688	31	3 386	2 091	75	260
岡山	630	43	8 189	6 336	215	725
広島	977	22	11 352	9 379	235	1 266
山口	606	31	5 964	3 215	100	442
徳島	441	17	3 223	2 321	148	249
香川	568	31	4 281	3 778	156	408
愛媛	691	30	5 902	4 516	139	514
高知	469	30	2 891	2 033	110	245
福岡	1 014	44	⑧ 19 646	⑩ 11 342	④ 386	⑤ 3 090
佐賀	461	11	3 337	2 677	87	229
長崎	761	27	5 503	3 555	132	382
熊本	⑦ 1 207	27	7 323	3 945	202	597
大分	947	30	4 888	2 837	184	399
宮崎	⑤ 1 300	10	4 865	2 792	162	357
鹿児島	② 1 819	54	6 418	4 526	263	496
沖縄	530	41	4 579	2 780	64	768
全国	41 891	1 888	483 649	410 864	9 192	75 775

総務省・経済産業省「経済センサス－活動調査」（2021年）より作成。事業内容等不詳の事業所を含まず。
民間事業所数の全国計は表4-29と同じ。〇内の数字は全国順位。356ページの注記参照。

産業別の民営事業所数（Ⅱ）（2021年6月1日現在）（速報）

	運輸業、郵便業	卸売業、小売業	金融業、保険業	不動産業、物品賃貸業	学術研究、専門・技術サービス業	宿泊業、飲食サービス業
北海道	⑥ 6 456	⑦ 50 073	④ 4 044	⑥ 15 321	⑧ 8 857	⑤ 26 779
青森	1 372	13 870	1 042	2 996	1 763	6 601
岩手	1 414	13 411	941	3 729	1 965	5 903
宮城	2 797	24 361	1 545	6 652	4 329	10 016
秋田	900	11 203	732	1 712	1 589	4 823
山形	936	12 599	851	2 494	1 792	5 894
福島	1 929	19 605	1 407	4 840	3 176	8 779
茨城	3 526	25 883	1 521	5 753	4 318	10 634
栃木	2 099	19 185	1 199	4 765	3 084	8 814
群馬	2 048	19 317	1 388	5 273	3 304	8 665
埼玉	⑤ 7 244	⑥ 50 356	⑦ 3 043	⑤ 17 465	⑥ 9 536	⑧ 22 094
千葉	⑦ 5 666	⑨ 41 738	⑨ 2 775	⑨ 13 034	⑨ 7 873	⑨ 19 814
東京	① 13 327	① 137 110	① 11 988	① 63 759	① 50 367	① 73 086
神奈川	③ 7 636	④ 59 517	⑤ 3 745	③ 28 527	③ 15 342	④ 31 377
新潟	2 104	24 996	1 596	4 925	3 768	11 054
富山	1 059	12 032	948	2 093	1 900	4 754
石川	1 299	13 331	943	2 909	2 394	6 295
福井	833	9 303	729	1 470	1 587	4 657
山梨	784	8 993	607	2 515	1 510	5 517
長野	1 877	22 366	1 492	6 688	4 126	13 379
岐阜	1 725	21 279	1 496	4 720	3 646	10 457
静岡	⑩ 4 004	⑩ 37 991	⑩ 2 587	⑩ 10 554	⑩ 6 832	⑩ 18 140
愛知	④ 7 609	③ 68 627	③ 4 781	④ 20 150	④ 15 085	③ 32 891
三重	1 938	17 043	1 165	3 672	2 680	7 757
滋賀	1 368	11 785	780	3 149	2 260	5 076
京都	2 133	25 471	1 518	8 679	5 000	13 225
大阪	② 10 051	② 87 771	② 5 376	② 36 037	② 21 418	② 43 341
兵庫	⑨ 5 318	⑧ 46 876	⑧ 2 988	⑦ 14 554	⑦ 9 110	⑥ 24 830
奈良	765	10 639	680	3 148	1 741	4 505
和歌山	921	11 224	714	2 759	1 614	5 121
鳥取	502	5 971	485	1 213	956	2 820
島根	723	7 972	548	1 539	1 360	3 187
岡山	2 324	19 053	1 324	5 252	3 371	7 318
広島	3 423	29 298	1 968	9 453	5 625	12 764
山口	1 511	14 337	1 044	3 037	2 223	5 749
徳島	739	8 320	592	2 224	1 324	3 804
香川	1 203	11 245	806	2 968	1 890	4 706
愛媛	1 674	14 967	1 110	3 414	2 380	6 367
高知	705	8 728	597	1 473	1 174	4 655
福岡	⑧ 5 427	⑤ 53 005	⑥ 3 579	⑧ 14 166	⑤ 10 487	⑦ 23 601
佐賀	918	9 125	638	1 600	1 271	4 011
長崎	1 350	15 288	969	3 449	2 104	6 703
熊本	1 628	18 405	1 205	4 318	3 261	7 740
大分	1 077	12 315	847	2 913	2 025	6 083
宮崎	898	12 067	851	2 025	1 956	6 280
鹿児島	1 722	18 435	1 270	3 174	2 978	8 291
沖縄	1 286	14 021	878	5 790	2 837	9 985
全国	128 248	1 200 507	83 332	372 350	249 188	578 342

資料・注記は（Ⅰ）に同じ。

府県別統計　事業所・法人・企業

産業別の民営事業所数（Ⅲ）（2021年 6 月 1 日現在）（速報）

	生活関連サービス業、娯楽業1)	教育、学習支援業	医療、福祉	複合サービス事業2)	サービス業3)（他に分類されないもの）	計
北海道	⑥ 18 428	⑨ 5 338	⑧ 19 928	① 1 865	⑤ 16 172	⑥ 213 026
青森	5 897	1 671	5 124	464	3 992	54 523
岩手	5 393	1 313	4 953	515	3 948	53 944
宮城	8 181	2 906	8 112	578	6 600	93 911
秋田	5 217	1 092	3 869	555	3 437	44 517
山形	5 561	1 261	4 201	542	4 129	51 626
福島	7 490	2 087	6 478	673	6 124	80 619
茨城	10 323	3 064	8 079	650	7 398	107 129
栃木	7 296	2 404	6 389	456	4 985	78 983
群馬	7 509	2 344	7 141	479	5 795	84 119
埼玉	⑤ 20 103	⑤ 8 260	⑤ 21 495	913	⑧ 13 722	⑤ 226 535
千葉	⑦ 17 237	⑦ 6 418	⑨ 17 895	⑨ 937	⑨ 12 108	⑨ 179 251
東京	① 42 886	① 18 998	① 52 143	② 1 725	① 41 706	① 616 002
神奈川	④ 22 508	③ 10 969	③ 31 094	⑥ 1 067	④ 16 949	④ 280 687
新潟	9 741	2 963	7 820	877	7 972	102 811
富山	4 373	1 557	3 694	407	4 172	48 420
石川	4 655	1 805	3 970	441	4 353	55 791
福井	3 336	1 034	2 594	344	3 345	39 434
山梨	3 437	1 245	3 037	373	3 250	40 374
長野	8 073	2 710	7 413	845	6 618	98 643
岐阜	7 656	2 869	7 271	689	5 800	91 077
静岡	⑩ 13 790	⑩ 5 136	⑩ 12 402	⑩ 920	⑩ 10 736	⑩ 159 628
愛知	③ 23 626	④ 10 966	④ 24 723	④ 1 355	③ 20 291	③ 295 277
三重	6 000	2 171	5 960	660	6 492	71 200
滋賀	4 333	1 903	4 746	375	5 514	53 115
京都	8 275	3 422	9 140	575	8 631	108 368
大阪	② 26 494	② 11 491	② 37 815	③ 1 370	② 23 333	② 377 959
兵庫	⑨ 16 401	⑥ 7 718	⑦ 20 184	⑤ 1 263	⑦ 14 520	⑧ 199 966
奈良	3 818	1 757	4 714	392	4 310	44 923
和歌山	3 931	1 368	4 360	449	4 053	44 959
鳥取	2 372	721	2 230	317	1 944	23 891
島根	3 017	843	2 955	635	3 035	32 345
岡山	6 668	2 169	6 939	733	6 139	77 428
広島	10 074	3 910	10 675	⑧ 967	8 681	120 069
山口	5 115	1 628	5 186	625	4 946	55 759
徳島	3 168	1 066	3 141	313	2 704	33 794
香川	3 654	1 365	3 515	382	3 572	44 528
愛媛	5 364	1 590	5 236	616	4 511	59 021
高知	3 197	874	2 884	462	2 312	32 839
福岡	⑧ 17 139	⑧ 6 049	⑥ 20 802	⑦ 1 046	⑥ 15 142	⑦ 205 965
佐賀	3 001	1 042	3 442	342	3 082	35 274
長崎	5 265	1 558	6 065	618	4 156	57 885
熊本	6 510	1 944	7 056	752	5 557	71 677
大分	4 569	1 293	4 688	503	4 339	49 937
宮崎	4 735	1 437	4 799	439	3 352	48 325
鹿児島	6 592	1 926	7 336	871	4 687	70 858
沖縄	5 615	2 697	5 963	297	4 074	62 205
全国	428 023	160 352	459 656	32 672	362 688	5 078 617

資料・注記は（Ⅰ）に同じ。1) 洗濯・理容・美容・浴場業や娯楽業など。家事サービスを除く。2) 郵便局や農業協同組合等。3) 外国公務を除く。

表 4 - 32　企業等数、売上高、純付加価値額 （速報）

	企業等数 (2021年 6月1日)	法人	会社 企業	会社以外 の法人	個人経営	売上高 (2020年) (億円)	純付加 価値額 (2020年) (億円)
北海道	⑥ 147 977	88 736	76 200	12 536	59 241	376 114	74 580
青森	39 509	18 074	14 845	3 229	21 435	72 930	15 398
岩手	37 100	17 344	13 927	3 417	19 756	69 645	15 009
宮城	61 146	33 974	29 460	4 514	27 172	192 923	36 723
秋田	32 401	14 700	11 740	2 960	17 701	49 053	11 609
山形	38 486	18 001	14 365	3 636	20 485	63 466	14 942
福島	58 249	31 584	27 037	4 547	26 665	114 443	24 091
茨城	78 294	39 252	34 388	4 864	39 042	163 961	37 020
栃木	57 683	31 526	27 759	3 767	26 157	111 612	25 716
群馬	63 639	33 903	29 323	4 580	29 736	147 458	30 933
埼玉	⑤ 160 262	94 831	85 347	9 484	65 431	379 263	84 856
千葉	⑨ 123 179	74 210	65 819	8 391	48 969	297 562	60 319
東京	① 451 408	314 245	285 335	28 910	137 163	7 818 894	1 549 556
神奈川	④ 197 141	125 416	112 994	12 422	71 725	689 815	137 855
新潟	74 766	37 682	30 741	6 941	37 084	156 654	33 717
富山	35 382	18 323	14 612	3 711	17 059	92 999	19 652
石川	40 938	21 110	17 379	3 731	19 828	88 791	19 264
福井	30 196	15 671	12 502	3 169	14 525	65 366	13 731
山梨	31 340	14 561	11 992	2 569	16 779	49 676	11 672
長野	72 948	37 413	31 915	5 498	35 535	153 653	32 653
岐阜	69 526	34 236	29 494	4 742	35 290	150 761	34 033
静岡	⑩ 117 113	60 139	52 293	7 846	56 974	301 867	61 316
愛知	③ 209 402	121 606	108 798	12 808	87 796	1 143 469	185 908
三重	51 901	26 443	21 346	5 097	25 458	107 588	22 848
滋賀	37 718	20 175	14 903	5 272	17 543	73 141	16 551
京都	83 097	44 341	35 889	8 452	38 756	245 139	57 921
大阪	② 278 802	158 863	141 877	16 986	119 939	1 534 624	272 871
兵庫	⑦ 145 925	75 322	63 599	11 723	70 603	399 845	77 315
奈良	33 943	16 526	12 694	3 832	17 417	47 473	11 628
和歌山	35 261	14 416	11 118	3 298	20 845	52 807	11 533
鳥取	16 667	8 888	7 038	1 850	7 779	27 740	6 494
島根	22 912	11 874	8 769	3 105	11 038	37 630	8 678
岡山	55 434	32 882	27 760	5 122	22 552	133 232	28 838
広島	85 031	49 105	42 170	6 935	35 926	286 059	54 238
山口	38 949	20 939	16 366	4 573	18 010	84 557	19 463
徳島	26 153	13 668	11 032	2 636	12 485	42 938	10 207
香川	31 985	18 428	15 390	3 038	13 557	85 001	16 929
愛媛	43 877	23 267	19 399	3 868	20 610	106 908	18 841
高知	24 715	10 826	8 754	2 072	13 889	42 138	8 885
福岡	⑧ 142 394	77 378	65 644	11 734	65 016	455 721	86 480
佐賀	25 484	11 965	8 988	2 977	13 519	46 823	10 634
長崎	42 647	19 598	15 534	4 064	23 049	63 544	14 749
熊本	52 525	28 683	23 615	5 068	23 842	101 294	21 602
大分	36 465	19 970	15 959	4 011	16 495	66 588	14 352
宮崎	35 607	16 985	14 042	2 943	18 622	57 874	12 543
鹿児島	51 272	25 645	21 300	4 345	25 627	93 776	20 105
沖縄	47 209	18 521	15 840	2 681	28 688	77 384	17 180
全国	3 674 058	2 061 245	1 777 291	283 954	1 612 813	17 020 201	3 371 437

総務省・経済産業省「経済センサス－活動調査」（2021年）より作成。民営の企業等が対象。売上高と
純付加価値額は2020年1年間のデータ。○内の数字は全国順位。356ページの注記参照。

図4-4　1企業あたり純付加価値額（2020年）（速報）

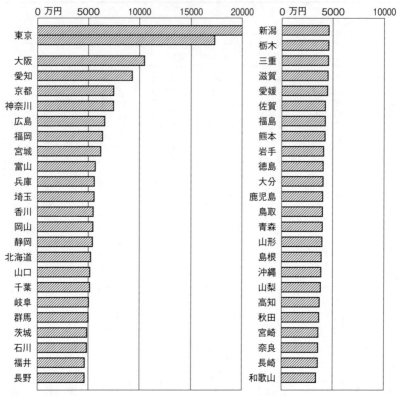

資料・注記は表4-32に同じ。

📠　令和3年(2021年)経済センサス

　2019年の「経済センサス−基礎調査」に続いて、2021年「経済センサス−活動調査」が実施された。経済センサスの調査対象は日本国内のすべての事業所・企業である（農林漁業に属する個人経営の事業所、家事サービス業に属する事業所、外国公務に属する事業所を除く）。基礎調査は、各産業のすべての事業所・企業の存在を把握して、各種統計調査に活かすことを目的とする。一方、活動調査では、日本の全産業の経済活動を明らかにすることを目的に、売上金額や費用などの経理項目を同一時点で網羅的に把握する。

　2021年活動調査は、2019年基礎調査と同じく、「国税庁法人番号公表サイト」情報を元に、所在地の外観からは把握が困難で、過去の調査で捕捉されていない事業所についても調査を行った。また、調査票の欠測値や回答内容の矛盾などについても精査し、補足訂正を行っている。そのため、過去の調査結果と単純に比較ができないことに留意する必要がある。

表 4 - 33　企業等の産業別純付加価値額（Ⅰ）（2020年）（速報）（単位　億円）

	農林漁業（個人経営を除く）	鉱業、採石業、砂利採取業	建設業	製造業	電気・ガス・熱供給・水道業	情報通信業
北海道	① 1 702	④ 64	⑤ 9 402	7 577	2 064	⑦ 1 865
青森	④ 440	8	2 084	2 529	178	197
岩手	278	25	2 195	3 059	68	221
宮城	289	23	4 963	5 323	3 266	⑧ 1 846
秋田	173	23	1 546	1 973	151	187
山形	214	13	1 843	4 402	75	192
福島	233	25	3 680	4 325	111	291
茨城	⑤ 435	27	3 739	7 209	191	953
栃木	189	26	2 692	6 212	62	618
群馬	291	13	2 959	7 171	92	421
埼玉	227	24	⑦ 8 477	⑧ 17 722	154	⑩ 1 259
千葉	⑦ 383	② 82	⑧ 6 809	7 786	435	⑥ 1 920
東京	⑧ 358	① 2 674	① 56 873	① 212 325	① 13 798	① 143 194
神奈川	268	21	④ 11 514	④ 29 043	193	③ 7 058
新潟	⑨ 355	43	4 695	7 492	216	632
富山	151	15	2 366	5 659	594	495
石川	98	7	2 142	5 327	10	481
福井	66	12	1 661	4 102	11	394
山梨	78	13	1 249	3 198	32	236
長野	③ 486	13	3 237	10 881	107	672
岐阜	215	17	3 446	8 969	39	361
静岡	264	23	⑩ 5 029	⑦ 19 976	196	1 135
愛知	⑩ 313	31	③ 13 120	③ 69 328	4 259	④ 4 956
三重	177	14	2 484	6 025	71	280
滋賀	82	7	1 633	4 830	43	112
京都	229	9	2 853	⑤ 21 622	18	⑨ 1 353
大阪	124	x	② 26 829	② 76 223	x	② 13 348
兵庫	204	13	⑨ 6 454	⑥ 21 387	274	1 251
奈良	50	9	940	2 362	27	76
和歌山	65	9	1 193	2 220	49	132
鳥取	111	0	855	1 058	12	131
島根	141	12	1 176	1 718	-43	172
岡山	188	12	3 065	5 863	155	653
広島	261	10	4 790	⑩ 11 655	2 474	1 122
山口	68	34	2 122	2 847	108	236
徳島	168	20	930	2 282	19	125
香川	122	6	1 826	4 294	703	433
愛媛	156	7	1 990	4 071	123	294
高知	115	14	1 031	1 123	25	157
福岡	216	23	⑥ 8 565	⑨ 12 918	3 257	⑤ 2 502
佐賀	73	13	1 117	2 376	33	155
長崎	173	20	1 698	1 947	64	187
熊本	176	12	2 387	4 690	45	423
大分	174	x	1 709	2 875	x	254
宮崎	⑥ 417	4	1 579	1 778	82	245
鹿児島	② 606	③ 67	2 161	2 498	168	355
沖縄	49	16	2 024	1 293	404	663
全国	11 649	3 599	237 133	651 543	40 906	194 242

府県別統計　事業所・法人・企業

総務省・経済産業省「経済センサス－活動調査」（2021年）より作成。民営の企業等が対象。事業内容等不詳の事業所を含まず。〇内の数字は全国順位。xは秘匿。356ページの表4-32の注記参照。

企業等の産業別純付加価値額 （Ⅱ）（2020年）（速報）（単位　億円）

	運輸業、郵便業	卸売業、小売業	金融業、保険業	不動産業、物品賃貸業	学術研究、専門・技術サービス業	宿泊業、飲食サービス業
北海道	⑨ 3 894	⑥ 16 442	⑩ 1 894	⑧ 2 823	⑥ 2 885	⑦ 2 128
青森	771	2 991	484	339	455	404
岩手	631	2 822	462	368	346	383
宮城	1 626	6 722	876	1 151	1 231	822
秋田	376	2 175	307	192	300	269
山形	612	2 329	413	246	292	373
福島	1 105	4 963	447	519	795	756
茨城	2 394	6 483	1 183	701	⑦ 2 876	690
栃木	1 017	4 854	759	518	948	722
群馬	1 444	7 577	942	708	867	708
埼玉	⑤ 6 168	⑤ 17 831	③ 3 609	⑥ 3 186	⑨ 2 685	⑥ 2 171
千葉	3 520	⑨ 11 583	⑦ 2 497	⑦ 2 876	⑩ 2 220	⑩ 1 435
東京	① 31 292	① 151 819	① 133 561	① 51 847	① 131 010	① 16 311
神奈川	③ 10 500	④ 21 362	⑧ 2 262	③ 7 382	③ 11 089	④ 2 834
新潟	1 528	6 949	993	538	905	921
富山	1 022	3 128	661	415	681	374
石川	734	3 904	424	488	555	457
福井	468	2 547	334	244	390	355
山梨	429	1 822	188	237	323	385
長野	945	5 552	1 153	722	809	928
岐阜	2 729	7 467	1 370	699	1 072	726
静岡	3 315	10 039	⑥ 2 705	⑩ 1 714	1 655	⑨ 1 518
愛知	④ 9 992	③ 31 967	⑤ 3 081	④ 4 836	④ 6 813	③ 4 399
三重	1 570	3 612	734	592	681	646
滋賀	688	3 011	414	512	473	466
京都	⑦ 5 342	7 764	1 431	1 620	1 885	1 330
大阪	② 13 914	② 47 522	② 12 627	② 10 200	② 11 155	② 6 049
兵庫	⑧ 4 498	⑧ 15 222	1 314	⑨ 2 396	⑧ 2 792	⑧ 1 616
奈良	425	1 831	490	449	296	314
和歌山	578	2 421	523	315	264	315
鳥取	220	1 161	168	139	252	182
島根	237	1 504	460	157	262	262
岡山	1 703	5 073	807	530	934	724
広島	⑩ 3 818	⑩ 11 550	⑨ 1 991	1 656	2 194	912
山口	983	4 744	600	399	1 554	391
徳島	362	1 661	447	205	296	234
香川	884	2 987	683	439	491	368
愛媛	977	4 034	841	339	487	411
高知	269	1 889	434	170	246	240
福岡	⑥ 5 725	⑦ 16 180	④ 3 312	⑤ 3 525	⑤ 3 626	⑤ 2 479
佐賀	426	1 887	270	141	257	284
長崎	674	2 801	100	336	551	469
熊本	800	3 707	532	503	681	548
大分	716	2 433	371	337	389	665
宮崎	420	2 029	387	292	383	399
鹿児島	916	3 930	614	408	659	527
沖縄	801	3 301	582	600	695	619
全国	133 452	485 584	190 739	109 007	202 702	60 518

資料・注記は（Ⅰ）に同じ。

企業等の産業別純付加価値額（Ⅲ）（2020年）（速報）（単位　億円）

	生活関連サービス業、娯楽業1)	教育、学習支援業	医療、福祉	複合サービス事業2)	サービス業3)（他に分類されないもの）	計
北海道	⑧ 1 308	⑩ 2 056	⑥ 12 532	② 1 674	⑦ 4 270	⑧ 74 580
青森	286	575	2 642	219	796	15 398
岩手	377	337	2 516	247	674	15 009
宮城	978	1 508	3 997	299	1 804	36 723
秋田	282	344	2 570	207	534	11 609
山形	378	499	2 194	333	536	14 942
福島	548	458	4 120	327	1 387	24 091
茨城	⑩ 1 174	1 244	5 513	287	1 921	37 020
栃木	609	999	3 766	265	1 461	25 716
群馬	650	827	4 329	270	1 665	30 933
埼玉	952	⑦ 3 048	⑦ 11 825	455	⑥ 5 066	⑥ 84 856
千葉	⑥ 1 549	⑨ 2 280	⑨ 10 573	444	⑧ 3 927	⑩ 60 319
東京	① 12 978	① 23 252	① 465 812	① 20 282	① 82 170	① 1 549 556
神奈川	③ 2 837	④ 4 116	③ 17 420	⑧ 526	⑨ 9 431	④ 137 855
新潟	661	1 012	4 589	⑤ 691	1 498	33 717
富山	300	521	2 089	235	945	19 652
石川	481	711	2 224	264	958	19 264
福井	254	452	1 541	295	605	13 731
山梨	273	455	2 095	94	564	11 672
長野	695	642	4 262	⑦ 554	996	32 653
岐阜	469	486	4 191	349	1 429	34 033
静岡	1 094	1 403	⑩ 7 518	⑥ 663	⑩ 3 069	⑨ 61 316
愛知	④ 2 716	③ 4 675	④ 15 889	④ 791	④ 8 741	③ 185 908
三重	-58	561	3 591	306	1 561	22 848
滋賀	375	319	2 467	172	948	16 551
京都	⑦ 1 318	⑥ 3 168	5 709	109	2 161	57 921
大阪	② 3 786	② 6 436	② 24 084	③ 1 222	② 12 947	② 272 871
兵庫	⑨ 1 285	⑧ 2 714	⑧ 11 727	⑨ 490	⑨ 3 679	⑦ 77 315
奈良	254	562	2 883	139	522	11 628
和歌山	226	354	2 065	245	558	11 533
鳥取	123	301	1 343	79	358	6 494
島根	174	296	1 483	233	434	8 678
岡山	565	1 533	5 329	189	1 514	28 838
広島	1 077	1 332	6 828	304	2 265	54 238
山口	438	537	3 348	175	881	19 463
徳島	183	386	2 255	140	494	10 207
香川	286	428	2 184	174	624	16 929
愛媛	490	455	3 025	296	846	18 841
高知	426	314	2 041	54	335	8 885
福岡	⑤ 1 789	⑤ 3 322	⑤ 13 132	⑩ 473	⑤ 5 436	⑤ 86 480
佐賀	176	385	2 438	195	409	10 634
長崎	377	653	3 867	183	649	14 749
熊本	511	772	4 621	338	857	21 602
大分	282	475	2 689	185	661	14 352
宮崎	277	579	2 733	276	664	12 543
鹿児島	491	759	4 675	287	983	20 105
沖縄	259	610	4 192	191	882	17 180
全国	46 957	79 151	712 916	36 226	175 112	3 371 437

資料・注記は（Ⅰ）に同じ。1) 洗濯・理容・美容・浴場業や娯楽業など。家事サービスを除く。2) 郵便局や農業協同組合等。3) 外国公務を除く。

表4-34　個人企業の1企業あたり年間売上高（2020年）（単位　千円）

	調査対象産業計	建設業	製造業	卸売業、小売業	宿泊業、飲食サービス業	生活関連サービス業、娯楽業	その他のサービス業
北海道	9 770	11 707	10 725	20 828	8 404	3 695	7 183
青森	11 334	⑩16 766	11 516	21 590	8 183	2 622	6 860
岩手	12 214	⑦17 879	10 696	21 341	9 124	3 544	9 156
宮城	13 128	12 340	10 785	⑤27 391	⑨10 564	3 720	8 814
秋田	11 140	14 339	8 377	22 743	8 560	2 025	7 186
山形	10 241	15 050	8 895	17 554	9 665	2 802	7 181
福島	10 065	13 523	8 648	17 780	8 281	3 369	7 365
茨城	13 170	13 347	10 237	24 946	⑥10 950	④5 968	8 884
栃木	11 024	10 940	6 437	21 477	8 401	3 773	9 351
群馬	11 626	12 487	9 190	23 490	8 610	4 198	8 251
埼玉	12 601	11 484	8 737	④27 769	9 244	4 080	⑦10 170
千葉	12 934	13 327	⑨11 573	⑦26 805	10 184	4 598	⑧9 625
東京	⑥14 441	11 721	7 064	⑨26 298	②11 427	②6 385	①14 301
神奈川	13 249	11 211	8 439	⑥26 971	⑦10 784	⑧5 207	③11 727
新潟	10 506	13 429	8 502	17 970	9 183	3 951	7 483
富山	⑩13 507	16 454	10 310	23 345	9 758	4 664	8 913
石川	13 343	15 513	8 373	③28 564	9 426	4 924	8 614
福井	12 930	14 225	10 642	21 256	①13 096	4 664	9 004
山梨	⑨13 923	15 355	10 654	①29 787	8 711	4 095	⑩9 454
長野	10 848	10 590	8 782	21 966	8 349	4 057	8 219
岐阜	12 428	15 410	9 528	24 978	9 198	4 149	8 511
静岡	13 394	13 249	⑦11 851	⑧26 502	9 941	⑨5 098	9 170
愛知	①14 809	14 718	11 217	②29 696	10 137	⑤5 844	④11 617
三重	13 472	14 873	⑥12 655	24 608	9 799	4 602	9 266
滋賀	⑦13 979	16 204	11 051	25 379	⑩10 278	①8 149	8 595
京都	13 342	17 632	7 901	23 954	④11 085	⑩4 989	⑥10 252
大阪	②14 761	②22 415	②15 403	25 359	8 476	⑦5 532	②12 314
兵庫	⑧13 931	16 740	④14 314	⑩25 833	9 271	③5 979	9 395
奈良	④14 698	④21 497	①17 241	22 856	8 092	⑥5 685	9 447
和歌山	⑤14 519	③22 060	③14 980	23 579	7 797	4 847	8 757
鳥取	9 937	13 976	8 862	16 932	8 042	4 101	7 288
島根	10 875	13 402	9 381	16 554	⑤11 070	4 160	8 265
岡山	11 423	12 829	8 185	21 703	9 437	4 552	8 282
広島	12 263	11 800	9 776	24 052	7 940	4 713	⑨9 551
山口	11 743	14 742	10 246	19 282	8 797	4 510	8 293
徳島	10 736	11 636	⑧11 630	18 643	8 213	2 962	8 531
香川	10 724	13 556	11 007	18 149	8 660	4 157	8 821
愛媛	10 214	13 098	9 738	16 481	9 404	3 600	7 820
高知	10 724	15 046	8 676	18 088	6 287	3 743	8 136
福岡	③14 738	⑤20 904	⑤12 677	25 832	⑧10 644	4 790	⑤10 668
佐賀	13 460	⑨16 816	11 461	23 161	③11 254	4 072	8 446
長崎	12 218	⑥18 258	⑩11 536	19 771	8 682	3 935	7 853
熊本	11 958	14 223	10 183	21 822	7 804	3 846	8 990
大分	10 457	12 450	9 559	20 232	8 494	3 477	6 276
宮崎	11 131	13 635	11 273	19 671	9 303	3 272	8 679
鹿児島	10 860	13 591	8 881	18 293	8 449	3 120	8 533
沖縄	12 424	①29 106	10 516	20 815	9 180	3 700	8 365
全国	12 806	14 694	10 670	23 776	9 498	4 618	9 946

総務省「個人企業経済調査」（2021年）より作成。農林漁業、鉱業、採石業などの個人企業を除く。356ページの注記参照。

表 4-35　個人企業の事業主の年齢階級別割合（調査対象産業計）（2021年 6 月 1 日）（%）

	事業主の年齢階級別の企業割合						後継者がいない企業の割合
	40歳未満	40～49歳	50～59歳	60～69歳	70～79歳	80歳以上	
北海道	1.3	7.9	13.7	26.6	35.9	14.3	82.0
青森	2.2	7.0	15.4	32.1	31.0	12.2	81.5
岩手	0.5	9.9	17.1	32.1	25.5	14.9	78.6
宮城	3.7	6.1	16.8	29.6	32.0	11.0	80.7
秋田	2.3	7.3	12.9	30.1	38.1	9.2	80.1
山形	1.4	7.7	10.7	31.1	34.8	14.1	77.1
福島	2.3	7.3	14.5	25.0	35.6	15.0	75.7
茨城	1.4	9.0	16.4	28.6	35.1	8.8	79.9
栃木	1.1	9.4	17.9	23.3	38.8	9.4	80.0
群馬	1.0	11.2	14.3	27.1	31.9	14.0	74.9
埼玉	2.8	11.7	14.8	23.1	34.1	13.3	80.6
千葉	1.6	11.3	14.8	23.2	37.5	11.3	81.2
東京	2.3	9.1	15.7	22.4	34.6	15.1	78.6
神奈川	2.8	11.9	16.8	20.0	34.3	14.1	79.0
新潟	1.5	4.2	18.3	28.3	34.4	13.2	80.9
富山	0.7	10.3	13.7	30.7	32.5	11.9	78.6
石川	2.4	8.4	14.6	23.5	38.8	12.2	80.3
福井	1.0	13.1	15.3	26.8	31.5	12.2	77.7
山梨	1.7	6.4	17.1	28.5	34.0	11.9	78.0
長野	1.4	7.0	16.0	26.4	37.4	11.2	78.3
岐阜	2.1	9.7	14.1	24.4	36.8	12.4	81.2
静岡	1.5	9.7	17.6	23.3	37.1	10.8	78.1
愛知	2.6	9.5	17.3	28.2	29.9	12.2	⑩ 82.1
三重	1.7	6.8	19.9	28.4	33.7	9.5	82.0
滋賀	1.7	9.2	17.3	31.7	31.5	8.4	⑥ 83.6
京都	1.4	10.9	19.9	20.0	35.0	12.8	80.8
大阪	1.7	11.9	18.0	23.0	31.8	13.5	④ 83.8
兵庫	1.7	11.4	21.0	25.1	30.9	9.6	⑤ 83.7
奈良	1.1	8.1	16.4	27.7	34.6	10.4	76.7
和歌山	2.4	12.1	13.4	25.0	35.4	11.5	75.4
鳥取	1.5	12.3	15.7	25.4	33.7	11.4	① 87.1
島根	2.1	3.0	20.1	22.9	38.4	12.7	77.9
岡山	2.6	11.0	14.7	25.3	38.1	8.4	77.9
広島	2.1	7.8	14.7	23.2	36.8	14.9	78.9
山口	2.5	9.0	9.7	29.9	35.4	13.4	⑨ 82.3
徳島	4.3	9.1	15.0	23.4	35.6	11.7	81.8
香川	2.2	11.9	13.4	22.4	37.9	12.1	78.1
愛媛	1.4	6.3	15.5	31.6	32.5	11.8	81.5
高知	1.3	9.3	14.0	30.6	34.7	9.9	81.9
福岡	3.4	13.1	18.2	25.0	31.6	8.7	⑧ 82.7
佐賀	3.3	13.8	11.1	38.3	26.0	7.1	79.3
長崎	1.3	10.8	17.6	25.2	35.8	8.9	79.0
熊本	3.7	8.7	15.6	28.3	31.0	12.6	79.2
大分	1.3	8.5	13.8	30.8	32.3	13.2	⑦ 83.2
宮崎	1.2	10.3	10.6	34.5	34.3	8.4	② 85.0
鹿児島	2.4	10.6	13.5	32.8	24.7	16.0	③ 84.7
沖縄	3.4	11.4	21.6	28.3	27.6	7.7	77.8
全国	2.0	9.7	16.2	25.9	33.8	12.1	80.5

資料・注記は表4-34に同じ。年齢階級別割合には不詳があるため、合計が100%にならない。

表 4 - 36　企業倒産件数と負債総額

	倒産件数 (件)		負債総額 (百万円)		1件あたり 負債総額 (百万円)	
	2020	2021	2020	2021	2020	2021
北海道	175	139	24 322	16 080	139	116
青森	44	33	7 086	6 047	161	183
岩手	42	25	8 127	15 025	194	① 601
宮城	113	72	23 379	16 465	207	228
秋田	44	19	4 704	4 892	107	257
山形	38	41	7 065	7 934	186	194
福島	74	50	8 886	10 884	120	218
茨城	118	104	11 103	10 886	94	105
栃木	96	94	12 145	16 239	127	173
群馬	78	62	17 427	15 720	223	254
埼玉	348	⑥ 282	34 146	⑦ 38 106	98	135
千葉	232	⑧ 206	25 796	⑧ 32 777	111	159
東京	1 392	① 1 126	239 239	① 405 147	172	③ 360
神奈川	443	④ 360	47 186	⑤ 42 833	107	119
新潟	74	47	74 750	7 353	1 010	156
富山	85	54	8 812	9 219	104	171
石川	68	58	9 278	15 148	136	261
福井	48	36	6 898	3 803	144	106
山梨	31	19	6 856	5 681	221	⑦ 299
長野	80	66	18 003	16 872	225	256
岐阜	138	102	17 134	⑩ 23 477	124	230
静岡	203	⑩ 180	30 406	③ 56 182	150	⑤ 312
愛知	542	③ 364	82 766	④ 43 177	153	119
三重	66	72	14 125	10 192	214	142
滋賀	79	52	11 094	2 179	140	42
京都	253	⑨ 200	15 552	14 715	61	74
大阪	1 132	② 847	177 606	② 82 070	157	97
兵庫	423	⑤ 339	55 058	⑥ 40 827	130	120
奈良	86	74	12 060	4 702	140	64
和歌山	90	63	9 658	12 197	107	194
鳥取	19	16	3 447	2 350	181	147
島根	32	28	12 664	2 846	396	102
岡山	75	55	11 443	14 427	153	⑩ 262
広島	167	96	28 047	14 711	168	153
山口	65	52	6 499	10 836	100	208
徳島	50	27	10 953	6 214	219	230
香川	37	39	6 711	10 434	181	⑨ 268
愛媛	40	46	8 712	14 002	218	⑥ 304
高知	31	17	3 521	7 331	114	② 431
福岡	292	⑦ 208	60 873	⑨ 31 823	208	153
佐賀	42	22	5 944	1 795	142	82
長崎	41	40	4 888	6 699	119	167
熊本	75	44	10 754	5 687	143	129
大分	52	37	6 011	12 589	116	④ 340
宮崎	33	27	3 454	3 367	105	125
鹿児島	53	52	11 818	7 774	223	150
沖縄	34	38	3 640	10 989	107	⑧ 289
全国	7 773	6 030	1 220 046	1 150 703	157	191

東京商工リサーチ「全国企業倒産状況」より作成。負債総額1000万円以上の件数。○内は全国順位。

図 **4-5**　製造品出荷額等の都道府県別比較（2019年）

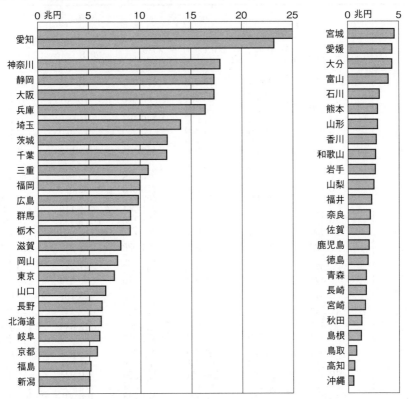

表4-37（Ⅰ）より作成。全事業所対象。

📧　個人企業の後継者問題

　総務省による「個人企業経済調査」は、全国の約200万個人企業（2016年経済センサス－活動調査結果より）のうち約4万企業を調査対象として抽出し、1企業あたりの年間売上高などを公表している（表4-34）。農林漁業や家事サービス業、病院、歯科診療所などを除くほぼ全産業が調査対象である。

　個人企業の多くは、大企業との競争の激化で経営が苦しく、さらに現在、コロナ禍での需要停滞が経営悪化に追い打ちをかける状況である。また、個人企業は、事業主の高齢化や後継者不足など、構造的な問題も抱えている。

　2021年調査結果によると、個人企業で事業主が70歳以上を超える割合は45.9％で、事業を続けるために次の後継者を見つけることが必須である。しかし、後継者がいない個人企業の割合は80.5％で、前年より0.8ポイント上昇している。都道府県別でみると、特に高いのが鳥取県の87.1％、宮崎県の85.0％、鹿児島県の84.7％などとなっている（表4-35）。

表 4 - 37　工業統計（Ⅰ）（全事業所）

	事業所数		従業者数[1] （人）		製造品出荷額等[2] （億円）	
	2019 （6月1日）	2020 （6月1日）	2019 （6月1日）	2020 （6月1日）	2018	2019
北海道	8 318	8 137	176 918	174 771	64 136	61 336
青森	2 441	2 361	59 464	58 666	18 031	17 504
岩手	3 220	3 155	90 060	89 683	27 451	26 435
宮城	4 078	3 971	121 507	119 507	46 912	45 590
秋田	2 969	2 853	64 820	63 936	13 496	12 998
山形	4 240	4 097	104 446	101 663	28 880	28 679
福島	5 968	5 850	165 260	163 195	52 812	51 232
茨城	8 660	8 385	280 747	⑦ 278 831	130 944	⑦ 126 383
栃木	7 579	7 312	213 548	209 645	92 571	90 110
群馬	8 703	8 398	221 211	218 390	92 011	90 522
埼玉	20 659	④ 19 991	418 207	④ 407 823	143 440	⑥ 139 529
千葉	8 215	7 989	218 550	214 711	132 118	⑧ 125 846
東京	26 479	③ 25 464	279 557	⑧ 276 158	78 495	74 207
神奈川	13 026	⑦ 12 833	367 057	⑥ 367 724	185 700	② 178 722
新潟	9 792	⑩ 9 431	197 836	194 930	51 212	50 113
富山	4 452	4 303	130 664	129 727	40 606	39 411
石川	6 075	5 910	111 206	109 322	31 841	30 478
福井	4 391	4 221	78 918	77 115	22 822	22 902
山梨	3 642	3 547	75 604	77 367	26 121	25 053
長野	8 932	8 724	212 684	209 682	65 287	62 194
岐阜	11 289	⑧ 10 932	215 766	214 045	59 674	59 896
静岡	15 645	⑤ 15 152	426 290	③ 425 395	176 639	③ 172 749
愛知	27 560	② 26 739	887 771	① 872 011	489 829	① 481 864
三重	6 070	5 962	209 724	212 625	112 597	⑨ 107 685
滋賀	4 421	4 310	165 365	167 488	81 024	80 754
京都	10 333	⑨ 10 095	156 311	156 289	59 924	57 419
大阪	30 971	① 30 231	481 724	② 475 394	179 052	④ 172 701
兵庫	13 876	⑥ 13 483	376 498	⑤ 374 788	166 391	⑤ 163 896
奈良	3 848	3 729	65 904	65 391	21 998	21 494
和歌山	3 361	3 323	56 113	56 711	27 549	26 754
鳥取	1 226	1 190	34 660	34 144	8 113	7 868
島根	1 966	1 902	44 014	43 324	12 857	12 488
岡山	5 428	5 304	154 857	155 289	83 907	77 397
広島	7 800	7 552	226 402	⑩ 224 493	101 053	98 047
山口	2 689	2 621	98 335	97 366	67 213	65 735
徳島	2 070	2 047	49 139	49 256	18 659	19 209
香川	3 374	3 251	73 499	72 978	28 003	27 416
愛媛	3 654	3 545	79 711	81 115	42 861	43 303
高知	1 878	1 806	26 977	26 796	6 047	5 953
福岡	8 820	8 587	229 711	⑨ 229 311	103 019	⑩ 99 760
佐賀	2 350	2 312	63 828	63 862	20 804	20 839
長崎	3 199	3 098	59 265	57 660	18 084	17 385
熊本	3 302	3 187	97 663	96 601	28 638	28 706
大分	2 376	2 308	68 165	67 828	44 532	43 135
宮崎	2 441	2 358	58 232	57 231	17 322	16 523
鹿児島	4 001	3 863	75 167	73 203	21 010	20 247
沖縄	2 535	2 419	29 101	27 656	5 119	4 990
全国	348 322	338 238	8 098 456	8 021 096	3 346 804	3 253 459

経済産業省「工業統計調査（産業統計表、地域別統計表）」（2020年）より作成。確報。製造品出荷額等などの経理事項は調査時点の前年の 1 月～12月の実績。○内は全国順位。356ページの注記参照。

工業統計（Ⅱ）（従業者 4 人以上事業所）

	事業所数		従業者数1)		製造品出荷額等2)	
	2020 （6月1日）	2021* （6月1日）	2020 （6月1日）	2021* （6月1日）	2019	2020*
北海道	4 982	⑩ 5 072	168 703	163 337	60 489	55 872
青森	1 342	1 272	56 877	55 763	17 271	16 765
岩手	2 055	1 866	87 639	84 349	26 262	24 943
宮城	2 528	2 593	116 847	111 794	45 336	43 580
秋田	1 648	1 535	61 753	58 468	12 862	13 078
山形	2 339	2 277	98 407	97 429	28 456	28 323
福島	3 485	3 279	158 688	154 274	50 890	47 670
茨城	4 927	4 813	272 191	⑦ 264 266	125 812	⑦ 121 773
栃木	4 039	3 903	203 444	195 131	89 664	82 353
群馬	4 480	4 530	210 730	⑩ 212 329	89 819	78 889
埼玉	10 490	③ 10 102	389 487	④ 379 482	137 582	⑥ 128 630
千葉	4 753	4 748	208 486	206 017	125 183	⑧ 119 264
東京	9 887	④ 9 738	245 851	⑧ 238 817	71 608	70 805
神奈川	7 267	⑥ 7 202	356 780	⑤ 348 312	177 461	④ 158 353
新潟	5 053	4 822	186 900	177 842	49 589	47 533
富山	2 645	2 569	126 638	122 216	39 124	36 518
石川	2 748	2 512	103 466	94 507	30 059	26 268
福井	2 032	2 013	72 879	71 389	22 591	21 431
山梨	1 674	1 676	73 946	72 124	24 820	25 302
長野	4 767	4 825	202 222	198 141	61 578	60 431
岐阜	5 415	⑧ 5 298	203 537	199 058	59 143	56 149
静岡	8 786	⑤ 8 602	413 000	③ 401 827	171 540	③ 164 513
愛知	15 063	① 14 593	848 565	① 807 694	479 244	① 439 880
三重	3 398	3 245	207 694	201 632	107 173	⑨ 104 919
滋賀	2 622	2 614	164 215	165 297	80 485	75 971
京都	4 126	3 952	145 211	139 615	56 588	52 704
大阪	15 522	② 14 412	444 362	② 417 816	169 384	② 169 758
兵庫	7 510	⑦ 7 106	363 044	⑥ 347 873	162 633	⑤ 152 499
奈良	1 783	1 578	61 560	57 218	21 224	17 157
和歌山	1 664	1 465	53 497	50 917	26 476	23 835
鳥取	814	749	33 444	30 379	7 816	7 413
島根	1 111	1 001	41 867	40 812	12 372	11 651
岡山	3 147	3 234	151 056	147 627	77 041	70 601
広島	4 577	4 812	218 639	207 756	97 415	88 699
山口	1 671	1 725	95 585	95 292	65 535	56 169
徳島	1 089	1 068	47 404	44 485	19 081	17 953
香川	1 774	1 851	70 080	68 820	27 116	25 290
愛媛	2 055	2 117	78 189	77 030	43 088	38 041
高知	1 084	931	25 416	23 127	5 855	5 472
福岡	5 009	⑨ 5 094	222 453	⑨ 220 530	99 122	⑩ 89 519
佐賀	1 303	1 250	61 907	62 001	20 698	20 283
長崎	1 581	1 386	54 630	52 842	17 192	16 229
熊本	1 922	1 866	94 131	89 466	28 523	28 195
大分	1 371	1 404	66 019	64 493	42 989	38 463
宮崎	1 337	1 300	55 285	53 580	16 346	16 368
鹿児島	1 944	2 023	69 563	69 396	19 940	19 828
沖縄	1 058	835	25 359	22 986	4 859	4 694
全国	181 877	176 858	7 717 646	7 465 556	3 225 334	3 020 033

経済産業省「工業統計調査（地域別統計表）」(2020年)、*印は総務省・経済産業省「経済センサス−
活動調査（製造業)」(2021年) より作成。確報。○内の数字は全国順位。356ページの注記参照。

表4-38　政令指定都市の工業統計

全事業所	事業所数		従業者数 （人）		製造品出荷額等 （億円）	
	2019年 6月1日	2020年 6月1日	2019年 6月1日	2020年 6月1日	2018	2019
札幌市	1 475	1 459	29 252	29 660	5 867	6 014
仙台市	805	784	16 545	16 619	10 353	10 003
さいたま市	1 645	1 587	28 591	27 816	9 037	9 027
千葉市	619	601	22 111	21 680	13 220	12 817
東京23区	21 741	20 848	162 907	160 553	31 509	31 468
横浜市	4 135	4 116	93 019	91 818	41 007	39 741
川崎市	2 064	2 007	48 114	49 446	42 234	41 041
相模原市	1 426	1 427	39 476	38 361	14 141	13 397
新潟市	1 583	1 529	39 570	38 562	11 837	11 551
静岡市	2 556	2 491	50 491	50 100	21 414	21 393
浜松市	3 367	3 240	73 395	72 953	20 347	19 883
名古屋市	7 019	6 819	101 853	101 368	36 502	33 669
京都市	5 297	5 225	68 825	69 658	27 103	25 062
大阪市	10 978	10 776	127 011	125 328	39 453	36 982
堺市	2 181	2 114	53 171	52 907	36 538	34 988
神戸市	2 675	2 563	70 383	70 200	34 675	34 483
岡山市	1 277	1 268	31 662	32 429	10 665	10 737
広島市	1 760	1 721	57 605	56 993	31 789	31 127
北九州市	1 410	1 384	48 652	49 038	23 392	23 325
福岡市	1 141	1 095	19 406	20 897	5 857	5 907
熊本市	765	722	19 445	18 855	4 632	4 622

4人以上 事業所	事業所数 （2020年 6月1日）	従業者数 （2020年 6月1日）	現金給与 総額 （億円） （2019）	原材料 使用額等 （億円） （2019）	製造品 出荷額等 （億円） （2019）	付加 価値額1) （億円） （2019）
札幌市	886	28 549	977	3 201	5 896	2 291
仙台市	461	15 999	659	6 360	9 944	1 971
さいたま市	846	26 401	1 110	4 638	8 892	3 718
千葉市	400	21 276	1 066	9 609	12 760	2 753
東京23区	7 450	134 553	6 083	15 575	29 275	12 344
横浜市	2 214	87 983	4 507	25 517	39 269	9 740
川崎市	1 070	47 621	2 825	28 259	40 828	8 821
相模原市	871	37 254	1 735	8 733	13 278	4 010
新潟市	949	37 478	1 465	6 746	11 469	4 107
静岡市	1 302	47 845	2 161	12 123	21 203	8 153
浜松市	1 839	70 246	3 120	11 653	19 656	7 042
名古屋市	3 484	94 533	4 481	19 955	32 969	10 652
京都市	2 067	63 642	3 068	10 251	24 620	9 169
大阪市	4 879	112 970	5 238	21 711	35 747	12 440
堺市	1 337	51 293	2 664	24 008	34 782	8 059
神戸市	1 394	67 951	3 360	20 505	34 211	12 335
岡山市	781	31 437	1 288	6 010	10 657	3 802
広島市	1 109	55 772	2 681	22 559	31 008	8 621
北九州市	921	48 163	2 331	15 048	23 221	6 743
福岡市	660	20 080	731	3 256	5 823	1 951
熊本市	447	18 328	699	2 689	4 581	1 632

経済産業省「工業統計調査（産業統計表，地域別統計表）」（2020年）より作成。上の表は全事業所，下の表は従業者4人以上事業所。2020年6月1日現在の政令指定都市（20市）と東京23区。356ページの表4-37の注記参照。1）従業者29人以下事業所は粗付加価値額（減価償却分を差し引かないもの）。

表 4-39　産業別の工業統計（全事業所）（I）（2020年 6 月 1 日、製造品出荷額等は2019年）

	食料品		飲料・たばこ・飼料		繊維工業	
	事業所数	製造品出荷額等（億円）	事業所数	製造品出荷額等（億円）	事業所数	製造品出荷額等（億円）
北海道	① 2 295	① 22 288	③ 267	2 453	279	299
青森	561	3 809	91	1 097	176	206
岩手	726	3 928	82	474	212	279
宮城	883	6 626	99	1 904	169	186
秋田	572	1 150	60	220	334	365
山形	634	3 309	89	463	384	489
福島	777	3 162	105	1 343	497	449
茨城	1 007	⑦ 14 603	137	⑤ 5 443	376	607
栃木	599	6 609	85	② 9 356	689	619
群馬	661	8 551	69	3 414	826	523
埼玉	⑥ 1 164	② 20 570	⑧ 199	2 066	⑧ 925	899
千葉	⑦ 1 102	⑥ 16 296	122	⑩ 3 911	346	273
東京	⑩ 1 069	7 400	79	1 041	④ 1 605	680
神奈川	850	⑤ 16 737	68	⑧ *4 196	338	431
新潟	998	8 185	142	779	⑩ 844	776
富山	457	1 557	54	672	224	567
石川	610	1 923	56	128	⑥ 1 123	⑥ 2 009
福井	364	610	48	64	⑦ 935	③ 2 366
山梨	276	2 181	135	1 868	453	376
長野	947	5 916	167	1 506	221	188
岐阜	721	3 817	128	777	⑤ 1 325	⑧ 1 484
静岡	③ 1 519	⑧ 13 790	① 1 040	① 9 813	664	1 163
愛知	④ 1 462	③ 17 437	⑦ 202	⑦ 4 376	② 2 581	① 3 710
三重	694	5 069	⑤ 238	968	256	495
滋賀	348	4 168	89	1 387	508	⑤ 2 252
京都	800	5 770	⑥ 215	③ 8 415	① 3 246	1 182
大阪	⑨ 1 071	⑨ 13 226	87	2 454	③ 2 453	② 3 037
兵庫	② 1 712	④ 17 059	⑩ 181	⑥ 4 618	⑨ 902	⑩ 1 272
奈良	349	2 512	66	243	650	675
和歌山	627	1 905	55	538	505	720
鳥取	230	1 578	46	247	102	170
島根	447	730	94	137	141	333
岡山	528	5 547	104	1 657	779	④ 2 361
広島	795	6 563	95	473	649	⑨ 1 299
山口	518	2 251	53	508	101	565
徳島	449	1 455	40	349	163	247
香川	654	3 560	30	*186	251	424
愛媛	608	3 043	80	654	448	⑦ 1 919
高知	446	1 095	69	134	84	146
福岡	⑤ 1 195	⑩ 10 861	④ 253	④ 5 670	392	565
佐賀	442	3 572	70	1 104	91	258
長崎	⑧ 1 076	3 124	75	259	147	289
熊本	793	3 945	138	1 281	183	293
大分	516	1 559	96	1 277	90	207
宮崎	557	3 280	⑨ 185	2 122	119	895
鹿児島	1 046	6 949	② 636	⑨ 3 986	243	147
沖縄	696	1 874	134	708	372	44
全国	36 851	301 148	6 653	96 736	28 401	38 740

経済産業省「工業統計調査（産業別統計表、地域別統計表）」（2020年）より作成。○内は全国順位。357ページの注記参照。＊ 4 人以上事業所のみ（ 3 人以下は秘匿）。

府県別統計

工業

産業別の工業統計（全事業所）（Ⅱ）（2020年 6 月 1 日、製造品出荷額等は2019年）

	木材・木製品（家具を除く）		家具・装備品		パルプ・紙・紙加工品	
	事業所数	製造品出荷額等（億円）	事業所数	製造品出荷額等（億円）	事業所数	製造品出荷額等（億円）
北海道	② 503	② 1 764	⑨ 551	508	120	⑤ 3 880
青森	133	193	196	69	40	1 095
岩手	198	614	158	75	38	563
宮城	153	⑨ 860	229	133	83	1 896
秋田	228	703	214	114	25	388
山形	167	248	306	276	57	238
福島	270	613	341	586	107	2 098
茨城	228	③ 1 693	301	648	177	⑨ 2 482
栃木	⑩ 296	⑥ 1 020	335	547	143	⑧ 2 766
群馬	210	758	378	464	122	921
埼玉	268	701	③ 987	③ 1 537	③ 616	③ 5 098
千葉	162	722	291	⑦ 1 008	163	1 429
東京	248	127	⑤ 892	④ 1 311	② 926	1 459
神奈川	144	227	400	⑨ 798	⑩ 230	2 244
新潟	278	346	⑧ 562	478	152	2 124
富山	165	347	228	400	115	1 522
石川	163	258	297	654	95	257
福井	172	822	171	171	143	882
山梨	66	96	162	89	67	232
長野	274	331	⑩ 462	280	142	823
岐阜	④ 483	781	⑦ 705	⑤ 1 149	⑥ 315	⑩ 2 263
静岡	③ 487	① 2 160	⑥ 867	⑥ 1 084	⑤ 571	① 8 729
愛知	⑤ 477	⑤ 1 473	① 1 267	② 1 548	③ 616	④ 4 569
三重	⑧ 331	⑩ 853	291	432	99	923
滋賀	121	345	228	649	109	1 841
京都	270	612	443	247	⑨ 261	1 333
大阪	⑥ 392	⑦ 983	② 1 021	① 1 834	① 1 030	⑥ 3 583
兵庫	⑨ 312	585	431	⑩ 749	⑧ 263	⑦ 3 211
奈良	① 504	600	170	319	91	631
和歌山	211	413	318	194	48	393
鳥取	54	241	69	29	48	988
島根	115	467	133	86	52	311
岡山	160	⑧ 865	267	346	88	1 200
広島	287	④ 1 670	412	438	132	1 105
山口	107	479	149	53	49	960
徳島	201	416	222	305	45	1 198
香川	89	622	213	148	93	1 323
愛媛	139	379	188	88	⑦ 276	② 5 707
高知	142	225	99	47	75	654
福岡	⑦ 374	584	④ 929	⑧ 871	162	941
佐賀	80	284	149	305	45	806
長崎	66	75	124	62	24	47
熊本	205	450	179	115	33	961
大分	232	315	168	119	23	365
宮崎	205	599	233	79	21	*406
鹿児島	183	227	271	69	28	514
沖縄	22	18	136	58	8	*59
全国	10 575	29 169	17 143	21 570	8 166	77 420

資料・注記は（Ⅰ）に同じ。〇内の数字は全国順位。* 4 人以上事業所のみ（ 3 人以下は秘匿）。

産業別の工業統計（全事業所）（Ⅲ）（2020年6月1日、製造品出荷額等は2019年）

	印刷・同関連業		化学工業		石油製品・石炭製品	
	事業所数	製造品出荷額等（億円）	事業所数	製造品出荷額等（億円）	事業所数	製造品出荷額等（億円）
北海道	⑦ 625	1 136	124	1 903	① 73	⑥ 7 872
青森	154	175	14	*358	19	88
岩手	156	366	22	*527	26	120
宮城	316	963	46	848	18	⑨ 5 521
秋田	137	120	15	604	20	59
山形	184	304	37	2 680	14	*44
福島	272	447	111	5 461	27	176
茨城	360	⑩ 1 308	⑧ 207	⑦ 16 799	26	*673
栃木	303	619	95	*6 977	26	247
群馬	312	816	93	7 754	18	*89
埼玉	③ 1 415	② 7 131	② 409	⑥ 17 395	⑥ 43	388
千葉	427	1 091	⑥ 275	① 22 040	⑤ 44	①*28 480
東京	① 3 966	① 7 810	⑥ 275	3 857	20	301
神奈川	⑤ 696	⑦ 1 804	④ 288	④ 19 683	③ 49	②*23 373
新潟	382	854	83	6 403	⑦ 40	191
富山	203	352	125	7 781	14	*59
石川	251	770	45	1 745	12	*50
福井	222	331	56	2 468	9	50
山梨	160	210	20	*488	6	27
長野	476	721	55	948	32	112
岐阜	481	935	99	*2 814	24	*119
静岡	⑧ 596	⑧ 1 538	⑨ 205	⑤ 19 083	⑩ 33	290
愛知	④ 1 265	④ 3 182	⑤ 279	⑨ 13 190	③ 49	⑦ 7 721
三重	223	349	134	⑩ 12 899	22	5 257
滋賀	138	1 044	111	10 366	15	*69
京都	⑥ 634	⑤ 2 120	130	2 133	15	89
大阪	② 2 296	③ 4 706	① 612	⑧ 16 635	② 59	③ 13 524
兵庫	⑨ 589	⑨ 1 387	③ 311	② 21 642	⑧ 37	1 720
奈良	153	600	78	1 213	9	x
和歌山	175	139	83	3 817	20	5 454
鳥取	53	102	6	52	7	22
島根	87	92	9	333	13	34
岡山	275	1 070	125	11 023	24	④ 12 074
広島	400	831	99	4 348	23	*134
山口	124	277	92	③ 19 791	21	⑤ 9 535
徳島	103	143	48	6 298	5	x
香川	170	592	51	1 680	9	*1 559
愛媛	182	236	52	3 440	15	⑧ 6 121
高知	83	110	17	108	7	*25
福岡	⑩ 581	⑥ 1 884	⑩ 160	5 007	⑨ 34	*1 000
佐賀	92	163	40	1 601	7	35
長崎	121	114	26	221	9	*16
熊本	176	354	45	1 328	24	123
大分	124	132	35	*5 496	13	⑩ *5 500
宮崎	143	157	26	1 527	17	*51
鹿児島	206	199	30	256	21	63
沖縄	155	194	41	81	18	73
全国	20 642	49 981	5 339	293 105	1 086	138 699

資料・注記は（Ⅰ）に同じ。〇内の数字は全国順位。xは秘匿。*4人以上事業所のみ（3人以下は秘匿）。

産業別の工業統計（全事業所）（Ⅳ）（2020年 6 月 1 日、製造品出荷額等は2019年）

	プラスチック製品（別掲を除く）		ゴム製品		なめし革・同製品・毛皮	
	事業所数	製造品出荷額等（億円）	事業所数	製造品出荷額等（億円）	事業所数	製造品出荷額等（億円）
北海道	197	947	34	127	18	70
青森	29	*168	8	*19	1	x
岩手	107	858	16	*62	25	85
宮城	149	1 059	24	*723	11	14
秋田	55	263	13	*44	⑩ 61	22
山形	104	625	20	42	45	⑤ 197
福島	271	2 305	67	④ 2 029	⑧ 70	⑦ 152
茨城	⑧ 644	③ 8 147	⑨ 118	783	⑨ 68	27
栃木	⑨ 608	⑦ 5 991	102	⑦ 1 542	34	24
群馬	⑦ 654	⑨ 5 538	69	492	11	*7
埼玉	③ 1 408	⑤ 6 938	④ 370	⑩ 1 344	④ 298	⑥ 155
千葉	480	2 917	⑥ 148	456	⑤ 139	⑧ 122
東京	④ 1 389	1 321	② 458	388	① 1 032	① 705
神奈川	⑥ 704	4 878	⑩ 106	1 104	20	89
新潟	295	1 921	31	156	30	26
富山	281	1 828	17	156	7	30
石川	171	605	24	57	5	*4
福井	189	1 727	11	x	3	x
山梨	241	921	27	233	15	34
長野	450	1 929	34	151	24	30
岐阜	⑩ 603	⑩ 5 339	⑧ 129	645	21	4
静岡	⑤ 888	④ 7 602	⑦ 133	⑤ 1 922	27	78
愛知	② 1 953	① 16 820	⑤ 307	① 4 339	⑥ 86	④ 250
三重	309	5 259	87	③ 2 248	2	x
滋賀	327	⑥ 6 767	20	*1 099	17	5
京都	345	1 620	22	213	⑦ 83	⑩ 95
大阪	① 2 273	② 8 294	① 468	⑨ 1 380	③ 450	③ 267
兵庫	542	4 878	③ 388	⑧ 1 384	② 577	② 631
奈良	368	1 660	88	668	49	59
和歌山	114	459	15	210	16	*11
鳥取	33	247	13	76	2	x
島根	31	*287	11	69	5	*9
岡山	225	2 960	80	1 161	14	19
広島	295	⑧ 5 887	78	1 007	5	*35
山口	97	1 262	24	⑥ 1 793	—	—
徳島	40	489	14	*92	8	2
香川	123	1 299	17	167	56	86
愛媛	111	1 758	15	*43	1	x
高知	33	122	—	—	3	x
福岡	313	3 129	61	② 2 496	19	33
佐賀	66	599	13	*563	6	⑨ 97
長崎	36	200	6	10	1	x
熊本	122	1 282	17	*742	3	x
大分	81	821	16	*229	5	32
宮崎	65	588	11	*1 130	1	x
鹿児島	42	159	4	x	3	x
沖縄	26	105	2	x	6	x
全国	17 887	130 781	3 736	33 618	3 383	3 545

資料・注記は（Ⅰ）に同じ。〇内の数字は全国順位。xは秘匿。* 4 人以上事業所のみ（ 3 人以下は秘匿）。

産業別の工業統計（全事業所）（V）（2020年6月1日、製造品出荷額等は2019年）

	窯業・土石製品		鉄鋼業		非鉄金属	
	事業所数	製造品出荷額等（億円）	事業所数	製造品出荷額等（億円）	事業所数	製造品出荷額等（億円）
北海道	⑤ 548	2 075	131	3 967	26	156
青森	125	427	43	934	15	2 749
岩手	178	1 030	91	954	27	*279
宮城	181	1 224	55	1 827	30	*834
秋田	113	349	34	191	22	*668
山形	157	1 105	70	310	54	544
福島	363	2 016	91	1 177	75	2 014
茨城	③ 824	⑤ 3 440	172	⑧ 8 333	⑨ 160	③ 6 492
栃木	④ 550	1 705	122	2 468	107	⑩ 3 977
群馬	244	975	128	2 712	106	1 247
埼玉	⑩ 475	⑨ 2 841	④ 339	3 801	② 482	④ 5 946
千葉	294	⑦ 3 046	⑤ 300	③ 16 288	110	3 435
東京	384	1 627	⑥ 273	1 679	③ 338	1 491
神奈川	293	⑧ 2 961	185	⑨ 6 806	⑧ 174	3 464
新潟	300	1 040	⑩ 198	2 244	61	813
富山	214	1 040	73	1 871	⑩ 130	3 836
石川	399	764	97	615	31	375
福井	138	589	43	257	27	1 359
山梨	124	754	32	89	68	437
長野	306	1 495	117	560	⑤ 193	1 161
岐阜	① 1 498	② 3 946	127	2 454	127	983
静岡	315	1 611	⑧ 223	2 202	⑦ 177	⑦ 5 070
愛知	② 1 398	① 8 539	② 683	① 23 993	④ 296	⑥ 5 406
三重	430	⑩ 2 786	150	1 195	79	⑨ 4 192
滋賀	371	③ 3 840	45	1 125	56	1 523
京都	415	2 112	87	770	64	970
大阪	464	2 354	① 940	④ 14 626	① 513	① 7 744
兵庫	⑥ 517	⑥ 3 198	③ 388	② 19 643	⑥ 179	2 954
奈良	147	334	45	371	20	263
和歌山	111	455	44	5 175	12	234
鳥取	59	106	8	*170	1	x
島根	185	383	45	1 675	5	172
岡山	⑨ 492	2 489	119	⑦ 9 569	54	840
広島	260	1 383	⑨ 212	⑤ 11 893	78	2 842
山口	251	2 356	62	⑩ 6 209	17	*1 195
徳島	101	203	15	400	5	x
香川	280	701	45	499	17	⑧ 4 213
愛媛	252	427	61	1 179	19	②*7 353
高知	120	621	37	427	5	x
福岡	⑦ 509	④ 3 818	⑦ 228	⑥ 9 783	59	*1 422
佐賀	⑧ 498	464	24	393	5	1 189
長崎	455	468	40	338	6	*7
熊本	262	842	51	581	14	399
大分	159	1 163	21	5 875	13	⑤ 5 600
宮崎	149	354	17	217	4	33
鹿児島	278	1 706	17	46	4	397
沖縄	281	698	12	*268	2	x
全国	16 467	77 862	6 340	178 161	4 067	96 413

資料・注記は（Ⅰ）に同じ。〇内の数字は全国順位。xは秘匿。*4人以上事業所のみ（3人以下は秘匿）。

産業別の工業統計 （全事業所）（Ⅵ）（2020年 6 月 1 日、製造品出荷額等は2019年）

	金属製品		はん用機械器具		生産用機械器具	
	事業所数	製造品出荷額等（億円）	事業所数	製造品出荷額等（億円）	事業所数	製造品出荷額等（億円）
北海道	935	3 287	170	590	332	1 035
青森	238	601	27	49	74	432
岩手	279	1 247	54	1 186	222	2 751
宮城	393	2 103	78	315	273	4 213
秋田	227	761	42	197	200	1 014
山形	425	1 090	104	656	482	2 458
福島	574	2 782	134	2 153	444	1 680
茨城	1 146	④ 8 598	270	⑥ 6 339	632	③ 12 477
栃木	963	5 033	172	3 455	722	6 848
群馬	1 283	4 744	268	2 785	866	3 123
埼玉	④ 3 548	⑤ 8 197	④ 720	⑧ 4 252	④ 2 103	5 965
千葉	⑩ 1 329	⑦ 7 055	304	2 314	715	5 808
東京	② 3 909	3 119	③ 808	1 896	③ 2 362	4 170
神奈川	⑥ 2 261	⑥ 7 121	⑥ 625	④ 7 946	⑤ 1 868	⑤ 11 893
新潟	⑤ 2 530	⑩ 5 748	274	2 251	⑩ 1 023	4 260
富山	786	4 253	143	806	527	5 052
石川	568	1 537	152	1 191	723	⑨ 7 532
福井	329	1 204	71	221	253	1 030
山梨	300	1 096	67	1 026	324	⑧ 7 577
長野	919	3 581	⑨ 330	⑨ 4 003	⑦ 1 291	⑩ 7 073
岐阜	⑨ 1 444	5 032	⑩ 321	3 406	⑨ 1 046	5 209
静岡	⑧ 1 790	⑧ 5 962	⑦ 407	3 272	⑥ 1 797	⑦ 8 701
愛知	③ 3 814	① 16 953	② 1 048	① 13 580	① 3 776	① 23 456
三重	737	4 150	218	3 653	538	3 269
滋賀	483	4 259	240	⑤ 7 463	334	5 952
京都	816	2 212	166	1 978	775	4 350
大阪	① 6 801	② 16 643	① 1 535	③ 9 102	② 3 498	② 15 513
兵庫	⑦ 2 072	③ 8 902	⑤ 678	② 12 135	⑧ 1 239	④ 12 193
奈良	328	1 678	74	587	155	1 491
和歌山	300	948	87	⑩ 3 657	191	1 109
鳥取	116	451	25	101	74	233
島根	132	419	41	630	122	645
岡山	549	2 673	154	2 486	493	3 271
広島	1 043	3 387	⑧ 332	⑦ 5 285	912	⑥ 9 038
山口	278	1 979	94	1 038	184	2 403
徳島	184	788	50	679	119	726
香川	406	1 829	130	1 183	191	1 746
愛媛	287	751	100	1 844	269	2 445
高知	186	205	47	138	137	740
福岡	1 128	⑨ 5 777	295	1 880	629	4 486
佐賀	218	1 071	43	196	145	979
長崎	289	719	63	3 385	61	354
熊本	276	1 795	36	92	185	4 878
大分	198	758	41	892	109	589
宮崎	172	403	36	208	110	623
鹿児島	244	529	35	58	136	656
沖縄	296	548	11	19	19	55
全国	47 529	163 977	11 120	122 580	32 680	211 499

資料・注記は（Ⅰ）に同じ。○内の数字は全国順位。

産業別の工業統計（全事業所）（Ⅶ）（2020年6月1日、製造品出荷額等は2019年）

	業務用機械器具		電子部品・デバイス・電子回路		電気機械器具	
	事業所数	製造品出荷額等（億円）	事業所数	製造品出荷額等（億円）	事業所数	製造品出荷額等（億円）
北海道	48	78	41	*2 065	100	428
青森	33	*1 239	76	2 516	37	*651
岩手	50	1 168	96	1 962	69	614
宮城	52	743	101	⑥ 4 408	136	1 607
秋田	40	855	108	3 735	55	287
山形	65	575	113	③ 5 008	182	1 584
福島	169	⑩ 2 762	⑦ 191	④ 4 862	219	2 266
茨城	⑩ 192	2 632	115	⑧ 4 100	⑧ 441	⑥ 8 337
栃木	⑧ 222	⑧ 2 893	109	2 157	259	⑤ 9 622
群馬	⑦ 226	⑤ 3 828	⑧ 184	2 068	⑩ 413	4 474
埼玉	② 637	③ 4 831	④ 345	3 394	⑤ 816	5 105
千葉	161	1 437	87	1 789	225	1 805
東京	① 1 051	⑥ 3 163	① 499	3 314	② 1 103	⑦ 7 853
神奈川	③ 447	② 5 557	③ 484	3 840	④ 881	⑧ 7 694
新潟	109	1 432	⑥ 193	3 379	270	3 180
富山	16	357	79	3 272	105	545
石川	47	1 216	48	3 719	183	1 125
福井	15	96	52	3 411	91	2 077
山梨	70	1 083	155	2 216	137	1 058
長野	⑤ 387	④ 4 006	② 487	② 7 385	⑨ 433	3 727
岐阜	66	575	70	1 661	282	3 337
静岡	178	2 626	⑨ 175	3 242	⑥ 761	② 25 106
愛知	⑥ 373	① 7 907	⑩ 160	3 075	③ 1 066	① 27 828
三重	68	1 898	92	① 14 959	257	⑩ 6 990
滋賀	53	1 813	93	⑤ 4 462	199	⑨ 7 472
京都	⑨ 206	⑦ 3 079	121	⑩ 3 917	314	3 721
大阪	④ 435	2 043	⑤ 260	⑨ 3 936	① 1 269	④ 10 631
兵庫	144	⑨ 2 829	127	3 823	⑦ 538	③ 15 212
奈良	23	1 418	12	*20	58	516
和歌山	13	*149	9	172	40	168
鳥取	10	*78	62	1 481	83	870
島根	7	195	28	*2 448	33	383
岡山	34	273	46	2 722	130	2 079
広島	64	859	39	3 360	250	2 520
山口	13	x	17	673	75	333
徳島	7	4	12	⑦ *4 384	46	526
香川	14	78	17	427	89	1 779
愛媛	14	x	21	376	55	1 046
高知	12	249	9	x	31	103
福岡	54	355	71	1 907	261	3 137
佐賀	4	42	14	*2 016	68	1 852
長崎	11	406	18	*3 003	45	454
熊本	16	*112	51	3 420	60	1 439
大分	20	900	29	2 693	43	*379
宮崎	21	273	27	*1 742	29	439
鹿児島	20	47	62	2 923	42	887
沖縄	12	*36	1	x	10	50
全国	5 929	68 335	5 206	141 515	12 289	183 298

資料・注記は（Ⅰ）に同じ。○内の数字は全国順位。xは秘匿。* 4人以上事業所のみ（3人以下は秘匿）。

産業別の工業統計 (全事業所) (Ⅷ) (2020年 6 月 1 日、製造品出荷額等は2019年)

	情報通信機械器具		輸送用機械器具		その他の製造業[1]	
	事業所数	製造品出荷額等(億円)	事業所数	製造品出荷額等(億円)	事業所数	製造品出荷額等(億円)
北海道	13	*129	207	3 845	500	433
青森	10	*52	59	493	202	82
岩手	28	*293	89	6 533	206	463
宮城	29	*1 462	124	5 650	339	469
秋田	13	*89	37	672	228	128
山形	39	⑦*3 280	130	1 267	235	⑨1 887
福島	⑤ 92	③ 5 213	144	5 047	439	437
茨城	40	*563	291	9 695	453	⑥2 163
栃木	44	*1 702	393	13 121	334	811
群馬	⑦ 60	914	⑤ 746	⑤ 33 532	451	791
埼玉	④ 132	⑥ 3 780	③ 875	⑧ 24 297	③ 1 417	④2 899
千葉	30	*1 481	184	1 333	551	1 305
東京	② 201	④ 4 798	⑨ 554	12 142	① 2 023	⑤2 552
神奈川	① 213	② 7 062	④ 790	③ 37 500	⑦ 719	1 310
新潟	34	737	224	2 450	378	341
富山	14	*77	80	1 584	246	1 445
石川	15	*1 868	111	1 730	⑨ 684	339
福井	7	88	36	2 016	⑤ 836	1 040
山梨	35	*1 315	97	1 060	510	585
長野	③ 148	①10 879	330	4 040	499	1 349
岐阜	8	994	476	11 596	433	566
静岡	⑩ 46	⑧ 2 764	② 1 437	② 42 907	⑥ 816	⑧2 035
愛知	⑨ 47	⑩ 2 027	① 2 305	① 266 844	④ 1 229	③3 640
三重	10	*1 434	392	⑦ 27 351	305	1 055
滋賀	8	*488	132	10 864	265	1 498
京都	18	923	147	4 379	502	①5 179
大阪	⑥ 78	⑨ 2 342	⑥ 721	⑩ 15 699	② 1 505	⑦2 145
兵庫	⑧ 54	⑤ 4 553	⑧ 597	⑨ 17 459	⑧ 705	⑩1 858
奈良	2	x	46	1 768	244	②3 734
和歌山	5	32	53	198	271	202
鳥取	9	258	24	290	56	50
島根	8	1 775	60	839	98	36
岡山	9	227	288	10 063	267	421
広島	14	134	⑦ 621	⑥ 32 663	457	885
山口	1	x	164	11 825	130	133
徳島	2	x	41	175	127	292
香川	—	—	117	3 055	189	253
愛媛	1	x	195	4 328	156	122
高知	—	—	46	388	118	251
福岡	9	138	206	④ 33 547	⑩ 665	467
佐賀	4	93	62	2 508	126	647
長崎	3	x	217	3 040	179	130
熊本	4	x	135	3 970	179	133
大分	13	*1 736	129	6 422	134	76
宮崎	5	536	40	634	165	221
鹿児島	4	84	39	161	269	179
沖縄	—	—	17	27	142	62
全国	1 559	67 194	14 208	681 009	20 982	47 102

資料・注記は (Ⅰ) に同じ。〇内の数字は全国順位。xは秘匿。*4 人以上事業所のみ (3 人以下は秘匿)。
1) 357ページの注記参照。

図 **4-6** 都道府県の製造品出荷額等割合（Ⅰ）（2019年）

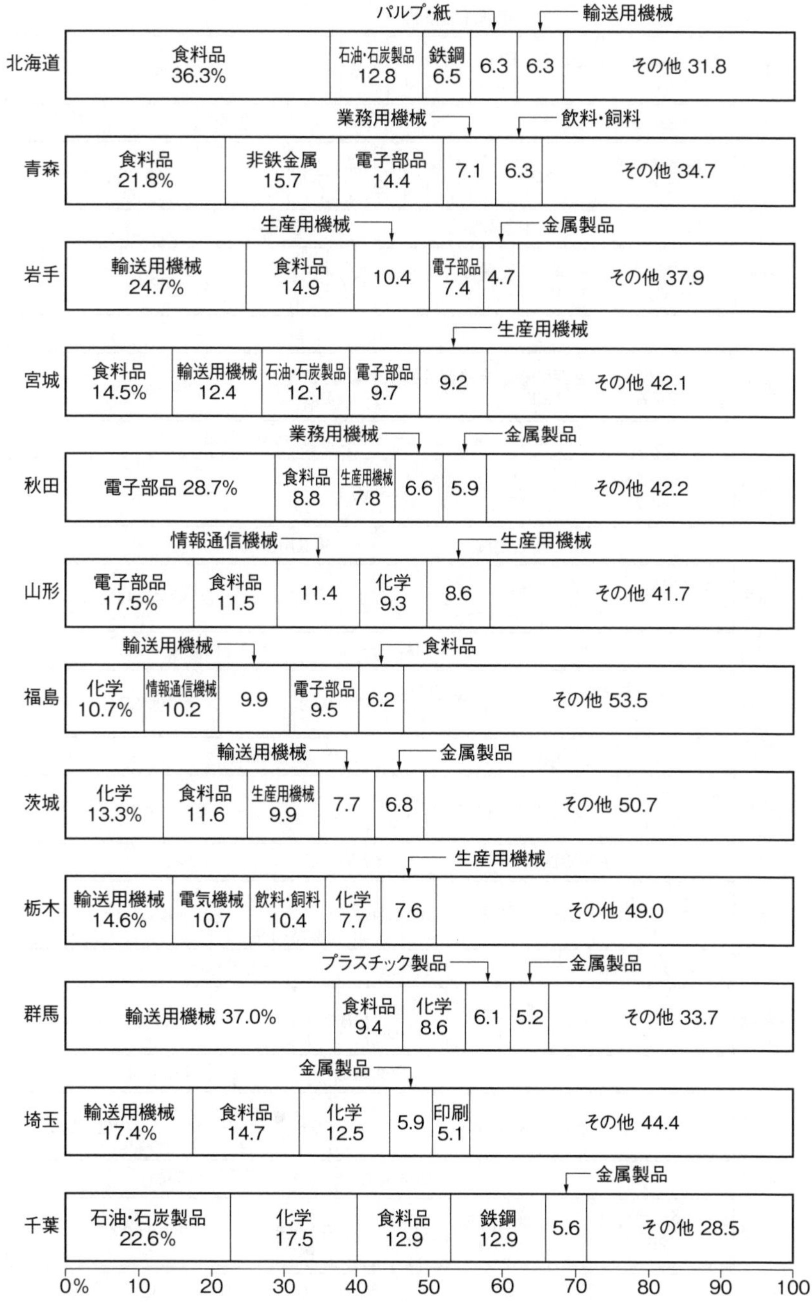

北海道

| 食料品 36.3% | 石油・石炭製品 12.8 | 鉄鋼 6.5 | パルプ・紙 6.3 | 輸送用機械 6.3 | その他 31.8 |

青森

| 食料品 21.8% | 非鉄金属 15.7 | 電子部品 14.4 | 業務用機械 7.1 | 飲料・飼料 6.3 | その他 34.7 |

岩手

| 輸送用機械 24.7% | 食料品 14.9 | 生産用機械 10.4 | 電子部品 7.4 | 金属製品 4.7 | その他 37.9 |

宮城

| 食料品 14.5% | 輸送用機械 12.4 | 石油・石炭製品 12.1 | 電子部品 9.7 | 生産用機械 9.2 | その他 42.1 |

秋田

| 電子部品 28.7% | 食料品 8.8 | 生産用機械 7.8 | 業務用機械 6.6 | 金属製品 5.9 | その他 42.2 |

山形

| 電子部品 17.5% | 食料品 11.5 | 情報通信機械 11.4 | 化学 9.3 | 生産用機械 8.6 | その他 41.7 |

福島

| 化学 10.7% | 情報通信機械 10.2 | 輸送用機械 9.9 | 電子部品 9.5 | 食料品 6.2 | その他 53.5 |

茨城

| 化学 13.3% | 食料品 11.6 | 生産用機械 9.9 | 輸送用機械 7.7 | 金属製品 6.8 | その他 50.7 |

栃木

| 輸送用機械 14.6% | 電気機械 10.7 | 飲料・飼料 10.4 | 化学 7.7 | 生産用機械 7.6 | その他 49.0 |

群馬

| 輸送用機械 37.0% | 食料品 9.4 | 化学 8.6 | プラスチック製品 6.1 | 金属製品 5.2 | その他 33.7 |

埼玉

| 輸送用機械 17.4% | 食料品 14.7 | 化学 12.5 | 金属製品 5.9 | 印刷 5.1 | その他 44.4 |

千葉

| 石油・石炭製品 22.6% | 化学 17.5 | 食料品 12.9 | 鉄鋼 12.9 | 金属製品 5.6 | その他 28.5 |

0%　10　20　30　40　50　60　70　80　90　100

表4-39より作成。

都道府県の製造品出荷額等割合（Ⅱ）（2019年）

都道府県						
東京	輸送用機械 16.4%	電気機械 10.6	印刷 10.5	食料品 10.0	情報通信機械 6.5	その他 46.0
神奈川	輸送用機械 21.0%	石油・石炭製品 13.1	化学 11.0	食料品 9.4	生産用機械 6.7	その他 38.8
新潟	食料品 16.3%	化学 12.8	金属製品 11.5	生産用機械 8.5	電子部品 6.7	その他 44.2
富山	化学 19.7%	生産用機械 12.8	金属製品 10.8	非鉄金属 9.7	電子部品 8.3	その他 38.7
石川	生産用機械 24.7%	電子部品 12.2	繊維 6.6	食料品 6.3	情報通信機械 6.1	その他 44.1
福井	電子部品 14.9%	化学 10.8	繊維 10.3	電気機械 9.1	輸送用機械 8.8	その他 46.1
山梨	生産用機械 30.2%	電子部品 8.8	食料品 8.7	飲料・飼料 7.5	情報通信機械 5.2	その他 39.6
長野	情報通信機械 17.5%	電子部品 11.9	生産用機械 11.4	食料品 9.5	輸送用機械 6.5	その他 43.2
岐阜	輸送用機械 19.4%	生産用機械 8.9	8.7	金属製品 8.4	窯業・土石 6.6	その他 48.0
静岡	輸送用機械 24.8%	電気機械 14.5	化学 11.0	プラスチック製品 8.0	食料品 5.7	その他 36.0
愛知	輸送用機械 55.4%	電気機械 5.8	鉄鋼 5.0	生産用機械 4.9	食料品 3.6	その他 25.3
三重	輸送用機械 25.4%	電子部品 13.9	化学 12.0	電気機械 6.5	プラスチック製品 4.9	その他 37.3

（凡例の矢印による内訳）静岡は「プラスチック製品」「食料品」「飲料・飼料」、愛知は「電気機械」「生産用機械」「食料品」、三重は「電気機械」「プラスチック製品」。

0%　10　20　30　40　50　60　70　80　90　100

資料・注記は（Ⅰ）に同じ。

都道府県の製造品出荷額等割合（Ⅲ）（2019年）

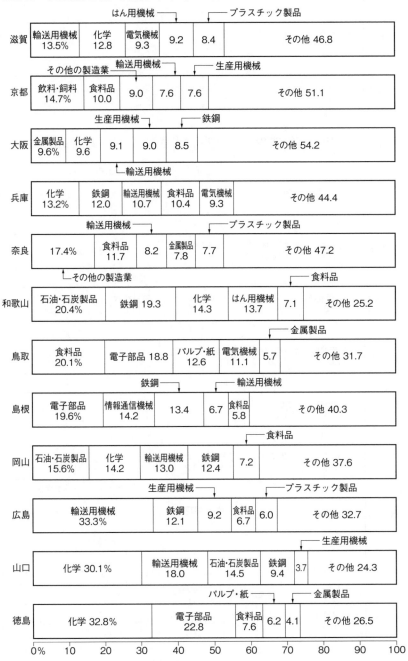

滋賀　輸送用機械 13.5%　化学 12.8　電気機械 9.3　はん用機械 9.2　プラスチック製品 8.4　その他 46.8

京都　飲料・飼料 14.7%　食品 10.0　その他の製造業 9.0　輸送用機械 7.6　生産用機械 7.6　その他 51.1

大阪　金属製品 9.6%　化学 9.6　生産用機械 9.1　輸送用機械 9.0　鉄鋼 8.5　その他 54.2

兵庫　化学 13.2%　鉄鋼 12.0　輸送用機械 10.7　食料品 10.4　電気機械 9.3　その他 44.4

奈良　17.4%　食料品 11.7　輸送用機械 8.2　金属製品 7.8　プラスチック製品 7.7　その他 47.2　（その他の製造業）

和歌山　石油・石炭製品 20.4%　鉄鋼 19.3　化学 14.3　はん用機械 13.7　食料品 7.1　その他 25.2

鳥取　食料品 20.1%　電子部品 18.8　パルプ・紙 12.6　電気機械 11.1　金属製品 5.7　その他 31.7

島根　電子部品 19.6%　情報通信機械 14.2　鉄鋼 13.4　輸送用機械 6.7　食料品 5.8　その他 40.3

岡山　石油・石炭製品 15.6%　化学 14.2　輸送用機械 13.0　鉄鋼 12.4　食料品 7.2　その他 37.6

広島　輸送用機械 33.3%　鉄鋼 12.1　生産用機械 9.2　食料品 6.7　プラスチック製品 6.0　その他 32.7

山口　化学 30.1%　輸送用機械 18.0　石油・石炭製品 14.5　鉄鋼 9.4　生産用機械 3.7　その他 24.3

徳島　化学 32.8%　電子部品 22.8　食料品 7.6　パルプ・紙 6.2　金属製品 4.1　その他 26.5

0%　10　20　30　40　50　60　70　80　90　100

資料・注記は（Ⅰ）に同じ。その他の製造業については357ページの表4-39の注記1）参照。

府県別統計

工業

都道府県の製造品出荷額等割合（Ⅳ）（2019年）

都道府県	1位	2位	3位	4位	5位	(6位)	(7位)	(8位)	その他
香川	非鉄金属 15.4%	食料品 13.0	輸送用機械 11.1	金属製品 6.7	電気機械 6.5				その他 47.3
愛媛	非鉄金属 17.0%	石油・石炭製品 14.1	パルプ・紙 13.2	輸送用機械 10.0	化学 7.9				その他 37.8
高知	食料品 18.4%	生産用機械 12.4	パルプ・紙 11.0	窯業・土石 10.4	鉄鋼 7.2				その他 40.6
福岡	輸送用機械 33.6%	食料品 10.9	鉄鋼 9.8	金属製品 5.8	飲料・飼料 5.7				その他 34.2
佐賀	食料品 17.1%	輸送用機械 12.0	電子部品 9.7	電気機械 8.9	化学 7.7				その他 44.6
長崎	はん用機械 19.5%	食料品 18.0	輸送用機械 17.5	電子部品 17.3	金属製品 4.1				その他 23.6
熊本	生産用機械 17.0%	輸送用機械 13.8	食料品 13.7	電子部品 11.9	金属製品 6.3				その他 37.3
大分	輸送用機械 14.9%	鉄鋼 13.6	非鉄金属 13.0	石油・石炭製品 12.8	化学 12.7				その他 33.0
宮崎	食料品 19.9%	飲料・飼料 12.8	電子部品 10.5	化学 9.2	ゴム製品 6.8				その他 40.8
鹿児島	食料品 34.3%	飲料・飼料 19.7	電子部品 14.4	窯業・土石 8.4	電気機械 4.4				その他 18.8
沖縄	食料品 37.5%	飲料・飼料 14.2	窯業・土石 14.0	金属製品 11.0	鉄鋼 5.4				その他 17.9
全国	輸送用機械 20.9%	食料品 9.3	化学 9.0	生産用機械 6.5	電気機械 5.6	鉄鋼 5.5	金属製品 5.0	電子部品 4.3	その他 33.9

資料・注記は（Ⅰ）に同じ。

表 4 - 40　従業者規模別の製造業事業所数 (2020年 6 月 1 日現在)

	1～3人	4～9人	10～19人	20～29人	30～99人	100～299人	300人以上
北海道	3 155	1 682	1 362	712	927	239	60
青森	1 019	389	367	197	276	87	26
岩手	1 100	618	518	298	454	126	41
宮城	1 443	720	694	367	516	175	56
秋田	1 205	526	466	214	326	91	25
山形	1 758	754	558	323	498	151	55
福島	2 365	1 080	858	497	719	258	73
茨城	3 458	1 490	1 209	702	974	406	146
栃木	3 273	1 274	1 007	578	769	300	111
群馬	3 918	1 499	1 083	658	837	297	106
埼玉	9 501	3 814	2 757	1 456	1 735	543	185
千葉	3 236	1 528	1 206	687	895	341	96
東京	15 577	4 888	2 542	1 104	1 057	221	75
神奈川	5 566	2 542	1 850	1 003	1 185	492	195
新潟	4 378	1 780	1 305	684	918	279	87
富山	1 658	806	679	363	527	207	63
石川	3 162	1 086	684	346	436	147	49
福井	2 189	730	564	285	316	110	27
山梨	1 873	582	419	236	288	117	32
長野	3 957	1 576	1 202	686	897	309	97
岐阜	5 517	1 937	1 394	726	939	336	83
静岡	6 366	2 898	2 238	1 300	1 601	531	218
愛知	11 676	5 504	3 790	1 973	2 498	927	371
三重	2 564	1 057	847	492	616	284	102
滋賀	1 688	698	634	354	565	278	93
京都	5 969	1 617	1 087	535	614	212	61
大阪	14 709	6 546	4 213	1 968	2 127	524	144
兵庫	5 973	2 520	1 892	1 024	1 358	535	181
奈良	1 946	632	473	251	323	79	25
和歌山	1 659	628	466	205	279	76	10
鳥取	376	243	198	118	175	63	17
島根	791	408	310	136	179	65	13
岡山	2 157	944	822	440	628	241	72
広島	2 975	1 476	1 279	664	787	269	102
山口	950	475	426	230	341	140	59
徳島	958	410	293	139	165	65	17
香川	1 477	601	470	247	305	121	30
愛媛	1 490	661	547	312	388	111	36
高知	722	437	306	133	171	35	2
福岡	3 578	1 700	1 261	692	935	311	110
佐賀	1 009	433	322	163	236	117	32
長崎	1 517	644	427	193	215	77	25
熊本	1 265	665	456	268	349	134	50
大分	937	430	363	193	261	93	31
宮崎	1 021	418	349	194	255	92	29
鹿児島	1 919	686	536	265	347	89	21
沖縄	1 361	417	293	159	159	25	5
全国	156 361	64 449	47 022	24 770	31 366	10 726	3 544

経済産業省「工業統計調査 (産業統計表、地域別統計表)」(2020年) より作成。確報。従業者 3 人以下は推計値。表4-37の注記参照 (356ページ)。

図4-7　高炉一貫製鉄所の所在地（2022年 7 月 1 日現在）

日本鉄鋼連盟「日本の鉄鋼業」（2022年）より作成。地名表記は各社の製鉄所名。日本製鉄は瀬戸内製鉄所・呉地区の高炉 2 基の操業を、2021年 9 月29日に停止した。

図4-8　自動車組立工場の所在地（2022年 3 月31日現在）

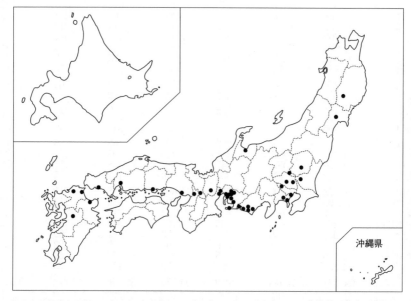

日本自動車工業会「日本の自動車工業」（2022年）より作成。原則、日本自動車工業会に加盟する自動車メーカーのみ。組み立てを中心とする工場で、部品工場は含まず。二輪車を含む。

図4-9 半導体工場の所在地 (2021年)

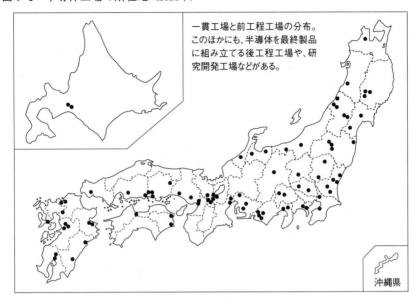

一貫工場と前工程工場の分布。このほかにも、半導体を最終製品に組み立てる後工程工場や、研究開発工場などがある。

沖縄県

産業タイムズ社「半導体工場ハンドブック2022」より作成。

図4-10 石油化学コンビナートの所在地 (2021年7月現在)

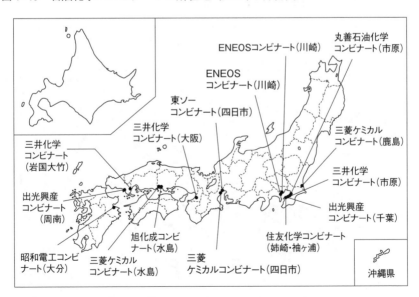

丸善石油化学
コンビナート(市原)

ENEOSコンビナート(川崎)

ENEOS
コンビナート(川崎)

東ソー
コンビナート(四日市)

三井化学
コンビナート(大阪)

三菱ケミカル
コンビナート(鹿島)

三井化学
コンビナート
(岩国大竹)

三井化学
コンビナート(市原)

出光興産
コンビナート
(周南)

出光興産
コンビナート(千葉)

昭和電工コンビ
ナート(大分)

三菱ケミカル
コンビナート(水島)

旭化成コンビ
ナート(水島)

三菱
ケミカルコンビナート(四日市)

住友化学コンビナート
(姉崎・袖ヶ浦)

沖縄県

石油化学工業協会「石油化学工業の現状」(2021年) より作成。( ) 内はコンビナートの地名で、原資料表記に従った。

図 4 - 11　セメント工場の所在地（2022年 4 月 1 日現在）

エコセメント工場を除く。

会社数　16社
工場数　30工場

沖縄県

セメント協会「セメントハンドブック」（2022年度版）より作成。

図 4 - 12　製紙工場の所在地（2022年 4 月現在）

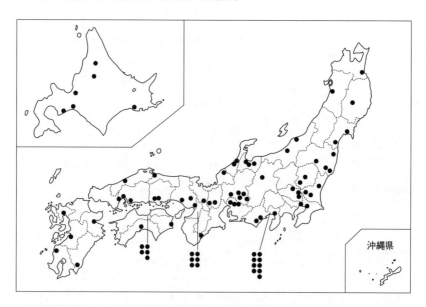

沖縄県

日本製紙連合会ウェブサイト「製紙工場所在地一覧」より作成。

表 4-41　主な食料品の出荷額（2019年）（単位　百万円、イタリック字は%）

荒茶		
鹿児島	30 307	*47.6*
静岡	21 983	*34.5*
三重	3 973	*6.2*
福岡	2 194	*3.4*
京都	1 994	*3.1*
全国×	**63 700**	*100.0*

緑茶（仕上茶）		
静岡	133 942	*55.6*
京都	32 315	*13.4*
愛知	15 093	*6.3*
福岡	9 077	*3.8*
鹿児島	8 594	*3.6*
全国×	**240 918**	*100.0*

冷凍水産食品		
静岡	125 776	*22.6*
北海道	124 190	*22.3*
千葉	66 253	*11.9*
宮城	32 036	*5.7*
鳥取	24 621	*4.4*
全国×	**557 199**	*100.0*

ミネラルウォーター		
山梨	68 183	*38.2*
静岡	13 967	*7.8*
鹿児島	10 267	*5.8*
全国×	**178 289**	*100.0*

しょうゆ1)		
千葉	42 146	*23.4*
神奈川	26 425	*14.7*
兵庫	23 198	*12.9*
全国×	**180 103**	*100.0*

ウスター・中濃・濃厚ソース		
広島	13 539	*28.2*
埼玉*	7 322	*15.2*
愛知*	6 168	*12.8*
全国×	**48 024**	*100.0*

みそ（粉みそを含む）		
長野	70 084	*52.0*
愛知	10 040	*7.5*
北海道	4 480	*3.3*
広島	4 137	*3.1*
京都	3 517	*2.6*
全国×	**134 709**	*100.0*

素干・煮干		
北海道	14 260	*15.1*
静岡	13 764	*14.5*
茨城	8 231	*8.7*
和歌山	8 208	*8.7*
兵庫	7 716	*8.2*
全国×	**94 611**	*100.0*

野菜漬物（果実漬物を含む）		
和歌山	51 469	*15.3*
埼玉	24 989	*7.4*
栃木	22 325	*6.6*
群馬	20 761	*6.2*
長野	16 883	*5.0*
全国×	**336 421**	*100.0*

香辛料（練製を含む）		
埼玉	44 683	*30.5*
長野*	14 397	*9.8*
全国×	**146 713**	*100.0*

寒天		
長野	8 345	*83.6*
東京*	522	*5.2*
全国×	**9 977**	*100.0*

さば缶詰		
青森*	9 335	*42.1*
岩手*	2 387	*10.8*
全国×	**22 156**	*100.0*

バター		
北海道	80 281	*87.4*
岩手*	1 029	*1.1*
全国×	**91 852**	*100.0*

粗糖（糖みつ、黒糖を含む）		
沖縄	15 237	*56.5*
鹿児島	8 138	*30.2*
全国×	**26 963**	*100.0*

切餅、包装餅2)		
新潟	31 054	*66.0*
北海道*	2 055	*4.4*
全国×	**47 076**	*100.0*

冷凍調理食品		
香川	102 035	*8.5*
大阪	89 329	*7.4*
千葉	85 562	*7.1*
北海道	70 894	*5.9*
群馬	66 825	*5.6*
福岡	54 806	*4.6*
山形	54 654	*4.6*
全国×	**1 199 879**	*100.0*

ブロイラー加工品3)		
鹿児島	102 102	*18.1*
宮崎	87 960	*15.6*
青森	56 348	*10.0*
岩手	43 624	*7.7*
北海道	27 962	*4.9*
徳島	22 897	*4.1*
佐賀	18 183	*3.2*
全国×	**565 302**	*100.0*

米菓		
新潟	217 334	*56.5*
埼玉	20 017	*5.2*
愛知	17 218	*4.5*
栃木	17 071	*4.4*
兵庫	13 698	*3.6*
福岡	11 840	*3.1*
京都	10 764	*2.8*
全国×	**384 364**	*100.0*

チョコレート類		
大阪	131 969	*21.4*
埼玉	101 908	*16.6*
茨城	61 580	*10.0*
北海道	57 309	*9.3*
神奈川	50 568	*8.2*
全国×	**615 718**	*100.0*

アイスクリーム		
埼玉	119 628	*28.3*
群馬	56 294	*13.3*
静岡	28 019	*6.6*
福岡	23 573	*5.6*
大阪	20 214	*4.8*
全国×	**422 199**	*100.0*

即席めん類		
滋賀	100 556	*21.2*
群馬	59 834	*12.6*
兵庫	50 389	*10.6*
茨城	48 739	*10.3*
静岡	44 272	*9.3*
全国×	**475 441**	*100.0*

経済産業省「工業統計調査（品目別統計表）」（2020年）より作成。従業者4人以上の事業所が対象。数字はすべて出荷額。1) 食用アミノ酸（粉しょうゆ、固形しょうゆを含む）を含む。2) 和生菓子を除く。3) 解体品を含む。*秘匿の県があるため、順位を確定できない。×その他とも。

表 4 - 42　酒類の製成数量（2020年度）（単位　kL）

	清酒	焼酎 単式蒸留1)	焼酎 連続式蒸留2)	ビール	果実酒（ワイン）	ウイスキー	計（その他とも）
北海道	2 736	159	12 609	⑧ 80 791	⑥ 3 466	30	188 156
青森	2 707	118	—	70	⑦ 1 608	x	5 061
岩手	2 331	11	x	1 164	⑩ 671	—	4 393
宮城	4 947	7	x	⑩ 74 796	107	x	195 914
秋田	⑤ 12 220	18	x	137	33	x	17 992
山形	⑩ 6 078	50	x	59	⑧ 1 214	x	18 764
福島	⑥ 9 047	62	308	⑦ 91 757	52	x	202 759
茨城	2 180	78	2 624	① 264 486	26	1 330	① 801 152
栃木	5 879	45	2 420		① 35 163	③ 26 876	298 398
群馬	1 975	-1 557	35 962	53 038	35	x	238 674
埼玉	④ 17 386	25	9 625	1 812	81	569	92 538
千葉	5 122	⑩ 696	① 129 219	⑥ 125 632	548	② 32 232	② 584 074
東京	985	269	x	40 992	54	x	190 751
神奈川	591	6	x	⑤ 154 010	② 31 122	x	⑥ 486 980
新潟	③ 26 381	129	x	3 553	428	x	33 211
富山	2 998	x	x	84	x	x	3 520
石川	3 690	52	x	294	130	—	4 246
福井	2 182	x	—	12	x	—	2 272
山梨	⑨ 6 345	⑨ 729	x	866	③ 13 377	① 43 472	64 908
長野	5 631	227	121	4 536	⑤ 4 944	599	38 197
岐阜	2 816	239	x	x	2	x	25 696
静岡	2 654	35	x	⑨ 75 169	324	5 118	⑩ 343 708
愛知	⑦ 7 790	515	8 881	③ 193 474	607	54	③ 546 669
三重	1 817	-88	18 305	x	7	x	101 004
滋賀	2 541	6	x	31 918	x	261	77 834
京都	② 54 303	-245	x	56 665	364	1 313	⑧ 374 801
大阪	585	x	x	② 199 039	115	x	⑦ 385 842
兵庫	① 87 289	158	2 915	60 456	143	-25	④ 516 190
奈良	1 790	x	—	86	x	—	3 141
和歌山	1 300	20	x	159	4	x	60 997
鳥取	505	7	—	152	x	109	1 088
島根	1 198	24	—	70	243	—	1 696
岡山	1 698	58	—	52 256	④ 4 978	x	⑨ 354 570
広島	5 340	-69	x	59	⑨ 1 069	x	38 370
山口	⑧ 6 480	143	—	182	x	—	52 998
徳島	277	36	x	66	x	x	1 548
香川	480	x	—	x	x	—	619
愛媛	974	x	—	34 760	x	x	64 706
高知	3 273	568	—	x	1	x	4 380
福岡	2 255	④ 46 766	29 596	④ 158 296	29	x	⑤ 511 987
佐賀	2 101	⑦ 3 107	x	x	x	x	5 559
長崎	512	⑧ 2 384	x	x	x	—	3 036
熊本	677	⑤ 12 234	x	9 661	92	14	68 408
大分	1 815	③ 78 387	—	39 329	139	x	146 784
宮崎	x	① 125 535	x	74	228	x	126 656
鹿児島	x	② 97 156	131	37	2	943	99 301
沖縄	x	⑥ 12 189	x	26 191	11	64	56 677
全国	312 035	380 350	307 723	1 839 166	101 612	135 396	7 446 225

国税庁統計情報「統計年報（酒税）」（2020年度版）より作成。会計年度（酒造年度ではない）。○内の数字は全国順位。xは秘匿。357ページの注記参照。1) 旧乙種。いわゆる本格焼酎。2) 旧甲種。

表 4-43　地域に根ざす工業（2019年）（単位　百万円、イタリック字は％）

節句人形、ひな人形

埼玉	4 389	*49.3*
愛知*	595	*6.7*
京都*	434	*4.9*
全国×	8 894	*100.0*

ほう丁

岐阜	11 926	*57.4*
新潟	5 584	*26.9*
大阪	1 625	*7.8*
全国×	20 792	*100.0*

生薬・漢方

茨城	107 380	*39.8*
徳島*	21 251	*7.9*
奈良*	12 653	*4.7*
全国×	269 952	*100.0*

真珠装身具[1]

兵庫	15 063	*60.1*
三重	8 682	*34.7*
全国×	25 043	*100.0*

眼鏡枠

福井	47 297	*94.7*
全国×	49 962	*100.0*

祝儀用品[2]

愛媛	6 636	*53.1*
長野*	1 589	*12.7*
全国×	12 497	*100.0*

食卓用ナイフ・[3] フォーク・スプーン

新潟	4 446	*80.2*
岐阜	810	*14.6*
全国×	5 542	*100.0*

パチンコ、スロットマシン

愛知	265 450	*43.1*
群馬	141 986	*23.0*
全国×	616 351	*100.0*

ソックス

奈良	15 003	*52.5*
兵庫	5 206	*18.2*
全国×	28 578	*100.0*

たんす

静岡	5 301	*24.4*
福岡	4 405	*20.2*
佐賀	2 047	*9.4*
福島	993	*4.6*
大阪	875	*4.0*
全国×	21 759	*100.0*

宗教用具

京都	5 723	*18.5*
静岡	2 866	*9.3*
福島	2 845	*9.2*
福岡	2 517	*8.1*
愛知	2 222	*7.2*
全国×	30 965	*100.0*

陶磁器製和飲食器

岐阜	12 852	*43.4*
佐賀	5 452	*18.4*
長崎	4 760	*16.1*
愛知	1 319	*4.5*
石川	1 118	*3.8*
全国×	29 603	*100.0*

衣服用ニット手袋

香川	4 294	*96.4*
愛知*	50	*1.1*
全国×	4 454	*100.0*

タオル（ハンカチを除く）

愛媛	27 957	*58.8*
大阪	11 813	*24.8*
全国×	47 555	*100.0*

毛布

大阪	4 757	*87.4*
和歌山	629	*11.6*
全国×	5 442	*100.0*

自転車[4]

大阪	41 009	*88.9*
埼玉	4 207	*9.1*
全国×	46 133	*100.0*

ピアノ

静岡	19 569	*100.0*
全国	19 569	*100.0*

顕微鏡、拡大鏡

長野	26 309	*81.8*
神奈川*	1 237	*3.8*
全国×	32 161	*100.0*

線香類

兵庫	10 635	*44.9*
京都	4 429	*18.7*
栃木*	2 763	*11.7*
全国×	23 712	*100.0*

数値制御ロボット

山梨	240 214	*74.3*
静岡	46 857	*14.5*
愛知	13 929	*4.3*
全国×	323 225	*100.0*

発光ダイオード

徳島	252 804	*75.0*
広島*	1 123	*0.3*
全国×	337 001	*100.0*

錠、かぎ

三重	35 422	*49.1*
埼玉*	6 623	*9.2*
大阪*	5 765	*8.0*
全国×	72 184	*100.0*

漆器製台所・食卓用品

福井	5 506	*56.4*
石川	1 686	*17.3*
福島	1 296	*13.3*
全国×	9 758	*100.0*

障子紙、書道用紙

愛媛	2 800	*41.7*
高知*	588	*8.8*
山梨*	555	*8.3*
全国×	6 718	*100.0*

経済産業省「工業統計表（品目別統計表）」（2020年）より作成。従業者4人以上の事業所が対象。数字はすべて出荷額。1）天然・養殖真珠装身具で、購入真珠によるもの。2）祝儀袋、のし紙、元結、水引、結納用品等。3）めっき製を含む。4）一般的な自転車（軽快車、ミニサイクル、マウンテンバイク）で、子供車（12〜24インチ）やスポーツ用などは含まず。*秘匿の県があるため順位を確定できない。×その他とも。

表 4 - 44　建設業許可業者数（各年 3 月末現在）

	2021	2022		2021	2022		2021	2022
北海道	19 467	⑧19 491	石川	5 445	5 432	岡山	7 164	7 207
			福井	3 908	3 920	広島	11 859	11 914
青森	5 543	5 484				山口	5 832	5 813
岩手	4 219	4 218	山梨	3 531	3 540			
宮城	8 541	8 549	長野	7 659	7 534	徳島	3 126	3 089
秋田	3 784	3 756	岐阜	8 724	8 786	香川	4 032	4 017
山形	4 573	4 563	静岡	13 658	⑩13 628	愛媛	5 651	5 659
福島	8 856	8 776	愛知	26 854	④27 155	高知	2 959	2 957
茨城	11 943	11 838	三重	7 347	7 359	福岡	21 137	⑥21 330
栃木	7 370	7 324	滋賀	5 493	5 551	佐賀	3 132	3 122
群馬	7 454	7 389	京都	11 378	11 393	長崎	4 940	4 991
埼玉	23 731	⑤23 909	大阪	39 525	②40 042	熊本	6 774	6 822
千葉	18 674	⑨18 700	兵庫	19 437	⑦19 500	大分	4 570	4 559
東京	43 428	①43 535	奈良	4 819	4 823	宮崎	4 316	4 320
神奈川	28 306	③28 576	和歌山	4 555	4 565	鹿児島	5 634	5 611
新潟	9 624	9 509	鳥取	2 115	2 122	沖縄	5 084	5 201
富山	5 059	5 015	島根	2 722	2 699	全国	473 952	475 293

国土交通省「建設業許可業者数調査」より作成。○内の数字は全国順位。

表 4 - 45　公共機関からの受注工事（請負契約額）（単位　億円）（2021年度）

	合計	国の機関1)（％）	地方の機関（％）		合計	国の機関1)（％）	地方の機関（％）
北海道	① 15 331	47.4	52.6	滋賀	2 136	46.4	53.6
青森	3 008	10.5	89.5	京都	3 630	39.9	60.1
岩手	2 400	32.6	67.4	大阪	④ 10 103	37.4	62.6
宮城	4 152	29.4	70.6	兵庫	⑦ 6 859	23.2	76.8
秋田	2 477	24.9	75.1	奈良	1 132	22.4	77.6
山形	2 322	44.5	55.5	和歌山	2 474	41.0	59.0
福島	⑨ 5 850	36.2	63.8	鳥取	1 513	40.5	59.5
茨城	5 635	44.1	55.9	島根	2 502	34.5	65.5
栃木	2 313	20.6	79.4	岡山	2 110	30.3	69.7
群馬	2 630	27.2	72.8	広島	4 968	30.3	69.7
埼玉	⑩ 5 801	27.3	72.7	山口	3 255	23.6	76.4
千葉	4 864	36.2	63.8	徳島	1 576	50.1	49.9
東京	② 15 134	30.8	69.2	香川	1 553	18.8	81.2
神奈川	⑤ 8 540	47.3	52.7	愛媛	2 304	32.6	67.4
新潟	4 458	37.9	62.1	高知	2 108	27.1	72.9
富山	2 259	30.6	69.4	福岡	⑥ 7 206	33.2	66.8
石川	2 381	32.3	67.7	佐賀	1 633	32.6	67.4
福井	3 161	49.2	50.8	長崎	2 504	27.6	72.4
山梨	1 669	26.9	73.1	熊本	3 917	28.8	71.2
長野	4 445	38.8	61.2	大分	2 698	23.8	76.2
岐阜	5 098	42.2	57.8	宮崎	2 376	21.2	78.8
静岡	⑧ 6 141	49.8	50.2	鹿児島	3 922	28.5	71.5
愛知	③ 11 303	27.3	72.7	沖縄	4 153	57.5	42.5
三重	2 985	38.0	62.0	全国	200 989	35.2	64.8

国土交通省「建設工事受注動態統計調査」より作成。発注機関別・施工都道府県別の請負契約額。1 件 500万円以上の工事。1) 国、独立行政法人、政府関連企業などによる発注。○内の数字は全国順位。

表 4 - 46　着工建築物の床面積・工事費と建築主別割合（会計年度）

	床面積（千m²）				工事費（予定額）（億円）			
	2020	2021	国・地方自治体（％）	個人（％）	2020	2021	国・地方自治体（％）	個人（％）
北海道	4 907	⑧ 4 832	7.4	34.8	10 711	⑧ 10 107	10.9	32.5
青森	1 042	962	6.8	53.0	2 059	1 909	12.9	46.6
岩手	1 076	1 204	5.9	45.1	2 023	2 289	11.6	42.4
宮城	2 182	2 457	4.1	32.7	4 633	4 777	4.5	31.5
秋田	764	873	4.5	44.7	1 457	1 820	7.8	37.8
山形	995	967	6.7	48.6	1 884	1 829	13.7	45.7
福島	1 680	1 676	5.0	46.9	3 384	3 246	8.0	46.6
茨城	2 900	⑩ 4 164	2.7	33.1	5 599	⑩ 7 700	5.3	33.7
栃木	1 911	1 933	1.5	47.0	3 595	3 590	2.3	48.3
群馬	2 014	2 405	3.4	34.8	3 511	3 908	5.8	41.1
埼玉	6 901	⑤ 7 099	2.4	35.5	13 528	⑥ 13 980	4.9	36.4
千葉	6 246	⑥ 7 000	2.5	29.9	12 949	⑤ 14 016	5.2	29.9
東京	12 415	① 14 209	5.0	22.4	37 080	① 44 579	5.7	17.4
神奈川	7 812	④ 7 746	3.2	32.7	16 922	④ 16 544	3.7	33.3
新潟	1 883	1 896	3.4	51.3	3 650	3 977	5.6	43.7
富山	1 003	1 098	3.7	48.8	2 073	2 134	4.9	43.1
石川	1 149	1 176	5.4	48.0	2 287	2 291	5.5	48.5
福井	691	948	3.4	42.2	1 445	1 997	7.0	38.0
山梨	654	907	3.2	45.4	1 293	1 759	4.7	45.5
長野	1 770	2 009	5.0	52.3	3 615	3 971	5.5	51.4
岐阜	1 819	2 070	4.1	43.0	3 348	4 030	8.4	43.5
静岡	3 138	3 344	3.0	48.1	6 294	6 888	3.9	47.8
愛知	7 793	② 8 493	2.1	36.0	16 213	③ 17 055	3.9	37.3
三重	1 723	1 747	2.5	42.8	3 348	3 468	4.1	44.4
滋賀	1 412	1 597	1.8	40.5	2 654	3 064	3.2	40.2
京都	2 313	2 173	5.0	32.8	4 742	5 204	6.9	29.5
大阪	8 103	③ 7 970	3.4	23.3	18 579	② 17 480	6.1	21.0
兵庫	4 676	⑨ 4 601	3.0	31.3	9 241	⑨ 8 865	4.5	31.5
奈良	795	981	3.8	43.5	1 610	1 811	5.9	45.2
和歌山	711	794	9.1	51.1	1 400	1 566	17.5	47.8
鳥取	395	473	5.5	52.8	786	978	9.4	46.3
島根	483	455	6.3	51.2	1 066	873	7.9	49.1
岡山	1 659	1 740	2.8	47.2	3 253	3 433	4.1	48.1
広島	2 420	2 206	4.9	39.1	4 957	4 632	9.4	37.1
山口	962	1 121	8.2	42.6	1 912	2 271	14.9	41.6
徳島	601	478	5.6	57.7	1 084	947	11.7	54.6
香川	842	914	4.3	45.5	1 634	1 773	6.0	45.5
愛媛	1 124	1 136	3.7	45.2	2 003	2 120	5.2	43.2
高知	503	469	12.3	47.5	1 023	1 010	18.1	43.0
福岡	4 541	⑦ 5 792	5.0	27.9	9 022	⑦ 11 896	7.3	25.9
佐賀	814	805	4.8	45.0	1 609	1 556	6.6	40.8
長崎	827	920	6.3	42.1	1 647	1 901	8.0	37.7
熊本	1 761	1 711	6.0	47.0	3 530	3 318	10.2	45.2
大分	907	913	3.4	44.0	1 723	1 811	5.9	41.4
宮崎	978	1 076	7.1	43.5	1 706	1 958	16.3	40.8
鹿児島	1 379	1 442	4.0	42.3	2 735	2 867	7.7	37.9
沖縄	1 627	1 487	15.5	35.1	4 404	3 756	20.8	32.5
全国	114 300	122 468	4.1	35.6	245 222	262 954	6.4	33.1

府県別統計

建設業

国土交通省「建築着工統計調査」より作成。調査対象は建築工事の届出が必要である床面積が10m²を超える建築物。工事費は予定額。建築主はほかに会社、法人などの団体がある。

表 4 - 47　着工新設住宅（2021年度）

	戸数（戸）						持家の1戸あたり床面積（m²）
	持家	貸家	分譲マンション	分譲一戸建	総数	総面積（千m²）	
北海道	11 616	14 536	2 087	3 223	⑧ 32 091	2 724	⑧ 120.5
青森	3 496	1 094	94	666	5 398	570	⑦ 120.8
岩手	3 553	2 562	52	624	6 805	593	116.3
宮城	4 989	7 224	1 122	3 455	16 835	1 385	119.6
秋田	2 613	765	335	444	4 182	421	117.0
山形	2 867	1 541	70	685	5 184	508	③ 125.1
福島	5 258	2 497	216	1 893	10 028	975	119.1
茨城	9 338	5 000	1 405	3 541	19 387	1 833	116.7
栃木	6 210	2 224	562	2 366	11 433	1 171	118.4
群馬	5 937	2 119	314	2 447	10 837	1 093	116.5
埼玉	16 028	15 671	4 823	14 481	⑤ 51 422	4 453	115.8
千葉	13 552	16 978	4 022	11 018	⑥ 45 943	3 774	115.8
東京	16 771	69 632	29 216	17 610	① 134 313	8 801	115.1
神奈川	14 914	24 293	10 758	14 952	③ 65 474	4 948	114.7
新潟	6 143	2 849	601	1 177	10 792	1 060	⑥ 121.2
富山	3 090	1 817	181	532	5 660	554	② 125.9
石川	3 571	2 624	385	731	7 338	686	④ 124.4
福井	2 495	1 958	308	454	5 266	494	① 128.6
山梨	2 935	1 072	—	540	4 609	463	118.3
長野	7 212	2 810	229	1 476	11 809	1 199	⑩ 119.9
岐阜	6 028	2 913	223	2 065	11 235	1 119	118.9
静岡	11 151	5 856	303	3 466	⑩ 20 916	2 026	118.1
愛知	19 103	20 887	8 423	12 529	④ 61 293	5 260	⑤ 121.6
三重	5 213	3 360	146	1 188	10 077	922	117.9
滋賀	4 496	2 448	1 806	1 152	10 131	935	118.7
京都	4 553	6 950	2 397	2 633	16 602	1 278	113.8
大阪	11 253	32 334	14 364	10 121	② 68 657	4 724	117.8
兵庫	9 832	11 182	2 933	5 527	⑨ 29 844	2 519	118.4
奈良	2 833	1 426	205	1 405	5 870	587	⑨ 120.0
和歌山	2 828	1 376	69	579	4 908	475	117.1
鳥取	1 654	746	105	201	2 714	263	117.8
島根	1 544	923	149	133	2 770	253	116.0
岡山	5 473	4 577	1 128	1 537	12 782	1 111	116.4
広島	5 365	7 636	1 836	3 195	18 099	1 471	118.0
山口	3 440	2 405	584	940	7 422	658	112.0
徳島	1 928	713	—	301	2 973	303	116.9
香川	2 956	1 552	638	556	5 712	544	116.1
愛媛	3 635	2 826	436	662	7 677	662	114.1
高知	1 524	833	128	411	2 907	269	110.7
福岡	9 790	19 196	6 374	6 011	⑦ 41 628	3 222	117.2
佐賀	2 318	1 534	244	835	4 952	474	119.3
長崎	2 817	2 598	472	439	6 372	527	112.6
熊本	5 639	5 046	396	1 755	12 956	1 107	113.0
大分	2 735	2 409	250	811	6 225	531	113.0
宮崎	3 039	2 485	673	846	7 060	614	112.6
鹿児島	4 647	3 308	757	1 205	10 006	822	107.1
沖縄	2 897	3 967	943	1 306	9 315	778	111.8
全国	281 279	330 752	102 762	144 124	865 909	71 161	117.4

国土交通省「建築着工統計調査（住宅着工統計）」（2021年度）より作成。総数には給与住宅とその他の分譲住宅（長屋建など）を含む。○内の数字は全国順位。

図 **4 - 13**　小売業の従業者 1 人あたり年間商品販売額（2015年）

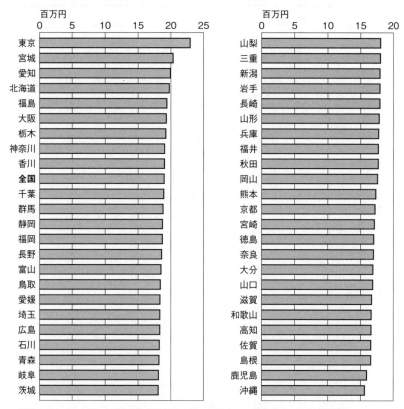

資料は表4-48に同じ。従業者数は2016年 6 月 1 日時点で、販売額は2015年の年計。

🏷 自治体アンテナショップ

2020年 1 月から続くコロナ禍で、長期にわたって旅行や帰省が自粛される中、自治体アンテナショップが人気を集めた。自治体アンテナショップは、県や市区町村が主体となって、地域特産品の展示・販売や飲食部門を設置するとともに、観光や移住・田舎暮らしの案内など、地域の情報を受信・発信する拠点となっている。

一般財団法人地域活性化センターによると、2021年 4 月 1 日現在、東京都内での出店数は71店（都道府県41、市区町村30：独立店舗62、集合型店舗 9 ）である。近年、店舗数は増加傾向であったが、緊急事態宣言で休業や営業時間の短縮が続いたことで、市区町村が行う集合型の店舗を中心に、前年より10店舗減少した。

一方、各店舗はコロナ流行下での取り組みとして、オンライン広告活動や飲食のテイクアウトやデリバリー対応を積極的に導入している。また、巣ごもり需要などに対応するため、ネットでの通信販売にも力を注いでいる。

表 4 - 48 卸売業、小売業（Ⅰ）（2016年 6 月 1 日）

	事業所数			従業者数（千人）		
	合計	卸売業	小売業	合計	卸売業	小売業
北海道	⑦ 56 213	⑥ 15 311	⑧ 40 902	⑦ 463	⑦ 130	⑦ 333
青森	15 799	3 616	12 183	110	29	81
岩手	15 404	3 495	11 909	106	28	79
宮城	27 102	8 641	18 461	222	79	143
秋田	13 034	2 727	10 307	84	19	65
山形	14 496	3 153	11 343	92	24	67
福島	22 064	5 022	17 042	151	39	113
茨城	29 144	6 594	22 550	228	53	175
栃木	21 883	5 250	16 633	162	42	119
群馬	21 846	5 279	16 567	165	45	119
埼玉	⑥ 56 851	⑦ 14 486	⑤ 42 365	⑤ 533	⑥ 143	⑤ 391
千葉	⑨ 47 017	⑩ 10 721	⑨ 36 296	⑨ 433	⑨ 94	⑥ 339
東京	① 150 728	① 54 057	① 96 671	① 1 949	① 1 052	① 896
神奈川	④ 66 274	⑤ 15 312	④ 50 962	④ 664	④ 171	③ 493
新潟	29 006	7 198	21 808	208	63	145
富山	13 858	3 288	10 570	92	27	65
石川	15 088	4 026	11 062	109	36	74
福井	10 543	2 586	7 957	71	21	50
山梨	9 999	2 321	7 678	68	17	51
長野	24 779	5 945	18 834	175	48	127
岐阜	24 132	6 032	18 100	169	46	123
静岡	⑩ 43 072	⑨ 11 073	⑩ 31 999	⑩ 307	⑩ 89	⑩ 219
愛知	③ 77 110	③ 25 054	③ 52 056	③ 725	③ 280	④ 445
三重	19 577	4 214	15 363	143	33	111
滋賀	13 178	2 696	10 482	107	20	87
京都	29 033	7 087	21 946	242	69	173
大阪	② 99 597	② 36 071	② 63 526	② 985	② 450	② 535
兵庫	⑧ 54 143	⑧ 12 834	⑦ 41 309	⑧ 441	⑧ 118	⑧ 323
奈良	12 047	2 235	9 812	90	17	74
和歌山	12 878	2 769	10 109	78	19	59
鳥取	6 938	1 585	5 353	47	13	34
島根	9 349	1 906	7 443	56	14	43
岡山	21 434	5 280	16 154	165	46	119
広島	33 337	9 594	23 743	268	87	181
山口	17 063	3 718	13 345	116	27	88
徳島	9 451	2 002	7 449	60	15	45
香川	12 673	3 656	9 017	92	30	62
愛媛	17 077	4 273	12 804	117	33	83
高知	9 926	2 036	7 890	61	16	45
福岡	⑤ 59 520	④ 17 506	⑥ 42 014	⑥ 481	⑤ 168	⑨ 314
佐賀	10 278	2 242	8 036	68	17	51
長崎	17 542	3 690	13 852	111	29	82
熊本	19 897	4 472	15 425	139	36	103
大分	14 115	3 081	11 034	96	23	73
宮崎	13 629	2 987	10 642	92	24	68
鹿児島	21 093	4 581	16 512	139	36	104
沖縄	15 843	3 112	12 731	116	28	87
全国	1 355 060	364 814	990 246	11 596	3 942	7 654

総務省・経済産業省「経済センサス－活動調査（卸売業、小売業に関する集計）」（2016年）より作成。
〇内の数字は全国順位。357ページの注記参照。

卸売業、小売業（Ⅱ）

	年間商品販売額（十億円）(2015)			(参考) 年間商品販売額（十億円）(2019)		
	合計	卸売業	小売業	合計	卸売業	小売業
北海道	⑥ 18 892	⑥ 12 310	⑥ 6 581	15 720	9 263	6 457
青森	3 380	1 909	1 472	3 008	1 641	1 368
岩手	3 501	2 092	1 409	2 996	1 664	1 332
宮城	12 151	⑨ 9 250	2 901	9 050	6 295	2 756
秋田	2 396	1 239	1 156	2 200	1 122	1 078
山形	2 588	1 390	1 198	2 404	1 235	1 169
福島	4 901	2 717	2 184	4 457	2 336	2 121
茨城	7 164	4 002	3 162	6 301	3 328	2 973
栃木	5 825	3 530	2 296	4 978	2 729	2 249
群馬	7 267	5 024	2 243	6 146	3 994	2 152
埼玉	⑦ 18 348	⑦ 11 195	⑤ 7 153	15 165	8 332	6 833
千葉	⑨ 13 505	7 100	⑦ 6 406	12 218	6 036	6 183
東京	① 199 687	① 179 112	① 20 574	138 348	118 374	19 974
神奈川	⑤ 22 544	⑤ 13 167	③ 9 377	18 624	9 534	9 090
新潟	7 016	4 413	2 603	6 107	3 713	2 395
富山	3 311	2 104	1 207	2 933	1 789	1 145
石川	4 162	2 821	1 341	3 471	2 185	1 286
福井	2 075	1 192	884	1 921	1 091	830
山梨	1 953	1 025	927	1 632	837	795
長野	5 846	3 490	2 356	5 120	2 833	2 287
岐阜	4 840	2 622	2 216	4 468	2 252	2 216
静岡	11 494	7 404	⑩ 4 090	9 467	5 677	3 790
愛知	③ 43 726	③ 34 861	④ 8 865	32 628	24 123	8 506
三重	3 993	2 004	1 990	3 435	1 634	1 800
滋賀	2 682	1 237	1 445	2 501	1 074	1 427
京都	7 806	4 830	2 976	6 253	3 443	2 810
大阪	② 60 033	② 49 708	② 10 325	42 948	33 137	9 811
兵庫	⑧ 15 946	⑧ 10 219	⑨ 5 726	13 588	8 176	5 412
奈良	2 100	853	1 248	1 842	732	1 110
和歌山	2 243	1 261	982	2 047	1 173	873
鳥取	1 333	703	630	1 227	644	583
島根	1 577	870	707	1 455	775	680
岡山	5 637	3 544	2 093	4 696	2 731	1 966
広島	⑩ 12 476	⑩ 9 167	3 310	9 670	6 558	3 111
山口	3 131	1 642	1 489	2 823	1 360	1 463
徳島	1 662	904	757	1 512	791	720
香川	3 788	2 619	1 169	2 912	1 758	1 154
愛媛	4 040	2 511	1 529	3 654	2 157	1 498
高知	1 628	874	753	1 409	712	696
福岡	④ 22 835	④ 16 971	⑧ 5 864	17 490	11 797	5 693
佐賀	1 756	913	843	1 617	798	818
長崎	3 242	1 764	1 478	2 944	1 502	1 443
熊本	4 292	2 514	1 778	3 770	1 974	1 797
大分	2 580	1 345	1 235	2 345	1 126	1 218
宮崎	2 910	1 755	1 155	2 478	1 389	1 089
鹿児島	4 449	2 796	1 653	3 745	2 188	1 557
沖縄	2 915	1 549	1 366	2 611	1 323	1 288
全国	581 626	436 523	145 104	448 337	309 336	139 001

府県別統計　小売業・卸売業

2015年データの資料は（Ⅰ）に同じ。2019年データの資料は経済産業省「経済構造実態調査　三次集計」（2020年）。〇内の数字は全国順位。357ページの注記参照。

表 4 - 49　卸売業の業種別事業所数と年間商品販売額（Ⅰ）（2016年調査）

	各種商品		繊維・衣服等		飲食料品	
	事業所数	年間商品販売額（億円）	事業所数	年間商品販売額（億円）	事業所数	年間商品販売額（億円）
北海道	④ 53	420	⑨ 404	1 025	④ 2 672	④ 46 321
青森	16	137	62	93	927	7 681
岩手	22	212	65	130	664	6 702
宮城	35	⑥ 988	158	626	1 329	⑨ 23 001
秋田	17	232	57	83	530	3 560
山形	10	61	110	139	658	4 763
福島	⑩ 36	183	108	374	957	8 641
茨城	32	183	111	164	1 216	10 935
栃木	23	316	163	220	827	8 249
群馬	18	110	166	363	910	9 636
埼玉	⑦ 39	⑧ 701	⑧ 411	⑨ 1 325	⑩ 1 760	⑦ 26 899
千葉	27	415	228	508	⑨ 2 009	⑩ 22 627
東京	① 113	① 265 360	① 4 085	① 42 161	① 6 009	① 250 429
神奈川	⑥ 49	⑦ 726	⑩ 380	⑩ 1 211	⑥ 2 109	⑧ 24 442
新潟	⑨ 37	⑩ 445	245	587	1 187	12 044
富山	4	12	105	204	502	4 304
石川	7	169	189	878	656	8 045
福井	6	305	236	895	387	2 152
山梨	5	39	111	164	481	2 612
長野	18	99	120	225	1 122	11 257
岐阜	8	12	⑦ 539	⑤ 3 165	793	4 946
静岡	⑦ 39	⑨ 529	336	834	⑦ 2 041	17 709
愛知	③ 64	③ 6 289	③ 1 162	③ 10 485	③ 3 113	③ 50 118
三重	25	259	82	99	792	4 603
滋賀	8	19	93	213	391	2 253
京都	13	139	④ 915	⑥ 3 036	1 019	10 709
大阪	② 80	② 15 296	② 3 166	② 31 016	② 3 547	② 88 554
兵庫	31	321	⑥ 637	④ 8 627	⑧ 2 025	⑥ 29 033
奈良	8	50	150	531	343	2 274
和歌山	4	22	75	171	647	3 519
鳥取	7	25	17	30	331	2 633
島根	5	22	41	51	392	1 526
岡山	16	95	189	1 047	810	8 772
広島	29	⑤ 1 637	360	⑧ 1 888	1 353	19 776
山口	21	123	62	51	732	3 839
徳島	9	33	59	68	452	3 028
香川	22	328	104	332	616	5 378
愛媛	18	35	120	292	934	6 429
高知	9	275	43	92	522	2 570
福岡	⑤ 50	④ 3 593	⑤ 707	⑦ 2 821	⑤ 2 540	⑤ 42 661
佐賀	22	91	48	165	512	2 943
長崎	24	113	61	119	1 009	5 344
熊本	16	152	83	130	1 046	9 319
大分	11	37	55	47	705	4 068
宮崎	11	75	51	43	682	7 300
鹿児島	17	116	81	204	1 082	11 887
沖縄	13	266	91	108	630	4 748
全国	1 147	301 064	16 841	117 043	55 971	850 238

総務省・経済産業省「経済センサス－活動調査（卸売業、小売業に関する集計）」（2016年）より作成。
事業所数は 6 月 1 日、販売額は2015年。○内の数字は全国順位。357ページの注記参照。

卸売業の業種別事業所数と年間商品販売額（Ⅱ）（2016年調査）

	建築材料、鉱物・金属材料等		機械器具		その他の卸売業	
	事業所数	年間商品販売額（億円）	事業所数	年間商品販売額（億円）	事業所数	年間商品販売額（億円）
北海道	⑥ 2 898	⑥ 26 360	⑥ 3 312	19 651	⑤ 2 740	⑦ 23 133
青森	608	4 218	734	3 263	567	3 038
岩手	656	4 955	835	4 109	565	3 532
宮城	1 708	⑤ 27 960	2 248	⑩ 21 193	1 380	14 058
秋田	574	2 531	631	2 506	420	2 393
山形	632	2 770	717	2 969	484	2 583
福島	977	5 661	1 134	5 751	865	4 611
茨城	1 425	7 050	1 501	12 584	1 005	7 208
栃木	1 196	6 732	1 221	11 091	870	5 533
群馬	1 140	7 060	1 266	⑦ 24 741	841	6 863
埼玉	⑤ 2 965	⑨ 18 342	⑦ 3 091	⑥ 26 081	⑥ 2 383	⑤ 27 025
千葉	⑨ 2 174	14 157	1 971	13 182	⑩ 1 679	⑨ 14 642
東京	① 7 973	① 491 421	① 9 551	① 404 467	① 9 549	① 215 321
神奈川	⑦ 2 708	⑧ 20 486	⑤ 3 463	④ 50 814	⑦ 2 302	⑥ 23 575
新潟	1 435	9 237	1 589	8 734	1 439	9 512
富山	708	6 755	742	5 149	614	2 886
石川	722	5 774	978	7 374	736	4 930
福井	490	3 442	536	2 753	417	1 695
山梨	396	1 999	411	1 940	516	3 113
長野	1 121	6 224	1 452	9 364	957	5 402
岐阜	1 089	5 690	976	4 998	1 349	4 637
静岡	⑧ 2 216	⑩ 15 971	⑧ 2 610	⑧ 24 521	⑨ 1 882	10 162
愛知	③ 4 817	③ 96 386	③ 5 756	② 121 076	③ 4 171	③ 47 467
三重	831	5 187	826	5 096	746	3 467
滋賀	551	3 187	632	3 763	465	2 349
京都	975	5 126	1 136	13 560	1 191	10 897
大阪	② 6 340	② 140 480	② 6 859	③ 108 636	② 6 006	② 75 637
兵庫	⑩ 2 161	13 472	⑩ 2 415	20 288	⑧ 2 124	⑧ 17 426
奈良	370	1 278	358	1 529	429	2 406
和歌山	554	2 523	403	1 875	529	3 323
鳥取	290	1 367	330	1 217	271	1 505
島根	400	1 491	416	1 943	336	2 391
岡山	986	7 457	1 176	8 353	926	7 681
広島	1 926	⑦ 24 397	⑨ 2 429	⑨ 24 202	1 650	⑩ 14 637
山口	778	4 705	802	3 875	582	3 148
徳島	363	1 886	379	1 683	357	1 897
香川	684	7 257	851	6 311	619	4 077
愛媛	793	6 025	838	4 158	753	6 389
高知	351	1 569	352	1 557	354	2 033
福岡	④ 3 169	④ 43 473	④ 3 913	⑤ 36 034	④ 3 122	④ 32 977
佐賀	413	1 702	367	1 758	464	1 879
長崎	670	3 129	634	2 845	622	4 234
熊本	745	4 151	923	5 468	762	4 491
大分	585	3 137	604	2 714	497	2 758
宮崎	566	2 886	601	2 367	487	3 315
鹿児島	768	4 453	915	4 237	709	5 057
沖縄	437	3 441	587	2 845	517	2 984
全国	66 334	1 084 959	75 471	1 054 624	62 249	660 275

資料・注記は（Ⅰ）に同じ。○内の数字は全国順位。

表 4 - 50　小売業の業種別事業所数と年間商品販売額（Ⅰ）（2016年調査）

	各種商品		織物・衣服・身の回り品		飲食料品	
	事業所数	年間商品販売額（億円）	事業所数	年間商品販売額（億円）	事業所数	年間商品販売額（億円）
北海道	⑧ 110	⑧ 5 235	⑨ 4 339	⑨ 3 426	⑦ 10 141	⑥ 18 194
青森	36	835	1 227	703	3 465	4 554
岩手	51	696	1 251	685	3 279	3 948
宮城	81	2 292	2 102	1 724	4 719	7 393
秋田	25	680	1 043	521	2 944	3 487
山形	43	587	1 127	611	3 246	3 393
福島	61	1 241	1 694	1 014	4 508	6 257
茨城	58	1 518	2 309	1 850	5 960	8 899
栃木	43	1 621	1 848	1 440	4 190	6 043
群馬	47	935	1 587	1 283	4 280	6 174
埼玉	⑤ 150	⑥ 6 234	⑦ 4 914	⑤ 4 747	⑤ 10 762	⑤ 20 592
千葉	⑦ 119	⑤ 6 805	⑧ 4 552	⑦ 4 203	⑨ 9 332	⑦ 17 705
東京	① 227	① 23 583	① 12 864	① 18 306	① 23 265	① 47 102
神奈川	④ 152	④ 9 293	④ 6 168	③ 6 787	③ 13 240	② 28 324
新潟	48	1 590	2 376	1 364	6 116	7 477
富山	25	696	1 292	714	2 608	3 262
石川	27	1 164	1 300	821	2 839	3 490
福井	26	616	986	470	2 102	2 388
山梨	20	488	859	502	2 061	2 794
長野	49	1 158	1 993	1 378	4 523	6 007
岐阜	41	1 248	2 142	1 428	3 978	5 577
静岡	79	2 270	⑩ 3 895	⑩ 2 821	⑩ 8 326	⑩ 11 333
愛知	③ 155	③ 9 452	③ 6 583	④ 5 680	④ 11 437	④ 20 838
三重	48	1 347	1 683	1 213	3 724	5 523
滋賀	35	1 292	1 174	871	2 459	3 958
京都	68	⑩ 3 943	2 585	2 045	5 491	8 552
大阪	② 156	② 13 129	② 8 331	② 7 620	② 14 637	③ 26 863
兵庫	⑥ 133	⑦ 6 066	⑤ 5 473	⑥ 4 325	⑧ 9 547	⑧ 16 499
奈良	27	1 384	1 152	711	2 461	3 736
和歌山	19	663	1 031	493	2 667	3 382
鳥取	23	523	567	306	1 186	1 756
島根	40	355	736	318	1 947	2 059
岡山	60	1 526	1 724	1 229	3 564	5 579
広島	⑩ 84	3 352	2 748	2 064	5 545	8 904
山口	47	998	1 312	733	3 419	4 503
徳島	18	411	743	417	1 889	2 474
香川	24	471	1 101	922	2 073	3 281
愛媛	46	1 295	1 281	711	3 415	4 779
高知	22	392	773	402	2 215	2 396
福岡	⑨ 100	⑨ 5 216	⑥ 4 971	⑧ 3 930	⑥ 10 726	⑨ 15 860
佐賀	27	350	855	612	2 087	2 603
長崎	34	601	1 406	901	4 158	4 289
熊本	47	1 114	1 466	1 004	4 263	5 365
大分	25	878	1 014	629	3 049	3 914
宮崎	39	477	980	591	2 921	3 986
鹿児島	26	725	1 321	769	4 907	5 138
沖縄	40	1 485	1 302	727	3 199	4 282
全国	2 861	128 227	114 180	96 024	248 870	394 914

総務省・経済産業省「経済センサス－活動調査（卸売業、小売業に関する集計）」（2016年）より作成。
事業所数は 6 月 1 日、販売額は2015年。○内の数字は全国順位。357ページの注記参照。

小売業の業種別事業所数と年間商品販売額（II）（2016年調査）

	機械器具		その他の小売業		無店舗小売業	
	事業所数	年間商品販売額（億円）	事業所数	年間商品販売額（億円）	事業所数	年間商品販売額（億円）
北海道	⑥ 4 499	⑨ 9 637	⑤ 13 775	③ 23 800	⑤ 1 339	⑨ 2 793
青森	1 352	2 274	4 095	5 353	377	586
岩手	1 408	2 378	4 040	5 418	348	563
宮城	2 085	5 486	5 716	9 163	542	1 665
秋田	1 293	2 015	3 485	4 240	279	313
山形	1 408	2 152	3 699	4 478	339	377
福島	2 009	3 914	5 750	7 941	529	731
茨城	2 899	5 801	7 402	11 222	618	1 274
栃木	2 161	4 451	5 409	7 707	421	788
群馬	2 286	4 961	5 202	7 157	784	1 010
埼玉	④ 4 944	⑤ 12 335	⑥ 12 980	⑥ 20 189	⑦ 1 146	④ 4 619
千葉	⑩ 3 738	⑦ 9 952	⑨ 11 124	⑦ 18 399	⑩ 858	⑧ 3 037
東京	② 6 661	① 32 437	① 26 294	① 42 205	① 2 945	① 27 235
神奈川	⑤ 4 685	④ 16 090	④ 14 670	② 24 238	⑥ 1 273	⑤ 4 104
新潟	2 835	4 811	7 032	9 084	603	961
富山	1 176	2 358	3 345	3 966	462	502
石川	1 348	2 623	3 475	4 293	270	523
福井	1 028	1 785	2 465	2 548	226	404
山梨	875	1 759	2 577	3 051	200	367
長野	2 555	4 857	6 252	8 087	563	712
岐阜	2 780	4 743	5 885	7 063	466	913
静岡	⑦ 4 403	⑩ 7 711	⑩ 9 812	⑩ 12 956	656	1 997
愛知	① 6 994	② 21 418	③ 15 588	⑤ 23 296	③ 1 377	⑥ 4 060
三重	2 125	4 185	4 965	6 184	377	673
滋賀	1 493	2 878	3 314	4 333	271	327
京都	2 332	4 649	6 331	7 095	578	1 831
大阪	③ 5 757	③ 16 970	② 17 858	④ 23 742	② 1 934	② 8 986
兵庫	⑨ 4 240	⑧ 9 637	⑦ 12 262	⑨ 15 018	⑧ 1 002	⑦ 3 083
奈良	1 004	2 427	3 113	3 029	277	616
和歌山	1 232	1 728	3 429	2 823	186	306
鳥取	662	1 124	1 886	2 157	166	260
島根	967	1 384	2 464	2 384	216	256
岡山	2 125	4 026	5 043	6 464	484	1 342
広島	3 132	6 521	7 822	9 656	⑨ 865	1 706
山口	1 624	2 848	4 288	4 546	317	529
徳島	918	1 304	2 494	2 375	165	267
香川	1 147	2 179	2 918	3 088	281	1 299
愛媛	1 502	2 324	4 152	4 974	313	633
高知	853	1 200	2 678	2 598	193	249
福岡	⑧ 4 264	⑥ 10 306	⑧ 11 876	⑧ 15 386	④ 1 375	③ 5 353
佐賀	903	1 344	2 665	2 886	272	308
長崎	1 373	2 021	4 350	4 070	396	⑩ 2 203
熊本	1 782	2 814	4 634	5 174	497	1 251
大分	1 250	2 141	3 610	3 917	303	434
宮崎	1 365	1 883	3 524	3 795	297	426
鹿児島	1 872	2 692	5 297	5 677	444	986
沖縄	1 155	1 888	3 640	3 967	199	519
全国	110 499	256 420	304 685	411 193	28 029	93 378

資料・注記は（I）に同じ。○内の数字は全国順位。

表 4 - 51　小売業の従業者規模別事業所数 (2016年 6 月 1 日現在)

	2人 以下	3～ 4人	5～ 9人	10～ 19人	20～ 29人	30～ 49人	50～ 99人	100人 以上
北海道	11 726	7 280	7 555	5 143	1 152	630	482	235
青森	4 552	2 223	2 054	1 136	244	170	120	53
岩手	4 402	2 161	2 043	1 255	234	134	114	34
宮城	5 572	3 177	3 241	2 073	566	329	222	65
秋田	4 075	1 858	1 728	969	181	122	94	42
山形	4 382	2 178	1 849	957	249	151	79	17
福島	6 223	3 066	2 688	1 684	430	250	167	43
茨城	7 718	4 023	3 540	2 400	751	427	297	90
栃木	5 941	2 860	2 581	1 668	504	275	184	59
群馬	6 107	2 764	2 499	1 823	471	287	172	63
埼玉	12 575	6 619	6 885	5 211	1 879	862	533	332
千葉	10 168	5 897	6 103	4 554	1 475	769	478	279
東京	25 095	14 509	15 250	10 479	3 541	1 649	1 067	666
神奈川	12 887	8 081	8 342	6 052	2 498	1 292	642	394
新潟	8 382	4 089	3 552	1 955	466	270	169	127
富山	4 068	1 837	1 551	902	242	185	112	11
石川	3 829	1 999	1 786	1 091	252	174	99	29
福井	3 071	1 469	1 210	685	188	122	74	14
山梨	2 911	1 420	1 134	715	183	122	74	33
長野	6 895	3 319	2 981	1 848	421	240	147	84
岐阜	6 136	3 326	3 104	1 755	464	298	169	40
静岡	11 137	5 841	5 232	3 178	898	514	299	72
愛知	14 770	8 638	8 816	5 947	2 004	1 021	692	246
三重	5 256	2 696	2 551	1 551	394	251	161	62
滋賀	3 410	1 734	1 739	1 078	385	219	119	62
京都	7 235	3 664	3 089	1 910	691	421	254	121
大阪	20 298	9 185	8 850	5 951	2 120	1 054	758	457
兵庫	13 152	6 601	6 380	3 913	1 208	689	476	238
奈良	3 531	1 528	1 458	899	299	161	106	52
和歌山	4 367	1 787	1 294	706	188	108	94	20
鳥取	1 869	931	941	482	131	80	42	14
島根	2 916	1 343	1 264	554	137	95	48	13
岡山	5 069	2 715	2 728	1 501	507	241	180	59
広島	8 034	4 292	3 959	2 342	753	444	267	105
山口	4 500	2 393	2 172	1 249	334	204	124	31
徳島	2 924	1 295	1 066	602	168	105	51	16
香川	3 212	1 572	1 513	772	215	129	99	32
愛媛	4 738	2 157	2 098	1 080	269	191	147	29
高知	3 361	1 332	1 086	618	146	99	76	16
福岡	12 459	7 070	6 966	4 196	1 363	722	417	119
佐賀	2 841	1 495	1 320	747	205	132	56	13
長崎	5 186	2 657	2 210	1 050	290	184	115	25
熊本	5 253	2 746	2 412	1 379	479	281	113	26
大分	3 844	1 947	1 855	994	310	186	89	26
宮崎	3 974	1 916	1 766	887	281	184	98	20
鹿児島	6 350	2 991	2 447	1 320	356	215	135	53
沖縄	4 562	1 693	1 694	981	235	137	172	61
全国	320 963	166 374	158 582	100 242	30 757	16 825	10 683	4 698

総務省・経済産業省「経済センサス－活動調査（卸売業、小売業に関する集計）」(2016年) より作成。
357ページの注記参照。

表 4 - 52　小売業（法人組織のみ）の商品販売形態別の年間商品販売額（2015年）（単位　億円）

	店頭販売	訪問販売	通信・カタログ販売	インターネット販売	自動販売機による販売	小売計×
北海道	⑥　52 707	③　3 818	442	594	⑨　286	⑥　60 774
青森	11 454	772	34	71	151	13 082
岩手	10 849	869	165	42	133	12 555
宮城	22 395	1 165	557	⑩　596	154	25 867
秋田	8 987	535	137	51	125	10 270
山形	8 980	900	42	68	62	10 455
福島	17 526	1 035	90	142	116	19 591
茨城	25 037	1 085	569	179	177	28 241
栃木	18 361	827	287	160	169	20 569
群馬	16 866	⑩　1 499	249	384	129	19 857
埼玉	⑤　56 841	⑧　1 984	⑤　1 749	③　1 853	⑤　548	⑤　65 288
千葉	⑦　50 698	⑦　1 989	⑦　1 349	⑧　979	⑥　465	⑦　57 415
東京	①　149 634	①　5 671	①　8 372	①　13 722	①　1 464	①　184 431
神奈川	③　76 523	④　2 927	④　1 803	⑦　1 233	③　601	③　85 708
新潟	20 276	1 325	343	250	130	23 248
富山	8 927	747	191	104	77	10 387
石川	10 444	536	167	124	98	11 766
福井	6 418	356	138	173	67	7 385
山梨	7 104	365	172	85	50	8 034
長野	17 810	1 334	108	190	154	20 604
岐阜	16 707	909	310	378	80	19 122
静岡	⑩　31 328	1 162	⑩　1 068	537	⑩　283	⑩　35 740
愛知	④　68 695	②　4 321	⑧　1 315	⑤　1 356	④　592	④　79 329
三重	15 177	773	293	164	111	17 440
滋賀	11 417	537	31	133	84	12 561
京都	22 412	1 111	1 018	⑨　657	189	26 089
大阪	②　77 518	⑤　2 864	②　2 751	②　4 204	②　803	②　90 954
兵庫	⑧　44 960	⑨　1 595	⑨　1 249	⑥　1 283	⑦　381	⑨　50 805
奈良	9 747	278	394	115	70	10 867
和歌山	7 128	375	146	125	46	8 140
鳥取	4 874	340	90	72	31	5 682
島根	5 343	366	105	20	38	6 146
岡山	15 909	1 053	397	329	136	18 791
広島	26 554	1 397	567	319	262	30 130
山口	11 307	775	83	79	102	13 054
徳島	5 876	320	113	87	45	6 670
香川	8 670	385	799	292	45	10 573
愛媛	12 107	632	111	132	58	13 703
高知	5 650	467	106	69	27	6 488
福岡	⑨　44 280	⑥　2 037	③　2 103	④　1 632	⑧　338	⑧　52 232
佐賀	6 466	405	42	54	45	7 256
長崎	9 816	538	⑥　1 446	491	68	12 707
熊本	13 343	812	537	123	107	15 581
大分	9 724	622	70	210	64	11 027
宮崎	9 082	615	140	59	59	10 218
鹿児島	12 677	671	464	140	75	14 591
沖縄	10 738	299	114	34	110	11 624
全国	1 115 342	55 397	32 825	34 092	9 403	1 293 047
事業所数	444 289	41 647	11 141	28 454	12 916	574 034

総務省・経済産業省「経済センサス－活動調査（卸売業、小売業に関する集計）」（2016年）より作成。
年間商品販売額は2015年。○内の数字は全国順位。357ページの注記参照。×その他を含む。

表 4 - 53　情報通信業を営む企業の売上高（2020年度）（単位　億円）

	少しでも情報通信業を営む企業の業種別売上高						
	電気通信業	民間放送業	有線放送業	ソフトウェア業	情報処理・提供サービス業	インターネット附随サービス業	映像情報制作・配給業
北海道	700	498	29	1 803	1 168	241	299
青森	x	123	x	940	1 105	187	35
岩手	41	80	41	324	288	46	13
宮城	476	266	x	1 231	1 428	352	161
秋田	x	108	x	x	48	x	x
山形	80	56	x	119	158	109	102
福島	x	203	—	784	152	23	66
茨城	163	8	114	1 036	134	133	—
栃木	34	30	34	155	133	125	x
群馬	x	18	x	555	511	70	x
埼玉	813	62	812	1 344	802	1 700	66
千葉	757	x	x	1 793	1 967	2 252	28
東京	169 941	17 205	4 137	222 522	148 104	89 534	19 325
神奈川	965	124	965	11 758	4 256	1 621	83
新潟	184	176	x	624	552	121	29
富山	238	105	131	2 391	1 622	1 248	71
石川	272	146	x	2 005	433	52	10
福井	109	55	109	290	3 340	29	95
山梨	85	88	87	205	66	x	10
長野	623	210	161	621	688	16	61
岐阜	165	4	107	929	722	142	x
静岡	980	306	207	1 617	1 072	991	58
愛知	3 353	1 128	1 707	7 611	5 583	4 374	300
三重	305	28	302	315	179	32	87
滋賀	x	6	x	232	98	x	3
京都	612	47	x	3 081	791	14 842	107
大阪	23 090	2 332	4 136	20 958	9 244	4 327	359
兵庫	76	185	74	2 113	738	128	x
奈良	—	x	—	x	x	x	x
和歌山	x	24	—	64	167	—	x
鳥取	42	x	41	108	48	x	—
島根	93	x	36	75	x	x	—
岡山	182	171	111	773	666	106	83
広島	679	265	81	1 565	1 237	288	329
山口	134	95	120	113	108	x	29
徳島	56	x	67	160	52	x	9
香川	2 752	x	43	626	230	—	x
愛媛	41	43	41	230	157	x	60
高知	x	97	x	90	56	x	60
福岡	10 444	531	1 005	6 079	20 602	853	86
佐賀	55	x	48	109	76	x	22
長崎	27	116	65	290	130	x	48
熊本	30	210	14	200	85	x	15
大分	154	128	125	278	241	157	x
宮崎	151	120	142	118	111	—	x
鹿児島	x	176	—	253	97	x	x
沖縄	840	109	—	377	321	884	16
全国	219 972	25 862	15 990	298 955	209 794	125 438	22 345
うち当該事業	178 321	20 177	5 414	166 619	79 429	46 939	8 059

総務省・経済産業省「情報通信業基本調査」（2021年）より作成。1) 映像・音声・文字情報制作に↗

（続き）

音声情報制作業	新聞業	出版業	広告制作業	映像・音声制作[1]	（再掲）[2]テレビ番組制作業	情報通信を主業とする企業の売上高	
160	531	219	199	22	206	2 807	北海道
x	142	x	x	x	36	411	青森
x	x	x	—	13	14	410	岩手
2	x	x	x	x	74	1 603	宮城
x	x	—	—	—	x	291	秋田
7	x	—	x	—	107	275	山形
3	x	x	—	x	65	463	福島
—	x	x	x	x	—	1 145	茨城
x	x	x	—	x	x	310	栃木
x	x	x	x	x	3	599	群馬
—	x	x	x	17	17	2 196	埼玉
x	x	48	x	x	x	4 134	千葉
3 125	8 262	22 440	18 790	6 443	10 549	454 212	東京
x	x	9	16	67	x	14 087	神奈川
x	x	x	101	8	29	1 040	新潟
—	x	x	90	x	52	2 061	富山
x	—	x	x	x	13	937	石川
x	—	—	x	x	95	399	福井
x	x	x	x	x	10	382	山梨
x	198	206	x	x	10	1 247	長野
—	x	x	x	—	x	1 141	岐阜
x	222	324	34	—	54	2 138	静岡
237	1 096	1 240	83	368	359	10 907	愛知
—	x	x	x	—	87	546	三重
x	x	x	—	—	3	156	滋賀
x	73	304	36	107	30	2 965	京都
249	814	472	99	452	377	37 249	大阪
95	x	101	x	x	4	2 600	兵庫
—	—	x	x	—	—	5	奈良
x	x	x	x	—	x	223	和歌山
x	x	—	—	x	x	152	鳥取
x	x	x	—	—	—	217	島根
x	x	x	x	x	70	1 069	岡山
x	x	513	x	x	125	2 173	広島
x	23	19	x	—	3	386	山口
—	—	x	x	x	x	185	徳島
—	x	—	—	x	x	917	香川
—	x	146	—	x	60	386	愛媛
x	x	—	x	x	60	305	高知
x	200	222	42	46	56	4 890	福岡
—	x	—	x	x	22	190	佐賀
—	x	—	—	—	48	300	長崎
x	—	—	x	—	13	464	熊本
x	—	—	x	x	x	455	大分
x	x	—	x	—	52	487	宮崎
x	—	—	x	—	x	437	鹿児島
—	73	137	x	x	16	1 505	沖縄
4 125	14 102	29 253	19 911	8 240	12 856	561 457	全国
1 306	11 505	9 542	3 312	1 703	3 763	—	うち当該事業

↘附帯するサービス業。2) テレビ・ラジオ番組制作業。xは秘匿。357ページの注記参照。

表 4 - 54　サービス産業の産業別の売上高（民営事業所）（2019年）（単位　億円）

	情報通信業	卸売業、小売業	不動産業、物品賃貸業	学術研究、専門・技術サービス業	宿泊業、飲食サービス業	生活関連サービス業、娯楽業	医療、福祉
北海道	⑦　3 839	⑥　164 986	⑦　13 659	⑩　7 247	⑥　8 897	⑦　13 229	⑤　51 255
青森	368	31 190	1 570	1 099	1 378	3 097	11 141
岩手	418	31 424	2 347	2 031	1 558	2 751	10 818
宮城	2 552	94 588	⑩　9 075	4 701	3 593	5 415	18 310
秋田	310	22 931	1 198	712	1 071	1 963	10 243
山形	255	25 408	1 200	770	1 363	1 961	10 132
福島	623	46 816	3 361	2 304	2 831	4 504	16 474
茨城	1 857	65 525	4 253	⑨　7 380	2 953	5 839	20 615
栃木	631	52 077	2 599	⑥　7 952	2 804	4 695	15 515
群馬	1 059	63 844	2 557	1 992	2 602	4 609	15 989
埼玉	⑨　2 842	⑦　161 396	⑥　17 044	6 121	⑧　7 404	⑥　15 285	⑦　47 464
千葉	⑥　5 990	⑨　127 335	⑧　12 724	⑧　7 402	⑤　9 155	⑤　17 384	⑨　40 643
東京	①　203 141	①　1 434 432	①　196 143	①　207 838	①　43 924	①　90 405	①　248 539
神奈川	③　20 676	④　195 566	③　28 159	③　21 956	③　13 375	③　21 784	③　65 559
新潟	1 523	64 461	3 468	2 133	3 032	5 188	19 640
富山	1 051	30 848	1 731	936	1 486	2 726	9 389
石川	1 582	36 389	2 695	1 299	2 274	2 747	9 764
福井	458	20 205	1 057	976	1 079	1 725	7 208
山梨	346	17 013	1 053	513	1 608	2 215	6 906
長野	1 209	53 864	3 431	1 958	3 962	4 438	17 572
岐阜	789	47 151	2 653	2 152	2 052	5 052	15 948
静岡	2 204	98 933	7 517	3 676	⑩　6 146	⑩　9 189	⑩　27 920
愛知	④　13 488	③　340 198	④　26 764	④　14 603	④　11 944	④　21 766	④　51 372
三重	434	36 357	3 017	1 658	2 685	4 303	14 539
滋賀	350	26 447	2 176	1 136	1 936	2 043	10 693
京都	1 819	65 466	6 503	3 161	5 548	5 993	23 679
大阪	②　21 039	②　444 460	②　56 461	②　24 304	②　15 907	②　25 554	②　81 354
兵庫	⑧　3 571	⑧　141 022	⑨　12 564	⑦　7 724	⑦　7 495	⑨　10 387	⑧　44 237
奈良	48	19 375	1 576	618	1 346	1 704	11 882
和歌山	185	21 263	1 046	610	1 145	1 504	9 042
鳥取	180	12 881	656	457	789	1 108	6 215
島根	288	15 316	809	586	851	979	7 565
岡山	1 053	49 285	3 616	2 496	2 126	3 671	18 583
広島	⑩　2 565	⑩　101 868	8 733	4 869	3 894	6 703	26 434
山口	358	30 052	2 042	1 682	1 563	2 490	13 903
徳島	154	15 833	972	484	804	1 164	8 299
香川	607	30 721	2 205	1 112	1 382	2 187	9 267
愛媛	638	38 073	1 808	1 102	1 531	3 375	13 677
高知	201	14 754	822	977	852	1 674	8 606
福岡	⑤　6 584	⑤　183 347	⑤　19 254	⑤　9 228	⑨　7 338	⑧　12 416	⑥　47 592
佐賀	256	17 001	769	463	940	1 890	8 638
長崎	329	30 543	1 364	1 449	1 797	3 159	14 553
熊本	616	39 287	2 676	1 550	2 231	4 486	18 641
大分	507	24 551	1 494	1 016	1 752	2 358	12 263
宮崎	351	25 666	1 236	884	1 348	2 465	10 979
鹿児島	515	39 094	1 998	1 800	2 112	3 498	17 405
沖縄	862	27 276	3 106	1 479	2 840	3 239	12 923
全国	310 725	4 676 517	483 160	378 593	207 275	356 317	1 199 385

総務省・経済産業省「経済構造実態調査（甲調査）」（2020年）より作成。三次集計結果。対象は、法人企業の傘下事業所。〇内の数字は全国順位。357ページの注記参照。

第 5 章
金融・財政

表 5 - 1　**県内総生産と県民所得の推移**（名目）（会計年度）（単位　億円）

	県内総生産				県民所得[1]		
	2011[2]	2018	2019	%	2011[2]	2018	2019
北海道	183 827	205 280 ⑧	204 646	3.5	134 797	148 613	⑧ 148 924
青森	43 717	44 845 ㉝	45 332	0.8	32 726	32 849	㉞ 32 918
岩手	41 795	49 149 ㉙	48 476	0.8	31 721	34 878	㉜ 34 088
宮城	81 311	100 382 ⑭	98 294	1.7	58 023	70 083	⑭ 68 029
秋田	32 981	35 663 ㊶	36 248	0.6	25 001	26 030	㊴ 26 376
山形	37 497	43 445 ㉟	43 367	0.7	28 311	31 584	㉟ 31 411
福島	67 404	80 877 ⑳	79 870	1.4	46 899	55 760	⑳ 54 487
茨城	125 586	143 786 ⑪	140 922	2.4	86 125	96 121	⑪ 93 478
栃木	80 376	94 379 ⑯	92 619	1.6	59 280	67 303	⑯ 65 121
群馬	80 103	92 877 ⑮	93 083	1.6	56 366	64 895	⑰ 64 069
埼玉	215 889	237 318 ⑤	236 428	4.1	201 368	226 082	⑤ 223 059
千葉	191 194	215 110 ⑦	212 796	3.7	172 847	197 201	⑥ 192 118
東京	1 019 548	1 153 822 ①	1 156 824	19.9	689 001	815 965	① 806 356
神奈川	326 564	355 402 ④	352 054	6.1	278 649	296 986	② 295 054
新潟	85 816	93 507 ⑰	91 852	1.6	61 496	66 936	⑮ 65 634
富山	44 390	49 401 ㉘	49 102	0.8	32 598	35 185	㉛ 34 596
石川	42 753	49 347 ㉛	47 795	0.8	30 440	34 954	㉝ 33 869
福井	33 279	36 821 ㊵	36 946	0.6	23 318	25 429	㊶ 25 650
山梨	32 280	36 120 ㊷	35 660	0.6	23 245	25 875	㊷ 25 474
長野	77 753	86 228 ⑱	84 543	1.5	56 040	61 898	⑲ 60 255
岐阜	71 611	80 153 ㉑	79 368	1.4	55 136	61 454	⑱ 60 466
静岡	165 457	181 391 ⑩	178 663	3.1	115 293	126 422	⑩ 124 456
愛知	359 797	423 392 ③	409 107	7.0	242 776	288 926	③ 276 662
三重	74 509	85 963 ⑲	80 864	1.4	50 246	57 704	㉑ 53 283
滋賀	59 530	69 174 ㉓	69 226	1.2	41 511	47 510	㉔ 47 059
京都	96 554	106 994 ⑬	107 661	1.9	70 019	77 100	⑬ 77 518
大阪	381 560	415 397 ②	411 884	7.1	247 726	270 662	④ 270 145
兵庫	198 991	221 614 ⑥	221 952	3.8	148 386	167 325	⑦ 166 697
奈良	37 433	39 365 ㊲	39 252	0.7	36 604	36 928	㉘ 36 370
和歌山	36 535	37 279 ㊳	37 446	0.6	27 154	27 844	㊳ 27 809
鳥取	17 162	19 171 ㊼	18 934	0.3	12 136	13 822	㊼ 13 595
島根	24 252	26 499 ㊺	26 893	0.5	18 069	19 689	㊺ 19 991
岡山	72 537	79 341 ㉒	78 425	1.4	48 681	53 499	㉒ 52 993
広島	112 874	122 577 ⑫	119 691	2.1	82 714	90 633	⑫ 88 691
山口	58 315	64 821 ㉕	63 505	1.1	41 599	45 004	㉕ 44 074
徳島	29 611	32 358 ㊸	32 224	0.6	21 487	23 272	㊹ 22 944
香川	37 824	39 563 ㊱	40 087	0.7	26 922	28 566	㊲ 28 931
愛媛	50 483	51 369 ㉗	51 483	0.9	36 372	36 569	㉗ 36 579
高知	22 442	24 729 ㊻	24 646	0.4	17 133	18 718	㊻ 18 619
福岡	181 637	200 578 ⑨	199 424	3.4	135 274	147 093	⑨ 145 731
佐賀	27 844	32 351 ㊹	32 196	0.6	20 635	23 513	㊸ 23 307
長崎	43 995	48 200 ㉚	47 898	0.8	33 152	35 737	㉙ 35 237
熊本	55 871	62 998 ㉔	63 634	1.1	41 169	47 165	㉓ 47 474
大分	42 147	46 362 ㉜	45 251	0.8	28 499	31 602	㊱ 30 579
宮崎	33 674	37 835 ㊴	37 040	0.6	23 978	26 710	㊵ 26 133
鹿児島	51 633	57 728 ㉖	57 729	1.0	38 047	41 293	㉖ 40 975
沖縄	37 635	45 692 ㉜	46 333	0.8	28 146	34 604	㉚ 35 024
全国	5 225 977	5 856 653	5 807 669	100.0	3 817 115	4 293 994	4 232 309

内閣府「2019年度県民経済計算」（2022年10月 7 日閲覧）より作成。1) 要素費用表示。2) 2011年度は2019年度と同一基準で比較可能な最も古い年次。○内の数値は全国順位。357ページの注記参照。

表5-2　1人あたり県民所得の推移（名目）（会計年度）

	1人あたり県民所得 （千円）				東京を100とした 1人あたり県民所得			
	2011[1)	2015	2018	2019	2011[1)	2015	2018	2019
北海道	2 456	2 700	2 808	2 832	47.0	46.1	47.8	49.2
青森	2 401	2 618	2 591	2 628	46.0	44.7	44.1	45.7
岩手	2 413	2 613	2 813	2 781	46.2	44.6	47.9	48.3
宮城	2 494	3 026	3 021	2 943	47.8	51.7	51.4	51.1
秋田	2 326	2 466	2 642	2 713	44.6	42.1	45.0	47.1
山形	2 436	2 644	2 893	2 909	46.7	45.1	49.2	50.5
福島	2 360	2 844	2 984	2 942	45.2	48.6	50.8	51.1
茨城	2 910	3 105	3 324	3 247	55.7	53.0	56.6	56.4
栃木	2 964	3 302	3 446	3 351	56.8	56.4	58.6	58.2
群馬	2 816	3 219	3 316	3 288	54.0	54.9	56.4	57.1
埼玉	2 793	2 977	3 086	3 038	53.5	50.8	52.5	52.8
千葉	2 780	3 033	3 144	3 058	53.3	51.8	53.5	53.1
東京	5 220	5 858	5 876	5 757	100.0	100.0	100.0	100.0
神奈川	3 076	3 099	3 229	3 199	58.9	52.9	55.0	55.6
新潟	2 601	2 835	2 980	2 951	49.8	48.4	50.7	51.3
富山	2 995	3 231	3 349	3 316	57.4	55.2	57.0	57.6
石川	2 609	2 954	3 053	2 973	50.0	50.4	52.0	51.6
福井	2 903	3 082	3 274	3 325	55.6	52.6	55.7	57.8
山梨	2 711	2 885	3 153	3 125	51.9	49.3	53.7	54.3
長野	2 616	2 857	2 986	2 924	50.1	48.8	50.8	50.8
岐阜	2 662	2 878	3 070	3 035	51.0	49.1	52.3	52.7
静岡	3 073	3 359	3 448	3 407	58.9	57.3	58.7	59.2
愛知	3 273	3 836	3 832	3 661	62.7	65.5	65.2	63.6
三重	2 720	2 971	3 218	2 989	52.1	50.7	54.8	51.9
滋賀	2 937	3 110	3 359	3 323	56.3	53.1	57.2	57.7
京都	2 659	2 903	2 968	2 991	50.9	49.6	50.5	52.0
大阪	2 795	2 950	3 062	3 055	53.5	50.4	52.1	53.1
兵庫	2 657	2 926	3 042	3 038	50.9	49.9	51.8	52.8
奈良	2 624	2 658	2 753	2 728	50.3	45.4	46.9	47.4
和歌山	2 728	2 805	2 963	2 986	52.3	47.9	50.4	51.9
鳥取	2 070	2 334	2 460	2 439	39.7	39.8	41.9	42.4
島根	2 535	2 832	2 885	2 951	48.6	48.3	49.1	51.3
岡山	2 508	2 816	2 810	2 794	48.0	48.1	47.8	48.5
広島	2 894	3 206	3 210	3 153	55.4	54.7	54.6	54.8
山口	2 880	2 958	3 287	3 249	55.2	50.5	55.9	56.4
徳島	2 755	3 074	3 162	3 153	52.8	52.5	53.8	54.8
香川	2 715	2 884	2 966	3 021	52.0	49.2	50.5	52.5
愛媛	2 555	2 516	2 694	2 717	48.9	43.0	45.9	47.2
高知	2 261	2 537	2 647	2 663	43.3	43.3	45.1	46.3
福岡	2 662	2 770	2 867	2 838	51.0	47.3	48.8	49.3
佐賀	2 435	2 620	2 865	2 854	46.6	44.7	48.8	49.6
長崎	2 339	2 503	2 665	2 655	44.8	42.7	45.4	46.1
熊本	2 271	2 440	2 682	2 714	43.5	41.7	45.6	47.1
大分	2 391	2 594	2 765	2 695	45.8	44.3	47.1	46.8
宮崎	2 121	2 340	2 464	2 426	40.6	39.9	41.9	42.1
鹿児島	2 242	2 407	2 558	2 558	42.9	41.1	43.5	44.4
沖縄	2 007	2 225	2 380	2 396	38.4	38.0	40.5	41.6
全国	2 986	3 271	3 388	3 344	57.2	55.8	57.7	58.1

資料は前表と同じ。1) 2011年度は2019年度と同一基準で比較可能な最も古い年次。

図 5-1　県内総生産と 1 人あたり県民所得の比較 （名目）（2019年度）

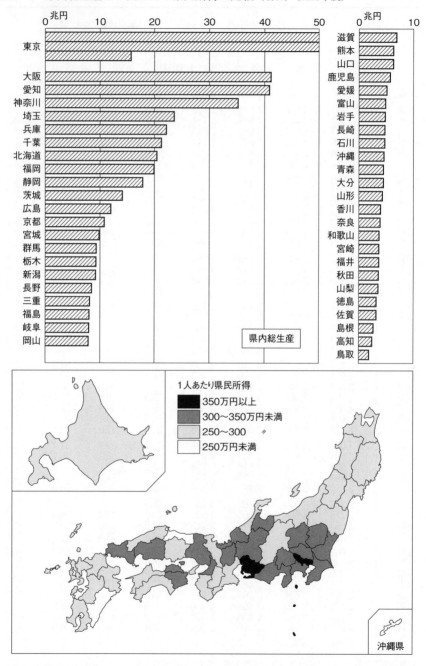

表5-1、表5-2より作成。

表 5 - 3　県内総生産（支出側）と県民総所得（名目）（2019年度）（単位　億円）

	民間最終消費支出	地方政府等最終消費支出	県内総資本形成	財貨・サービスの移出入（純）1)	県内総生産（支出側）	（参考）		
						県外からの所得（純）		県民総所得2)
北海道	118 182	40 333	40 834	5 297	204 646	2 687	⑧	207 333
青森	26 098	9 467	13 048	-3 280	45 332	414	㉟	45 746
岩手	28 264	9 383	16 982	-6 154	48 476	623	㉛	49 099
宮城	53 568	15 368	25 925	3 433	98 294	1 153	⑭	99 447
秋田	21 937	8 263	10 678	-4 629	36 248	1 241	㊶	37 489
山形	25 431	7 861	11 077	-1 002	43 367	765	㊱	44 133
福島	40 979	14 274	26 441	-1 824	79 870	1 890	㉑	81 760
茨城	68 210	17 904	35 470	19 338	140 922	2 772	⑪	143 694
栃木	43 752	11 761	23 939	13 168	92 619	1 999	⑯	94 619
群馬	44 433	12 225	25 199	11 227	93 083	712	⑰	93 795
埼玉	177 246	40 961	58 983	-40 762	236 428	63 016	⑤	299 444
千葉	152 212	33 653	52 989	-26 058	212 796	50 956	⑥	263 752
東京	437 101	77 184	228 738	413 801	1 156 824	-72 055	①	1 084 769
神奈川	243 309	49 105	83 081	-23 441	352 054	62 879	②	414 933
新潟	50 938	15 340	25 036	538	91 852	2 891	⑮	94 742
富山	25 947	7 090	13 606	2 459	49 102	537	㉘	49 640
石川	27 924	7 778	13 037	-945	47 795	1 777	㉙	49 571
福井	17 034	5 795	12 604	1 513	36 946	710	㊵	37 655
山梨	18 880	6 650	11 022	-892	35 660	793	㊷	36 453
長野	47 929	14 264	24 209	-1 858	84 543	1 699	⑱	86 242
岐阜	43 313	12 853	23 531	-329	79 368	5 867	⑲	85 235
静岡	83 013	21 795	45 322	28 533	178 663	5 128	⑩	183 791
愛知	191 808	42 204	104 694	70 401	409 107	2 802	③	411 909
三重	38 022	12 096	21 099	9 647	80 864	3 530	⑳	84 394
滋賀	31 993	8 520	20 387	8 325	69 226	1 562	㉓	70 787
京都	63 514	16 063	24 543	3 541	107 661	2 856	⑬	110 517
大阪	215 885	57 827	97 529	40 642	411 884	-9 700	④	402 183
兵庫	132 217	33 297	54 645	1 793	221 952	16 028	⑦	237 980
奈良	32 241	8 878	9 733	-11 600	39 252	9 080	㉝	48 332
和歌山	19 782	7 404	10 974	-714	37 446	1 638	㊳	39 083
鳥取	12 125	4 829	5 625	-3 645	18 934	310	㊼	19 244
島根	16 028	6 219	8 305	-3 659	26 893	145	㊺	27 037
岡山	42 489	12 883	22 460	593	78 425	1 925	㉒	80 350
広島	65 619	18 571	35 985	-485	119 691	4 820	⑫	124 511
山口	30 193	10 170	16 937	6 205	63 505	1 383	㉕	64 888
徳島	16 705	7 644	7 250	624	32 224	722	㊹	32 946
香川	22 929	6 973	10 375	-191	40 087	610	㊲	40 697
愛媛	29 587	9 657	14 633	-2 394	51 483	1 416	㉗	52 899
高知	15 705	6 610	7 679	-5 349	24 646	852	㊻	25 498
福岡	118 699	33 399	49 151	-1 825	199 424	7 079	⑨	206 503
佐賀	17 118	5 894	9 149	35	32 196	1 188	㊸	33 384
長崎	27 684	11 082	13 201	-4 069	47 898	1 024	㉜	48 921
熊本	34 813	13 413	18 641	-3 233	63 634	2 549	㉔	66 184
大分	25 157	10 831	12 059	-2 796	45 251	1 210	㊴	46 460
宮崎	23 170	7 353	10 525	-4 008	37 040	1 121	㊹	38 161
鹿児島	33 349	13 214	14 465	-3 300	57 729	421	㉖	58 150
沖縄	26 451	10 067	14 761	-4 945	46 333	2 797	㉚	49 130
全国	3 078 985	814 405	1 436 552	477 727	5 807 669	195 820		6 003 489

内閣府「2019年度県民経済計算」（2022年10月 7 日閲覧）より作成。1) 統計上の不突合を含む。2) 市場価格表示。○内の数字は全国順位。県内総生産の順位は表5-1参照。

表5-4　経済活動別県内総生産（名目）（2019年度）（単位　億円）

	農林水産業	製造業	電気・ガス・水道・廃棄物処理業	建設業	卸売・小売業	運輸・郵便業	宿泊・飲食サービス業
北海道	① 7 912	19 176	⑧ 7 196	⑤ 16 185	⑤ 27 554	⑥ 15 236	⑦ 5 188
青森	④ 2 031	6 799	1 534	3 014	5 439	2 613	986
岩手	1 424	7 975	1 399	5 143	5 528	2 825	1 072
宮城	1 365	15 505	3 316	7 712	15 143	5 371	2 179
秋田	1 144	5 446	1 855	2 861	3 690	1 430	952
山形	1 234	11 098	1 549	2 634	4 204	1 652	919
福島	1 201	18 746	4 707	7 471	7 522	3 996	1 878
茨城	② 2 698	⑧ 46 877	⑩ 4 868	6 716	10 452	6 640	2 543
栃木	1 305	⑩ 37 020	2 668	3 838	7 673	3 435	2 005
群馬	1 059	33 015	2 684	4 780	9 735	3 230	1 901
埼玉	942	⑦ 48 533	⑦ 7 826	⑦ 11 279	⑥ 27 027	⑧ 12 901	⑧ 5 003
千葉	⑥ 1 848	⑨ 38 475	④ 10 531	⑥ 11 415	⑨ 19 183	⑤ 15 350	⑥ 5 257
東京	528	② 82 745	① 17 303	① 45 944	① 254 648	① 44 964	① 26 414
神奈川	406	④ 64 364	③ 10 745	② 19 369	④ 31 010	④ 18 116	③ 8 679
新潟	⑧ 1 649	20 130	4 407	5 606	9 917	4 475	2 170
富山	456	15 362	1 990	2 598	5 156	2 038	974
石川	425	10 414	1 567	2 787	5 505	2 005	1 381
福井	312	8 822	2 655	3 544	3 401	1 607	874
山梨	536	10 612	844	2 354	3 201	1 469	1 162
長野	⑩ 1 492	23 719	2 322	4 590	8 362	3 574	2 752
岐阜	597	21 753	2 280	4 710	7 633	4 407	2 254
静岡	1 237	③ 66 397	3 772	⑩ 8 879	16 005	⑩ 10 232	⑩ 3 866
愛知	⑨ 1 600	① 140 971	⑤ 10 172	④ 16 773	③ 50 552	③ 22 945	④ 7 808
三重	788	29 182	2 792	3 907	6 264	5 277	1 698
滋賀	383	30 200	2 116	3 038	4 417	2 829	1 260
京都	359	27 371	3 422	5 407	9 909	5 394	3 047
大阪	185	⑤ 63 756	② 13 536	③ 19 163	② 64 759	② 24 446	② 9 944
兵庫	966	⑥ 59 239	⑥ 9 255	⑨ 8 916	⑧ 22 212	⑨ 11 766	⑤ 5 742
奈良	212	7 021	1 292	1 817	3 618	1 978	959
和歌山	722	9 672	1 153	2 802	3 616	1 853	902
鳥取	495	2 581	638	1 292	2 013	930	464
島根	441	4 516	1 019	2 385	3 024	1 131	648
岡山	747	22 427	2 406	3 722	7 568	4 654	1 581
広島	687	30 127	3 475	6 317	⑩ 18 460	6 532	2 633
山口	301	22 080	2 496	3 372	4 963	3 617	1 311
徳島	570	8 914	1 590	1 961	2 864	1 274	685
香川	543	8 755	1 187	2 134	4 636	2 384	945
愛媛	805	12 598	1 947	2 797	5 199	2 920	1 197
高知	876	2 145	764	1 959	2 881	1 269	853
福岡	1 314	29 368	⑨ 6 185	⑧ 10 502	⑦ 26 537	⑦ 13 224	⑨ 4 982
佐賀	751	7 627	1 931	1 742	3 547	1 654	634
長崎	1 171	8 089	2 066	3 227	4 420	1 893	1 318
熊本	⑤ 1 877	11 141	1 887	5 013	6 461	3 207	1 831
大分	899	10 762	1 718	2 400	4 422	2 456	1 230
宮崎	⑦ 1 691	6 207	1 196	2 330	4 277	1 910	956
鹿児島	③ 2 635	7 015	1 851	4 678	7 333	3 706	1 518
沖縄	588	1 921	1 782	6 072	4 156	2 762	1 778
全国	53 408	1 176 672	175 894	307 154	766 097	299 577	136 332

内閣府「2019年度県民経済計算」（2022年10月 7 日閲覧）より作成。○印は全国順位。×鉱業、公務、↗

情報通信業	金融・保険業	不動産業	専門・科学技術、業務支援サービス業	教育	保健衛生・社会事業	県内総生産×	
⑥ 6 121	⑧ 6 658	⑨ 22 660	⑨ 14 894	⑦ 8 225	⑥ 22 825	204 646	北海道
1 046	1 550	5 105	2 787	2 424	5 155	45 332	青森
1 188	1 601	5 898	2 761	2 133	4 774	48 476	岩手
3 341	2 941	11 961	7 824	4 047	8 338	98 294	宮城
795	1 210	4 687	2 403	1 671	4 351	36 248	秋田
946	1 521	4 499	2 056	2 114	4 325	43 367	山形
1 722	1 774	7 990	5 319	2 710	6 981	79 870	福島
2 889	3 411	12 597	⑦ 15 536	4 432	9 902	140 922	茨城
1 687	2 350	8 012	6 053	2 818	6 809	92 619	栃木
1 992	2 584	8 775	5 540	3 245	7 504	93 083	群馬
⑧ 5 702	⑤ 8 730	⑤ 36 327	⑥ 15 920	⑥ 8 408	⑤ 23 440	236 428	埼玉
⑦ 5 885	⑩ 5 524	⑥ 33 853	⑩ 14 592	⑨ 7 785	⑨ 20 743	212 796	千葉
① 128 585	① 89 120	① 144 048	① 133 971	① 29 206	① 73 003	1 156 824	東京
③ 20 416	④ 10 493	② 56 427	③ 35 912	④ 10 557	③ 30 312	352 054	神奈川
2 630	3 032	11 377	5 262	3 792	8 593	91 852	新潟
1 161	1 650	5 632	2 596	1 606	4 114	49 102	富山
1 547	1 699	6 161	3 439	1 964	4 490	47 795	石川
942	1 232	3 621	2 425	1 544	3 071	36 946	福井
888	1 010	3 787	1 772	1 595	3 254	35 660	山梨
2 317	2 873	9 228	4 248	3 336	7 989	84 543	長野
1 731	3 185	7 462	5 541	2 678	7 302	79 368	岐阜
⑩ 3 742	⑨ 6 148	⑩ 17 061	10 622	5 251	⑩ 13 012	178 663	静岡
④ 13 143	③ 12 435	④ 39 711	④ 28 559	③ 11 235	④ 26 593	409 107	愛知
1 533	2 715	6 372	3 650	2 729	6 002	80 864	三重
1 023	1 766	6 269	3 522	2 488	4 987	69 226	滋賀
2 107	3 684	12 397	6 892	⑩ 5 840	10 110	107 661	京都
② 21 626	② 16 559	③ 51 487	② 39 799	② 13 592	② 37 864	411 884	大阪
⑨ 5 331	⑦ 7 112	⑦ 28 953	⑧ 15 160	⑤ 9 342	⑧ 20 780	221 952	兵庫
889	1 928	5 886	1 676	2 151	4 649	39 252	奈良
728	1 200	3 767	1 777	1 412	3 918	37 446	和歌山
573	860	2 270	1 005	1 113	2 316	18 934	鳥取
867	832	2 832	1 566	1 410	3 249	26 893	島根
2 293	2 634	8 168	4 688	3 220	7 847	78 425	岡山
3 448	4 078	10 987	7 519	4 357	11 605	119 691	広島
1 178	1 859	5 532	3 088	2 123	5 635	63 505	山口
724	1 012	3 262	1 263	1 365	3 337	32 224	徳島
1 107	1 699	4 435	2 496	1 571	4 297	40 087	香川
1 435	2 219	4 755	2 883	2 169	5 844	51 483	愛媛
712	948	2 521	1 513	1 254	3 522	24 646	高知
⑤ 10 136	⑥ 7 366	⑧ 23 820	⑤ 17 533	⑧ 7 815	⑦ 21 876	199 424	福岡
733	959	2 906	1 568	1 780	3 467	32 196	佐賀
1 253	1 518	4 938	2 526	2 913	6 111	47 898	長崎
1 756	2 289	6 053	4 080	2 933	7 637	63 634	熊本
1 276	1 417	4 562	2 608	1 750	5 050	45 251	大分
1 102	1 248	3 310	2 041	1 612	4 641	37 040	宮崎
1 724	2 154	5 236	2 907	3 129	7 420	57 729	鹿児島
1 870	1 571	5 243	4 531	2 362	5 349	46 333	沖縄
275 838	242 359	682 838	466 325	203 206	504 422	5 807 669	全国

↘その他サービスのほか、輸入品に課される税・関税を含み、総資本形成に係る消費税を控除。

表5-5　実質経済成長率の推移（会計年度）（%）

	2012	2013	2014	2015	2016	2017	2018	2019
北海道	0.4	3.5	−0.4	1.4	−1.4	2.0	0.7	−1.0
青森	0.8	−0.2	−1.2	4.6	−0.3	−2.0	−1.9	0.8
岩手	3.4	5.3	0.2	−0.8	0.4	2.7	1.0	−1.7
宮城	6.9	3.7	2.5	4.1	−0.1	0.5	0.6	−2.7
秋田	−0.1	1.4	0.0	1.1	0.6	3.9	−2.2	1.4
山形	1.1	4.5	−1.7	1.9	2.0	5.4	−0.5	−0.2
福島	5.0	5.0	1.5	−0.0	0.8	1.4	0.3	−1.7
茨城	−1.4	0.4	0.0	3.2	−0.4	6.8	0.8	−2.3
栃木	−0.8	7.8	−2.8	3.8	1.9	3.0	0.1	−2.1
群馬	0.3	3.7	0.1	2.4	1.4	3.3	−0.0	0.3
埼玉	−1.3	3.2	−1.3	2.8	0.2	3.2	0.4	−0.7
千葉	−0.9	7.0	−2.8	−0.1	−1.1	3.4	1.1	−1.7
東京	2.1	3.7	−1.6	3.5	0.7	2.1	0.9	−0.5
神奈川	−0.9	1.1	−1.9	2.0	0.1	3.8	0.5	−1.4
新潟	0.0	2.1	−2.1	1.8	−0.1	2.0	0.7	−2.2
富山	−1.5	1.1	1.1	3.0	−2.4	2.9	3.5	−0.9
石川	1.7	3.7	0.1	3.6	−0.3	1.2	1.7	−3.4
福井	−3.4	0.3	−2.6	4.7	−1.7	5.0	5.7	−0.1
山梨	−2.5	2.2	−0.9	3.8	−0.6	4.2	2.6	−1.6
長野	−1.7	1.8	0.4	3.6	0.2	2.8	1.0	−2.1
岐阜	−0.6	0.7	−0.7	2.9	1.0	2.6	2.1	−1.5
静岡	0.6	1.7	−1.9	1.7	1.0	1.8	1.6	−1.7
愛知	4.2	2.1	0.2	1.7	−0.3	3.0	1.5	−3.5
三重	1.0	3.9	−1.4	−1.4	2.0	4.6	2.1	−5.6
滋賀	−3.6	3.7	−0.3	2.5	4.4	4.8	1.5	0.2
京都	−0.4	0.1	0.4	4.5	0.4	1.8	0.4	0.2
大阪	−1.3	1.3	−0.3	2.4	0.2	3.1	−0.2	−1.5
兵庫	−0.1	3.1	−1.1	3.1	0.7	1.8	0.3	−0.2
奈良	−0.9	1.0	0.2	−1.8	2.0	1.1	1.1	−0.8
和歌山	0.4	2.8	−4.8	−5.1	4.6	−3.7	2.8	−0.3
鳥取	0.5	2.4	−1.1	3.9	0.3	3.6	−0.4	−1.7
島根	−1.1	2.3	−0.7	4.3	−0.1	−0.1	1.5	1.2
岡山	−1.3	5.3	−3.0	2.6	−1.8	2.9	0.1	−1.7
広島	−4.0	2.8	3.5	3.4	0.5	0.7	−1.7	−2.6
山口	0.7	2.9	−0.5	−6.3	5.8	3.3	0.6	−2.1
徳島	−1.9	3.9	1.1	0.9	−0.8	2.2	0.9	−0.1
香川	0.2	−0.8	−1.7	1.4	1.1	1.1	−0.0	0.7
愛媛	−7.4	3.8	−3.2	0.3	2.2	2.9	−1.4	−0.6
高知	0.4	4.1	−0.6	1.4	0.2	0.6	−0.7	−1.0
福岡	−1.1	2.4	−0.8	2.3	1.0	2.3	0.4	−1.0
佐賀	−1.7	2.1	0.4	2.8	0.0	2.1	6.9	−0.8
長崎	−1.2	−0.5	−3.7	8.6	1.3	−0.2	1.6	−1.0
熊本	−0.3	2.8	−1.9	1.8	3.1	3.6	−0.3	0.7
大分	−0.6	1.3	−1.5	0.5	−3.2	4.3	3.2	−2.7
宮崎	−0.5	3.6	0.1	2.2	0.4	2.4	−0.0	−2.4
鹿児島	−0.0	2.8	−1.2	2.5	0.3	4.3	−1.2	−0.5
沖縄	0.7	4.5	−0.8	5.9	3.1	1.5	0.5	0.5
全国	0.3	2.8	−0.9	2.4	0.4	2.6	0.7	−1.3

内閣府「2019年度県民経済計算」（2022年10月7日閲覧）より作成。実質県内総生産（2015暦年連鎖価格）の対前年度変動率。

表5-6　政令指定都市の市民経済計算および財政指標（会計年度）

	市内総生産 （億円）		1人あたり市民所得 （千円）		実質経済成長率1) （％）	
	2017	2018	2017	2018	2017	2018
札幌市	69 116	70 531	2 739	2 801	2.1	1.4
仙台市	51 638	51 656	3 322	3 297	-0.4	-0.6
さいたま市	45 170	45 423	3 324	3 277	3.9	0.1
千葉市	38 409	39 335	3 126	3 159	1.7	1.9
東京23区	…	…	…	…	…	…
横浜市	136 886	138 774	3 368	3 403	2.0	1.0
川崎市	63 525	63 816	3 749	3 725	2.9	0.1
相模原市	…	…	…	…	…	…
新潟市	31 464	31 728	2 977	3 007	1.8	0.5
静岡市	…	…	…	…	…	…
浜松市	32 585	32 655	3 297	3 252	5.3	0.2
名古屋市	134 394	135 807	3 741	3 734	2.1	0.5
京都市	67 064	66 292	3 221	3 179	0.5	-1.4
大阪市	199 898	201 938	4 412	4 410	2.3	0.4
堺市	32 489	30 999	3 078	2 996	8.9	-5.1
神戸市	66 341	66 561	3 256	3 311	2.5	0.2
岡山市	28 329	28 815	2 958	2 974	0.4	1.4
広島市	57 062	55 932	3 520	3 398	3.1	-2.1
北九州市	37 171	37 486	2 883	2 947	1.3	0.3
福岡市	77 487	78 498	3 365	3 341	1.3	0.6
熊本市	…	…	…	…	…	…

	経常収支比率2) （％）		実質公債費比率2) （％）		地方債現在高 （億円）	
	2019	2020	20193)	20204)	2019	2020
札幌市	95.3	97.1	2.1	2.6	10 838	10 987
仙台市	98.7	98.5	6.1	6.1	7 652	7 671
さいたま市	98.9	97.3	5.3	5.8	4 573	4 526
千葉市	98.5	97.8	12.9	11.8	6 957	6 992
東京23区	78.8	81.8	-3.0	-3.0	4 615	4 721
横浜市	101.2	100.5	10.2	10.5	23 926	23 864
川崎市	100.3	97.5	7.5	8.2	8 022	8 084
相模原市	99.8	98.2	2.7	2.6	2 722	2 738
新潟市	94.9	94.7	10.5	10.9	6 304	6 398
静岡市	94.7	94.6	6.4	6.5	4 336	4 404
浜松市	92.7	92.5	5.5	5.1	2 552	2 576
名古屋市	99.6	99.7	8.2	7.9	13 781	13 606
京都市	98.9	99.7	10.4	11.4	13 550	13 679
大阪市	93.4	94.3	3.2	2.7	18 029	17 346
堺市	100.7	100.8	5.3	5.8	4 647	4 745
神戸市	99.3	99.0	4.6	4.3	11 091	11 377
岡山市	90.2	90.6	5.6	5.4	3 280	3 369
広島市	98.4	97.6	12.4	11.7	10 491	10 804
北九州市	99.6	99.4	9.9	10.6	10 171	10 223
福岡市	92.9	93.8	10.2	9.7	11 907	11 766
熊本市	91.6	91.0	6.6	6.0	4 813	4 904

内閣府「2018年度県民経済計算（平成23年基準計数）」（2022年9月9日閲覧）および総務省「市町村別決算状況調」（2019年度、2020年度）より作成。2022年3月末現在の政令指定都市と東京23区。下段の3指標は決算。1) 実質経済成長率は実質市内総生産（2011暦年連鎖価格）の対前年度変動率。2) 266ページ用語解説参照。3) 2017～2019年度の単純平均。4) 2018～2020年度の単純平均。

表 5-7　**地方財政歳出**（普通会計・決算額）（2020年度）（単位　億円）

	歳出総額	総務費	民生費	社会福祉費	老人福祉費	児童福祉費	衛生費
北海道	③ 31 001	1 166	4 258	1 544	1 687	711	2 205
青森	㉘ 7 333	425	1 125	312	477	261	430
岩手	⑱ 10 033	402	1 020	301	415	232	717
宮城	⑮ 11 482	604	1 561	499	615	352	612
秋田	㉞ 6 672	351	888	311	393	169	250
山形	㉜ 6 742	400	818	237	331	229	496
福島	⑩ 14 050	891	1 950	417	597	330	834
茨城	⑪ 13 037	484	2 141	800	823	464	858
栃木	⑳ 9 647	453	1 404	501	499	351	656
群馬	⑲ 9 993	376	1 533	550	595	356	570
埼玉	⑧ 20 946	989	4 503	1 755	1 726	905	1 955
千葉	⑦ 21 618	658	3 726	1 328	1 499	809	1 479
東京	① 86 095	6 390	13 419	5 721	3 783	3 687	5 438
神奈川	⑥ 23 401	1 766	5 376	1 989	2 141	1 159	2 454
新潟	⑬ 11 705	434	1 389	391	729	246	667
富山	㊴ 5 941	262	750	206	375	166	361
石川	㊳ 6 100	261	836	310	328	187	505
福井	㊸ 5 095	402	598	184	253	154	303
山梨	㊶ 5 667	295	654	244	257	140	284
長野	⑰ 10 495	420	1 475	481	693	237	615
岐阜	㉑ 9 640	475	1 372	476	610	266	621
静岡	⑫ 12 738	597	2 206	689	1 017	460	935
愛知	⑤ 25 574	890	4 356	1 609	1 793	918	1 662
三重	㉗ 7 620	375	1 290	407	561	294	569
滋賀	㉟ 6 487	222	1 086	451	380	243	505
京都	⑭ 11 582	442	2 138	898	847	363	747
大阪	② 37 335	845	7 341	3 381	2 668	1 233	2 497
兵庫	④ 26 074	762	4 102	1 586	1 675	811	1 528
奈良	㊲ 6 138	493	1 031	361	436	180	540
和歌山	㊱ 6 267	255	941	375	362	162	304
鳥取	㊼ 3 748	253	514	170	195	142	293
島根	㊸ 5 206	267	628	185	293	148	323
岡山	㉖ 7 788	358	1 329	486	571	247	588
広島	⑯ 10 993	602	1 870	583	879	396	804
山口	㉙ 7 190	425	1 036	291	507	227	430
徳島	㊷ 5 254	340	688	190	317	135	427
香川	㊻ 4 785	320	735	235	332	148	360
愛媛	㉚ 7 137	325	1 180	435	498	213	489
高知	㊺ 4 923	202	780	272	321	150	335
福岡	⑨ 20 182	597	4 299	1 542	1 623	804	1 407
佐賀	㊵ 5 757	415	749	234	300	193	299
長崎	㉕ 7 852	422	1 192	417	498	253	550
熊本	㉒ 9 018	438	1 666	464	636	375	617
大分	㉛ 6 844	318	1 056	405	404	224	361
宮崎	㉝ 6 676	639	1 022	373	329	286	362
鹿児島	㉔ 8 536	477	1 558	495	630	368	529
沖縄	㉓ 8 668	785	1 710	832	361	417	633
全国	597 063	29 971	97 297	35 924	37 261	20 801	40 401

総務省「2020年度都道府県決算状況調」より作成。歳出総額および民生費、土木費にはその他の内訳↗

農林水産業費	商工費	土木費	道路橋梁費	警察費	教育費	公債費	
2 832	6 027	3 379	1 363	1 314	4 362	3 699	北海道
535	821	855	515	297	1 387	1 123	青森
692	1 926	1 542	833	277	1 467	1 005	岩手
775	1 584	1 455	690	514	1 813	1 096	宮城
672	1 015	873	428	252	1 082	966	秋田
495	1 047	835	474	264	1 110	871	山形
1 025	1 842	2 638	1 536	438	2 219	1 092	福島
474	1 639	1 601	855	619	2 697	1 695	茨城
356	1 651	978	559	453	1 887	996	栃木
309	2 257	1 071	663	423	1 780	993	群馬
227	931	1 520	582	1 442	4 751	2 699	埼玉
636	4 191	1 333	540	1 464	4 195	2 235	千葉
250	12 974	8 177	1 342	6 326	12 030	3 882	東京
250	912	1 108	380	1 940	3 922	3 102	神奈川
879	1 815	1 765	771	502	1 763	1 697	新潟
439	800	822	395	269	1 041	881	富山
380	670	853	430	248	1 109	873	石川
330	496	736	421	219	942	828	福井
357	936	992	500	236	888	738	山梨
512	1 151	1 539	823	447	2 125	1 236	長野
509	1 432	1 206	715	460	1 936	994	岐阜
634	509	1 430	585	804	2 492	1 868	静岡
819	2 936	2 209	966	1 653	5 027	3 758	愛知
367	221	956	466	382	1 748	1 127	三重
316	635	838	430	307	1 450	756	滋賀
252	2 684	873	378	777	1 717	1 145	京都
147	10 075	1 987	357	2 644	5 340	3 901	大阪
822	6 572	2 076	778	1 351	3 807	3 359	兵庫
147	239	736	362	286	1 278	1 028	奈良
296	892	1 059	592	280	1 161	775	和歌山
281	239	623	327	159	672	530	鳥取
424	598	866	457	204	926	757	島根
735	265	825	336	499	1 484	1 026	岡山
360	1 092	1 180	422	613	1 894	1 424	広島
379	999	836	352	379	1 389	901	山口
338	707	755	353	245	817	699	徳島
215	537	579	258	248	913	599	香川
402	944	908	416	299	1 282	820	愛媛
375	257	815	420	212	951	678	高知
608	3 048	1 794	673	1 266	3 169	2 294	福岡
350	1 068	690	370	207	1 083	606	佐賀
629	873	899	403	380	1 504	992	長崎
668	930	1 022	516	390	1 371	983	熊本
592	820	1 043	552	259	1 214	777	大分
595	636	866	433	260	1 143	799	宮崎
801	195	1 009	507	360	1 836	1 225	鹿児島
573	1 014	802	276	349	1 776	647	沖縄
25 061	85 102	62 955	26 800	33 216	101 953	66 176	全国

↘項目を含む。○内の数字は全国順位。

表 5 - 8　地方財政歳入（普通会計・決算額）（2020年度）（単位　億円）

	歳入総額	地方税	地方譲与税	地方特例交付金	地方交付税	使用料	国庫支出金	地方債
北海道	③ 31 368	6 887	891	27	6 154	185	6 650	3 934
青森	㉘ 7 657	1 726	213	8	2 238	97	1 626	634
岩手	⑰ 10 987	1 603	217	7	2 830	54	2 179	986
宮城	⑬ 12 477	3 202	357	15	1 966	97	2 664	1 107
秋田	㉞ 6 862	1 192	173	6	1 970	52	1 319	926
山形	㉜ 6 959	1 365	188	7	1 800	47	1 329	886
福島	⑩ 15 090	2 844	315	13	2 909	120	3 546	1 289
茨城	⑪ 13 449	4 295	454	23	1 910	121	2 770	1 499
栃木	㉑ 9 888	2 915	312	17	1 312	71	1 990	1 202
群馬	⑲ 10 248	2 852	309	17	1 311	83	1 953	1 260
埼玉	⑨ 21 348	9 327	1 075	59	2 179	254	4 712	2 639
千葉	⑦ 22 357	8 352	924	45	1 898	217	4 269	2 060
東京	① 90 547	52 930	473	90	—	1 228	12 209	4 917
神奈川	⑥ 25 542	11 827	1 323	49	1 210	283	6 943	2 505
新潟	⑭ 11 912	2 937	370	13	2 448	106	2 166	1 637
富山	㊴ 6 169	1 562	173	7	1 339	74	1 141	824
石川	㊲ 6 240	1 691	185	9	1 259	52	1 444	874
福井	㊹ 5 215	1 282	129	6	1 296	38	1 080	800
山梨	㊵ 5 927	1 151	134	6	1 380	76	1 097	703
長野	⑱ 10 669	2 834	337	15	2 068	124	2 327	1 570
岐阜	⑳ 9 943	2 776	324	17	1 779	105	2 160	1 406
静岡	⑫ 12 956	5 259	554	25	1 569	146	2 480	2 176
愛知	⑤ 26 200	12 167	1 117	65	977	371	4 934	3 507
三重	㉕ 8 047	2 683	287	15	1 431	68	1 490	1 356
滋賀	㉟ 6 551	1 996	220	12	1 188	55	1 424	837
京都	⑮ 11 772	3 268	390	14	1 684	80	2 339	1 313
大阪	② 37 894	12 748	1 293	52	2 594	521	7 127	3 221
兵庫	④ 26 233	7 252	830	36	3 026	261	4 164	2 820
奈良	㊳ 6 219	1 554	211	9	1 596	53	1 315	685
和歌山	㊱ 6 484	1 135	159	6	1 752	45	1 443	875
鳥取	㊼ 3 890	677	99	3	1 389	31	951	503
島根	㊸ 5 497	845	123	4	1 863	39	1 144	630
岡山	㉗ 8 016	2 441	301	12	1 625	66	1 700	1 126
広島	⑯ 11 389	3 719	438	18	1 774	90	2 288	1 475
山口	㉙ 7 449	1 788	228	10	1 757	70	1 391	769
徳島	㊷ 5 562	949	125	4	1 538	42	1 106	639
香川	㊻ 4 928	1 377	154	6	1 162	45	921	508
愛媛	㉚ 7 313	1 722	224	9	1 704	57	1 502	803
高知	㊺ 5 077	825	126	3	1 768	40	1 293	761
福岡	⑧ 21 366	6 491	762	29	2 629	158	5 485	2 817
佐賀	㊶ 5 921	1 072	133	6	1 487	42	1 129	812
長崎	㉖ 8 037	1 509	215	7	2 249	85	1 905	1 023
熊本	㉒ 9 446	2 021	282	10	2 203	70	2 156	1 288
大分	㉛ 7 089	1 390	192	8	1 752	57	1 571	923
宮崎	㉝ 6 885	1 293	181	7	1 868	70	1 501	799
鹿児島	㉓ 9 068	1 860	269	11	2 796	77	2 200	1 180
沖縄	㉔ 8 795	1 657	211	6	2 142	131	2 961	560
全国	618 941	205 246	18 000	843	88 781	6 252	123 493	67 063

総務省「2020年度都道府県決算状況調」より作成。歳入総額にはその他の歳入項目を含む。〇内の数字は全国順位。

表 5 - 9　地方債現在高の推移 （会計年度末現在）（単位　億円）

	2017 現在高	2018 現在高	2019 現在高 （A）	2020			
				発行額 （B）	元金償還 額（C）	利子 償還額	現在高 （A＋B－C）
北海道	58 051	58 053	58 122	3 934	3 400	284	58 656
青森	11 524	11 084	10 603	634	1 057	65	10 180
岩手	13 685	13 474	13 358	986	910	95	13 435
宮城	15 510	15 256	15 008	1 107	1 031	62	15 084
秋田	12 603	12 558	12 541	926	892	73	12 575
山形	11 626	11 670	11 727	886	799	71	11 815
福島	14 386	14 321	14 349	1 289	1 027	63	14 611
茨城	21 811	21 648	21 494	1 499	1 596	95	21 397
栃木	10 978	11 093	11 273	1 202	947	47	11 527
群馬	12 304	12 456	12 741	1 260	922	67	13 078
埼玉	38 438	38 419	38 377	2 639	2 373	311	38 643
千葉	30 891	30 829	30 784	2 060	1 977	243	30 868
東京	43 050	40 394	38 317	4 917	3 344	514	39 889
神奈川	35 895	35 030	34 406	2 505	2 772	318	34 139
新潟	24 508	24 460	24 467	1 637	1 544	147	24 560
富山	12 000	11 861	11 830	824	820	60	11 834
石川	12 149	12 086	11 999	874	821	51	12 051
福井	8 195	8 173	8 136	800	770	55	8 166
山梨	9 523	9 390	9 398	703	696	41	9 405
長野	15 644	15 584	15 764	1 570	1 137	94	16 197
岐阜	15 568	15 877	16 238	1 406	892	99	16 752
静岡	27 444	27 562	27 697	2 176	1 615	241	28 258
愛知	47 831	47 402	47 191	3 507	3 346	396	47 351
三重	14 128	14 052	14 175	1 356	1 052	71	14 479
滋賀	10 726	10 732	10 797	837	702	53	10 932
京都	20 266	20 468	20 700	1 313	998	138	21 015
大阪	54 100	53 285	52 192	3 221	3 606	273	51 807
兵庫	44 722	44 627	44 380	2 820	2 992	354	44 208
奈良	11 139	10 887	10 604	685	970	56	10 319
和歌山	10 237	10 276	10 405	875	720	53	10 560
鳥取	6 381	6 258	6 300	503	489	40	6 314
島根	9 554	9 402	9 262	630	703	52	9 189
岡山	13 481	13 414	13 392	1 126	958	66	13 560
広島	20 892	20 790	20 779	1 475	1 271	147	20 984
山口	12 466	12 334	12 266	769	857	42	12 178
徳島	8 430	8 327	8 204	639	656	42	8 188
香川	8 685	8 687	8 647	508	550	49	8 605
愛媛	10 351	10 347	10 269	803	772	48	10 301
高知	8 575	8 642	8 780	761	637	41	8 904
福岡	35 746	36 308	36 928	2 817	1 989	296	37 755
佐賀	7 040	6 983	6 974	812	577	28	7 208
長崎	12 435	12 404	12 488	1 023	927	64	12 585
熊本	15 261	15 680	15 917	1 288	883	97	16 322
大分	10 300	10 269	10 348	923	715	60	10 556
宮崎	8 573	8 448	8 375	799	763	36	8 411
鹿児島	16 223	16 032	15 917	1 180	1 131	91	15 967
沖縄	6 365	6 238	6 037	560	619	28	5 978
全国	879 692	873 568	869 956	67 063	60 225	5 713	876 794

総務省「都道府県決算状況調」（2018〜20年度）より作成。都道府県分の地方債現在高であり、市町村の分（第 3 部市町村統計を参照）を含まず。

表 5 - 10　地方財政構造（2020年度）

	財政力指数	経常収支比率（%）	実質公債費比率（%）		財政力指数	経常収支比率（%）	実質公債費比率（%）
北海道	0.46217	98.2	19.6	滋賀	0.57552	95.2	10.5
青森	0.35801	95.8	12.3	京都	0.59466	94.5	15.5
岩手	0.37248	94.9	13.7	大阪	0.79157	100.8	13.7
宮城	0.62649	96.3	12.0	兵庫	0.64914	96.7	14.9
秋田	0.32157	93.4	13.8	奈良	0.43666	92.6	8.5
山形	0.37896	94.5	11.9	和歌山	0.33779	95.2	7.6
福島	0.54482	95.0	7.7	鳥取	0.28689	89.2	10.3
茨城	0.65584	94.3	9.5	島根	0.26570	90.0	5.5
栃木	0.64821	95.1	9.7	岡山	0.53481	97.2	11.3
群馬	0.63796	95.6	10.0	広島	0.61848	93.5	13.1
埼玉	0.77024	94.7	10.9	山口	0.45738	91.2	8.7
千葉	0.77845	98.2	8.6	徳島	0.32716	93.1	11.3
東京	1.15019	84.9	1.4	香川	0.48747	96.0	9.5
神奈川	0.88898	98.4	9.8	愛媛	0.44767	88.9	9.9
新潟	0.47506	94.7	17.2	高知	0.27382	96.1	10.6
富山	0.48457	95.3	13.3	福岡	0.65820	97.1	11.5
石川	0.51759	94.3	12.7	佐賀	0.35551	93.8	8.4
福井	0.42058	96.0	12.5	長崎	0.34825	96.6	10.8
山梨	0.40857	93.2	12.5	熊本	0.42692	92.7	7.7
長野	0.52762	93.7	9.8	大分	0.39540	94.5	8.6
岐阜	0.55930	92.4	5.9	宮崎	0.35767	92.5	10.6
静岡	0.72648	96.1	13.5	鹿児島	0.35338	97.6	11.5
愛知	0.91216	100.0	13.6	沖縄	0.37469	96.4	7.3
三重	0.60941	96.3	12.7	全国	0.52320	94.7	10.8

総務省「2020年度都道府県決算状況調」より作成。財政力指数および実質公債費比率は2018～2020年度の 3 年度平均。全国は財政力指数、経常収支比率、実質公債費比率とも合計値を団体数で除した単純平均。

財政力指数　基準財政収入額（自治体が標準的に収入しうるものとして算定された税収入の額）を、基準財政需要額（一定水準の行政を実施するのに必要な一般財源額）で除して得た数値のこと。この指数が高いほど、自主財源の割合が高く、財政力が強いとされる。

経常収支比率　その使途について制限がなく、地方税、普通交付税などのように毎年経常的に入ってくる財源（一般財源。対して、国庫支出金や地方債などのように一定の使途のみに使用できる財源を特定財源という）等のうち、人件費や公債費のように、毎年度経常的に支出される経費に充当されたものが占める割合のこと。比率が低ければ低いほど財政運営に弾力性があり、政策的に使える財源があるとされる。

実質公債費比率　地方債の発行が許可制から協議制に移行したことに伴う自治体財政の健全度を判断するための指標。自治体の標準的な財政規模に占める借金返済の割合を示す。これまでの起債制限比率では範囲外であった公営企業なども含めた実質的な債務負担が示される。この比率が18％以上の自治体は起債に許可が必要となり、25％以上の自治体は起債が制限される。

表 5 - 11　行政投資額（事業目的別）（2019年度）（単位　億円）

	行政投資額	生活基盤投資	産業基盤投資	農林水産投資	国土保全投資	1 人あたり投資額（千円）	行政投資額指数（1975年度=100）
北海道	② 18 048	5 462	4 087	3 324	2 524	⑩ 343.8	155
青森	3 291	1 439	656	477	303	264.0	133
岩手	6 762	2 211	1 860	696	603	① 551.2	251
宮城	⑧ 8 195	3 417	1 201	653	641	⑥ 355.3	264
秋田	3 357	1 019	655	574	574	⑨ 347.3	158
山形	3 351	1 173	891	353	408	310.9	165
福島	⑨ 8 007	1 938	1 738	663	567	④ 433.9	271
茨城	5 437	2 752	1 105	271	673	190.1	117
栃木	3 457	1 791	531	237	355	178.8	136
群馬	3 714	1 578	687	189	596	191.2	162
埼玉	⑩ 7 253	4 596	793	152	650	98.7	135
千葉	6 308	3 859	786	339	429	100.8	87
東京	① 30 130	19 340	3 845	219	1 052	216.4	196
神奈川	④ 10 554	6 560	1 293	159	419	114.7	138
新潟	6 333	2 705	1 338	752	897	284.9	164
富山	2 535	1 152	495	250	368	243.0	159
石川	3 567	1 063	589	255	292	313.5	212
福井	3 730	593	714	224	342	② 485.7	215
山梨	2 292	839	771	190	274	282.6	173
長野	4 871	2 060	961	289	675	237.7	158
岐阜	4 384	1 617	1 060	287	652	220.7	170
静岡	6 098	3 128	1 027	397	782	167.4	171
愛知	③ 11 630	6 634	1 732	535	988	154.0	157
三重	3 501	1 708	822	217	414	196.6	134
滋賀	2 296	1 165	521	143	243	162.4	136
京都	4 241	2 155	486	102	550	164.2	118
大阪	⑤ 9 542	6 963	928	59	755	108.3	86
兵庫	⑦ 8 416	4 337	1 417	393	871	154.0	102
奈良	2 252	1 161	487	69	294	169.3	166
和歌山	2 882	965	853	201	446	311.6	199
鳥取	1 957	532	529	150	266	⑦ 352.3	209
島根	2 707	848	838	282	325	⑤ 401.4	184
岡山	3 823	1 522	611	292	468	202.3	149
広島	5 398	2 260	900	172	690	192.5	143
山口	3 284	1 327	728	239	321	241.8	142
徳島	2 196	636	559	237	478	301.7	172
香川	1 790	839	355	150	218	187.2	135
愛媛	3 138	1 099	646	237	474	234.3	159
高知	3 065	814	826	254	506	③ 439.1	181
福岡	⑥ 8 931	4 392	1 604	406	1 109	175.0	150
佐賀	2 264	822	408	245	311	277.9	175
長崎	4 204	1 540	688	401	339	316.9	237
熊本	6 074	2 216	880	524	691	⑧ 347.5	254
大分	2 966	983	658	367	476	261.2	171
宮崎	2 736	862	676	420	348	255.0	163
鹿児島	4 199	1 638	853	659	425	262.1	179
沖縄	4 130	1 699	1 126	454	238	284.2	250
全国	259 296	119 410	47 216	18 154	26 318	205.5	157

総務省「2019年度行政投資実績」より作成。注記は358ページ参照。

表 5 - 12　主要事業別行政投資額（2019年度）（単位　億円）

	道路1)	街路	都市計画	港湾2)	農林水産	住宅	環境衛生
							一般事業
北海道	4 888	268	289	286	3 324	570	235
青森	848	41	113	28	477	60	135
岩手	2 096	15	485	75	696	115	139
宮城	1 576	196	433	178	653	93	170
秋田	807	55	41	29	574	26	80
山形	1 046	63	57	41	353	35	139
福島	2 076	45	122	27	663	163	114
茨城	1 325	147	175	61	271	68	414
栃木	734	175	300	—	237	27	252
群馬	920	105	194	—	189	56	148
埼玉	1 303	270	605	—	152	192	285
千葉	1 095	207	309	21	339	153	383
東京	3 104	1 584	2 367	807	219	2 312	949
神奈川	1 439	665	820	438	159	390	379
新潟	1 806	119	102	102	752	66	174
富山	600	88	92	37	250	27	25
石川	652	90	62	98	255	36	50
福井	779	31	23	51	224	13	51
山梨	869	45	85	—	190	54	44
長野	1 299	90	83	—	289	108	145
岐阜	1 366	71	107	—	287	34	109
静岡	1 576	120	286	113	397	112	343
愛知	1 943	354	589	310	535	274	569
三重	893	32	64	48	217	18	171
滋賀	614	64	97	0	143	14	127
京都	662	85	107	19	102	133	217
大阪	912	789	601	193	59	1 071	292
兵庫	1 424	196	345	360	393	413	208
奈良	595	71	241	—	69	35	40
和歌山	917	51	83	78	201	36	56
鳥取	505	22	18	79	150	27	46
島根	928	27	20	46	282	42	52
岡山	762	25	101	89	291	53	72
広島	1 112	110	99	113	172	80	213
山口	638	50	109	146	239	54	99
徳島	637	13	29	25	237	39	76
香川	381	20	39	50	150	28	61
愛媛	682	72	59	75	237	37	88
高知	871	42	40	86	254	47	55
福岡	1 476	376	288	331	406	454	275
佐賀	477	24	42	19	245	45	68
長崎	680	156	152	140	401	63	183
熊本	1 102	218	94	152	524	515	114
大分	743	36	60	35	367	56	64
宮崎	780	49	69	42	420	53	41
鹿児島	968	30	212	137	659	98	152
沖縄	713	142	179	102	454	133	122
全国	53 620	7 548	10 881	5 069	18 154	8 530	8 223

資料は前表に同じ。注記は358ページ参照。

厚生福祉3)	治山治水	文教施設	災害復旧	空港	公営企業 水道	公営企業 公共下水道	
533	2 401	996	688	243	632	577	北海道
198	287	350	76	18	162	142	青森
223	536	389	1 040	5	352	170	岩手
258	467	627	1 685	45	353	689	宮城
91	570	215	184	21	132	177	秋田
184	406	239	133	14	91	154	山形
241	543	412	777	14	253	207	福島
162	602	632	135	25	409	388	茨城
124	355	330	142	0	200	178	栃木
126	596	323	69	—	188	205	群馬
528	650	777	48	14	744	663	埼玉
339	390	967	128	107	423	601	千葉
1 968	876	4 346	99	867	2 083	2 792	東京
432	398	1 297	88	0	873	1 091	神奈川
347	848	538	124	18	317	445	新潟
147	346	347	31	4	92	189	富山
108	283	296	44	7	131	120	石川
81	336	116	22	0	33	122	福井
68	274	244	60	—	108	94	山梨
191	675	629	357	2	251	222	長野
158	609	458	177	—	203	171	岐阜
290	743	669	114	1	300	328	静岡
794	930	1 461	16	59	759	1 181	愛知
144	379	526	103	—	214	344	三重
161	242	336	17	—	107	161	滋賀
191	547	647	199	—	332	246	京都
458	731	1 322	88	203	823	1 177	大阪
623	795	981	267	24	425	741	兵庫
109	294	320	56	—	145	90	奈良
95	412	277	161	7	103	108	和歌山
71	262	146	156	4	53	87	鳥取
164	323	214	61	12	105	73	島根
151	450	357	447	8	213	288	岡山
177	681	581	766	21	252	365	広島
77	295	398	153	7	159	268	山口
85	458	161	80	1	71	48	徳島
87	213	242	21	3	166	107	香川
104	427	304	314	8	183	121	愛媛
81	492	253	272	10	98	56	高知
249	1 082	895	483	294	507	811	福岡
84	299	211	89	8	94	154	佐賀
113	315	380	81	42	163	151	長崎
107	662	400	1 042	38	116	238	熊本
124	451	278	149	35	109	98	大分
49	345	210	148	22	118	102	宮崎
131	407	460	223	53	168	80	鹿児島
163	113	596	29	451	95	128	沖縄
11 389	24 794	27 157	11 642	2 714	13 907	16 945	全国

図5-2　1人あたり行政投資額（2019年度）

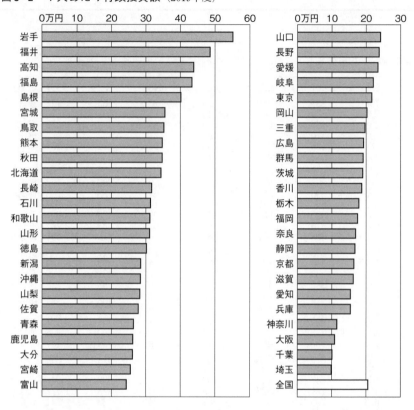

表5-11より作成。

💻 投資ファンドによるコロナ債務処理

　コロナ禍で過剰債務を抱えた中小企業について、地域の金融機関と投資ファンド会社が組み、再生に乗り出す動きがある。投資ファンド会社が設立する事業再生ファンドに、地銀や中小企業基盤整備機構が出資し、ファンドは企業の債権の買い取りなどを行うもので、企業はファンドと話し合いながら事業内容や資金調達方法の見直しなどを行い、経営改善を図る。投資ファンド会社の持つ企業再生ノウハウを中小企業が活用することで、債務弁済に加えて事業価値が向上する可能性が期待されるため、地域経済の発展につながるとして注目されている。

　財務省によると、実質無利子・無担保融資（ゼロゼロ融資）によるコロナ関連融資は2021年4月時点で約56兆円にのぼるが、業績回復の見通しが立たず返済できていない企業が多い。コロナ禍が長期化し、事業計画の先行きが不透明な状況が続く中、中小企業には収益力を高めるための抜本的な経営改善が求められている。

表 **5 - 13**　地方公務員数（2021年 4 月 1 日現在）（単位　人）

	都道府県	一般行政	教育	警察	市町村	一般行政	教育
北海道	63 246	12 819	37 520	11 999	77 893	33 622	15 176
青森	18 838	3 787	11 072	2 681	18 523	7 781	1 360
岩手	24 532	4 411	12 115	2 462	14 133	8 449	1 601
宮城	22 943	4 990	13 458	4 344	33 413	13 633	8 183
秋田	14 797	3 385	8 908	2 374	13 082	6 852	1 355
山形	18 222	4 048	9 755	2 349	14 598	6 940	1 456
福島	27 536	5 699	17 431	3 952	21 697	12 578	2 334
茨城	34 457	4 847	22 482	5 401	25 912	15 798	2 922
栃木	23 584	4 499	14 893	3 874	16 094	10 220	1 818
群馬	25 806	3 945	16 373	3 922	20 753	10 303	2 675
埼玉	61 450	7 155	40 666	12 860	62 968	33 672	11 865
千葉	58 585	7 548	35 026	12 349	59 081	31 007	10 496
東京	175 972	20 351	68 179	47 583	93 445	75 156	9 366
神奈川	54 162	7 670	28 093	17 390	101 246	40 658	33 090
新潟	28 386	5 534	14 340	4 763	28 435	14 238	6 719
富山	15 516	3 220	8 770	2 299	12 789	6 073	1 011
石川	16 299	3 272	9 460	2 330	13 579	6 183	1 143
福井	14 012	2 886	7 897	2 094	9 382	5 168	950
山梨	12 792	3 018	7 675	1 963	10 312	5 476	847
長野	27 358	5 136	18 071	3 963	27 113	15 121	2 175
岐阜	26 102	4 400	17 653	3 964	22 366	11 690	2 081
静岡	33 943	5 709	19 825	7 031	43 983	18 012	10 881
愛知	62 823	8 920	37 098	14 614	88 895	41 221	16 561
三重	23 624	4 345	15 318	3 436	20 537	10 874	1 958
滋賀	19 931	3 277	12 703	2 634	15 437	7 918	1 980
京都	22 624	4 104	11 055	7 161	34 122	14 448	9 538
大阪	73 182	7 761	41 784	23 310	89 734	42 440	25 247
兵庫	56 914	5 929	31 796	12 491	61 231	27 423	14 491
奈良	16 537	3 185	10 371	2 817	14 847	8 413	1 934
和歌山	14 941	3 529	8 671	2 523	13 413	6 366	1 124
鳥取	11 837	2 931	6 062	1 457	7 010	4 065	486
島根	14 559	3 307	8 167	1 820	9 899	4 938	921
岡山	21 050	3 856	13 005	4 056	22 535	10 570	6 206
広島	26 699	4 535	14 878	5 773	33 053	15 121	8 752
山口	19 391	3 543	12 135	3 559	15 250	8 739	1 168
徳島	13 504	3 167	7 287	1 849	9 447	5 370	1 211
香川	14 720	2 806	8 409	2 154	11 572	5 570	1 350
愛媛	20 246	3 831	11 482	2 882	14 863	8 331	1 314
高知	13 970	3 467	7 719	1 918	11 490	6 097	997
福岡	43 974	7 565	24 089	12 200	51 319	23 403	17 085
佐賀	13 361	3 079	8 227	2 031	8 902	5 329	838
長崎	20 027	4 016	12 129	3 545	14 407	8 324	1 171
熊本	19 994	4 278	12 040	3 498	24 286	11 384	5 834
大分	17 765	3 862	10 654	2 410	12 219	7 100	1 252
宮崎	18 526	3 763	10 692	2 350	10 749	6 717	831
鹿児島	26 437	5 008	16 794	3 498	19 053	11 094	2 084
沖縄	26 967	3 981	16 527	3 208	13 453	8 262	2 068
全国	1 432 141	236 374	808 754	289 141	1 368 520	698 147	255 905

総務省「2021年地方公共団体定員管理調査結果」より作成。一般職に属する常勤の職員数（教育長含む）で、知事、市区町村長および議員などの特別職を除く。東京特別区は市町村に含む。給与法による権限移譲に伴い、2017年に政令指定都市の教育職員の計上が県から市に変更された。

表 5 - 14　国税収納済額の推移（会計年度）（単位　億円）

	1980	1990	2000	2010	2018	2019	2020
北海道	7 905	15 010	15 213	11 148	15 620	15 765	16 403
青森	1 386	2 394	2 668	1 939	2 775	2 849	3 063
岩手	1 057	2 331	2 910	1 515	2 564	2 587	2 727
宮城	3 717	7 720	9 591	5 154	7 958	7 938	8 604
秋田	1 123	2 075	2 320	1 482	1 793	1 822	1 990
山形	1 123	2 406	2 553	1 561	2 236	2 262	2 391
福島	1 758	4 737	4 911	2 770	4 892	4 478	5 098
茨城	3 075	7 902	7 524	6 112	8 189	8 254	8 518
栃木	2 941	5 734	5 502	3 702	5 117	5 076	5 597
群馬	2 693	6 128	5 050	4 613	5 936	5 962	6 690
埼玉	6 018	16 707	13 010	11 879	16 934	17 126	18 863
千葉	5 985	17 998	15 780	14 320	18 712	18 328	18 588
東京	78 437	203 559	161 047	166 372	281 674	276 934	302 921
神奈川	17 056	35 401	31 241	26 672	35 954	34 822	39 091
新潟	2 988	6 317	6 315	4 650	5 840	5 806	6 232
富山	1 886	3 950	3 470	2 812	3 633	3 745	4 037
石川	1 508	3 989	4 512	2 417	3 487	3 676	3 829
福井	1 164	2 695	2 184	1 520	2 378	2 384	2 663
山梨	707	2 532	2 299	1 786	2 291	2 120	2 220
長野	2 381	7 317	10 942	3 610	5 360	5 262	6 000
岐阜	2 387	6 054	5 040	3 763	5 695	5 797	6 199
静岡	6 513	12 648	10 556	8 153	11 447	11 208	11 749
愛知	18 266	41 204	39 259	28 612	42 964	40 617	40 962
三重	2 478	5 711	5 536	5 134	6 819	6 799	6 889
滋賀	1 316	3 073	2 678	2 391	3 017	3 056	3 284
京都	5 807	12 975	11 994	7 377	11 153	11 383	12 460
大阪	30 116	70 104	55 183	42 668	60 947	59 794	62 718
兵庫	10 460	22 198	17 898	12 503	16 533	16 417	16 992
奈良	1 058	3 049	2 098	1 685	2 299	2 376	2 512
和歌山	1 451	3 399	3 014	2 646	2 610	2 520	2 711
鳥取	622	1 149	1 122	772	1 045	1 053	1 117
島根	648	1 396	1 791	931	1 305	1 340	1 466
岡山	2 955	6 464	7 568	6 164	7 038	7 138	7 336
広島	5 287	10 465	9 157	6 915	9 761	10 115	10 756
山口	2 191	4 832	5 930	5 276	5 479	5 545	5 406
徳島	734	2 007	3 402	1 282	1 753	1 735	1 823
香川	1 668	3 855	3 654	3 366	3 060	3 124	3 269
愛媛	1 670	3 445	4 115	3 842	4 728	5 235	5 132
高知	855	1 478	1 517	1 073	1 455	1 491	1 546
福岡	7 393	15 156	15 697	12 172	17 022	17 278	18 083
佐賀	740	1 567	1 726	1 230	1 613	1 693	1 783
長崎	1 318	2 530	2 778	1 883	2 482	2 408	2 538
熊本	1 715	3 437	4 208	2 471	3 964	3 815	3 982
大分	1 396	2 613	3 155	2 848	3 379	3 419	3 386
宮崎	1 017	1 875	1 962	1 750	2 465	2 514	2 628
鹿児島	1 499	2 812	3 349	2 654	3 365	3 382	3 587
沖縄	928	2 313	2 705	2 533	3 784	3 990	3 831
全国	257 859	606 561	539 171	449 392	671 479	663 478	712 342

国税庁「国税庁統計年報」より作成。収納済額とは収納された国税の金額。全国計には国税の徴収を税務署から国税局へ引き継いだ局引受分を含むので、全国と都道府県の内訳の合計とは一致しない。

表 5 - 15　税目別国税収納済額（2020年度）（単位　億円）

	源泉 所得税 1)	申告 所得税 1)	法人税 2)	相続税	消費税 3)	酒税	揮発油税 4)
北海道	3 561	932	2 808	437	6 863	310	1 118
青森	592	194	379	68	1 519	6	294
岩手	612	177	410	93	1 273	7	x
宮城	1 674	441	1 256	250	3 331	277	933
秋田	448	117	288	46	923	30	129
山形	563	154	333	67	1 189	12	x
福島	1 146	370	761	158	2 335	311	x
茨城	1 818	540	976	255	3 090	1 083	x
栃木	1 472	351	757	201	2 231	429	x
群馬	1 380	372	1 296	239	2 850	439	x
埼玉	4 643	1 845	2 876	1 499	7 521	105	0
千葉	3 588	1 526	2 273	918	5 688	1 003	x
東京	94 728	9 622	75 422	6 985	109 337	220	x
神奈川	8 859	3 033	5 433	2 254	14 571	706	3 916
新潟	1 374	300	1 118	251	2 949	42	71
富山	869	165	699	107	1 997	5	x
石川	879	258	676	135	1 769	5	x
福井	573	232	530	88	1 231	3	—
山梨	570	157	466	62	894	67	x
長野	1 567	365	1 085	209	2 647	57	x
岐阜	1 467	404	1 155	232	2 897	28	x
静岡	2 949	823	2 014	566	4 904	370	x
愛知	10 804	2 314	7 576	1 968	15 269	746	1 373
三重	1 256	328	693	176	2 156	118	2 145
滋賀	812	257	553	118	1 440	94	x
京都	2 719	671	3 769	567	4 025	472	x
大阪	15 516	2 332	14 698	1 778	23 822	787	2 690
兵庫	4 177	1 403	2 912	1 057	6 668	574	0
奈良	674	287	348	232	959	3	—
和歌山	527	170	389	119	941	6	x
鳥取	273	73	173	39	517	2	—
島根	348	88	230	54	739	2	—
岡山	1 260	303	937	207	2 495	406	x
広島	2 695	571	2 028	369	4 665	33	x
山口	1 106	189	849	127	1 635	22	1 470
徳島	515	107	336	90	765	3	—
香川	782	150	535	117	1 421	1	x
愛媛	952	203	994	133	1 783	106	x
高知	405	114	242	68	705	7	—
福岡	4 146	1 063	3 053	501	7 775	771	x
佐賀	444	125	318	47	830	12	x
長崎	717	187	373	76	1 167	6	x
熊本	1 122	262	564	126	1 780	116	—
大分	640	147	394	65	1 249	319	x
宮崎	664	165	357	80	1 046	303	x
鹿児島	845	201	563	89	1 535	232	—
沖縄	727	389	689	159	1 396	72	290
全国	189 559	34 568	147 180	23 609	270 513	10 728	22 289

資料、注記は前表に同じ。1）復興特別所得税を含む。2）地方法人税を含む。3）地方消費税を含む。4）地方揮発油税を含む。*x*は秘匿分。

表 5 - 16　国内銀行の貸出残高の推移（各年 3 月末現在）（単位　億円）

	2017	2018	2019	2020	2021		2022
北海道	99 382	102 218	104 236	105 402	112 591	⑧	113 097
青森	25 926	26 765	26 743	26 993	27 826		28 199
岩手	23 064	23 600	24 220	24 403	25 884		26 521
宮城	63 602	66 792	69 073	69 593	71 771		74 245
秋田	20 337	20 584	20 382	20 044	21 287		21 215
山形	24 212	24 636	24 580	24 173	24 893		24 766
福島	34 631	35 607	36 406	37 247	38 642		39 106
茨城	56 539	57 463	58 394	58 562	59 833		59 965
栃木	47 835	48 137	48 630	48 737	50 436		50 662
群馬	40 344	41 370	42 027	42 860	43 782		43 935
埼玉	156 553	159 935	161 761	162 081	166 484	⑥	167 264
千葉	139 197	143 736	147 019	149 523	154 674	⑦	157 068
東京	2 030 850	2 077 830	2 154 108	2 205 541	2 319 053	①	2 382 921
神奈川	187 641	190 445	193 321	193 545	198 072	⑤	198 583
新潟	47 587	49 036	50 493	51 514	52 026		51 337
富山	32 272	33 118	33 828	34 069	34 843		35 180
石川	28 115	29 162	30 489	31 214	32 170		32 937
福井	17 213	17 666	18 230	18 692	19 518		19 713
山梨	11 132	11 428	11 738	12 116	13 521		13 202
長野	34 283	35 288	36 094	36 215	37 529		38 033
岐阜	41 276	32 082	32 611	32 699	33 506		33 228
静岡	101 542	101 891	99 673	98 752	103 331		100 329
愛知	178 901	190 662	202 863	208 492	243 352	③	240 101
三重	34 527	35 369	36 003	36 176	38 510		39 205
滋賀	32 251	33 507	35 289	35 908	37 262		38 019
京都	58 950	59 270	61 024	64 503	65 384		67 206
大阪	377 923	384 783	388 231	400 031	413 659	②	419 963
兵庫	105 742	107 271	108 540	110 317	110 380	⑨	110 901
奈良	26 238	26 328	26 396	26 354	27 671		27 297
和歌山	16 144	16 353	16 559	17 018	17 678		17 937
鳥取	13 417	13 837	14 097	14 186	14 856		15 231
島根	12 236	12 793	13 179	13 408	13 894		14 235
岡山	48 137	51 288	53 269	55 189	57 236		58 959
広島	90 150	94 233	98 109	101 615	105 888	⑩	108 150
山口	33 238	34 557	35 653	36 278	37 005		37 443
徳島	19 141	20 040	20 534	21 080	22 321		22 702
香川	26 673	27 356	27 556	27 942	29 800		30 357
愛媛	55 520	57 278	59 930	62 109	64 886		67 066
高知	15 288	15 244	15 607	15 750	16 574		16 711
福岡	180 976	185 880	190 996	196 531	208 544	④	212 141
佐賀	13 000	13 216	13 210	13 211	13 842		14 033
長崎	27 530	28 410	28 000	28 355	29 327		29 698
熊本	38 016	39 393	41 544	43 687	46 021		47 382
大分	23 721	23 943	24 283	24 342	25 065		25 822
宮崎	24 369	25 155	26 045	26 730	27 410		27 601
鹿児島	34 850	36 102	37 512	38 715	39 761		40 641
沖縄	34 980	37 220	39 537	40 765	42 585		43 068
全国	4 785 472	4 898 301	5 038 046	5 142 689	5 390 605		5 483 397

日本銀行資料（2022年 8 月19日閲覧）より作成。金融機関店舗の所在地区分による。ゆうちょ銀行を除く。単位未満切り捨てのため、府県別の合計と全国が一致しない。〇内の数字は全国順位。

表**5-17**　国内銀行の預金残高の推移（各年3月末現在）（単位　億円）

	2017	2018	2019	2020	2021		2022
北海道	156 592	161 334	165 145	169 043	187 209	⑨	196 204
青森	40 696	41 750	42 408	43 021	46 835		48 913
岩手	47 820	48 252	47 014	46 906	50 395		50 128
宮城	104 755	105 318	105 346	106 829	115 258		118 383
秋田	35 567	36 913	37 312	37 714	41 592		43 253
山形	41 233	41 714	41 555	42 146	46 672		48 169
福島	76 283	76 469	76 040	77 147	83 405		83 028
茨城	112 186	115 033	117 641	120 473	129 373		133 107
栃木	77 480	78 738	80 631	82 416	91 331		94 500
群馬	74 357	76 348	77 703	80 702	87 977		90 104
埼玉	290 959	300 742	308 182	315 833	344 319	⑤	357 892
千葉	281 654	290 407	297 788	308 320	332 717	⑥	343 976
東京	2 544 496	2 700 810	2 748 051	2 867 002	3 199 433	①	3 283 119
神奈川	403 914	417 777	425 255	437 400	471 872	③	494 321
新潟	86 621	89 569	90 429	92 597	101 761		102 232
富山	52 880	55 182	55 671	57 322	61 748		63 635
石川	47 828	49 959	51 723	53 343	57 889		61 453
福井	31 635	32 676	33 878	34 531	38 267		39 849
山梨	28 322	29 158	29 808	30 216	34 130		34 785
長野	74 585	77 030	78 838	81 558	88 406		92 370
岐阜	74 062	76 599	78 102	80 148	86 865		89 386
静岡	146 541	148 146	146 162	148 441	164 704	⑩	166 890
愛知	370 021	380 684	395 054	406 745	445 300	④	460 292
三重	77 950	80 805	82 225	82 534	89 549		92 105
滋賀	54 938	56 832	58 473	59 555	65 326		68 290
京都	124 504	128 752	132 742	134 830	152 622		158 604
大阪	643 586	662 329	674 110	688 274	761 215	②	792 151
兵庫	226 080	232 132	236 985	242 565	260 424	⑧	268 085
奈良	64 763	65 666	66 387	68 276	73 684		75 751
和歌山	39 802	40 691	40 780	41 312	44 398		45 534
鳥取	23 238	23 647	23 697	23 915	25 758		26 828
島根	23 423	24 164	24 625	25 390	28 389		29 067
岡山	78 851	81 994	83 208	84 351	92 077		93 684
広島	126 134	129 242	131 899	134 518	145 071		149 931
山口	60 832	62 387	63 585	65 215	70 626		74 050
徳島	44 822	46 097	46 053	46 939	51 045		52 169
香川	52 516	53 873	53 893	54 694	59 416		61 684
愛媛	68 275	69 495	70 374	72 185	78 335		81 877
高知	26 282	26 890	27 052	27 171	29 646		30 719
福岡	222 092	230 424	235 418	244 174	274 258	⑦	281 198
佐賀	24 297	24 896	25 506	26 473	29 666		30 843
長崎	48 782	50 252	49 868	50 356	54 959		57 371
熊本	62 457	65 630	64 422	65 549	71 417		74 503
大分	37 401	38 391	38 951	39 586	43 288		45 172
宮崎	31 041	32 273	33 056	33 756	37 871		39 702
鹿児島	45 148	46 561	47 771	48 767	53 959		56 088
沖縄	45 235	47 533	49 141	50 358	56 384		58 716
全国	7 452 958	7 751 586	7 889 979	8 130 620	8 956 861		9 240 133

日本銀行資料（2022年8月19日閲覧）より作成。金融機関店舗の所在地区分による。ゆうちょ銀行を除く。単位未満切り捨てのため、府県別の合計と全国が一致しない。○内の数字は全国順位。

図5-3　個人保険(民間)の保有契約状況 (2021年度末現在)

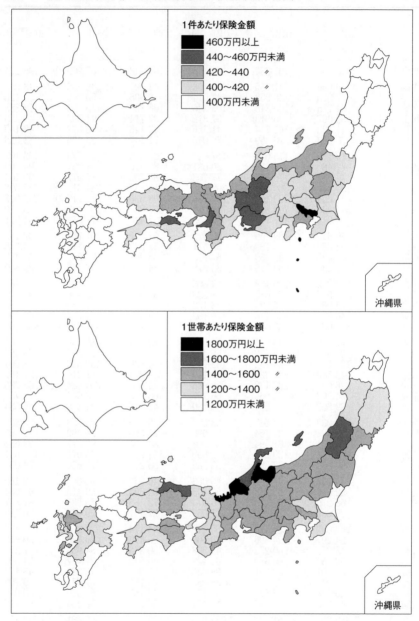

表5-18より作成。

表 5 - 18　民間生命保険の保有契約高（2021年度末現在）

	保有契約高（億円）			参考（個人保険のみ）			
	個人保険	個人年金保険	団体保険	件数（千件）	1件あたり保険金額（万円）*	1世帯あたり加入件数（件）*	1世帯あたり保険金額（万円）*
北海道	264 211	26 583	42 058	7 924	333.4	2.83	944.8
青森	70 134	7 645	9 632	1 883	372.5	3.17	1 180.7
岩手	68 100	6 708	11 303	1 745	390.2	3.28	1 279.4
宮城	146 664	15 029	16 421	3 722	394.0	3.63	1 432.3
秋田	51 360	4 422	4 622	1 402	366.3	3.29	1 206.4
山形	72 610	7 386	12 186	1 908	380.5	4.54	1 728.6
福島	116 304	11 879	11 600	2 862	406.4	3.60	1 464.5
茨城	153 166	15 638	15 233	3 808	402.2	2.97	1 194.8
栃木	134 239	16 136	26 519	3 131	428.7	3.67	1 572.6
群馬	124 789	15 129	10 086	2 986	417.9	3.45	1 440.6
埼玉	428 478	59 805	30 579	10 334	414.6	3.01	1 248.6
千葉	374 510	52 587	51 443	9 130	410.2	3.06	1 254.0
東京	1 077 175	152 312	2 702 287	21 941	490.9	2.98	1 464.7
神奈川	557 125	77 619	62 736	13 179	422.7	2.95	1 246.9
新潟	144 698	16 634	13 041	3 432	421.6	3.77	1 588.6
富山	80 517	10 806	35 012	1 858	433.4	4.34	1 879.9
石川	81 345	9 860	6 074	1 948	417.6	3.94	1 646.8
福井	63 386	7 571	5 376	1 493	424.5	4.97	2 110.5
山梨	54 146	6 363	5 409	1 309	413.5	3.56	1 473.0
長野	126 398	16 716	17 859	3 040	415.8	3.44	1 429.4
岐阜	132 242	16 642	39 126	3 001	440.7	3.58	1 576.5
静岡	244 090	32 418	43 201	6 086	401.1	3.76	1 507.4
愛知	518 023	63 136	148 808	11 700	442.7	3.46	1 529.8
三重	113 571	15 325	24 074	2 751	412.8	3.41	1 407.0
滋賀	90 275	12 541	15 589	2 157	418.6	3.58	1 500.4
京都	158 235	21 958	64 335	3 749	422.1	3.04	1 283.1
大阪	608 715	80 626	396 669	13 521	450.2	3.05	1 372.9
兵庫	334 537	45 488	48 603	7 935	421.6	3.07	1 295.0
奈良	81 815	11 561	5 151	1 898	431.1	3.14	1 354.7
和歌山	58 054	6 313	5 269	1 481	391.9	3.35	1 311.8
鳥取	39 331	4 378	2 376	1 011	389.1	4.22	1 641.4
島根	39 139	4 231	3 364	1 030	379.9	3.51	1 333.8
岡山	126 012	15 263	13 261	2 997	420.5	3.48	1 462.8
広島	178 982	19 685	35 697	4 273	418.8	3.22	1 347.3
山口	78 651	8 131	8 533	2 100	374.5	3.19	1 193.5
徳島	51 485	6 211	5 779	1 270	405.5	3.76	1 526.2
香川	70 114	8 931	13 417	1 586	442.1	3.56	1 573.8
愛媛	81 080	8 555	8 080	2 026	400.3	3.09	1 236.5
高知	42 572	4 665	4 129	1 130	376.8	3.22	1 214.0
福岡	319 662	37 413	43 288	8 152	392.1	3.28	1 284.5
佐賀	54 167	5 541	3 197	1 423	380.6	4.18	1 590.0
長崎	80 309	9 044	5 265	2 187	367.2	3.46	1 270.3
熊本	109 419	11 643	10 745	2 899	377.4	3.64	1 373.8
大分	66 221	6 077	9 430	1 875	353.2	3.46	1 221.7
宮崎	56 571	5 313	6 235	1 657	341.4	3.12	1 066.8
鹿児島	89 062	7 691	20 198	2 527	352.4	3.12	1 098.3
沖縄	57 088	5 515	15 007	1 561	365.8	2.28	834.4
全国	8 068 784	1 011 134	4 088 306	193 019	418.0	3.23	1 350.2

生命保険協会「生命保険事業概況」（2021年度）より作成。同協会加盟42社の合計。*印は編者算出。世帯数は総務省、住民基本台帳による2022年1月1日現在。注記は358ページ参照。

表5-19　民間生命保険の新契約高（2021年度）

	新契約高（億円）			参考（個人保険のみ）			
	個人保険	個人年金保険	団体保険	件数（千件）	1件あたり保険金額（万円）*	1世帯あたり加入件数（件）*	1世帯あたり保険金額（万円）*
北海道	15 669	1 151	1 222	491	319.1	0.18	56.0
青森	3 822	326	49	116	330.4	0.19	64.3
岩手	3 714	320	528	100	372.7	0.19	69.8
宮城	8 920	735	1 023	234	381.2	0.23	87.1
秋田	2 597	205	65	81	320.5	0.19	61.0
山形	3 974	362	185	111	357.9	0.26	94.6
福島	6 792	612	68	175	387.8	0.22	85.5
茨城	9 260	755	165	230	402.1	0.18	72.2
栃木	7 523	897	68	188	400.8	0.22	88.1
群馬	7 476	872	85	180	415.1	0.21	86.3
埼玉	25 081	2 965	629	621	403.9	0.18	73.1
千葉	21 893	2 357	4 326	544	402.7	0.18	73.3
東京	71 674	7 492	26 669	1 579	454.0	0.21	97.5
神奈川	33 156	3 636	1 589	787	421.4	0.18	74.2
新潟	8 461	915	141	191	442.3	0.21	92.9
富山	4 344	504	119	105	413.5	0.25	101.4
石川	4 670	518	26	120	389.0	0.24	94.5
福井	3 721	423	5	88	422.1	0.29	123.9
山梨	3 288	257	69	81	406.5	0.22	89.4
長野	7 322	608	150	175	417.2	0.20	82.8
岐阜	8 200	878	1 786	189	434.6	0.22	97.7
静岡	14 852	1 667	299	399	372.7	0.25	91.7
愛知	32 879	3 301	1 323	717	458.6	0.21	97.1
三重	6 656	838	2 451	167	399.4	0.21	82.5
滋賀	5 257	728	80	126	417.3	0.21	87.4
京都	9 533	1 285	379	227	419.9	0.18	77.3
大阪	40 661	4 851	2 328	912	445.7	0.21	91.7
兵庫	21 316	2 809	2 147	496	429.3	0.19	82.5
奈良	4 626	764	81	108	426.7	0.18	76.6
和歌山	3 302	443	44	92	359.5	0.21	74.6
鳥取	2 232	198	6	59	378.0	0.25	93.2
島根	2 084	173	8	60	348.6	0.20	71.0
岡山	7 721	822	223	188	411.3	0.22	89.6
広島	10 865	932	242	260	418.3	0.20	81.8
山口	4 606	325	141	133	347.2	0.20	69.9
徳島	2 660	254	1 069	71	373.5	0.21	78.9
香川	4 445	397	1 071	100	443.5	0.22	99.8
愛媛	4 860	409	59	134	363.7	0.20	74.1
高知	2 263	175	33	68	333.4	0.19	64.5
福岡	22 228	2 219	2 368	576	386.2	0.23	89.3
佐賀	3 314	310	55	94	352.2	0.28	97.3
長崎	5 057	621	83	149	339.0	0.24	80.0
熊本	7 500	754	59	202	371.4	0.25	94.2
大分	4 144	274	32	123	338.2	0.23	76.5
宮崎	3 791	352	277	120	314.7	0.23	71.5
鹿児島	5 970	485	104	167	357.5	0.21	73.6
沖縄	4 611	563	239	129	356.7	0.19	67.4
全国	498 997	52 741	54 165	12 261	407.0	0.21	83.5

資料、注記は前表に同じ。

表5-20 火災・地震・自動車保険新契約状況 (2020年度)

	火災保険		地震保険		自動車保険 (任意)		
	件数 (件)	保険金額 (億円)	件数 (件)	保険金額 (億円)	台数 (千台)	対人賠償 普及率 (%)	車両保険 普及率 (%)
北海道	841 761	274 689	375 407	32 110	2 948	71.5	48.6
青森	151 135	51 155	69 678	5 606	774	71.7	43.8
岩手	116 967	47 564	61 769	5 792	723	65.9	39.5
宮城	334 829	117 935	230 357	20 025	1 363	75.2	45.0
秋田	98 985	39 423	47 470	4 302	536	62.1	39.8
山形	109 130	70 373	50 326	4 903	658	66.8	44.1
福島	235 432	98 077	120 732	11 377	1 212	68.4	42.1
茨城	355 698	188 997	182 540	17 484	2 089	74.6	42.5
栃木	246 358	132 291	126 636	12 319	1 365	73.1	41.3
群馬	238 459	113 572	103 654	9 703	1 400	72.9	43.6
埼玉	891 211	329 762	524 206	45 145	3 517	79.3	45.5
千葉	811 578	622 977	488 134	41 845	3 139	79.7	49.4
東京	2 282 601	1 387 296	1 315 772	110 886	3 813	78.6	46.0
神奈川	1 226 153	686 485	770 317	65 781	3 527	80.5	47.2
新潟	225 796	94 898	105 568	8 942	1 403	71.0	40.0
富山	120 421	66 465	47 095	5 014	707	73.7	47.2
石川	143 585	64 155	59 379	5 473	728	74.0	42.8
福井	98 033	44 328	42 163	4 537	533	74.1	46.5
山梨	114 843	43 457	54 410	5 653	536	65.2	32.8
長野	223 954	104 187	110 935	11 684	1 379	67.7	39.4
岐阜	258 782	106 376	169 421	13 976	1 424	78.8	58.5
静岡	442 367	235 001	265 892	23 530	2 388	76.5	47.0
愛知	976 652	839 775	802 949	60 013	4 642	82.3	59.0
三重	211 085	347 857	133 507	11 730	1 273	77.8	51.0
滋賀	140 347	70 404	98 800	9 585	849	75.8	46.8
京都	367 416	144 760	212 789	18 783	1 189	80.4	48.1
大阪	1 302 920	542 664	812 575	70 843	3 418	82.8	51.1
兵庫	646 319	358 495	393 371	35 878	2 581	79.2	47.1
奈良	148 512	45 772	91 655	9 202	710	79.5	46.8
和歌山	134 423	60 844	64 898	5 883	618	75.0	38.6
鳥取	66 233	24 688	30 302	2 702	337	67.9	47.6
島根	60 765	22 011	25 246	2 248	350	59.1	37.8
岡山	224 334	93 722	107 141	10 299	1 245	75.7	46.0
広島	326 172	212 514	187 993	17 643	1 589	77.4	45.4
山口	169 245	59 433	84 024	7 611	838	73.1	48.2
徳島	84 367	48 055	49 647	4 032	487	74.1	42.9
香川	124 133	54 374	66 515	6 133	652	76.8	44.5
愛媛	156 194	59 395	77 978	7 288	811	72.4	40.7
高知	76 930	25 099	41 484	3 737	373	61.2	32.9
福岡	741 186	229 320	433 525	34 528	2 871	77.8	50.2
佐賀	105 878	28 876	41 777	3 707	506	68.3	41.8
長崎	164 277	49 464	56 458	4 600	709	68.2	39.5
熊本	289 987	75 716	137 759	11 629	1 032	69.0	46.0
大分	136 896	69 910	65 977	5 901	670	68.1	41.3
宮崎	128 873	40 580	66 731	5 558	622	61.4	37.4
鹿児島	199 021	63 761	101 456	8 296	904	62.4	35.7
沖縄	112 641	46 386	53 571	4 902	691	54.1	28.9
全国	1)16 699 962	2)8 642 261	9 559 989	828 821	3) 66 370	75.1	46.2

資料、注記は358ページ参照。

府県別統計 保険

第 6 章
運輸・情報通信

表6-1　貨物輸送の推移（会計年度、ただし海上は暦年）

	鉄道（万t）		自動車（万t）		海上（万トン）		航空（t）	
	2019	2020	2019	2020	2019	2020	2019	2020
北海道	230	②224	38 812	①37 900	3 850	⑧3 481	82 780	④49 715
青森	45	35	6 533	6 954	855	714	824	268
岩手	43	40	6 649	7 880	243	233	132	89
宮城	141	⑦129	9 634	12 074	1 043	921	2 814	901
秋田	27	23	5 271	5 524	154	142	731	274
山形	13	11	3 707	4 611	70	52	448	267
福島	47	45	8 544	⑧13 094	596	596	69	13
茨城	29	27	12 267	⑨13 011	2 660	2 174	—	—
栃木	52	49	8 963	9 420	—	—	—	—
群馬	30	28	9 026	7 869	—	—	—	—
埼玉	91	82	15 880	⑤18 532	—	—	—	—
千葉	168	⑤162	14 654	⑥15 806	5 094	③5 050	10 738	824
東京	221	③209	20 108	③19 341	2 234	2 138	289 489	①163 485
神奈川	441	①402	18 447	④19 209	6 951	②5 568	—	—
新潟	99	⑩85	10 390	10 357	520	481	70	28
富山	35	31	7 317	3 585	148	136	463	132
石川	12	10	6 456	3 698	94	81	1 174	602
福井	8	6	4 386	3 813	208	214	—	—
山梨	5	5	3 988	4 364	—	—	—	—
長野	35	31	5 156	6 942	—	—	—	—
岐阜	92	83	5 744	4 775	—	—	—	—
静岡	73	61	12 828	10 866	844	783	372	32
愛知	141	⑧125	26 102	②22 809	10 255	①8 515	10 426	⑦5 951
三重	185	④175	8 089	4 939	2 178	2 085	—	—
滋賀	—	—	5 827	4 313	—	—	—	—
京都	26	21	5 365	4 181	114	92	—	—
大阪	149	⑥137	17 235	⑦15 140	3 163	⑨2 982	70 149	⑤39 534
兵庫	52	50	11 329	9 935	4 774	⑥4 325	0	0
奈良	—	—	2 379	1 949	—	—	5	3
和歌山	11	11	4 109	3 233	1 138	910	—	—
鳥取	23	19	2 834	2 329	40	35	1 425	670
島根	1	1	4 540	3 081	81	78	749	248
岡山	52	48	10 756	7 065	3 148	⑩2 938	3 114	1 015
広島	56	51	11 599	6 284	2 661	2 283	10 213	⑧4 189
山口	39	35	8 930	4 476	4 871	⑦4 118	1 934	1 288
徳島	6	6	3 810	2 125	197	200	1 497	443
香川	13	12	9 718	3 083	927	856	3 301	1 228
愛媛	22	19	9 183	3 730	1 132	1 104	5 700	1 821
高知	4	4	3 444	2 481	1 648	1 582	2 222	1 328
福岡	122	⑨107	19 409	⑩12 559	5 288	⑤4 797	107 853	③57 727
佐賀	34	28	4 341	2 790	58	61	851	416
長崎	3	2	3 338	2 726	312	299	9 337	1 955
熊本	24	21	5 907	4 876	745	113	9 821	⑨3 053
大分	7	7	4 718	4 022	5 152	④4 844	4 541	1 886
宮崎	12	10	4 721	3 549	178	175	4 192	⑩2 574
鹿児島	16	12	5 933	4 457	2 917	2 911	19 765	⑥9 399
沖縄	—	—	4 540	2 942	826	810	124 145	②76 673
全国	2 932	2 677	432 913	378 700	77 368	68 876	781 345	428 032

航空は国内定期輸送で積載貨物。資料・注記は358ページ参照。○内の数字は全国順位。

表6-2 旅客輸送の推移（会計年度、ただし海上は暦年）

	鉄道 （百万人）		営業用自動車 （百万人）		海上 （千人）		航空 （千人）	
	2019	2020	2019	2020	2019	2020	2019	2020
北海道	373	⑩ 261	354	③ 309	1 562	698	11 802	③ 4 001
青森	17	12	48	39	451	198	655	198
岩手	26	20	34	31	71	45	209	69
宮城	207	154	86	59	832	410	1 595	⑨ 577
秋田	13	10	27	23	67	9	663	137
山形	14	10	26	23	27	6	348	79
福島	38	27	32	19	48	—	109	30
茨城	126	92	68	52	104	61	306	101
栃木	65	45	35	22	—	—	—	0
群馬	52	36	27	19	—	—	—	0
埼玉	1 305	⑤ 967	287	④ 212	—	—	—	0
千葉	1 394	④ 1 023	279	⑤ 211	429	283	3 645	⑧ 966
東京	10 491	① 6 985	1 143	① 837	1 305	485	30 057	① 9 552
神奈川	2 934	③ 2 112	749	② 571	631	260	—	—
新潟	60	46	64	50	1 416	⑩ 707	483	140
富山	41	29	23	10	1	—	199	28
石川	35	24	51	24	84	16	793	188
福井	16	12	24	9	88	59	—	0
山梨	23	15	23	15	—	—	—	0
長野	70	53	62	43	—	—	73	36
岐阜	74	54	38	25	—	—	—	0
静岡	166	117	86	61	500	266	222	55
愛知	1 212	⑥ 873	231	⑨ 177	985	590	3 479	⑦ 1 111
三重	91	70	53	34	1 091	669	—	0
滋賀	136	106	39	17	499	284	—	0
京都	593	⑧ 407	221	⑩ 135	99	18	—	0
大阪	2 976	② 2 181	368	⑦ 203	979	343	10 390	④ 3 629
兵庫	1 101	⑦ 843	252	⑧ 189	2 567	⑥ 1 470	1 534	⑩ 568
奈良	169	129	63	39	—	—	—	0
和歌山	34	26	23	9	160	84	80	41
鳥取	10	8	24	5	117	26	451	105
島根	7	6	22	8	484	312	565	174
岡山	80	60	41	24	1 055	⑨ 715	553	121
広島	205	154	116	72	9 643	① 5 900	1 225	341
山口	33	26	40	20	718	301	669	150
徳島	9	7	15	6	336	164	515	124
香川	32	25	20	5	4 210	③ 2 403	797	196
愛媛	29	22	29	10	2 188	⑦ 1 387	1 358	362
高知	13	10	17	5	62	8	736	227
福岡	537	⑨ 380	312	⑥ 206	2 439	⑧ 872	8 892	⑤ 3 227
佐賀	20	15	27	10	261	166	272	50
長崎	34	24	85	62	4 731	④ 2 322	1 648	534
熊本	38	26	46	22	1 224	581	1 474	405
大分	22	17	32	14	973	602	830	266
宮崎	8	7	23	9	131	66	1 461	430
鹿児島	34	26	66	30	6 383	② 3 981	3 280	⑥ 1 282
沖縄	20	11	67	25	5 084	⑤ 2 307	10 507	② 4 269
全国	24 984	17 563	5 800	4 000	54 034	29 077	101 873	33 768

航空は国内定期輸送で搭乗人員。資料・注記は358ページ参照。〇内の数字は全国順位。

表6-3　鉄道輸送（会計年度）

	JR					民鉄		
	乗車人員（百万人）			鉄道貨物（万t）		乗車人員（百万人）		
	2019	2020	うち定期	2019	2020	2019	2020	うち定期
北海道	134	94	65	230	224	239	167	59
青森	11	7	5	45	35	6	5	4
岩手	20	15	12	43	40	6	5	4
宮城	110	81	59	141	129	97	73	43
秋田	12	10	8	27	23	0	0	0
山形	14	10	8	13	11	0	0	0
福島	33	24	18	47	45	4	3	2
茨城	88	66	53	29	27	38	26	18
栃木	49	34	26	52	49	16	11	8
群馬	36	25	18	30	28	16	11	8
埼玉	654	490	354	91	82	652	476	323
千葉	736	541	384	168	162	658	482	318
東京	3 499	2 320	1 504	221	209	6 992	4 664	2 898
神奈川	1 119	815	558	441	402	1 815	1 297	817
新潟	55	42	32	99	85	5	4	3
富山	9	6	5	35	31	31	23	16
石川	21	15	10	12	10	14	10	7
福井	11	7	5	8	6	6	4	3
山梨	20	13	10	5	5	4	2	1
長野	46	35	27	35	31	25	18	14
岐阜	45	33	25	92	83	29	22	17
静岡	126	89	63	73	61	40	28	16
愛知	259	184	132	141	125	953	689	451
三重	11	9	7	185	175	80	61	46
滋賀	115	90	70	—	—	21	16	11
京都	188	131	88	26	21	405	277	152
大阪	814	601	414	149	137	2 162	1 580	819
兵庫	414	327	240	52	50	686	516	315
奈良	32	25	19	—	—	137	104	69
和歌山	23	18	14	11	11	11	8	5
鳥取	9	7	6	23	19	1	1	0
島根	6	5	3	1	1	1	1	1
岡山	73	56	41	52	48	6	4	2
広島	133	102	74	56	51	72	52	23
山口	33	25	19	39	35	0	0	0
徳島	9	7	6	6	6	0	0	—
香川	17	13	10	13	12	15	12	8
愛媛	9	7	6	22	19	19	14	8
高知	6	5	3	4	4	8	6	3
福岡	238	175	125	122	107	299	205	121
佐賀	19	14	11	34	28	1	1	0
長崎	14	11	8	3	2	20	13	3
熊本	24	17	12	24	21	14	9	3
大分	22	16	12	7	7	0	0	—
宮崎	8	7	5	12	10	—	—	—
鹿児島	22	17	13	16	12	12	8	3
沖縄	—	—	—	—	—	20	11	3
全国	9 348	6 643	4 587	2 932	2 677	15 635	10 920	6 624

府県別統計

運輸

資料・注記は358ページ参照。

表 6 - 4　**自動車輸送量**（会計年度）

	輸送人員（百万人）						貨物輸送トン数（万 t）	
	営業用乗用車		営業用乗合バス		営業用貸切バス			
	2019	2020	2019	2020	2019	2020	2019	2020
北海道	171	177	170	121	13	10	38 812	37 900
青森	14	14	24	22	9	4	6 533	6 954
岩手	10	15	21	14	3	2	6 649	7 880
宮城	18	11	59	45	10	3	9 634	12 074
秋田	13	14	11	8	3	1	5 271	5 524
山形	16	15	8	6	2	1	3 707	4 611
福島	10	11	17	5	5	3	8 544	13 094
茨城	13	10	43	37	12	5	12 267	13 011
栃木	9	7	20	12	6	3	8 963	9 420
群馬	11	11	10	6	6	2	9 026	7 869
埼玉	23	22	246	181	17	9	15 880	18 532
千葉	31	26	234	171	15	14	14 654	15 806
東京	241	196	884	631	19	10	20 108	19 341
神奈川	53	52	693	509	3	10	18 447	19 209
新潟	16	16	41	30	7	3	10 390	10 357
富山	10	2	9	7	5	1	7 317	3 585
石川	16	2	34	21	2	1	6 456	3 698
福井	13	4	5	4	6	2	4 386	3 813
山梨	13	11	7	3	3	0	3 988	4 364
長野	34	27	19	14	8	3	5 156	6 942
岐阜	10	5	25	18	3	2	5 744	4 775
静岡	14	7	65	52	8	3	12 828	10 866
愛知	38	26	184	147	8	5	26 102	22 809
三重	12	4	36	30	5	1	8 089	4 939
滋賀	12	1	21	15	7	1	5 827	4 313
京都	26	2	192	132	3	2	5 365	4 181
大阪	76	15	257	179	35	9	17 235	15 140
兵庫	31	4	218	175	3	10	11 329	9 935
奈良	9	1	52	37	2	1	2 379	1 949
和歌山	9	1	12	7	1	0	4 109	3 233
鳥取	19	1	5	4	1	0	2 834	2 329
島根	13	2	6	5	3	1	4 540	3 081
岡山	11	1	26	21	4	2	10 756	7 065
広島	18	2	93	67	5	3	11 599	6 284
山口	15	2	23	17	2	1	8 930	4 476
徳島	9	2	5	3	1	0	3 810	2 125
香川	11	1	5	3	3	1	9 718	3 083
愛媛	16	1	11	8	1	1	9 183	3 730
高知	13	2	4	3	0	0	3 444	2 481
福岡	43	5	268	198	1	3	19 409	12 559
佐賀	16	2	11	8	1	1	4 341	2 790
長崎	20	1	64	60	1	1	3 338	2 726
熊本	16	1	27	19	3	2	5 907	4 876
大分	12	1	18	12	1	1	4 718	4 022
宮崎	12	1	10	7	1	1	4 721	3 549
鹿児島	19	2	40	27	7	2	5 933	4 457
沖縄	32	2	26	22	9	1	4 540	2 942
全国	1 268	738	4 258	3 121	275	141	432 913	378 700

資料・注記は358ページ参照。

図6-1　乗用車の100世帯あたり保有台数（2021年）

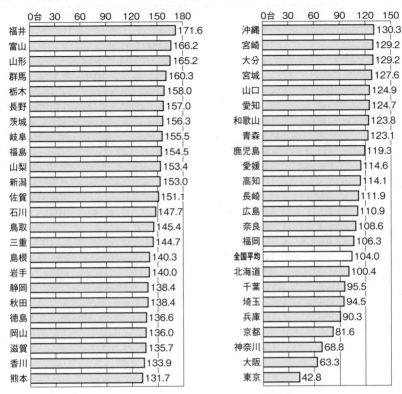

	0台 30 60 90 120 150 180	
福井		171.6
富山		166.2
山形		165.2
群馬		160.3
栃木		158.0
長野		157.0
茨城		156.3
岐阜		155.5
福島		154.5
山梨		153.4
新潟		153.0
佐賀		151.1
石川		147.7
鳥取		145.4
三重		144.7
島根		140.3
岩手		140.0
静岡		138.4
秋田		138.4
徳島		136.6
岡山		136.0
滋賀		135.7
香川		133.9
熊本		131.7

	0台 30 60 90 120 150	
沖縄		130.3
宮崎		129.2
大分		129.2
宮城		127.6
山口		124.9
愛知		124.7
和歌山		123.8
青森		123.1
鹿児島		119.3
愛媛		114.6
高知		114.1
長崎		111.9
広島		110.9
奈良		108.6
福岡		106.3
全国平均		104.0
北海道		100.4
千葉		95.5
埼玉		94.5
兵庫		90.3
京都		81.6
神奈川		68.8
大阪		63.3
東京		42.8

表6-5の資料より作成。世帯数は2022年1月1日現在の住民基本台帳による。

🖥 赤字ローカル線の行方

　人口の減少やコロナ禍によって、地方鉄道の利用者数が急速に減っている。赤字路線が増加し、多くの事業者の経営状態が悪化している。

　地方鉄道のあり方を議論する国の検討会は、2022年7月、赤字路線に関する提言をまとめた。これによると、JRでは輸送密度（鉄道が1kmあたり1日に平均何人運んだか）が1000人未満の区間などを対象に、鉄道会社や沿線自治体、国を交えて協議会を設置し、3年以内に対策を決定することを求め

ている（通勤・通学などでピーク時1時間の乗客が上り・下りのいずれかで500人を上回っている場合や、貨物列車が重要な役割を果たしている区間などは対象としない）。2019年度に輸送密度1000人未満の区間があるJRの路線は、公表していない東海を除き、全国で61路線（北海道8、東日本29、西日本13、四国3、九州8）に上る。

　路線網の再構築には、バスへの転換や第3セクター化、自治体が鉄道施設を管理して運行のみ鉄道会社が行う上下分離方式などがあり、協議会での地域の実情に即した議論が期待される。

表 **6 - 5**　**自動車の保有台数**（各年12月末現在）（単位　千台）

	1980		2021				
	四輪車	二輪車	四輪車				二輪車
			合計	乗用車	バス	貨物自動車	
北海道	1 824	45	3 462	2 809	13	641	155
青森	458	11	948	731	4	213	27
岩手	447	8	973	745	3	224	34
宮城	693	16	1 603	1 307	5	292	72
秋田	428	8	761	589	2	170	23
山形	473	6	881	694	2	184	28
福島	695	14	1 558	1 227	5	326	66
茨城	943	18	2 488	2 004	7	478	100
栃木	704	15	1 640	1 349	4	287	77
群馬	820	14	1 708	1 388	4	316	71
埼玉	1 490	43	3 886	3 244	10	632	215
千葉	1 278	33	3 467	2 851	11	605	154
東京	2 864	167	3 822	3 145	16	661	489
神奈川	1 705	66	3 639	3 073	12	554	317
新潟	826	18	1 733	1 394	5	334	62
富山	413	5	859	712	2	145	24
石川	401	5	877	730	3	145	24
福井	309	4	639	515	2	122	17
山梨	323	9	720	564	2	154	34
長野	867	18	1 812	1 388	5	419	72
岐阜	768	10	1 604	1 304	4	296	56
静岡	1 319	39	2 727	2 240	6	481	139
愛知	2 340	50	5 003	4 224	10	769	227
三重	636	12	1 446	1 168	3	274	56
滋賀	383	6	996	817	3	177	41
京都	702	24	1 247	1 007	5	236	69
大阪	2 070	80	3 475	2 809	10	656	250
兵庫	1 379	38	2 823	2 333	8	483	166
奈良	327	7	792	656	2	134	34
和歌山	385	11	711	548	2	161	35
鳥取	230	4	449	348	1	99	12
島根	279	4	531	412	2	118	14
岡山	719	15	1 470	1 172	3	295	56
広島	891	20	1 801	1 474	5	322	83
山口	548	13	1 018	823	2	193	36
徳島	314	6	591	461	1	129	20
香川	370	7	751	597	2	152	31
愛媛	493	11	968	751	2	215	39
高知	312	9	531	400	1	130	24
福岡	1 433	45	3 222	2 646	10	566	155
佐賀	318	5	651	515	2	135	25
長崎	423	11	897	708	4	185	48
熊本	626	14	1 335	1 049	4	283	42
大分	416	8	884	700	2	182	30
宮崎	466	9	896	685	2	209	42
鹿児島	634	11	1 282	967	4	310	51
沖縄	343	13	1 105	891	4	210	61
全国	37 083	1 008	76 683	62 165	218	14 300	3 899

自動車検査登録情報協会「自動車保有車両数月報」より作成。注記は358ページ参照。

表6-6 道路実延長と舗装率 （2019年 3 月31日現在）

	道路実延長（km）					道路合計舗装率（％）
	高速道路	一般国道	都道府県道	市町村道	合計	
北海道	786.7	6 746.1	11 889.7	71 130.1	90 552.7	67.7
青森	100.0	1 442.6	2 499.8	16 070.4	20 112.7	71.4
岩手	298.8	1 835.9	2 934.7	28 392.5	33 461.9	63.9
宮城	179.2	1 249.2	2 317.3	21 750.8	25 496.5	79.5
秋田	203.2	1 379.4	2 372.2	19 936.4	23 891.2	70.7
山形	181.7	1 135.5	2 529.9	12 999.4	16 846.5	83.7
福島	411.2	2 000.7	4 136.0	32 815.9	39 363.8	74.0
茨城	201.5	1 179.4	3 371.8	50 821.9	55 574.6	67.9
栃木	173.0	916.8	2 841.0	21 626.2	25 556.9	88.0
群馬	176.0	930.7	2 529.9	31 427.5	35 064.1	73.0
埼玉	156.0	900.5	2 502.7	43 722.8	47 281.9	73.0
千葉	152.4	1 265.5	2 631.4	36 971.1	41 020.4	85.4
東京	50.2	347.9	2 348.7	21 590.7	24 337.5	89.7
神奈川	84.8	713.3	1 480.7	23 499.9	25 778.7	92.1
新潟	440.7	2 002.2	4 643.8	30 612.7	37 699.5	80.6
富山	133.2	519.6	2 169.9	11 206.1	14 028.8	91.7
石川	67.0	623.4	1 908.2	10 577.1	13 175.6	92.1
福井	158.7	802.2	1 565.9	8 510.1	11 036.9	93.0
山梨	166.2	599.7	1 443.5	9 086.4	11 295.9	86.9
長野	331.1	1 701.0	3 896.8	42 164.3	48 093.2	75.0
岐阜	234.6	1 558.3	3 103.9	25 949.1	30 846.0	86.4
静岡	363.0	1 234.6	3 267.4	32 250.4	37 115.4	86.1
愛知	275.3	1 332.0	4 207.8	44 765.9	50 581.0	91.5
三重	220.8	1 221.3	2 642.9	21 386.7	25 471.8	84.1
滋賀	161.4	637.9	1 876.8	9 910.7	12 586.8	④ 94.2
京都	75.5	961.2	2 184.9	12 493.6	15 715.2	84.0
大阪	152.2	667.6	1 780.1	17 144.9	19 744.7	② 96.3
兵庫	321.7	1 502.0	4 394.1	30 576.0	36 793.8	86.6
奈良	17.8	856.0	1 292.3	10 618.1	12 784.2	83.0
和歌山	99.0	1 065.6	1 887.3	10 797.0	13 848.9	87.3
鳥取	51.8	591.5	1 646.8	6 640.1	8 930.2	92.3
島根	103.2	973.9	2 503.7	14 688.7	18 269.4	83.2
岡山	298.7	1 020.5	3 551.7	27 512.9	32 383.9	83.8
広島	386.4	1 498.3	3 693.4	23 646.6	29 224.7	91.5
山口	257.4	1 114.6	2 800.5	12 555.2	16 727.7	⑤ 94.1
徳島	116.1	706.6	1 783.7	12 702.5	15 308.8	83.4
香川	103.6	356.2	1 568.4	8 289.3	10 317.5	③ 96.1
愛媛	185.6	1 083.6	2 884.8	14 273.3	18 427.3	87.8
高知	97.6	1 081.2	2 098.9	10 947.5	14 225.2	87.9
福岡	204.3	1 194.2	3 518.1	32 978.0	37 894.6	88.2
佐賀	77.8	631.9	1 262.5	9 052.7	11 024.9	① 97.0
長崎	46.2	994.7	1 662.8	15 374.5	18 078.3	92.9
熊本	146.9	1 251.0	2 958.3	21 799.5	26 155.7	91.6
大分	190.6	1 057.3	2 534.5	14 781.3	18 563.7	93.0
宮崎	202.0	1 179.5	2 019.4	16 799.9	20 200.8	88.5
鹿児島	122.7	1 311.0	3 538.5	22 431.6	27 403.8	92.0
沖縄	57.3	500.0	1 077.1	6 561.7	8 196.1	87.9
全国	9 021.0	55 874.2	129 754.0	1 031 840.3	1 226 489.4	82.5

国土交通省「道路統計年報」（2020年）より作成。舗装率は簡易舗装道を含む。○内の数字は全国順位。

表 6 - 7　海上輸送量

	国内航路乗込人員 （千人）		外国航路乗込人員 （人）		国内貨物*（移出） （千トン）		貿易貨物*（輸出） （千トン）	
	2019	2020	2019	2020	2019	2020	2019	2020
北海道	1 466	698	95 896	18	34 464	31 763	4 032	3 045
青森	451	198	—	—	7 939	6 541	608	601
岩手	71	45	—	—	2 373	2 298	61	30
宮城	832	410	—	—	8 703	7 872	1 732	1 341
秋田	29	9	37 438	—	899	729	643	686
山形	12	6	14 422	—	400	273	297	247
福島	48	—	—	—	4 993	4 907	966	1 052
茨城	104	61	—	—	16 607	13 984	9 991	7 752
栃木	—	—	—	—	—	—	—	—
群馬	—	—	—	—	—	—	—	—
埼玉	—	—	—	—	—	—	—	—
千葉	429	283	—	—	38 012	38 921	12 933	11 582
東京	1 276	485	29 071	—	9 605	9 498	12 735	11 883
神奈川	419	257	212 587	3 264	30 886	25 462	38 627	30 221
新潟	1 415	707	242	—	3 175	2 840	2 023	1 967
富山	1	—	—	—	249	144	1 231	1 214
石川	24	16	60 375	—	319	338	618	474
福井	86	59	2 728	—	1 750	1 849	329	293
山梨	—	—	—	—	—	—	—	—
長野	—	—	—	—	—	—	—	—
岐阜	—	—	—	—	—	—	—	—
静岡	456	266	43 776	—	3 195	2 899	5 249	4 933
愛知	980	590	4 980	336	38 832	35 208	63 720	49 944
三重	1 083	669	8 437	—	17 139	17 102	4 643	3 750
滋賀	499	284	—	—	—	—	—	—
京都	43	18	56 155	—	851	645	290	275
大阪	850	339	128 950	4 446	18 732	18 043	12 896	11 774
兵庫	2 451	1 468	116 581	1 130	21 200	19 633	26 536	23 618
奈良	—	—	—	—	—	—	—	—
和歌山	159	84	798	—	6 388	6 030	4 996	3 066
鳥取	48	26	69 068	—	194	192	210	157
島根	483	312	622	—	720	723	91	56
岡山	1 052	715	2 545	—	21 331	20 776	10 146	8 606
広島	9 610	5 900	33 315	—	15 554	12 019	11 053	10 816
山口	603	297	115 016	3 805	35 478	30 902	13 234	10 280
徳島	336	164	—	—	1 821	1 885	145	115
香川	4 199	2 403	10 804	—	7 309	5 632	1 959	2 932
愛媛	2 188	1 387	2 545	—	9 059	8 562	2 265	2 475
高知	13	8	48 292	—	12 239	10 987	4 243	4 829
福岡	1 615	815	824 226	57 598	30 645	27 356	22 240	20 617
佐賀	261	166	—	—	338	365	245	245
長崎	3 725	2 268	1 005 864	54 368	2 757	2 704	360	283
熊本	1 148	581	75 562	—	1 296	725	6 152	403
大分	960	602	12 853	—	40 327	36 931	11 192	11 511
宮崎	116	66	15 053	—	1 516	1 423	264	323
鹿児島	6 112	3 972	271 626	8 308	28 616	25 598	556	3 507
沖縄	3 821	2 248	1 262 723	59 309	7 729	6 951	534	1 150
全国	49 474	28 885	4 560 005	192 582	483 638	440 709	290 045	248 053

国土交通省「港湾統計年報」より作成。鉄道連絡船を含む。*鉄道連絡船および自動車航送船（フェリー）を含まず。注記は358ページ参照。

図6-2　入港船舶総トン数 (2020年)

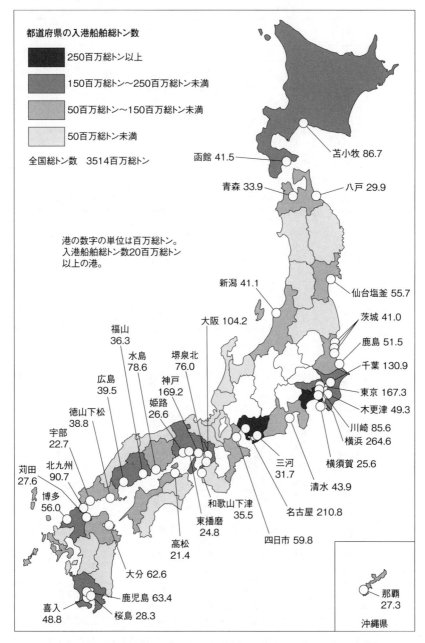

都道府県の入港船舶総トン数

- 250百万総トン以上
- 150百万総トン～250百万総トン未満
- 50百万総トン～150百万総トン未満
- 50百万総トン未満

全国総トン数　3514百万総トン

港の数字の単位は百万総トン。
入港船舶総トン数20百万総トン
以上の港。

苫小牧 86.7
函館 41.5
青森 33.9
八戸 29.9
新潟 41.1
仙台塩釜 55.7
大阪 104.2
茨城 41.0
鹿島 51.5
千葉 130.9
東京 167.3
木更津 49.3
川崎 85.6
横浜 264.6
横須賀 25.6
清水 43.9
三河 31.7
名古屋 210.8
四日市 59.8
和歌山下津 35.5
堺泉北 76.0
神戸 169.2
姫路 26.6
水島 78.6
福山 36.3
広島 39.5
徳山下松 38.8
宇部 22.7
苅田 27.6
北九州 90.7
博多 56.0
東播磨 24.8
高松 21.4
大分 62.6
鹿児島 63.4
桜島 28.3
喜入 48.8
那覇 27.3
沖縄県

府県別統計

運輸

国土交通省「港湾統計年報」より作成。5総トン以上の船舶。茨城港は2008年に、日立港、常陸那珂港、大洗港の3港を統合し発足した。

表 6 - 8　航空輸送（会計年度）

	国内線				国際線			
	旅客1) （千人）		貨物2) （t）		旅客3) （千人）		貨物2) （t）	
	2019	2021	2019	2021	2019	2021	2019	2021
北海道	25 163	12 102	168 975	113 373	3 502	0	16 118	13 074
青森	1 436	652	2 090	873	63	—	1	—
岩手	448	209	157	150	43	—	—	—
宮城	3 339	1 651	4 866	1 273	379	0	177	—
秋田	1 462	470	1 483	671	7	—	—	—
山形	752	283	671	308	33	—	—	—
福島	243	99	88	4	21	—	—	—
茨城	635	280	—	—	141	—	193	—
栃木	—	—	—	—	—	—	—	—
群馬	—	—	—	—	—	—	—	—
埼玉	—	—	—	—	—	—	—	—
千葉	7 461	4 127	23 171	1 466	32 080	1 745	2 045 279	2 609 321
東京	65 804	29 152	635 573	401 576	16 824	831	562 353	419 178
神奈川	—	—	—	—	—	—	—	—
新潟	1 018	387	126	50	119	—	126	—
富山	436	100	707	287	109	—	27	—
石川	1 751	589	1 996	732	210	—	5 644	5 162
福井	—	—	—	—	—	—	—	—
山梨	—	—	—	—	—	—	—	—
長野	155	130	—	—	2	—	—	—
岐阜	—	—	—	—	—	—	—	—
静岡	477	195	413	1	276	—	617	—
愛知	7 305	3 280	18 028	9 101	6 189	55	172 313	111 699
三重	—	—	—	—	—	—	—	—
滋賀	—	—	—	—	—	—	—	—
京都	—	—	—	—	—	—	—	—
大阪	22 470	10 861	132 800	86 790	21 958	269	742 155	822 302
兵庫	3 333	1 774	—	—	0	0	—	—
奈良	—	—	—	—	—	—	—	—
和歌山	177	140	14	8	—	—	—	—
鳥取	967	332	1 948	979	68	—	—	—
島根	1 223	514	917	284	2	—	—	—
岡山	1 244	392	5 253	1 732	256	—	21	—
広島	2 694	984	17 435	5 820	306	—	164	—
山口	1 447	500	2 899	1 879	2	—	—	—
徳島	1 134	398	2 313	841	5	—	—	—
香川	1 732	657	5 780	1 713	289	—	11	—
愛媛	2 905	1 144	7 378	2 601	82	—	1	—
高知	1 582	720	2 859	1 841	1	—	—	—
福岡	18 942	9 930	200 392	121 269	5 694	26	52 253	46 113
佐賀	582	145	885	784	149	—	—	—
長崎	3 544	1 633	12 646	2 865	67	—	40	2
熊本	3 199	1 385	15 508	4 485	114	—	—	—
大分	1 784	854	5 999	3 005	51	—	—	—
宮崎	3 165	1 412	6 200	4 326	72	—	5	—
鹿児島	7 042	3 811	25 875	15 685	327	—	1 723	193
沖縄	22 284	10 836	235 026	200 632	3 264	4	100 024	1 775
全国	219 337	102 129	1 540 471	987 404	92 705	2 930	3 699 245	4 028 819

国土交通省「空港管理状況調書」より作成。定期輸送およびその他の輸送を含み、表6-1、6-2における
国内定期輸送のみの航空の数値とは異なる。注記は358ページ参照。

図6-3　飛行場の分布 （2022年4月1日現在）

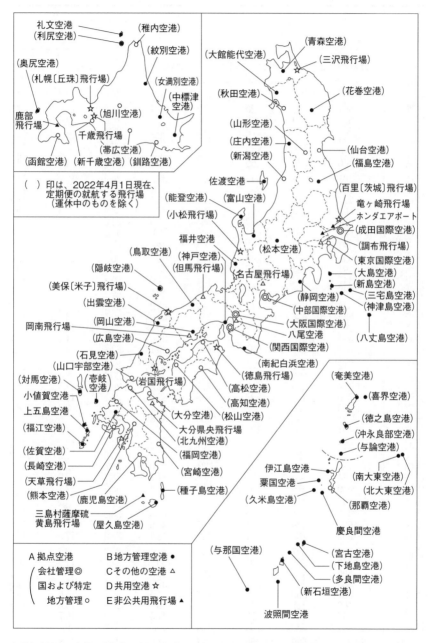

礼文空港
（利尻空港）
（稚内空港）
（紋別空港）
（奥尻空港）
（女満別空港）
（札幌〔丘珠〕飛行場）
（中標津空港）
鹿部飛行場
〔旭川空港〕
千歳飛行場
（帯広空港）
（函館空港）（新千歳空港）（釧路空港）

（　）印は、2022年4月1日現在、
定期便の就航する飛行場
（運休中のものを除く）

（青森空港）
（大館能代空港）
（三沢飛行場）
（秋田空港）
（花巻空港）
（山形空港）
（庄内空港）
（仙台空港）
（新潟空港）
（福島空港）
佐渡空港
（百里〔茨城〕飛行場）
（能登空港）
（富山空港）
竜ヶ崎飛行場
（小松飛行場）
ホンダエアポート
福井空港
（成田国際空港）
（鳥取空港）
（神戸空港）
（調布飛行場）
（隠岐空港）
（但馬飛行場）
（松本空港）
（東京国際空港）
美保〔米子〕飛行場
名古屋飛行場
（大島空港）
（出雲空港）
（新島空港）
岡南飛行場
（岡山空港）
（静岡空港）
（三宅島空港）
（広島空港）
（中部国際空港）
（神津島空港）
石見空港
（大阪国際空港）
（山口宇部空港）
八尾空港
（八丈島空港）
（対馬空港）
（壱岐空港）
岩国飛行場
（関西国際空港）
小値賀空港
（南紀白浜空港）
（奄美空港）
上五島空港
徳島飛行場
（喜界空港）
（福江空港）
高松空港
（徳之島空港）
（佐賀空港）
高知空港
（沖永良部空港）
（長崎空港）
（大分空港）
（松山空港）
（与論空港）
天草飛行場
大分県央飛行場
伊江島空港
（南大東空港）
（熊本空港）
（北九州空港）
粟国空港
（北大東空港）
三島村薩摩硫
（福岡空港）
久米島空港
（那覇空港）
黄島飛行場
（宮崎空港）
（種子島空港）
慶良間空港
（鹿児島空港）
（屋久島空港）
（与那国空港）
（宮古空港）
（下地島空港）
（多良間空港）
（新石垣空港）
波照間空港

A 拠点空港
　会社管理 ◎
　国および特定
　　地方管理 ○
B 地方管理空港 ●
Cその他の空港 △
D 共用空港 ☆
E非公共用飛行場 ▲

国土交通省の資料より作成。建設中と建設予定の飛行場を除く。拠点空港のうち特定地方管理空港
は、旭川、帯広、秋田、山形、山口宇部の5空港。礼文空港は供用休止中。

表 6 - 9　加入電話数の推移（会計年度末）

	総数 （千件）				100人あたり （件）			
	2000	2010	2020	2021	2000	2010	2020	2021
北海道	2 306	1 655	796	744	40.6	30.1	15.2	14.3
青森	567	432	220	208	38.4	31.4	17.8	17.0
岩手	529	389	206	196	37.4	29.2	17.0	16.3
宮城	905	619	279	262	38.3	26.4	12.1	11.5
秋田	434	326	167	158	36.5	30.1	17.4	16.7
山形	410	293	140	132	33.0	25.1	13.1	12.5
福島	766	538	269	254	36.0	26.5	14.7	14.0
茨城	1 101	798	349	327	36.9	26.9	12.2	11.5
栃木	745	513	232	218	37.1	25.6	12.0	11.3
群馬	777	515	242	228	38.4	25.7	12.5	11.8
埼玉	2 603	1 723	709	662	37.5	23.9	9.6	9.0
千葉	2 329	1 528	622	583	39.3	24.6	9.9	9.3
東京	6 633	3 989	1 632	1 520	55.0	30.3	11.6	10.9
神奈川	3 622	2 375	896	834	42.7	26.2	9.7	9.0
新潟	895	639	292	274	36.2	26.9	13.3	12.6
富山	391	298	117	108	34.9	27.3	11.3	10.5
石川	447	304	140	131	37.8	26.0	12.4	11.6
福井	293	209	76	71	35.3	26.0	9.9	9.3
山梨	366	252	115	107	41.2	29.2	14.2	13.3
長野	886	636	276	256	40.0	29.5	13.5	12.6
岐阜	768	522	228	211	36.4	25.1	11.5	10.8
静岡	1 483	1 015	417	385	39.4	27.0	11.5	10.7
愛知	2 825	1 760	691	638	40.1	23.7	9.2	8.5
三重	712	507	205	188	38.3	27.3	11.6	10.7
滋賀	478	290	119	111	35.6	20.6	8.4	7.9
京都	1 119	695	297	277	42.3	26.4	11.5	10.8
大阪	4 330	2 494	933	865	49.2	28.1	10.6	9.8
兵庫	1 910	1 196	482	448	34.4	21.4	8.8	8.2
奈良	531	335	141	130	36.8	23.9	10.6	9.9
和歌山	451	289	128	120	42.2	28.8	13.9	13.1
鳥取	222	153	71	67	36.2	25.9	12.8	12.1
島根	289	222	116	109	37.9	30.9	17.3	16.3
岡山	780	512	248	231	40.0	26.3	13.1	12.3
広島	1 184	800	390	364	41.1	28.0	13.9	13.1
山口	639	479	238	222	41.8	33.0	17.7	16.7
徳島	324	219	97	90	39.3	27.8	13.4	12.6
香川	417	301	119	110	40.8	30.2	12.5	11.7
愛媛	621	439	201	185	41.6	30.7	15.1	14.0
高知	353	252	121	112	43.4	33.0	17.5	16.4
福岡	2 059	1 327	562	517	41.1	26.2	10.9	10.1
佐賀	269	206	93	86	30.7	24.2	11.5	10.6
長崎	596	449	220	203	39.3	31.4	16.8	15.7
熊本	688	479	240	223	37.0	26.4	13.8	12.9
大分	507	360	175	163	41.5	30.1	15.6	14.6
宮崎	469	327	148	136	40.1	28.8	13.8	12.8
鹿児島	742	547	265	242	41.5	32.0	16.7	15.3
沖縄	484	333	134	124	36.7	23.9	9.2	8.4
全国	52 258	34 539	14 856	13 827	41.2	27.0	11.8	11.0

総務省資料より作成。加入契約数。注記は358ページ参照。

表6-10 携帯電話加入数 (会計年度末)

	総数 (千件)				100人あたり (件)			
	2000	2010	2020	2021	2000	2010	2020	2021
北海道	2 388	4 519	5 967	6 005	42.0	82.1	114.2	⑧ 115.9
青森	512	1 000	1 193	1 206	34.7	72.8	96.3	98.8
岩手	466	951	1 171	1 186	32.9	71.5	96.7	99.1
宮城	982	1 973	2 954	2 560	41.5	84.0	128.3	111.8
秋田	389	783	908	914	32.7	72.1	94.7	96.7
山形	421	875	1 041	1 052	33.8	74.9	97.4	99.8
福島	752	1 526	1 858	1 868	35.4	75.2	101.4	103.1
茨城	1 389	2 471	2 899	2 941	46.5	83.2	101.1	103.1
栃木	862	1 649	1 984	2 000	43.0	82.1	102.6	104.1
群馬	886	1 657	2 027	2 058	43.8	82.5	104.5	106.8
埼玉	2 987	6 352	7 892	8 055	43.1	88.3	107.5	109.7
千葉	2 642	5 513	6 756	6 899	44.6	88.7	107.5	109.9
東京	8 275	20 456	61 813	66 465	68.6	155.4	440.0	① 474.4
神奈川	3 874	8 599	10 854	11 281	45.6	95.0	117.5	⑦ 122.1
新潟	888	1 809	2 163	2 186	35.9	76.2	98.3	100.4
富山	468	890	1 130	1 175	41.7	81.4	109.2	⑩ 114.6
石川	621	991	1 207	1 271	52.6	84.7	106.6	112.9
福井	379	660	788	797	45.7	81.9	102.7	104.9
山梨	402	732	841	853	45.2	84.8	103.9	105.9
長野	968	1 722	3 246	4 353	43.7	80.0	158.5	③ 214.1
岐阜	1 069	1 776	2 092	2 139	50.7	85.4	105.7	109.1
静岡	1 870	3 200	3 943	4 074	49.6	85.0	108.5	112.9
愛知	4 398	6 775	10 371	10 663	62.4	91.4	137.5	⑤ 141.9
三重	926	1 613	1 832	1 860	49.9	87.0	103.5	105.9
滋賀	624	1 192	1 406	1 436	46.4	84.5	99.5	101.8
京都	1 241	2 363	2 889	2 962	46.9	89.6	112.1	⑨ 115.6
大阪	5 175	8 770	12 158	12 596	58.8	98.9	137.6	④ 143.0
兵庫	2 474	4 922	5 719	5 808	44.6	88.1	104.6	106.9
奈良	643	1 204	1 367	1 403	44.6	86.0	103.2	106.7
和歌山	456	829	929	934	42.7	82.7	100.7	102.2
鳥取	254	459	541	546	41.5	78.0	97.8	99.4
島根	298	549	669	675	39.1	76.6	99.6	101.5
岡山	878	1 642	1 969	1 999	45.0	84.4	104.3	106.5
広島	1 326	2 519	3 545	3 704	46.1	88.1	126.6	⑥ 133.2
山口	595	1 160	1 411	1 430	38.9	79.9	105.1	107.7
徳島	361	637	730	745	43.9	81.0	101.5	104.6
香川	476	870	1 032	1 042	46.6	87.4	108.6	110.5
愛媛	614	1 145	1 410	1 433	41.1	80.0	105.6	108.5
高知	339	594	695	697	41.7	77.7	100.5	102.0
福岡	2 534	4 628	11 659	12 294	50.5	91.2	227.0	② 239.9
佐賀	349	685	809	819	39.8	80.7	99.7	101.6
長崎	568	1 122	1 333	1 343	37.4	78.6	101.6	103.5
熊本	754	1 463	1 837	1 861	40.6	80.5	105.7	107.7
大分	478	946	1 150	1 159	39.2	79.0	102.3	104.0
宮崎	461	890	1 062	1 073	39.4	78.4	99.3	101.1
鹿児島	659	1 315	1 567	1 587	36.9	77.1	98.6	100.7
沖縄	567	1 137	1 577	1 589	43.0	81.6	107.5	108.2
全国	60 942	119 535	194 395	202 998	48.0	93.3	154.1	161.7

府県別統計 情報通信

総務省の資料より作成。加入契約数。100人あたりは各年10月1日現在の人口より算出。〇内の数字は全国順位。注記は359ページ参照。

表 6 - 11　ブロードバンドサービスの契約数（2022年 3 月末現在）

	BWA[1)]		FTTH[2)]		CATV[3)]		DSL[4)]	
	契約数（千件）	100人あたり（件）	契約数（千件）	100人あたり（件）	契約数（千件）	100人あたり（件）	契約数（千件）	100人あたり（件）
北海道	2 331	45.0	1 401	27.0	199	3.8	34	0.7
青森	448	36.7	300	24.6	8	0.7	8	0.7
岩手	410	34.2	319	26.7	5	0.5	9	0.8
宮城	1 454	③ 63.5	650	28.4	77	3.4	10	0.5
秋田	298	31.5	247	26.1	5	0.5	5	0.6
山形	411	39.0	269	25.5	18	1.7	5	0.5
福島	797	44.0	519	28.6	4	0.2	11	0.6
茨城	1 083	38.0	821	28.8	80	2.8	17	0.6
栃木	678	35.3	581	30.2	15	0.8	9	0.5
群馬	741	38.5	570	29.6	27	1.4	10	0.5
埼玉	3 499	47.7	1 998	27.2	630	④ 8.6	38	0.5
千葉	2 980	47.5	1 831	29.2	506	⑤ 8.1	32	0.5
東京	26 249	① 187.4	4 791	① 34.2	1 373	③ 9.8	79	0.6
神奈川	4 776	51.7	2 772	30.0	926	② 10.0	48	0.5
新潟	645	29.6	612	28.1	30	1.4	12	0.5
富山	468	45.7	299	29.1	19	1.8	4	0.4
石川	489	43.4	323	28.7	33	2.9	7	0.6
福井	320	42.0	193	25.3	41	5.4	3	0.3
山梨	276	34.3	259	⑤ 32.2	5	0.6	5	0.6
長野	771	37.9	631	31.0	45	2.2	14	0.7
岐阜	920	46.9	558	28.5	26	1.3	12	0.6
静岡	1 780	49.4	1 146	31.8	26	0.7	28	0.8
愛知	4 449	④ 59.2	2 426	③ 32.3	107	1.4	30	0.4
三重	749	42.7	560	31.9	12	0.7	8	0.4
滋賀	593	42.0	454	④ 32.2	1	0.1	5	0.4
京都	1 426	55.7	812	31.7	90	3.5	12	0.5
大阪	6 117	② 69.5	2 637	29.9	936	① 10.6	33	0.4
兵庫	2 691	49.5	1 406	25.9	412	7.6	24	0.4
奈良	584	44.4	401	30.5	24	1.9	5	0.4
和歌山	332	36.3	260	28.4	39	4.2	3	0.4
鳥取	205	37.4	142	25.9	14	2.6	4	⑤ 0.8
島根	231	34.7	174	26.1	11	1.6	6	④ 0.9
岡山	821	43.8	530	28.2	19	1.0	13	0.7
広島	1 380	49.6	789	28.4	43	1.6	25	③ 0.9
山口	598	45.0	327	24.7	81	6.1	13	② 1.0
徳島	250	35.1	228	32.0	0	0.0	4	0.6
香川	379	40.2	308	② 32.7	0	0.0	5	0.5
愛媛	523	39.6	336	25.4	35	2.6	9	0.7
高知	240	35.1	189	27.7	1	0.1	5	0.7
福岡	2 544	49.6	1 376	26.9	333	6.5	25	0.5
佐賀	307	38.1	169	21.0	30	3.7	5	0.6
長崎	485	37.4	303	23.4	46	3.6	13	① 1.0
熊本	681	39.4	414	24.0	60	3.5	12	0.7
大分	416	37.3	314	28.2	14	1.3	8	0.7
宮崎	454	42.8	263	24.8	42	4.0	6	0.5
鹿児島	585	37.1	384	24.4	9	0.6	12	0.8
沖縄	868	⑤ 59.1	379	25.8	10	0.7	4	0.3
全国	79 732	63.5	36 671	29.2	6 468	5.2	690	0.5

総務省資料（2022年 6 月公表値、データは今後修正される可能性がある）より作成。ブロードバンドとは、大量のデータを一度に高速で送受信することができるインターネット通信のこと。ダイヤルアップやISDNは含まない。〇内の数字は全国順位。注記は359ページ参照。

表 **6 - 12**　テレビ受信契約数（各会計年度末現在）

	受信契約数 （千件）				世帯支払率1) （％）	
	2000	2010	2020	2021	うち 衛星契約	2020	2021
北海道	1 636	1 725	1 923	1 913	881	70.8	70.4
青森	462	480	500	496	249	92.4	⑦ 92.5
岩手	436	451	481	478	261	94.5	③ 94.6
宮城	697	739	836	834	482	83.9	84.4
秋田	380	390	398	391	246	97.4	① 97.9
山形	365	377	399	397	221	93.5	⑤ 93.5
福島	608	639	670	668	355	87.8	87.6
茨城	828	888	1 000	992	481	84.9	84.3
栃木	586	634	709	707	323	85.8	85.7
群馬	610	634	708	705	301	84.2	83.8
埼玉	1 922	2 114	2 478	2 472	1 222	81.3	81.6
千葉	1 655	1 845	2 187	2 182	1 124	81.0	81.7
東京	3 648	3 982	4 766	4 734	2 582	67.4	67.3
神奈川	2 524	2 788	3 245	3 240	1 811	78.6	78.5
新潟	763	802	863	862	491	94.7	② 94.9
富山	340	359	385	386	236	91.4	⑧ 91.9
石川	357	389	433	431	216	85.8	84.8
福井	237	250	274	274	178	88.2	88.5
山梨	271	281	311	309	115	83.6	83.3
長野	703	745	797	794	435	87.1	87.2
岐阜	612	654	712	712	373	89.2	⑩ 89.4
静岡	1 139	1 233	1 367	1 358	779	86.6	86.1
愛知	2 067	2 316	2 673	2 666	1 324	82.4	81.9
三重	542	578	647	647	286	85.0	84.9
滋賀	358	404	472	472	242	81.8	82.4
京都	762	801	914	915	456	76.4	76.2
大阪	2 419	2 444	2 772	2 769	1 311	65.1	65.2
兵庫	1 471	1 594	1 835	1 823	865	76.5	76.4
奈良	379	402	445	444	217	79.5	79.4
和歌山	333	339	349	345	149	83.0	82.0
鳥取	192	200	212	211	128	92.1	⑥ 92.9
島根	248	256	267	266	174	93.8	④ 94.3
岡山	588	620	688	690	341	84.4	84.8
広島	976	1 022	1 097	1 094	564	86.6	86.1
山口	530	541	557	552	294	91.3	⑨ 91.1
徳島	231	241	258	257	143	83.1	83.6
香川	317	328	354	352	162	84.7	84.5
愛媛	472	486	520	515	247	84.3	83.4
高知	243	254	271	267	151	83.5	82.9
福岡	1 473	1 567	1 780	1 779	860	74.2	73.9
佐賀	246	257	280	279	106	84.7	84.1
長崎	468	487	515	512	210	87.2	87.3
熊本	553	559	605	604	288	81.5	81.2
大分	361	372	407	407	194	80.0	79.7
宮崎	351	369	395	394	206	82.9	82.9
鹿児島	595	609	637	631	280	84.7	84.0
沖縄	321	306	381	385	155	49.0	49.5
全国	37 274	39 751	44 773	44 611	22 715	79.0	78.9

日本放送協会「放送受信契約数統計要覧」より作成。○内の数字は全国順位。1) 推計値。

表 6 - 13　日刊新聞発行部数と普及度

	発行部数（千部）				普及度			
	合計		朝夕刊セット		1 部あたり人口（人）		1 世帯あたり部数（部）	
	1990	2021	1990	2021	1990	2021	1990	2021
北海道	2 346	1 499	1 130	355	2.41	3.46	1.12	0.54
青森	523	386	248	0	2.91	3.25	1.09	0.65
岩手	481	317	222	0	2.97	3.83	1.12	0.60
宮城	786	551	181	34	2.83	4.10	1.14	0.55
秋田	439	305	246	0	2.82	3.17	1.20	0.72
山形	487	332	241	0	2.58	3.20	1.43	0.80
福島	779	550	18	0	2.70	3.36	1.28	0.70
茨城	1 126	824	88	20	2.52	3.44	1.35	0.67
栃木	854	572	38	4	2.26	3.34	1.51	0.69
群馬	813	636	27	3	2.41	2.98	1.38	0.77
埼玉	2 485	1 783	871	294	2.53	4.04	1.23	0.54
千葉	2 264	1 490	989	348	2.42	4.13	1.25	0.52
東京	6 730	3 247	4 131	1 256	1.73	4.09	1.40	0.46
神奈川	3 443	2 127	2 009	681	2.28	4.23	1.22	0.49
新潟	856	605	84	31	2.89	3.63	1.23	0.67
富山	422	359	36	2	2.66	2.87	1.35	0.86
石川	460	402	128	51	2.52	2.78	1.31	0.84
福井	332	243	0	0	2.47	3.12	1.45	0.84
山梨	337	258	11	1	2.53	3.12	1.28	0.72
長野	831	706	60	25	2.59	2.88	1.28	0.82
岐阜	706	556	153	32	2.92	3.53	1.19	0.69
静岡	1 390	991	920	637	2.64	3.62	1.25	0.63
愛知	2 928	1 883	1 039	308	2.25	3.87	1.38	0.58
三重	676	487	132	33	2.65	3.59	1.22	0.63
滋賀	447	376	107	31	2.71	3.68	1.28	0.65
京都	1 149	709	730	280	2.21	3.48	1.28	0.59
大阪	4 367	2 347	2 958	1 154	1.96	3.66	1.42	0.55
兵庫	2 284	1 460	1 372	524	2.34	3.71	1.27	0.58
奈良	627	433	359	178	2.19	3.08	1.48	0.73
和歌山	440	276	126	41	2.48	3.40	1.24	0.63
鳥取	255	194	0	0	2.43	2.84	1.36	0.82
島根	290	251	0	—	2.71	2.64	1.20	0.87
岡山	798	477	78	0	2.42	3.90	1.27	0.57
広島	1 166	758	96	0	2.43	3.64	1.17	0.59
山口	671	431	49	5	2.34	3.10	1.22	0.66
徳島	312	228	46	—	2.69	3.19	1.17	0.69
香川	454	275	0	—	2.27	3.49	1.37	0.63
愛媛	585	333	24	0	2.62	4.04	1.11	0.51
高知	287	177	138	0	2.92	3.94	0.94	0.51
福岡	1 954	1 128	717	157	2.44	4.47	1.19	0.47
佐賀	323	202	3	0	2.73	4.02	1.27	0.60
長崎	518	309	39	0	3.04	4.30	0.99	0.49
熊本	602	340	107	0	3.07	5.12	1.02	0.44
大分	440	287	244	0	2.83	3.94	1.07	0.54
宮崎	391	281	0	—	3.03	3.84	0.97	0.54
鹿児島	592	323	31	0	3.05	4.98	0.88	0.40
沖縄	400	319	367	1	3.09	4.59	1.06	0.48
海外	62	6	22	1	…	…	…	…
全国	51 908	33 027	20 616	6 485	2.36	3.75	1.26	0.57

資料・注記は359ページ参照。

表6-14　**書籍と雑誌の販売額および書店数**

	小売業年間商品販売額 (2015年) (百万円)		書店数 (各年5月1日現在) (店)			書店平均売場面積 (各年5月1日現在) (坪)	
	書籍・雑誌 (古本を除く)	古本	2000	2010	2020	2000	2020
北海道	54 882	5 646	1 006	741	536	83	146
青森	9 084	726	268	176	137	67	122
岩手	13 073	523	261	181	135	67	114
宮城	21 815	2 309	397	272	214	78	143
秋田	7 694	657	229	143	109	73	125
山形	9 541	1 013	203	136	112	78	110
福島	16 093	2 283	319	222	183	91	126
茨城	27 375	2 109	473	323	242	84	146
栃木	11 544	1 460	312	248	181	87	159
群馬	18 212	1 864	343	247	171	106	173
埼玉	52 530	7 140	947	663	460	76	139
千葉	53 938	5 718	822	606	432	69	130
東京	181 864	31 218	2 416	1 716	1 171	55	90
神奈川	83 174	15 787	1 137	791	508	61	101
新潟	27 669	513	496	343	250	82	167
富山	11 983	846	224	160	124	82	150
石川	11 175	375	272	193	143	75	123
福井	6 093	373	163	124	92	75	124
山梨	4 707	885	143	117	93	55	86
長野	21 608	1 256	390	270	216	76	121
岐阜	17 922	816	381	278	222	80	130
静岡	29 992	3 247	643	441	300	71	112
愛知	76 309	8 308	1 258	967	671	79	122
三重	13 890	1 178	316	225	170	90	133
滋賀	14 132	1 144	219	174	135	76	170
京都	28 509	3 006	583	425	315	54	76
大阪	80 645	6 481	1 669	1 120	735	53	86
兵庫	41 120	3 156	860	604	422	58	97
奈良	10 527	903	218	159	111	71	128
和歌山	5 169	607	251	132	99	62	115
鳥取	5 111	x	117	80	65	66	121
島根	6 152	x	149	100	74	54	88
岡山	18 043	1 105	385	271	214	76	110
広島	34 217	2 038	490	359	255	71	153
山口	12 932	1 394	247	155	123	72	127
徳島	7 876	x	175	135	87	77	100
香川	10 367	621	222	173	117	74	151
愛媛	10 920	1 082	273	188	155	77	115
高知	2 637	750	179	125	89	65	101
福岡	46 484	3 522	728	510	399	82	121
佐賀	6 012	780	132	81	65	84	129
長崎	9 851	420	232	157	109	61	96
熊本	9 254	523	248	181	134	78	144
大分	9 622	390	207	139	108	78	130
宮崎	6 422	357	167	114	86	80	118
鹿児島	12 416	669	303	213	148	65	115
沖縄	11 310	90	181	136	107	92	142
全国	1 181 896	125 595	21 654	15 314	11 024	70	119

総務省・経済産業省「2016年経済センサス－活動調査」（卸売業、小売業に関する集計）（確報）およびアルメディアの調査より作成。xは秘匿。359ページの資料・注記参照。

第 7 章
社会・文化

表 7 - 1　消費者物価指数（2021年平均）（都道府県庁所在市）（2020年=100）

	食料	住居	光熱・水道	被服・はき物	保健医療	交通・通信	教育	総合
北海道	100.3	99.9	104.6	99.9	98.7	94.5	100.2	99.9
青森	100.2	100.7	104.2	98.3	99.1	94.5	99.0	100.0
岩手	101.3	100.8	102.4	99.9	99.7	95.4	100.4	100.2
宮城	99.7	101.5	102.4	101.2	100.5	94.6	99.3	99.9
秋田	100.7	101.0	103.3	101.3	99.3	95.3	99.6	100.3
山形	100.3	101.4	102.7	101.0	99.8	95.3	98.8	100.0
福島	99.6	100.1	101.6	100.6	99.7	94.8	100.1	99.5
茨城	101.0	100.4	100.3	101.1	99.8	94.6	100.7	99.8
栃木	99.8	100.2	100.3	99.1	100.8	95.6	100.5	99.5
群馬	100.3	100.6	101.0	97.7	98.8	96.0	100.1	99.7
埼玉	99.8	100.3	99.4	99.7	99.5	95.3	100.0	99.5
千葉	99.5	100.9	99.5	99.4	98.0	94.5	101.2	99.4
東京	99.9	100.5	99.2	100.2	99.7	93.4	100.6	99.8
神奈川	99.7	100.2	100.2	101.7	99.8	94.3	99.7	99.7
新潟	100.3	97.8	100.2	102.0	99.2	95.3	98.6	99.1
富山	99.9	101.7	102.2	98.9	99.1	95.3	99.5	99.8
石川	99.9	100.2	104.5	101.2	98.4	96.0	99.2	99.9
福井	99.3	100.7	102.5	97.4	100.5	94.3	100.3	99.5
山梨	100.0	98.3	100.3	100.3	100.4	95.8	99.4	99.3
長野	100.6	100.5	100.9	100.3	100.1	95.6	99.3	100.0
岐阜	99.6	101.2	100.1	100.5	99.9	95.4	100.1	99.8
静岡	99.6	99.3	100.5	99.1	99.4	94.7	100.2	99.1
愛知	100.2	100.8	100.0	101.0	99.6	94.9	99.4	99.7
三重	99.5	100.5	99.4	100.6	99.5	96.4	100.4	99.7
滋賀	99.9	100.9	99.5	98.4	98.8	95.5	99.1	99.4
京都	100.4	101.6	99.4	100.4	99.8	93.9	99.1	99.9
大阪	99.1	101.2	101.3	100.1	99.5	91.1	100.0	99.4
兵庫	100.1	99.8	99.4	101.4	99.9	93.7	98.9	99.3
奈良	100.7	100.5	101.1	100.6	99.6	95.2	98.4	99.9
和歌山	101.1	99.8	99.8	100.8	98.3	93.6	100.2	99.7
鳥取	99.8	99.6	101.8	99.7	97.9	95.9	100.0	99.3
島根	100.6	100.6	101.7	101.4	99.9	95.3	99.3	99.9
岡山	101.1	100.5	100.9	101.4	100.7	94.9	100.9	99.9
広島	100.4	99.9	100.6	100.3	99.1	95.1	99.6	99.6
山口	100.7	101.0	101.1	99.9	101.1	96.8	99.5	100.2
徳島	100.5	100.7	101.6	99.7	99.5	95.7	101.0	100.0
香川	100.3	99.9	101.9	102.4	99.7	95.1	100.6	99.7
愛媛	100.2	100.1	101.2	100.7	99.8	94.5	99.5	99.5
高知	100.1	100.7	101.7	102.1	100.4	94.0	102.2	99.7
福岡	100.5	98.9	100.2	100.9	99.3	95.2	100.7	99.4
佐賀	99.6	101.0	100.7	100.6	99.3	94.1	99.0	99.4
長崎	100.3	101.0	100.4	100.9	101.0	94.3	99.4	99.8
熊本	99.5	102.3	100.7	98.4	100.3	94.2	99.1	99.5
大分	100.4	99.8	100.5	100.1	99.7	94.1	99.6	99.5
宮崎	99.2	101.3	101.7	100.2	99.4	95.5	100.4	99.5
鹿児島	99.6	100.6	102.7	101.3	99.4	94.3	99.7	99.6
沖縄	100.6	101.0	102.5	101.0	100.8	93.3	99.7	100.1
全国	100.0	100.6	101.3	100.4	99.6	95.0	100.0	99.8

府県別統計

物価

総務省「消費者物価指数」（2021年）より作成。消費者物価指数は、ある時点（本表では2020年）を基準にした消費者物価の変動を指数でみたもの。地域間の物価水準の違いをみる場合は表7-2を参照。本表は都道府県庁所在市（東京都は区部）における月別指数値（端数処理前）の年平均。

表7-2　消費者物価地域差指数（2021年）（全国平均＝100）

	食料	住居1)	光熱・水道	被服・はき物	保健医療	交通・通信	教育	総合1)
北海道	100.9	86.0	① 117.4	③ 104.6	⑧ 101.1	100.5	92.9	③ 101.7
青森	97.5	86.4	⑦ 111.2	102.0	98.5	99.3	94.0	98.9
岩手	98.7	90.6	③ 112.5	98.9	100.5	100.1	89.7	100.0
宮城	98.1	94.5	104.4	99.6	② 101.7	100.1	97.5	99.6
秋田	98.3	82.2	⑩ 109.3	99.3	98.5	99.5	85.6	98.9
山形	⑥ 102.5	⑨ 95.0	④ 112.3	93.8	97.3	⑥ 100.9	100.2	④ 101.2
福島	99.8	90.5	⑧ 110.0	101.3	98.5	100.3	94.0	100.0
茨城	98.3	93.5	104.1	99.8	98.3	98.0	89.9	98.2
栃木	98.5	87.0	98.4	① 107.9	100.4	98.9	98.3	98.6
群馬	97.2	90.2	100.4	97.9	99.3	98.0	79.4	97.2
埼玉	99.1	④ 106.9	94.0	⑥ 103.6	99.9	100.1	97.8	99.9
千葉	100.2	③ 112.5	99.8	97.5	99.3	99.2	95.3	100.2
東京	④ 102.8	① 131.9	93.7	102.0	① 101.8	① 103.2	⑤ 109.5	① 102.7
神奈川	⑨ 101.6	② 116.1	96.2	101.7	② 101.7	② 101.4	⑥ 107.7	② 102.4
新潟	99.5	86.9	100.3	101.5	99.3	99.1	92.5	98.5
富山	101.5	93.2	102.6	99.0	④ 101.5	98.6	81.0	99.2
石川	③ 103.4	83.1	104.6	② 106.1	100.5	98.8	⑨ 102.1	⑥ 100.7
福井	① 103.9	86.5	97.4	99.3	⑥ 101.4	100.3	⑩ 101.9	99.9
山梨	98.1	92.9	97.9	98.2	99.1	100.1	87.7	98.3
長野	95.4	88.8	102.7	⑨ 102.5	99.4	③ 101.3	87.7	97.9
岐阜	98.3	84.6	94.8	96.6	99.2	④ 101.2	92.2	97.9
静岡	98.9	⑦ 95.2	97.4	100.3	100.3	100.2	84.8	98.7
愛知	98.3	93.6	96.3	97.6	100.0	97.5	98.1	98.4
三重	100.6	⑨ 95.0	97.2	99.1	98.5	100.3	95.6	99.6
滋賀	99.2	94.8	98.7	100.1		⑧ 100.7	③ 115.9	100.3
京都	101.2	⑤ 101.7	99.7	96.5	98.0	⑦ 100.7	② 116.4	⑤ 101.0
大阪	99.1	⑥ 97.3	94.1	98.5	99.1	⑩ 100.6	① 121.2	99.8
兵庫	100.2	⑦ 95.2	96.2	100.9	98.6	99.0	⑥ 107.7	99.8
奈良	96.8	85.8	100.7	97.5	98.9	99.9	97.1	98.0
和歌山	100.8	90.1	99.2	97.9	⑨ 101.0	⑤ 101.1	④ 113.0	100.2
鳥取	101.5	83.1	108.1	⑦ 103.5	98.0	98.8	91.3	99.1
島根	⑦ 102.2	86.8	② 112.6	97.4	100.9	99.9	93.9	⑧ 100.6
岡山	100.1	83.6	105.8	98.0	⑦ 101.2	98.0	88.0	98.4
広島	101.2	89.6	104.3	96.9	99.9	99.6	98.7	99.2
山口	⑤ 102.6	94.3	⑧ 110.0	101.9	⑨ 101.0	99.0	84.8	⑥ 100.7
徳島	⑧ 102.0	93.1	105.1	⑨ 102.5	99.0	98.0	96.4	⑨ 100.5
香川	100.8	81.4	105.3	94.2	98.5	⑧ 100.7	92.5	99.6
愛媛	100.9	84.4	106.9	97.5	100.2	99.1	84.6	99.0
高知	⑨ 101.6	92.8	104.4	⑧ 103.4	④ 101.5	99.9	93.4	⑩ 100.4
福岡	97.1	90.0	104.5	95.8	99.3	98.7	92.2	98.5
佐賀	97.9	88.0	⑥ 111.6	④ 104.0	100.4	99.8	91.2	99.1
長崎	99.7	91.7	⑤ 111.9	④ 104.0	100.5	99.6	87.7	99.9
熊本	100.7	94.3	102.0	99.6	100.7	99.1	90.0	99.8
大分	99.6	84.4	105.0	95.1	96.9	98.6	⑧ 104.1	98.9
宮崎	95.6	90.8	102.1	96.8	96.0	99.0	94.2	97.1
鹿児島	99.1	88.2	101.2	95.0	98.8	98.7	97.3	97.7
沖縄	① 103.9	88.2	102.8	100.0	99.1	99.2	90.8	99.9

総務省「小売物価統計調査（構造編）」（2021年）より作成。表7-1と異なり都道府県全体での調査。○内の数字は全国順位。1）持家の帰属家賃（自己所有の住宅の家賃相当額）を含まない。

表7-3　主要商品の小売価格（Ⅰ）（2021年平均）（都道府県庁所在市）（単位　円）

	うるち米[1]（精米）5kg袋入り	食パン（普通品）1kgあたり	まぐろ[2]（赤身）100gあたり	牛肉（国産ロース）100gあたり	鶏卵[4]10個入り1パック	キャベツ1kgあたり	だいこん1kgあたり	コーヒー（喫茶店）[6]1杯あたり
北海道	④ 2 448	⑥ 479	379	772	192	⑧ 182	147	⑩ 447
青森	2 055	423	401	794	188	141	135	416
岩手	2 138	405	457	709	223	131	127	427
宮城	2 140	386	538	719	239	155	165	⑦ 451
秋田	③ 2 508	296	299	⑥ 996	208	⑨ 181	161	430
山形	2 289	450	541	586	230	144	140	③ 507
福島	2 306	429	646	674	222	⑩ 173	⑨ 181	370
茨城	2 014	④ 494	222	813	206	148	149	443
栃木	⑦ 2 367	380	444	845	214	158	148	353
群馬	2 273	342	350	850	230	134	157	430
埼玉	2 318	331	349	937	222	140	159	427
千葉	2 216	434	387	⑩ 950	216	132	154	406
東京	⑧ 2 344	434	455	913	228	160	165	② 513
神奈川	2 237	⑨ 470	434	880	234	137	142	④ 485
新潟	2 219	407	351	944	182	⑤ 187	④ 188	433
富山	2 159	446	353	851	257	147	170	440
石川	⑤ 2 395	⑦ 478	418	827	230	150	168	427
福井	2 128	454	419	647	223	143	166	439
山梨	① 2 656	448	438	737	229	139	151	433
長野	2 153	385	374	④ 1 010	243	109	131	400
岐阜	2 150	341	487	② 1 098	223	125	147	420
静岡	2 203	378	496	864	257	139	144	417
愛知	2 097	396	459	⑤ 1 003	229	143	153	404
三重	2 169	421	497	836	220	108	141	377
滋賀	2 249	453	413	814	256	171	⑥ 183	416
京都	2 307	442	386	817	235	167	175	⑨ 448
大阪	2 249	463	438	706	244	166	⑥ 183	412
兵庫	⑨ 2 335	416	356	862	214	164	③ 193	⑧ 449
奈良	2 270	387	495	625	233	⑥ 186	① 207	398
和歌山	② 2 560	③ 503	446	748	227	④ 188	176	383
鳥取	2 159	⑧ 475	368	⑨ 952	5) 239	145	167	345
島根	2 019	① 529	404	693	232	⑩ 173	⑤ 184	⑤ 466
岡山	2 210	395	391	881	239	134	146	431
広島	2 304	441	385	920	229	149	169	433
山口	2 257	410	434	821	212	② 192	⑩ 180	434
徳島	2 029	⑤ 485	475	⑦ 980	236	136	167	437
香川	2 263	426	440	827	223	131	148	350
愛媛	⑩ 2 326	420	521	822	234	152	173	430
高知	2 032	⑩ 468	527	941	244	147	162	367
福岡	2 215	334	390	653	216	144	156	388
佐賀	2 200	393	3) 671	939	208	143	145	383
長崎	2 167	404	3) 635	796	215	③ 189	⑧ 182	418
熊本	2 308	441	489	566	206	141	158	439
大分	2 290	403	491	⑧ 958	212	162	171	⑥ 453
宮崎	2 024	387	394	551	211	⑦ 184	② 201	① 523
鹿児島	2 072	396	487	③ 1 043	208	135	143	380
沖縄	⑥ 2 368	② 522	462	① 1 146	224	① 209	⑩ 180	375

総務省「小売物価統計調査（動向編）」（2021年）より作成。都道府県庁所在市（東京都は区部）。○内の数字は全国順位。注記は359ページ参照。

主要商品の小売価格（Ⅱ）(2021年平均)（都道府県庁所在市）（単位　円）

	民営家賃(民営借家)(1か月)(3.3m²)あたり	灯油7) 18L あたり	水道料9)(1か月)一般用 20m³	ガソリン10)(レギュラー 1L あたり)	タクシー代(昼4km)	理髪料11) 1回 あたり	高等学校授業料12)(私立)1年 あたり
北海道	3 780	8) 1 685	③ 3 652	152	1 470	3 005	379 552
青森	3 122	1 583	2 728	151	1 540	3 150	351 603
岩手	3 961	1 656	2 890	146	1 500	3 185	386 460
宮城	4 617	1 522	⑥ 3 553	150	1 400	3 669	403 679
秋田	3 681	1 599	2 860	149	② 1 800	3 800	325 017
山形	3 638	1 599	⑧ 3 509	③ 163	⑦ 1 600	3 870	⑩ 439 970
福島	3 660	1 625	② 3 718	⑩ 158	1 550	3 500	420 652
茨城	4 022	1 590	2 915	149	1 417	3 725	406 263
栃木	3 845	1 761	2 860	155	⑦ 1 600	③ 4 195	396 000
群馬	3 390	1 558	2 345	156	1 500	⑧ 3 925	396 000
埼玉	⑤ 5 315	1 642	⑨ 3 289	150	⑦ 1 600	3 856	357 587
千葉	⑦ 4 820	1 791	2 690	150	⑦ 1 600	3 705	384 381
東京	① 8 795	1 861	2 475	154	1 460	⑥ 3 987	⑦ 452 983
神奈川	② 6 255	1 776	2 830	154	⑦ 1 600	3 733	⑤ 518 751
新潟	3 955	1 685	2 497	151	1 400	④ 4 083	344 873
富山	3 621	1 753	2 310	157	③ 1 755	⑩ 3 875	390 775
石川	3 928	1 708	2 497	155	1 420	3 825	366 887
福井	3 361	1 926	2 255	157	1 570	⑦ 3 980	346 443
山梨	3 733	1 568	2 937	⑩ 158	1 460	3 800	379 130
長野	3 665	1 712	④ 3 630	⑩ 158	① 1 840	⑤ 4 000	396 877
岐阜	3 720	1 718	2 579	157	④ 1 680	3 500	393 110
静岡	⑧ 4 769	1 791	2 607	⑩ 158	1 500	3 868	⑨ 441 740
愛知	4 656	1 778	2 425	155	1 490	⑨ 3 921	426 835
三重	3 608	1 599	2 266	155	⑥ 1 630	3 775	396 000
滋賀	⑩ 4 716	1 756	2 772	155	1 580	② 4 225	389 585
京都	③ 5 999	1 833	3 014	④ 162	1 372	3 593	③ 559 399
大阪	④ 5 805	1 753	2 112	⑧ 159	1 459	3 480	① 602 314
兵庫	⑥ 4 878	1 753	2 563	156	1 540	3 369	421 489
奈良	3 925	1 694	2 728	156	1 590	3 275	② 577 151
和歌山	3 590	1 700	2 530	157	1 350	3 345	⑥ 460 509
鳥取	3 548	1 731	2 640	155	1 460	3 625	396 000
島根	4 304	1 690	⑤ 3 597	155	⑤ 1 640	3 450	⑧ 442 652
岡山	3 893	1 760	2 563	154	1 518	3 827	397 290
広島	4 406	1 868	2 398	⑥ 160	1 380	3 849	427 988
山口	3 561	1 837	2 865	153	1 490	3 075	438 578
徳島	3 479	1 698	2 437	149	1 153	3 425	436 469
香川	3 583	1 743	2 970	156	1 370	① 4 280	401 713
愛媛	3 566	1 833	2 795	153	1 267	3 350	393 378
高知	3 918	1 642	2 787	⑧ 159	1 380	3 519	423 143
福岡	4 306	1 668	2 827	153	1 410	3 731	395 889
佐賀	3 621	1 729	⑦ 3 520	④ 162	1 530	3 225	392 643
長崎	⑨ 4 741	1 745	① 4 515	⑥ 160	1 570	3 498	388 978
熊本	3 775	1 824	2 640	157	1 321	3 667	405 681
大分	3 374	1 686	2 959	② 166	1 350	3 200	404 950
宮崎	3 588	1 853	2 959	157	1 390	3 150	427 288
鹿児島	4 116	2 201	2 585	① 175	1 387	3 069	④ 535 612
沖縄	4 419	1 980	⑩ 3 041	⑩ 158	1 050	2 335	337 702

資料・注記は（Ⅰ）に同じ。

表7-4　1世帯あたり年間食料品購入量 (2019〜21年平均)(都道府県庁所在市)(2人以上世帯)

	米 (kg)	パン (kg)	生鮮魚介 (kg)	牛肉 (kg)	豚肉 (kg)	バター (g)	生鮮野菜 (kg)	生鮮果物 (kg)
北海道	③ 75.40	39.68	⑥ 26.98	5.79	③ 25.23	② 804	178.12	74.42
青森	61.21	35.54	① 32.76	6.10	⑧ 24.26	648	171.95	75.95
岩手	⑨ 68.75	38.61	24.23	4.11	22.97	534	⑩ 184.72	⑦ 80.11
宮城	56.56	38.17	⑦ 26.18	4.96	⑩ 23.71	588	⑥ 187.29	72.73
秋田	62.21	34.25	③ 30.04	5.06	23.62	536	⑤ 190.98	⑤ 82.09
山形	④ 72.07	34.45	20.87	⑧ 8.92	⑦ 24.51	591	176.38	⑥ 81.29
福島	⑤ 71.99	32.96	21.21	4.18	⑤ 24.93	389	168.40	① 83.64
茨城	55.73	39.34	20.34	4.50	20.35	632	170.38	76.05
栃木	62.97	42.08	20.93	5.19	22.34	551	⑨ 185.32	71.80
群馬	64.42	42.84	21.69	3.91	20.93	661	176.90	76.61
埼玉	59.23	45.68	21.74	6.51	⑥ 24.71	④ 759	⑧ 185.98	72.67
千葉	60.88	46.68	⑧ 25.89	6.63	23.61	⑨ 726	③ 200.19	72.62
東京	51.24	47.63	23.06	7.30	22.27	① 848	④ 190.98	72.14
神奈川	60.45	47.63	22.62	7.56	④ 24.94	⑤ 744	① 200.73	75.62
新潟	63.76	44.67	24.10	4.40	① 27.44	504	② 200.24	⑨ 78.61
富山	⑧ 70.37	47.53	④ 28.74	5.98	20.12	568	169.00	⑧ 79.23
石川	⑥ 71.74	⑩ 47.88	⑤ 28.65	8.20	⑨ 23.89	617	180.10	68.36
福井	① 76.04	39.96	23.17	7.69	18.10	457	159.65	65.34
山梨	57.28	40.58	18.61	5.60	23.28	517	159.20	70.13
長野	55.89	38.84	22.31	4.30	22.62	576	179.94	② 83.59
岐阜	65.14	44.50	20.51	6.67	20.84	567	163.94	70.84
静岡	② 75.94	42.04	21.41	6.02	② 25.25	⑩ 699	176.04	72.21
愛知	61.89	⑦ 50.44	21.32	6.33	21.42	639	168.75	70.41
三重	56.79	47.01	24.27	8.23	20.80	528	159.97	72.15
滋賀	67.03	③ 54.32	23.67	⑥ 9.15	21.14	⑥ 739	⑦ 186.41	74.45
京都	60.33	④ 54.25	22.63	⑤ 9.40	19.66	⑦ 734	178.60	76.12
大阪	61.82	⑤ 52.32	23.63	② 9.72	20.18	577	170.83	69.08
兵庫	52.42	② 55.45	21.59	7.96	19.49	③ 775	165.93	72.07
奈良	61.81	⑥ 52.23	23.63	① 9.95	22.00	⑧ 733	178.66	⑩ 77.26
和歌山	66.51	47.60	22.76	⑦ 8.95	20.33	490	150.81	69.20
鳥取	64.46	⑨ 48.30	② 31.64	6.97	21.15	451	159.59	③ 83.40
島根	60.57	43.72	⑨ 25.85	6.47	20.26	479	168.32	70.28
岡山	53.58	① 56.47	20.87	8.11	21.26	557	151.09	67.52
広島	55.71	46.73	22.86	④ 9.45	23.24	636	171.87	77.12
山口	55.72	46.47	25.03	③ 9.69	19.70	586	144.48	67.13
徳島	59.44	44.23	19.98	7.92	17.59	574	156.92	74.92
香川	55.47	44.95	20.41	7.35	18.66	460	146.40	67.51
愛媛	52.26	⑧ 48.36	23.13	8.41	20.52	450	148.79	75.07
高知	63.24	40.36	24.28	6.97	17.99	450	146.60	71.34
福岡	56.54	45.65	21.23	8.37	20.78	604	161.30	62.71
佐賀	64.45	38.51	24.17	⑩ 8.67	20.41	454	163.90	57.78
長崎	⑦ 70.74	45.70	⑩ 25.82	6.69	18.47	498	169.45	④ 82.97
熊本	61.75	40.72	21.71	⑨ 8.77	22.96	547	157.70	62.05
大分	57.21	39.61	21.32	7.82	19.48	413	159.69	73.73
宮崎	57.86	38.07	21.79	6.99	21.36	473	148.51	68.44
鹿児島	60.39	41.97	22.99	6.32	20.19	459	171.82	65.33
沖縄	⑩ 68.05	37.60	16.57	6.65	20.41	418	144.64	57.92
全国	62.51	45.40	23.28	6.82	22.24	607	169.88	71.66

総務省「家計調査」より作成。3 年平均でのデータを掲載。家計調査の2人以上世帯での調査世帯は全国で8076世帯で、地域によってはサンプル数が少なく数値のバラつきが大きい。このため、3 年平均で平準化している。都道府県庁所在市（東京都は区部）の数値。〇内の数字は全国順位。

表7-5　1世帯あたり食料品等の年間購入額 (2019〜21年平均)（2人以上世帯）

米		食パン		まぐろ		あじ	
北海道	29 665	兵庫	12 866	静岡	11 521	長崎	2 571
静岡	29 410	奈良	12 331	山梨	8 663	山口	2 480
福井	28 034	京都	11 934	東京	8 371	宮崎	2 016
全国	22 998	全国	10 163	全国	5 395	全国	1 046

いわし		かつお		かれい		さんま	
鹿児島	1 014	高知	7 783	鳥取	2 814	岩手	944
石川	929	宮城	3 029	秋田	2 194	秋田	918
鳥取	904	福島	3 027	青森	1 636	宮城	904
全国	436	全国	1 419	全国	911	全国	571

たい		ぶり		かに		しじみ	
佐賀	2 326	富山	5 956	鳥取	5 291	島根	1 743
愛媛	2 311	石川	5 775	福井	3 899	茨城	1 014
熊本	2 151	香川	4 885	石川	3 293	青森	893
全国	1 063	全国	2 943	全国	1 678	全国	352

かき（貝）		ほたて貝		塩さけ		たらこ	
広島	2 633	青森	3 586	新潟	4 636	福岡	5 470
宮城	1 357	北海道	2 606	山形	4 427	青森	3 189
岡山	1 308	岩手	1 945	秋田	4 325	秋田	3 012
全国	808	全国	1 164	全国	2 171	全国	2 096

しらす干し		揚げかまぼこ		ちくわ		かまぼこ	
静岡	3 498	鹿児島	6 666	鳥取	3 637	宮城	9 112
高知	3 089	香川	3 758	徳島	3 113	長崎	7 184
和歌山	2 947	長崎	3 577	愛媛	2 586	富山	4 669
全国	1 609	全国	2 203	全国	1 710	全国	3 100

かつお節・削り節		牛肉		豚肉		鶏肉	
沖縄	2 519	京都	39 581	神奈川	36 028	福岡	21 151
鹿児島	1 326	滋賀	38 835	新潟	35 328	熊本	21 081
静岡	1 245	奈良	37 295	東京	34 946	宮崎	20 993
全国	862	全国	22 688	全国	31 464	全国	16 594

牛乳		粉ミルク		ヨーグルト		卵	
鳥取	19 041	沖縄	1 665	福島	16 150	福島	12 074
京都	18 625	岡山	1 492	岩手	16 065	奈良	11 697
千葉	17 246	大阪	1 329	茨城	15 502	鳥取	11 474
全国	15 343	全国	709	全国	13 657	全国	9 881

資料は表7-4に同じ。品目別データの3年平均を総務省がとりまとめたもので、本表では特に金額の多いものや地域差の大きなものを掲載した。2人以上世帯で都道府県庁所在地（東京都は区部）と政令↗

（都道府県庁所在市）（単位 円）

さといも		さやまめ		こんぶ		はくさい漬	
山形	2 075	新潟	5 089	富山	1 942	高知	1 703
福井	1 762	秋田	4 110	福井	1 499	鳥取	1 430
新潟	1 490	東京	3 369	青森	1 299	福島	835
全国	781	全国	1 958	全国	842	全国	559

りんご		なし		ぶどう		柿	
秋田	8 970	鳥取	8 104	山梨	7 267	岐阜	1 943
青森	8 914	島根	4 064	岡山	4 911	北海道	1 558
長野	8 817	富山	3 909	長野	3 974	鳥取	1 446
全国	4 709	全国	1 694	全国	3 054	全国	1 047

桃		メロン		ようかん		まんじゅう	
福島	7 418	茨城	3 827	福井	1 414	福島	2 318
山梨	3 301	北海道	2 995	佐賀	1 370	鳥取	2 280
岡山	2 681	秋田	2 083	栃木	1 065	鹿児島	1 965
全国	1 019	全国	997	全国	667	全国	936

カステラ		アイスクリーム・シャーベット		弁当		すし（弁当）	
長崎	4 502	石川	12 146	高知	24 355	群馬	17 024
三重	1 159	埼玉	11 723	沖縄	23 410	奈良	16 937
高知	1 058	福島	11 267	群馬	22 923	高知	16 662
全国	775	全国	9 987	全国	16 109	全国	14 110

カツレツ		天ぷら・フライ		しゅうまい		ぎょうざ	
福井	4 079	福井	17 221	神奈川	2 375	栃木	3 727
山梨	3 073	富山	15 437	東京	1 647	（浜松）[1]	3 666
富山	3 052	新潟	14 497	静岡	1 305	宮崎	3 413
全国	2 034	全国	11 585	全国	1 056	全国	2 097

緑茶		乳酸菌飲料		清酒		焼酎	
静岡	8 924	鹿児島	9 102	秋田	10 092	宮崎	12 931
鹿児島	6 269	群馬	7 732	新潟	9 251	鹿児島	10 995
長崎	6 047	福島	5 909	宮城	8 937	熊本	8 750
全国	3 709	全国	4 203	全国	5 541	全国	6 425

ビール		ウイスキー		ワイン		発泡酒・ビール風アルコール飲料	
北海道	15 094	北海道	3 794	東京	9 057	高知	16 916
東京	13 757	山梨	3 728	埼玉	6 590	青森	14 825
青森	13 567	千葉	3 676	宮城	6 251	大阪	14 342
全国	11 151	全国	2 165	全国	3 679	全国	9 502

↘指定都市（川崎市、相模原市、浜松市、堺市、北九州市）が対象の調査。1) 都道府県庁所在市ではないが、参考に掲載した。

府県別統計 家計

表 7-6　勤労者世帯の家計収支（2021年平均）（2 人以上世帯の 1 世帯、1 か月あたり）

	実収入 （A）	実支出	消費				
			食料	住居	光熱・ 水道	被服・ はき物	保健医療
北海道	555 600	370 656	70 414	23 752	26 209	10 799	9 826
青森	581 245	385 077	74 662	10 977	28 343	8 657	9 170
岩手	590 448	416 912	76 791	20 987	26 540	11 445	11 351
宮城	523 549	387 651	75 553	19 835	22 828	11 552	14 456
秋田	534 753	361 258	76 086	9 165	27 245	9 191	11 027
山形	605 198	464 228	79 702	22 136	29 456	11 263	11 332
福島	618 371	457 767	80 813	22 329	25 624	8 780	11 431
茨城	649 211	424 782	69 463	20 243	20 919	9 600	12 180
栃木	628 677	439 759	78 452	23 296	21 182	10 762	12 454
群馬	648 028	451 426	76 872	23 260	18 146	11 581	14 591
埼玉	731 505	479 288	91 665	16 792	22 843	16 672	16 495
千葉	678 548	465 212	88 882	15 656	21 486	10 308	14 209
東京	749 114	510 691	94 593	30 454	19 046	13 100	16 987
神奈川	615 511	445 348	86 602	27 178	20 689	11 177	14 979
新潟	613 886	459 644	82 001	30 555	23 814	11 405	12 514
富山	691 937	451 794	81 729	16 433	26 489	9 890	12 284
石川	693 159	453 126	85 307	13 297	25 244	12 476	11 361
福井	638 683	404 331	75 510	22 100	25 450	8 930	10 635
山梨	563 275	421 091	76 154	21 758	20 520	10 468	11 678
長野	618 020	452 716	74 836	23 438	22 883	9 823	14 287
岐阜	682 608	476 345	81 530	18 566	22 108	10 492	18 579
静岡	612 985	437 351	79 693	20 884	22 097	10 037	13 806
愛知	573 548	402 256	77 629	25 004	19 162	10 083	11 538
三重	607 261	428 881	74 914	15 614	18 580	13 366	13 549
滋賀	662 768	448 326	81 405	15 314	21 256	11 948	14 185
京都	580 907	426 309	82 382	23 193	20 767	10 126	12 405
大阪	566 338	356 619	78 806	29 636	20 798	10 371	11 132
兵庫	602 113	465 500	80 844	36 483	17 686	12 345	16 388
奈良	643 245	470 814	84 171	24 640	22 573	9 975	13 475
和歌山	542 519	359 131	67 887	12 480	18 697	8 058	8 655
鳥取	591 161	413 992	70 767	23 519	20 876	9 867	11 138
島根	650 165	417 290	74 804	19 536	25 060	10 652	12 446
岡山	561 588	392 338	72 851	21 964	20 530	11 252	14 421
広島	594 913	375 163	73 386	21 570	21 240	10 371	12 409
山口	599 731	422 065	71 758	22 645	22 030	9 336	12 444
徳島	621 781	466 729	81 429	19 228	21 412	10 711	14 231
香川	598 700	422 044	72 889	22 058	20 459	7 926	11 504
愛媛	521 550	345 874	71 156	8 549	20 772	9 206	12 569
高知	626 843	414 728	77 847	21 714	20 600	9 454	10 900
福岡	617 987	416 470	76 478	22 319	19 723	12 861	15 030
佐賀	557 555	387 459	67 672	32 096	22 111	9 467	14 621
長崎	495 377	369 735	75 288	16 966	21 559	9 103	13 423
熊本	574 053	416 508	75 655	24 122	20 853	10 505	13 261
大分	597 470	401 654	66 411	28 868	18 657	10 098	12 194
宮崎	568 643	369 703	71 601	11 762	17 858	9 116	9 680
鹿児島	537 030	409 899	68 877	26 597	19 095	9 259	13 420
沖縄	489 424	338 196	71 738	31 962	20 347	6 861	11 754
全国	605 316	422 103	78 576	19 848	21 448	10 463	13 130

総務省「家計調査　家計収支編」（2021年）より作成。都道府県庁所在市（東京都は区部）における勤労者世帯の家計収支。農林漁家を含む 2 人以上世帯の数値。単身世帯を除くほか、その他家計調査から除外される世帯は359ページの注記を参照。家計収支には、上記以外に実収入以外の収入（預貯金の↗

（用途分類）（単位　円）

交通・通信	教育	教養娯楽	交際費	計（その他とも）	非消費支出（租税等）（B）	可処分所得（A—B）	
35 568	17 185	25 484	8 631	281 309	89 346	466 254	北海道
39 394	8 769	22 189	11 359	275 886	109 192	472 053	青森
43 590	15 639	25 186	12 435	307 632	109 280	481 168	岩手
44 475	16 186	26 420	11 422	297 733	89 918	433 631	宮城
44 970	9 955	21 890	12 489	272 654	88 603	446 150	秋田
77 820	15 291	27 718	20 770	355 422	108 806	496 392	山形
76 271	16 540	25 620	15 287	338 135	119 633	498 738	福島
61 644	11 440	26 488	12 333	302 951	121 831	527 380	茨城
48 337	13 787	28 860	12 644	318 296	121 463	507 214	栃木
48 889	15 048	31 427	14 242	311 280	140 146	507 882	群馬
51 875	20 498	34 511	19 736	340 645	138 643	592 862	埼玉
54 583	24 620	30 687	16 247	327 959	137 253	541 295	千葉
41 984	30 630	36 355	14 766	359 882	150 810	598 305	東京
44 039	33 246	29 294	14 272	325 755	119 593	495 918	神奈川
64 066	19 897	25 642	12 299	343 585	116 059	497 827	新潟
61 198	16 008	28 194	16 261	331 768	120 026	571 911	富山
52 342	20 495	32 437	9 828	319 454	133 672	559 487	石川
43 301	15 413	25 597	9 150	287 448	116 883	521 799	福井
54 574	16 579	24 626	13 401	313 311	107 780	455 494	山梨
56 600	13 180	29 919	12 896	329 087	123 629	494 392	長野
67 940	19 086	29 770	12 054	343 465	132 880	549 728	岐阜
54 634	22 776	27 776	9 700	327 209	110 142	502 843	静岡
41 493	15 597	27 544	12 739	287 377	114 879	458 669	愛知
67 042	20 553	30 467	13 046	322 726	106 155	501 105	三重
56 843	17 078	27 483	18 784	314 238	134 087	528 681	滋賀
55 286	25 679	30 308	12 062	324 687	101 622	479 285	京都
28 847	14 582	22 635	8 917	270 545	86 074	480 264	大阪
48 958	28 078	37 007	13 663	339 509	125 991	476 122	兵庫
59 826	19 250	29 429	19 680	342 936	127 879	515 366	奈良
36 839	15 093	22 399	9 802	252 372	106 758	435 761	和歌山
69 575	13 465	25 728	15 771	309 494	104 498	486 663	鳥取
44 315	11 171	28 443	13 249	296 245	121 045	529 120	島根
47 596	21 395	20 849	11 312	295 256	97 082	464 506	岡山
35 301	15 533	25 290	10 942	278 255	96 908	498 005	広島
55 702	13 215	25 784	16 427	311 728	110 337	489 393	山口
50 362	15 172	29 900	11 881	346 633	120 095	501 685	徳島
44 221	13 608	27 683	15 928	313 265	108 778	489 922	香川
32 704	18 246	23 400	11 834	265 938	79 936	441 615	愛媛
61 776	13 609	25 029	11 389	304 635	110 093	516 750	高知
45 668	25 581	25 707	14 976	313 182	103 289	514 698	福岡
48 623	9 991	21 157	12 993	292 629	94 830	462 725	佐賀
43 960	9 807	22 040	14 806	279 125	90 610	404 767	長崎
48 245	12 727	25 310	14 256	312 466	104 042	470 011	熊本
47 128	10 719	22 010	15 616	289 318	112 336	485 135	大分
48 972	11 121	24 823	10 689	264 686	105 017	463 626	宮崎
73 428	10 689	21 889	15 567	313 810	96 089	440 941	鹿児島
35 984	10 502	19 884	11 852	260 361	77 836	411 589	沖縄
49 512	19 197	27 452	13 412	309 469	112 634	492 681	全国

↘引出しなど）や、実支出以外の支出（住宅ローンの返済など）がある。本表は用途分類により、贈答用菓子などは食料に含まれず交際費に含まれる。表7-4、7-5は品目分類により、用途にかかわらず購入品目で集計されている。

表7-7　勤労者世帯の家計資産・負債（2人以上世帯、1世帯あたり）（2019年10月末）（単位　千円）

	年間収入 1)	金融資産残高（貯蓄現在高）	預貯金	有価証券	金融負債	住宅・土地のための負債	貯蓄 2)保有率（％）	負債 2)保有率（％）
北海道	6 236	7 110	4 702	338	5 647	5 078	87.6	53.1
青森	6 183	6 291	3 967	352	6 016	5 156	87.3	57.9
岩手	6 744	8 599	5 347	419	5 604	4 963	92.4	56.5
宮城	7 111	10 010	6 395	682	7 834	7 262	93.3	56.5
秋田	6 540	7 424	4 575	385	5 843	4 992	91.3	59.3
山形	6 957	8 816	5 401	499	6 058	5 361	87.2	57.1
福島	6 518	8 060	5 043	728	6 050	5 415	88.2	54.0
茨城	7 941	11 832	7 933	767	7 814	7 096	92.4	58.4
栃木	7 216	10 011	6 047	863	7 218	6 333	90.0	58.9
群馬	7 240	9 945	5 731	965	8 256	6 810	92.6	61.4
埼玉	7 622	11 909	7 589	1 476	9 193	8 624	92.9	58.4
千葉	7 927	11 556	7 161	1 421	9 264	8 577	92.7	61.7
東京	8 803	14 367	8 844	2 264	9 444	8 174	93.6	50.3
神奈川	8 193	13 260	7 666	2 135	11 040	10 371	94.2	59.4
新潟	7 110	9 632	6 746	435	6 525	5 883	91.9	57.4
富山	7 646	12 943	8 166	1 374	6 246	5 723	93.8	51.8
石川	7 390	10 937	7 085	727	6 010	5 496	93.6	51.5
福井	7 746	12 134	7 790	989	6 502	5 486	92.6	50.8
山梨	6 862	8 807	5 714	810	5 822	5 263	87.3	52.3
長野	7 365	11 025	7 241	904	7 012	6 337	93.6	59.1
岐阜	7 133	10 027	6 571	766	7 028	6 389	92.8	52.6
静岡	7 307	12 559	7 630	1 917	8 423	7 515	91.1	55.3
愛知	7 763	13 933	8 523	2 332	9 024	8 411	94.0	54.7
三重	7 557	11 414	7 389	1 024	7 781	7 009	91.4	57.6
滋賀	7 727	13 662	8 951	1 423	7 968	7 001	94.5	57.9
京都	7 428	12 501	7 766	1 528	7 369	6 866	92.8	54.3
大阪	6 816	11 061	7 167	1 544	7 877	7 429	89.0	54.5
兵庫	7 501	11 540	7 684	1 081	7 615	6 949	93.0	52.7
奈良	7 144	11 612	7 306	1 430	7 736	7 203	91.5	53.3
和歌山	6 336	9 614	6 272	965	4 526	3 961	88.0	52.5
鳥取	6 877	10 176	6 328	664	6 780	6 075	92.0	55.0
島根	7 179	11 201	7 013	691	5 091	4 267	92.4	50.6
岡山	7 314	10 908	7 121	1 109	7 680	7 081	92.1	55.7
広島	7 085	10 564	6 837	739	6 432	5 778	93.9	54.1
山口	6 660	9 352	6 438	457	5 470	4 934	93.5	50.6
徳島	7 112	12 729	8 033	1 736	5 318	4 745	93.8	52.6
香川	7 094	12 194	7 788	1 170	6 059	5 476	92.2	49.3
愛媛	6 407	9 284	5 747	639	8 060	6 924	92.9	55.7
高知	6 468	8 023	5 204	248	5 791	4 880	86.7	53.0
福岡	6 603	7 769	4 538	872	6 605	5 678	87.6	59.5
佐賀	6 717	7 392	4 562	434	6 074	5 274	86.6	59.7
長崎	6 538	7 906	4 484	410	5 927	5 120	88.5	57.2
熊本	6 456	7 315	4 739	384	7 075	6 114	91.8	62.7
大分	6 577	7 563	4 997	390	6 837	6 014	91.6	59.1
宮崎	6 260	6 566	4 044	341	5 511	4 575	83.4	59.6
鹿児島	6 010	6 452	3 790	288	6 230	5 450	86.0	60.2
沖縄	5 269	4 070	2 690	366	4 372	3 680	76.0	52.8
全国	7 380	11 082	6 946	1 297	7 895	7 149	91.6	55.8

総務省「全国家計構造調査」（2019年）より作成。表7-6と異なり、各都道府県全域に関する統計。5 年に一度の調査。1）2018年11月〜19年10月の収入。2）貯蓄や負債を保有している世帯の割合。

図7-1　住宅地価格の対前年変動率（2022年 7 月 1 日現在）

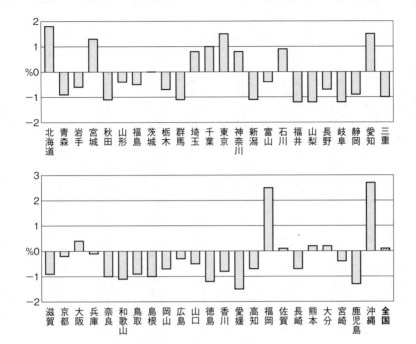

資料、注記は表7-8に同じ。前年と継続する基準地の価格変動率の単純平均。

☕ 住宅地価格が31年ぶりに上昇

　2022年都道府県地価調査によると、全国の住宅地の平均価格は31年ぶりに上昇し、商業地も 3 年ぶりに上昇した。新型コロナウイルスで停滞していた経済活動が正常化するにつれて、全国的に住宅や店舗等の需要が回復傾向にある（上図および表7-8）。

　三大都市圏（東京圏、大阪圏、名古屋圏）では、住宅地が横ばいから上昇に転じた。商業地は10年連続で上昇し、上昇率が拡大している。地方 4 市（札幌市、仙台市、広島市、福岡市）でも住宅地と商業地は継続して上昇した。地方圏（三大都市圏を除く地域）の住

宅地と商業地は依然として下落しているが、下落幅は縮小した。

　地点別で見ると、住宅地と商業地で最も高い上昇率を示したのは、北海道北広島市の基準地で、前年から住宅地で29.2％、商業地で25.0％上昇した。北広島市では、2023年に開業予定の新球場と商業施設等が一体化した開発が進み、周辺でも地価が上昇している。

　三大都市圏の商業地で最も上昇率が高いのは、再開発が進む千葉県木更津市の基準地で、前年から19.8％上昇した。同様に、再開発事業等が進む地域では地価の上昇がみられるが、コロナ禍による店舗需要が十分に回復していない地域では下落が継続している。

表 7 - 8　用途別の平均地価（各年 7 月 1 日現在）（単位　千円／m²）

	住宅地				商業地			
	1990	2020	2021	2022	1990	2020	2021	2022
北海道	33.7	20.0	20.8	22.0	228.6	88.5	90.8	97.3
青森	27.6	16.1	15.9	15.9	156.6	33.7	33.6	33.4
岩手	31.7	24.9	25.4	25.6	83.2	44.8	44.6	44.3
宮城	61.4	42.0	44.1	46.0	779.6	256.8	263.0 ⑨	275.1
秋田	24.6	13.2	13.2	13.2	121.4	24.5	24.3	24.4
山形	29.1	19.7	19.8	19.9	123.0	40.7	40.4	40.5
福島	36.8	23.3	23.4	23.5	227.3	45.7	45.6	45.9
茨城	68.5	32.4	32.4	32.7	246.7	65.1	65.4	66.3
栃木	64.7	32.4	32.3	33.8	362.7	65.9	65.7	67.5
群馬	64.7	31.7	31.5	31.4	323.3	70.9	71.4	71.2
埼玉	266.4	113.7	114.1	④ 116.2	1 279.6	305.2	305.9 ⑧	312.7
千葉	268.1	75.6	76.5	⑧ 79.3	1 823.2	252.9	258.6 ⑩	266.2
東京	858.6	378.1	380.9	① 389.1	6 945.7	2 145.6	2 113.5 ①	2 139.5
神奈川	350.9	179.3	180.6	② 183.3	1 983.1	590.3	606.0 ④	624.6
新潟	45.6	26.0	25.8	25.8	382.5	75.7	75.4	75.6
富山	55.7	30.8	30.8	30.8	388.9	76.1	76.6	78.0
石川	69.5	44.3	45.5	46.7	332.3	115.6	113.9	114.3
福井	56.5	29.7	29.6	29.4	246.1	55.9	55.6	55.5
山梨	55.7	24.0	23.7	23.5	335.2	45.1	44.6	44.3
長野	37.4	25.0	25.0	25.0	195.3	53.1	52.6	52.3
岐阜	61.2	32.6	32.2	32.0	258.2	88.2	86.5	86.0
静岡	128.9	64.5	64.2	⑩ 64.0	657.0	140.9	139.7	139.9
愛知	178.8	104.3	105.3	⑥ 108.3	1 459.0	423.9	441.8 ⑤	458.2
三重	48.5	28.5	28.2	28.1	201.9	63.0	62.3	62.2
滋賀	112.5	46.5	46.6	46.8	394.8	93.6	93.1	94.0
京都	387.7	109.3	109.5	⑤ 109.9	1 828.2	602.7	602.0 ③	656.8
大阪	571.4	150.7	150.9	③ 152.2	4 999.9	1 060.4	1 006.9 ②	1 013.6
兵庫	282.6	103.1	105.9	⑦ 107.3	1 220.2	327.9	321.4 ⑦	325.0
奈良	211.7	52.9	52.6	52.6	1 036.6	168.4	166.1	168.1
和歌山	90.8	36.2	35.8	35.7	427.0	83.3	83.3	82.9
鳥取	33.8	19.2	19.1	19.0	167.2	46.5	45.7	45.0
島根	22.3	20.8	20.6	20.5	73.6	38.2	37.9	37.6
岡山	54.0	29.3	29.2	29.4	347.8	96.1	96.7	99.6
広島	80.5	57.0	57.4	58.4	585.5	209.2	212.0	219.2
山口	38.3	25.6	25.7	25.8	132.3	44.7	44.7	44.7
徳島	44.8	29.5	29.3	29.1	189.1	58.5	57.7	57.1
香川	66.7	32.9	32.7	32.6	311.5	74.4	73.9	73.5
愛媛	58.5	35.4	35.1	34.7	310.0	94.5	93.6	93.2
高知	46.3	30.8	30.6	30.5	166.7	70.6	69.8	69.2
福岡	63.9	54.3	56.8	60.1	708.9	335.6	356.7 ⑥	378.9
佐賀	26.1	20.5	20.8	21.1	80.1	40.6	40.8	41.2
長崎	37.6	24.5	24.6	24.8	254.1	97.5	98.9	100.9
熊本	32.9	28.7	29.0	29.5	437.4	149.0	148.5	148.7
大分	31.1	25.1	25.3	25.8	179.5	54.4	54.2	54.2
宮崎	28.9	24.6	24.6	24.6	116.3	43.4	43.3	43.1
鹿児島	30.6	27.3	27.3	27.4	172.5	81.4	80.9	80.9
沖縄	46.3	62.6	63.7 ⑨	65.2	259.8	178.3	178.6	180.8

国土交通省「都道府県地価調査」より作成。○内の数字は全国順位。都道府県知事が各都道府県の基（宅地見込地や林地を含め2022年は全国 2 万1444地点）について不動産鑑定士の鑑定評価を求め、これを審査、調整し、基準日（各年 7 月 1 日）における正常価格として公表したもの。2022年は、福島県の12地点（住宅地 9 地点、商業地 1 地点、工業地 1 地点、林地 1 地点を含む）、熊本県（住宅地 1 地点）について調査を休止している。

表7-9　住宅統計調査の主要指標 （2018年10月1日現在）（確報集計結果）

	総住宅数 （千戸）	空家率 （％）	居住世帯 のある住宅 （千戸）	持ち家 住宅率 （％）	一戸建率 （％）	木造率[1] （％）	1専用住宅[2]あたり	
							居住室数 （室）	延べ面積 （m²)[3]
北海道	2 807	13.5	2 417	56.3	52.0	3.7	4.24	90.16
青森	592	15.0	502	70.3	75.2	20.4	5.26	119.95
岩手	579	16.1	484	69.9	72.9	27.7	5.35	118.87
宮城	1 089	12.0	954	58.1	55.3	21.6	4.47	96.48
秋田	446	13.6	384	77.3	79.8	19.5	5.61	130.41
山形	449	12.1	393	74.9	77.6	31.9	5.68	133.57
福島	861	14.3	731	67.7	70.1	31.7	5.12	111.42
茨城	1 329	14.8	1 127	71.2	72.3	34.9	4.91	106.97
栃木	927	17.3	761	69.1	71.6	24.3	4.84	105.59
群馬	949	16.7	787	71.4	73.9	33.5	4.83	106.09
埼玉	3 385	10.2	3 023	65.7	54.8	16.0	4.26	86.52
千葉	3 030	12.6	2 635	65.4	53.1	19.8	4.28	89.21
東京	7 672	10.6	6 806	45.0	26.8	6.4	3.24	65.18
神奈川	4 504	10.8	4 000	59.1	41.4	12.9	3.86	77.80
新潟	995	14.7	844	74.0	74.3	35.6	5.51	127.25
富山	453	13.3	391	76.8	77.1	31.7	6.00	143.57
石川	536	14.5	455	69.3	69.8	40.7	5.34	124.68
福井	325	13.8	279	74.9	76.7	46.3	5.79	136.89
山梨	422	21.3	329	70.2	73.8	31.1	4.99	110.34
長野	1 008	19.6	807	71.2	73.2	31.7	5.29	119.99
岐阜	894	15.6	750	74.3	74.4	43.7	5.67	120.39
静岡	1 715	16.4	1 425	67.0	66.0	31.0	4.77	102.02
愛知	3 482	11.3	3 069	59.5	51.0	21.8	4.50	94.04
三重	854	15.2	720	72.0	72.9	43.4	5.26	109.65
滋賀	626	13.0	543	71.6	67.4	33.6	5.44	114.63
京都	1 338	12.8	1 159	61.3	55.3	26.6	4.32	85.74
大阪	4 680	15.2	3 950	54.7	40.7	18.2	3.93	76.20
兵庫	2 681	13.4	2 309	64.8	50.4	22.4	4.56	92.68
奈良	618	14.1	529	74.1	67.6	31.5	5.31	110.04
和歌山	485	20.3	384	73.0	74.1	38.0	5.07	104.24
鳥取	257	15.5	216	68.8	70.9	48.1	5.47	120.12
島根	314	15.4	265	70.2	71.7	55.2	5.48	121.96
岡山	916	15.6	771	64.9	66.6	39.9	5.00	104.92
広島	1 431	15.1	1 209	61.4	55.5	26.9	4.56	92.64
山口	720	17.6	591	67.1	67.5	38.5	4.89	101.47
徳島	381	19.5	305	69.2	70.7	38.8	5.13	109.31
香川	488	18.1	398	69.3	67.6	41.1	5.18	107.48
愛媛	714	18.2	581	66.5	68.3	40.6	4.81	98.67
高知	392	19.1	315	64.9	67.6	46.9	4.73	93.98
福岡	2 581	12.7	2 239	52.8	44.3	25.8	4.07	83.89
佐賀	352	14.3	300	66.9	69.2	44.4	5.12	111.22
長崎	660	15.4	555	63.7	64.4	40.4	4.67	96.07
熊本	814	13.8	698	61.9	63.1	34.7	4.60	98.69
大分	582	16.8	482	63.6	63.1	31.9	4.77	97.08
宮崎	546	15.4	460	65.7	68.4	35.8	4.47	93.84
鹿児島	879	19.0	709	64.6	67.9	32.7	4.31	87.93
沖縄	653	10.4	577	44.4	38.8	2.3	3.81	75.31
全国	**62 407**	13.6	**53 616**	61.2	53.6	22.7	4.40	92.06

総務省「住宅・土地統計調査」（2018年）より作成。5年に一度の調査。1）防火木造を除く。2）居住のために建てられて、業務に使用する設備をもたない住宅。3）各住宅の床面積の合計で、玄関や廊下などを含む。共同住宅の場合、共同使用している階段などは除く。

表7-10　水道と汚水処理の普及率（人口普及率）（会計年度末現在）（%）

	水道普及率			汚水処理人口普及率		(参考)下水道処理人口普及率		
	2000	2010	2020	2010	2021	2000	2010	2021
北海道	96.5	97.8	98.2	93.7	96.2	82	89.4	91.8
青森	96.8	97.3	97.9	71.6	81.5	40	54.4	62.3
岩手	89.7	91.1	94.3	1) 71.9	84.4	35	1) 52.0	62.7
宮城	98.2	98.7	99.3	1) 86.6	93.2	65	1) 76.7	83.3
秋田	87.9	90.1	91.8	79.9	88.9	37	58.3	67.8
山形	96.8	97.9	99.0	87.2	93.9	50	72.4	78.4
福島	90.5	89.6	2) 94.0	1) 73.1	2) 85.3	33	1) 48.1	2) 55.0
茨城	87.4	92.5	95.1	77.2	86.8	43	57.2	64.1
栃木	91.9	95.1	95.9	79.2	88.8	46	60.8	68.9
群馬	99.3	99.3	99.5	73.0	83.1	37	49.3	55.4
埼玉	99.6	99.8	99.8	88.0	93.6	67	76.7	82.9
千葉	92.6	94.6	95.4	83.2	90.1	57	69.2	76.6
東京	100.0	100.0	100.0	99.5	99.8	97	99.2	99.6
神奈川	99.8	99.8	99.9	97.3	98.3	92	95.8	97.0
新潟	98.0	98.9	99.5	81.3	89.4	45	67.6	77.7
富山	92.2	93.2	93.4	93.8	97.6	59	79.6	86.7
石川	97.8	98.8	98.6	89.8	95.0	57	78.8	85.2
福井	95.1	96.3	96.5	90.4	97.1	55	72.1	82.2
山梨	97.4	97.9	98.5	75.9	85.8	41	61.1	68.1
長野	98.7	98.8	99.0	95.3	98.2	56	79.3	84.9
岐阜	94.9	95.6	95.0	87.7	93.7	49	70.2	77.7
静岡	98.3	99.0	99.1	72.9	84.3	44	58.7	65.3
愛知	99.7	99.8	99.9	85.2	92.3	56	72.0	80.6
三重	98.8	99.5	99.7	78.0	88.2	26	46.3	58.9
滋賀	99.1	99.4	99.7	97.9	99.1	64	85.8	92.1
京都	99.2	99.6	99.7	95.4	98.5	81	91.2	95.2
大阪	99.9	100.0	100.0	95.7	98.2	83	93.2	96.5
兵庫	99.6	99.8	99.9	98.2	99.0	82	91.4	93.8
奈良	98.2	99.2	99.4	84.7	90.3	59	74.4	82.4
和歌山	96.1	97.3	97.7	51.9	68.4	10	20.5	28.9
鳥取	96.4	97.3	97.9	90.7	95.5	43	64.3	73.7
島根	94.1	96.7	97.1	72.1	82.6	25	41.8	51.3
岡山	97.4	98.9	99.2	79.3	88.2	39	60.4	69.6
広島	91.6	93.7	94.9	82.2	89.8	57	68.9	76.8
山口	91.2	92.6	93.9	80.3	88.8	47	59.7	68.1
徳島	92.7	95.8	97.0	49.4	66.0	11	14.8	18.7
香川	98.6	99.2	99.6	68.1	80.3	28	41.3	46.3
愛媛	92.0	92.6	93.4	70.3	82.1	36	48.0	56.7
高知	90.0	92.2	94.7	68.6	77.0	23	33.3	41.2
福岡	91.0	93.1	95.0	87.5	93.9	64	76.6	83.7
佐賀	93.1	94.6	95.4	73.4	86.3	26	51.0	63.4
長崎	97.8	98.5	98.9	74.2	83.2	42	57.8	64.0
熊本	83.2	86.1	88.8	80.0	88.8	46	62.2	70.1
大分	88.6	90.6	91.7	67.2	80.5	34	45.6	53.3
宮崎	96.1	96.8	97.5	77.7	88.4	37	53.3	61.2
鹿児島	96.0	97.0	97.7	69.9	84.0	33	39.4	43.2
沖縄	99.9	100.0	100.0	80.6	87.1	56	66.5	72.4
全国	96.6	97.5	2) 98.1	1) 85.7	2) 92.6	62	1) 73.7	2) 80.6

厚生労働省および国土交通省ウェブサイトより作成。汚水処理人口普及率は、下水道に加えて農業集落排水施設等や浄化槽、コミュニティプラントでの処理を含めた普及率。1) 2009年度末現在の数値。2010年度末は調査不能な市町村があり公表対象外。2) 東日本大震災の影響により調査不能な町村を除いた値。また、本データは東日本大震災に伴う避難により人口が流動した影響があることにも留意。

表7-11　1日の生活時間の配分（Ⅰ）（10歳以上の男）（2021年）（単位　時間．分）

	睡眠	食事	通勤・通学	仕事	家事	テレビ・ラジオ・新聞・雑誌	休養・くつろぎ	趣味・娯楽	スポーツ
北海道	8.01	1.33	0.31	4.20	0.22	2.37	2.11	0.57	0.15
青森	8.13	1.39	0.29	4.39	0.19	2.31	2.00	0.54	0.13
岩手	8.04	1.39	0.29	4.20	0.29	2.29	2.02	0.49	0.15
宮城	8.04	1.37	0.36	4.36	0.23	2.02	2.04	1.03	0.13
秋田	8.13	1.42	0.28	4.21	0.26	2.27	2.03	0.55	0.14
山形	8.10	1.38	0.27	4.40	0.28	2.23	1.58	0.51	0.13
福島	8.10	1.36	0.31	4.30	0.24	2.23	1.58	0.56	0.16
茨城	8.00	1.39	0.38	4.21	0.23	2.12	2.05	1.02	0.18
栃木	8.00	1.40	0.32	4.41	0.23	2.12	2.01	0.53	0.17
群馬	7.57	1.36	0.34	4.32	0.27	2.20	1.54	0.58	0.19
埼玉	7.55	1.41	0.46	4.23	0.28	2.05	1.55	1.01	0.15
千葉	7.55	1.38	0.45	4.36	0.24	2.04	1.55	1.01	0.16
東京	7.48	1.37	0.44	4.32	0.26	1.48	1.58	1.09	0.15
神奈川	7.51	1.39	0.45	4.28	0.27	2.05	1.59	1.06	0.16
新潟	8.03	1.38	0.29	4.21	0.29	2.23	2.05	0.57	0.12
富山	8.04	1.37	0.34	4.35	0.23	2.21	2.07	0.54	0.14
石川	8.05	1.36	0.32	4.42	0.17	2.18	2.02	0.59	0.17
福井	8.10	1.37	0.29	4.31	0.28	2.13	2.00	0.52	0.15
山梨	8.03	1.41	0.31	4.36	0.28	2.01	2.04	0.50	0.14
長野	8.05	1.43	0.32	4.32	0.29	2.06	1.56	0.54	0.16
岐阜	8.03	1.34	0.35	4.21	0.25	2.16	2.02	1.04	0.17
静岡	7.56	1.36	0.34	4.25	0.26	2.27	2.03	1.00	0.16
愛知	7.56	1.34	0.40	4.46	0.22	2.06	1.57	0.59	0.16
三重	8.08	1.36	0.37	4.23	0.25	2.10	2.05	0.58	0.19
滋賀	8.04	1.33	0.37	4.37	0.23	1.55	2.00	1.01	0.19
京都	8.04	1.39	0.38	4.08	0.26	2.13	1.56	0.54	0.18
大阪	7.56	1.40	0.43	4.16	0.24	2.19	1.54	1.03	0.17
兵庫	7.54	1.39	0.42	4.20	0.21	2.13	2.05	0.56	0.19
奈良	7.59	1.40	0.41	4.16	0.22	2.11	1.57	1.02	0.16
和歌山	8.03	1.36	0.29	4.17	0.26	2.24	2.02	0.51	0.17
鳥取	8.10	1.31	0.29	4.24	0.24	2.34	2.02	0.49	0.19
島根	8.08	1.37	0.32	4.37	0.27	2.14	2.00	0.48	0.14
岡山	8.01	1.35	0.35	4.25	0.26	2.07	2.08	0.59	0.16
広島	8.04	1.37	0.36	4.27	0.28	2.15	1.57	0.56	0.17
山口	8.05	1.34	0.31	4.08	0.25	2.38	1.59	0.59	0.18
徳島	7.59	1.39	0.27	4.05	0.24	2.29	2.05	0.55	0.18
香川	8.04	1.33	0.32	4.19	0.28	2.31	1.50	0.58	0.17
愛媛	7.59	1.33	0.28	4.16	0.27	2.37	1.58	1.02	0.16
高知	8.14	1.35	0.30	4.15	0.26	2.22	1.52	1.01	0.16
福岡	8.00	1.33	0.35	4.24	0.21	2.14	1.57	1.05	0.17
佐賀	8.07	1.34	0.33	4.38	0.23	2.13	1.52	0.51	0.19
長崎	8.02	1.38	0.33	4.29	0.23	2.24	1.59	0.54	0.15
熊本	8.04	1.37	0.32	4.23	0.23	2.15	2.04	0.49	0.19
大分	8.01	1.33	0.32	4.14	0.27	2.23	2.03	0.59	0.19
宮崎	8.06	1.35	0.27	4.23	0.24	2.15	2.04	0.58	0.20
鹿児島	8.12	1.39	0.27	4.20	0.26	2.18	1.58	0.48	0.19
沖縄	8.04	1.33	0.35	4.28	0.26	2.10	1.54	0.49	0.21
全国	7.58	1.37	0.38	4.27	0.25	2.11	1.59	1.00	0.16

府県別統計

生活時間

総務省「社会生活基本調査」（2021年）より作成。注記は359ページ参照。

1日の生活時間の配分（Ⅱ）（10歳以上の女）（2021年）（単位　時間．分）

	睡眠	食事	通勤・通学	仕事	家事	テレビ・ラジオ・新聞・雑誌	休養・くつろぎ	趣味・娯楽	スポーツ
北海道	7.59	1.36	0.18	2.23	2.23	2.32	2.03	0.40	0.08
青森	8.04	1.41	0.18	2.49	2.21	2.27	1.55	0.31	0.06
岩手	7.56	1.41	0.20	2.59	2.17	2.07	1.59	0.32	0.08
宮城	8.03	1.40	0.25	2.33	2.22	2.00	2.02	0.44	0.11
秋田	7.59	1.45	0.18	2.26	2.38	2.21	2.04	0.34	0.06
山形	7.57	1.41	0.17	2.41	2.21	2.16	2.00	0.31	0.09
福島	7.49	1.42	0.22	2.46	2.20	2.19	1.54	0.37	0.08
茨城	7.52	1.44	0.24	2.36	2.28	2.11	1.53	0.35	0.09
栃木	7.50	1.44	0.24	2.42	2.27	2.08	1.59	0.32	0.09
群馬	7.53	1.43	0.20	2.26	2.27	2.10	2.00	0.30	0.11
埼玉	7.47	1.44	0.26	2.18	2.33	2.05	1.50	0.39	0.10
千葉	7.47	1.45	0.28	2.22	2.30	2.04	1.59	0.39	0.09
東京	7.47	1.41	0.28	2.53	2.16	1.44	1.58	0.43	0.10
神奈川	7.44	1.44	0.27	2.25	2.32	2.03	1.59	0.41	0.10
新潟	7.54	1.43	0.20	2.40	2.22	2.15	1.52	0.38	0.08
富山	7.47	1.42	0.21	2.56	2.22	2.21	1.51	0.32	0.08
石川	7.53	1.38	0.21	2.49	2.17	2.10	1.50	0.38	0.11
福井	7.53	1.40	0.23	2.57	2.26	1.55	1.51	0.29	0.08
山梨	7.56	1.48	0.21	2.40	2.23	2.02	1.57	0.28	0.09
長野	7.48	1.46	0.22	2.43	2.31	1.51	1.52	0.35	0.11
岐阜	7.45	1.37	0.23	2.42	2.28	2.07	2.00	0.35	0.09
静岡	7.43	1.41	0.20	2.27	2.38	2.15	1.55	0.35	0.10
愛知	7.50	1.39	0.23	2.23	2.31	1.58	1.53	0.40	0.09
三重	7.46	1.39	0.23	2.25	2.36	2.09	1.56	0.33	0.10
滋賀	7.52	1.39	0.22	2.17	2.40	1.45	2.01	0.34	0.10
京都	7.49	1.41	0.24	2.10	2.37	1.58	1.56	0.35	0.10
大阪	7.47	1.43	0.27	2.26	2.19	2.08	1.52	0.42	0.11
兵庫	7.47	1.43	0.25	2.23	2.30	2.03	1.52	0.36	0.11
奈良	7.48	1.45	0.25	2.09	2.50	2.05	1.50	0.39	0.09
和歌山	7.49	1.40	0.17	2.24	2.37	2.13	2.00	0.33	0.10
鳥取	7.50	1.39	0.20	2.45	2.20	2.19	1.55	0.33	0.10
島根	7.51	1.38	0.24	2.59	2.18	1.59	1.59	0.29	0.08
岡山	7.41	1.37	0.24	2.35	2.32	2.00	1.54	0.35	0.10
広島	7.54	1.40	0.23	2.23	2.25	2.17	1.55	0.35	0.08
山口	7.50	1.36	0.20	2.23	2.33	2.19	1.51	0.34	0.09
徳島	7.46	1.42	0.19	2.43	2.25	2.11	1.55	0.35	0.09
香川	7.51	1.36	0.20	2.32	2.25	2.18	1.52	0.31	0.10
愛媛	7.47	1.39	0.17	2.25	2.33	2.26	1.55	0.35	0.11
高知	7.56	1.39	0.20	2.44	2.21	2.01	1.57	0.41	0.10
福岡	7.52	1.38	0.23	2.29	2.22	2.08	1.58	0.34	0.09
佐賀	7.50	1.36	0.24	2.54	2.17	2.05	1.50	0.33	0.10
長崎	7.42	1.41	0.21	2.42	2.35	2.11	1.59	0.33	0.10
熊本	7.49	1.40	0.22	2.32	2.27	2.15	1.56	0.32	0.10
大分	7.50	1.40	0.21	2.33	2.27	2.15	1.57	0.35	0.11
宮崎	7.53	1.40	0.19	2.48	2.27	2.10	1.53	0.26	0.10
鹿児島	7.59	1.45	0.20	2.33	2.26	2.10	1.47	0.31	0.09
沖縄	7.58	1.35	0.25	2.44	2.15	2.03	1.48	0.27	0.13
全国	7.49	1.41	0.24	2.32	2.26	2.05	1.56	0.37	0.10

資料・注記は（Ⅰ）に同じ。

表7-12　幼稚園、保育所

	幼稚園 (2021年5月1日) (学校基本調査)		幼保連携型 認定こども園 (2021年5月1日) (学校基本調査)		保育所 (2020年10月1日) (社会福祉施設等調査)		保育所型 認定こども園 (2020年10月1日) (社会福祉施設等調査)	
	学校数	在園者数	学校数	在園者数	施設数	利用1) 児童数	施設数	利用1) 児童数
北海道	366	38 009	272	34 720	682	50 640	116	8 710
青森	86	4 287	245	18 884	209	11 636	35	1 975
岩手	74	4 462	113	11 964	289	19 865	8	533
宮城	222	23 722	79	10 135	425	33 410	6	496
秋田	33	2 065	80	9 237	183	13 768	12	879
山形	63	5 381	68	7 813	222	18 375	12	670
福島	228	17 008	100	12 080	283	22 357	5	586
茨城	224	19 989	164	22 074	441	40 941	14	1 432
栃木	78	9 952	120	19 910	314	29 338	6	599
群馬	122	8 540	189	25 128	277	26 332	6	794
埼玉	510	81 305	115	20 186	1 297	102 452	5	509
千葉	471	66 786	117	16 858	1 108	86 418	19	1 578
東京	976	134 456	40	6 949	3 283	278 167	53	5 356
神奈川	628	97 566	149	23 010	1 802	148 154	6	606
新潟	76	4 341	189	23 006	515	41 938	31	3 199
富山	38	2 027	120	16 156	170	13 601	10	1 108
石川	48	4 529	152	18 314	134	10 384	72	7 540
福井	64	1 113	138	15 118	152	12 319	3	243
山梨	55	3 693	54	6 685	172	13 393	12	957
長野	93	8 658	40	5 224	501	45 061	28	3 066
岐阜	154	18 424	75	7 792	295	26 389	50	4 421
静岡	350	30 886	281	36 347	383	35 223	21	2 502
愛知	410	67 860	218	34 385	1 259	130 913	61	5 919
三重	172	12 099	57	8 213	365	33 198	10	692
滋賀	127	10 120	109	16 367	225	22 188	7	449
京都	196	20 929	131	16 998	383	37 696	15	1 338
大阪	550	73 822	650	92 232	965	91 775	29	3 709
兵庫	461	42 264	529	61 889	568	51 626	38	4 216
奈良	153	10 501	86	11 377	141	17 907	1	154
和歌山	68	4 370	48	7 429	132	11 953	20	2 247
鳥取	20	1 943	37	4 668	142	12 390	12	1 055
島根	85	2 595	20	1 944	244	17 927	33	2 262
岡山	216	11 881	110	14 014	329	35 321	22	2 230
広島	217	20 027	158	20 898	498	42 988	39	3 829
山口	162	13 104	30	3 299	273	23 898	1	31
徳島	106	4 670	53	6 465	138	9 226	18	1 022
香川	115	8 261	77	9 445	150	16 760	5	499
愛媛	121	9 937	56	8 101	241	18 476	22	1 982
高知	37	2 342	17	1 825	229	17 474	6	610
福岡	418	54 742	59	8 588	969	108 219	24	2 716
佐賀	49	3 398	76	10 090	181	15 297	5	531
長崎	102	7 646	105	12 058	367	27 030	28	1 866
熊本	101	8 189	125	16 438	500	38 070	9	1 087
大分	158	7 547	114	12 070	200	13 103	33	2 460
宮崎	91	5 238	144	15 025	263	17 725	23	1 585
鹿児島	142	8 439	237	22 987	348	25 447	26	1 701
沖縄	182	9 692	123	12 487	457	41 138	32	4 057
全国	9 418	1 008 815	6 269	796 882	22 704	1 957 907	1 049	96 007

文部科学省「学校基本調査報告書」(2021年度) および厚生労働省「社会福祉施設等調査」(2020年度)
より作成。1) 2020年9月末現在。注記は359ページ参照。

表 7-13　初等中等教育機関、専修学校・各種学校の学校数 (2021年5月1日現在)(単位　校)

	小学校	中学校	義務教育学校1)	高等学校	中等教育学校2)	特別支援学校	専修学校	各種学校
北海道	984	579	15	272	2	74	159	48
青森	263	157	—	77	—	21	26	10
岩手	298	154	1	79	—	17	34	6
宮城	374	205	2	95	1	29	69	22
秋田	182	111	1	52	—	15	16	3
山形	234	94	3	61	—	19	22	4
福島	412	222	6	108	—	25	53	12
茨城	466	226	12	119	6	25	63	12
栃木	351	163	3	75	1	17	56	17
群馬	306	166	1	77	2	28	68	19
埼玉	812	448	1	193	1	49	106	26
千葉	764	389	3	181	1	45	92	14
東京	1328	801	8	429	8	71	401	153
神奈川	885	472	3	231	5	53	106	12
新潟	444	230	1	101	7	37	84	7
富山	181	77	3	53	—	15	23	22
石川	203	88	3	56	—	13	36	20
福井	194	83	1	35	—	12	19	20
山梨	177	93	—	43	—	14	24	12
長野	363	196	4	99	1	20	60	20
岐阜	362	185	3	81	—	23	33	33
静岡	502	291	1	138	—	40	92	26
愛知	970	439	2	220	1	41	176	62
三重	366	168	1	70	1	20	37	37
滋賀	220	103	2	56	1	17	22	10
京都	368	189	10	111	—	24	61	53
大阪	994	517	7	254	1	50	222	38
兵庫	747	380	7	205	2	47	98	75
奈良	196	109	4	59	2	10	27	32
和歌山	247	128	1	47	—	12	22	24
鳥取	118	58	4	32	—	10	21	17
島根	197	95	3	47	—	12	21	25
岡山	389	165	—	86	2	16	53	15
広島	471	266	5	129	1	18	72	23
山口	300	161	—	78	1	14	41	38
徳島	187	89	—	37	1	12	14	4
香川	160	75	—	40	—	9	26	14
愛媛	281	132	—	65	5	11	37	11
高知	225	127	2	46	—	16	26	7
福岡	723	360	5	164	2	38	160	19
佐賀	164	92	6	45	—	11	30	1
長崎	323	186	2	79	—	18	36	8
熊本	338	172	2	73	—	24	52	6
大分	266	129	2	55	—	17	49	15
宮崎	235	134	2	51	1	13	36	4
鹿児島	498	223	9	89	—	17	42	4
沖縄	268	149	—	63	—	21	60	17
全国	19 336	10 076	151	4 856	56	1 160	3 083	1 069

文部科学省「学校基本調査報告書」(2021年度)より作成。通信教育のみを行う学校を除く。1) 小中一貫教育を行う。2016年新設。2) 中高一貫教育を行う。

表 7 - 14　初等中等教育機関、専修学校・各種学校の在学者数 (2021年5月1日現在) (単位　人)

	小学校	中学校	義務教育学校1)	高等学校	中等教育学校2)	特別支援学校	専修学校	各種学校
北海道	231 714	122 742	1 623	115 335	1 393	6 058	25 852	3 115
青森	54 460	29 940	—	30 543	—	1 679	2 286	163
岩手	55 597	30 269	619	29 980	—	1 583	4 620	300
宮城	112 246	58 748	783	55 329	806	2 636	17 510	1 183
秋田	38 992	21 924	231	21 448	—	1 302	1 495	7
山形	49 164	26 969	1 276	27 233	—	1 143	2 041	84
福島	85 322	46 148	1 411	45 647	—	2 366	5 917	393
茨城	135 782	72 465	9 271	71 842	2 733	4 282	9 344	618
栃木	95 315	51 170	1 151	49 674	386	2 559	8 629	798
群馬	94 185	50 841	782	48 521	1 497	2 287	10 752	1 089
埼玉	363 199	187 395	206	163 986	479	8 183	21 750	2 547
千葉	306 105	158 265	1 398	141 358	—	7 016	22 309	411
東京	622 820	311 049	7 917	301 712	7 045	13 713	146 015	19 919
神奈川	451 098	226 599	1 536	195 931	3 911	8 123	28 050	3 371
新潟	103 680	53 720	794	51 594	3 127	2 643	14 856	69
富山	47 818	26 146	409	26 068	—	1 224	2 946	3 725
石川	56 620	30 336	286	29 764	—	1 318	4 850	4 144
福井	39 236	21 196	716	20 701	—	994	1 479	2 082
山梨	38 572	20 955	—	22 717	—	1 065	2 508	217
長野	101 932	55 189	805	52 632	505	2 586	6 293	1 340
岐阜	101 805	54 493	1 289	50 563	—	2 583	3 935	3 099
静岡	183 614	98 192	109	91 613	—	5 040	14 821	1 234
愛知	405 839	209 151	442	185 920	451	7 283	50 486	10 143
三重	90 040	47 567	263	44 229	639	1 972	4 435	1 903
滋賀	80 289	41 086	488	36 673	138	2 258	1 677	1 212
京都	119 892	65 187	4 638	66 457	—	2 897	16 238	4 427
大阪	422 433	221 610	4 228	207 262	140	9 698	74 531	8 386
兵庫	278 500	143 075	4 034	128 298	1 186	5 909	19 748	6 862
奈良	65 989	35 964	146	32 530	991	1 496	2 489	2 733
和歌山	43 676	23 677	746	23 349	—	1 557	2 348	1 452
鳥取	28 027	14 316	793	14 321	—	773	1 779	1 426
島根	33 162	17 040	1 649	17 145	—	993	2 426	409
岡山	97 981	50 820	—	49 501	1 096	2 251	9 422	1 626
広島	147 671	75 326	1 651	68 044	705	2 775	12 641	1 494
山口	65 000	33 721	—	30 983	584	1 834	4 257	3 139
徳島	34 181	17 432	—	16 965	554	993	1 987	89
香川	49 196	25 629	—	24 657	—	1 173	4 716	149
愛媛	66 494	33 330	—	31 473	3 501	1 561	4 680	217
高知	31 226	16 988	193	17 139	—	849	2 648	164
福岡	279 290	139 657	1 626	123 508	661	6 440	45 622	2 468
佐賀	43 903	23 530	2 400	22 422	—	1 237	3 802	23
長崎	68 834	35 782	55	34 415	—	1 715	3 574	161
熊本	96 415	48 862	149	44 284	—	2 284	7 914	1 377
大分	56 464	29 624	1 283	29 330	—	1 469	4 360	1 788
宮崎	59 639	30 562	179	28 856	228	1 419	4 352	95
鹿児島	88 636	45 294	993	43 029	—	2 581	6 915	69
沖縄	101 342	49 716	—	43 221	—	2 485	10 830	749
全国	6 223 395	3 229 697	58 568	3 008 172	32 756	146 285	662 135	102 469

資料は表7-13に同じ。通信教育を除く。1) 小中一貫教育を行う。2016年新設。2) 中高一貫教育を行う。
前期課程（中学校相当）1万7492人と後期課程（高等学校相当）1万5264人の合計。

表 7 - 15 初等中等教育機関、専修学校・各種学校の教員数(2021年5月1日現在)(単位 人)

	小学校	中学校	義務教育学校1)	高等学校	中等教育学校2)	特別支援学校	専修学校	各種学校
北海道	19 028	11 549	337	9 980	116	3 924	1 806	240
青森	4 464	2 970	—	2 847	—	1 097	214	23
岩手	4 699	2 833	43	2 889	—	1 118	339	24
宮城	7 909	4 916	80	4 539	62	1 614	938	109
秋田	3 099	2 166	30	2 026	—	926	139	5
山形	3 872	2 241	119	2 414	—	792	189	11
福島	6 697	4 167	168	3 938	—	1 615	552	65
茨城	9 565	5 860	611	5 593	249	2 317	852	84
栃木	6 921	4 086	100	3 514	33	1 358	709	61
群馬	6 738	4 041	59	3 591	129	1 529	726	98
埼玉	20 889	12 569	26	11 025	44	4 304	1 443	174
千葉	18 454	10 836	118	9 680	10	3 834	1 206	49
東京	36 134	20 183	487	19 238	548	6 155	7 341	2 054
神奈川	26 225	14 785	130	13 035	263	4 836	1 612	388
新潟	8 172	4 749	60	3 930	259	1 621	998	18
富山	3 610	2 037	69	2 209	—	903	249	250
石川	4 032	2 212	49	2 378	—	750	361	298
福井	3 060	1 848	39	1 631	—	763	165	231
山梨	3 162	1 829	—	1 820	—	769	165	19
長野	7 160	4 746	100	4 233	39	1 667	537	111
岐阜	7 268	4 255	103	4 038	—	1 702	334	271
静岡	11 545	6 980	21	6 441	—	2 865	1 041	96
愛知	24 738	13 910	54	12 252	61	3 758	2 737	612
三重	6 779	3 775	28	3 374	41	1 218	351	107
滋賀	5 578	3 138	60	2 752	45	1 313	165	83
京都	8 420	5 178	427	5 240	—	2 033	838	318
大阪	28 850	17 118	371	14 299	19	5 410	3 853	442
兵庫	18 364	10 406	331	9 744	91	3 847	1 228	474
奈良	4 895	2 844	66	2 525	80	937	202	207
和歌山	3 892	2 314	56	2 065	—	991	193	120
鳥取	2 411	1 384	108	1 391	—	666	187	310
島根	3 095	1 823	118	1 728	—	825	227	41
岡山	7 609	4 142	—	3 912	100	1 248	663	114
広島	9 981	5 693	164	5 152	52	1 600	785	154
山口	5 032	2 996	—	2 829	55	1 177	405	309
徳島	3 008	1 742	—	1 576	35	726	174	12
香川	3 539	2 094	—	2 043	—	727	377	20
愛媛	4 822	2 799	—	2 768	284	884	385	51
高知	2 933	2 027	41	1 959	—	686	255	21
福岡	17 794	10 121	180	8 410	69	3 453	2 369	229
佐賀	3 475	2 140	251	2 010	—	860	301	6
長崎	5 354	3 237	25	3 131	—	1 118	310	17
熊本	7 050	4 091	49	3 693	—	1 246	581	60
大分	4 261	2 524	87	2 646	—	1 045	412	127
宮崎	4 261	2 736	49	2 570	37	998	378	13
鹿児島	7 529	4 282	168	4 165	—	1 391	572	12
沖縄	6 491	3 881	—	3 498	—	1 525	756	130
全国	422 864	248 253	5 382	226 721	2 721	86 141	40 620	8 668

資料は表7-13に同じ。通信教育のみを行う学校を除く。本務者のみ。1) 小中一貫教育を行う。2016年新設。2) 中高一貫教育を行う。

表7-16　高等学校卒業者の進路別割合（2021年3月卒業者、中等教育学校を含む）（％）

	大学等進学率1)2)（現役）			専修学校（専門課程）進学率（現役）2)3)			就職率4)		
	計	男	女	計	男	女	計	男	女
北海道	48.4	48.9	48.0	23.7	18.0	29.6	19.8	23.3	16.3
青森	49.4	46.1	52.8	16.2	12.0	20.9	26.5	32.4	20.2
岩手	45.4	42.7	48.3	19.5	15.3	23.9	27.1	32.4	21.6
宮城	52.0	50.4	53.7	17.9	14.7	21.2	20.3	23.8	16.7
秋田	48.1	44.8	51.5	18.3	13.9	22.6	27.8	34.5	21.1
山形	46.4	43.0	50.0	19.8	15.6	24.2	27.3	32.7	21.7
福島	47.7	44.4	51.1	17.4	14.6	20.4	26.8	32.6	20.8
茨城	53.2	52.3	54.2	19.1	14.4	24.0	18.8	22.8	14.6
栃木	54.3	52.6	56.0	18.6	13.5	23.9	20.1	24.5	15.4
群馬	54.7	52.9	56.6	17.6	13.0	22.4	17.4	21.9	12.7
埼玉	60.7	60.5	60.8	18.8	14.9	23.1	11.7	13.1	10.2
千葉	58.2	57.8	58.7	20.1	16.3	23.9	11.4	13.2	9.6
東京	69.2	65.8	72.5	12.3	10.6	14.0	5.3	6.8	3.9
神奈川	63.3	62.4	64.1	17.5	13.8	21.3	7.5	9.5	5.5
新潟	49.9	49.6	50.2	27.6	22.1	33.1	16.3	20.5	12.2
富山	54.8	50.4	59.3	17.4	12.8	22.2	20.1	26.3	13.7
石川	57.9	54.7	61.1	14.4	10.8	18.2	19.4	24.2	14.3
福井	59.5	57.8	61.4	14.9	11.3	18.7	20.7	24.8	16.3
山梨	58.7	59.0	58.4	18.0	13.8	22.8	14.6	17.6	11.0
長野	50.9	46.3	55.7	21.8	20.1	23.7	16.9	20.3	13.4
岐阜	57.3	55.5	59.1	14.2	10.3	18.1	22.2	26.8	17.5
静岡	53.9	54.1	53.7	17.4	13.7	21.3	20.9	23.9	17.6
愛知	59.9	58.7	61.1	13.9	9.8	18.1	17.5	21.3	13.6
三重	52.6	50.8	54.4	14.8	9.9	19.8	25.5	31.1	20.0
滋賀	57.4	56.4	58.5	17.4	13.4	21.7	16.7	20.4	12.9
京都	69.8	67.6	72.0	13.8	11.8	15.7	7.3	9.3	5.3
大阪	64.3	63.6	65.0	15.5	11.7	19.4	9.9	12.7	7.2
兵庫	64.4	61.7	67.2	14.1	10.5	17.7	12.5	16.6	8.2
奈良	62.1	60.5	63.7	12.8	9.9	15.9	10.7	13.4	8.0
和歌山	54.0	51.8	56.3	18.3	15.4	21.3	18.6	22.8	14.4
鳥取	46.3	40.3	52.3	19.8	15.8	23.8	22.9	29.2	16.7
島根	47.4	44.7	50.3	21.5	18.3	25.0	21.5	26.4	16.2
岡山	54.5	51.0	58.1	18.5	13.9	23.2	20.0	27.2	12.6
広島	62.0	59.2	64.8	12.3	9.4	15.3	13.5	17.6	9.4
山口	44.3	39.5	49.1	16.3	11.8	20.7	29.7	37.5	22.2
徳島	56.5	51.2	61.9	16.6	13.2	20.1	20.4	26.7	14.0
香川	55.2	51.9	58.7	17.4	13.7	21.4	17.1	21.6	12.4
愛媛	55.3	52.0	58.8	19.1	17.1	21.2	19.7	24.7	14.4
高知	51.2	44.5	58.3	17.2	15.9	18.6	17.4	23.4	11.1
福岡	54.6	50.4	58.8	18.4	15.5	21.2	16.2	21.6	10.9
佐賀	45.7	42.6	49.2	18.4	14.6	22.5	28.9	34.2	23.1
長崎	47.6	43.6	51.8	17.0	12.5	21.7	27.0	33.0	20.7
熊本	47.2	42.7	52.0	20.5	17.4	23.7	24.3	30.9	17.3
大分	49.7	45.6	54.0	21.5	18.5	24.6	23.4	29.8	16.9
宮崎	46.4	41.0	52.0	17.5	14.7	20.5	27.3	34.1	20.2
鹿児島	45.1	39.0	51.4	22.0	18.2	25.8	24.6	31.2	17.7
沖縄	40.8	37.4	44.3	27.9	24.1	31.8	14.3	19.0	9.3
全国	57.5	55.3	59.7	17.3	13.7	20.9	15.6	19.4	11.8

資料は表7-13に同じ。全日制、定時制の卒業生の割合。1) 大学等の通信教育部への進学者を含む。2) 就職進学を含む。3) 専門課程の専修学校で、大学予備校など一般課程の専修学校を含まず。4) 有期雇用や臨時雇用を除く。大学や専修学校等へ進学した就職者（298人で卒業者全体の0.03％）を含む。

表 7 - 17　大学・短期大学・高等専門学校 （2021年 5 月 1 日現在）

	学校数[1]（校）			学生数[2]（人）			教員数[1]（本務者）（人）		
	大学・ 大学院	短期 大学	高等 専門 学校	大学・ 大学院	短期 大学	高等 専門 学校	大学・ 大学院	短期 大学	高等 専門 学校
北海道	37	15	4	90 240	4 107	3 609	6 617	285	276
青森	10	5	1	16 572	1 024	879	1 372	119	65
岩手	6	4	1	12 671	729	845	1 364	68	67
宮城	14	5	1	57 585	2 704	1 623	5 071	179	112
秋田	7	4	1	10 020	594	826	1 004	59	58
山形	6	3	1	13 255	1 013	846	1 036	75	60
福島	8	5	1	15 603	1 515	1 075	1 576	127	79
茨城	10	3	1	38 455	718	1 061	3 163	52	81
栃木	9	6	1	22 947	1 562	1 054	4 219	151	72
群馬	15	7	1	30 753	1 635	1 102	2 019	136	81
埼玉	27	12	—	114 113	3 873	—	4 519	230	—
千葉	27	8	1	116 270	3 112	1 116	4 110	174	74
東京	143	36	3	763 018	10 187	3 559	52 851	727	252
神奈川	31	14	—	183 943	5 450	—	5 520	322	—
新潟	22	5	1	32 413	1 368	1 131	2 818	90	77
富山	5	2	1	12 275	1 100	1 391	1 111	76	114
石川	14	4	2	32 220	1 368	1 209	2 749	86	128
福井	6	1	1	11 206	463	1 053	1 053	30	79
山梨	7	3	—	17 197	1 033	—	1 284	60	—
長野	11	8	1	19 394	2 340	1 072	1 686	179	77
岐阜	13	11	1	22 339	3 557	1 141	1 880	253	72
静岡	14	6	1	36 495	1 967	1 095	2 147	112	73
愛知	52	18	1	192 790	6 486	1 174	11 603	418	75
三重	7	4	3	15 440	1 425	2 661	1 274	82	170
滋賀	9	3	—	34 760	983	—	1 101	62	—
京都	34	10	1	163 312	3 224	837	10 351	160	57
大阪	56	24	1	250 268	9 433	867	14 197	585	67
兵庫	36	15	2	125 817	5 496	2 146	6 855	318	160
奈良	11	3	1	23 174	1 400	1 113	1 524	98	75
和歌山	5	1	1	9 446	296	879	738	25	60
鳥取	3	1	1	7 785	574	1 062	822	43	76
島根	2	1	1	8 085	167	1 070	893	13	69
岡山	18	8	1	43 366	2 164	882	3 909	175	61
広島	21	5	2	61 721	1 501	1 587	4 252	97	117
山口	10	5	3	20 187	773	2 516	1 457	89	185
徳島	4	3	1	13 969	710	845	1 554	92	65
香川	4	3	1	9 926	764	1 551	748	77	106
愛媛	5	5	2	17 562	991	1 766	1 104	68	127
高知	5	1	1	10 272	553	855	1 017	46	63
福岡	34	18	3	122 597	6 375	3 391	8 849	417	227
佐賀	2	3	—	8 671	827	—	778	71	—
長崎	8	2	1	18 931	697	907	1 704	59	63
熊本	9	2	1	27 224	742	1 403	1 610	51	112
大分	5	5	1	16 371	1 908	875	1 032	155	62
宮崎	7	2	1	10 596	657	852	1 083	43	61
鹿児島	6	4	1	17 289	1 842	1 089	1 458	142	69
沖縄	8	2	1	19 455	825	890	1 366	39	61
合計	803	315	57	2 917 998	102 232	56 905	190 448	7 015	4 085

文部科学省「学校基本調査報告書」（2021年度）より作成。通信教育のみを行う学校を除く。1）府県別
は本部や事務部の所在地による。2）大学院、専攻科、別科の学生や科目等履修生等を含む。府県別で
大学は在籍する学部や研究科等の所在地による。短期大学は在籍する学科の所在地。

表 **7 - 18**　社会教育関係施設数（2021年10月 1 日現在、中間報告）（単位　施設）

	公民館1)	図書館2)	博物館1)	青少年教育施設	女性教育施設	社会体育施設3)	劇場、音楽堂等	生涯学習センター
北海道	⑥ 420	③ 165	② 334	② 61	② 30	① 3 742	⑤ 74	⑥ 26
青森	253	35	91	6	6	697	21	2
岩手	184	47	104	6	2	867	27	6
宮城	③ 444	35	128	12	3	843	42	5
秋田	336	49	91	15	6	857	22	4
山形	④ 443	40	73	12	4	648	23	14
福島	⑨ 363	71	132	19	4	⑩ 1 268	35	⑥ 26
茨城	247	67	103	12	—	1 158	37	⑧ 18
栃木	185	55	138	13	5	931	27	9
群馬	228	56	99	18	4	1 174	43	6
埼玉	② 510	② 174	135	18	⑦ 14	④ 1 757	③ 76	6
千葉	308	⑤ 144	112	④ 37	8	⑦ 1 510	⑩ 52	11
東京	114	① 401	③ 309	⑤ 36	① 40	② 2 229	① 132	④ 29
神奈川	165	85	⑨ 165	⑥ 34	④ 16	⑥ 1 585	⑥ 71	9
新潟	⑧ 378	79	⑤ 207	17	⑨ 11	⑧ 1 410	48	⑧ 18
富山	274	56	107	9	7	653	25	9
石川	300	41	138	16	4	716	28	8
福井	206	37	89	10	5	482	19	11
山梨	304	53	97	13	4	588	22	2
長野	① 1 789	⑥ 126	① 343	⑧ 27	10	③ 1 830	47	11
岐阜	293	72	⑥ 198	19	3	1 083	46	14
静岡	57	⑩ 96	⑦ 193	19	⑨ 11	1 266	⑨ 53	① 46
愛知	332	⑨ 97	④ 219	⑨ 25	⑥ 15	⑤ 1 735	② 81	③ 31
三重	317	47	107	8	4	624	35	5
滋賀	83	51	86	12	5	545	35	2
京都	150	68	⑩ 146	18	10	638	33	10
大阪	209	④ 155	111	① 69	④ 16	1 203	⑦ 69	④ 29
兵庫	318	⑧ 107	⑧ 184	③ 43	③ 19	1 118	⑧ 62	9
奈良	⑩ 355	33	49	10	2	489	31	1
和歌山	317	27	42	6	3	440	19	4
鳥取	176	30	46	11	7	495	13	4
島根	156	41	80	8	5	523	20	3
岡山	⑦ 399	70	134	15	9	792	39	6
広島	269	86	131	⑩ 24	6	1 039	47	17
山口	180	55	101	12	6	714	36	3
徳島	323	29	46	6	4	347	13	1
香川	158	30	60	8	4	474	14	4
愛媛	④ 443	44	90	11	3	650	27	4
高知	199	40	45	13	4	381	14	3
福岡	319	⑦ 114	135	⑦ 29	⑦ 14	⑨ 1 284	③ 76	② 37
佐賀	117	31	64	11	3	491	15	5
長崎	164	40	87	12	3	817	37	—
熊本	332	52	95	14	5	907	35	⑧ 18
大分	242	33	83	10	1	569	21	3
宮崎	87	34	54	7	4	663	24	—
鹿児島	248	63	120	17	2	1 014	48	3
沖縄	104	39	70	12	7	434	18	4
全国	13 798	3 400	5 771	840	358	45 680	1 832	496

文部科学省「社会教育調査」（2021年度中間報告）より作成。○内の数字は全国順位。1) 類似施設を含む。2) 同種施設を含む。3) 体育館、水泳プール、運動場等。

表 7 - 19　体育施設数（社会体育施設と民間体育施設の合計）（2018年10月 1 日現在）（単位　施設）

	陸上競技場	野球場・ソフトボール場	多目的運動広場	プール1)	体育館	武道場2)	庭球場	トレーニング場
北海道	① 59	② 537	① 337	② 326	① 410	④ 163	① 431	⑤ 137
青森	⑨ 28	76	73	77	103	55	67	56
岩手	22	117	118	71	188	40	75	40
宮城	15	125	143	72	136	70	97	69
秋田	20	97	137	66	164	39	71	35
山形	21	63	99	63	106	44	64	35
福島	25	119	⑤ 267	130	⑦ 250	52	117	90
茨城	20	⑥ 232	193	128	150	③ 166	161	107
栃木	⑨ 28	⑦ 228	112	100	135	90	115	76
群馬	⑦ 29	⑩ 186	⑦ 257	96	144	88	116	45
埼玉	⑤ 33	③ 460	229	⑨ 164	192	① 221	④ 272	⑥ 130
千葉	⑥ 30	⑤ 278	214	⑥ 211	188	⑧ 110	③ 303	④ 141
東京	② 43	① 585	134	① 338	④ 271	② 213	② 327	① 284
神奈川	24	174	⑥ 260	③ 299	⑤ 265	④ 163	⑤ 256	② 203
新潟	⑦ 29	173	162	140	③ 272	78	148	86
富山	16	56	105	61	126	47	69	54
石川	17	95	84	66	124	52	73	54
福井	11	92	48	43	88	23	54	27
山梨	10	42	142	62	106	52	82	48
長野	24	⑧ 196	③ 288	129	② 281	⑨ 104	⑦ 212	60
岐阜	15	166	203	77	177	72	128	55
静岡	23	⑨ 188	② 327	⑧ 186	144	82	150	⑩ 122
愛知	23	④ 316	⑧ 248	④ 245	⑨ 227	⑦ 124	⑥ 251	③ 180
三重	10	81	97	83	110	46	107	49
滋賀	9	48	120	55	82	28	90	25
京都	10	83	151	93	118	30	97	51
大阪	12	122	⑨ 236	⑤ 225	186	56	⑧ 175	⑧ 125
兵庫	26	119	205	130	⑥ 257	⑩ 94	⑨ 171	⑧ 125
奈良	6	38	79	57	132	26	78	45
和歌山	7	59	94	61	84	17	54	26
鳥取	8	50	110	44	132	23	46	37
島根	16	62	104	51	110	14	59	22
岡山	16	99	153	85	97	74	118	50
広島	15	76	④ 285	⑩ 143	159	31	141	57
山口	8	33	193	77	124	37	87	57
徳島	4	24	75	42	75	21	48	13
香川	7	79	72	51	83	36	63	49
愛媛	10	46	153	64	149	53	70	46
高知	6	29	93	35	85	26	43	15
福岡	20	185	229	⑦ 203	⑩ 214	⑥ 131	⑩ 168	⑦ 127
佐賀	8	37	144	47	81	33	48	21
長崎	16	58	179	90	144	59	88	28
熊本	16	87	228	71	⑦ 250	69	77	49
大分	18	90	114	75	95	42	67	29
宮崎	23	64	113	49	173	45	50	47
鹿児島	④ 35	58	⑩ 230	106	149	59	107	37
沖縄	③ 37	44	92	76	55	52	55	52
全国	908	6 272	7 729	5 163	7 391	3 250	5 746	3 316

文部科学省「社会教育調査」（2018年度）より作成。○内の数字は全国順位。1) 類似施設を含む。2) 同種施設を含む。

表7-20　観光レクリエーション施設数 (2021年8月31日現在) (単位　施設)

	キャンプ場	ゴルフ場	スキー場	海水浴場	テーマパーク・レジャーランド	水族館	動物園・植物園	道の駅1)
北海道	① 222	③ 146	② 27	⑦ 44	② 21	① 10	① 46	① 127
青森	42	15	⑨ 9	23	1	1	5	28
岩手	⑨ 55	23	⑧ 11	12	6	1	6	⑤ 36
宮城	35	34	6	11	6	1	7	18
秋田	46	15	4	17	6	1	3	⑩ 33
山形	30	16	⑩ 7	11	3	1	3	21
福島	⑦ 71	37	⑤ 15	18	8	2	9	⑥ 35
茨城	22	⑤ 113	—	18	4	⑨ 3	10	16
栃木	44	④ 120	5	—	8	⑨ 3	10	25
群馬	46	67	④ 19	—	⑨ 10	—	11	⑩ 33
埼玉	37	⑧ 81	—	—	8	1	⑨ 14	20
千葉	27	① 161	—	① 59	③ 19	1	⑦ 17	29
東京	28	20	—	⑨ 35	⑦ 11	② 7	③ 26	1
神奈川	52	51	—	22	7	③ 6	⑥ 18	4
新潟	⑤ 79	40	③ 25	① 59	8	⑨ 3	13	④ 42
富山	31	15	⑩ 7	10	4	1	13	16
石川	27	25	3	21	2	1	7	26
福井	32	11	2	③ 56	4	1	5	19
山梨	③ 99	41	3	—	⑨ 10	1	6	21
長野	② 149	⑨ 70	① 67	—	④ 17	1	④ 23	③ 52
岐阜	④ 93	⑦ 86	⑥ 14	—	6	2	10	② 56
静岡	⑧ 60	⑥ 88	2	③ 56	8	⑥ 4	④ 23	25
愛知	18	54	1	22	9	④ 5	⑦ 17	18
三重	51	⑩ 68	1	24	⑦ 11	⑥ 4	5	18
滋賀	35	42	6	12	4	1	6	20
京都	40	29	—	18	7	1	13	18
大阪	4	38	—	3	① 24	1	⑨ 14	10
兵庫	⑥ 73	② 152	⑦ 12	31	⑥ 12	⑥ 4	② 29	⑥ 35
奈良	14	33	—	—	3	—	9	16
和歌山	35	20	—	19	9	④ 5	3	⑥ 35
鳥取	25	10	2	12	3	—	5	17
島根	38	8	1	29	2	2	7	29
岡山	41	40	4	9	⑤ 14	1	6	17
広島	51	47	3	16	5	1	7	21
山口	53	26	—	⑧ 38	9	2	7	24
徳島	32	14	—	6	2	—	11	18
香川	35	19	—	25	3	2	3	18
愛媛	48	20	—	29	1	1	5	29
高知	37	12	—	11	—	2	5	24
福岡	41	58	—	21	3	1	12	17
佐賀	17	22	—	9	4	—	3	10
長崎	45	23	—	③ 56	4	⑨ 3	7	11
熊本	53	42	—	26	7	1	9	⑥ 35
大分	38	23	1	23	7	7	5	25
宮崎	37	27	1	15	7	⑨ 3	8	18
鹿児島	⑨ 55	27	—	⑥ 53	7	⑨ 3	12	22
沖縄	15	26	—	⑩ 32	7	2	10	10
全国	2 258	2 155	258	1 011	341	99	507	1 198

府県別統計　レジャー

日本観光振興協会「数字でみる観光」(2021年度版) より作成。日本観光振興協会の全国観光情報データベースによる。1) 国土交通省資料による。2022年8月5日現在。○内の数字は全国順位。

表 7 - 21　温泉地および温泉利用者数 (2020年度末現在)

	温泉地数[1]	源泉数[2]	うち高温源泉数[3]	湧出量 (L／分)	うち自噴	宿泊施設数 (施設)	収容定員 (人)	宿泊[4] 利用者数 (千人)
北海道	① 234	③ 2 215	1 123	② 197 557	43 602	690	120 864	① 9 517
青森	⑤ 127	⑥ 1 089	662	④ 147 494	12 789	246	22 057	832
岩手	83	395	219	⑥ 112 490	62 388	203	25 238	1 316
宮城	41	⑨ 749	281	25 655	4 525	234	30 675	1 302
秋田	⑥ 119	624	298	⑨ 86 633	37 120	219	18 604	1 088
山形	83	420	215	46 192	17 871	299	27 422	1 242
福島	④ 132	⑧ 800	252	⑩ 79 929	26 690	495	53 818	1 905
茨城	36	154	13	22 502	4 835	74	7 622	431
栃木	67	⑩ 627	274	61 284	18 013	419	51 911	⑨ 2 385
群馬	⑧ 96	458	193	56 725	28 992	525	45 557	⑥ 3 212
埼玉	28	113	11	14 676	709	42	4 463	482
千葉	⑩ 87	155	3	13 429	846	163	49 537	2 081
東京	21	166	36	30 288	275	34	9 523	221
神奈川	39	604	254	30 238	5 262	587	52 955	④ 3 542
新潟	③ 144	541	188	65 976	13 765	516	54 311	1 891
富山	69	178	69	30 402	17 981	126	14 924	657
石川	51	334	75	31 754	1 088	204	31 016	⑧ 2 527
福井	38	157	29	7 811	780	134	22 334	853
山梨	26	349	71	37 609	15 404	198	24 968	⑩ 2 280
長野	② 197	⑦ 971	375	⑧ 105 051	38 791	995	87 017	③ 4 393
岐阜	58	510	167	68 764	14 125	263	25 863	1 384
静岡	⑦ 115	④ 2 208	717	⑦ 112 478	11 449	2 102	116 782	② 7 130
愛知	36	134	14	16 577	138	92	13 391	765
三重	71	208	51	46 574	2 411	335	43 935	1 984
滋賀	24	85	2	10 421	1 580	45	8 761	414
京都	43	149	15	20 300	1 027	198	15 330	1 104
大阪	34	152	25	33 091	254	45	16 186	964
兵庫	81	444	78	48 649	4 692	380	40 734	⑦ 3 024
奈良	32	75	10	6 753	1 012	70	6 696	302
和歌山	50	508	130	58 456	16 510	330	32 405	2 206
鳥取	15	363	118	20 065	71	105	13 254	625
島根	40	255	59	27 878	14 071	104	11 377	712
岡山	36	223	6	21 915	4 416	90	8 608	453
広島	62	367	1	34 174	3 183	79	9 267	887
山口	43	403	19	26 117	3 488	138	11 607	956
徳島	26	80	0	7 425	827	29	3 628	317
香川	28	200	0	10 960	309	56	11 076	959
愛媛	34	198	20	18 688	5 279	93	10 473	796
高知	42	97	1	2 944	131	80	6 249	380
福岡	47	421	114	53 377	375	98	11 713	780
佐賀	19	187	59	21 964	1 171	74	7 364	475
長崎	33	202	118	28 076	7 232	85	12 893	789
熊本	54	⑤ 1 327	773	⑤ 132 047	26 010	392	31 908	1 428
大分	62	① 5 102	3 844	① 298 416	134 922	849	46 648	⑤ 3 326
宮崎	30	202	91	24 795	3 392	66	7 768	537
鹿児島	⑨ 89	② 2 751	1 803	③ 174 500	69 192	307	25 564	1 098
沖縄	12	20	7	4 986	1 420	16	8 728	639
全国	2 934	27 970	12 883	2 534 086	680 412	12 924	1 313 024	76 593

環境省「温泉利用状況」(2020年度) より作成。○内の数字は全国順位。1) 宿泊施設のある温泉地。2) 未利用の源泉を含む。3) 42℃以上。水蒸気ガスのものを除く。4) 2020年度の延べ人員。

表 7 - 22　国内旅行の旅行目的別延べ旅行者数（主目的地）（単位　千人）

	2018		2019		2020		2021	
	宿泊旅行	日帰り旅行	宿泊旅行	日帰り旅行	宿泊旅行	日帰り旅行	宿泊旅行	日帰り旅行
北海道	② 15 592	⑨ 8 748	② 18 471	8 493	① 9 440	⑦ 5 613	① 8 883	⑥ 4 934
青森	2 701	1 218	3 679	1 718	1 716	882	1 295	510
岩手	4 674	2 162	4 301	2 389	2 284	1 570	1 853	1 599
宮城	5 749	4 454	6 144	4 442	3 688	2 339	3 110	2 576
秋田	2 519	1 729	2 911	1 185	986	735	1 312	733
山形	3 580	2 635	3 773	2 677	1 720	1 124	1 758	1 256
福島	5 743	4 779	7 129	4 658	3 431	2 618	2 888	2 284
茨城	3 542	7 216	3 617	7 872	2 101	3 496	1 906	3 726
栃木	7 002	7 444	7 652	6 934	3 868	⑨ 4 792	3 503	⑩ 4 567
群馬	6 907	5 843	5 734	5 114	3 959	3 500	3 347	4 094
埼玉	3 110	7 651	4 048	⑩ 8 779	2 589	3 383	2 534	3 532
千葉	⑤ 13 709	② 19 536	⑤ 14 963	② 20 115	⑥ 6 482	② 7 609	⑥ 6 025	③ 6 265
東京	① 22 453	① 28 124	① 25 533	① 25 213	② 8 749	① 7 990	③ 8 219	① 8 162
神奈川	⑦ 12 328	③ 16 118	⑦ 12 813	③ 14 582	⑤ 7 015	⑤ 6 327	④ 7 185	⑤ 5 324
新潟	7 280	3 959	6 658	3 523	4 030	2 450	2 689	2 182
富山	2 653	1 435	3 207	1 195	1 486	576	1 451	904
石川	5 458	1 566	5 249	2 131	2 086	1 198	2 120	1 092
福井	2 264	2 410	2 748	2 282	2 208	1 456	1 546	1 230
山梨	5 103	5 764	5 122	6 178	3 600	3 602	2 890	2 952
長野	⑥ 12 727	⑩ 8 577	⑥ 13 430	⑨ 9 876	④ 7 762	⑧ 4 928	⑤ 6 242	⑧ 4 660
岐阜	4 176	4 245	4 353	4 130	2 628	2 075	2 789	3 192
静岡	④ 13 916	④ 11 916	④ 15 926	⑦ 10 865	③ 8 308	③ 6 695	② 8 434	② 7 033
愛知	8 699	⑥ 11 698	7 909	⑥ 11 461	4 047	4 559	⑨ 4 401	⑦ 4 828
三重	6 500	6 156	5 689	8 477	3 826	3 138	2 809	⑨ 4 626
滋賀	2 831	4 312	2 335	4 603	1 904	3 065	1 635	1 836
京都	⑧ 9 834	⑧ 9 696	⑩ 8 373	⑧ 10 269	⑩ 4 653	⑥ 5 878	3 993	3 799
大阪	③ 14 000	⑦ 11 000	③ 16 709	④ 14 203	⑦ 6 287	⑩ 4 615	⑧ 5 170	4 192
兵庫	⑨ 9 754	⑤ 11 862	⑧ 10 880	⑤ 13 430	⑧ 6 285	④ 6 498	⑦ 5 470	④ 5 774
奈良	2 371	3 441	2 468	3 153	1 387	2 113	680	1 317
和歌山	4 331	3 049	3 637	2 509	2 625	1 393	2 021	2 053
鳥取	1 834	1 506	1 935	1 800	1 063	1 125	1 175	963
島根	2 298	1 270	2 136	1 644	1 372	887	1 008	736
岡山	3 521	3 230	3 652	4 698	1 615	1 683	1 591	1 824
広島	4 909	4 852	6 204	6 215	3 754	2 647	2 592	2 595
山口	3 166	3 827	3 210	2 987	2 206	1 738	1 792	1 126
徳島	2 108	1 080	2 346	1 458	741	630	737	611
香川	2 615	2 157	3 393	1 824	1 330	1 258	1 404	1 537
愛媛	2 710	1 229	2 718	1 380	1 864	971	1 210	571
高知	1 571	991	2 257	860	1 172	506	709	485
福岡	⑩ 8 935	7 982	⑨ 10 281	7 642	⑨ 4 806	3 397	⑩ 4 140	3 021
佐賀	1 807	2 375	2 139	2 039	1 003	1 657	958	849
長崎	4 415	2 756	4 579	2 039	2 563	1 268	1 755	942
熊本	3 387	3 620	5 125	4 738	2 670	1 836	2 512	2 278
大分	4 286	2 457	4 906	2 806	2 832	1 863	2 990	2 606
宮崎	1 784	1 933	2 356	1 778	1 419	994	1 154	658
鹿児島	3 561	1 583	3 792	1 699	2 290	1 049	2 256	1 544
沖縄	7 484	664	7 235	550	3 705	358	2 658	337
全国	291 052	270 727	311 624	275 478	160 703	132 705	141 768	126 440

府県別統計　レジャー

観光庁「旅行・観光消費動向調査」より作成。〇内の数字は全国順位。全国計には主目的地不詳を含む。
国民 1 人あたりの平均国内旅行回数は2021年で国内宿泊旅行が1.13回，国内日帰り旅行が1.01回、2020年で国内宿泊旅行が1.28回，国内日帰り旅行が1.05回。

表 7 - 23　宿泊施設での宿泊者数（単位　千人泊）

	2018 延べ宿泊者数	うち外国人	2019 延べ宿泊者数	うち外国人	2020 延べ宿泊者数	うち外国人	2021 延べ宿泊者数	うち外国人
北海道	③ 35 309	③ 8 335	③ 36 983	④ 8 805	② 21 443	③ 2 050	② 19 060	66
青森	5 059	349	4 606	357	3 315	78	3 599	17
岩手	6 099	259	6 277	344	4 312	88	4 434	18
宮城	10 405	402	10 934	563	6 571	131	6 435	49
秋田	3 505	123	3 654	139	2 546	25	2 626	8
山形	5 431	163	5 572	234	3 513	87	3 451	16
福島	11 396	176	12 657	215	9 536	88	8 472	35
茨城	5 892	254	6 300	217	4 343	53	4 294	25
栃木	9 470	323	9 560	355	6 477	63	6 950	25
群馬	8 305	289	8 648	292	5 635	70	5 101	17
埼玉	4 913	230	5 437	220	3 489	40	3 475	26
千葉	⑤ 25 586	⑥ 4 116	⑥ 29 229	⑥ 4 798	⑥ 14 131	⑤ 1 142	⑥ 14 085	② 598
東京	① 66 109	① 23 195	① 78 982	① 29 351	① 37 763	① 5 003	① 38 239	① 1 536
神奈川	⑥ 23 022	⑨ 2 754	⑦ 23 884	⑨ 3 249	④ 15 130	⑨ 595	④ 14 813	④ 244
新潟	9 771	405	10 930	480	6 969	255	6 717	31
富山	3 780	306	3 808	358	2 228	51	2 394	11
石川	9 131	974	9 201	985	5 204	189	4 452	13
福井	4 057	76	4 144	98	2 564	23	2 330	9
山梨	8 613	⑩ 1 961	9 072	2 055	4 362	357	4 605	25
長野	⑨ 18 325	1 527	18 053	1 578	⑨ 11 242	⑩ 527	⑩ 10 842	63
岐阜	6 852	1 484	7 304	1 660	4 500	290	3 761	31
静岡	⑦ 21 862	1 794	⑧ 23 429	⑩ 2 494	⑤ 14 369	267	⑤ 14 263	⑩ 93
愛知	⑩ 17 010	⑧ 2 850	⑩ 19 338	3 634	⑩ 11 068	⑦ 660	⑨ 11 342	⑦ 108
三重	8 901	341	8 600	389	5 069	59	5 178	17
滋賀	4 831	413	5 016	424	2 684	60	2 727	19
京都	⑧ 20 451	④ 6 268	⑤ 30 750	③ 12 025	⑦ 13 898	④ 1 708	⑦ 11 920	⑧ 106
大阪	② 39 898	② 15 124	② 47 428	② 17 926	③ 19 717	② 3 225	③ 17 859	③ 319
兵庫	13 392	1 260	14 417	1 367	8 976	180	8 789	53
奈良	2 572	439	2 726	535	1 480	57	1 552	7
和歌山	5 132	584	5 324	658	3 393	69	3 631	10
鳥取	3 563	195	2 888	185	2 120	34	2 286	11
島根	2 976	73	3 642	104	2 451	13	2 624	11
岡山	5 615	469	5 661	487	3 775	74	3 705	22
広島	9 899	1 237	11 631	1 322	6 746	169	5 839	43
山口	4 352	123	3 762	104	3 113	32	3 302	20
徳島	2 224	116	2 569	134	1 449	20	1 600	10
香川	4 048	546	4 659	772	2 529	81	2 270	14
愛媛	4 250	230	4 386	216	2 998	58	2 538	35
高知	3 015	79	2 903	95	1 963	17	1 910	9
福岡	16 732	⑦ 3 367	⑨ 20 420	⑦ 4 262	10 593	⑧ 623	9 621	⑨ 104
佐賀	2 753	392	2 802	359	1 823	42	1 570	7
長崎	7 855	860	7 249	753	4 584	148	4 670	⑥ 112
熊本	8 053	1 013	7 633	935	4 732	140	4 737	36
大分	7 774	1 442	7 903	1 207	4 860	162	4 160	25
宮崎	4 159	327	4 320	326	3 073	53	3 150	10
鹿児島	8 864	831	8 366	840	5 127	121	4 926	16
沖縄	④ 26 791	⑤ 6 201	④ 32 866	⑤ 7 751	⑧ 13 790	⑥ 1 065	⑧ 11 473	⑤ 237
全国	538 002	94 275	595 921	115 656	331 654	20 345	317 774	4 317

観光庁「宿泊旅行統計調査」より作成。全国すべての宿泊施設。〇印の数字は全国順位。注記は359ページ参照。

表 7 - 24　宿泊・生活関連サービス営業施設数 （2020年度末現在） （単位　施設）

	旅館・ホテル	簡易宿所1)	一般公衆浴場	理容所	従業理容師（人）	美容所	従業美容師（人）	クリーニング所2)
北海道	2 877	2 471	242	6 178	10 388	10 828	20 613	729
青森	613	533	284	1 900	2 968	3 104	5 028	318
岩手	792	294	17	2 280	3 287	3 075	4 939	298
宮城	724	281	6	2 548	4 787	4 402	9 404	309
秋田	523	273	12	2 292	3 234	2 971	4 540	232
山形	790	228	—	2 293	3 755	3 189	5 190	243
福島	1 500	696	10	2 615	4 752	4 278	7 991	376
茨城	925	177	2	3 561	7 411	6 325	13 761	535
栃木	1 412	520	9	2 190	3 899	4 356	8 359	451
群馬	1 171	742	18	2 283	4 079	5 088	8 485	466
埼玉	691	124	41	5 100	10 181	11 399	25 576	1 264
千葉	1 268	958	44	4 612	8 837	9 732	21 963	983
東京	3 620	1 325	500	7 802	17 590	24 713	77 913	3 076
神奈川	1 349	815	128	4 688	10 384	12 001	37 509	1 405
新潟	2 020	211	26	3 215	5 961	5 428	10 680	498
富山	390	205	79	1 110	2 273	2 492	4 671	187
石川	738	661	67	1 300	2 561	2 739	5 055	269
福井	932	438	17	883	1 659	1 900	3 604	195
山梨	1 327	1 564	22	1 011	1 703	2 468	4 326	248
長野	2 602	3 934	33	1 872	3 405	4 820	8 796	412
岐阜	1 095	622	20	2 028	3 782	4 703	8 455	433
静岡	2 760	1 363	11	3 705	7 444	8 504	15 933	883
愛知	1 221	144	81	5 366	10 745	12 858	30 131	1 178
三重	1 284	239	30	1 897	3 182	4 109	7 357	292
滋賀	496	380	16	1 155	2 097	2 829	5 493	176
京都	1 017	3 652	156	2 011	3 670	5 694	11 393	601
大阪	1 520	802	449	6 298	12 707	18 024	42 900	1 479
兵庫	1 475	678	158	3 789	6 695	10 085	20 635	972
奈良	408	354	20	1 005	1 691	2 542	5 205	217
和歌山	675	689	28	1 213	1 843	2 517	4 268	188
鳥取	335	387	14	675	1 141	1 550	2 636	117
島根	399	371	2	942	1 587	1 774	3 188	122
岡山	683	330	14	1 895	3 360	4 315	8 456	277
広島	730	608	48	2 613	4 549	6 029	12 661	492
山口	623	150	18	1 509	2 507	3 143	5 495	239
徳島	489	254	24	1 131	1 624	2 290	2 995	153
香川	350	510	18	1 071	1 826	2 520	4 130	158
愛媛	438	475	29	1 862	2 497	3 668	5 103	262
高知	358	432	9	897	1 311	2 033	3 198	166
福岡	1 209	393	36	4 153	7 577	10 269	24 500	743
佐賀	339	165	1	850	1 528	1 908	3 251	148
長崎	608	1 385	15	1 465	2 413	3 324	5 655	298
熊本	1 039	629	58	2 070	3 124	4 032	6 612	376
大分	1 025	887	135	1 400	2 143	3 065	5 073	176
宮崎	425	426	14	1 311	2 022	2 932	4 671	251
鹿児島	888	1 243	267	1 918	2 659	4 190	6 328	347
沖縄	2 550	3 829	3	1 494	2 011	3 675	5 810	165
全国	50 703	37 847	3 231	115 456	210 849	257 890	549 935	23 403

厚生労働省「衛生行政報告例の概況」（2020年度）より作成。1) 山小屋、ユースホステル、カプセルホテルなど。2) 取次所を除く。

表 7 - 25　生活保護被保護実世帯数および実人員（会計年度）（月平均）

	被保護実世帯数 （世帯）			被保護実人員 （人）			保護率 人口千対 （人）
	2010	2019	2020	2010	2019	2020	2020
北海道	110 312	122 905	122 488	159 543	158 002	155 566	29.8
青森	21 533	23 959	23 781	28 510	29 345	28 909	23.4
岩手	10 223	10 561	10 474	14 499	13 115	12 838	10.6
宮城	18 696	22 436	22 797	26 928	29 307	29 437	12.8
秋田	10 886	11 316	11 036	14 879	14 206	13 718	14.3
山形	5 070	6 527	6 576	6 485	7 926	7 916	7.4
福島	13 602	14 026	14 012	18 635	17 379	17 229	9.4
茨城	16 771	22 630	22 830	22 608	28 183	28 142	9.8
栃木	13 671	16 461	16 460	18 555	20 297	20 105	10.4
群馬	9 379	12 525	12 549	12 217	14 984	14 903	7.7
埼玉	54 992	75 413	76 350	78 179	97 108	97 127	13.2
千葉	48 437	68 528	69 811	66 879	86 696	87 427	13.9
東京	195 105	231 697	231 610	256 838	285 392	282 699	20.1
神奈川	99 120	119 265	120 771	138 225	153 354	153 237	16.6
新潟	13 096	16 356	16 347	17 824	20 847	20 621	9.4
富山	2 799	3 247	3 356	3 283	3 711	3 831	3.7
石川	5 372	6 126	6 103	6 524	7 118	7 035	6.2
福井	2 605	3 430	3 451	3 268	4 161	4 166	5.4
山梨	3 922	5 713	5 751	4 881	7 012	7 006	8.6
長野	7 955	9 010	9 022	10 477	11 086	11 005	5.4
岐阜	8 068	9 629	9 624	10 521	11 685	11 624	5.9
静岡	18 805	25 215	25 768	25 237	31 300	31 740	8.7
愛知	51 722	60 998	61 601	69 375	76 200	76 417	10.1
三重	12 167	12 547	12 606	16 923	15 685	15 646	8.8
滋賀	7 093	8 199	8 239	10 491	11 036	10 924	7.7
京都	39 293	42 445	42 143	58 438	56 876	55 743	21.6
大阪	205 136	220 337	219 700	283 988	278 277	273 994	31.0
兵庫	68 083	78 381	78 074	97 119	102 486	100 880	18.5
奈良	12 992	14 687	14 450	19 139	19 612	18 922	14.3
和歌山	10 578	12 380	12 256	13 829	14 993	14 727	16.0
鳥取	4 633	5 483	5 350	6 593	6 989	6 719	12.1
島根	4 071	4 493	4 441	5 470	5 666	5 552	8.3
岡山	16 910	18 876	18 684	23 881	24 722	24 179	12.8
広島	30 959	31 851	31 589	44 743	41 484	40 629	14.5
山口	12 494	11 805	11 496	16 850	14 523	13 996	10.4
徳島	10 284	10 431	10 381	14 216	13 081	12 896	17.9
香川	7 842	8 201	8 192	11 095	10 351	10 235	10.8
愛媛	15 302	17 310	17 076	19 883	21 039	20 546	15.4
高知	14 662	14 814	14 509	19 943	18 647	18 095	26.2
福岡	85 448	94 600	94 332	122 123	123 357	121 690	23.7
佐賀	5 569	6 523	6 492	7 426	7 844	7 720	9.5
長崎	19 803	21 507	21 146	28 513	27 852	27 073	20.6
熊本	15 991	19 389	19 451	21 893	24 570	24 364	14.0
大分	14 560	16 102	15 985	19 381	19 703	19 330	17.2
宮崎	11 977	14 299	14 247	16 054	17 848	17 579	16.4
鹿児島	22 077	23 526	23 382	30 677	30 224	29 729	18.7
沖縄	19 982	29 568	30 176	29 028	37 845	38 251	26.1
全国	1 410 049	1 635 724	1 636 959	1 952 063	2 073 117	2 052 114	16.3

厚生労働省「被保護者調査」より作成。2010年度は同「福祉行政報告例」。各月ごとに行われた調査の平均。保護率は被保護実人員を2020年10月 1 日現在の国勢調査人口で割ったもの。

表 7 - 26　**国民医療費**（患者の住所地別）（会計年度）

	1990		1999		2011		2019	
	総額 （億円）	1人あたり 医療費 （千円）	総額 （億円）	1人あたり 医療費 （千円）	総額 （億円）	1人あたり 医療費 （千円）	総額 （億円）	1人あたり 医療費 （千円）
北海道	12 202	216.2	17 320	304.1	19 857	362.0	21 799	415.2
青森	2 774	187.1	3 896	264.1	4 237	310.9	4 500	361.1
岩手	2 586	182.5	3 622	256.1	3 900	296.8	4 189	341.4
宮城	3 313	147.3	5 153	218.3	6 607	283.9	7 584	328.9
秋田	2 295	187.0	3 304	276.2	3 599	334.8	3 727	385.9
山形	1 924	152.9	3 005	240.3	3 577	308.1	3 886	360.5
福島	3 585	170.4	5 217	244.3	5 999	301.5	6 337	343.3
茨城	3 956	139.0	6 285	209.3	7 961	269.1	9 238	323.0
栃木	2 766	142.9	4 397	218.6	5 465	273.3	6 266	324.0
群馬	2 937	149.4	4 493	221.4	5 729	286.3	6 392	329.1
埼玉	8 068	126.0	12 967	187.1	18 426	255.7	22 854	310.9
千葉	6 730	121.1	11 154	188.4	15 836	254.8	19 307	308.5
東京	18 884	159.3	27 237	230.1	37 120	281.3	44 571	320.2
神奈川	10 762	134.9	16 939	200.6	23 859	263.4	28 889	314.1
新潟	4 014	162.2	5 943	238.7	6 803	288.0	7 242	325.8
富山	2 113	188.6	3 004	266.9	3 296	302.9	3 708	355.1
石川	2 264	194.4	3 255	274.5	3 738	320.6	4 107	360.9
福井	1 374	166.8	2 146	258.4	2 479	308.7	2 733	355.9
山梨	1 279	149.9	2 046	229.1	2 540	296.4	2 826	348.5
長野	3 217	149.2	4 893	220.1	6 153	287.2	6 978	340.6
岐阜	3 086	149.3	4 865	229.7	6 118	295.4	6 816	343.0
静岡	5 366	146.2	8 245	218.3	10 331	275.6	11 977	328.7
愛知	10 753	160.7	15 450	220.5	20 237	272.9	23 964	317.3
三重	2 928	163.3	4 317	231.6	5 329	288.5	6 136	344.5
滋賀	1 764	144.3	2 741	205.6	3 824	270.4	4 503	318.5
京都	5 062	194.5	6 635	252.0	8 169	310.4	9 514	368.3
大阪	15 910	182.2	22 424	254.8	28 750	324.5	33 956	385.5
兵庫	8 771	162.3	13 090	238.7	17 415	312.0	20 530	375.6
奈良	2 154	156.6	3 205	221.2	4 229	302.9	4 926	370.4
和歌山	1 961	182.5	2 882	268.3	3 384	340.1	3 722	402.4
鳥取	1 095	177.8	1 602	260.9	1 853	316.8	2 050	368.7
島根	1 436	183.9	2 123	278.0	2 452	344.4	2 677	397.1
岡山	3 517	182.6	5 330	272.1	6 463	333.0	7 178	379.8
広島	5 394	189.3	8 008	277.7	9 700	339.7	10 544	376.0
山口	3 063	194.8	4 523	294.1	5 255	364.4	5 684	418.5
徳島	1 714	206.1	2 564	309.1	2 801	359.1	3 105	426.5
香川	1 947	190.2	2 899	281.6	3 469	349.7	3 823	399.9
愛媛	2 898	191.3	4 229	282.5	4 854	341.1	5 335	398.5
高知	2 078	251.9	2 730	336.9	3 020	398.4	3 236	463.7
福岡	9 971	207.3	14 621	292.4	17 877	352.0	20 134	394.5
佐賀	1 711	194.9	2 571	291.0	3 047	359.7	3 394	416.4
長崎	3 300	211.1	4 764	312.5	5 286	373.1	5 754	433.6
熊本	3 663	199.0	5 567	298.6	6 385	352.2	7 163	409.8
大分	2 308	186.6	3 593	293.1	4 345	364.8	4 751	418.6
宮崎	2 056	175.9	3 250	276.5	3 803	336.2	4 093	381.4
鹿児島	3 453	192.1	5 532	309.3	6 287	370.0	6 943	433.4
沖縄	1 673	136.9	2 986	227.7	3 984	284.3	4 854	334.1
全国	**206 074**	166.7	**307 019**	242.3	**385 850**	301.9	**443 895**	351.8

厚生労働省「国民医療費」より作成。都道府県別は2014年度までは 3 年毎に公表されていたが、2015年度より毎年公表。1999年度以前の 1 人あたり医療費は推計人口により編者算出。注記は359ページ。

表 7 - 27　国民医療費の内訳（2019年度）（単位　億円）

	医科診療医療費	医科入院	医科入院外	歯科診療医療費	薬局調剤医療費	入院時食事・生活医療費	訪問看護医療費	療養費等
北海道	16 029	9 594	6 435	1 275	3 768	472	84	171
青森	3 164	1 660	1 504	246	960	81	21	27
岩手	2 919	1 553	1 366	263	880	82	20	26
宮城	5 373	2 750	2 622	485	1 508	120	35	62
秋田	2 586	1 463	1 123	225	810	73	9	25
山形	2 804	1 514	1 290	234	732	74	16	26
福島	4 533	2 380	2 153	378	1 239	113	20	55
茨城	6 516	3 304	3 213	619	1 856	144	34	68
栃木	4 623	2 249	2 374	401	1 048	103	26	66
群馬	4 763	2 454	2 309	396	1 020	117	32	64
埼玉	16 054	8 062	7 992	1 680	4 359	333	118	310
千葉	13 593	6 933	6 660	1 443	3 673	289	88	221
東京	30 936	15 134	15 803	3 469	8 533	619	308	706
神奈川	19 866	9 858	10 008	2 183	5 890	385	172	392
新潟	5 130	2 709	2 421	495	1 399	135	26	58
富山	2 795	1 582	1 212	207	570	76	16	43
石川	3 059	1 743	1 316	222	661	88	39	37
福井	2 100	1 147	952	151	385	56	21	20
山梨	2 017	1 076	941	181	530	53	13	32
長野	5 014	2 706	2 308	427	1 315	119	29	75
岐阜	4 885	2 400	2 485	510	1 189	104	49	79
静岡	8 662	4 208	4 453	774	2 208	187	42	104
愛知	17 166	8 074	9 093	1 938	4 007	332	236	285
三重	4 499	2 271	2 228	393	1 053	105	38	48
滋賀	3 237	1 745	1 492	286	835	75	25	44
京都	6 988	3 757	3 230	630	1 507	168	62	159
大阪	24 312	12 747	11 565	2 642	5 341	562	340	759
兵庫	14 780	7 753	7 027	1 422	3 605	348	136	238
奈良	3 732	1 909	1 822	324	694	84	37	55
和歌山	2 767	1 453	1 314	228	559	70	35	62
鳥取	1 516	870	645	120	351	41	13	10
島根	1 961	1 135	826	142	493	57	14	11
岡山	5 456	2 929	2 528	481	1 033	137	34	35
広島	7 608	4 023	3 585	734	1 857	203	60	82
山口	4 182	2 464	1 718	318	978	142	28	36
徳島	2 352	1 303	1 049	190	438	74	21	29
香川	2 771	1 479	1 293	254	671	74	23	30
愛媛	4 019	2 180	1 839	297	828	113	37	41
高知	2 440	1 552	889	157	511	91	16	21
福岡	14 710	8 565	6 145	1 360	3 237	463	153	211
佐賀	2 485	1 417	1 069	188	592	81	18	29
長崎	4 242	2 577	1 665	325	959	147	22	60
熊本	5 443	3 162	2 281	385	1 059	190	37	50
大分	3 555	2 107	1 448	231	785	116	29	34
宮崎	3 009	1 675	1 334	227	698	99	27	32
鹿児島	5 291	3 198	2 093	339	1 018	197	35	63
沖縄	3 639	2 169	1 470	274	768	108	32	33
全国	319 583	168 992	150 591	30 150	78 411	7 901	2 727	5 124

資料は表7-26に同じ。表7-26掲載の2019年度の国民医療費の内訳。療養費等は、健康保険等給付対象となる柔道整復師・はり師等による治療費等。

表 7 - 28　医療施設数および病床数 (2021年10月 1 日現在)

	施設数（施設）			病床数（床）				
	病院	一般診療所	歯科診療所	病院	人口10万あたり		一般診療所	人口10万あたり
北海道	539	3 400	2 818	91 114	⑨ 1 757.9		5 210	100.5
青森	93	870	505	16 594	1 359.0		1 686	138.1
岩手	92	888	557	16 158	1 351.0		1 163	97.2
宮城	136	1 713	1 051	24 638	1 075.9		1 411	61.6
秋田	66	822	427	14 219	1 504.7		642	67.9
山形	67	913	473	14 183	1 344.4		558	52.9
福島	124	1 372	840	24 268	1 339.3		1 108	61.1
茨城	172	1 780	1 378	30 519	1 070.1		1 600	56.1
栃木	106	1 480	957	20 974	1 091.8		1 479	77.0
群馬	128	1 587	979	23 425	1 215.6		950	49.3
埼玉	343	4 470	3 550	62 857	856.4		2 540	34.6
千葉	289	3 838	3 194	59 758	952.3		2 044	32.6
東京	635	14 327	10 678	125 723	897.4		3 472	24.8
神奈川	336	6 996	4 984	73 891	800.0		2 237	24.2
新潟	124	1 679	1 130	26 620	1 222.8		525	24.1
富山	106	763	437	15 108	1 474.0		427	41.7
石川	91	884	479	16 710	1 485.3		838	74.5
福井	67	578	301	10 249	1 348.6		861	113.3
山梨	60	750	428	10 654	1 323.5		428	53.2
長野	126	1 605	994	23 120	1 137.2		761	37.4
岐阜	97	1 630	959	19 541	996.5		1 491	76.0
静岡	170	2 750	1 751	36 435	1 009.8		1 747	48.4
愛知	319	5 556	3 718	66 053	878.7		3 478	46.3
三重	94	1 530	813	19 353	1 102.1		1 004	57.2
滋賀	58	1 132	565	13 863	982.5		483	34.2
京都	162	2 482	1 286	32 404	1 265.3		627	24.5
大阪	509	8 680	5 442	104 080	1 181.9		2 060	23.4
兵庫	347	5 192	2 971	63 842	1 175.3		2 366	43.6
奈良	75	1 223	681	16 043	1 220.0		416	31.6
和歌山	83	1 021	525	12 906	1 412.0		771	84.4
鳥取	43	491	254	8 313	1 514.2		420	76.5
島根	47	709	254	9 740	1 464.7		425	63.9
岡山	159	1 636	1 001	27 186	1 449.1		1 918	102.2
広島	235	2 534	1 518	37 765	1 358.5		2 519	90.6
山口	141	1 249	651	24 720	⑥ 1 861.4		1 313	98.9
徳島	106	701	425	13 583	④ 1 907.7		1 331	⑦ 186.9
香川	89	850	472	14 257	1 513.5		1 387	⑩ 147.2
愛媛	134	1 207	658	20 405	1 544.7		2 056	⑨ 155.6
高知	122	532	350	15 971	① 2 334.9		1 101	⑧ 161.0
福岡	454	4 780	3 068	82 008	1 600.5		6 529	127.4
佐賀	97	703	408	14 261	⑦ 1 769.4		2 082	③ 258.3
長崎	149	1 348	709	25 674	③ 1 979.5		3 055	⑤ 235.5
熊本	206	1 476	835	32 432	⑤ 1 876.9		4 169	④ 241.3
大分	153	960	530	19 588	⑧ 1 758.3		3 425	① 307.5
宮崎	133	913	493	18 213	⑩ 1 716.6		2 182	⑥ 205.7
鹿児島	234	1 380	795	32 034	② 2 032.6		4 553	② 288.9
沖縄	89	912	607	18 605	1 267.4		820	55.9
全国	8 205	104 292	67 899	1 500 057	1 195.2		83 668	66.7

厚生労働省「医療施設（動態）調査・病院報告の概況」（2021年）より作成。病院は患者20人以上、診療所は患者19人以下の収容施設を有するもの。○内の数字は全国順位。

表 7 - 29　医師、歯科医師、薬剤師数（医療施設の従事者）（各年末現在）（単位　人）

	医師			歯科医師			薬剤師	
	2010	2020	2020 (人口10万 あたり)	2010	2020	2020 (人口10万 あたり)	2020	2020 (人口10万 あたり)
北海道	12 019	13 129	251.3	4 298	4 250	81.3	9 945	190.3
青森	2 505	2 631	212.5	754	699	56.5	1 996	161.2
岩手	2 413	2 509	207.3	988	953	78.7	2 158	178.3
宮城	4 940	5 669	246.3	1 759	1 784	77.5	4 473	194.3
秋田	2 213	2 328	242.6	621	601	62.6	1 774	184.9
山形	2 411	2 448	229.2	657	662	62.0	1 792	167.8
福島	3 705	3 770	205.7	1 390	1 351	73.7	3 134	171.0
茨城	4 691	5 555	193.8	1 831	1 954	68.2	5 201	181.4
栃木	4 122	4 580	236.9	1 300	1 368	70.8	3 515	181.8
群馬	4 145	4 534	233.8	1 341	1 405	72.5	3 410	175.9
埼玉	10 259	13 057	177.8	4 975	5 468	74.4	13 587	185.0
千葉	10 213	12 935	205.8	4 822	5 120	81.5	12 154	193.9
東京	37 552	45 078	④ 320.9	15 619	16 636	① 118.4	32 996	② 234.9
神奈川	16 997	20 596	223.0	6 889	7 397	80.1	19 718	⑨ 213.5
新潟	4 207	4 497	204.3	2 025	1 948	⑦ 88.5	3 837	174.3
富山	2 445	2 706	261.5	612	627	60.6	1 813	175.2
石川	2 945	3 302	291.6	645	707	62.4	2 160	190.7
福井	1 826	1 978	257.9	408	461	60.1	1 204	157.0
山梨	1 810	2 026	250.1	553	584	72.1	1 546	190.9
長野	4 412	4 994	243.8	1 549	1 583	77.3	3 874	189.2
岐阜	3 933	4 442	224.5	1 551	1 678	⑨ 84.8	3 392	171.4
静岡	6 883	7 972	219.4	2 233	2 340	64.4	6 673	183.7
愛知	14 206	16 925	224.4	5 213	5 999	79.5	13 186	174.8
三重	3 525	4 100	231.6	1 096	1 161	65.6	3 040	171.7
滋賀	2 830	3 340	236.3	791	823	58.2	2 638	186.6
京都	7 545	8 576	② 332.6	1 800	1 935	75.1	4 961	192.4
大阪	21 994	25 253	285.7	7 644	7 934	⑥ 89.8	19 086	⑥ 216.0
兵庫	12 027	14 540	266.1	3 769	4 052	74.1	12 783	③ 233.9
奈良	2 994	3 670	277.1	889	939	70.9	2 628	198.4
和歌山	2 598	2 840	⑨ 307.8	710	713	77.3	1 840	199.4
鳥取	1 565	1 742	⑦ 314.6	356	348	62.9	1 046	189.0
島根	1 799	1 994	⑩ 297.1	399	390	58.1	1 223	182.2
岡山	5 259	6 045	⑤ 320.1	1 635	1 764	④ 93.4	3 594	190.3
広島	6 748	7 478	267.1	2 327	2 544	⑤ 90.9	6 194	④ 221.2
山口	3 383	3 491	260.1	933	969	72.2	2 867	⑧ 213.6
徳島	2 223	2 435	① 338.4	773	810	② 112.6	1 717	① 238.6
香川	2 526	2 756	290.0	677	721	75.9	2 056	⑤ 216.4
愛媛	3 376	3 693	276.7	916	922	69.1	2 540	190.3
高知	2 095	2 227	③ 322.0	475	486	70.3	1 487	⑦ 215.0
福岡	13 907	15 915	⑧ 309.9	4 988	5 345	③ 104.1	10 850	⑩ 211.3
佐賀	2 082	2 356	290.3	604	604	74.4	1 661	204.7
長崎	3 856	4 187	⑥ 319.1	1 171	1 151	⑧ 87.7	2 499	190.4
熊本	4 679	5 162	297.0	1 239	1 331	76.6	3 354	192.9
大分	2 931	3 227	287.1	736	721	64.2	2 041	181.6
宮崎	2 501	2 733	255.5	701	709	66.3	1 888	176.5
鹿児島	3 965	4 504	283.6	1 223	1 306	⑩ 82.2	2 878	181.2
沖縄	3 171	3 775	257.2	838	865	58.9	2 176	148.3
全国	280 431	323 700	256.6	98 723	104 118	82.5	250 585	198.6

厚生労働省「医師・歯科医師・薬剤師統計の概況」より作成。2 年毎の調査。薬剤師は薬局での従事者を含む。医療施設等以外での従事者などを含めたすべての医師等の総数は、2020年で医師が33万9623人、歯科医師が10万7443人、薬剤師が32万1982人。〇内の数字は全国順位。

表 7 - 30　死因別死亡数と人口10万あたり死亡率（Ⅰ）（2021年）（単位　人）

	悪性新生物 （がん）		心疾患 （高血圧性を除く）		老衰		脳血管疾患	
	死亡数	人口10万 あたり	死亡数	人口10万 あたり	死亡数	人口10万 あたり	死亡数	人口10万 あたり
北海道	20 136	391.2	9 842	191.2	5 724	111.2	4 780	92.9
青森	5 135	422.3	2 810	231.1	1 801	148.1	1 496	123.0
岩手	4 523	380.4	2 864	240.9	1 808	152.1	1 862	156.6
宮城	6 969	307.1	3 999	176.2	3 069	135.3	2 312	101.9
秋田	4 136	439.5	2 118	225.1	1 644	174.7	1 575	167.4
山形	3 864	368.7	2 548	243.1	2 120	202.3	1 304	124.4
福島	6 367	353.9	4 060	225.7	2 860	159.0	2 178	121.1
茨城	8 920	320.3	5 075	182.2	3 411	122.5	2 897	104.0
栃木	5 811	309.1	3 572	190.0	2 461	130.9	2 010	106.9
群馬	5 993	321.2	3 800	203.6	2 246	120.4	1 947	104.3
埼玉	20 576	287.7	11 510	160.9	6 896	96.4	5 188	72.5
千葉	17 808	291.3	10 167	166.3	6 394	104.6	4 667	76.3
東京	34 341	255.2	19 002	141.2	13 951	103.7	8 913	66.2
神奈川	24 792	275.3	13 107	145.5	11 322	125.7	5 992	66.5
新潟	7 866	364.0	4 199	194.3	3 884	179.7	2 725	126.1
富山	3 589	356.1	1 855	184.0	1 646	163.3	1 067	105.9
石川	3 509	315.8	1 968	177.1	1 253	112.8	1 117	100.5
福井	2 387	320.0	1 616	216.6	1 014	135.9	742	99.5
山梨	2 556	324.0	1 398	177.2	1 106	140.2	791	100.3
長野	6 268	313.6	3 725	186.3	3 454	172.8	2 300	115.1
岐阜	6 301	330.4	3 509	184.0	2 877	150.9	1 699	89.1
静岡	10 920	310.7	6 086	173.1	6 462	183.8	3 605	102.6
愛知	20 031	275.9	8 751	120.5	8 967	123.5	4 882	67.2
三重	5 436	318.8	3 125	183.3	3 061	179.5	1 543	90.5
滋賀	3 571	259.3	2 099	152.4	1 486	107.9	905	65.7
京都	7 739	308.9	4 659	186.0	2 990	119.4	1 962	78.3
大阪	26 681	311.5	15 597	182.1	7 620	89.0	5 652	66.0
兵庫	16 830	316.1	9 539	179.2	6 207	116.6	4 087	76.8
奈良	4 145	318.4	2 586	198.6	1 647	126.5	1 001	76.9
和歌山	3 297	363.5	2 080	229.3	1 620	178.6	774	85.3
鳥取	1 965	361.2	1 010	185.7	1 036	190.4	625	114.9
島根	2 544	388.4	1 351	206.3	1 217	185.8	749	114.4
岡山	5 675	307.3	3 436	186.0	2 462	133.3	1 600	86.6
広島	8 320	304.9	5 329	195.3	3 211	117.7	2 196	80.5
山口	4 909	374.2	3 219	245.4	1 852	141.2	1 550	118.1
徳島	2 490	352.7	1 593	225.6	1 085	153.7	734	104.0
香川	3 005	323.1	2 008	215.9	1 576	169.5	827	88.9
愛媛	4 472	341.6	3 388	258.8	2 217	169.4	1 397	106.7
高知	2 614	384.4	1 644	241.8	1 002	147.4	777	114.3
福岡	15 860	314.4	6 928	137.3	4 246	84.2	3 696	73.3
佐賀	2 674	334.3	1 403	175.4	912	114.0	679	84.9
長崎	4 739	367.9	2 798	217.2	1 638	127.2	1 192	92.5
熊本	5 560	324.8	3 412	199.3	2 260	132.0	1 521	88.8
大分	3 789	343.8	2 290	207.8	1 475	133.8	1 144	103.8
宮崎	3 513	333.3	2 453	232.7	1 302	123.5	1 162	110.2
鹿児島	5 348	341.7	3 289	210.2	2 213	141.4	1 745	111.5
沖縄	3 453	238.3	1 812	125.1	1 308	90.3	970	66.9
全国	**381 505**	**310.7**	**214 710**	**174.9**	**152 027**	**123.8**	**104 595**	**85.2**

厚生労働省「人口動態統計（確定数）の概況」（2021年）より作成。全国には住所が不詳や外国を含む。

死因別死亡数と人口10万あたり死亡率 (Ⅱ)（2021年）（単位　人）

	肺炎		誤嚥性肺炎		不慮の事故		（参考）自殺	
	死亡数	人口10万あたり	死亡数	人口10万あたり	死亡数	人口10万あたり	死亡数	人口10万あたり
北海道	3 431	66.7	1 696	33.0	1 759	34.2	903	17.5
青森	1 118	91.9	468	38.5	597	49.1	284	23.4
岩手	793	66.7	546	45.9	512	43.1	193	16.2
宮城	978	43.1	763	33.6	694	30.6	392	17.3
秋田	820	87.1	517	54.9	466	49.5	177	18.8
山形	742	70.8	469	44.8	419	40.0	211	20.1
福島	1 222	67.9	686	38.1	794	44.1	336	18.7
茨城	2 095	75.2	903	32.4	873	31.3	472	16.9
栃木	1 182	62.9	574	30.5	559	29.7	336	17.9
群馬	1 446	77.5	770	41.3	652	34.9	360	19.3
埼玉	4 778	66.8	2 120	29.6	1 560	21.8	1 088	15.2
千葉	3 636	59.5	2 062	33.7	1 412	23.1	978	16.0
東京	5 865	43.6	4 109	30.5	2 830	21.0	2 135	15.9
神奈川	3 666	40.7	3 271	36.3	2 661	29.5	1 369	15.2
新潟	1 262	58.4	893	41.3	885	41.0	428	19.8
富山	668	66.3	439	43.6	483	47.9	184	18.3
石川	655	59.0	502	45.2	389	35.0	152	13.7
福井	587	78.7	459	61.5	302	40.5	125	16.8
山梨	474	60.1	301	38.1	318	40.3	128	16.2
長野	1 057	52.9	772	38.6	863	43.2	325	16.3
岐阜	1 174	61.6	1 105	57.9	803	42.1	309	16.2
静岡	1 848	52.6	1 444	41.1	1 207	34.3	539	15.3
愛知	3 336	45.9	3 085	42.5	2 021	27.8	1 117	15.4
三重	1 084	63.6	699	41.0	527	30.9	270	15.8
滋賀	573	41.6	552	40.1	430	31.2	213	15.5
京都	1 161	46.3	1 111	44.4	558	22.3	388	15.5
大阪	5 781	67.5	3 977	46.4	2 339	27.3	1 483	17.3
兵庫	2 792	52.4	2 071	38.9	1 743	32.7	875	16.4
奈良	863	66.3	643	49.4	386	29.6	204	15.7
和歌山	713	78.6	483	53.3	428	47.2	186	20.5
鳥取	331	60.8	206	37.9	213	39.2	82	15.1
島根	356	54.4	375	57.3	247	37.7	103	15.7
岡山	1 310	70.9	918	49.7	655	35.5	301	16.3
広島	1 580	57.9	1 149	42.1	787	28.8	480	17.6
山口	1 385	105.6	537	40.9	449	34.2	214	16.3
徳島	690	97.7	456	64.6	319	45.2	108	15.3
香川	431	46.3	752	80.9	386	41.5	141	15.2
愛媛	996	76.1	648	49.5	536	40.9	218	16.7
高知	701	103.1	316	46.5	324	47.6	128	18.8
福岡	3 055	60.6	2 272	45.0	1 653	32.8	847	16.8
佐賀	693	86.6	423	52.9	298	37.3	120	15.0
長崎	1 089	84.5	657	51.0	483	37.5	185	14.4
熊本	1 138	66.5	1 035	60.5	637	37.2	255	14.9
大分	772	70.1	564	51.2	468	42.5	180	16.3
宮崎	916	86.9	453	43.0	460	43.6	207	19.6
鹿児島	1 433	91.6	816	52.1	618	39.5	250	16.0
沖縄	490	33.8	411	28.4	296	20.4	247	17.0
全国	73 194	59.6	49 488	40.3	38 355	31.2	20 291	16.5

資料、脚注は (Ⅰ) に同じ。

表 7 - 31　平均寿命の推移（単位　年）

	男				女			
	1990	2000	2010	2015	1990	2000	2010	2015
北海道	75.67	77.55	79.17	㉟ 80.28	81.92	84.84	86.30	㊲ 86.77
青森	74.18	75.67	77.28	㊼ 78.67	81.49	83.69	85.34	㊼ 85.93
岩手	75.43	77.09	78.53	㊺ 79.86	81.93	84.60	85.86	㊷ 86.44
宮城	76.29	77.71	79.65	⑮ 80.99	82.15	84.74	86.39	⑳ 87.16
秋田	75.29	76.81	78.22	㊻ 79.51	81.80	84.32	85.93	㊹ 86.38
山形	76.37	77.69	79.97	㉙ 80.52	82.10	84.57	86.28	㉙ 86.96
福島	75.71	77.18	78.84	㊶ 80.12	81.95	84.21	86.05	㊸ 86.40
茨城	75.67	77.20	79.09	㉞ 80.28	81.59	84.21	85.83	㊺ 86.33
栃木	75.38	77.14	79.06	㊷ 80.10	81.30	84.04	85.66	㊻ 86.24
群馬	76.36	77.86	79.40	㉘ 80.61	81.90	84.47	85.91	㉝ 86.84
埼玉	76.31	78.05	79.62	㉒ 80.82	81.75	84.34	85.88	㊴ 86.66
千葉	76.46	78.05	79.88	⑯ 80.96	82.19	84.51	86.20	㉚ 86.91
東京	76.35	77.98	79.82	⑪ 81.07	82.09	84.38	86.39	⑮ 87.26
神奈川	76.70	78.24	80.25	⑤ 81.32	82.35	84.74	86.63	⑰ 87.24
新潟	76.49	77.66	79.47	㉔ 80.69	82.50	85.19	86.96	⑪ 87.32
富山	76.14	78.03	79.71	㉗ 80.61	82.35	85.24	86.75	⑧ 87.42
石川	76.38	77.96	79.71	⑫ 81.04	82.24	85.18	86.75	⑬ 87.28
福井	76.84	78.55	80.47	⑥ 81.27	82.36	85.39	86.94	⑤ 87.54
山梨	76.26	77.90	79.54	㉑ 80.85	82.39	85.21	86.65	⑱ 87.22
長野	77.44	78.90	80.88	② 81.75	82.71	85.31	87.18	① 87.67
岐阜	76.72	78.10	79.92	⑭ 81.00	81.69	84.33	86.26	㉞ 86.82
静岡	76.58	78.15	79.95	⑰ 80.95	82.47	84.95	86.22	㉔ 87.10
愛知	76.32	78.01	79.71	⑧ 81.10	81.63	84.22	86.22	㉜ 86.86
三重	76.03	77.90	79.68	⑲ 80.86	82.01	84.49	86.25	㉗ 86.99
滋賀	76.36	78.19	80.58	① 81.78	81.88	84.92	86.69	④ 87.57
京都	76.39	78.15	80.21	③ 81.40	82.07	84.81	86.65	⑨ 87.35
大阪	75.02	76.97	78.99	㊳ 80.23	81.16	84.01	85.93	㊳ 86.73
兵庫	75.59	77.57	79.59	⑱ 80.92	81.64	84.34	86.14	㉕ 87.07
奈良	76.15	78.36	80.14	④ 81.36	81.89	84.80	86.60	⑯ 87.25
和歌山	75.23	77.01	79.07	㊹ 79.94	81.70	84.23	85.69	㊶ 86.47
鳥取	75.66	77.39	79.01	㊴ 80.17	82.33	84.91	86.08	⑭ 87.27
島根	76.15	77.54	79.51	㉓ 80.79	83.09	85.30	87.07	③ 87.64
岡山	76.32	77.80	79.77	⑬ 81.03	82.70	85.25	86.93	② 87.67
広島	76.22	77.76	79.91	⑨ 81.08	82.38	85.09	86.94	⑩ 87.33
山口	75.74	77.03	79.03	㉚ 80.51	82.46	84.61	86.07	㉛ 86.88
徳島	75.47	77.19	79.44	㉝ 80.32	81.93	84.49	86.21	㊵ 86.66
香川	76.09	77.99	79.73	⑳ 80.85	82.13	84.85	86.34	⑲ 87.21
愛媛	75.82	77.30	79.13	㊵ 80.16	82.24	84.57	86.54	㉟ 86.82
高知	75.44	76.85	78.91	㊲ 80.26	82.44	84.76	86.47	㉖ 87.01
福岡	75.24	77.21	79.30	㉕ 80.66	82.19	84.62	86.48	㉑ 87.14
佐賀	75.45	76.95	79.28	㉖ 80.65	82.17	85.07	86.58	㉓ 87.12
長崎	75.14	77.21	78.88	㉛ 80.38	82.10	84.81	86.30	㉘ 86.97
熊本	76.27	78.29	80.29	⑦ 81.22	82.85	85.30	86.98	⑥ 87.49
大分	75.98	77.91	80.06	⑩ 81.08	82.08	84.69	86.91	⑫ 87.31
宮崎	75.45	77.42	79.70	㉜ 80.34	82.30	85.09	86.61	㉒ 87.12
鹿児島	75.39	76.98	79.21	㊸ 80.02	82.10	84.68	86.28	㊱ 86.78
沖縄	76.67	77.64	79.40	㊱ 80.27	84.47	86.01	87.02	⑦ 87.44
全国	76.04	77.71	79.59	80.77	82.07	84.62	86.35	87.01

厚生労働省「都道府県別生命表」（2015年）より作成。○内の数字は全国順位。注記は359ページ。

表 7 - 32　介護保険施設の在所者、在院者数（2020年 9 月末現在）（単位　人）

	介護老人福祉施設[1]		介護老人保健施設[2]		介護医療院[3]		介護療養型医療施設[4]	
	在所者	利用率(%)	在所者	利用率(%)	在所者	利用率(%)	在院者	利用率(%)
北海道	24 395	95.8	14 385	89.2	1 511	95.5	1 166	86.2
青森	5 536	97.4	4 776	91.6	190	93.1	706	94.0
岩手	7 173	96.6	5 500	91.2	72	97.3	180	59.6
宮城	9 802	95.1	8 140	90.5	119	90.8	40	70.2
秋田	7 024	97.4	4 792	92.1	231	90.6	62	100.0
山形	7 690	98.1	3 782	90.9	50	82.0	35	97.2
福島	10 886	96.0	6 433	83.8	434	93.3	148	90.8
茨城	14 797	96.2	10 440	90.4	118	94.4	281	78.5
栃木	7 899	94.4	5 136	88.7	45	80.4	278	97.9
群馬	10 232	96.1	5 976	87.5	537	93.4	102	82.3
埼玉	33 816	94.8	14 992	87.1	867	91.9	714	96.0
千葉	24 760	95.1	13 715	88.4	728	87.3	310	84.4
東京	47 124	95.2	19 305	88.2	1 452	97.1	2 023	89.3
神奈川	35 986	96.4	17 969	86.3	370	91.8	618	87.8
新潟	15 142	97.4	9 145	90.2	1 126	96.8	397	91.9
富山	5 296	95.9	3 630	85.1	1 414	96.6	296	94.3
石川	5 790	94.5	3 636	91.3	942	90.4	83	66.9
福井	4 335	96.8	2 866	91.2	267	96.7	75	81.5
山梨	3 469	97.3	2 499	89.0	114	100.0	19	73.1
長野	11 309	98.0	6 701	84.4	414	92.8	424	78.6
岐阜	9 794	94.5	5 348	82.8	226	85.3	262	84.5
静岡	17 236	97.0	11 892	91.1	1 691	94.3	437	94.0
愛知	23 853	95.1	16 114	87.2	1 235	95.4	456	86.4
三重	9 061	95.5	6 140	89.4	217	96.9	184	83.6
滋賀	5 676	96.3	2 473	86.5	264	94.3	66	85.7
京都	11 290	97.2	6 418	87.4	2 207	96.8	475	88.6
大阪	31 768	95.7	18 709	88.3	549	88.6	495	85.3
兵庫	23 842	96.8	12 955	85.9	960	97.3	340	90.0
奈良	7 059	94.4	4 360	87.0	532	95.0	10	62.5
和歌山	5 382	96.6	3 069	88.6	264	91.3	116	78.3
鳥取	2 926	97.3	2 719	89.4	359	94.9	50	66.7
島根	4 698	97.1	2 195	82.8	547	96.3	78	89.7
岡山	9 599	96.9	5 787	89.2	544	91.6	304	88.9
広島	11 262	95.8	7 929	88.9	1 331	94.1	719	74.8
山口	6 287	96.1	4 470	91.5	1 559	95.9	120	79.9
徳島	3 390	96.8	3 746	90.3	411	88.2	419	80.5
香川	4 995	98.0	3 497	91.5	344	89.1	272	89.5
愛媛	6 237	96.8	4 768	89.9	417	95.9	219	82.2
高知	4 147	97.9	1 777	88.0	1 524	94.4	314	80.6
福岡	20 608	94.5	13 001	87.9	2 043	91.9	847	77.8
佐賀	3 493	95.3	2 734	91.2	251	92.6	323	91.2
長崎	6 067	96.2	4 426	92.0	351	92.9	219	67.6
熊本	7 390	98.8	5 715	88.4	1 290	93.3	568	86.3
大分	4 724	96.7	4 215	90.6	370	93.3	123	65.8
宮崎	5 404	96.8	3 038	90.1	95	91.3	513	85.2
鹿児島	9 588	96.8	5 758	88.9	946	91.8	178	85.5
沖縄	4 536	97.4	3 763	93.2	167	92.3	213	88.8
全国	**552 769**	96.0	**330 837**	88.5	**31 694**	93.9	**16 274**	85.2

厚生労働省「介護サービス施設・事業所調査」（2020年）より作成。抽出調査。利用率は、定員や病床数に対する在所者、在院者数の割合。注記は359ページ。

表 7 - 33　主な居宅介護・介護予防サービス利用者数 (2020年 9 月中の利用者) (単位　人)

	主な介護サービス						主な介護予防サービス	
	訪問介護	訪問入浴介護	訪問看護ステーション	通所介護	通所リハビリテーション1)	短期入所介護2)	介護予防訪問看護ステーション	介護予防通所リハビリテーション1)
北海道	58 550	1 748	34 838	41 804	17 645	9 296	4 113	7 341
青森	20 566	1 086	6 969	16 258	6 801	3 629	260	1 955
岩手	10 660	714	6 845	18 929	6 287	6 171	668	2 388
宮城	13 433	2 162	11 736	21 033	7 311	7 963	1 205	2 506
秋田	9 861	663	3 819	12 035	2 581	9 681	350	597
山形	7 060	711	5 069	17 319	4 561	5 479	620	1 594
福島	17 232	1 806	9 837	22 994	7 873	8 460	836	2 623
茨城	17 598	1 479	11 916	27 132	10 396	8 323	1 026	2 625
栃木	11 603	592	9 012	20 523	6 624	6 568	1 093	2 596
群馬	17 156	661	11 987	29 201	6 383	5 397	1 709	2 864
埼玉	65 657	3 736	34 522	61 076	20 584	14 366	2 573	6 070
千葉	52 439	4 491	32 026	50 510	16 237	13 407	2 719	4 488
東京	124 780	9 833	116 287	96 372	24 413	19 679	11 954	6 662
神奈川	77 991	6 558	66 675	66 429	16 028	17 533	7 421	2 821
新潟	15 974	1 016	10 931	30 469	6 450	15 123	1 720	3 329
富山	8 875	589	4 850	14 393	3 931	4 390	320	1 021
石川	7 694	333	6 998	11 621	3 499	3 240	847	1 493
福井	4 791	129	6 298	11 584	3 260	2 993	779	1 144
山梨	6 099	360	4 395	9 217	2 656	3 745	249	565
長野	15 390	1 520	14 092	23 998	7 759	8 811	1 381	2 552
岐阜	14 144	811	12 333	23 483	5 203	7 843	1 467	1 716
静岡	23 088	2 016	17 592	40 025	11 074	12 575	2 589	4 137
愛知	48 377	3 630	46 715	60 452	21 088	16 506	5 745	11 690
三重	18 298	836	10 424	22 201	5 593	6 485	1 040	1 648
滋賀	10 921	889	9 360	15 661	4 167	4 713	879	1 160
京都	27 208	1 502	23 655	29 359	10 080	7 589	1 866	2 963
大阪	140 738	4 717	101 275	89 766	27 112	16 059	9 583	11 410
兵庫	53 677	2 841	50 193	49 586	17 877	15 930	10 232	8 979
奈良	15 930	592	10 298	14 589	6 002	4 080	1 178	1 928
和歌山	15 729	426	8 348	11 257	4 027	3 125	1 363	2 120
鳥取	3 526	221	3 265	7 535	2 689	1 468	534	1 678
島根	6 586	187	4 741	7 973	2 517	2 869	787	1 210
岡山	13 525	525	10 558	20 895	9 181	6 527	1 283	4 639
広島	23 586	1 319	20 168	27 571	12 878	10 465	2 765	6 754
山口	11 594	439	7 352	18 505	5 752	3 742	805	2 794
徳島	10 257	310	4 433	8 735	4 779	2 032	529	2 118
香川	11 543	400	4 532	10 464	5 116	3 643	238	2 510
愛媛	14 227	524	9 674	16 440	5 463	4 864	1 810	2 065
高知	7 057	69	3 917	7 132	2 862	2 120	378	811
福岡	43 560	1 571	32 064	49 029	19 626	8 970	2 924	11 362
佐賀	5 376	135	3 627	9 354	3 865	1 964	406	2 657
長崎	11 383	288	6 657	13 445	9 511	4 978	633	4 855
熊本	20 025	420	10 494	19 418	11 593	4 834	1 316	4 368
大分	13 472	334	6 939	15 535	7 727	3 090	830	4 117
宮崎	9 693	279	6 507	13 978	4 298	2 399	413	1 944
鹿児島	12 008	389	8 564	12 967	11 528	4 575	860	6 018
沖縄	6 175	180	5 528	19 265	5 692	1 312	401	1 887
全国	1 155 110	66 036	848 317	1 237 518	418 576	339 015	94 695	166 772

資料は表7-32に同じ。抽出調査による推計値。注記は360ページ。

表 7 - 34　地域密着型介護サービス利用者数（2020年 9 月中の利用者）（単位　人）

	定期巡回・随時対応型訪問介護看護1)	夜間対応型訪問介護	地域密着型通所介護	認知症対応型通所介護	小規模多機能型居宅介護	認知症対応型共同生活介護	複合型2)サービス	(参考)地域密着型介護老人福祉施設在所者3)
北海道	5 365	116	21 406	2 376	6 898	15 675	1 137	2 754
青森	201	2	3 659	697	904	4 876	146	1 196
岩手	83	—	4 608	533	1 565	2 412	181	1 615
宮城	638	2	8 235	916	1 383	4 363	476	1 370
秋田	204	—	3 898	445	1 226	2 624	103	887
山形	207	32	2 077	945	2 543	2 295	144	1 457
福島	826	6	6 964	1 593	2 032	3 455	259	974
茨城	246	—	8 673	454	1 569	4 523	225	1 077
栃木	166	—	5 334	666	1 727	2 291	136	2 229
群馬	385	—	5 541	680	2 060	2 930	273	1 553
埼玉	1 091	18	19 597	1 482	2 294	7 633	266	1 182
千葉	809	119	22 841	1 210	2 446	7 118	501	1 806
東京	1 517	1 068	52 349	8 029	4 109	10 915	879	890
神奈川	1 820	950	38 022	4 131	5 767	12 551	1 150	739
新潟	361	23	5 224	1 226	3 886	3 945	355	2 912
富山	360	4	4 852	991	1 614	2 411	104	720
石川	132	—	2 585	424	1 582	2 965	199	1 185
福井	153	—	1 607	774	1 487	1 274	249	917
山梨	153	—	4 857	241	445	997	83	1 545
長野	544	—	10 655	1 131	1 998	3 478	268	1 784
岐阜	165	27	5 601	838	1 472	4 016	189	1 159
静岡	298	73	9 362	1 920	2 845	5 929	616	1 193
愛知	1 035	156	19 530	2 518	3 175	8 895	337	3 461
三重	143	15	7 434	503	1 058	2 471	158	1 058
滋賀	21	—	6 508	955	1 428	1 856	177	857
京都	788	435	7 593	1 961	3 092	3 702	226	1 265
大阪	1 763	202	38 089	3 213	3 678	10 807	984	3 570
兵庫	1 350	2	18 883	2 400	4 190	7 048	820	2 443
奈良	607	—	4 196	318	813	2 017	91	222
和歌山	121	—	5 120	321	822	1 840	147	603
鳥取	171	—	1 608	562	1 160	1 364	95	209
島根	138	144	3 837	691	1 445	2 019	118	557
岡山	278	—	6 347	815	3 177	4 628	211	2 027
広島	859	109	6 956	936	3 743	5 787	513	1 703
山口	1 243	—	6 223	964	1 424	2 606	165	1 446
徳島	8	—	2 158	324	678	2 235	72	423
香川	174	110	3 077	398	715	1 810	91	307
愛媛	540	—	5 639	576	1 803	5 160	224	1 326
高知	222	—	3 753	652	685	2 304	134	199
福岡	2 085	46	13 612	1 253	4 543	9 533	571	2 225
佐賀	37	—	2 587	429	823	2 076	133	142
長崎	577	33	5 175	1 162	2 236	4 644	214	1 075
熊本	194	—	6 464	973	2 589	3 182	212	2 146
大分	357	91	2 347	798	837	1 980	166	1 030
宮崎	40	8	4 125	186	1 124	2 296	151	302
鹿児島	818	—	7 785	677	2 279	5 631	309	1 066
沖縄	39	—	3 390	224	1 078	946	82	352
全国	29 333	3 790	440 381	55 508	100 447	205 514	14 339	61 158

資料は表7-32に同じ。抽出調査による推計値。注記は360ページ。

表 7-35　**介護保険の概況**（2020年度）（単位　千人）

	65歳以上被保険者数1)	要介護（要支援）認定者数1)2)				介護サービス受給者数（１か月あたり平均）2)4)		
		要支援認定	要介護認定	うち要介護度３以上3)	計	居宅介護5)	地域密着型介護5)	施設介護
北海道	1 669.2	111.8	232.7	98.3	344.5	172.5	52.5	42.7
青森	420.0	14.3	62.4	30.8	76.8	44.4	11.6	11.5
岩手	408.2	19.4	60.9	30.0	80.4	43.1	10.8	13.6
宮城	645.5	35.8	85.7	41.0	121.5	66.4	16.1	18.3
秋田	360.9	16.2	58.3	28.7	74.5	40.7	9.6	12.4
山形	360.5	12.9	52.2	25.9	65.1	36.7	9.7	11.9
福島	585.0	28.6	86.9	42.9	115.5	63.6	15.4	19.0
茨城	851.0	29.4	105.8	50.2	135.2	72.9	15.9	25.4
栃木	564.2	24.4	67.7	33.6	92.0	51.7	12.4	13.7
群馬	579.7	24.5	78.5	39.1	103.0	59.3	13.0	16.7
埼玉	1 957.9	76.7	239.9	110.9	316.7	184.4	30.5	48.3
千葉	1 723.0	79.0	216.0	103.0	295.0	167.5	34.4	40.2
東京	3 151.7	178.8	453.0	218.3	631.8	377.6	69.2	76.2
神奈川	2 327.3	119.1	309.8	146.2	428.9	230.8	59.5	55.1
新潟	721.2	34.4	103.6	53.6	138.0	76.9	18.1	26.6
富山	336.4	14.1	50.7	24.3	64.8	37.3	10.4	11.0
石川	335.4	14.5	45.6	21.2	60.1	34.1	9.0	10.5
福井	233.9	8.8	32.9	16.4	41.8	24.7	6.4	7.7
山梨	251.5	5.9	34.8	18.2	40.7	25.0	7.9	6.5
長野	654.7	28.0	86.2	42.0	114.2	70.9	19.1	19.7
岐阜	605.2	27.2	78.2	38.7	105.4	64.8	14.0	16.4
静岡	1 096.3	44.3	139.4	62.7	183.7	112.5	24.1	31.8
愛知	1 887.9	103.6	222.7	106.8	326.3	198.4	38.2	42.6
三重	531.9	26.1	75.0	35.7	101.1	59.5	12.4	15.9
滋賀	371.4	16.9	49.7	23.0	66.6	40.7	11.1	9.1
京都	740.6	47.2	114.3	54.0	161.5	92.6	19.1	21.5
大阪	2 384.6	180.0	361.5	178.4	541.5	322.4	57.4	52.2
兵庫	1 577.8	116.5	206.5	99.2	323.0	188.9	35.4	39.3
奈良	420.2	25.0	55.1	26.2	80.2	45.8	8.2	11.9
和歌山	309.9	22.5	46.3	23.1	68.9	39.0	8.6	9.3
鳥取	178.2	10.0	25.2	12.8	35.2	19.5	5.1	6.1
島根	229.3	13.0	35.7	16.4	48.6	28.7	8.9	8.0
岡山	569.1	34.5	85.5	40.2	120.0	68.4	18.1	16.8
広島	822.6	51.4	110.8	52.5	162.2	97.2	20.5	21.9
山口	465.3	24.7	65.9	28.9	90.6	49.7	13.4	12.9
徳島	244.6	13.2	36.4	17.7	49.6	29.2	6.0	8.1
香川	303.0	17.1	43.5	20.2	60.6	36.5	6.9	9.2
愛媛	443.0	28.5	65.7	31.2	94.3	55.7	14.7	12.0
高知	246.0	11.1	36.8	18.4	47.9	24.7	8.0	8.0
福岡	1 414.0	84.1	191.3	88.1	275.4	157.3	33.1	37.4
佐賀	247.7	14.0	32.0	13.9	45.9	27.2	6.5	6.7
長崎	437.4	24.7	64.0	28.8	88.6	48.6	14.6	11.8
熊本	548.8	27.7	82.4	37.6	110.1	64.2	15.7	15.5
大分	374.7	18.1	51.6	24.6	69.7	43.5	7.8	9.8
宮崎	350.6	11.6	46.2	22.7	57.9	36.3	8.3	9.4
鹿児島	518.3	26.5	75.7	38.2	102.2	56.3	17.9	17.0
沖縄	332.8	13.9	47.1	26.6	61.0	37.4	6.0	8.7
全国	35 788.3	1 910.4	4 907.9	2 341.0	6 818.2	3 925.4	871.5	956.3

厚生労働省「介護保険事業状況報告」（2020年度）より作成。1) 2020年度末現在。2) 65歳未満を含む。3) 排せつや入浴、立ち上がりや歩行等が一人でできない等。4) 2020年３月〜2021年２月の各月調査の平均。5) 介護予防を含む。

表 7 - 36　刑法犯の認知・検挙件数と検挙人員および検挙率

	認知件数 （件）		検挙件数 （件）		検挙人員 （人）		検挙率 （%）	
	2020	2021	2020	2021	2020	2021	2020	2021
北海道	18 467	18 429	10 035	10 397	7 077	7 556	54.3	56.4
青森	3 409	3 067	2 216	1 966	1 416	1 264	65.0	64.1
岩手	2 553	2 507	1 521	1 634	1 064	1 057	59.6	65.2
宮城	10 193	9 398	5 090	4 402	2 872	2 602	49.9	46.8
秋田	2 382	1 984	1 638	1 486	1 007	1 002	68.8	74.9
山形	3 085	3 053	2 587	2 502	1 505	1 402	83.9	82.0
福島	7 655	6 627	4 084	3 323	2 114	2 004	53.4	50.1
茨城	16 301	14 277	6 182	5 833	3 311	3 107	37.9	40.9
栃木	9 059	9 027	4 787	3 845	2 054	1 975	52.8	42.6
群馬	9 965	9 079	5 465	5 121	3 151	3 036	54.8	56.4
埼玉	44 485	40 166	17 754	15 902	11 253	10 324	39.9	39.6
千葉	34 685	32 638	12 660	12 359	7 868	7 663	36.5	37.9
東京	82 764	75 288	33 521	30 950	23 271	21 026	40.5	41.1
神奈川	35 241	33 252	17 496	17 537	11 117	10 564	49.6	52.7
新潟	8 561	7 746	4 977	4 593	2 862	2 629	58.1	59.3
富山	4 539	4 546	2 741	3 125	1 702	1 703	60.4	68.7
石川	3 595	3 409	2 493	2 421	1 247	1 397	69.3	71.0
福井	2 764	2 714	1 960	2 119	1 263	1 100	70.9	78.1
山梨	3 128	2 748	1 660	1 518	1 045	867	53.1	55.2
長野	6 944	5 959	4 130	3 401	1 916	1 812	59.5	57.1
岐阜	10 447	9 479	4 629	5 495	2 932	3 015	44.3	58.0
静岡	15 370	14 440	8 043	8 067	5 513	5 488	52.3	55.9
愛知	39 897	37 832	15 667	14 937	12 263	12 218	39.3	39.5
三重	8 560	7 410	3 591	3 421	1 863	1 846	42.0	46.2
滋賀	6 039	5 814	2 511	2 952	1 807	1 893	41.6	50.8
京都	11 851	10 483	5 201	4 917	3 643	3 567	43.9	46.9
大阪	68 351	62 690	19 646	18 547	14 956	13 626	28.7	29.6
兵庫	34 246	30 003	15 600	13 710	10 950	10 212	45.6	45.7
奈良	5 774	5 148	3 599	3 550	2 040	2 097	62.3	69.0
和歌山	3 899	3 310	2 132	2 183	1 474	1 443	54.7	66.0
鳥取	1 814	1 923	1 355	1 408	880	962	74.7	73.2
島根	1 936	1 849	1 439	1 365	728	730	74.3	73.8
岡山	7 832	7 535	3 813	3 821	2 641	2 655	48.7	50.7
広島	11 726	11 181	6 104	5 808	4 206	4 036	52.1	51.9
山口	4 137	3 871	2 582	2 283	1 694	1 590	62.4	59.0
徳島	2 414	2 362	1 329	1 068	673	703	55.1	45.2
香川	4 543	3 801	2 653	2 390	1 592	1 519	58.4	62.9
愛媛	6 433	5 804	3 113	3 045	1 899	1 788	48.4	52.5
高知	2 719	2 859	1 523	1 531	864	929	56.0	53.6
福岡	27 627	26 337	14 736	12 970	9 433	9 108	53.3	49.2
佐賀	3 069	2 821	2 011	1 980	1 112	1 203	65.5	70.2
長崎	2 799	3 155	1 955	2 013	1 492	1 579	69.8	63.8
熊本	5 081	5 187	3 578	3 306	2 173	2 302	70.4	63.7
大分	3 087	2 887	1 526	1 667	1 124	1 149	49.4	57.7
宮崎	3 694	3 535	1 938	1 792	1 213	1 192	52.5	50.7
鹿児島	5 113	4 641	2 466	2 498	1 657	1 618	48.2	53.8
沖縄	5 998	5 833	3 448	3 327	2 636	2 483	57.5	57.0
全国	614 231	568 104	279 185	264 485	182 582	175 041	45.5	46.6

警察庁「犯罪統計資料」より作成。検挙率は認知件数に対する検挙件数の割合。認知件数は2002年の285万件をピークに減少し続けており、2021年は戦後最小だった2020年をさらに下回った。

表 7 - 37　刑法犯の罪種別認知件数（2021年）（単位　件）

	重要犯罪					重要窃盗犯			
	殺人	強盗	放火	強制性交等	強制わいせつ	侵入盗	自動車盗	ひったくり	すり
北海道	24	34	24	53	147	906	37	6	291
青森	6	4	15	8	36	263	12	1	—
岩手	6	6	7	10	27	232	10	1	1
宮城	12	20	15	26	158	992	37	3	2
秋田	7	2	2	4	15	124	7	—	2
山形	3	1	9	6	13	325	18	1	—
福島	9	8	13	6	13	904	68	2	1
茨城	24	23	14	21	115	1 852	633	5	3
栃木	13	7	17	18	42	1 036	311	10	—
群馬	11	12	7	15	45	975	149	7	—
埼玉	69	88	43	69	342	2 976	493	77	33
千葉	49	69	27	63	206	2 696	759	31	19
東京	83	256	53	219	564	2 254	191	64	277
神奈川	50	86	27	74	305	2 248	264	56	41
新潟	7	10	8	17	43	748	26	—	8
富山	6	—	4	5	17	532	18	—	2
石川	4	3	3	5	27	370	17	—	12
福井	3	1	2	13	22	459	13	—	3
山梨	4	7	4	4	12	336	29	1	2
長野	3	10	9	16	38	577	42	2	2
岐阜	14	5	13	17	48	1 061	107	5	—
静岡	30	26	13	32	126	1 182	80	2	12
愛知	59	88	42	96	253	2 180	745	42	40
三重	6	13	8	23	44	648	92	7	3
滋賀	3	4	6	25	58	374	37	1	2
京都	14	25	14	32	68	486	50	22	15
大阪	114	142	130	154	508	1 498	519	100	180
兵庫	55	57	37	89	269	1 591	113	28	45
奈良	7	4	5	13	28	323	23	13	13
和歌山	8	4	3	9	16	212	10	4	2
鳥取	4	2	5	6	17	117	12	—	—
島根	4	3	4	5	12	125	9	2	—
岡山	13	7	10	23	43	594	22	13	2
広島	26	22	27	33	87	549	21	3	6
山口	4	4	12	4	26	302	11	—	—
徳島	2	3	2	4	14	155	9	1	1
香川	6	3	10	16	29	183	7	—	7
愛媛	4	5	7	15	28	482	22	2	2
高知	3	6	1	2	16	263	8	1	2
福岡	45	34	42	60	191	2 178	59	21	52
佐賀	7	2	2	10	17	237	4	—	—
長崎	3	5	9	4	23	157	7	2	2
熊本	10	7	11	25	52	340	12	1	7
大分	11	4	8	9	24	234	6	1	—
宮崎	7	4	5	8	21	287	15	—	2
鹿児島	8	5	14	10	35	394	21	1	9
沖縄	14	7	6	12	43	283	27	5	7
全国	874	1 138	749	1 388	4 283	37 240	5 182	544	1 110

警察庁「犯罪統計資料　令和 3 年 1 月～12月分」より作成。重要犯罪にはこのほか、略取誘拐・人身売買（2021年の認知件数は389件で、最も多いのは東京都の48件）がある。

表 7 - 38　少年犯罪（刑法犯）・来日外国人刑法犯の状況（2021年）

	刑法犯少年検挙人員 （人）（14～19歳）			触法（刑法）少年補導人員 （人）（13歳以下）			来日外国人 刑法犯	
	計	うち中学生	うち高校生	計	うち小学生	うち中学生	検挙件 数（件）	検挙人 員（人）
北海道	524	92	225	299	193	106	77	61
青森	51	11	9	59	32	27	61	10
岩手	61	8	31	58	35	23	8	10
宮城	155	26	68	42	24	18	37	35
秋田	62	9	36	37	21	16	37	6
山形	73	12	25	50	32	18	125	17
福島	97	22	46	63	41	22	28	21
茨城	158	22	47	95	57	37	442	164
栃木	141	18	61	18	12	6	171	97
群馬	174	20	70	33	20	13	317	194
埼玉	799	76	319	139	80	59	759	457
千葉	702	94	296	68	35	33	380	279
東京	1 876	236	755	1 049	747	302	1 656	1 092
神奈川	921	141	404	58	20	38	406	274
新潟	164	22	71	70	44	26	112	35
富山	113	21	46	37	14	23	162	78
石川	109	23	37	65	47	18	116	27
福井	65	5	32	22	12	10	125	59
山梨	67	17	15	6	3	3	28	28
長野	136	21	65	48	24	24	90	64
岐阜	210	39	95	87	50	37	319	174
静岡	437	101	168	136	85	51	540	242
愛知	1 133	200	434	191	92	97	680	628
三重	172	28	87	45	22	23	124	85
滋賀	227	78	72	119	44	74	77	55
京都	338	60	143	162	90	71	64	51
大阪	1 594	303	685	380	147	232	467	370
兵庫	944	219	374	476	273	203	442	234
奈良	172	34	75	97	45	52	131	58
和歌山	148	29	69	85	35	49	24	15
鳥取	67	13	31	44	33	11	34	23
島根	47	13	18	34	14	20	68	20
岡山	301	79	114	116	60	56	77	43
広島	320	57	147	230	143	85	199	117
山口	144	22	57	45	28	17	84	32
徳島	60	6	28	8	3	5	27	8
香川	102	25	36	35	16	19	42	32
愛媛	157	39	58	89	56	33	43	37
高知	94	43	26	57	28	29	34	9
福岡	778	122	298	333	189	143	220	191
佐賀	62	15	22	35	22	13	71	22
長崎	103	16	37	40	24	16	31	13
熊本	161	27	70	81	59	22	59	27
大分	63	6	24	26	14	12	21	15
宮崎	103	27	34	67	45	22	12	11
鹿児島	150	15	69	48	38	10	40	20
沖縄	283	94	102	199	90	109	38	33
全国	14 818	2 606	6 031	5 581	3 238	2 333	9 105	5 573

警察庁「令和 3 年中における少年の補導及び保護の概況」および同「犯罪統計資料　令和 3 年 1 月～12月分」より作成。注記は360ページ参照。

第 8 章
公害と災害・事故

表 8 - 1　公害苦情件数の推移（地方公共団体の受理件数）（会計年度）（単位　件）

	苦情件数		うち典型7公害		苦情増加率(倍) $\left(\dfrac{B}{A}\right)$	人口10万あたり苦情件数	
	1972 (A)	2020 (B)	1972	2020		1972	2020
北海道	1 988	1 765	1 882	1 056	*0.89*	38.2	33.8
青森	817	468	742	218	*0.57*	56.9	37.8
岩手	455	717	433	410	⑧ *1.58*	33.3	59.2
宮城	841	490	702	435	*0.58*	45.2	21.3
秋田	1 696	492	1 568	348	*0.29*	137.9	51.3
山形	657	616	530	373	*0.94*	54.1	57.7
福島	466	551	466	358	*1.18*	24.0	30.1
茨城	2 177	④ 5 037	1 917	⑧ 1 993	④ *2.31*	98.5	① 175.7
栃木	906	1 605	765	865	⑥ *1.77*	55.7	83.0
群馬	1 259	1 571	1 137	944	*1.25*	74.3	81.0
埼玉	3 429	⑧ 3 486	3 082	⑥ 2 915	*1.02*	80.4	47.5
千葉	2 488	③ 5 940	2 281	④ 4 019	③ *2.39*	67.7	⑧ 94.5
東京	16 650	① 7 720	15 595	① 6 861	*0.46*	143.4	55.0
神奈川	2 035	⑦ 3 790	1 988	⑤ 3 716	⑤ *1.86*	34.3	41.0
新潟	1 164	1 295	1 079	872	*1.11*	49.4	58.8
富山	581	240	545	182	*0.41*	55.6	23.2
石川	968	499	861	335	*0.52*	94.5	44.1
福井	603	590	576	406	*0.98*	80.0	76.9
山梨	256	916	242	410	① *3.58*	33.3	④ 113.1
長野	2 230	⑩ 2 387	1 933	1 306	*1.07*	112.8	③ 116.6
岐阜	1 981	1 896	1 836	1 068	*0.96*	109.9	⑦ 95.8
静岡	2 147	⑨ 2 545	2 020	⑩ 1 678	*1.19*	67.5	70.0
愛知	5 211	② 6 527	4 928	② 4 943	*1.25*	92.3	86.5
三重	2 390	1 829	2 063	1 164	*0.77*	151.8	⑤ 103.3
滋賀	735	839	690	619	*1.14*	79.5	59.4
京都	1 620	1 562	1 517	979	*0.96*	69.7	60.6
大阪	8 340	⑤ 4 653	7 831	③ 4 334	*0.56*	104.7	52.6
兵庫	4 349	2 384	3 895	⑨ 1 761	*0.55*	90.4	43.6
奈良	927	833	740	484	*0.90*	93.4	62.9
和歌山	724	953	596	404	⑩ *1.32*	68.7	⑥ 103.3
鳥取	287	329	247	212	*1.15*	50.4	59.4
島根	272	359	251	244	⑨ *1.32*	35.6	53.5
岡山	1 108	800	1 022	573	*0.72*	63.2	42.4
広島	1 383	1 265	1 288	1 023	*0.91*	54.7	45.2
山口	1 528	726	1 353	451	*0.48*	100.3	54.1
徳島	775	623	620	318	*0.80*	97.6	⑩ 86.6
香川	976	644	852	514	*0.66*	105.4	67.8
愛媛	1 217	846	1 057	583	*0.70*	85.0	63.4
高知	1 088	353	871	176	*0.32*	137.3	51.0
福岡	3 154	⑥ 3 994	2 833	⑦ 2 252	*1.27*	76.9	77.8
佐賀	339	578	323	463	⑦ *1.71*	41.0	71.2
長崎	814	955	740	596	*1.17*	52.4	72.8
熊本	936	926	863	602	*0.99*	55.9	53.3
大分	834	942	669	630	*1.13*	71.5	83.8
宮崎	1 369	1 529	1 117	702	*1.12*	130.5	② 143.0
鹿児島	1 250	1 475	886	592	*1.18*	73.3	⑨ 92.9
沖縄	344	1 017	295	736	② *2.96*	35.5	69.3
全国	**87 764**	**81 557**	**79 727**	**56 123**	*0.93*	81.6	64.7

公害等調整委員会「公害苦情調査」より作成。注記は360ページ参照。

表 8-2　公害苦情件数の内訳（地方公共団体の受理件数）（2020年度）（単位　件）

	典型 7 公害							典型 7 公害以外
	大気汚染	水質汚濁	土壌汚染	騒音	振動	地盤沈下	悪臭	廃棄物投棄
北海道	272	38	29	442	38	1	236	654
青森	82	19	5	49	7	1	55	40
岩手	86	95	26	93	3	—	107	213
宮城	58	34	—	211	10	—	122	31
秋田	145	57	2	58	3	—	83	85
山形	60	111	4	108	4	—	86	69
福島	86	29	1	119	5	—	118	86
茨城	875	115	7	445	35	—	516	1 717
栃木	393	53	3	170	10	—	236	287
群馬	392	109	3	241	13	—	186	211
埼玉	846	198	4	1 156	173	—	538	194
千葉	1 599	139	5	1 342	160	—	774	1 288
東京	1 235	46	4	4 135	595	4	842	91
神奈川	1 158	149	6	1 719	237	—	447	58
新潟	218	236	7	180	19	2	210	152
富山	49	68	—	33	7	—	25	43
石川	111	82	1	78	6	—	57	58
福井	184	116	—	62	11	—	33	133
山梨	118	53	1	93	6	—	139	161
長野	649	202	19	217	8	—	211	409
岐阜	295	264	5	224	19	2	259	406
静岡	492	202	1	499	30	1	453	88
愛知	1 753	385	10	1 708	163	4	920	391
三重	411	153	2	217	10	—	371	162
滋賀	126	198	—	152	8	—	135	117
京都	226	135	1	382	30	—	205	254
大阪	932	226	4	2 079	275	—	818	153
兵庫	414	192	2	698	59	—	396	289
奈良	155	125	1	112	2	—	89	198
和歌山	144	88	4	80	15	1	72	223
鳥取	34	50	1	62	5	—	60	58
島根	137	37	1	37	2	—	30	108
岡山	152	123	1	159	37	—	101	92
広島	296	204	4	345	25	—	149	94
山口	200	71	2	93	6	—	79	167
徳島	135	52	2	61	5	—	63	202
香川	139	146	3	96	—	—	130	62
愛媛	258	71	—	133	7	—	114	56
高知	46	32	—	52	2	—	44	126
福岡	831	265	6	660	39	—	451	1 391
佐賀	174	105	—	50	15	1	118	88
長崎	231	93	2	139	5	—	126	282
熊本	174	116	10	172	19	—	111	178
大分	151	62	—	127	10	—	280	100
宮崎	237	112	2	149	13	3	186	370
鹿児島	178	73	1	123	17	—	200	264
沖縄	162	102	2	209	6	—	255	79
全国	17 099	5 631	194	19 769	2 174	20	11 236	11 978

資料は前表に同じ。注記は360ページ参照。

表 8 - 3　ごみの排出状況（2020年度）（単位　千 t ）

	ごみ排出量	生活系ごみ1)	事業系ごみ	1人1日あたり排出量2)(g)	ごみの種類別搬入量3)			
					可燃ごみ	不燃ごみ	資源ごみ	粗大ごみ
北海道	1 811	1 287	524	949	1 095	143	320	69
青森	458	318	140	⑤ 993	371	29	37	12
岩手	406	285	120	908	314	18	41	9
宮城	814	580	234	⑨ 977	629	16	95	46
秋田	351	241	110	⑦ 987	197	10	34	12
山形	351	252	100	901	288	16	26	7
福島	710	511	200	② 1 033	592	27	60	15
茨城	1 027	763	263	969	795	48	116	27
栃木	661	499	162	925	530	25	75	14
群馬	708	552	157	⑥ 990	584	27	55	18
埼玉	2 324	1 834	491	861	1 650	97	293	47
千葉	2 062	1 536	525	894	1 539	80	281	63
東京	4 243	3 362	881	839	3 187	95	630	108
神奈川	2 819	2 201	618	837	1 586	40	421	63
新潟	820	569	252	③ 1 016	595	35	146	19
富山	398	265	132	① 1 039	289	19	65	4
石川	378	246	132	913	284	26	40	20
福井	265	197	68	938	203	22	18	11
山梨	291	216	76	972	234	15	28	7
長野	611	426	184	807	475	24	92	5
岐阜	634	453	181	878	511	30	47	24
静岡	1 156	846	310	858	958	28	108	24
愛知	2 469	1 824	645	895	1 853	104	339	62
三重	622	461	161	947	508	26	56	13
滋賀	426	320	106	822	332	20	45	14
京都	743	494	249	785	392	28	55	35
大阪	2 951	1 824	1 127	915	1 174	26	213	120
兵庫	1 815	1 245	570	901	1 409	62	142	74
奈良	434	318	116	883	337	19	32	14
和歌山	324	243	81	938	149	10	29	21
鳥取	203	117	86	④ 995	142	6	47	3
島根	233	160	73	946	178	16	30	3
岡山	643	419	224	931	544	16	38	19
広島	901	584	317	877	693	35	110	47
山口	487	331	156	⑧ 982	374	20	59	23
徳島	257	196	61	958	196	18	30	7
香川	303	209	94	850	232	23	42	4
愛媛	440	325	114	886	347	17	49	19
高知	245	178	67	958	172	8	23	9
福岡	1 769	1 176	592	946	1 109	66	158	55
佐賀	265	188	77	886	213	11	23	14
長崎	475	324	151	⑩ 972	394	24	36	6
熊本	566	393	173	881	450	16	77	7
大分	396	271	125	950	324	18	42	9
宮崎	384	270	115	968	291	18	64	9
鹿児島	544	379	165	921	413	25	73	23
沖縄	477	328	149	881	389	13	59	13
全国	41 669	30 016	11 653	901	29 523	1 515	4 899	1 250

環境省「一般廃棄物処理実態調査」より作成。排出量＝搬入量＋集団回収量。1）集団回収量を含む。2）外国人人口を含む総人口による。3）この他に混合ごみやその他のごみがあり、混合ごみは全国で2734千 t 。うち大阪1254千 t 、神奈川469千 t 、福岡315千 t 、京都184千 t など。

表 **8 - 4**　ごみの処理状況（2020年度）（単位　千 t ）

	ごみ処理量	焼却処理量	資源化量[1]	リサイクル率[2]（%）	最終処分量	最終処分場[3] 全体容量（千m³）	残余容量（千m³）	残余年数（年）[4]
北海道	1 701	1 180	424	23.4	299	60 981	7 024	19.2
青森	450	385	64	14.0	55	10 033	1 744	25.8
岩手	392	339	71	17.5	38	4 079	655	14.1
宮城	785	679	128	15.8	97	10 108	4 965	41.7
秋田	347	300	52	14.9	32	7 953	1 291	32.9
山形	337	302	47	13.3	34	2 829	544	13.2
福島	694	610	94	13.2	83	6 444	654	6.4
茨城	1 020	817	214	20.7	73	2 368	326	3.6
栃木	648	552	105	15.9	63	2 146	508	6.6
群馬	686	603	102	14.3	70	4 821	1 072	12.4
埼玉	2 243	1 879	568	24.4	86	3 559	762	7.3
千葉	1 975	1 641	453	22.0	140	10 147	1 268	7.4
東京	4 051	3 344	1 034	24.2	252	102 594	22 286	72.1
神奈川	2 579	2 147	702	24.9	229	25 539	5 773	20.5
新潟	794	623	178	21.7	69	5 659	1 000	11.8
富山	382	301	91	22.7	39	2 295	475	9.9
石川	373	278	57	15.0	44	10 052	3 907	72.8
福井	256	227	36	13.4	29	1 008	300	8.4
山梨	285	238	50	17.2	21	499	272	10.8
長野	597	485	131	21.4	42	3 286	963	18.7
岐阜	619	532	104	16.3	49	8 830	1 600	26.7
静岡	1 125	989	211	18.2	54	5 624	1 032	15.6
愛知	2 368	1 985	551	22.3	172	19 063	3 065	14.5
三重	613	525	127	20.4	19	8 138	789	33.1
滋賀	414	348	77	18.0	42	3 403	525	10.2
京都	697	603	107	14.3	104	8 923	3 632	28.5
大阪	2 795	2 579	396	13.4	349	14 129	1 830	4.3
兵庫	1 716	1 523	281	15.5	206	35 859	11 323	44.8
奈良	408	359	69	15.8	51	2 104	632	10.2
和歌山	318	271	43	13.2	43	1 427	307	5.8
鳥取	199	145	58	28.6	14	1 029	202	11.9
島根	234	180	49	21.0	22	2 334	655	24.7
岡山	619	559	158	24.6	28	5 679	979	28.3
広島	886	645	176	19.6	100	8 844	1 377	11.2
山口	478	392	160	33.0	24	5 622	1 212	40.5
徳島	252	203	42	16.5	29	1 226	98	2.7
香川	300	235	58	19.3	30	3 538	433	11.9
愛媛	434	363	74	16.7	44	4 065	1 195	22.4
高知	246	203	53	21.6	11	1 674	475	34.4
福岡	1 708	1 364	373	21.0	176	18 008	4 569	21.2
佐賀	262	229	52	19.7	11	1 096	209	15.8
長崎	457	402	75	15.9	39	4 901	1 552	32.5
熊本	556	429	124	21.7	50	4 599	1 336	21.6
大分	393	337	75	18.9	29	5 739	877	24.6
宮崎	383	301	66	17.1	49	4 273	662	11.1
鹿児島	541	433	87	16.0	69	9 303	2 813	33.3
沖縄	468	402	78	16.6	28	2 516	671	19.5
全国	**40 085**	**33 466**	**8 326**	20.0	**3 638**	**468 345**	**99 836**	22.4

資料は表8-3に同じ。1）集団回収量を含む。2）ごみ処理量と集団回収量の合計に対する資源化量の割合。
3）市町村、事務組合設置分。4）最終処分されるごみの容量を、1 m³＝0.8163 t で換算。

表 8-5 産業廃棄物の推計排出量（2019年度）（単位 千 t ）

	汚泥	動物の ふん尿	がれき類	ばいじん	鉱さい	ガラスく ず、陶磁 器くず1)	木くず	産業廃棄 物計×
北海道	12 398	19 687	3 387	666	739	469	533	38 803
青森	1 754	2 173	987	34	38	102	68	5 286
岩手	798	3 684	968	41	97	121	158	6 011
宮城	5 564	1 774	1 474	162	55	187	239	9 765
秋田	1 274	998	651	379	147	44	81	3 736
山形	1 035	968	876	255	35	55	93	3 578
福島	3 207	1 186	1 694	1 592	144	188	266	8 935
茨城	5 743	2 707	1 130	689	139	287	120	11 599
栃木	2 886	2 862	1 101	31	360	147	179	7 990
群馬	1 546	2 906	332	17	107	87	69	5 308
埼玉	6 860	661	2 206	34	138	354	258	11 607
千葉	7 267	2 807	2 076	2 225	2 047	351	251	19 679
東京	19 112	42	5 830	7	38	770	415	26 873
神奈川	10 825	341	3 634	261	282	445	309	17 346
新潟	4 509	956	1 582	117	147	220	203	8 560
富山	2 570	187	763	111	132	69	111	4 269
石川	1 209	184	983	218	14	95	98	3 040
福井	1 876	80	612	268	4	31	95	3 328
山梨	927	182	344	9	6	75	39	1 704
長野	2 600	639	807	206	28	197	141	5 022
岐阜	2 679	861	603	33	56	188	100	5 059
静岡	5 748	946	2 243	28	39	329	335	10 507
愛知	9 427	2 059	3 145	1 316	1 276	576	341	20 941
三重	4 811	975	1 237	93	76	206	135	8 147
滋賀	1 988	254	763	7	15	120	136	3 659
京都	2 337	240	821	129	51	42	78	4 022
大阪	8 258	36	2 528	42	255	191	190	12 512
兵庫	7 777	1 171	1 539	1 124	4 402	506	441	19 159
奈良	832	128	283	0	2	33	43	1 445
和歌山	432	75	711	841	981	72	67	3 354
鳥取	539	671	245	27	10	22	55	1 649
島根	310	629	462	180	119	50	161	2 067
岡山	2 831	1 271	774	534	300	117	168	6 569
広島	3 468	1 083	1 478	620	595	183	549	8 552
山口	2 960	389	1 090	864	278	201	172	6 984
徳島	1 365	599	351	167	3	16	45	2 758
香川	574	687	916	151	6	31	71	2 651
愛媛	5 577	780	583	497	20	53	81	7 943
高知	248	206	549	54	3	41	57	1 309
福岡	5 950	806	2 596	524	482	295	204	12 646
佐賀	1 550	906	290	23	23	33	122	3 204
長崎	1 030	1 613	749	1 004	5	110	99	4 851
熊本	2 124	2 860	1 097	422	54	288	115	7 353
大分	1 080	1 161	710	43	2	90	107	3 601
宮崎	807	5 911	526	49	27	44	133	8 029
鹿児島	1 095	8 049	808	0	0	187	189	11 102
沖縄	1 082	1 398	396	136	30	100	32	3 445
全国	170 841	80 788	58 930	16 232	13 807	8 417	7 955	385 955
再生利用	12 391	76 683	56 829	13 592	12 961	6 608	6 645	203 569
最終処分	1 780	44	1 828	1 091	766	1 331	254	9 157

環境省「産業廃棄物排出・処理状況調査」（2019年度実績）より作成。1）コンクリートくずを含む。×
その他とも。産業廃棄物は調査対象の廃棄物19品目の合計。360ページの注記参照。

表8-6　自然災害の発生状況（2020年）

	人的被害（人）		住家被害（棟）			り災世帯数1)（世帯）	り災者数1)（人）	被害総額（百万円）
	死者・行方不明	負傷者	全壊	半壊	一部破損			
北海道	8	215	—	2	50	14	28	4 408
青森	5	57	—	—	47	15	26	571
岩手	1	61	—	1	108	2	5	2 679
宮城	2	6	—	—	5	—	—	1 011
秋田	5	90	—	1	185	17	33	3 219
山形	5	73	2	62	24	179	542	26 642
福島	—	9	—	—	1	2	3	1 966
茨城	—	10	—	1	23	—	—	880
栃木	1	3	—	1	8	—	—	441
群馬	1	6	—	1	50	3	5	1 498
埼玉	—	—	—	—	83	80	184	415
千葉	—	9	—	—	45	11	11	135
東京	—	—	—	—	7	—	—	—
神奈川	—	5	—	2	18	8	204	185
新潟	3	103	1	—	45	3	4	2 447
富山	1	16	—	—	2	—	—	732
石川	—	—	—	—	—	—	—	2 231
福井	—	16	—	—	—	—	—	235
山梨	—	1	—	—	4	—	—	151
長野	1	22	—	1	4	6	15	28 935
岐阜	—	3	6	36	86	73	156	25 355
静岡	1	—	—	2	66	12	29	5 506
愛知	—	4	—	1	10	31	59	622
三重	—	—	1	—	17	18	27	3 475
滋賀	—	1	—	—	5	1	1	325
京都	—	3	—	2	11	2	3	2 704
大阪	—	—	—	—	7	—	—	39
兵庫	—	11	4	2	11	6	10	463
奈良	—	—	—	—	1	—	—	4 617
和歌山	—	7	1	—	3	2	6	4 179
鳥取	—	1	—	—	—	—	—	1 235
島根	—	16	2	41	8	54	112	8 351
岡山	—	2	—	1	7	1	4	2 354
広島	2	5	1	11	18	16	29	11 554
山口	—	7	—	6	6	24	37	4 582
徳島	—	7	1	—	11	1	1	272
香川	—	13	—	—	2	—	—	54
愛媛	2	18	1	3	99	9	12	14 525
高知	—	3	—	—	31	—	—	4 789
福岡	2	34	14	998	1 470	1 992	3 963	28 974
佐賀	1	14	2	9	52	34	78	11 747
長崎	4	27	13	32	95	172	202	31 078
熊本	67	73	1 490	3 112	302	5 565	12 035	349 811
大分	7	4	69	213	268	444	976	68 322
宮崎	4	9	6	4	6	14	19	10 362
鹿児島	2	20	26	55	1 364	237	454	33 568
沖縄	3	9	—	—	9	39	48	425
全国	128	993	1 640	4 600	4 674	9 087	19 321	708 068

消防庁「消防白書」（2021年版）より作成。暴風、豪雨、豪雪、洪水、高潮、地震、津波、火山噴火、その他異常な自然現象により生じた被害。2021年4月1日時点での数値。1) 全壊、半壊、床上浸水をした住家において、生活を営めない世帯とその居住者について都道府県が把握しているもの。

府県別統計　災害・事故

表 8 - 7　道路交通事故の発生件数および死者・負傷者数（2021年）

	発生件数1) （件）		死者数 （人）			負傷者数 （人）	
	総数	人口10万 あたり	総数	うち高齢者2)	人口10万 あたり	総数	人口10万 あたり
北海道	8 304	160.2	120	78	2.3	9 598	185.2
青森	2 458	201.3	29	20	2.4	2 919	239.0
岩手	1 566	130.9	35	24	2.9	1 830	153.0
宮城	4 286	187.1	42	24	1.8	5 182	226.3
秋田	1 301	137.7	28	23	3.0	1 514	160.2
山形	3 184	301.8	24	16	2.3	3 760	356.4
福島	2 997	165.4	49	32	2.7	3 446	190.2
茨城	5 929	207.9	80	46	2.8	7 243	254.0
栃木	3 939	205.0	56	30	2.9	4 666	242.9
群馬	10 007	519.4	50	33	2.6	12 308	638.9
埼玉	16 707	227.6	118	72	1.6	19 877	270.8
千葉	13 534	215.7	121	73	1.9	16 107	256.7
東京	27 598	197.0	133	58	0.9	30 836	220.1
神奈川	21 660	234.5	142	65	1.5	25 062	271.3
新潟	2 848	130.8	47	28	2.2	3 203	147.1
富山	1 971	192.2	29	19	2.8	2 269	221.3
石川	1 946	173.0	26	14	2.3	2 225	197.8
福井	912	119.9	26	16	3.4	1 029	135.3
山梨	2 093	259.9	32	15	4.0	2 555	317.3
長野	4 772	234.7	45	27	2.2	5 696	280.2
岐阜	2 911	148.4	61	37	3.1	3 648	186.0
静岡	19 382	537.3	89	46	2.5	24 408	676.6
愛知	24 185	321.8	117	74	1.6	28 631	380.9
三重	2 722	155.0	62	40	3.5	3 338	190.1
滋賀	2 850	202.1	37	17	2.6	3 530	250.3
京都	3 859	150.7	51	23	2.0	4 408	172.1
大阪	25 388	288.3	140	68	1.6	29 560	335.7
兵庫	16 929	311.6	114	72	2.1	20 043	369.0
奈良	2 937	223.3	39	23	3.0	3 556	270.3
和歌山	1 419	155.3	31	21	3.4	1 651	180.7
鳥取	618	112.6	19	11	3.5	694	126.5
島根	774	116.4	10	4	1.5	868	130.5
岡山	4 683	249.6	57	35	3.0	5 239	279.2
広島	4 655	167.5	70	39	2.5	5 495	197.7
山口	2 458	185.2	34	19	2.6	2 948	222.1
徳島	2 121	297.9	32	17	4.5	2 478	348.0
香川	3 287	348.9	37	22	3.9	3 957	420.0
愛媛	2 260	171.1	50	33	3.8	2 465	186.6
高知	1 046	152.9	25	21	3.7	1 142	166.9
福岡	20 066	391.6	101	49	2.0	25 587	499.4
佐賀	3 506	435.0	23	17	2.9	4 539	563.2
長崎	2 804	216.2	27	21	2.1	3 505	270.3
熊本	3 188	184.5	39	22	2.3	3 936	227.7
大分	2 360	211.8	36	21	3.2	2 832	254.1
宮崎	4 461	420.4	30	18	2.8	5 059	476.7
鹿児島	3 532	224.1	47	26	3.0	3 970	251.8
沖縄	2 783	189.5	26	11	1.8	3 319	226.0
全国	305 196	243.2	2 636	1 520	2.1	362 131	288.5

警察庁「交通死亡事故の発生状況及び道路交通法違反取締り状況等について」より作成。人口10万あたりは2021年10月 1 日現在推計人口より算出。死者数は事故後24時間以内に死亡したもの。1）人身事故のみ。2）65歳以上。

表8-8　火災の被害状況 (2021年)

	出火件数(件)	死者数[1](人)	負傷者数(人)	り災世帯数(世帯)	損害額(百万円)	建物焼損床面積(m^2)	林野焼損面積(a)
北海道	1 727	72	230	727	3 236	58 294	5 166
青森	493	32	102	263	1 301	25 570	146
岩手	363	26	59	194	1 289	29 051	337
宮城	614	30	112	337	1 810	28 105	391
秋田	320	24	49	188	865	20 880	480
山形	310	21	39	133	449	15 166	1 180
福島	599	40	109	319	1 310	25 816	1 473
茨城	1 091	30	127	410	3 688	40 703	1 233
栃木	701	24	88	278	1 681	30 382	17 816
群馬	617	23	81	241	1 467	20 689	6 404
埼玉	1 733	74	231	1 097	3 351	31 461	87
千葉	1 716	69	253	827	2 576	34 707	795
東京	3 969	87	668	2 381	3 563	16 795	480
神奈川	1 850	57	303	1 134	7 218	24 577	327
新潟	531	25	109	322	1 775	28 827	438
富山	168	10	31	92	708	12 314	204
石川	218	10	33	133	498	7 678	25
福井	152	5	30	67	350	5 884	499
山梨	330	11	34	100	353	6 685	138
長野	774	35	120	277	1 318	26 524	1 430
岐阜	608	35	88	292	1 283	19 349	368
静岡	1 001	36	120	419	2 375	24 169	422
愛知	1 778	58	293	900	3 800	37 277	317
三重	611	29	86	204	1 194	17 686	180
滋賀	375	10	47	149	517	5 650	112
京都	441	21	105	302	617	8 413	47
大阪	1 753	81	355	1 322	6 645	73 572	58
兵庫	1 391	56	232	688	2 768	35 345	1 313
奈良	369	9	64	144	482	6 628	288
和歌山	301	17	34	121	471	6 185	62
鳥取	187	10	33	73	336	8 161	172
島根	234	17	36	112	599	11 187	153
岡山	673	29	109	268	1 100	19 285	1 088
広島	737	33	110	427	1 722	21 935	731
山口	479	16	65	201	756	14 101	189
徳島	269	11	30	101	330	6 320	302
香川	331	18	49	125	742	13 095	190
愛媛	388	29	84	213	790	16 405	178
高知	269	13	24	100	442	7 014	470
福岡	1 228	46	194	668	1 812	26 000	1 106
佐賀	259	9	43	94	519	8 843	41
長崎	426	12	47	175	923	14 475	213
熊本	674	32	84	274	937	21 573	9 689
大分	485	12	52	180	733	16 656	1 159
宮崎	450	15	63	170	689	20 020	355
鹿児島	637	29	85	254	860	21 056	541
沖縄	447	12	29	118	474	4 626	8 319
全国	35 077	1 400	5 369	17 614	72 721	975 134	67 112

消防庁「令和3年 (1～12月) における火災の状況 (概数)」より作成。1) 放火自殺者およびその巻き添え等を含む。

図 **8-1**　人口10万あたり建物火災件数（2021年）

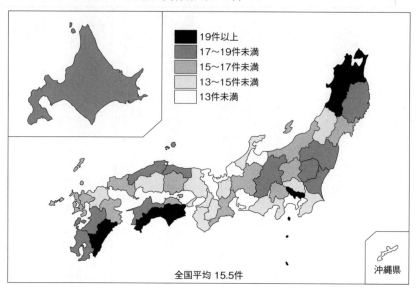

	19件以上
	17〜19件未満
	15〜17件未満
	13〜15件未満
	13件未満

全国平均 15.5件

沖縄県

資料は表8-8に同じ。人口は2021年10月 1 日現在推計人口。

表 **8-9**　出火件数の内訳（2021年）（単位　件）

	建物火災	林野火災	車両火災		建物火災	林野火災	車両火災
北海道	972	36	265	滋賀	195	11	48
				京都	283	12	47
青森	274	17	44	大阪	1 221	7	175
岩手	226	26	41	兵庫	765	53	134
宮城	346	20	69	奈良	188	12	33
秋田	187	24	31	和歌山	134	10	25
山形	157	17	38				
福島	316	46	64	鳥取	97	7	22
				島根	118	21	19
茨城	490	44	114	岡山	308	62	72
栃木	331	41	89	広島	404	43	76
群馬	301	18	73	山口	215	29	35
埼玉	969	15	173				
千葉	893	79	148	徳島	137	14	21
東京	2 830	6	217	香川	158	27	29
神奈川	1 138	3	161	愛媛	228	21	41
				高知	133	13	22
新潟	348	14	62				
富山	106	6	32	福岡	685	29	142
石川	147	7	15	佐賀	121	15	32
福井	86	6	24	長崎	197	29	36
				熊本	314	67	63
山梨	128	16	45	大分	189	56	41
長野	377	37	60	宮崎	217	38	39
岐阜	333	18	66	鹿児島	291	29	67
静岡	504	25	136	沖縄	178	53	58
愛知	952	28	183				
三重	274	21	67	全国	19 461	1 228	3 494

資料は表8-8に同じ。

表 8 - 10　労働災害の状況

| | 労働災害による死傷者数（人） | | | | 労働災害率（事業所規模100人以上） | | | |
| | | | | | 度数率1) | | 強度率2) | |
	2000	2010	2020	2021	2000	2020	2000	2020
北海道	8 250	6 486	7 735	8 146	4.34	3.49	0.18	0.10
青森	1 389	1 170	1 288	1 641	1.07	1.46	0.10	0.04
岩手	1 628	1 222	1 358	1 530	1.99	2.26	0.06	0.09
宮城	2 369	2 191	2 407	3 038	2.49	2.51	0.31	0.15
秋田	1 352	1 029	1 087	1 220	1.51	1.76	0.04	0.04
山形	1 432	1 080	1 190	1 417	1.33	3.11	0.04	0.09
福島	2 239	1 786	2 001	2 465	1.45	2.71	0.14	0.18
茨城	3 215	2 686	3 110	3 498	0.92	2.45	0.12	0.20
栃木	2 080	1 734	1 997	2 312	1.33	0.94	0.18	0.02
群馬	2 901	2 211	2 507	2 735	1.60	1.81	0.08	0.06
埼玉	5 377	5 564	6 769	7 837	2.00	3.38	0.14	0.07
千葉	5 062	5 017	5 878	6 745	2.21	2.38	0.08	0.07
東京	9 084	9 326	10 645	12 877	1.79	1.31	0.11	0.11
神奈川	7 165	6 574	7 617	8 668	1.59	2.18	0.05	0.07
新潟	3 173	2 536	2 522	3 204	1.45	2.16	0.32	0.03
富山	1 527	1 119	1 182	1 248	1.14	1.57	0.25	0.04
石川	1 313	1 085	1 158	1 357	1.28	2.29	0.03	0.03
福井	1 104	785	893	955	2.36	2.19	0.28	0.12
山梨	836	716	745	877	1.84	1.23	0.14	0.08
長野	2 206	1 898	2 121	2 405	1.40	1.47	0.55	0.03
岐阜	2 876	2 100	2 150	2 536	2.50	1.67	0.09	0.04
静岡	5 315	4 180	4 354	4 699	1.32	1.68	0.14	0.06
愛知	8 113	6 485	7 460	7 989	1.34	1.41	0.19	0.04
三重	2 867	2 313	2 188	2 609	1.47	1.51	0.13	0.03
滋賀	1 521	1 307	1 464	1 665	1.25	1.61	0.23	0.04
京都	2 925	2 324	2 528	2 840	3.46	2.24	1.14	0.06
大阪	10 823	8 459	8 726	11 299	1.71	1.85	0.18	0.06
兵庫	6 038	4 680	5 381	5 967	1.54	1.79	0.12	0.10
奈良	1 423	1 335	1 347	1 613	2.50	2.12	0.47	0.07
和歌山	1 511	1 217	1 115	1 250	1.78	1.25	0.03	0.05
鳥取	722	465	584	577	1.13	2.37	0.03	0.12
島根	1 031	727	688	825	2.40	2.71	0.07	0.03
岡山	2 319	1 893	2 337	2 501	1.95	1.94	0.14	0.05
広島	3 928	2 949	3 245	3 693	2.04	1.65	0.13	0.07
山口	1 776	1 296	1 371	1 557	1.33	1.25	0.49	0.04
徳島	1 198	822	876	1 017	1.96	2.14	0.70	0.33
香川	1 549	1 177	1 253	1 326	2.08	2.20	0.07	0.24
愛媛	2 130	1 537	1 552	1 690	2.09	1.67	0.15	0.21
高知	1 582	1 058	1 019	965	4.12	2.48	1.11	0.61
福岡	5 753	4 856	5 906	6 841	2.00	2.23	0.07	0.06
佐賀	1 136	1 018	1 288	1 378	1.33	2.39	0.03	0.10
長崎	1 570	1 390	1 717	1 791	2.57	2.50	0.32	0.06
熊本	2 189	1 773	2 079	2 182	1.72	1.92	0.16	0.12
大分	1 680	1 185	1 290	1 379	1.56	1.44	0.03	0.16
宮崎	1 592	1 370	1 576	1 687	2.98	3.21	0.08	0.12
鹿児島	1 969	1 699	2 100	2 256	1.88	2.48	0.04	0.05
沖縄	736	903	1 352	1 611	4.61	2.66	0.35	0.06
全国	139 974	116 733	131 156	149 918	1.82	1.95	0.18	0.09

厚生労働省「労働者死傷病報告」および同「労働災害動向調査報告」より作成。本表で直接都道府県間の比較をすることは、産業構造の相違等もあるため注意を要する。1）100万延べ実労働時間当たりの労働災害による死傷者数。2）1000延べ実労働時間当たりの延べ労働損失日数。注記は360ページ参照。

表の資料・注記

1-1 総面積・地形別面積 総面積は国土交通省国土地理院「全国都道府県市区町村別面積調」および国勢調査より作成。地形別面積は国土庁「国土数値情報」（1982年度）による。カッコ内の面積は、現在わが国の施政権の及んでいない北方領土（北海道、1980年4996km²、2021年5003km²）と竹島（島根県、1980年0.23km²、2021年0.20km²）を含む面積。1980年の総面積の全国計には、水面境界不明等のために当該県に含まれない下記の地域1)、2)を含む。1)十和田湖（60km²）を含まず。2)中海（98km²）を含まず。

1-2 可住地面積と地目別面積 地目別面積は国土庁「国土数値情報」（1987年度）より作成。地目別面積の分類にはこのほかに「海浜、分類不明」がある。可住地面積は表1-1の総面積から、表4-21の林野面積と本表の湖沼と河川の面積を差し引いたもの。

1-5 年平均人口増減率 人口は、各年調査時点の都道府県の境域で比較。

1-10 在留外国人数 法務省は、2015年末現在の統計より、これまで一括表示していた「韓国・朝鮮」を分離して公表している。

1-11 人口動態 日本における日本人について集計。1)不詳等を含む。

1-13 世帯数 総世帯。一般世帯と施設等の世帯の合計。一般世帯とは住居と生計を共にしている人の集まりや一戸を構えて住んでいる単身者などで、総世帯から寮の学生や病院の入院者といった施設等の世帯を除いたもの。国勢調査と住民基本台帳とでは世帯の数え方に違いがある。寮・寄宿舎の学生や病院・療養所の入院者、老人ホームの入所者など施設等に居住する人に関して、国勢調査では棟ごとにまとめて一つの世帯と数える。これに対し、居住する市区町村への届け出を基にしている住民基本台帳では、居住が一緒であっても生計を共にしていなければ別々の世帯として数える。そのため、住民基本台帳による世帯数の方が、国勢調査による世帯数よりも多くなっている。

1-15 人口集中地区 人口集中地区というのは、都市的地域の特質を明らかにする統計上の地域単位として1960年国勢調査から新たに設定されたもので、市区町村の境域内で人口密度1平方キロメートルあたり4000人以上の調査区が隣接し、それらの地域の人口が5000人以上を有するもの。

1-16 過疎地域 一部過疎市町村については、その市町村のうち過疎地域とみなされる区域（旧市町村）の人口・面積を集計。

1-18 昼間人口 昼間人口は従業地・通学地による人口で、夜間人口は常住地による人口。昼夜間人口比率は、常住（夜間）人口100人あたりの昼間人口。

2-1 労働力人口 本表から表2-5までは国勢調査によるが、国勢調査では調査年の9月24日から30日までの1週間の就業状態を把握する（アクチュアル方式）のに対し、本書2022年版に掲載していた「就業構造基本調査」による統計は、ふだんの就業状態を把握する（ユージュアル方式）。仕事に就いている人は、本表では「就業者」、本書2022年版では「有業者」と表記しているが、これは就業状態の把握の仕方の違いによる。就業者は、2020年9月24〜30日に収入となる仕事を少しでもした人や、収入となる仕事をもっている人で、休業者や無給の家族従業者を含む。完全失業者は、収入になる仕事をしなかった人のうち、仕事に就くことが可能で、かつ仕事を探していた人。非労働力人口は、収入になる仕事をしなかった人のうち、完全失業者や休業者以外の人。労働力率は、15歳以上人口（労働力人口＋非労働力人口）に対する労働力人口の割合。

2-6 雇用の動向 5人以上の常用労働者を雇用する事業所に関する調査で、調査対象は農林水産業や公務、分類不能の産業を除く全産業。常用労働者は期間を定めず、または1か月を超える期間を定めて雇われる者で、1か月以内または日々雇われる者でも調査期間の前2か月にそれぞれ18日以上雇われた者は常用労働者に含む。入職者、離職者は2020年の年間合計で、他企業の出向者・出向復帰者を含む。入職率、離職率は

それぞれ2020年1月1日現在の常用労働者数に対する割合。労働力の移動で他県からの移動は入職後の都道府県を示し、他県への流出は入職前の都道府県を示す。

2-7 外国人労働者　外国人労働者（特別永住者や在留資格「外交・公用」を除く）の雇入れや離職時には、事業主が在留資格等を確認してハローワークに届け出る義務がある。本表は届け出のあった者のみで、届け出のない外国人労働者は含まれない。

2-10 完全失業率　労働力調査は都道府県別データを公表するように標本設計されておらず（北海道と沖縄県を除く）、全国結果に比べて結果精度が十分確保できていない。本データは、標本規模の大きい一部の都道府県は全国と同じ方法で、それ以外の府県は時系列回帰モデル（地域のトレンドなどを踏まえたモデル）で推計したもの。

2-11 実労働時間と現金給与　全国の数値は全国調査結果による。調査対象は農林水産業や公務、分類不能の産業を除く全産業。ただし船員を除く。常用労働者は期間を定めず、または1か月以上の期間を定めて雇われる者。総実労働時間は、所定内労働時間と所定外労働時間（残業や休日出勤など）の合計。現金給与総額は、定期給与（基本給や家族手当、超過労働手当など）と特別給与（賞与など）の合計。所得税や社会保険料などを差し引く前の金額で、退職金は含まず。

3-1 原油処理能力とガソリンスタンド数　石油連盟資料および資源エネルギー庁資料より作成。原油処理能力は、都道府県ごとに所在する製油所の常圧蒸留装置能力を集計したもの。ガソリンスタンド数は品質確保法に基づく登録数で、固定式と可搬式の合計。ガソリンスタンド数は1994年度が最多。1）茨城県の原油処理能力には、コンデンセートスプリッターの処理能力を含む。

3-6 太陽光・風力発電の導入容量　資源エネルギー庁資料より作成。2022年8月18日閲覧。固定価格買取制度（FIT法）認定設備のうち、電力買い取りがすでに行われているものの発電容量。1）発電設備容量10kW未満のもの。発電電力のうち余剰電力のみ買い取り。2）発電設備容量10kW以上のもの。発電電力は全量買い取り。

4-1 農業経営体数　「農林業センサス報告書」（2020年）の「第2巻　農林業経営体調査報告書（総括編）」より作成。確定値。農業経営体は、一定規模以上の農業を行う者、または農業委託サービスを行っている者で、個人経営体と団体経営体がある。個人経営体は、個人（世帯）で事業を行う経営体で、法人化して事業を行う経営体は含まない（2015年調査までは、法人化された経営体を含む「家族経営体」として区分されていた）。団体経営体には、法人経営のほかに、地方公共団体などの団体と法人化していない団体を含む。

4-2 個人経営体数と世帯員数　注記は表4-1参照。主業経営体および準主業経営体は、調査期日前1年間に自営農業に60日以上従事している65歳未満の世帯員がいる個人経営体。さらに、主業経営体は農業所得が世帯所得の50％以上を占め、準主業経営体は農業所得が世帯所得の50％未満。副業的経営体は、調査期日前1年間に自営農業に60日以上従事している65歳未満の世帯員がいない個人経営体。世帯員は、原則として住居と生計を共にしている者で、農業従事者は、15歳以上の世帯員のうち、調査期日前1年間に自営農業に従事した者で、そのうち、基幹的農業従事者は、ふだん仕事として主に自営農業に従事している者。

4-5 耕地の拡張・かい廃面積　拡張は、耕地以外の地目から田畑に転換され、作物の栽培が持続的に可能となった状態。かい廃は、自然災害や人為的な理由によって田畑がほかの地目に転換し、作物の栽培が困難となった状態で、田畑別では田畑転換によっても生じる。

4-6 農業産出額と生産農業所得　農業産出額は、都道府県別の品目別ごとの生産数量に品目別ごとの農家庭先価格を乗じて求めたもの。都道府県別の農業産出額の合算値は、都道府県間で取引された種苗、子豚等の中間生産物が重複計上されるため、全国値はそれらの重複分を除いた農業総産出額を利用。生産農業所得は、農業生産活動によって生み出された付加価値であり、農業産出額から物的経費を控除し、経常補助金を実額加算して算出される。農林業センサス等を活用した推計結果であり、農林業セ

ンサスが属人統計（作物を生産した人が所在する場所別に集計される統計）であるため、属地統計（作物が生産された場所別に集計される統計）とは異なることに留意。

4-7 農業生産関連事業の年間販売金額　農業経営体（表4-1の注記参照）と、農業協同組合および農業協同組合が50％以上出資する子会社が対象。事業体が複数の事業を営んでいる場合は、その営んでいる事業ごとにそれぞれ1事業体としてカウントする。

4-20 畜産物の生産量　農林水産省「畜産物流通統計」および同「牛乳乳製品統計」より作成。枝肉は骨つき肉。枝肉生産量は、府県別のと畜頭数に食肉卸売市場調査結果などから算出した1頭あたり平均枝肉重量を乗じて推定されたもので、家畜産地の生産量だけでなく、消費地における消費量に近いものもある。飲用牛乳等には加工乳、成分調整牛乳を含む。ブロイラーは、農林水産省「畜産統計」による。出荷羽数は2021年2月2日から2022年2月1日までの1年間。年間出荷数3千羽数未満の飼養者を除く。

4-21 林野面積・森林面積と素材生産量　現況森林面積は、林野面積から草生地を除いたもの。民有林は、公有林、私有林、独立行政法人等の合計。針葉樹は、すぎ、まつ、ひのきなどで、広葉樹は、なら、ぶななど。1）総土地面積に占める林野面積の割合。2）速報値。

4-22 林業産出額　林業産出額は、国内における木材、栽培きのこ、薪炭など、林業生産活動による生産額の合計。

4-24 漁業経営の状況　経営体の個人、漁業就業者（満15歳以上）は、いずれも海上作業日数が年間30日以上。保有漁船は過去1年間に使用した漁船のうち漁業経営体が管理運営する漁船。1）船外機付漁船は含まない。

4-25 漁業生産量と産出額　農林水産省「漁業・養殖業生産統計」、「漁業産出額」による。漁業産出額に捕鯨業を除く。養殖業収穫量は種苗養殖を除く。調査対象は水揚機関（漁協、産地市場）で、水揚機関で把握できない場合に限り漁業経営体を対象にしている。

4-28 事業所数　本表は、事業内容等不詳の

事業所を含むデータ。2009年の数値は7月1日実施、2012年は2月1日現在、2016年および2021年は6月1日現在。調査対象は国内すべての事業所（農林漁家に属する個人経営の事業所、家事サービス業に属する事業所、外国公務に属する事業所を除く）。2021年調査は、調査票の欠測値や回答内容の矛盾などについて精査を行い、補足訂正を行っている。また、国税庁の情報を活用し、過去の調査では捉えられていなかった事業所を捉えており、参考の2009、2012、2016年のデータとは単純に比較ができないことに留意。

4-31 産業別の民営事業所数　事業所の産業分類は、原則、過去1年間の収入または販売額が最も多い主産業に分類される。

4-32 企業等数、売上高、純付加価値額　企業等とは、事業・活動を行う法人（外国の会社を除く）及び個人経営の事業所。経済活動が行われている場所ごとを単位とする事業所とは異なり、個人経営であって同一の経営者が複数の事業所を経営している場合は、それらをまとめて一つの企業等となる。単独事業所の場合は、その事業所だけで企業等となる。売上高は、商品等の販売額または役務の提供によって実現した売上高などで、有形固定資産など財産を売却して得た収益は含めない。純付加価値額は、売上高から費用総額を差し引き、給与総額および租税公課を足し合わせたもの。売上高と純付加価値額は、事業内容等不詳の事業所を含まず。

4-34 個人企業の1企業あたり年間売上高　約4万企業規模の抽出調査。農林漁業、鉱業、採石業、砂利採取業、電気・ガス・熱供給・水道業、鉄道業、航空運輸業、銀行業、協同組織金融業、酒場、ビヤホール、バー、キャバレー、ナイトクラブ、家事サービス業、病院、一般診察所、歯科診療所などの個人企業を除く。

4-37 工業統計　経理事項は調査時点の前年1月～12月の実績。（I）は全事業所が対象で、（II）は従業者4人以上が対象。2021年経済センサス－活動調査では、調査対象に個人経営を含まないことから、2020年工業統計調査結果と単純比較ができないことに留意。1）当該事業所で働いている

人をいい、他の会社など別経営の事業所から出向している人（受入者）も含む。臨時雇用者（日雇いなど）は含まない。2）製造品出荷額、加工賃収入額、くず廃物の出荷額およびその他収入額の合計であり、消費税および酒税、たばこ税、揮発油税および地方揮発油税を含んだ額。

4-39 産業別の工業統計　全事業所。産業分類別の項目のなかには、府県別内訳の合計と全国計が一致しないことがあるが、これは府県別内訳のほかに秘匿分があるため。各項目は、表4-37の注記を参照。1）貴金属・宝石製品、装身具・ボタンなど、時計、楽器、がん具・運動用具、事務用品、漆器、畳等生活雑貨製品、他に分類されない製造業（人体安全保護具、ゲーム用の記録物、看板、ユニット住宅等）。

4-42 酒類の製成数量　製成数量は、生産量からアルコール等混和および用途変更分を加減したものであるため、マイナスとなる場合がある。その他は合成清酒、みりん、甘味果実酒、ブランデー、発泡酒など。

4-48 卸売業、小売業　従業者数は、「個人業主」、「無給家族従業者」、「有給役員」および「常用雇用者」の計であり、「臨時雇用者」は含めていない。パート・アルバイトは常用雇用者に含まれる。産業別の格付方法は商品販売額の多い分類による。年間商品販売額は2015年で、数値が得られた事業所のみ。有体商品の販売額であり、土地・建物などの不動産及び株券、商品券、プリペイドカード、宝くじ、切手などの有価証券の販売額は含めない。2019年の参考値は、5年ごとの「経済センサス−活動調査」の中間年に実施される「経済構造実態調査」（2020年）による。

4-49 卸売業の業種別事業所数と年間商品販売額　表4-48の注記参照。管理、補助的経済活動のみを行う事業所、産業細分類が格付不能の事業所、商品販売額（仲立手数料を含む）の無い事業所は含まない。その他の卸売業には、家具・建具・じゅう器等、医薬品・化粧品等、紙・紙製品、他に分類されない卸売業がある。

4-50 小売業の業種別事業所数と年間商品販売額　表4-48、49の注記参照。その他の小売業には、家具・建具・畳、じゅう器、医

薬品・化粧品、農耕用品、燃料、書籍・文房具、スポーツ用品・がん具・娯楽用品・楽器、写真機・時計・眼鏡、他に分類されない小売業がある。

4-51 小売業の従業者規模別事業所数　管理、補助的経済活動のみを行う事業所、産業細分類が格付不能の事業所、商品販売額及び仲立手数料のいずれの金額も無い事業所は含まない。

4-52 小売業の商品販売形態別の年間商品販売額　法人組織の事業所のみ。事業所数は複数回答可能な項目であるため、延べ数となる（有効回答事業所のみ）。

4-53 情報通信業を営む企業の売上高　業種別売上高はアクティビティベース（主業か否かを問わず、少しでも情報通信業を営む企業の統計）で、全体の売上高は74兆2200億円、そのうち情報通信業の売上高は53兆4498億円。複数業種を併営している場合は、それぞれの業種に企業全体の数値が計上されている。主業格付けベースでの情報通信企業（情報通信事業の売上高がほかの事業よりも大きい企業）の売上高は56兆1457億円で、情報通信業以外の売上高を含む。

4-54 サービス産業の産業別の売上高　経済構造実態調査の三次集計による。調査範囲は、集計対象企業の傘下事業所。ただし、以下の企業の傘下事業所は含まれない（「A農業、林業」、「B漁業」、「C鉱業、採石業、砂利採取業」、「D建設業」、「E製造業」、「N生活関連サービス業、娯楽業」のうち「792家事サービス業」、「Rサービス業（他に分類されないもの）」のうち「93政治・経済・文化団体」、「94宗教」、および「外国公務」、「S公務（他に分類されるものを除く）」）。例えば、製造業に属する企業の傘下にある卸売業や小売業の事業所は、表中の「卸売業、小売業」に含まれない。

5-1 県内総生産と県民所得の推移　県民経済計算は、GDPなどを算出する国民経済計算に準拠して、各都道府県が「県民経済計算標準方式」に基づいて作成したもの。県民所得は県内の居住者（個人のほか、法人企業・行政機関も含む）が、県内外での生産活動によって新たに生み出した所得（純

生産物）をいう。この定義に従って、県外居住者に帰属する所得は、極力これを除いて推計されている。

5-11 行政投資額 生活基盤投資 ―― 市町村道、街路、都市計画、住宅、環境衛生、厚生福祉、文教施設、水道、下水道。産業基盤投資 ―― 国県道、港湾、空港、工業用水。農林水産投資 ―― 農林水産業。国土保全投資 ―― 治山治水、海岸保全。行政投資額には、このほか失業対策、災害復旧、鉄道、電気、ガスなどがある。

5-12 主要事業別行政投資額 事業別投資額には一般事業、公営企業のほか収益事業、国民健康保険事業、介護保険事業、公立大学付属病院事業の各投資がある。総額は表5-11参照。1) 国県道、市町村道。2) 公営企業の港湾整備を含む。3) 公営企業の病院のほか介護サービス、国民健康保険事業、介護保険事業、後期高齢者医療事業、公立大学付属病院事業を含む。

5-18 民間生命保険の保有契約高 個人保険と団体保険は主要保障金額、個人年金保険は年金開始前（年金開始時における年金原資）と年金開始後（各時点における責任準備金）の合計。

5-20 火災・地震・自動車保険新契約状況 損害保険料率算出機構「損害保険料率算出機構統計集」より作成。火災保険と地震保険は、2020年度中の新規保険契約数と保険金額。自動車保険は、同年度内に取り扱われた保険の契約台数。普及率は同年度末で、保険の契約台数を自動車保有台数で割ったもの（原動機付自転車を除く）。1) 府県別に分類不能な3万7078件を含む。2) 府県別に分類不能な10兆8921億円を含む。3) 全国計には府県別不明分の数値を含む。

6-1 貨物輸送の推移 国土交通省「貨物地域流動調査」、同「港湾統計年報」より作成。鉄道は発送トン数で、JRグループ（旧国鉄）のみ。自動車は表6-4の貨物に同じ。表6-4の注記参照。海上は、表6-7の国内貨物（移出）と貿易貨物（輸出）の合計で、単位はフレートトン（表6-7の注記参照）。鉄道連絡船と自動車航送船（フェリー）の貨物を含まず。航空は国内定期輸送で、国内各航空よりの積載貨物。

6-2 旅客輸送の推移 国土交通省「旅客地域

流動調査」、同「港湾統計年報」より作成。鉄道は、表6-3のJRグループと民鉄の合計で、各都道府県に所在する駅よりの乗車人員。自動車は営業用のみで表6-4の乗用車とバスの合計。自動車は旅客輸送の大部分を占める自家用輸送に関する調査が2010年度以降廃止された。表6-4の注記を参照のこと。海上は、表6-7の国内航路と外国航路の乗り込み人員の合計。航空は国内定期輸送で、国内各空港よりの搭乗人員。

6-3 鉄道輸送 国土交通省「旅客地域流動調査」、同「貨物地域流動調査」より作成。旅客、貨物とも出発・発送分。貨物はJRグループ（旧国鉄）のみ。

6-4 自動車輸送量 国土交通省「旅客地域流動調査」、同「貨物地域流動調査」より作成。輸送人員は営業用のみで、自動車航送船（フェリー）で輸送された自動車の旅客を含む。貨物は営業用および自家用の貨物自動車（霊きゅう車および自家用軽自動車を除く）で輸送された全貨物（フェリーで輸送された自動車の積荷を含む）。

6-5 自動車の保有台数 外国人所有を含む。四輪車合計は三輪車および四輪より多いものを含み、防衛省関係車両・被けん引車・特種（殊）用途自動車を除く。二輪車はエンジン総排気量126cc以上で原動機付自転車を含まず。

6-7 海上輸送量 貨物単位の「トン」はフレートトン。フレートトンは容積で1.133m³か、重量で1000kgを1トンとし、容積と重量のうちいずれか大きい数値をもって計算したもの。

6-8 航空輸送 国土交通省「空港管理状況調書」より作成。大阪国際空港（伊丹空港）は大阪府に計上。飛行場は、拠点空港、地方管理空港、共用空港（米軍、自衛隊との共用を含む）、その他の空港の合計で、非公共用の民間飛行場やヘリポートを含まず。国内線は定期輸送およびその他の輸送を含み、表6-1、6-2の定期輸送のみの数値とは異なる。1) 乗降客数。2) 積みおろし貨物。3) 乗降客および通過客数。

6-9 加入電話数の推移 NTT以外の加入数を含む。公衆電話、地域集団電話等を除く。100人あたりは各年10月1日現在の人口で算出。

6-10 携帯電話加入数　PHS（簡易型携帯電話）は含まない。スマートフォンを含む。

6-11 ブロードバンドサービスの契約数　100人あたりは、2021推計人口（2021年10月1日現在）より算出。1）広帯域移動無線アクセスシステムでネットワークに接続する。WiMAXなど。2）光ファイバー。3）ケーブルテレビ。4）電話回線（メタル回線）でネットワークに接続する（ADSL等）。

6-13 日刊新聞発行部数と普及度　日本新聞協会資料（最新のものは2022年8月閲覧）より作成。新聞協会会員日刊新聞（2021年は113紙）の各年10月現在の1日あたりの総発行部数（海外を含む）。発行部数の合計は、朝夕刊セットを1部とし、朝刊・夕刊単独紙の部数を加えたもの。普及度の算出に用いた人口、世帯数は、1990年は3月31日現在、2021年は1月1日現在の住民基本台帳人口（日本人のみ）。普及度は、発行部数の合計に対するもの。

6-14 書籍と雑誌の販売額および書店数　年間商品販売額は、2015年1月1日から同年12月31日までの1年間の販売額。書店数、書店平均売場面積は、アルメディア調査。書店には店舗を有しない本部・営業所・事業部を一部含む。売場面積は公表した書店（2000年は全書店の約80％、20年は同93％）のみを対象とし、書籍・雑誌の売場のほか、文具やレンタルビデオ売場などを含む総計（アルメディアの調査は2020年で終了）。

7-3 主要商品の小売価格　データは月別価格の単純平均。1）国産コシヒカリ。2）メバチやキハダの刺身用赤身のさく。3）黒まぐろ（本まぐろ）。4）白色卵。サイズ混合。5）Lサイズ。6）セルフ店やコーヒースタンドを除く。アイスコーヒーを除く。持ち帰りを除く。7）白灯油。詰め替え売りで店頭売りのもの。8）リットル売りで配達のもの。9）1か月20m³使用したときの料金。計量制。専用給水装置（専用栓）で一般用。10）セルフ式を除く。11）男性（高校生以下を除く）の総合調髪での理髪料。12）2021年度。全日制普通課程で、生徒の人数に合わせて加重平均している。

7-6 勤労者世帯の家計収支　家計調査から除外される世帯は、学生の単身世帯、料理飲食店、旅館、下宿屋を営む併用住宅、賄い付きの同居人がいる世帯、4人以上の住み込み営業使用人がいる世帯、世帯主が3か月以上不在の世帯及び外国人世帯など。

7-11 1日の生活時間の配分　本調査は1976年より5年ごとに実施。対象は10歳以上。平日・土曜日・日曜日の加重平均として1日の生活時間を配分したもの（平日平均×5＋土曜日平均＋日曜日平均）÷7。

7-12 幼稚園、保育所　社会福祉施設等調査での利用児童数は、保育認定のある利用児童と、保育認定がない利用児童のうち措置人員と私的契約人員のみ。

7-23 宿泊施設での宿泊者数　本調査の外国人は日本国内に住所を有しない者。ただし、日本国内の住所の有無による回答が困難な宿泊施設は、日本国籍を有さない者を外国人宿泊者として回答している。

7-26 国民医療費　医療機関等での保険診療の対象となり得る傷病の治療に要した費用で、保険診療の対象とならない評価療養（先進医療等）、選定療養（特別の病室への入院、歯科の金属材料等）、不妊治療における生殖補助医療等を除く。また、傷病の治療費に限っているため、正常な妊娠や分娩に要した費用、健康の維持・増進を目的とした健康診断や予防接種等、固定した身体障害のために必要とする義眼や義肢等の費用も含まない。

7-31 平均寿命の推移　都道府県別の生命表は、国勢調査と人口動態統計を基礎に算出され5年ごとに作成される。完全生命表や簡易生命表の数値とはわずかに異なる。

7-32 介護保険施設の在所者、在院者数　介護保険施設は、介護保険法による都道府県知事の指定を受けたもの。1）老人福祉法に規定する特別養護老人ホーム（入所定員が30人以上）。2）看護、医学的管理の下における介護及び機能訓練その他必要な医療並びに日常生活上の世話を行う。3）介護医療院は医療の必要な要介護高齢者の長期療養・生活施設で、2018年4月創設。主として長期にわたり療養が必要である要介護者に対し、介護及び機能訓練その他必要な医療並びに日常生活上の世話を行う。4）医療法に規定する医療施設で、介護その他

府県別統計

表の資料・注記

の世話及び機能訓練その他必要な医療を行う。医療と介護の役割分担の観点から、介護療養病床は他の介護施設への転換が求められてきた。設置期限はこれまで延長されてきたものの、2023年度末までとなっており、最近は介護医療院への転換が進んでいる。本表は介護指定病床の数値。

7-33　主な居宅介護・介護予防サービス利用者数　1）介護老人保健施設、介護医療院、医療施設の合計。2）生活介護（空床利用型を除く）と療養介護（介護老人保健施設、介護医療院、医療施設）の合計。

7-34　地域密着型介護サービス利用者数　地域密着型サービスは、できる限り住み慣れた地域で生活が継続できるように、市町村長指定の事業者が地域住民に提供するサービス。介護予防サービスを行う事業所もある。1）連携型事業所の訪問看護利用者を含まず。2）看護小規模多機能型居宅介護。訪問看護と小規模多機能型居宅介護の組合せにより提供される。3）入所定員30人未満の老人福祉法に規定する特別養護老人ホームで、かつ介護保険法による市町村長の指定を受けた施設。2020年9月末の在所者数。

7-38　少年犯罪（刑法犯）・来日外国人刑法犯の状況　来日外国人は、わが国にいる外国人のうち、いわゆる定着居住者（永住権を有する者等）、在日米軍関係者および在留資格不明の者を除いた者。

8-1　公害苦情件数の推移　1972年度の苦情件数には、路上駐車、放置自転車、車両の搬出入、犬や猫のふんなどを含む。

8-2　公害苦情件数の内訳　苦情件数は複数の問題を生じているものであっても、主となる苦情1件のみの数値で重複しない。

8-5　産業廃棄物の推計排出量　環境省「産業廃棄物処理施設の設置、産業廃棄物処理業の許可等に関する状況」（2019年度実績）によると、産業廃棄物の最終処分場の残存容量（2020年4月1日現在）は全国で1億5397万m³であり、産業廃棄物の最終処分量を1t＝1m³で換算した残余年数は16.8年である。

8-10　労働災害の状況　労働災害による死傷者数は、事業所から提出される労働者死傷病報告をもとに集計したもの。労働災害率

（事業所規模100人以上）の調査対象産業は、総合工事業を除く。なお2008年より「医療、福祉」を調査対象とし、国営の事業所、郵便局、鉱山保安法の適用を受ける鉱山は調査対象外。2011年より「農業」を調査対象。2018年より「漁業」を調査対象。労働損失日数は、死亡または永久全労働不能は7500日、永久一部労働不能は障害の程度に応じて50～5500日、一時労働不能は暦日の休業日数に300÷365を乗じて算出される。

第 3 部
市町村統計

本書ご購読の方に、第3部「市町村統計」の各データをエクセルファイルで提供しております。

以下のURLからダウンロードできます。

　URL：https://yanotsuneta-kinenkai.jp/data/kensei2023.html

── 市の要件 ──

　市は、地方自治法に定めるいくつかの要件を満たさなければならない。人口５万以上、全戸数の60％以上が中心市街地にあること、商工業など都市的業務に従事する者と同一世帯の者が全人口の60％以上いること、そのほか都市的施設や都市的要件を備えていることなどである。1947年に地方自治法が施行された当初は人口３万以上であったが、54年に人口５万以上に改められた。その後も期限付きで３万以上、４万以上とする特例が設けられ、市制施行後に人口が当初の基準を下回っても差し支えないものとされた。

　2022年３月31日現在の政令指定都市は札幌、仙台、さいたま、千葉、横浜、川崎、相模原、新潟、静岡、浜松、名古屋、京都、大阪、堺、神戸、岡山、広島、北九州、福岡、熊本の20市である。政令指定都市は人口50万人以上の市のうち政令で指定された市で、都道府県が持つ権限や財源の一部が移譲されている。

　なお、東京23区は特別区に区分される。政令指定都市の行政区と異なり、首長や議会、独自の予算を持つ特別地方公共団体であり、本書では東京23区を市の統計に加えて掲載している。

── 市町村の変遷 ──

2012年１月１日から2022年３月31日までの町村の変遷

2012年１月４日　　愛知県長久手町が長久手市に。
2012年10月１日　　埼玉県白岡町が白岡市に。
2013年１月１日　　千葉県大網白里町が大網白里市に。
2014年１月１日　　岩手県滝沢村が滝沢市に。
2014年４月５日　　栃木県岩舟町が栃木市へ編入。
2016年10月10日　　宮城県富谷町が富谷市に。
2018年10月１日　　福岡県那珂川町が那珂川市に（筑紫郡消滅）。
2019年５月１日　　兵庫県篠山市が丹波篠山市に名称変更。

2022年３月31日現在の市町村の数、792市（東京23区を除く）、743町、183村（北方領土の６村を除く）。

表 1　市町村ランキング（1）（東京都の特別区は各区ごとで集計）

面積（km²） （2021年10月1日現在） （全国都道府県 市区町村別面積調）		人口（千人） （2022年1月1日現在） （住民基本台帳）		人口密度（人/km²） （左の2表より算出）	
高山市（岐阜）	2 178	(参考)23区（東京）	9 523	豊島区（東京）	21 779
浜松市（静岡）	1 558	横浜市（神奈川）	3 756	中野区（東京）	21 297
日光市（栃木）	1 450	大阪市（大阪）	2 732	荒川区（東京）	21 215
留別村1)（北海道）	1 443	名古屋市（愛知）	2 293	台東区（東京）	20 149
北見市（北海道）	1 427	札幌市（北海道）	1 961	文京区（東京）	20 047
静岡市（静岡）	1 412	福岡市（福岡）	1 568	墨田区（東京）	20 024
足寄町（北海道）	1 408	川崎市（神奈川）	1 522	目黒区（東京）	18 969
釧路市（北海道）	1 363	神戸市（兵庫）	1 518	新宿区（東京）	18 728
遠軽町（北海道）	1 332	京都市（京都）	1 389	品川区（東京）	17 675
別海町（北海道）	1 320	さいたま市（埼玉）	1 332	板橋区（東京）	17 604

出生数（人） （2021年） （住民基本台帳）		死亡数（人） （2021年） （住民基本台帳）		人口増減率（%） （増加率の高い自治体） （2021年） （住民基本台帳）	
(参考)23区（東京）	72 175	(参考)23区（東京）	86 903	利島村（東京）	*7.10*
横浜市（神奈川）	24 876	横浜市（神奈川）	36 314	青ヶ島村（東京）	*3.03*
大阪市（大阪）	20 153	大阪市（大阪）	32 621	流山市（千葉）	*2.10*
名古屋市（愛知）	17 692	名古屋市（愛知）	24 452	つくば市（茨城）	*1.96*
福岡市（福岡）	12 843	札幌市（北海道）	21 935	舟橋村（富山）	*1.93*
川崎市（神奈川）	12 279	神戸市（兵庫）	17 563	印西市（千葉）	*1.76*
札幌市（北海道）	12 100	京都市（京都）	16 049	川越町（三重）	*1.60*
さいたま市（埼玉）	9 917	福岡市（福岡）	13 523	府中町（広島）	*1.60*
神戸市（兵庫）	9 537	川崎市（神奈川）	12 435	檜枝岐村（福島）	*1.53*
京都市（京都）	8 955	北九州市（福岡）	12 062	軽井沢町（長野）	*1.48*

人口増減率（%） （減少率の高い自治体） （2021年） （住民基本台帳）		婚姻件数（件） （2021年） （人口動態統計）		離婚件数（件） （2021年） （人口動態統計）	
占冠村（北海道）	*-6.54*	(参考)23区（東京）	54 381	(参考)23区（東京）	13 828
赤井川村（北海道）	*-5.19*	横浜市（神奈川）	15 746	横浜市（神奈川）	5 303
早川町（山梨）	*-5.09*	大阪市（大阪）	15 735	大阪市（大阪）	5 067
夕張市（北海道）	*-5.05*	名古屋市（愛知）	11 798	名古屋市（愛知）	3 736
飯舘村（福島）	*-4.77*	川崎市（神奈川）	8 669	札幌市（北海道）	3 540
南牧村（群馬）	*-4.72*	福岡市（福岡）	8 508	福岡市（福岡）	2 646
松前町（北海道）	*-4.56*	札幌市（北海道）	8 496	神戸市（兵庫）	2 342
佐井村（青森）	*-4.55*	神戸市（兵庫）	6 077	京都市（京都）	2 109
球磨村（熊本）	*-4.42*	さいたま市（埼玉）	6 009	川崎市（神奈川）	2 064
新庄村（岡山）	*-4.28*	京都市（京都）	5 906	さいたま市（埼玉）	1 792

1) 北方領土（択捉島）。

全市町村のデータを、エクセルファイルで提供しています。
https://yanotsuneta-kinenkai.jp/data/kensei2023.html （QRコードは361ページ）

市町村統計　市町村ランキング

市町村ランキング (2)（東京都の特別区は各区ごとで集計）

0 ～14歳人口割合（%） （2022年 1 月 1 日現在） （日本人人口） （住民基本台帳）	
三島村（鹿児島）	24.9
十島村（鹿児島）	21.7
南風原町（沖縄）	20.5
新宮町（福岡）	19.9
渡嘉敷村（沖縄）	19.6
豊見城市（沖縄）	19.5
八重瀬町（沖縄）	19.5
宜野座村（沖縄）	19.3
御蔵島村（東京）	19.1
与那原町（沖縄）	19.0

65歳以上人口割合（%） （2022年 1 月 1 日現在） （日本人人口） （住民基本台帳）	
南牧村（群馬）	66.7
神流町（群馬）	61.8
天龍村（長野）	61.8
金山町（福島）	61.5
大豊町（高知）	59.9
御杖村（奈良）	59.1
東吉野村（奈良）	58.0
川上村（奈良）	57.9
昭和村（福島）	57.7
上関町（山口）	57.3

平均年齢の高い自治体 （歳） （2020年10月 1 日現在） （国勢調査、不詳補完）	
南牧村（群馬）	68.2
御杖村（奈良）	65.4
神流町（群馬）	65.1
天龍村（長野）	64.6
金山町（福島）	64.5
飯舘村（福島）	64.4
大豊町（高知）	63.8
東吉野村（奈良）	62.9
昭和村（福島）	62.7
今別町（青森）	62.3

平均年齢の低い自治体 （歳） （2020年10月 1 日現在） （国勢調査、不詳補完）	
長久手市（愛知）	40.2
新宮町（福岡）	40.2
南風原町（沖縄）	40.6
粕屋町（福岡）	40.8
中城村（沖縄）	40.8
御蔵島村（東京）	40.9
朝日町（三重）	41.2
豊見城市（沖縄）	41.2
与那原町（沖縄）	41.3
野々市市（石川）	41.5

外国人人口（人） （2022年 1 月 1 日現在） （住民基本台帳）	
（参考）23区（東京）	430 444
大阪市（大阪）	138 748
横浜市（神奈川）	99 229
名古屋市（愛知）	79 119
神戸市（兵庫）	47 424
川崎市（神奈川）	43 894
京都市（京都）	42 594
川口市（埼玉）	38 090
福岡市（福岡）	35 399
江戸川区（東京）	35 220

外国人人口割合（%） （2022年 1 月 1 日現在） （住民基本台帳）	
大泉町（群馬）	18.8
占冠村（北海道）	12.1
新宿区（東京）	9.9
蕨市（埼玉）	9.9
美濃加茂市（岐阜）	9.3
常総市（茨城）	8.9
豊島区（東京）	8.5
木曽岬町（三重）	8.4
荒川区（東京）	8.2
高浜市（愛知）	8.0

世帯数（千世帯） （2022年 1 月 1 日現在） （住民基本台帳）	
（参考）23区（東京）	5 255
横浜市（神奈川）	1 835
大阪市（大阪）	1 559
名古屋市（愛知）	1 142
札幌市（北海道）	1 087
福岡市（福岡）	825
川崎市（神奈川）	770
神戸市（兵庫）	767
京都市（京都）	721
さいたま市（埼玉）	622

昼夜間人口比率[2] の高い自治体（%） （2020年10月 1 日現在） （国勢調査、不詳補完）	
千代田区（東京）*	1 753.7
大熊町（福島）	688.0
中央区（東京）	456.1
港区（東京）*	453.7
飛島村（愛知）	322.0
渋谷区（東京）*	259.7
新宿区（東京）*	258.6
芳賀町（栃木）	225.6
浪江町（福島）	219.5
富岡町（福島）	219.4

昼夜間人口比率 の低い自治体（%） （2020年10月 1 日現在） （国勢調査、不詳補完）	
七ヶ浜町（宮城）	66.2
狛江市（東京）	67.7
富士見市（埼玉）	68.9
大治町（愛知）	69.9
舟橋村（富山）	71.5
練馬区（東京）*	72.2
豊能町（大阪）	72.5
中山町（山形）	73.0
日高町（和歌山）	73.0
大網白里市（千葉）	73.1

＊特別区から異なる特別区への移動を含む。 2) 分母となる国勢調査人口が 0 人の福島県双葉町を除く。

市町村ランキング (3) (東京都の特別区は各区ごとで集計)

就業者数（千人） （常住地ベース） （2020年10月1日現在） （国勢調査、不詳補完）	
(参考)23区（東京）	5 716
横浜市（神奈川）	1 999
大阪市（大阪）	1 494
名古屋市（愛知）	1 228
札幌市（北海道）	1 009
川崎市（神奈川）	877
福岡市（福岡）	845
京都市（京都）	741
神戸市（兵庫）	727
さいたま市（埼玉）	704

完全失業者数（千人） （常住地ベース） （2020年10月1日現在） （国勢調査、不詳補完）	
(参考)23区（東京）	213.4
大阪市（大阪）	80.0
横浜市（神奈川）	74.7
札幌市（北海道）	50.3
名古屋市（愛知）	48.0
福岡市（福岡）	42.2
京都市（京都）	35.5
神戸市（兵庫）	33.1
川崎市（神奈川）	29.8
さいたま市（埼玉）	26.3

労働力率（％） （15歳以上人口に占める就業者と完全失業者） （常住地ベース） （2020年10月1日現在） （国勢調査、不詳補完）	
大熊町（福島）	90.0
青ヶ島村（東京）	89.9
利島村（東京）	86.6
小笠原村（東京）	85.3
粟島浦村（新潟）	84.9
北大東村（沖縄）	84.8
御蔵島村（東京）	83.7
川上村（長野）	80.7
座間味村（沖縄）	79.6
中央区（東京）	78.4

農業従事者（人） （過去1年間に60日以上従事した人） （2020年2月1日現在） （農林業センサス）	
新潟市（新潟）	12 924
浜松市（静岡）	9 965
弘前市（青森）	9 896
奥州市（岩手）	8 766
一関市（岩手）	8 057
田原市（愛知）	7 927
熊本市（熊本）	7 903
長野市（長野）	7 111
横手市（秋田）	7 026
登米市（宮城）	6 965

海面漁業従事者（人） （2018年11月1日現在） （漁業センサス）	
函館市（北海道）	2 458
対馬市（長崎）	2 285
宇和島市（愛媛）	2 166
天草市（熊本）	2 036
石巻市（宮城）	1 903
志摩市（三重）	1 737
根室市（北海道）	1 576
佐世保市（長崎）	1 519
大船渡市（岩手）	1 501
佐賀市（佐賀）	1 420

耕地面積（ha） （2021年7月15日現在） （作物統計）	
別海町（北海道）	63 300
新潟市（新潟）	32 800
標茶町（北海道）	28 900
中標津町（北海道）	24 500
音更町（北海道）	24 300
北見市（北海道）	23 700
帯広市（北海道）	22 900
幕別町（北海道）	22 500
芽室町（北海道）	21 400
奥州市（岩手）	19 800

水稲の作付面積（ha） （2021年7月15日現在） （作物統計）	
新潟市（新潟）	24 600
長岡市（新潟）	12 500
大仙市（秋田）	12 100
上越市（新潟）	11 500
横手市（秋田）	11 100
鶴岡市（山形）	10 900
登米市（宮城）	10 300
大潟村（秋田）	10 100
奥州市（岩手）	10 000
栗原市（宮城）	9 650

水稲の収穫量（t） （2021年） （作物統計）	
新潟市（新潟）	136 800
大仙市（秋田）	72 700
鶴岡市（山形）	67 600
横手市（秋田）	67 400
長岡市（新潟）	64 200
大潟村（秋田）	61 200
上越市（新潟）	60 900
登米市（宮城）	59 100
奥州市（岩手）	56 200
大崎市（宮城）	53 700

農業産出額 （千万円） （2020年）（推計） （市町村別農業産出額）	
都城市（宮崎）	8 646
田原市（愛知）	8 247
別海町（北海道）	6 626
鉾田市（茨城）	6 400
新潟市（新潟）	5 699
旭市（千葉）	4 890
浜松市（静岡）	4 713
那須塩原市（栃木）	4 565
熊本市（熊本）	4 514
弘前市（青森）	4 497

市町村統計　市町村ランキング

市町村ランキング（4）（東京都の特別区は各区ごとで集計）

野菜の農業産出額 （千万円） （2020年）（推計） （市町村別農業産出額）	
鉾田市（茨城）	3 351
田原市（愛知）	2 994
八代市（熊本）	2 461
熊本市（熊本）	2 390
豊橋市（愛知）	1 988
深谷市（埼玉）	1 987
宮崎市（宮崎）	1 796
嬬恋村（群馬）	1 785
川上村（長野）	1 779
八千代町（茨城）	1 688

果実の農業産出額 （千万円） （2020年）（推計） （市町村別農業産出額）	
弘前市（青森）	3 826
笛吹市（山梨）	2 137
東根市（山形）	1 467
甲州市（山梨）	1 464
浜松市（静岡）	1 425
天童市（山形）	1 367
八幡浜市（愛媛）	1 255
中野市（長野）	1 235
田辺市（和歌山）	1 177
紀の川市（和歌山）	1 166

畜産の農業産出額 （千万円） （2020年）（推計） （市町村別農業産出額）	
都城市（宮崎）	7 240
別海町（北海道）	6 606
那須塩原市（栃木）	3 551
曽於市（鹿児島）	3 423
鹿屋市（鹿児島）	3 243
菊池市（熊本）	2 957
大崎町（鹿児島）	2 920
標茶町（北海道）	2 775
旭市（千葉）	2 723
中標津町（北海道）	2 473

製造業 事業所数 （従業者4人以上の事業所） （2020年6月1日現在） （工業統計）	
（参考）23区（東京）	7 450
大阪市（大阪）	4 879
名古屋市（愛知）	3 484
東大阪市（大阪）	2 417
横浜市（神奈川）	2 214
京都市（京都）	2 067
浜松市（静岡）	1 839
神戸市（兵庫）	1 394
堺市（大阪）	1 337
八尾市（大阪）	1 308

製造業 従業者数（千人） （従業者4人以上の事業所） （2020年6月1日現在） （工業統計）	
（参考）23区（東京）	134.6
大阪市（大阪）	113.0
豊田市（愛知）	112.5
名古屋市（愛知）	94.5
横浜市（神奈川）	88.0
浜松市（静岡）	70.2
神戸市（兵庫）	68.0
京都市（京都）	63.6
広島市（広島）	55.8
堺市（大阪）	51.3

製造業 製造品出荷額等 （億円） （従業者4人以上の事業所） （2019年） （工業統計）	
豊田市（愛知）	151 717
川崎市（神奈川）	40 828
市原市（千葉）	40 666
横浜市（神奈川）	39 269
倉敷市（岡山）	38 786
大阪市（大阪）	35 747
堺市（大阪）	34 782
神戸市（兵庫）	34 211
名古屋市（愛知）	32 969
広島市（広島）	31 008

卸売業、小売業 事業所数 （民営事業所） （2016年6月1日現在） （経済センサス活動調査）	
（参考）23区（東京）	86 582
大阪市（大阪）	36 335
名古屋市（愛知）	24 144
横浜市（神奈川）	20 225
福岡市（福岡）	15 887
京都市（京都）	14 428
札幌市（北海道）	14 167
神戸市（兵庫）	12 808
広島市（広島）	11 631
仙台市（宮城）	11 193

卸売業、小売業 従業者数（千人） （民営事業所） （2016年6月1日現在） （経済センサス活動調査）	
（参考）23区（東京）	1 239
大阪市（大阪）	405
名古屋市（愛知）	260
横浜市（神奈川）	228
中央区（東京）	162
福岡市（福岡）	155
札幌市（北海道）	154
港区（東京）	152
千代田区（東京）	142
京都市（京都）	136

卸売業、小売業 年間商品販売額（億円） （民営事業所） （2015年） （経済センサス活動調査）	
（参考）23区（東京）	1 782 162
千代田区（東京）	470 079
大阪市（大阪）	415 637
港区（東京）	404 943
中央区（東京）	329 391
名古屋市（愛知）	273 595
福岡市（福岡）	137 433
横浜市（神奈川）	106 996
品川区（東京）	103 148
札幌市（北海道）	99 560

市町村ランキング (5)（東京都の特別区は各区ごとで集計）

情報通信業の就業者割合（%）（常住地ベース）（2020年10月1日現在）（国勢調査、不詳補完）	
渋谷区（東京）	16.5
中野区（東京）	15.5
品川区（東京）	15.4
目黒区（東京）	15.0
杉並区（東京）	14.8
豊島区（東京）	14.7
新宿区（東京）	14.6
港区（東京）	14.3
中央区（東京）	14.3
世田谷区（東京）	13.9

運輸業、郵便業の就業者割合（%）（常住地ベース）（2020年10月1日現在）（国勢調査、不詳補完）	
成田市（千葉）	18.6
富里市（千葉）	15.6
篠栗町（福岡）	15.1
愛川町（神奈川）	14.8
久山町（福岡）	14.7
須恵町（福岡）	14.3
芝山町（千葉）	14.2
粕屋町（福岡）	14.2
木曽岬町（三重）	13.6
松伏町（埼玉）	13.6

金融業、保険業の就業者割合（%）（常住地ベース）（2020年10月1日現在）（国勢調査、不詳補完）	
中央区（東京）	8.2
千代田区（東京）	8.0
港区（東京）	7.0
文京区（東京）	6.6
武蔵野市（東京）	5.9
江東区（東京）	5.6
新宿区（東京）	5.5
浦安市（千葉）	5.3
杉並区（東京）	5.2
渋谷区（東京）	5.2

不動産業、物品賃貸業の就業者割合（%）（常住地ベース）（2020年10月1日現在）（国勢調査、不詳補完）	
千代田区（東京）	6.9
渋谷区（東京）	6.6
港区（東京）	6.2
芦屋市（兵庫）	5.6
軽井沢町（長野）	5.6
目黒区（東京）	5.4
新宿区（東京）	5.4
世田谷区（東京）	5.1
豊島区（東京）	5.0
武蔵野市（東京）	5.0

学術技術・専門サービス業の就業者割合（%）（常住地ベース）（2020年10月1日現在）（国勢調査、不詳補完）	
つくば市（茨城）	14.3
東海村（茨城）	14.1
港区（東京）	13.4
高根沢町（栃木）	13.1
千代田区（東京）	12.7
渋谷区（東京）	12.4
中央区（東京）	12.4
目黒区（東京）	11.5
文京区（東京）	11.3
富岡町（福島）	10.9

宿泊業、飲食サービス業の就業者割合（%）（常住地ベース）（2020年10月1日現在）（国勢調査、不詳補完）	
箱根町（神奈川）	49.2
草津町（群馬）	46.9
檜枝岐村（福島）	44.0
占冠村（北海道）	43.8
渡嘉敷村（沖縄）	35.6
座間味村（沖縄）	30.5
竹富町（沖縄）	30.3
留寿都村（北海道）	29.7
白馬村（長野）	29.7
南小国町（熊本）	29.3

納税義務者数3)（千人）（2021年7月1日現在）（市町村税課税状況等の調）	
(参考)23区（東京）	5 222
横浜市（神奈川）	1 906
大阪市（大阪）	1 261
名古屋市（愛知）	1 145
札幌市（北海道）	906
川崎市（神奈川）	822
福岡市（福岡）	742
神戸市（兵庫）	681
さいたま市（埼玉）	664
京都市（京都）	633

課税対象所得3)4)（億円）（2021年度）（市町村税課税状況等の調）	
(参考)23区（東京）	259 268
横浜市（神奈川）	79 651
名古屋市（愛知）	46 729
大阪市（大阪）	44 279
川崎市（神奈川）	34 152
札幌市（北海道）	29 714
世田谷区（東京）	28 901
福岡市（福岡）	26 898
さいたま市（埼玉）	26 661
神戸市（兵庫）	25 572

納税義務者1人あたり課税対象所得3)4)5)（千円）（2021年度）（市町村税課税状況等の調）	
港区（東京）	11 847
千代田区（東京）	9 852
渋谷区（東京）	9 117
中央区（東京）	7 125
芦屋市（兵庫）	7 014
目黒区（東京）	6 388
文京区（東京）	6 241
世田谷区（東京）	5 722
新宿区（東京）	5 614
武蔵野市（東京）	5 424

市町村統計　市町村ランキング

3）市町村民税の所得割（所得に応じた負担をするもの。市町村民税にはこのほか、所得に関わらず定額の負担を求められる均等割がある）。税額控除後、減免前に所得割の納税義務のある者で、道府県民税の所得割の対象と若干異なる。4）2021年度の課税対象として計上された前年の所得。5）課税対象所得を納税義務者数（所得割）で割ったもの。

市町村ランキング (6) （東京都の特別区は各区ごとで集計）

実質収支比率の高い自治体6)7)（%）（東京都区部を除く）（2020年度）（市町村別決算状況調）		実質収支比率の低い自治体6)7)（%）（東京都区部を除く）（2020年度）（市町村別決算状況調）		公債費負担比率6)8)（%）（2020年度）（市町村別決算状況調）	
双葉町（福島）	48.7	京都市（京都）	-0.1	夕張市（北海道）	41.2
水上村（熊本）	41.6	越知町（高知）	0.0	杵築市（大分）	32.8
粟島浦村（新潟）	38.4	川崎市（神奈川）	0.1	海士町（島根）	31.2
飯舘村（福島）	34.6	春日井市（愛知）	0.1	大任町（福岡）	30.6
豊丘村（長野）	32.5	河内長野市（大阪）	0.1	西ノ島町（島根）	29.7
大任町（福岡）	32.1	神戸市（兵庫）	0.1	津野町（高知）	29.2
山江村（熊本）	31.9	与謝野町（京都）	0.2	十島村（鹿児島）	27.7
楢葉町（福島）	29.3	忠岡町（大阪）	0.2	奥出雲町（島根）	26.9
上北山村（奈良）	29.0	大和高田市（奈良）	0.2	能登町（石川）	26.8
利島村（東京）	28.7	大牟田市（福岡）	0.2	安来市（島根）	26.7

財政力指数の高い自治体6)9)（東京都区部を除く）（2018～2020年度平均）（市町村別決算状況調）		財政力指数の低い自治体6)9)（東京都区部を除く）（2018～2020年度平均）（市町村別決算状況調）		実質公債費比率6)9)（%）（2018～20年度平均）（市町村別決算状況調）	
飛島村（愛知）	2.21	丹波山村（山梨）	0.07	夕張市（北海道）	70.0
六ヶ所村（青森）	1.79	三島村（鹿児島）	0.07	土佐清水市（高知）	18.5
軽井沢町（長野）	1.65	十島村（鹿児島）	0.07	河合町（奈良）	18.4
泊村（北海道）	1.58	知夫村（島根）	0.08	宮津市（京都）	17.9
大熊町（福島）	1.56	渡名喜村（沖縄）	0.08	京丹波町（京都）	17.7
浦安市（千葉）	1.52	島牧村（北海道）	0.09	網走市（北海道）	17.4
武蔵野市（東京）	1.52	大和村（鹿児島）	0.09	上郡町（兵庫）	17.1
田尻町（大阪）	1.51	宇検村（鹿児島）	0.09	与謝野町（京都）	17.0
箱根町（神奈川）	1.44			平群町（奈良）	16.7
神栖市（茨城）	1.41			大任町（福岡）	16.6

歳入決算額（億円）（2020年度）（市町村別決算状況調）		ふるさと納税受入額（億円）（2021年度）（総務省資料）		着工新設住宅戸数10)（戸）（2021年度）（建築着工統計）	
(参考)23区（東京）	51 916	紋別市（北海道）	153	(参考)23区（東京）	105 999
横浜市（神奈川）	23 930	都城市（宮崎）	146	大阪市（大阪）	32 718
大阪市（大阪）	20 427	根室市（北海道）	146	名古屋市（愛知）	26 701
名古屋市（愛知）	15 139	白糠町（北海道）	125	横浜市（神奈川）	26 107
札幌市（北海道）	12 888	泉佐野市（大阪）	113	福岡市（福岡）	18 412
福岡市（福岡）	12 651	都農町（宮崎）	109	札幌市（北海道）	15 616
京都市（京都）	10 704	洲本市（兵庫）	78	川崎市（神奈川）	11 767
神戸市（兵庫）	10 647	敦賀市（福井）	77	さいたま市（埼玉）	11 522
川崎市（神奈川）	9 072	富士吉田市（山梨）	72	京都市（京都）	10 841
広島市（広島）	7 840	飯塚市（福岡）	66	仙台市（宮城）	10 200

6) 数値の公表が表章桁数までで、同数のものは順位を確定できない。7) 自治体の収入と支出の実質的な差（実質収支）の、標準財政規模（臨時財政対策債発行可能額を含む）に対する割合。マイナスは赤字団体。8) 一般財源に対する、地方債の元利償還金等（公債費）に充てられる金額の割合。9) これらの用語については、442ページ市の統計Ⅱ注記参照。10) 調査対象が市と特別区のみの統計。

市町村ランキング (7)（東京都の特別区は各区ごとで集計）

住宅戸数11)（千戸） （2018年10月1日現在） （住宅・土地統計調査）		持ち家率の 低い自治体11)12)（％） （2018年10月1日現在） （住宅・土地統計調査）		1専用住宅あたり 延べ面積の 小さい自治体11)13)（m²） （2018年10月1日現在） （住宅・土地統計調査）	
(参考)23区（東京）	5 520	中野区（東京）	32.3	豊島区（東京）	51.4
横浜市（神奈川）	1 836	新宿区（東京）	32.7	新宿区（東京）	52.5
大阪市（大阪）	1 676	那覇市（沖縄）	35.2	中野区（東京）	53.9
名古屋市（愛知）	1 235	宜野湾市（沖縄）	35.7	中央区（東京）	54.0
札幌市（北海道）	1 051	渋谷区（東京）	36.2	品川区（東京）	55.6
福岡市（福岡）	894	豊島区（東京）	36.5	板橋区（東京）	55.9
京都市（京都）	821	千代田区（東京）	36.7	墨田区（東京）	56.7
神戸市（兵庫）	820	福岡市（福岡）	36.8	北区（東京）	58.1
川崎市（神奈川）	778	北区（東京）	36.9	台東区（東京）	58.3
広島市（広島）	612	杉並区（東京）	38.3	千代田区（東京）	58.9

小学校児童数（人） （2021年5月1日現在） （学校基本調査）		中学校生徒数（人） （2021年5月1日現在） （学校基本調査）		高等学校生徒数（人） （2021年5月1日現在） （学校基本調査）	
(参考)23区（東京）	408 454	(参考)23区（東京）	201 541	(参考)23区（東京）	214 653
横浜市（神奈川）	182 233	横浜市（神奈川）	91 088	横浜市（神奈川）	80 359
大阪市14)（大阪）	118 209	大阪市14)（大阪）	61 756	大阪市15)（大阪）	72 240
名古屋市（愛知）	113 029	名古屋市（愛知）	58 902	名古屋市（愛知）	64 963
札幌市（北海道）	89 713	札幌市（北海道）	45 601	福岡市（福岡）	42 175
福岡市（福岡）	84 568	福岡市（福岡）	41 813	札幌市（北海道）	41 997
川崎市（神奈川）	75 700	神戸市（兵庫）	39 410	京都市（京都）	41 358
神戸市（兵庫）	73 959	さいたま市（埼玉）	36 044	神戸市（兵庫）	38 938
さいたま市（埼玉）	70 817	京都市（京都）	34 168	さいたま市（埼玉）	35 201
広島市（広島）	66 255	広島市（広島）	34 129	広島市（広島）	31 491

保育所等定員数16)（人） （2020年10月1日現在） （社会福祉施設等調査）		病院数 （病床数20床以上） （2021年10月1日現在） （医療施設調査）		病院の病床数 （病院は病床数20床以上） （床） （2021年10月1日現在） （医療施設調査）	
(参考)23区（東京）	219 041	(参考)23区（東京）	418	(参考)23区（東京）	79 035
横浜市（神奈川）	68 059	札幌市（北海道）	201	札幌市（北海道）	36 492
大阪市（大阪）	61 967	大阪市（大阪）	176	大阪市（大阪）	31 661
名古屋市（愛知）	49 597	横浜市（神奈川）	132	横浜市（神奈川）	27 919
福岡市（福岡）	37 469	名古屋市（愛知）	122	名古屋市（愛知）	23 884
川崎市（神奈川）	30 875	福岡市（福岡）	115	福岡市（福岡）	21 180
札幌市（北海道）	30 209	神戸市（兵庫）	108	京都市（京都）	20 206
京都市（京都）	29 672	京都市（京都）	95	神戸市（兵庫）	18 616
広島市（広島）	28 566	熊本市（熊本）	94	北九州市（福岡）	18 463
神戸市（兵庫）	25 554	北九州市（福岡）	90	熊本市（熊本）	14 916

11）人口1万5千人以下の町村は調査対象外。12）居住世帯のある住宅での割合。政令指定都市の行政区では、大阪市浪速区の14.1％が最も低い。13）専用住宅は居住専用につくられた住宅で、店舗兼用などを除く。政令指定都市の行政区では、大阪市浪速区の41.2m²が最も小さい。14）大阪市外の3校を含む。15）大阪市外の1校を含む。16）幼保連携型認定こども園、保育所型認定こども園を含む。

市町村統計　市町村ランキング

市町村ランキング （8）（東京都の特別区は各区ごとで集計）

介護保険施設定員数[17]（人）（2020年10月1日現在）（介護サービス施設・事業所調査）

(参考)23区(東京)	41 535
横浜市(神奈川)	26 968
大阪市(大阪)	21 353
名古屋市(愛知)	15 325
京都市(京都)	12 264
神戸市(兵庫)	11 950
札幌市(北海道)	11 607
さいたま市(埼玉)	10 035
福岡市(福岡)	8 936
新潟市(新潟)	8 648

左表のうち介護老人福祉施設定員数（人）（2020年10月1日現在）（介護サービス施設・事業所調査）

(参考)23区(東京)	27 334
横浜市(神奈川)	16 386
大阪市(大阪)	13 134
名古屋市(愛知)	7 995
さいたま市(埼玉)	6 681
札幌市(北海道)	6 471
神戸市(兵庫)	6 124
福岡市(福岡)	5 578
京都市(京都)	5 567
北九州市(福岡)	4 849

平均寿命・男[18]（年）（2015年）（推計）（市区町村別平均寿命）

世田谷区(東京)	82.8
草津市(滋賀)	82.6
吹田市(大阪)	82.6
大町市(長野)	82.5
箕面市(大阪)	82.5
岡谷市(長野)	82.4
長岡京市(京都)	82.4
生駒市(奈良)	82.4

平均寿命・女[18]（年）（2015年）（推計）（市区町村別平均寿命）

北中城村(沖縄)	89.0
名護市(沖縄)	88.8
中城村(沖縄)	88.8
野々市市(石川)	88.6
世田谷区(東京)	88.5
菊陽町(熊本)	88.5
佐久市(長野)	88.4
西原町(沖縄)	88.4

汚水処理人口普及率の低い自治体（%）（2021年度末現在）（国土交通省等資料）

野迫川村(奈良)	17.9
福島町(北海道)	22.4
中泊町(青森)	22.7
鹿部町(北海道)	23.6
松前町(北海道)	25.4
国頭村(沖縄)	25.6
安田町(高知)	26.3
東村(沖縄)	29.1
湯浅町(和歌山)	29.2
多良間村(沖縄)	29.9

1人1日あたり生活系ごみ排出量（g）（2020年度）（一般廃棄物処理実態調査）

礼文町(北海道)	2 115
御蔵島村(東京)	2 000
神津島村(東京)	1 931
新島村(東京)	1 777
占冠村(北海道)	1 685
利尻富士町(北海道)	1 567
青ヶ島村(東京)	1 563
丹波山村(山梨)	1 563
新上五島町(長崎)	1 455
羅臼町(北海道)	1 395

1人1日あたり事業系ごみ排出量（g）（2020年度）（一般廃棄物処理実態調査）

豊浦町(北海道)	4 839
中札内村(北海道)	2 229
箱根町(神奈川)	2 018
日吉津村(鳥取)	1 764
占冠村(北海道)	1 352
山中湖村(山梨)	1 106
草津市(群馬)	1 079
木島平村(長野)	1 010
小平町(北海道)	973
壮瞥町(北海道)	941

ごみのリサイクル率（%）（2020年度）（一般廃棄物処理実態調査）

日高市(埼玉)	99.7
喜茂別町(北海道)	99.4
雄武町(北海道)	99.3
美祢市(山口)	96.6
小竹町(福岡)	94.3
多賀町(滋賀)	93.8
鞍手町(福岡)	93.8
宮若市(福岡)	93.8
豊郷町(滋賀)	93.3
甲良町(滋賀)	92.9

ごみのリサイクル率（%）（固形燃料やセメント原料等へのリサイクルを除く）（2020年度）（一般廃棄物処理実態調査）

雄武町(北海道)	99.3
大崎町(鹿児島)	83.1
上勝町(徳島)	81.0
豊浦町(北海道)	74.3
志布志市(鹿児島)	74.0
木島平村(長野)	67.3
大木町(福岡)	65.4
小平町(北海道)	63.4
喜茂別町(北海道)	59.9
粟島浦村(新潟)	57.1

17) 介護老人福祉施設、介護老人保健施設、介護医療院、介護療養型医療施設の合計。18) 数値の公表が表章桁数までで、同数のものは順位を確定できない。政令指定都市の各行政区をランキングの対象に加えると、男性の 1 位は横浜市青葉区の83.3年となる。

図1　人口の多い市町村（2022年1月1日現在）

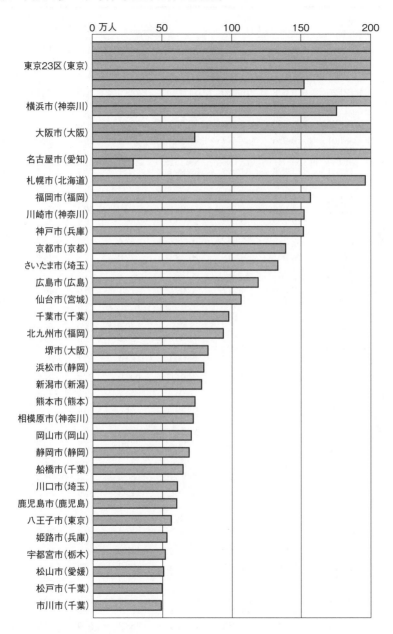

総務省自治行政局「住民基本台帳に基づく人口、人口動態および世帯数」より作成。市町村単位で、
人口の多い順に並べたもの。人口の多い町村は、広島県府中町5万2935人、愛知県東浦町5万415人、
神奈川県寒川町4万9064人、福岡県粕屋町4万8580人、茨城県阿見町4万8395人などである。

市町村統計　市の統計 I

表 2　市の統計 I　(1)

	面積 (2021年 10月1日) (km²)	人口 (2022年1月1日)(人)			人口 密度 (1km²あ たり 人)	年齢別人口構成 (2022年1月1日)(%)		
		計	男	女		0～14 歳	15～64 歳	65歳 以上
北海道								
札幌	1 121.26	1 960 668	916 289	1 044 379	1 748.6	10.9	61.1	28.0
函館	677.87	248 106	112 851	135 255	366.0	9.3	54.4	36.3
小樽	243.83	110 426	49 829	60 597	452.9	8.2	50.5	41.3
旭川	747.66	327 960	152 288	175 672	438.6	10.4	55.1	34.4
室蘭	81.01	79 986	38 447	41 539	987.4	9.4	52.6	38.1
釧路	1 363.29	163 110	76 755	86 355	119.6	9.9	55.5	34.6
帯広	619.34	165 047	78 696	86 351	266.5	11.4	58.7	29.9
北見	1 427.41	114 326	54 427	59 899	80.1	10.5	55.5	34.1
夕張	763.07	7 055	3 290	3 765	9.2	*5.6	*40.9	*53.5
岩見沢	481.02	78 112	36 487	41 625	162.4	9.8	53.4	36.8
網走	471.00	34 016	16 672	17 344	72.2	10.4	56.6	32.9
留萌	297.84	19 739	9 504	10 235	66.3	9.0	52.8	38.1
苫小牧	561.65	169 528	83 030	86 498	301.8	11.9	58.2	29.8
稚内	761.42	32 280	15 942	16 338	42.4	10.1	55.9	34.0
美唄	277.69	20 001	9 518	10 483	72.0	7.3	49.6	43.1
芦別	865.04	12 430	5 688	6 742	14.4	*6.6	*45.9	*47.5
江別	187.38	119 701	56 808	62 893	638.8	11.3	57.3	31.4
赤平	129.88	9 368	4 277	5 091	72.1	6.5	46.2	47.4
紋別	830.67	20 928	9 825	11 103	25.2	9.1	54.3	36.6
士別	1 119.22	17 676	8 390	9 286	15.8	8.8	50.0	41.2
名寄	535.20	26 663	13 048	13 615	49.8	11.0	56.1	32.9
三笠	302.52	7 930	3 629	4 301	26.2	*7.8	*45.3	*46.9
根室	1) 506.25	24 231	11 596	12 635	47.9	9.5	55.4	35.1
千歳	594.50	97 716	49 626	48 090	164.4	13.1	63.4	23.5
滝川	115.90	38 780	18 459	20 321	334.6	10.0	54.6	35.5
砂川	78.68	16 169	7 458	8 711	205.5	*8.6	*51.6	*39.7
歌志内	55.95	2 916	1 392	1 524	52.1	*4.6	*42.1	*53.3
深川	529.42	19 658	9 197	10 461	37.1	8.1	49.4	42.5
富良野	600.71	20 617	9 716	10 901	34.3	10.4	55.2	34.3
登別	212.21	46 135	22 142	23 993	217.4	9.9	52.9	37.2
恵庭	294.65	70 108	34 141	35 967	237.9	12.4	59.3	28.3
伊達	444.21	32 901	15 277	17 624	74.1	10.0	52.1	37.9
北広島	119.05	57 767	27 724	30 043	485.2	11.0	55.7	33.3
石狩	722.42	58 096	28 157	29 939	80.4	11.9	54.2	33.9
北斗	397.44	45 025	21 164	23 861	113.3	11.6	57.7	30.7
青森県								
青森	824.61	275 099	128 254	146 845	333.6	10.5	57.5	32.0
弘前	524.20	166 385	76 867	89 518	317.4	10.5	56.8	32.8
八戸	305.56	223 434	106 925	116 509	731.2	11.3	57.3	31.4
黒石	217.05	31 975	14 993	16 982	147.3	9.8	56.0	34.2
五所川原	404.20	52 432	24 092	28 340	129.7	9.2	54.9	35.8
十和田	725.65	59 666	28 634	31 032	82.2	10.6	55.0	34.3
三沢	119.87	38 744	19 298	19 446	323.2	12.8	60.3	26.9
むつ	864.20	54 967	26 817	28 150	63.6	10.2	55.8	34.0
つがる	253.55	30 777	14 433	16 344	121.4	9.2	51.9	38.9
平川	346.01	30 505	14 352	16 153	88.2	*10.9	*54.5	*34.7
岩手県								
盛岡	886.47	285 270	134 636	150 634	321.8	11.9	59.8	28.3

人口増減率(2021年)(%)	世帯数 2022年1月1日	産業別就業者割合(2020年10月1日)				民営事業所数 2021年6月1日速報	農業産出額(推計)(2020年)(千万円)	
		総数(人)	第1次産業(%)	第2次産業(%)	第3次産業(%)			
								北海道
-0.05	1 087 058	1 009 312	0.5	14.1	85.4	86 906	555	札幌
-1.50	140 577	120 943	3.0	16.7	80.3	12 443	206	函館
-1.80	61 929	49 219	1.4	17.2	81.4	5 488	39	小樽
-1.04	177 920	158 495	2.6	17.0	80.4	15 421	1 389	旭川
-1.95	44 671	37 471	0.9	26.9	72.2	4 008	53	室蘭
-1.54	93 450	80 259	2.2	18.7	79.1	8 343	1 092	釧路
-0.38	89 566	89 859	5.1	18.0	76.9	9 266	2 548	帯広
-0.96	61 743	59 227	6.6	17.1	76.3	5 719	2 928	北見
-5.05	4 188	3 161	16.8	22.1	61.2	365	303	夕張
-1.56	41 262	37 841	8.0	18.3	73.7	3 208	1 783	岩見沢
-1.80	18 125	18 283	13.4	15.7	70.9	1 717	2 335	網走
-2.56	11 058	9 769	3.3	19.9	76.9	1 108	79	留萌
-0.40	90 525	86 586	2.0	26.4	71.6	7 511	298	苫小牧
-2.28	17 422	17 714	8.6	21.8	69.7	1 818	1 127	稚内
-2.45	11 101	9 614	13.2	21.3	65.4	909	628	美唄
-2.69	7 134	5 540	10.3	27.4	62.4	584	305	芦別
-0.10	59 124	57 740	2.9	18.0	79.1	3 570	859	江別
-2.84	5 626	4 050	4.5	26.5	69.0	401	60	赤平
-1.82	11 668	11 143	9.8	24.9	65.3	1 305	800	紋別
-2.53	9 068	9 262	17.5	18.0	64.4	980	1 072	士別
-1.46	14 337	14 513	10.2	11.4	78.4	1 361	1 093	名寄
-2.68	4 648	3 228	7.5	21.2	71.3	359	224	三笠
-2.52	12 290	13 396	19.9	21.2	58.9	1 386	698	根室
-0.23	50 961	53 465	3.4	18.7	77.9	3 615	1 129	千歳
-1.23	21 166	19 904	4.7	17.9	77.5	1 791	375	滝川
-2.04	8 678	7 460	5.1	23.6	71.3	778	267	砂川
-3.41	1 761	1 150	1.8	25.4	72.8	112	0	歌志内
-2.13	10 655	9 643	16.9	12.8	70.4	1 015	1 026	深川
-2.15	10 566	11 360	20.4	11.3	68.3	1 150	1 782	富良野
-1.49	24 384	21 507	1.3	24.7	74.0	1 595	223	登別
0.02	34 470	34 686	4.0	21.3	74.7	2 064	537	恵庭
-1.51	17 713	15 811	9.7	17.3	73.0	1 341	1 119	伊達
-0.62	28 091	27 727	2.2	17.6	80.2	2 018	435	北広島
-0.32	28 247	28 209	4.3	24.7	71.0	2 446	439	石狩
-1.38	22 269	22 060	7.9	22.8	69.3	1 655	747	北斗
								青森県
-1.20	137 258	129 400	2.8	14.5	82.7	13 490	1 053	青森
-1.24	80 408	88 461	13.8	16.5	69.7	8 067	4 497	弘前
-1.07	109 607	111 190	3.0	22.5	74.5	11 188	1 679	八戸
-1.71	13 842	16 845	14.9	24.6	60.6	1 385	863	黒石
-1.45	25 611	25 471	13.4	20.0	66.7	2 900	1 123	五所川原
-1.13	27 951	31 370	11.9	22.8	65.3	3 086	2 672	十和田
-1.47	19 484	20 756	6.9	24.1	69.1	1 898	1 593	三沢
-1.72	28 757	26 197	5.1	19.6	75.3	2 495	277	むつ
-2.02	13 529	16 191	29.9	17.5	52.6	1 244	2 381	つがる
-0.66	12 213	16 035	23.3	22.3	54.4	991	1 224	平川
								岩手県
-0.54	137 623	147 174	3.1	13.7	83.2	15 264	2 288	盛岡

市町村統計　市の統計 I

市の統計 I （2）

	面積 2021年 10月1日 （km²）	人口 （2022年1月1日）（人）			人口密度 1 km²あ たり人	年齢別人口構成 （2022年1月1日）（%）		
		計	男	女		0～14歳	15～64歳	65歳以上
宮古	1 259.15	49 274	23 697	25 577	39.1	9.7	51.6	38.7
大船渡	322.51	34 285	16 464	17 821	106.3	9.4	52.1	38.5
花巻	908.39	93 493	44 735	48 758	102.9	10.7	54.7	34.6
北上	437.55	92 413	46 133	46 280	211.2	12.1	59.9	27.9
久慈	623.50	33 344	16 150	17 194	53.5	10.7	55.0	34.3
遠野	825.97	25 526	12 354	13 172	30.9	9.5	49.6	40.9
一関	1 256.42	111 792	54 263	57 529	89.0	10.0	52.5	37.5
陸前高田	231.94	18 338	8 835	9 503	79.1	8.6	51.2	40.2
釜石	440.35	31 413	14 956	16 457	71.3	9.1	50.9	40.1
二戸	420.42	25 665	12 177	13 488	61.0	9.6	52.2	38.2
八幡平	862.30	24 287	11 681	12 606	28.2	8.5	50.0	41.5
奥州	993.30	113 162	55 064	58 098	113.9	10.9	53.7	35.5
滝沢	182.46	55 642	27 397	28 245	305.0	13.7	60.2	26.1
宮城県								
仙台	786.35	1 065 365	515 374	549 991	1 354.8	12.1	63.2	24.6
石巻	554.55	138 686	67 399	71 287	250.1	10.3	55.7	33.9
塩竈	17.37	52 995	25 470	27 525	3 050.9	10.3	55.5	34.2
気仙沼	332.44	60 151	29 143	31 008	180.9	8.6	52.1	39.3
白石	286.48	32 526	16 005	16 521	113.5	9.6	53.8	36.6
名取	98.18	79 504	39 076	40 428	809.8	15.0	61.6	23.5
角田	147.53	27 770	13 819	13 951	188.2	10.0	53.2	36.8
多賀城	19.69	62 136	30 872	31 264	3 155.7	13.1	61.4	25.4
岩沼	60.45	43 878	21 669	22 209	725.9	13.1	59.9	27.1
登米	536.12	76 120	37 343	38 777	142.0	10.7	53.3	36.0
栗原	804.97	64 621	31 345	33 276	80.3	9.3	49.7	41.0
東松島	101.30	39 304	19 276	20 028	388.0	11.9	58.0	30.1
大崎	796.81	126 836	62 311	64 525	159.2	11.6	57.5	30.9
富谷	49.18	52 494	25 771	26 723	1 067.4	15.6	62.7	21.7
秋田県								
秋田	906.07	303 122	142 919	160 203	334.5	10.8	57.1	32.1
能代	426.95	50 397	23 353	27 044	118.0	8.3	50.5	41.2
横手	692.80	85 912	40 734	45 178	124.0	9.5	51.2	39.2
大館	913.22	69 293	32 618	36 675	75.9	9.1	51.5	39.3
男鹿	241.09	25 531	12 147	13 384	105.9	6.5	45.7	47.8
湯沢	790.91	42 450	20 471	21 979	53.7	8.2	51.4	40.4
鹿角	707.52	29 169	13 842	15 327	41.2	9.4	49.8	40.8
由利本荘	1 209.59	73 941	35 476	38 465	61.1	9.8	52.1	38.1
潟上	97.72	32 168	15 300	16 868	329.2	10.1	55.0	34.9
大仙	866.79	77 946	36 663	41 283	89.9	9.6	51.9	38.6
北秋田	1 152.76	30 112	14 147	15 965	26.1	7.7	47.5	44.8
にかほ	241.13	23 490	11 279	12 211	97.4	9.1	51.8	39.1
仙北	1 093.56	24 740	11 516	13 224	22.6	8.2	48.6	43.2
山形県								
山形	381.30	242 284	116 089	126 195	635.4	12.0	58.0	30.1
米沢	548.51	78 118	38 218	39 900	142.4	10.9	56.7	32.4
鶴岡	1 311.51	122 203	58 611	63 592	93.2	10.7	53.6	35.7
酒田	602.97	98 795	47 146	51 649	163.8	10.1	53.4	36.5
新庄	222.85	34 127	16 331	17 796	153.1	10.9	56.2	32.9
寒河江	139.03	40 452	19 792	20 660	291.0	12.4	55.7	32.0
上山	240.93	29 092	13 948	15 144	120.7	9.1	51.5	39.4

人口増減率(2021年)(%)	世帯数 2022年1月1日	産業別就業者割合 (2020年10月1日)				民営事業所数 2021年6月1日 速報	農業産出額(推計)(2020年)(千万円)	
		総数(人)	第1次産業(%)	第2次産業(%)	第3次産業(%)			
-2.55	23 163	24 135	7.5	25.3	67.1	2 440	145	宮古
-2.34	14 801	17 878	7.5	28.0	64.5	2 192	291	大船渡
-1.00	38 478	49 252	10.9	27.3	61.8	4 086	1 557	花巻
0.05	40 222	50 553	5.6	37.5	56.8	4 214	1 121	北上
-2.20	15 526	16 381	9.5	28.7	61.8	1 746	695	久慈
-1.87	10 673	13 320	16.7	32.0	51.2	1 252	739	遠野
-1.60	46 338	57 707	12.2	29.9	57.9	5 081	3 520	一関
-1.60	7 628	9 137	11.1	29.7	59.2	765	162	陸前高田
-2.37	15 911	15 339	4.7	30.3	65.0	1 750	18	釜石
-1.81	11 744	13 725	17.8	24.9	57.3	1 284	1 558	二戸
-2.02	10 540	12 755	22.5	24.8	52.7	1 101	1 565	八幡平
-1.29	46 049	60 503	13.0	29.6	57.4	5 257	2 284	奥州
0.07	23 912	29 656	4.8	21.8	73.4	1 513	543	滝沢
-0.05	529 151	564 587	0.8	15.9	83.4	53 702	709	**宮城県** 仙台
-1.52	61 933	69 702	7.4	28.9	63.7	6 472	1 459	石巻
-0.90	23 855	25 538	1.1	24.3	74.7	2 564	1	塩竈
-2.11	26 204	30 330	7.2	26.3	66.5	3 300	213	気仙沼
-1.68	14 178	16 771	5.5	33.7	60.8	1 446	490	白石
-0.19	32 348	40 294	3.1	21.9	75.0	2 903	341	名取
-1.57	11 460	13 899	7.7	37.8	54.6	1 019	549	角田
-0.28	27 647	32 831	1.0	20.6	78.4	2 172	49	多賀城
-0.09	18 459	22 935	2.2	26.9	70.9	1 852	189	岩沼
-1.64	27 224	40 487	13.5	29.7	56.8	3 927	3 247	登米
-1.81	24 903	33 219	14.8	27.7	57.4	2 956	2 287	栗原
-0.72	16 413	19 571	7.3	24.5	68.2	1 271	396	東松島
-1.14	52 349	66 887	8.0	29.9	62.1	5 776	2 666	大崎
0.12	19 927	26 831	1.1	23.9	75.0	1 325	57	富谷
-0.74	146 180	153 231	1.9	16.0	82.1	15 063	1 116	**秋田県** 秋田
-1.97	24 163	23 768	8.4	21.9	69.6	2 922	831	能代
-1.76	34 087	44 572	14.8	25.3	59.9	4 329	2 939	横手
-1.60	31 561	34 076	6.2	28.9	64.8	3 239	1 261	大館
-2.72	12 676	11 548	12.1	22.5	65.4	1 166	477	男鹿
-2.15	17 661	21 732	12.0	31.1	56.9	2 334	879	湯沢
-2.31	12 749	14 705	12.4	26.8	60.8	1 423	972	鹿角
-1.46	30 756	38 472	10.2	31.8	58.1	3 489	1 292	由利本荘
-0.37	14 103	15 595	5.7	25.8	68.4	1 046	386	潟上
-1.63	31 600	40 481	12.3	26.1	61.7	4 085	2 303	大仙
-2.44	13 809	14 329	10.6	27.0	62.3	1 518	876	北秋田
-1.47	9 377	11 800	8.9	40.9	50.2	1 050	318	にかほ
-2.25	10 488	12 607	13.0	26.0	61.0	1 462	576	仙北
-0.57	104 969	127 688	3.2	19.8	77.0	13 231	1 177	**山形県** 山形
-1.07	33 335	43 073	3.5	34.5	62.1	4 267	820	米沢
-1.45	49 355	64 718	9.2	29.4	61.5	6 250	3 074	鶴岡
-1.37	42 493	51 885	8.4	26.0	65.6	5 378	2 146	酒田
-1.90	13 910	18 203	8.9	28.9	62.1	2 129	682	新庄
-0.66	14 448	21 555	9.4	33.6	57.0	1 993	977	寒河江
-1.60	11 250	14 854	10.1	24.5	65.4	1 376	810	上山

市町村統計　市の統計 I

市の統計 I （3）

	面積 (2021年 10月1日) (km²)	人口 (2022年1月1日)(人)			人口 密度 (1 km²あ たり 人)	年齢別人口構成 (2022年1月1日)(%)		
		計	男	女		0〜14 歳	15〜64 歳	65歳 以上
村山	196.98	22 652	11 047	11 605	115.0	9.4	50.8	39.9
長井	214.67	25 786	12 583	13 203	120.1	10.8	53.2	36.0
天童	113.02	61 496	30 071	31 425	544.1	12.8	56.6	30.5
東根	206.94	47 950	23 672	24 278	231.7	13.7	58.3	28.0
尾花沢	372.53	14 913	7 349	7 564	40.0	9.2	49.1	41.8
南陽	160.52	30 295	14 696	15 599	188.7	11.1	54.8	34.1
福島県								
福島	767.72	273 348	132 854	140 494	356.1	11.3	58.2	30.5
会津若松	382.97	115 556	55 336	60 220	301.7	11.7	56.7	31.6
郡山	757.20	319 702	156 900	162 802	422.2	12.3	60.7	27.1
いわき	1 232.26	314 913	154 905	160 008	255.6	11.4	57.2	31.4
白河	305.32	59 430	29 634	29 796	194.6	11.6	58.1	30.3
須賀川	279.43	75 123	37 014	38 109	268.8	12.4	58.4	29.2
喜多方	554.63	46 004	22 197	23 807	82.9	11.0	52.7	36.3
相馬	197.79	33 831	16 786	17 045	171.0	12.0	56.1	31.9
二本松	344.42	52 892	26 093	26 799	153.6	10.5	54.8	34.7
田村	458.33	34 947	17 243	17 704	76.2	9.9	53.8	36.4
南相馬	398.58	58 467	29 252	29 215	146.7	9.1	54.6	36.4
伊達	265.12	58 320	28 496	29 824	220.0	10.0	53.9	36.1
本宮	88.02	30 040	14 873	15 167	341.3	12.7	59.2	28.1
茨城県								
水戸	217.32	271 156	132 818	138 338	1 247.7	12.6	60.6	26.8
日立	225.71	172 599	86 414	86 185	764.7	9.9	57.0	33.1
土浦	122.89	141 300	70 772	70 528	1 149.8	10.9	59.9	29.2
古河	123.58	141 371	71 276	70 095	1 144.0	11.5	59.7	28.8
石岡	215.53	72 680	36 133	36 547	337.2	10.3	56.4	33.3
結城	65.76	50 540	25 555	24 985	768.6	11.6	57.9	30.5
龍ケ崎	78.59	76 264	37 957	38 307	970.4	10.6	59.5	29.9
下妻	80.88	42 703	21 620	21 083	528.0	11.5	59.5	29.0
常総	123.64	62 057	31 318	30 739	501.9	11.1	58.8	30.1
常陸太田	371.99	49 236	24 235	25 001	132.4	8.5	52.5	39.0
高萩	193.56	27 414	13 639	13 775	141.6	9.7	53.7	36.6
北茨城	186.79	41 968	21 023	20 945	224.7	10.1	55.0	34.9
笠間	240.40	74 367	36 637	37 730	309.3	11.0	56.6	32.4
取手	69.94	105 967	52 288	53 679	1 515.1	10.0	55.2	34.8
牛久	58.92	84 497	41 693	42 804	1 434.1	12.5	57.9	29.7
つくば	283.72	246 541	125 589	120 952	869.0	15.6	65.0	19.3
ひたちなか	99.97	157 140	79 134	78 006	1 571.9	12.5	61.2	26.3
鹿嶋	106.04	67 031	34 412	32 619	632.1	12.0	56.3	31.8
潮来	71.40	27 279	13 572	13 707	382.1	10.4	55.7	33.8
守谷	35.71	69 966	35 089	34 877	1 959.3	15.0	61.5	23.4
常陸大宮	348.45	40 016	19 933	20 083	114.8	9.3	52.9	37.7
那珂	97.82	54 279	26 672	27 607	554.9	11.5	56.4	32.1
筑西	205.30	102 235	50 953	51 282	498.0	10.8	57.5	31.7
坂東	123.03	52 928	27 209	25 719	430.2	10.9	58.9	30.2
稲敷	205.81	39 111	19 731	19 380	190.0	8.5	54.7	36.8
かすみがうら	156.60	40 737	20 796	19 941	260.1	10.5	57.6	31.9
桜川	180.06	39 845	19 852	19 993	221.3	9.7	55.8	34.5
神栖	146.97	95 073	49 022	46 051	646.9	12.8	63.3	23.9
行方	222.48	32 956	16 493	16 463	148.1	9.5	54.1	36.3

人口増減率 (2021年) (%)	世帯数 2022年 1月1日	産業別就業者割合 (2020年10月1日)				民営 事業所数 2021年 6月1日 速報	農業 産出額 (推計) (2020年) (千万円)	
		総数 (人)	第1次 産業 (%)	第2次 産業 (%)	第3次 産業 (%)			
-2.32	8 046	11 858	13.8	36.6	49.6	1 168	855	村山
-1.43	10 006	14 003	6.8	38.1	55.1	1 531	453	長井
-0.67	22 731	33 375	9.5	30.3	60.2	2 961	1 750	天童
0.30	18 292	26 454	11.5	31.8	56.7	1 800	1 890	東根
-2.85	5 320	8 109	21.1	30.1	48.7	811	1 054	尾花沢
-1.45	11 434	16 289	9.4	31.8	58.8	1 689	940	南陽
								福島県
-0.83	124 222	143 118	4.0	23.2	72.8	12 955	1 892	福島
-1.26	52 120	61 068	4.7	25.7	69.6	6 532	999	会津若松
-0.53	143 908	171 230	2.9	24.8	72.3	17 073	1 772	郡山
-1.12	146 832	162 709	2.5	31.2	66.3	15 144	946	いわき
-1.13	24 996	31 331	6.3	38.3	55.4	2 943	821	白河
-1.01	29 967	40 177	8.1	31.5	60.4	3 288	1 233	須賀川
-1.28	18 846	23 500	11.5	30.4	58.1	2 200	1 121	喜多方
-1.29	14 323	18 427	8.1	34.0	58.0	1 720	342	相馬
-1.42	20 361	28 388	8.8	35.3	55.9	2 417	985	二本松
-1.98	12 780	18 482	13.4	38.1	48.4	1 627	818	田村
-0.93	24 520	28 551	5.6	32.8	61.6	2 748	401	南相馬
-1.51	22 920	30 728	12.7	30.8	56.5	2 497	1 734	伊達
-0.35	11 121	16 265	4.9	35.3	59.8	1 346	228	本宮
								茨城県
-0.08	129 106	138 298	2.3	18.7	79.0	13 824	996	水戸
-1.58	82 173	82 118	1.2	34.7	64.1	6 753	165	日立
-0.05	68 623	72 680	3.0	24.7	72.2	6 750	764	土浦
-0.62	62 966	74 626	3.5	37.9	58.6	5 977	1 207	古河
-1.32	31 430	38 340	7.5	29.3	63.2	3 085	1 668	石岡
-1.42	20 794	26 603	6.5	37.1	56.5	2 274	1 591	結城
-0.43	34 774	38 304	2.4	28.1	69.5	2 590	297	龍ケ崎
-0.91	17 434	23 177	6.1	37.2	56.8	2 172	1 234	下妻
-0.82	25 190	33 182	5.0	38.8	56.2	2 905	943	常総
-2.07	21 280	23 901	7.9	27.2	64.9	1 698	415	常陸太田
-1.62	12 757	12 893	2.9	38.9	58.2	1 085	125	高萩
-1.60	19 113	21 051	3.7	43.0	53.3	1 576	190	北茨城
-0.82	32 030	38 414	6.0	26.2	67.8	3 311	906	笠間
-1.18	49 550	51 512	1.8	22.5	75.7	3 008	290	取手
-0.44	37 454	41 751	1.8	24.9	73.3	2 589	320	牛久
1.96	110 539	121 456	2.6	19.3	78.2	9 479	817	つくば
-0.55	70 319	79 917	2.2	31.3	66.5	5 503	563	ひたちなか
-0.57	30 827	32 495	3.1	33.2	63.7	2 522	365	鹿嶋
-1.21	11 471	14 274	4.0	30.4	65.6	1 144	294	潮来
0.83	29 180	35 637	0.9	26.4	72.7	2 488	138	守谷
-1.41	17 606	19 848	8.5	30.5	61.1	1 634	803	常陸大宮
-0.30	23 207	27 198	4.8	24.8	70.3	1 945	325	那珂
-0.98	42 377	52 785	7.4	35.3	57.3	4 686	1 741	筑西
-1.16	20 855	29 139	10.6	38.1	51.3	2 618	2 423	坂東
-1.75	16 312	20 815	8.7	33.2	58.1	1 724	1 399	稲敷
-1.12	17 768	21 406	10.5	31.2	58.3	1 534	1 502	かすみがうら
-1.87	15 449	20 358	7.2	34.8	58.0	1 923	728	桜川
-0.49	42 980	53 911	5.1	39.1	55.8	4 466	1 758	神栖
-2.42	12 853	18 019	22.5	28.5	49.1	1 524	2 651	行方

市町村統計 市の統計 I

市の統計Ⅰ （4）

	面積 (2021年10月1日) (km²)	人口 (2022年1月1日) (人)			人口密度 (1km²あたり 人)	年齢別人口構成 (2022年1月1日) (%)		
		計	男	女		0～14歳	15～64歳	65歳以上
鉾田	207.60	47 287	24 278	23 009	227.8	9.7	55.8	34.5
つくばみらい	79.16	52 469	26 353	26 116	662.8	15.3	58.2	26.5
小美玉	144.74	49 445	24 964	24 481	341.6	11.2	58.8	30.0
栃木県								
宇都宮	416.85	519 136	259 788	259 348	1 245.4	12.9	61.4	25.8
足利	177.76	144 055	71 072	72 983	810.4	10.2	56.9	32.9
栃木	331.50	156 930	78 472	78 458	473.4	10.9	57.1	32.0
佐野	356.04	116 239	57 760	58 479	326.5	11.1	57.8	31.1
鹿沼	490.64	95 587	47 534	48 053	194.8	11.4	58.0	30.7
日光	1 449.83	78 784	38 527	40 257	54.3	9.4	54.5	36.1
小山	171.75	167 652	85 246	82 406	976.1	12.6	61.8	25.6
真岡	167.34	79 634	40 309	39 325	475.9	12.6	59.8	27.6
大田原	354.36	70 194	34 895	35 299	198.1	11.5	58.1	30.4
矢板	170.46	31 373	15 599	15 774	184.0	10.2	56.4	33.3
那須塩原	592.74	117 005	58 415	58 590	197.4	12.2	59.6	28.2
さくら	125.63	44 006	22 163	21 843	350.3	13.6	59.5	26.9
那須烏山	174.35	25 130	12 583	12 547	144.1	9.2	53.1	37.7
下野	74.59	60 202	29 921	30 281	807.1	12.3	61.8	25.9
群馬県								
前橋	311.59	333 263	163 149	170 114	1 069.6	11.8	58.4	29.8
高崎	459.16	370 806	182 128	188 678	807.6	12.3	59.3	28.5
桐生	274.45	106 379	51 283	55 096	387.6	9.1	54.4	36.5
伊勢崎	139.44	212 536	106 944	105 592	1 524.2	12.8	61.8	25.4
太田	175.54	223 022	113 865	109 157	1 270.5	13.2	60.6	26.2
沼田	443.46	46 009	22 426	23 583	103.8	9.9	55.3	34.8
館林	60.97	74 940	37 648	37 292	1 229.1	11.0	59.3	29.7
渋川	240.27	74 856	36 629	38 227	311.5	9.9	54.6	35.5
藤岡	180.29	63 564	31 164	32 400	352.6	10.4	57.0	32.6
富岡	122.85	47 021	23 277	23 744	382.8	10.3	55.5	34.2
安中	276.31	56 078	27 597	28 481	203.0	9.7	54.4	35.9
みどり	208.42	49 768	24 709	25 059	238.8	11.8	58.2	30.0
埼玉県								
さいたま	217.43	1 332 226	661 105	671 121	6 127.1	12.9	63.9	23.2
川越	109.13	353 235	176 418	176 817	3 236.8	12.0	60.9	27.0
熊谷	159.82	193 820	96 920	96 900	1 212.7	11.1	59.0	29.9
川口	61.95	605 545	306 553	298 992	9 774.7	12.0	65.0	23.0
行田	67.49	79 324	39 273	40 051	1 175.3	10.1	57.7	32.2
秩父	577.83	60 314	29 467	30 847	104.4	10.7	55.0	34.4
所沢	72.11	343 637	169 877	173 760	4 765.5	11.4	61.2	27.4
飯能	193.05	78 630	39 329	39 301	407.3	10.5	57.4	32.1
加須	133.30	112 235	56 485	55 750	842.0	11.0	58.5	30.4
本庄	89.69	77 720	38 797	38 923	866.5	11.4	59.5	29.1
東松山	65.35	90 385	45 448	44 937	1 383.1	11.7	58.8	29.5
春日部	66.00	232 864	115 550	117 314	3 528.2	10.5	58.4	31.1
狭山	48.99	149 692	74 922	74 770	3 055.6	10.3	57.7	32.0
羽生	58.64	54 051	27 181	26 870	921.7	10.6	59.1	30.4
鴻巣	67.44	117 660	58 231	59 429	1 744.7	11.1	58.5	30.4
深谷	138.37	142 383	71 158	71 225	1 029.0	11.7	58.6	29.7
上尾	45.51	230 507	114 182	116 325	5 065.0	11.7	60.7	27.6
草加	27.46	250 824	126 660	124 164	9 134.2	11.5	63.8	24.6

人口増減率 (2021年) (%)	世帯数 2022年 1月1日	産業別就業者割合 (2020年10月1日)				民営 事業所数 (2021年 6月1日 速報)	農業 産出額 (推計) (2020年) (千万円)	
		総数 (人)	第1次 産業 (%)	第2次 産業 (%)	第3次 産業 (%)			
-1.81	20 507	26 458	30.4	21.2	48.5	1 744	6 400	鉾田
0.69	21 631	25 071	3.7	27.7	68.5	1 570	340	つくばみらい
-1.60	21 203	27 148	11.0	29.9	59.1	1 845	2 519	小美玉
								栃木県
-0.38	239 868	268 965	2.4	26.5	71.1	23 756	1 808	宇都宮
-1.34	67 237	74 155	1.8	36.3	61.8	6 719	394	足利
-0.93	66 646	80 078	5.5	34.0	60.5	6 829	1 827	栃木
-0.95	52 307	59 765	2.5	35.9	61.6	6 091	467	佐野
-0.78	40 207	49 690	6.4	35.0	58.6	4 506	1 232	鹿沼
-1.73	36 397	41 006	5.2	27.6	67.2	4 047	981	日光
-0.14	74 798	89 047	3.4	32.8	63.8	7 124	1 219	小山
-0.30	32 186	42 095	10.1	37.3	52.6	3 094	1 777	真岡
-0.41	29 609	39 118	11.2	32.9	55.9	3 088	2 850	大田原
-1.09	13 250	15 610	7.6	31.4	60.9	1 295	484	矢板
-0.12	51 101	62 779	6.6	32.0	61.4	5 357	4 565	那須塩原
-0.73	17 919	22 114	8.2	29.8	62.1	1 516	961	さくら
-1.71	10 420	12 352	9.9	34.5	55.6	1 175	1 325	那須烏山
0.06	25 042	29 812	6.3	26.0	67.7	2 113	1 165	下野
								群馬県
-0.53	152 297	162 977	4.2	23.3	72.6	16 396	3 574	前橋
-0.37	168 804	193 437	2.4	27.0	70.5	18 161	1 737	高崎
-1.80	49 465	54 574	2.5	34.0	63.5	5 667	2 151	桐生
-0.35	92 831	114 369	3.5	36.2	60.3	8 945	1 636	伊勢崎
-0.53	98 637	119 212	3.2	39.5	57.3	10 439	1 941	太田
-1.42	20 622	24 404	12.0	25.1	62.9	2 573	1 121	沼田
-0.57	33 938	39 336	3.7	36.1	60.2	3 484	554	館林
-1.31	32 541	38 577	5.8	28.0	66.2	3 688	1 627	渋川
-1.23	27 657	32 812	4.2	35.6	60.2	2 727	308	藤岡
-1.54	20 411	24 361	6.5	40.1	53.4	2 482	470	富岡
-1.11	24 779	27 755	4.2	34.7	61.1	2 206	553	安中
-0.83	21 127	26 144	4.6	34.8	60.6	2 361	378	みどり
								埼玉県
0.58	622 491	703 823	0.7	18.3	80.9	47 690	1 048	さいたま
-0.01	164 005	160 416	1.8	23.0	75.2	12 525	702	川越
-0.81	88 072	100 486	2.8	26.8	70.3	8 421	768	熊谷
-0.30	295 628	332 348	0.6	23.1	76.3	22 299	147	川口
-1.14	35 370	40 877	2.7	31.0	66.3	3 211	298	行田
-1.38	26 414	29 103	2.8	32.3	65.0	3 247	166	秩父
-0.17	165 189	154 054	1.2	18.2	80.6	11 059	586	所沢
-0.62	35 632	40 077	1.2	26.9	71.9	3 001	51	飯能
-0.49	48 643	59 384	4.6	29.3	66.1	4 082	853	加須
-0.23	35 393	41 353	4.8	34.1	61.1	3 512	1 097	本庄
-0.08	41 555	46 265	1.6	27.9	70.5	3 773	190	東松山
-0.23	109 679	106 592	1.2	22.3	76.6	7 876	282	春日部
-0.09	70 757	75 350	1.8	24.7	73.5	4 752	413	狭山
-0.47	23 679	26 362	3.2	32.9	63.9	2 288	1 110	羽生
-0.28	51 376	60 242	2.8	23.9	73.3	3 504	429	鴻巣
-0.29	61 405	73 854	7.6	29.4	63.1	5 594	3 090	深谷
0.43	105 469	112 323	0.7	21.6	77.6	6 786	125	上尾
0.24	121 575	140 833	0.5	24.2	75.3	8 512	25	草加

市の統計 I （5）

	面積 2021年10月1日 (km²)	人口（2022年1月1日）（人）			人口密度 (1km²あたり 人)	年齢別人口構成（2022年1月1日）（%）		
		計	男	女		0～14歳	15～64歳	65歳以上
越谷	60.24	345 047	171 170	173 877	5 727.9	12.6	62.0	25.4
蕨	5.11	75 391	38 153	37 238	14 753.6	10.6	66.2	23.2
戸田	18.19	141 324	72 073	69 251	7 769.3	14.3	69.1	16.6
入間	44.69	146 309	72 320	73 989	3 273.9	11.1	59.0	30.0
朝霞	18.34	143 585	72 313	71 272	7 829.1	13.5	67.0	19.5
志木	9.05	76 595	37 901	38 694	8 463.5	13.0	62.3	24.7
和光	11.04	83 746	42 944	40 802	7 585.7	13.3	68.6	18.0
新座	22.78	166 108	82 636	83 472	7 291.8	12.6	61.6	25.8
桶川	25.35	74 822	37 026	37 796	2 951.6	11.3	58.9	29.8
久喜	82.41	151 669	75 554	76 115	1 840.4	10.9	57.9	31.2
北本	19.82	65 817	32 601	33 216	3 320.7	9.9	57.7	32.4
八潮	18.02	92 192	47 854	44 338	5 116.1	12.3	65.0	22.8
富士見	19.77	112 420	55 276	57 144	5 686.4	12.3	63.4	24.3
三郷	30.13	143 046	72 334	70 712	4 747.6	12.8	60.1	27.1
蓮田	27.28	61 563	30 555	31 008	2 256.7	10.7	57.2	32.1
坂戸	41.02	99 992	49 875	50 117	2 437.6	11.4	58.7	30.0
幸手	33.93	49 721	24 995	24 726	1 465.4	9.7	54.9	35.4
鶴ヶ島	17.65	70 069	34 677	35 392	3 969.9	11.0	60.0	29.0
日高	47.48	54 852	27 258	27 594	1 155.3	11.0	55.5	33.5
吉川	31.66	73 182	36 545	36 637	2 311.5	14.1	62.0	24.0
ふじみ野	14.64	114 279	56 587	57 692	7 805.9	12.6	62.0	25.5
白岡	24.92	52 705	26 176	26 529	2 115.0	12.3	59.7	28.0
千葉県								
千葉	271.76	976 328	485 830	490 498	3 592.6	11.6	62.2	26.2
銚子	84.20	57 589	27 948	29 641	684.0	7.4	53.8	38.8
市川	57.45	490 843	248 074	242 769	8 543.8	11.7	66.8	21.5
船橋	85.62	645 718	321 637	324 081	7 541.7	12.5	63.4	24.1
館山	110.05	45 265	21 938	23 327	411.3	9.3	50.6	40.1
木更津	138.90	136 047	68 597	67 450	979.5	12.6	59.4	28.0
松戸	61.38	496 899	246 865	250 034	8 095.5	11.3	62.7	26.0
野田	103.55	153 807	77 307	76 500	1 485.3	11.2	57.7	31.1
茂原	99.92	87 814	43 392	44 422	878.8	9.9	56.6	33.6
成田	213.84	130 318	65 127	65 191	609.4	12.7	63.2	24.2
佐倉	103.69	172 232	84 785	87 447	1 661.0	10.8	56.4	32.8
東金	89.12	57 248	28 735	28 513	642.4	10.3	58.7	31.0
旭	130.45	64 009	31 647	32 362	490.7	11.0	57.5	31.5
習志野	20.97	175 372	87 251	88 121	8 363.0	12.7	63.8	23.6
柏	114.74	431 267	213 244	218 023	3 758.6	12.8	61.2	26.0
勝浦	93.96	16 386	8 186	8 200	174.4	6.6	48.2	45.2
市原	368.16	271 740	139 886	131 854	738.1	11.0	58.9	30.1
流山	35.32	204 512	100 929	103 583	5 790.3	16.2	60.9	22.9
八千代	51.39	203 354	100 476	102 878	3 957.1	12.6	62.4	25.0
我孫子	43.15	131 402	64 413	66 989	3 045.2	10.8	58.5	30.8
鴨川	191.14	31 842	15 243	16 599	166.6	9.2	51.9	38.9
鎌ケ谷	21.08	109 871	54 155	55 716	5 212.1	11.4	60.0	28.6
君津	318.78	82 103	41 837	40 266	257.6	10.1	57.2	32.6
富津	205.40	42 665	21 719	20 946	207.7	8.4	52.9	38.7
浦安	17.30	168 658	82 107	86 551	9 749.0	12.4	69.3	18.3
四街道	34.52	95 851	47 917	47 934	2 776.7	13.4	58.1	28.5
袖ケ浦	94.92	65 360	33 100	32 260	688.6	13.7	59.3	27.1

人口増減率(2021年)(%)	世帯数2022年1月1日	総数(人)	第1次産業(%)	第2次産業(%)	第3次産業(%)	民営事業所数2021年6月1日速報	農業産出額(推計)(2020年)(千万円)	
-0.13	159 257	184 049	0.7	21.1	78.3	12 289	223	越谷
-0.47	40 117	43 076	0.2	19.0	80.8	2 862	1	蕨
0.21	67 500	80 509	0.1	21.0	78.9	6 000	1	戸田
-0.58	66 972	75 073	1.1	25.5	73.5	5 265	179	入間
0.27	68 326	82 168	0.6	18.7	80.7	4 296	57	朝霞
0.18	35 844	39 899	0.5	19.7	79.8	2 380	45	志木
-0.49	42 454	50 806	0.7	15.4	83.9	2 257	56	和光
-0.06	77 330	88 349	1.0	21.3	77.8	5 262	140	新座
-0.51	33 334	38 287	1.3	21.9	76.8	2 386	105	桶川
-0.55	67 665	78 038	2.3	25.3	72.4	5 239	378	久喜
-0.31	29 906	33 052	1.6	23.0	75.4	2 076	89	北本
-0.35	44 546	54 238	0.8	30.3	68.9	5 022	67	八潮
0.19	53 683	60 561	1.4	20.5	78.1	3 234	126	富士見
0.08	66 725	78 018	1.0	24.9	74.1	5 904	92	三郷
0.04	27 811	30 441	2.1	22.8	75.1	1 887	74	蓮田
-0.62	46 898	48 949	1.2	26.5	72.3	3 002	99	坂戸
-1.06	22 871	24 765	2.2	27.5	70.3	2 049	139	幸手
0.19	32 493	36 505	1.0	24.5	74.5	2 243	160	鶴ヶ島
-0.80	24 379	27 131	2.5	29.2	68.4	1 823	199	日高
-0.09	31 377	39 472	1.4	24.3	74.3	2 428	163	吉川
-0.24	53 465	59 280	0.9	22.1	77.0	3 198	124	ふじみ野
0.44	22 391	27 006	1.9	22.3	75.8	1 458	158	白岡
								千葉県
0.16	474 619	490 275	0.7	17.3	81.9	32 235	893	千葉
-2.57	26 831	29 249	10.8	29.3	59.8	3 234	2 143	銚子
-0.19	250 511	286 478	0.5	16.4	83.1	14 107	240	市川
0.12	312 455	342 523	0.8	16.6	82.7	18 384	689	船橋
-1.10	23 254	20 510	7.2	13.4	79.4	2 527	376	館山
0.01	64 057	70 691	2.5	24.3	73.3	5 969	308	木更津
-0.31	244 471	269 033	0.7	17.2	82.1	15 657	474	松戸
-0.22	70 342	78 728	1.9	25.8	72.4	5 307	524	野田
-0.53	41 245	42 577	3.3	26.7	70.0	3 541	395	茂原
-1.15	62 559	72 775	3.8	15.9	80.3	5 837	2 116	成田
-0.80	78 647	83 279	1.6	19.0	79.4	4 970	507	佐倉
-0.86	27 114	29 565	5.5	22.5	72.0	2 441	582	東金
-1.05	26 698	34 148	17.2	24.2	58.5	2 989	4 890	旭
0.10	82 737	93 227	0.4	17.6	82.0	4 542	30	習志野
0.63	200 040	219 145	1.1	16.8	82.1	14 233	708	柏
-2.56	8 382	7 595	8.8	16.0	75.1	1 049	70	勝浦
-0.74	128 832	139 318	1.7	29.6	68.7	9 591	972	市原
2.10	90 270	102 759	0.7	17.7	81.6	4 998	95	流山
0.58	93 449	104 476	1.1	19.3	79.7	5 506	343	八千代
-0.18	60 549	64 387	1.3	16.2	82.5	3 206	164	我孫子
-1.39	16 149	16 642	8.5	12.1	79.4	1 880	284	鴨川
-0.07	51 064	56 230	1.6	18.7	79.8	3 124	230	鎌ケ谷
-1.09	39 098	43 341	3.8	30.4	65.9	3 400	943	君津
-1.78	20 103	22 127	5.8	28.1	66.1	1 841	284	富津
-0.74	81 946	99 794	0.2	12.3	87.5	5 160	—	浦安
0.51	42 795	44 376	1.1	19.1	79.8	2 808	492	四街道
0.65	28 684	33 123	3.8	27.5	68.7	2 164	740	袖ケ浦

市町村統計

市の統計 I

市の統計Ⅰ　(6)

	面積 2021年 10月1日 (km²)	人口 (2022年1月1日)(人)			人口 密度 (1km²あ たり 人)	年齢別人口構成 (2022年1月1日)(%)		
		計	男	女		0〜14 歳	15〜64 歳	65歳 以上
八街	74.94	67 739	34 681	33 058	903.9	9.0	59.2	31.7
印西	123.79	107 633	53 339	54 294	869.5	16.5	60.0	23.5
白井	35.48	62 726	31 259	31 467	1 767.9	13.2	59.2	27.6
富里	53.88	49 404	25 167	24 237	916.9	10.6	60.4	29.0
南房総	230.10	36 268	17 467	18 801	157.6	7.9	45.5	46.6
匝瑳	101.52	34 932	17 386	17 546	344.1	9.7	54.6	35.6
香取	262.35	73 129	36 353	36 776	278.7	8.8	53.8	37.4
山武	146.77	49 491	24 973	24 518	337.2	8.6	55.1	36.3
いすみ	157.50	36 575	18 044	18 531	232.2	8.6	49.6	41.8
大網白里	58.08	48 679	24 000	24 679	838.1	10.3	56.5	33.2
東京都 (23区)	2) 627.53	9 522 872	4 669 453	4 853 419	15 175.2	11.2	67.2	21.6
千代田区	11.66	67 049	33 485	33 564	5 750.3	13.7	69.5	16.8
中央区	10.21	171 419	81 477	89 942	16 789.3	13.8	71.4	14.8
港区	20.37	257 183	120 947	136 236	12 625.6	13.8	69.0	17.2
新宿区	18.22	341 222	170 950	170 272	18 727.9	9.1	71.2	19.8
文京区	11.29	226 332	107 576	118 756	20 047.1	12.9	67.8	19.3
台東区	10.11	203 709	103 990	99 719	20 149.3	8.9	68.7	22.4
墨田区	13.77	275 724	136 233	139 491	20 023.5	10.2	67.7	22.0
江東区	43.01	525 952	258 679	267 273	12 228.6	12.7	65.9	21.5
品川区	22.84	403 699	197 634	206 065	17 675.1	11.9	67.8	20.3
目黒区	14.67	278 276	131 291	146 985	18 969.1	11.2	68.9	19.9
大田区	61.86	728 703	361 634	367 069	11 779.9	10.7	66.5	22.7
世田谷区	58.05	916 208	433 723	482 485	15 783.1	11.8	67.9	20.4
渋谷区	15.11	229 013	110 012	119 001	15 156.4	10.6	70.5	18.8
中野区	15.59	332 017	167 199	164 818	21 296.8	9.1	70.5	20.4
杉並区	34.06	569 703	273 272	296 431	16 726.5	10.7	68.2	21.1
豊島区	13.01	283 342	141 957	141 385	21 778.8	9.2	70.7	20.1
北区	20.61	351 278	174 369	176 909	17 044.1	10.5	64.9	24.6
荒川区	10.16	215 543	106 982	108 561	21 214.9	11.3	65.6	23.1
板橋区	32.22	567 214	277 674	289 540	17 604.4	10.6	66.1	23.3
練馬区	48.08	738 358	357 736	380 622	15 356.9	11.8	66.3	22.0
足立区	53.25	689 106	344 922	344 184	12 941.0	11.0	64.2	24.8
葛飾区	34.80	462 083	230 439	231 644	13 278.2	11.3	64.0	24.7
江戸川区	49.90	689 739	347 272	342 467	13 822.4	12.4	66.2	21.4
八王子	186.38	561 758	280 789	280 969	3 014.0	11.1	61.4	27.5
立川	24.36	185 124	91 887	93 237	7 599.5	11.8	63.5	24.7
武蔵野	10.98	148 025	70 796	77 229	13 481.3	11.9	65.8	22.3
三鷹	16.42	190 590	93 133	97 457	11 607.2	12.6	65.5	21.9
青梅	103.31	131 124	65 846	65 278	1 269.2	10.1	58.5	31.3
府中	29.43	260 253	130 324	129 929	8 843.1	12.8	65.0	22.2
昭島	17.34	113 829	56 574	57 255	6 564.5	12.2	61.3	26.5
調布	21.58	237 939	115 778	122 161	11 025.9	12.5	65.9	21.7
町田	71.55	430 385	210 497	219 888	6 015.2	11.9	60.9	27.2
小金井	11.30	124 617	61 271	63 346	11 028.1	12.7	66.1	21.2
小平	20.51	195 361	95 754	99 607	9 525.2	12.9	63.5	23.5
日野	27.55	187 304	93 665	93 639	6 798.7	12.3	62.7	24.9
東村山	17.14	151 695	73 803	77 892	8 850.4	11.8	61.2	27.0
国分寺	11.46	127 792	62 913	64 879	11 151.1	12.5	65.6	21.9
国立	8.15	76 317	37 105	39 212	9 364.0	11.2	65.0	23.9

人口増減率(2021年)(%)	世帯数 2022年 1月1日	産業別就業者割合(2020年10月1日)				民営事業所数 2021年 6月1日 速報	農業産出額(推計)(2020年)(千万円)	
		総数(人)	第1次産業(%)	第2次産業(%)	第3次産業(%)			
-1.67	32 671	37 199	7.7	25.9	66.4	2 617	1 755	八街
1.76	43 374	53 284	3.2	15.7	81.1	2 773	529	印西
-0.69	26 339	31 767	3.4	19.2	77.3	2 007	328	白井
-1.34	23 718	28 346	7.6	20.5	71.9	1 762	1 662	富里
-2.04	17 092	17 487	17.5	15.7	66.8	1 856	1 001	南房総
-1.72	14 691	18 243	14.2	25.4	60.5	1 606	1 421	匝瑳
-1.62	31 080	37 426	11.0	24.0	65.1	3 436	3 174	香取
-1.68	22 403	25 656	11.3	24.4	64.3	1 895	1 706	山武
-1.53	17 037	15 838	7.7	24.0	68.3	1 604	953	いすみ
-0.57	22 085	24 637	4.7	21.2	74.1	1 432	720	大網白里
-0.52	5 254 558	5 715 553	0.2	14.2	85.6	2) 655 590	383	**東京都**(23区)
-0.25	37 773	43 198	0.0	8.6	91.3	47 821	…	千代田区
0.49	96 535	111 640	0.1	11.3	88.7	45 013	…	中央区
-0.72	145 951	158 928	0.1	9.4	90.5	59 439	…	港区
-1.16	216 903	201 266	0.1	9.6	90.3	48 125	…	新宿区
-0.11	123 199	134 996	0.1	11.1	88.8	17 676	…	文京区
0.03	124 181	138 208	0.1	15.6	84.4	29 477	…	台東区
0.03	157 015	174 148	0.1	18.4	81.5	18 388	…	墨田区
-0.07	276 477	311 827	0.1	15.2	84.7	24 064	…	江東区
-0.67	226 858	252 921	0.1	14.4	85.5	24 303	…	品川区
-1.08	156 910	178 171	0.2	10.6	89.2	16 393	…	目黒区
-0.68	398 254	439 151	0.1	17.7	82.2	32 671	…	大田区
-0.45	489 372	559 581	0.3	10.9	88.8	36 497	…	世田谷区
-0.65	139 386	141 559	0.1	9.0	90.9	47 239	…	渋谷区
-0.78	206 061	208 753	0.1	11.0	88.9	14 954	…	中野区
-0.66	323 702	340 816	0.2	11.0	88.9	24 593	…	杉並区
-1.38	176 253	189 234	0.1	11.8	88.1	26 233	…	豊島区
-0.53	198 967	211 613	0.1	15.1	84.9	14 264	…	北区
-0.46	117 089	130 721	0.1	16.7	83.1	10 038	…	荒川区
-0.53	316 494	329 185	0.1	15.9	84.0	21 257	…	板橋区
-0.24	381 830	418 840	0.4	13.6	86.0	25 505	…	練馬区
-0.27	359 923	385 265	0.2	19.0	80.8	27 927	…	足立区
-0.35	239 622	256 961	0.2	18.8	81.0	18 971	…	葛飾区
-0.92	345 803	398 571	0.2	17.8	81.9	24 146	…	江戸川区
-0.01	276 046	289 892	0.7	19.0	80.4	20 597	151	八王子
0.30	94 682	100 766	0.9	17.0	82.1	9 921	111	立川
0.26	78 187	82 765	0.4	11.7	87.9	9 692	27	武蔵野
0.24	96 169	105 974	0.8	13.3	85.9	5 973	68	三鷹
-0.77	64 324	68 534	1.2	26.5	72.3	4 731	31	青梅
-0.00	127 939	141 424	0.7	16.6	82.7	8 990	84	府中
0.24	55 690	61 202	0.6	21.6	77.8	3 778	17	昭島
0.05	121 783	133 010	0.6	13.4	86.1	8 225	47	調布
0.29	202 985	215 021	0.8	17.1	82.1	14 343	86	町田
0.64	62 328	67 864	0.6	12.4	87.0	3 576	22	小金井
-0.09	94 183	101 541	0.8	16.2	83.1	5 161	82	小平
0.15	91 736	98 207	0.6	18.4	81.0	5 050	44	日野
0.08	74 846	78 059	0.8	16.8	82.4	4 320	78	東村山
0.73	62 992	68 915	0.8	14.6	84.7	4 158	55	国分寺
-0.07	38 957	41 571	0.6	14.6	84.8	3 224	17	国立

市町村統計　市の統計Ⅰ

市の統計 I （7）

	面積 (2021年 10月1日) (km²)	人口 (2022年1月1日)（人）			人口 密度 (1 km²あ たり 人)	年齢別人口構成 (2022年1月1日)（%）		
		計	男	女		0〜14 歳	15〜64 歳	65歳 以上
福生	10.16	56 274	28 120	28 154	5 538.8	10.1	62.5	27.4
狛江	6.39	83 022	40 175	42 847	12 992.5	11.8	63.9	24.3
東大和	13.42	85 285	41 846	43 439	6 355.1	12.4	60.2	27.5
清瀬	10.23	74 948	36 069	38 879	7 326.3	11.7	60.2	28.1
東久留米	12.88	117 091	56 926	60 165	9 090.9	11.9	59.5	28.6
武蔵村山	15.32	71 872	35 768	36 104	4 691.4	13.1	60.2	26.7
多摩	21.01	147 528	72 250	75 278	7 021.8	11.1	59.8	29.2
稲城	17.97	93 007	46 672	46 335	5 175.7	14.2	64.1	21.7
羽村	9.90	54 609	27 607	27 002	5 516.1	11.7	61.4	26.9
あきる野	73.47	80 112	39 892	40 220	1 090.4	11.9	57.7	30.3
西東京	15.75	205 805	99 883	105 922	13 067.0	12.2	63.6	24.1
神奈川県								
横浜	437.78	3 755 793	1 862 038	1 893 755	8 579.2	11.8	63.4	24.8
川崎	142.96	1 522 390	769 965	752 425	10 649.1	12.5	67.4	20.1
相模原	328.91	719 112	360 615	358 497	2 186.3	11.5	62.2	26.2
横須賀	100.82	392 817	195 863	196 954	3 896.2	10.3	57.5	32.1
平塚	67.82	255 987	127 726	128 261	3 774.5	11.3	60.1	28.6
鎌倉	39.66	177 051	83 832	93 219	4 464.2	11.2	58.4	30.4
藤沢	69.56	443 053	219 469	223 584	6 369.4	13.1	62.5	24.5
小田原	113.60	188 739	92 038	96 701	1 661.4	10.8	58.8	30.4
茅ヶ崎	35.70	245 852	119 691	126 161	6 886.6	12.7	60.7	26.6
逗子	17.28	59 391	28 005	31 386	3 437.0	11.3	57.4	31.3
三浦	32.05	41 817	20 321	21 496	1 304.7	8.1	52.0	39.9
秦野	103.76	159 985	80 311	79 674	1 541.9	10.9	58.2	30.9
厚木	93.84	223 451	115 353	108 098	2 381.2	11.6	62.2	26.1
大和	27.09	242 937	121 336	121 601	8 967.8	12.3	63.9	23.9
伊勢原	55.56	99 795	50 670	49 125	1 796.2	11.5	61.7	26.8
海老名	26.59	136 965	68 960	68 005	5 151.0	12.8	62.4	24.8
座間	17.57	131 709	66 121	65 588	7 496.2	11.5	62.6	25.9
南足柄	77.12	41 254	20 299	20 955	534.9	10.6	56.2	33.1
綾瀬	22.14	84 445	43 181	41 264	3 814.1	12.8	59.6	27.5
新潟県								
新潟	726.27	779 613	375 444	404 169	1 073.4	11.7	58.3	30.0
長岡	891.06	263 728	129 048	134 680	296.0	11.6	56.8	31.6
三条	431.97	94 521	46 085	48 436	218.8	11.0	56.0	33.0
柏崎	442.03	80 297	39 625	40 672	181.7	10.3	55.3	34.5
新発田	533.11	95 147	46 316	48 831	178.5	11.6	56.0	32.5
小千谷	155.19	34 062	16 902	17 160	219.5	10.8	53.7	35.4
加茂	133.72	25 625	12 498	13 127	191.6	9.0	53.4	37.7
十日町	590.39	50 164	24 536	25 628	85.0	10.1	49.8	40.1
見附	77.91	39 500	19 251	20 249	507.0	11.3	55.7	33.0
村上	1 174.17	57 111	27 433	29 678	48.6	9.3	51.1	39.6
燕	110.94	78 111	38 158	39 953	704.1	11.2	57.5	31.3
糸魚川	746.24	40 534	19 808	20 726	54.3	9.4	50.1	40.5
妙高	445.63	30 828	15 015	15 813	69.2	9.9	53.1	37.0
五泉	351.91	48 091	23 201	24 890	136.7	9.8	53.9	36.3
上越	973.89	187 021	91 780	95 241	192.0	11.5	55.5	33.0
阿賀野	192.74	40 860	19 824	21 036	212.0	10.8	54.8	34.4
佐渡	855.68	51 915	25 169	26 746	60.7	9.6	48.5	41.9
魚沼	946.76	34 363	16 814	17 549	36.3	10.0	52.3	37.7

人口増減率 (2021年) (%)	世帯数 2022年 1月1日	産業別就業者割合 (2020年10月1日)				民営事業所数 2021年 6月1日 速報	農業産出額 (推計) (2020年) (千万円)	
		総数 (人)	第1次産業 (%)	第2次産業 (%)	第3次産業 (%)			
-1.32	30 086	31 532	0.5	22.4	77.1	1 931	2	福生
-0.30	43 134	46 939	0.8	13.5	85.7	2 248	19	狛江
-0.04	40 049	43 448	0.7	19.5	79.8	2 652	17	東大和
0.06	36 502	37 697	1.5	16.2	82.3	1 978	93	清瀬
0.07	55 777	58 656	1.0	17.4	81.5	3 523	87	東久留米
-0.21	32 373	36 713	1.4	25.6	73.0	2 669	154	武蔵村山
-0.64	73 460	76 637	0.5	13.9	85.5	4 137	8	多摩
0.81	41 932	49 360	1.1	17.3	81.6	2 457	87	稲城
-0.21	26 016	28 957	0.8	28.9	70.3	2 024	16	羽村
-0.14	36 487	39 040	1.8	24.0	74.2	2 429	71	あきる野
-0.12	100 394	109 360	0.6	13.9	85.5	5 808	49	西東京
								神奈川県
-0.11	1 835 272	1 999 392	0.4	18.5	81.0	142 967	1 213	横浜
0.05	770 057	877 394	0.4	18.4	81.2	50 069	359	川崎
0.07	347 233	380 033	0.6	22.7	76.7	25 140	334	相模原
-1.05	191 999	193 904	0.9	17.4	81.7	13 310	319	横須賀
-0.26	119 873	131 745	1.5	27.4	71.2	10 613	344	平塚
-0.00	84 429	86 351	0.7	16.4	82.9	8 519	38	鎌倉
0.83	207 726	225 772	1.0	22.0	77.0	15 466	564	藤沢
-0.36	89 474	99 409	2.4	23.5	74.1	8 527	348	小田原
0.56	111 227	123 984	0.8	21.2	78.0	7 332	162	茅ヶ崎
-0.35	27 917	27 187	0.4	14.2	85.4	2 172	0	逗子
-1.48	19 974	20 944	11.1	16.4	72.6	1 808	926	三浦
-0.27	74 375	79 388	1.8	27.4	70.8	4 674	246	秦野
-0.12	107 040	118 166	1.2	26.2	72.6	10 918	177	厚木
0.80	118 269	127 187	0.5	21.6	77.9	8 342	53	大和
-0.42	46 569	54 019	2.2	25.2	72.6	3 727	293	伊勢原
0.61	62 494	70 886	1.1	26.3	72.6	4 956	148	海老名
-0.10	63 229	70 084	0.5	22.8	76.7	3 911	25	座間
-0.95	18 064	19 712	2.8	30.8	66.5	1 311	82	南足柄
-0.52	38 396	43 156	1.2	30.1	68.7	3 278	240	綾瀬
								新潟県
-0.66	345 556	402 267	3.2	21.5	75.3	35 655	5 699	新潟
-0.98	109 263	137 379	3.4	30.8	65.8	12 808	1 942	長岡
-1.35	36 683	50 905	4.2	36.3	59.5	5 776	804	三条
-1.78	34 821	40 330	2.9	35.1	62.0	3 761	508	柏崎
-1.13	37 131	49 415	6.1	29.6	64.3	4 082	2 339	新発田
-1.46	12 704	18 097	6.2	39.0	54.7	1 692	341	小千谷
-1.96	10 159	12 869	6.9	34.4	58.7	1 221	268	加茂
-1.88	19 647	26 548	11.0	29.4	59.6	2 839	746	十日町
-1.02	15 173	20 522	3.6	34.7	61.8	1 573	292	見附
-1.94	22 439	28 729	8.9	31.6	59.4	3 083	2 017	村上
-0.77	30 913	42 663	3.6	41.2	55.2	5 096	716	燕
-1.94	17 220	20 447	5.1	35.7	59.2	2 191	204	糸魚川
-1.44	12 374	15 495	5.4	33.2	61.4	1 693	284	妙高
-1.67	18 939	24 704	8.6	36.7	54.6	2 040	751	五泉
-1.19	76 734	98 274	4.5	30.1	65.4	9 366	1 840	上越
-1.24	14 694	21 654	9.0	34.0	57.1	1 764	927	阿賀野
-2.15	23 267	26 303	18.0	15.6	66.5	3 443	972	佐渡
-2.28	13 164	18 185	9.2	33.2	57.6	1 878	552	魚沼

市町村統計　市の統計Ⅰ

市の統計 I (8)

	面積 (2021年10月1日) (km²)	人口 (2022年1月1日) (人)			人口密度 (1 km²あたり 人)	年齢別人口構成 (2022年1月1日) (%)		
		計	男	女		0～14歳	15～64歳	65歳以上
南魚沼	584.55	54 605	26 726	27 879	93.4	11.7	54.3	34.0
胎内	264.89	28 043	13 757	14 286	105.9	10.3	53.5	36.2
富山県								
富山	1 241.70	411 222	200 531	210 691	331.2	11.7	58.3	30.0
高岡	209.57	167 216	81 031	86 185	797.9	10.6	55.7	33.7
魚津	200.61	40 477	19 789	20 688	201.8	10.0	55.6	34.4
氷見	230.54	44 906	21 493	23 413	194.8	8.8	52.1	39.1
滑川	54.62	33 039	16 178	16 861	604.9	12.1	58.0	29.9
黒部	426.31	40 497	19 959	20 538	95.0	11.6	56.6	31.8
砺波	127.03	47 626	23 121	24 505	374.9	11.9	57.8	30.3
小矢部	134.07	28 977	14 147	14 830	216.1	9.9	53.1	37.0
南砺	668.64	48 624	23 353	25 271	72.7	9.9	51.2	38.9
射水	109.44	91 780	44 812	46 968	838.6	12.3	57.3	30.4
石川県								
金沢	468.79	448 702	216 662	232 040	957.1	12.5	60.4	27.1
七尾	318.29	50 182	23 883	26 299	157.7	9.6	52.1	38.3
小松	371.05	106 877	52 509	54 368	288.0	12.8	58.5	28.7
輪島	426.32	24 904	11 787	13 117	58.4	7.3	46.7	46.0
珠洲	247.20	13 334	6 167	7 167	53.9	6.9	42.3	50.8
加賀	305.87	64 276	30 645	33 631	210.1	10.3	54.5	35.2
羽咋	81.85	20 570	9 742	10 828	251.3	8.9	50.7	40.3
かほく	64.44	35 854	17 449	18 405	556.4	13.3	57.7	29.0
白山	754.93	113 136	55 379	57 757	149.9	13.4	58.4	28.2
能美	84.14	49 769	24 686	25 083	591.5	13.5	60.4	26.0
野々市	13.56	53 981	27 328	26 653	3 980.9	15.5	64.5	19.9
福井県								
福井	536.41	259 642	125 970	133 672	484.0	12.7	58.0	29.4
敦賀	251.41	64 333	31 735	32 598	255.9	12.6	58.0	29.4
小浜	233.11	28 622	14 080	14 542	122.8	12.4	55.3	32.3
大野	872.43	31 622	15 149	16 473	36.2	10.3	52.5	37.1
勝山	253.88	22 144	10 608	11 536	87.2	10.4	52.4	37.2
鯖江	84.59	69 400	33 893	35 507	820.4	13.7	59.1	27.2
あわら	116.98	27 244	12 978	14 266	232.9	10.6	55.3	34.2
越前	230.70	81 968	40 437	41 531	355.3	12.3	58.5	29.1
坂井	209.67	89 961	43 690	46 271	429.1	12.7	58.5	28.8
山梨県								
甲府	212.47	186 249	90 207	96 042	876.6	11.5	58.7	29.8
富士吉田	121.74	47 744	23 502	24 242	392.2	11.3	58.2	30.5
都留	161.63	29 516	14 448	15 068	182.6	10.5	59.1	30.5
山梨	289.80	33 842	16 302	17 540	116.8	11.1	54.7	34.3
大月	280.25	22 629	11 089	11 540	80.7	7.2	51.3	41.6
韮崎	143.69	28 522	14 309	14 213	198.5	10.5	58.1	31.4
南アルプス	264.14	71 496	35 429	36 067	270.7	12.7	59.5	27.8
北杜	602.48	46 378	22 669	23 709	77.0	9.3	51.2	39.5
甲斐	71.95	76 343	37 807	38 536	1 061.1	13.5	60.5	26.0
笛吹	201.92	68 264	33 172	35 092	338.1	11.6	58.0	30.4
上野原	170.57	22 365	11 226	11 139	131.1	8.0	54.3	37.7
甲州	264.11	30 447	14 727	15 720	115.3	10.0	53.5	36.5
中央	31.69	30 766	15 264	15 502	970.8	12.3	61.8	25.8

人口増減率 (2021年) (%)	世帯数 2022年 1月1日	産業別就業者割合 (2020年10月1日)				民営事業所数 2021年6月1日速報	農業産出額 (推計) (2020年) (千万円)	
		総数 (人)	第1次産業 (%)	第2次産業 (%)	第3次産業 (%)			
-1.35	20 113	29 330	12.0	27.8	60.1	3 346	829	南魚沼
-1.59	10 799	14 235	9.4	36.1	54.5	1 256	1 084	胎内
								富山県
-0.70	182 338	220 555	2.1	30.3	67.6	21 166	1 309	富山
-1.03	69 478	85 758	2.1	32.7	65.2	9 019	546	高岡
-1.81	16 965	20 922	3.9	39.5	56.7	2 269	214	魚津
-2.10	17 445	22 665	4.2	33.8	62.0	2 052	255	氷見
-0.19	12 679	17 914	3.1	40.6	56.3	1 319	179	滑川
-0.76	15 780	20 854	3.4	43.7	52.9	1 647	592	黒部
-0.96	17 308	26 370	4.3	35.0	60.7	2 364	524	砺波
-1.64	10 516	15 439	4.6	34.4	61.0	1 642	369	小矢部
-1.75	17 542	25 754	6.6	36.9	56.5	2 847	770	南砺
-0.59	36 188	48 241	2.1	30.8	67.0	4 035	370	射水
								石川県
-0.51	210 632	244 481	1.2	21.0	77.7	27 698	726	金沢
-1.95	21 864	25 621	5.1	26.0	68.8	3 162	300	七尾
-0.78	44 413	57 826	1.9	38.3	59.8	5 694	462	小松
-2.86	11 989	11 681	10.6	23.2	66.2	1 627	285	輪島
-2.67	5 975	5 963	10.3	25.7	64.0	933	176	珠洲
-1.58	28 825	33 818	3.5	37.0	59.5	3 657	449	加賀
-1.77	8 537	10 070	5.9	32.1	62.0	1 078	240	羽咋
0.52	13 808	18 695	2.2	34.8	63.0	1 667	136	かほく
-0.32	45 281	59 372	2.6	33.0	64.4	4 903	652	白山
-0.27	19 500	26 290	1.7	40.1	58.2	2 173	196	能美
0.78	24 862	30 939	1.1	26.9	72.0	2 561	30	野々市
								福井県
-0.76	105 801	141 825	1.9	25.9	72.2	16 368	849	福井
-0.98	29 065	33 686	1.5	28.2	70.3	3 456	64	敦賀
-1.08	12 099	15 257	4.1	27.5	68.4	1 797	128	小浜
-2.19	11 628	17 271	7.6	33.0	59.4	1 799	475	大野
-1.94	7 869	11 786	5.5	34.5	60.0	1 129	180	勝山
0.10	25 362	37 398	1.5	40.1	58.3	3 608	203	鯖江
-1.35	10 240	14 963	5.9	33.2	60.9	1 291	433	あわら
-0.39	31 543	44 816	2.5	45.1	52.3	4 300	376	越前
-0.94	32 534	48 466	3.8	34.1	62.2	3 767	983	坂井
								山梨県
-0.43	92 148	97 468	2.5	22.8	74.8	11 311	699	甲府
-0.91	20 169	24 639	1.1	35.4	63.5	3 332	31	富士吉田
-1.24	13 239	15 879	1.6	34.1	64.3	1 849	49	都留
-1.17	14 740	18 130	18.4	19.3	62.3	1 503	1 214	山梨
-2.39	10 231	10 531	1.9	31.9	66.3	1 209	15	大月
-1.21	12 663	15 477	8.9	34.3	56.8	1 503	363	韮崎
0.11	28 911	38 312	8.9	32.6	58.4	2 682	1 190	南アルプス
-0.33	21 809	22 767	14.8	24.9	60.3	2 646	826	北杜
0.40	34 066	37 588	2.5	29.2	68.3	2 972	323	甲斐
-0.42	29 982	38 237	16.1	21.4	62.5	2 981	2 418	笛吹
-1.07	10 050	11 230	1.7	33.2	65.1	1 137	24	上野原
-1.05	13 140	16 465	24.1	18.9	57.0	1 399	1 574	甲州
-0.68	13 599	15 772	5.7	33.9	60.4	1 383	329	中央

市町村統計 市の統計Ⅰ

市の統計Ⅰ　(9)

	面積 (2021年 10月1日) (km²)	人口 (2022年1月1日)(人)			人口密度 (1km²あ たり人)	年齢別人口構成 (2022年1月1日)(%)		
		計	男	女		0~14歳	15~64歳	65歳以上
長野県								
長野	834.81	371 651	180 311	191 340	445.2	12.0	57.8	30.2
松本	978.47	236 968	116 174	120 794	242.2	12.6	59.0	28.4
上田	552.04	154 615	75 727	78 888	280.1	11.8	57.4	30.8
岡谷	85.10	48 095	23 438	24 657	565.2	10.9	54.9	34.2
飯田	658.66	98 398	47 484	50 914	149.4	12.4	54.7	32.9
諏訪	109.17	48 636	23 962	24 674	445.5	11.7	57.4	30.9
須坂	149.67	50 062	24 345	25 717	334.5	12.0	55.7	32.3
小諸	98.55	41 756	20 471	21 285	423.7	11.5	55.6	32.9
伊那	667.93	66 528	32 622	33 906	99.6	12.0	56.3	31.7
駒ヶ根	165.86	32 189	15 883	16 306	194.1	12.0	56.5	31.5
中野	112.18	43 477	21 196	22 281	387.6	11.7	56.3	32.0
大町	565.15	26 425	12 857	13 568	46.8	9.2	52.2	38.5
飯山	202.43	20 059	9 762	10 297	99.1	9.7	52.4	37.9
茅野	266.59	55 108	27 437	27 671	206.7	12.4	56.7	30.9
塩尻	289.98	66 329	33 117	33 212	228.7	12.1	59.1	28.8
佐久	423.51	98 439	48 409	50 030	232.4	12.6	56.5	30.9
千曲	119.79	59 833	29 108	30 725	499.5	11.5	55.9	32.6
東御	112.37	29 677	14 726	14 951	264.1	12.1	56.1	31.8
安曇野	331.78	96 752	46 995	49 757	291.6	11.7	56.7	31.6
岐阜県								
岐阜	203.60	404 304	193 407	210 897	1 985.8	12.0	59.0	29.0
大垣	206.57	159 894	78 198	81 696	774.0	12.6	59.7	27.7
高山	2 177.61	85 463	40 861	44 602	39.2	12.1	54.8	33.1
多治見	91.25	108 158	52 688	55 470	1 185.3	11.3	57.5	31.2
関	472.33	86 273	42 340	43 933	182.7	11.9	57.4	30.7
中津川	676.45	76 348	37 392	38 956	112.9	11.7	55.2	33.0
美濃	117.01	19 785	9 551	10 234	169.1	10.5	52.7	36.8
瑞浪	174.86	36 482	17 777	18 705	208.6	11.1	57.2	31.8
羽島	53.66	67 106	33 080	34 026	1 250.6	12.6	59.5	27.9
恵那	504.24	48 371	23 616	24 755	95.9	11.1	53.6	35.3
美濃加茂	74.81	57 171	28 279	28 892	764.2	15.2	61.5	23.3
土岐	116.02	56 547	27 460	29 087	487.4	11.4	56.2	32.4
各務原	87.81	146 136	72 316	73 820	1 664.2	12.8	58.6	28.6
可児	87.57	100 765	49 914	50 851	1 150.7	12.8	58.8	28.4
山県	221.98	25 983	12 675	13 308	117.1	9.8	54.0	36.2
瑞穂	28.19	55 518	27 687	27 831	1 969.4	15.4	62.9	21.7
飛騨	792.53	23 028	11 163	11 865	29.1	10.1	50.2	39.7
本巣	374.65	33 302	16 237	17 065	88.9	12.2	56.8	31.0
郡上	1 030.75	39 761	19 449	20 312	38.6	11.2	51.8	37.0
下呂	851.21	30 738	14 710	16 028	36.1	10.2	49.6	40.2
海津	112.03	32 980	16 297	16 683	294.4	9.6	55.7	34.7
静岡県								
静岡	1 411.83	689 079	335 782	353 297	488.1	11.2	58.1	30.7
浜松	1 558.06	795 771	396 307	399 464	510.7	12.7	59.2	28.2
沼津	186.96	191 256	94 415	96 841	1 023.0	10.0	58.0	32.0
熱海	61.77	35 167	15 939	19 228	569.3	5.7	45.9	48.5
三島	62.02	108 350	53 042	55 308	1 747.0	11.9	58.2	29.9
富士宮	389.08	130 153	64 643	65 510	334.5	11.9	58.1	30.0
伊東	124.02	67 074	31 780	35 294	540.8	8.0	48.8	43.2

人口増減率 (2021年) (%)	世帯数 2022年 1月1日	産業別就業者割合 (2020年10月1日)				民営 事業所数 2021年 6月1日 速報	農業 産出額 (推計) (2020年) (千万円)	
		総数 (人)	第1次 産業 (%)	第2次 産業 (%)	第3次 産業 (%)			
-0.64	163 325	192 111	*5.7*	*22.0*	*72.3*	19 373	1 634	**長野県** 長野
-0.42	107 309	128 706	*5.2*	*23.4*	*71.4*	13 051	2 110	松本
-0.63	68 637	80 475	*4.6*	*33.4*	*62.1*	7 670	874	上田
-1.50	20 897	24 206	*1.5*	*41.4*	*57.2*	2 481	28	岡谷
-1.15	40 077	54 097	*8.4*	*31.4*	*60.3*	5 916	910	飯田
-1.13	22 104	25 811	*3.0*	*34.6*	*62.4*	3 239	124	諏訪
-0.55	20 354	26 039	*11.6*	*29.3*	*59.1*	2 241	1 042	須坂
-0.55	18 960	21 153	*8.8*	*29.1*	*62.1*	1 970	684	小諸
-0.83	28 007	36 301	*8.1*	*34.1*	*57.8*	3 257	631	伊那
-0.71	13 450	17 739	*6.5*	*39.0*	*54.5*	1 712	279	駒ヶ根
-1.12	17 485	24 155	*22.9*	*23.5*	*53.6*	2 024	1 591	中野
-1.66	11 891	13 426	*9.0*	*27.9*	*63.1*	1 282	292	大町
-1.34	8 003	10 785	*18.2*	*22.3*	*59.5*	1 166	528	飯山
-0.40	24 470	29 845	*6.4*	*36.0*	*57.6*	2 677	324	茅野
-0.60	28 253	36 116	*7.3*	*33.8*	*58.9*	2 913	1 251	塩尻
-0.23	42 715	51 529	*8.0*	*28.7*	*63.3*	4 816	1 127	佐久
-0.44	24 266	30 040	*6.1*	*33.9*	*60.0*	2 617	354	千曲
-0.84	12 275	15 638	*10.7*	*32.9*	*56.4*	1 332	640	東御
-0.41	40 653	50 593	*8.3*	*28.1*	*63.6*	3 778	1 074	安曇野
-0.76	183 288	201 532	*1.5*	*23.8*	*74.7*	21 566	799	**岐阜県** 岐阜
-0.56	68 036	81 526	*1.3*	*33.7*	*64.9*	7 749	232	大垣
-1.41	35 815	47 610	*10.5*	*22.4*	*67.1*	6 350	2 623	高山
-1.18	47 968	55 630	*0.6*	*30.4*	*69.0*	4 801	63	多治見
-1.11	35 661	45 461	*1.9*	*42.9*	*55.1*	4 732	553	関
-1.26	31 303	40 805	*4.8*	*41.3*	*53.9*	3 744	723	中津川
-1.87	8 101	10 334	*2.2*	*47.2*	*50.6*	1 251	43	美濃
-1.36	15 428	19 692	*2.3*	*33.0*	*64.7*	1 825	679	瑞浪
-0.72	27 118	35 801	*2.0*	*31.2*	*66.8*	3 018	189	羽島
-1.48	19 887	25 146	*4.8*	*36.1*	*59.1*	2 540	373	恵那
-0.23	23 257	29 123	*2.6*	*40.3*	*57.1*	2 461	199	美濃加茂
-1.30	24 650	29 495	*0.8*	*37.8*	*61.4*	3 178	16	土岐
-0.56	61 149	74 453	*1.3*	*33.7*	*65.0*	5 665	223	各務原
-0.78	43 081	51 629	*1.2*	*37.8*	*61.0*	3 519	86	可児
-1.89	10 874	13 204	*3.2*	*39.8*	*56.9*	1 395	228	山県
0.35	22 386	29 876	*2.2*	*30.2*	*67.6*	1 847	104	瑞穂
-1.87	8 867	11 870	*8.4*	*33.5*	*58.1*	1 407	300	飛騨
-1.37	12 715	17 184	*6.8*	*31.1*	*62.1*	1 430	350	本巣
-2.00	15 442	20 671	*6.3*	*33.9*	*59.8*	2 635	574	郡上
-2.06	12 065	15 968	*5.2*	*29.0*	*65.8*	2 064	243	下呂
-1.78	12 303	18 094	*6.6*	*35.9*	*57.5*	1 533	508	海津
-0.75	321 323	371 013	*2.3*	*25.4*	*72.3*	36 004	1 462	**静岡県** 静岡
-0.52	347 566	416 406	*3.5*	*33.9*	*62.5*	36 627	4 713	浜松
-1.10	92 721	99 138	*2.5*	*29.5*	*68.0*	10 677	574	沼津
-2.41	21 152	15 896	*1.6*	*11.6*	*86.8*	2 736	20	熱海
-0.64	49 862	54 362	*2.3*	*26.3*	*71.4*	5 357	487	三島
-0.82	57 533	67 860	*3.2*	*42.5*	*54.3*	5 637	1 873	富士宮
-0.95	35 522	30 496	*2.6*	*12.8*	*84.6*	4 160	99	伊東

市の統計 I （10）

	面積 2021年 10月1日 (km²)	人口 (2022年1月1日)（人）			人口 密度 1km²あ たり 人	年齢別人口構成 (2022年1月1日)（%）		
		計	男	女		0～14 歳	15～64 歳	65歳 以上
島田	315.70	97 028	47 516	49 512	307.3	12.3	56.0	31.6
富士	244.95	250 709	124 202	126 507	1 023.5	12.1	59.7	28.2
磐田	163.45	168 175	84 955	83 220	1 028.9	12.8	58.4	28.8
焼津	70.31	137 722	67 925	69 797	1 958.8	11.8	58.3	29.8
掛川	265.69	116 418	58 527	57 891	438.2	13.4	58.5	28.0
藤枝	194.06	143 580	70 236	73 344	739.9	12.5	57.0	30.5
御殿場	194.90	86 778	44 511	42 267	445.2	12.9	61.5	25.6
袋井	108.33	88 127	44 697	43 430	813.5	14.3	60.8	24.9
下田	104.38	20 494	9 901	10 593	196.3	8.1	49.5	42.3
裾野	138.12	50 425	25 495	24 930	365.1	13.0	59.3	27.7
湖西	86.56	58 643	30 030	28 613	677.5	11.6	60.0	28.5
伊豆	363.97	29 319	14 085	15 234	80.6	8.1	50.2	41.8
御前崎	65.56	31 181	15 837	15 344	475.6	11.5	57.3	31.2
菊川	94.19	47 880	24 147	23 733	508.3	13.7	58.7	27.6
伊豆の国	94.62	47 583	23 010	24 573	502.9	11.0	55.4	33.7
牧之原	111.69	43 936	21 841	22 095	393.4	11.1	56.7	32.2
愛知県 名古屋	326.50	2 293 437	1 132 783	1 160 654	7 024.3	12.2	62.8	25.0
豊橋	261.91	372 604	187 013	185 591	1 422.6	13.0	61.0	26.0
岡崎	387.20	385 355	195 397	189 958	995.2	13.9	62.1	23.9
一宮	113.82	382 349	186 696	195 653	3 359.2	12.8	60.0	27.2
瀬戸	111.40	128 753	63 368	65 385	1 155.8	12.2	57.9	29.9
半田	47.42	118 535	59 884	58 651	2 499.7	12.7	62.6	24.8
春日井	92.78	309 788	153 858	155 930	3 339.0	13.2	60.8	26.0
豊川	161.14	186 775	93 237	93 538	1 159.1	13.5	60.4	26.2
津島	25.09	60 977	30 087	30 890	2 430.3	10.4	59.9	29.7
碧南	36.68	72 727	37 346	35 381	1 982.7	13.4	62.6	23.9
刈谷	50.39	152 443	79 656	72 787	3 025.3	14.0	65.5	20.5
豊田	918.32	419 249	217 889	201 360	456.5	13.0	62.8	24.2
安城	86.05	189 334	96 945	92 389	2 200.3	14.4	64.0	21.6
西尾	161.22	170 868	86 688	84 180	1 059.8	13.8	60.5	25.7
蒲郡	56.96	79 261	39 167	40 094	1 391.5	11.8	58.5	29.8
犬山	74.90	73 030	36 263	36 767	975.0	11.9	58.8	29.3
常滑	55.90	58 499	28 954	29 545	1 046.5	14.4	59.5	26.1
江南	30.20	99 696	48 897	50 799	3 301.2	12.4	59.7	27.9
小牧	62.81	150 982	76 358	74 624	2 403.8	12.7	62.2	25.1
稲沢	79.35	135 271	67 040	68 231	1 704.7	12.6	59.7	27.8
新城	499.23	44 501	22 123	22 378	89.1	10.4	53.0	36.5
東海	43.43	114 107	59 513	54 594	2 627.4	14.5	62.9	22.7
大府	33.66	92 698	47 195	45 503	2 754.0	15.4	62.9	21.7
知多	45.90	84 719	42 725	41 994	1 845.7	12.8	59.1	28.1
知立	16.31	72 087	38 066	34 021	4 419.8	13.7	66.0	20.3
尾張旭	21.03	84 034	41 057	42 977	3 995.9	13.5	60.5	26.0
高浜	13.11	49 280	25 666	23 614	3 759.0	14.9	66.0	19.2
岩倉	10.47	47 838	23 896	23 942	4 569.1	12.2	62.2	25.5
豊明	23.22	68 511	34 746	33 765	2 950.5	12.5	61.3	26.2
日進	34.91	93 017	46 349	46 668	2 664.5	16.3	63.5	20.2
田原	191.11	60 082	30 367	29 715	314.4	12.2	58.8	29.0
愛西	66.68	62 112	30 302	31 810	931.5	11.0	57.6	31.4
清須	17.35	69 300	34 811	34 489	3 994.2	14.5	62.1	23.4

人口増減率(2021年)(%)	世帯数 2022年 1月1日	産業別就業者割合 (2020年10月1日)				民営事業所数 2021年 6月1日 速報	農業産出額(推計) (2020年) (千万円)	
		総数 (人)	第1次産業 (%)	第2次産業 (%)	第3次産業 (%)			
-0.74	38 706	51 509	5.6	36.9	57.5	4 304	613	島田
-0.61	108 835	129 147	2.0	38.6	59.4	12 123	638	富士
-0.65	69 467	89 156	3.8	40.9	55.3	6 442	846	磐田
-0.86	58 878	73 093	2.8	36.5	60.7	6 364	330	焼津
-0.42	46 230	62 124	5.9	40.5	53.6	4 716	1 223	掛川
-0.36	60 861	74 180	3.3	32.0	64.7	5 963	390	藤枝
-1.04	38 015	48 645	3.0	28.4	68.7	3 720	198	御殿場
-0.18	35 636	48 286	3.7	41.7	54.6	3 474	715	袋井
-1.93	10 592	10 053	5.0	12.7	82.3	1 666	32	下田
-1.29	21 655	26 922	2.0	37.9	60.2	1 843	60	裾野
-0.70	24 501	31 494	4.5	48.8	46.7	2 234	822	湖西
-1.56	13 420	14 345	7.4	22.0	70.6	1 514	171	伊豆
-1.68	12 007	17 316	8.4	39.5	52.1	1 508	448	御前崎
-0.85	18 445	26 751	8.3	42.4	49.3	1 734	541	菊川
-0.90	21 377	24 116	6.1	25.4	68.5	2 217	459	伊豆の国
-1.87	16 986	25 064	11.1	41.9	47.0	2 359	862	牧之原
								愛知県
-0.33	1 142 481	1 227 913	0.3	23.0	76.8	137 428	234	名古屋
-0.73	162 291	202 639	5.2	35.4	59.4	15 819	3 871	豊橋
-0.23	166 377	208 349	1.3	39.3	59.4	14 750	914	岡崎
-0.49	164 592	197 466	1.0	29.4	69.7	18 226	390	一宮
-0.32	57 317	65 879	0.7	34.3	64.9	4 773	59	瀬戸
-0.74	52 449	63 016	1.5	38.2	60.4	5 166	779	半田
-0.39	139 180	160 082	0.7	29.7	69.6	11 158	91	春日井
-0.00	79 566	100 710	5.0	38.4	56.7	6 998	1 482	豊川
-1.21	26 792	32 177	1.8	30.0	68.2	2 927	128	津島
-0.13	29 621	40 674	3.7	48.7	47.6	3 093	786	碧南
-0.10	67 593	84 489	1.1	45.8	53.1	5 775	151	刈谷
-0.70	182 571	231 303	1.7	46.0	52.3	14 107	848	豊田
-0.43	77 248	103 490	2.2	42.9	54.9	7 190	720	安城
-0.32	66 490	92 755	4.7	45.6	49.7	7 022	1 344	西尾
-0.45	33 157	42 701	4.1	38.8	57.1	3 663	602	蒲郡
-0.50	31 438	37 121	1.2	34.8	63.9	2 584	70	犬山
-0.87	24 998	31 448	2.7	31.7	65.5	2 661	560	常滑
-0.54	42 029	48 632	0.8	32.5	66.7	3 331	64	江南
-0.83	68 570	81 448	1.1	36.6	62.3	7 015	512	小牧
-0.71	55 725	71 809	3.9	30.2	65.9	4 727	722	稲沢
-1.64	17 607	24 098	8.3	37.5	54.2	2 043	548	新城
-0.49	51 338	61 939	2.1	38.9	59.0	4 310	374	東海
-0.31	39 736	50 258	1.5	39.7	58.9	3 578	372	大府
-0.68	36 481	43 799	1.8	34.9	63.3	2 306	193	知多
-0.32	32 721	40 204	0.7	45.4	53.8	2 126	25	知立
-0.02	36 391	42 863	0.6	25.7	73.7	2 789	17	尾張旭
0.39	20 961	26 088	0.9	51.4	47.8	1 630	27	高浜
-0.49	22 242	25 821	1.0	29.9	69.1	1 564	48	岩倉
-0.46	30 411	36 672	1.0	38.2	60.7	2 356	102	豊明
0.68	38 560	44 440	0.7	28.6	70.7	2 940	93	日進
-1.34	22 417	35 307	29.9	26.1	44.0	2 370	8 247	田原
-0.86	23 868	32 033	7.3	29.1	63.7	2 197	1 123	愛西
-0.18	30 193	32 676	1.1	29.6	69.3	2 858	52	清須

市町村統計

市の統計I

市の統計 I （11）

	面積 2021年 10月1日 (km²)	人口 （2022年1月1日）（人）			人口 密度 (1 km²あ たり 人)	年齢別人口構成 （2022年1月1日）（%）		
		計	男	女		0〜14 歳	15〜64 歳	65歳 以上
北名古屋	18.37	86 213	43 301	42 912	4 693.1	*14.0*	*62.0*	*24.0*
弥富	49.11	44 060	22 075	21 985	897.2	*12.2*	*61.6*	*26.2*
みよし	32.19	61 245	31 413	29 832	1 902.6	*14.8*	*66.8*	*18.5*
あま	27.49	88 885	44 290	44 595	3 233.4	*13.2*	*60.7*	*26.1*
長久手	21.55	60 517	30 002	30 515	2 808.2	*18.0*	*65.2*	*16.9*
三重県								
津	711.18	274 065	133 228	140 837	385.4	*12.1*	*58.1*	*29.8*
四日市	206.50	309 825	155 475	154 350	1 500.4	*12.3*	*61.6*	*26.1*
伊勢	208.37	123 189	58 400	64 789	591.2	*11.5*	*56.2*	*32.3*
松阪	623.58	160 624	77 390	83 234	257.6	*12.1*	*57.8*	*30.1*
桑名	136.65	140 134	69 267	70 867	1 025.5	*12.7*	*60.3*	*27.0*
鈴鹿	194.46	197 512	98 776	98 736	1 015.7	*12.6*	*61.8*	*25.6*
名張	129.77	76 909	37 145	39 764	592.7	*11.1*	*54.9*	*34.1*
尾鷲	192.71	16 802	7 734	9 068	87.2	*8.2*	*46.9*	*44.9*
亀山	191.04	49 438	24 927	24 511	258.8	*13.7*	*59.1*	*27.1*
鳥羽	107.34	17 648	8 340	9 308	164.4	*8.6*	*51.6*	*39.7*
熊野	373.35	16 112	7 426	8 686	43.2	*9.1*	*46.7*	*44.2*
いなべ	219.83	44 919	23 007	21 912	204.3	*12.2*	*60.1*	*27.7*
志摩	178.94	47 272	22 068	25 204	264.2	*8.4*	*50.9*	*40.7*
伊賀	558.23	88 325	43 299	45 026	158.2	*10.8*	*55.7*	*33.6*
滋賀県								
大津	464.51	344 247	166 029	178 218	741.1	*13.3*	*59.6*	*27.1*
彦根	196.87	111 807	55 685	56 122	567.9	*13.1*	*61.2*	*25.7*
長浜	681.02	115 850	56 748	59 102	170.1	*12.7*	*58.6*	*28.7*
近江八幡	177.45	82 101	40 348	41 753	462.7	*13.8*	*58.4*	*27.9*
草津	67.82	137 268	68 829	68 439	2 024.0	*14.8*	*62.8*	*22.4*
守山	55.74	84 980	41 857	43 123	1 524.6	*16.3*	*61.6*	*22.1*
栗東	52.69	70 364	34 995	35 369	1 335.4	*15.9*	*64.9*	*19.1*
甲賀	481.62	89 511	44 850	44 661	185.9	*12.5*	*59.0*	*28.5*
野洲	80.14	50 658	25 267	25 391	632.1	*13.9*	*59.5*	*26.7*
湖南	70.40	54 629	28 340	26 289	776.0	*13.1*	*61.7*	*25.2*
高島	693.05	46 926	22 946	23 980	67.7	*10.4*	*53.8*	*35.9*
東近江	388.37	113 012	56 415	56 597	291.0	*13.3*	*59.7*	*26.9*
米原	250.39	38 136	18 627	19 509	152.3	*12.7*	*57.4*	*29.9*
京都府								
京都	827.83	1 388 807	657 275	731 532	1 677.6	*11.1*	*60.5*	*28.5*
福知山	552.54	76 568	37 845	38 723	138.6	*13.1*	*56.8*	*30.1*
舞鶴	342.13	79 499	39 474	40 025	232.4	*12.1*	*55.8*	*32.1*
綾部	347.10	32 384	15 575	16 809	93.3	*10.6*	*51.6*	*37.8*
宇治	67.54	183 510	88 609	94 901	2 717.1	*11.9*	*58.2*	*29.9*
宮津	172.74	17 025	8 077	8 948	98.6	*9.2*	*48.0*	*42.8*
亀岡	224.80	87 518	42 617	44 901	389.3	*12.3*	*57.0*	*30.7*
城陽	32.71	75 274	36 329	38 945	2 301.3	*11.3*	*54.8*	*33.9*
向日	7.72	57 116	27 424	29 692	7 398.4	*13.8*	*59.3*	*26.9*
長岡京	19.17	81 169	39 213	41 956	4 234.2	*13.8*	*59.3*	*26.9*
八幡	24.35	69 952	33 992	35 960	2 872.8	*11.3*	*57.1*	*31.6*
京田辺	42.92	70 848	34 661	36 187	1 650.7	*15.0*	*60.2*	*24.8*
京丹後	501.44	52 845	25 472	27 373	105.4	*10.8*	*52.5*	*36.7*
南丹	616.40	30 781	15 000	15 781	49.9	*10.4*	*53.7*	*35.8*

人口増減率(2021年)(%)	世帯数2022年1月1日	産業別就業者割合(2020年10月1日)				民営事業所数2021年6月1日速報	農業産出額(推計)(2020年)(千万円)	
		総数(人)	第1次産業(%)	第2次産業(%)	第3次産業(%)			
-0.10	37 640	47 191	1.0	30.4	68.6	3 338	43	北名古屋
-0.54	18 431	23 345	3.9	29.4	66.6	2 014	266	弥富
-0.05	25 004	32 815	1.6	40.1	58.3	1 948	159	みよし
-0.23	37 948	46 133	1.3	33.4	65.3	2 866	126	あま
0.55	24 994	30 177	0.8	22.6	76.6	2 219	22	長久手
								三重県
-0.73	126 922	140 353	2.6	25.7	71.7	11 528	1 116	津
-0.49	142 498	167 622	1.3	34.9	63.9	13 288	548	四日市
-0.99	55 885	63 393	2.5	25.6	71.9	6 670	447	伊勢
-0.85	74 234	83 746	3.5	29.9	66.6	7 645	856	松阪
-0.82	60 278	74 059	1.6	33.7	64.6	6 140	310	桑名
-0.79	87 528	96 242	2.6	36.2	61.2	6 963	1 794	鈴鹿
-0.87	34 663	38 136	2.2	33.7	64.1	2 848	190	名張
-2.40	9 145	7 382	5.4	20.4	74.2	1 125	8	尾鷲
-0.25	21 778	24 464	2.7	39.4	57.9	1 601	234	亀山
-2.15	8 319	9 357	13.3	16.7	70.0	1 165	84	鳥羽
-1.73	8 686	7 077	7.8	17.7	74.6	1 028	130	熊野
-1.06	18 685	25 367	2.5	47.9	49.6	1 876	305	いなべ
-2.27	22 599	22 741	8.1	17.8	74.1	2 511	225	志摩
-1.60	40 336	47 902	5.6	40.4	54.1	4 046	1 528	伊賀
								滋賀県
0.01	153 797	171 975	1.1	22.4	76.5	12 359	178	大津
-0.66	49 105	60 225	1.6	34.7	63.7	4 952	282	彦根
-0.85	46 800	59 049	3.1	37.5	59.4	5 609	717	長浜
-0.29	34 739	42 530	3.5	34.5	62.0	3 246	859	近江八幡
1.04	61 430	72 347	1.4	30.7	67.9	5 401	250	草津
0.55	33 813	43 047	2.1	32.7	65.2	2 931	245	守山
-0.01	29 108	37 255	1.5	32.9	65.5	3 010	92	栗東
-0.76	36 730	47 469	3.7	39.6	56.7	4 119	519	甲賀
-0.64	20 716	26 449	3.2	36.6	60.2	1 850	227	野洲
-0.73	24 329	29 870	1.4	43.9	54.7	1 979	86	湖南
-1.30	20 594	23 563	6.1	29.3	64.6	2 508	642	高島
-0.55	45 831	59 648	3.9	41.6	54.5	4 597	1 094	東近江
-1.01	14 757	19 590	3.4	35.1	61.5	1 476	209	米原
								京都府
-0.85	721 204	741 098	0.8	20.0	79.2	84 870	949	京都
-0.64	36 690	41 060	4.6	29.6	65.8	4 011	589	福知山
-1.74	39 834	39 968	3.6	22.9	73.5	3 590	234	舞鶴
-1.42	15 609	15 916	7.6	32.3	60.0	1 544	432	綾部
-0.80	84 767	88 850	0.8	24.9	74.3	5 716	79	宇治
-2.14	8 354	8 162	6.8	18.5	74.7	1 185	82	宮津
-0.37	39 676	44 479	4.4	25.4	70.2	3 336	582	亀岡
-0.61	35 153	35 784	1.8	25.8	72.3	2 492	92	城陽
-0.35	25 495	28 226	1.0	25.2	73.8	1 776	48	向日
0.13	36 623	39 710	1.0	26.5	72.5	2 765	87	長岡京
-0.63	33 450	34 657	2.1	24.4	73.5	2 178	152	八幡
0.48	30 437	34 519	2.0	23.2	74.8	2 180	102	京田辺
-1.54	22 920	27 168	7.7	29.6	62.7	3 701	777	京丹後
-0.94	14 311	15 315	9.1	25.6	65.3	1 489	475	南丹

市町村統計　市の統計 I

市の統計 I （12）

	面積 2021年 10月1日 (km²)	人口 （2022年1月1日）（人）			人口 密度 1 km²あ たり 人	年齢別人口構成 （2022年1月1日）（%）		
		計	男	女		0～14 歳	15～64 歳	65歳 以上
木津川	85.13	79 707	38 577	41 130	936.3	*16.3*	*58.9*	*24.8*
大阪府								
大阪	225.33	2 732 197	1 323 456	1 408 741	12 125.3	*10.8*	*64.1*	*25.1*
堺	149.83	826 158	395 818	430 340	5 514.0	*12.4*	*59.3*	*28.3*
岸和田	72.72	190 853	91 564	99 289	2 624.5	*12.4*	*59.5*	*28.0*
豊中	36.39	408 802	194 262	214 540	11 233.9	*13.6*	*60.6*	*25.8*
池田	22.14	103 387	49 400	53 987	4 669.7	*12.6*	*60.3*	*27.2*
吹田	36.09	378 869	181 081	197 788	10 497.9	*13.9*	*62.3*	*23.8*
泉大津	14.33	73 807	35 273	38 534	5 150.5	*11.8*	*62.2*	*26.0*
高槻	105.29	349 941	167 173	182 768	3 323.6	*12.2*	*58.4*	*29.3*
貝塚	43.93	83 995	40 529	43 466	1 912.0	*12.4*	*60.4*	*27.2*
守口	12.71	142 655	69 230	73 425	11 223.8	*11.0*	*60.2*	*28.7*
枚方	65.12	397 681	190 614	207 067	6 106.9	*12.2*	*59.0*	*28.7*
茨木	76.49	283 504	137 022	146 482	3 706.4	*13.8*	*61.9*	*24.3*
八尾	41.72	263 693	125 860	137 833	6 320.5	*12.1*	*59.5*	*28.4*
泉佐野	56.51	98 840	47 425	51 415	1 749.1	*11.6*	*61.9*	*26.6*
富田林	39.72	108 989	51 442	57 547	2 743.9	*11.1*	*58.2*	*30.8*
寝屋川	24.70	229 177	110 641	118 536	9 278.4	*11.3*	*58.7*	*30.1*
河内長野	109.63	101 838	47 953	53 885	928.9	*10.0*	*54.2*	*35.8*
松原	16.66	117 801	56 715	61 086	7 070.9	*10.8*	*59.0*	*30.2*
大東	18.27	118 326	57 654	60 672	6 476.5	*11.6*	*61.0*	*27.4*
和泉	84.98	184 615	89 271	95 344	2 172.5	*13.3*	*61.2*	*25.5*
箕面	47.90	139 126	66 492	72 634	2 904.5	*15.0*	*59.6*	*25.4*
柏原	25.33	67 759	32 547	35 212	2 675.0	*11.1*	*59.0*	*29.9*
羽曳野	26.45	109 565	52 059	57 506	4 142.3	*11.2*	*58.5*	*30.3*
門真	12.30	119 161	58 623	60 538	9 687.9	*9.6*	*60.6*	*29.8*
摂津	14.87	86 689	42 915	43 774	5 829.8	*12.6*	*61.6*	*25.8*
高石	11.30	57 226	27 243	29 983	5 064.2	*12.6*	*59.7*	*27.7*
藤井寺	8.89	63 532	30 190	33 342	7 146.5	*11.9*	*59.4*	*28.7*
東大阪	61.78	482 133	234 524	247 609	7 804.0	*10.9*	*60.8*	*28.3*
泉南	48.98	60 317	29 099	31 218	1 231.5	*12.2*	*58.4*	*29.4*
四條畷	18.69	55 015	26 834	28 181	2 943.6	*12.1*	*60.7*	*27.1*
交野	25.55	77 431	37 321	40 110	3 030.6	*12.7*	*59.0*	*28.2*
大阪狭山	11.92	58 496	27 566	30 930	4 907.4	*13.8*	*58.3*	*27.9*
阪南	36.17	52 299	24 948	27 351	1 445.9	*10.5*	*56.0*	*33.5*
兵庫県								
神戸	557.03	1 517 627	718 749	798 878	2 724.5	*11.8*	*59.6*	*28.6*
姫路	534.56	530 877	257 639	273 238	993.1	*13.0*	*60.0*	*27.1*
尼崎	50.71	460 148	223 588	236 560	9 074.1	*11.5*	*60.9*	*27.7*
明石	49.42	304 906	147 132	157 774	6 169.7	*13.9*	*59.8*	*26.2*
西宮	99.96	483 394	228 008	255 386	4 835.9	*13.4*	*62.2*	*24.4*
洲本	182.38	42 307	20 173	22 134	232.0	*10.2*	*53.3*	*36.4*
芦屋	18.47	95 430	43 134	52 296	5 166.8	*12.1*	*58.4*	*29.5*
伊丹	25.00	202 978	98 627	104 351	8 119.1	*13.5*	*60.8*	*25.6*
相生	90.40	28 410	13 739	14 671	314.3	*11.3*	*52.4*	*36.2*
豊岡	697.55	78 870	37 996	40 874	113.1	*11.7*	*54.4*	*34.0*
加古川	138.48	261 661	128 182	133 479	1 889.5	*12.4*	*59.3*	*28.3*
赤穂	126.85	46 039	22 270	23 769	362.9	*11.0*	*55.6*	*33.4*
西脇	132.44	39 203	18 838	20 365	296.0	*11.3*	*54.8*	*33.8*
宝塚	101.80	232 171	107 598	124 573	2 280.7	*12.8*	*59.0*	*28.3*

人口増減率 (2021年) (%)	世帯数 2022年 1月1日	産業別就業者割合 (2020年10月1日)				民営事業所数 2021年 6月1日 速報	農業産出額 (推計) (2020年) (千万円)	
		総数 (人)	第1次産業 (%)	第2次産業 (%)	第3次産業 (%)			
0.85	32 274	37 273	3.3	19.9	76.8	2 216	235	木津川
								大阪府
-0.28	1 558 513	1 493 810	0.1	20.6	79.3	229 305	52	大阪
-0.64	397 237	404 073	0.5	23.4	76.1	32 207	330	堺
-0.98	88 598	93 914	1.5	24.3	74.2	8 355	228	岸和田
-0.15	195 622	204 274	0.3	19.2	80.5	16 063	13	豊中
-0.31	49 225	51 710	0.9	19.9	79.2	4 341	21	池田
0.74	178 690	192 751	0.2	18.5	81.3	13 718	12	吹田
-0.73	34 921	38 530	0.3	23.0	76.7	3 507	8	泉大津
-0.32	162 906	169 519	0.5	21.4	78.1	10 918	74	高槻
-1.32	37 778	41 737	1.5	25.2	73.3	3 473	211	貝塚
-0.61	73 353	73 889	0.2	25.8	74.0	6 851	3	守口
-0.50	183 075	179 501	0.5	22.1	77.4	11 436	76	枚方
0.10	129 376	142 883	0.6	20.6	78.9	10 460	79	茨木
-0.59	126 585	131 409	0.8	28.7	70.5	12 992	127	八尾
-0.82	47 658	52 369	1.9	21.9	76.2	5 362	223	泉佐野
-0.91	51 686	52 567	1.5	23.6	74.9	3 905	160	富田林
-0.56	111 539	111 498	0.4	24.3	75.4	7 652	25	寝屋川
-1.45	47 537	46 703	1.2	20.2	78.6	3 202	60	河内長野
-0.77	57 346	57 705	0.5	27.3	72.2	4 913	37	松原
-0.94	57 343	60 955	0.2	29.5	70.3	4 794	5	大東
-0.31	80 862	91 927	0.9	22.3	76.7	6 681	216	和泉
0.17	62 446	66 811	0.7	15.8	83.5	4 914	37	箕面
-0.82	32 003	34 689	1.0	29.9	69.0	2 433	126	柏原
-0.49	50 938	52 812	1.1	24.9	74.0	3 908	208	羽曳野
-1.14	63 065	62 943	0.3	29.5	70.2	5 995	7	門真
-0.06	42 178	46 607	0.3	26.5	73.2	4 526	4	摂津
-0.55	26 066	27 407	0.4	24.3	75.3	2 150	3	高石
-1.04	29 535	31 543	0.5	25.6	73.9	2 838	10	藤井寺
-0.78	243 430	249 260	0.3	29.1	70.6	29 553	46	東大阪
-1.36	26 412	27 530	2.7	24.9	72.4	2 237	192	泉南
-0.73	24 706	27 944	0.5	26.2	73.3	2 069	11	四條畷
-0.24	33 424	36 335	0.8	23.5	75.7	2 106	31	交野
-0.36	26 131	27 577	0.9	19.9	79.2	2 132	26	大阪狭山
-1.51	24 085	24 210	1.5	22.9	75.7	1 663	47	阪南
								兵庫県
-0.60	766 757	727 194	0.7	19.4	79.9	74 080	1 271	神戸
-0.61	243 339	264 954	1.0	32.0	67.0	24 919	577	姫路
-0.58	238 356	216 387	0.3	25.1	74.6	20 099	35	尼崎
0.17	140 928	149 797	1.0	26.1	72.9	9 881	131	明石
-0.17	225 264	243 672	0.4	18.3	81.4	16 190	68	西宮
-1.11	20 193	21 185	10.5	21.3	68.2	2 522	551	洲本
-0.19	45 188	45 474	0.2	15.8	83.9	4 297	0	芦屋
-0.26	92 584	100 624	0.7	24.6	74.7	6 802	59	伊丹
-1.37	13 142	12 465	2.4	32.0	65.6	1 205	41	相生
-1.29	33 539	40 213	5.7	27.0	67.4	4 925	1 156	豊岡
-0.56	117 539	129 550	0.8	32.3	66.8	9 034	222	加古川
-1.40	20 511	21 602	2.3	32.3	65.4	1 826	517	赤穂
-1.68	17 171	20 621	2.1	37.3	60.6	2 161	136	西脇
-0.57	106 109	108 134	0.9	18.5	80.6	6 495	168	宝塚

市の統計 I （13）

	面積 2021年 10月1日 (km²)	人口 (2022年1月1日)（人）			人口密度 1 km²あ たり 人	年齢別人口構成 (2022年1月1日)（%）		
		計	男	女		0～14 歳	15～64 歳	65歳 以上
三木	176.51	75 571	36 585	38 986	428.1	10.7	54.6	34.7
高砂	34.38	88 968	43 279	45 689	2 587.8	12.4	58.0	29.6
川西	53.44	155 826	73 556	82 270	2 915.9	11.8	56.7	31.5
小野	92.94	47 833	23 475	24 358	514.7	12.9	58.0	29.1
三田	210.32	109 696	53 116	56 580	521.6	12.7	60.4	26.9
加西	150.98	42 721	20 956	21 765	283.0	10.5	55.2	34.3
丹波篠山	377.59	40 316	19 299	21 017	106.8	11.3	53.6	35.1
養父	422.91	22 389	10 739	11 650	52.9	10.7	50.2	39.0
丹波	493.21	62 411	30 015	32 396	126.5	11.7	53.4	34.9
南あわじ	229.01	45 845	22 124	23 721	200.2	11.4	53.2	35.5
朝来	403.06	29 165	13 987	15 178	72.4	11.4	53.1	35.5
淡路	184.24	42 721	20 472	22 249	231.9	10.7	51.2	38.2
宍粟	658.54	36 010	17 274	18 736	54.7	10.7	53.0	36.3
加東	157.55	39 842	19 635	20 207	252.9	12.9	60.1	27.0
たつの	210.87	74 750	36 157	38 593	354.5	12.2	56.6	31.2
奈良県								
奈良	276.94	353 158	165 318	187 840	1 275.2	11.3	57.1	31.6
大和高田	16.48	63 298	29 855	33 443	3 840.9	9.4	58.6	31.9
大和郡山	42.69	84 644	40 197	44 447	1 982.8	10.8	56.0	33.1
天理	86.42	63 173	30 923	32 250	731.0	12.1	60.7	27.2
橿原	39.56	120 467	57 307	63 160	3 045.2	11.9	59.0	29.1
桜井	98.91	55 760	26 447	29 313	563.7	11.2	56.8	31.9
五條	292.02	28 744	13 725	15 019	98.4	8.3	53.2	38.4
御所	60.58	24 515	11 466	13 049	404.7	7.6	51.2	41.2
生駒	53.15	118 485	56 304	62 181	2 229.3	13.3	57.8	28.9
香芝	24.26	78 981	37 708	41 273	3 255.6	14.9	61.5	23.7
葛城	33.72	37 755	18 155	19 600	1 119.7	15.1	57.0	27.9
宇陀	247.50	28 590	13 734	14 856	115.5	8.4	49.1	42.4
和歌山県								
和歌山	208.85	362 662	171 937	190 725	1 736.5	11.8	57.5	30.8
海南	101.06	48 717	22 745	25 972	482.1	9.7	53.1	37.2
橋本	130.55	61 019	28 773	32 246	467.4	10.9	55.4	33.7
有田	36.83	26 713	12 715	13 998	725.3	9.9	54.9	35.2
御坊	43.91	22 386	10 722	11 664	509.8	10.8	56.7	32.5
田辺	1 026.91	70 880	33 323	37 557	69.0	11.1	55.2	33.7
新宮	255.23	27 420	12 733	14 687	107.4	10.5	51.7	37.8
紀の川	228.21	60 559	28 831	31 728	265.4	11.0	55.7	33.3
岩出	38.51	54 161	26 169	27 992	1 406.4	13.4	62.7	23.9
鳥取県								
鳥取	765.31	184 557	88 943	95 614	241.2	12.7	57.3	30.0
米子	132.42	146 899	69 972	76 927	1 109.3	13.2	57.6	29.3
倉吉	272.06	45 574	21 620	23 954	167.5	12.2	53.4	34.4
境港	29.11	33 281	16 094	17 187	1 143.3	11.8	55.5	32.8
島根県								
松江	572.99	199 432	95 962	103 470	348.1	13.0	56.9	30.0
浜田	690.68	51 546	24 725	26 821	74.6	11.2	51.2	37.6
出雲	624.36	174 693	84 939	89 754	279.8	13.5	56.5	29.9
益田	733.19	44 976	21 284	23 692	61.3	11.7	49.7	38.6
大田	435.34	33 243	15 942	17 301	76.4	10.8	48.7	40.5
安来	420.93	37 116	17 866	19 250	88.2	11.2	51.5	37.3

人口増減率 (2021年)(％)	世帯数 2022年 1月1日	産業別就業者割合 (2020年10月1日)				民営事業所数 2021年6月1日 速報	農業産出額 (推計) (2020年)(千万円)	
		総数(人)	第1次産業(％)	第2次産業(％)	第3次産業(％)			
-1.30	34 207	35 615	4.3	31.0	64.6	3 418	588	三木
-0.88	39 943	42 338	0.6	35.6	63.7	3 178	36	高砂
-0.24	70 813	70 758	0.8	19.7	79.5	4 346	48	川西
-0.65	20 474	24 884	2.8	37.5	59.7	2 117	363	小野
-1.05	46 908	56 138	2.3	23.6	74.0	3 000	371	三田
-1.75	18 191	22 089	3.9	42.9	53.2	1 989	488	加西
-1.30	17 580	21 083	11.4	27.4	61.2	2 030	504	丹波篠山
-1.91	9 281	10 717	8.2	25.8	66.0	1 238	300	養父
-1.30	26 018	32 460	7.6	34.5	57.9	3 158	1 140	丹波
-1.30	19 777	24 678	23.0	21.4	55.6	2 560	2 061	南あわじ
-1.94	12 243	14 331	5.6	29.2	65.2	1 709	357	朝来
-0.95	20 177	20 805	15.4	20.4	64.1	2 138	529	淡路
-1.82	14 706	18 074	4.5	38.9	56.7	2 189	215	宍粟
-1.05	17 226	22 500	4.5	38.2	57.3	1 777	280	加東
-1.06	31 013	35 548	3.3	36.2	60.5	3 297	371	たつの
奈良県								**奈良県**
-0.44	165 784	167 989	1.3	17.3	81.4	14 117	342	奈良
-0.76	30 447	30 915	1.0	27.7	71.4	2 611	87	大和高田
-0.78	38 724	39 521	2.2	24.2	73.6	3 308	158	大和郡山
-1.33	29 608	32 279	4.1	20.6	75.3	2 547	306	天理
-0.80	54 597	59 660	1.3	22.3	76.4	4 902	88	橿原
-1.03	25 095	27 026	2.5	25.1	72.4	2 488	104	桜井
-2.11	13 423	12 534	15.4	24.8	59.8	1 424	1 120	五條
-2.20	11 991	10 935	4.5	29.5	65.9	1 069	133	御所
-0.36	51 146	54 667	0.9	19.1	80.0	3 359	32	生駒
-0.27	32 122	37 763	0.6	24.6	74.7	2 399	26	香芝
0.51	15 310	17 732	3.1	29.1	67.8	1 292	175	葛城
-2.17	12 849	12 781	7.6	22.2	70.2	1 176	366	宇陀
								和歌山県
-0.69	175 981	177 072	1.7	23.6	74.6	17 946	601	和歌山
-1.60	22 110	23 536	8.8	26.0	65.1	2 580	749	海南
-1.22	27 376	29 954	6.0	22.7	71.4	2 476	369	橋本
-1.93	11 734	13 822	14.9	28.7	56.3	1 530	568	有田
-1.63	10 816	11 569	11.6	22.9	65.5	1 838	379	御坊
-1.48	35 048	35 538	11.8	18.8	69.3	4 745	1 341	田辺
-1.52	14 613	12 788	2.2	15.9	82.0	2 288	22	新宮
-0.88	26 651	31 907	17.4	22.3	60.3	2 354	1 749	紀の川
0.31	23 934	27 851	3.2	23.7	73.1	1 862	89	岩出
								鳥取県
-0.72	81 110	97 250	5.0	21.0	74.0	9 104	1 516	鳥取
-0.43	68 174	76 154	3.3	20.2	76.4	6 921	443	米子
-1.47	20 628	23 440	9.6	23.0	67.4	2 821	944	倉吉
-1.14	15 329	16 981	3.6	25.5	70.9	1 450	110	境港
								島根県
-0.67	91 247	105 140	3.3	18.4	78.2	10 291	472	松江
-2.01	25 760	27 909	6.0	21.7	72.3	3 045	351	浜田
0.01	68 563	93 315	5.4	28.5	66.1	8 058	1 267	出雲
-1.44	21 182	22 134	7.7	20.9	71.5	2 442	870	益田
-1.65	15 525	16 136	8.9	26.7	64.4	1 802	843	大田
-1.65	14 310	19 657	10.3	30.1	59.6	1 572	434	安来

市町村統計 市の統計Ⅰ

市の統計 I （14）

	面積 2021年 10月1日 (km²)	人口 (2022年1月1日)（人）			人口密度 1km²あ たり 人	年齢別人口構成 (2022年1月1日)（%）		
		計	男	女		0～14歳	15～64歳	65歳以上
江津	268.24	22 493	10 589	11 904	83.9	10.2	50.1	39.7
雲南	553.18	36 373	17 549	18 824	65.8	10.8	49.2	40.0
岡山県								
岡山	789.95	704 487	339 225	365 262	891.8	13.1	60.3	26.7
倉敷	355.63	479 861	234 114	245 747	1 349.3	13.5	58.8	27.7
津山	506.33	98 811	47 495	51 316	195.2	12.5	56.4	31.1
玉野	103.58	56 799	27 675	29 124	548.4	9.7	51.5	38.7
笠岡	136.24	46 270	22 191	24 079	339.6	9.7	52.9	37.3
井原	243.54	38 818	18 616	20 202	159.4	9.9	52.6	37.4
総社	211.90	69 837	33 966	35 871	329.6	14.0	57.6	28.4
高梁	546.99	28 466	13 841	14 625	52.0	8.5	49.8	41.7
新見	793.29	27 833	13 320	14 513	35.1	9.2	48.4	42.4
備前	258.14	32 667	15 693	16 974	126.5	9.0	51.5	39.5
瀬戸内	125.46	36 667	17 706	18 961	292.3	11.3	54.4	34.3
赤磐	209.36	43 602	20 949	22 653	208.3	13.1	53.4	33.5
真庭	828.53	43 424	20 841	22 583	52.4	11.0	49.7	39.4
美作	429.29	26 531	12 772	13 759	61.8	9.7	49.3	40.9
浅口	66.46	33 607	16 355	17 252	505.7	10.6	52.6	36.7
広島県								
広島	906.69	1 189 149	575 871	613 278	1 311.5	13.2	60.9	25.8
呉	352.83	213 008	102 822	110 186	603.7	10.5	53.6	35.9
竹原	118.23	24 071	11 498	12 573	203.6	8.6	49.4	42.0
三原	471.51	90 320	43 327	46 993	191.6	11.2	53.1	35.7
尾道	285.11	131 887	63 722	68 165	462.6	10.7	52.7	36.7
福山	517.72	463 324	225 877	237 447	894.9	13.1	58.0	29.0
府中	195.75	37 226	17 986	19 240	190.2	9.9	51.9	38.3
三次	778.18	50 398	24 140	26 258	64.8	11.6	52.1	36.3
庄原	1 246.49	33 368	15 917	17 451	26.8	10.0	46.1	43.9
大竹	78.66	26 339	12 907	13 432	334.8	10.7	53.5	35.8
東広島	635.16	189 039	94 943	94 096	297.6	14.2	61.2	24.6
廿日市	489.49	116 649	56 173	60 476	238.3	13.0	56.2	30.8
安芸高田	537.71	27 531	13 299	14 232	51.2	9.7	50.0	40.3
江田島	100.72	21 770	10 646	11 124	216.1	7.5	47.6	44.9
山口県								
下関	716.10	253 996	118 380	135 616	354.7	11.0	53.0	36.0
宇部	286.65	161 767	77 323	84 444	564.3	11.6	54.8	33.6
山口	1 023.23	189 576	90 453	99 123	185.3	12.7	57.4	29.9
萩	698.31	44 575	20 677	23 898	63.8	8.5	47.4	44.2
防府	189.37	114 427	55 508	58 919	604.3	12.8	56.2	31.0
下松	89.36	57 294	28 171	29 123	641.2	13.8	56.9	29.3
岩国	873.72	130 340	62 121	68 219	149.2	11.2	53.0	35.8
光	92.13	49 870	23 833	26 037	541.3	11.1	53.1	35.9
長門	357.31	32 336	14 980	17 356	90.5	8.9	47.1	44.0
柳井	140.05	30 550	14 264	16 286	218.1	10.2	50.8	38.9
美祢	472.64	22 756	10 751	12 005	48.1	8.1	48.2	43.7
周南	656.29	139 488	67 803	71 685	212.5	11.5	55.3	33.2
山陽小野田	133.09	60 850	29 008	31 842	457.2	11.7	53.7	34.5
徳島県								
徳島	191.52	250 723	119 200	131 523	1 309.1	12.1	58.2	29.7

人口増減率(2021年)(%)	世帯数 2022年 1月1日	産業別就業者割合(2020年10月1日)				民営事業所数 2021年 6月1日 速報	農業産出額(推計)(2020年)(千万円)	
		総数(人)	第1次産業(%)	第2次産業(%)	第3次産業(%)			
-2.23	11 255	11 045	4.2	25.5	70.3	1 222	144	江津
-1.96	13 604	19 553	9.9	27.8	62.3	1 812	379	雲南
								岡山県
-0.52	334 975	368 960	2.3	21.5	76.2	37 288	2 176	岡山
-0.35	216 270	222 059	1.8	30.5	67.7	19 416	1 152	倉敷
-1.01	45 643	52 180	5.7	28.1	66.2	5 078	577	津山
-1.94	27 193	27 171	2.7	32.2	65.1	2 246	144	玉野
-1.89	21 982	20 746	5.0	32.0	63.1	1 978	870	笠岡
-1.19	16 746	19 409	6.6	38.0	55.4	1 648	851	井原
0.34	29 054	35 521	4.3	30.8	65.0	2 417	289	総社
-2.86	13 985	14 544	11.0	30.6	58.4	1 533	897	高梁
-1.98	12 690	13 917	14.4	26.8	58.8	1 472	1 490	新見
-2.57	15 430	15 614	4.4	34.4	61.2	1 769	195	備前
-1.03	15 739	17 844	9.1	30.0	60.8	1 307	393	瀬戸内
-0.74	18 650	21 398	8.2	29.5	62.4	1 360	475	赤磐
-1.86	17 640	22 405	13.3	27.1	59.6	2 370	1 181	真庭
-1.46	12 332	12 873	11.2	32.1	56.7	1 288	361	美作
-1.05	14 312	15 625	4.3	32.5	63.2	979	94	浅口
								広島県
-0.47	575 232	622 068	0.9	21.6	77.5	59 744	585	広島
-2.15	107 089	103 939	2.5	28.3	69.2	9 209	406	呉
-1.92	12 112	11 162	4.9	30.2	64.9	1 219	132	竹原
-1.84	43 111	44 447	5.4	30.8	63.8	4 337	909	三原
-1.81	63 940	64 093	4.9	32.4	62.7	7 153	1 056	尾道
-0.76	212 326	235 885	1.5	31.7	66.8	22 396	700	福山
-2.56	17 026	18 491	3.2	38.6	58.2	2 196	127	府中
-1.63	23 301	27 224	11.4	21.9	66.7	2 882	1 257	三次
-2.46	15 183	17 321	19.3	19.8	60.9	1 908	2 074	庄原
-1.04	12 870	12 457	2.6	35.3	62.1	1 097	9	大竹
-0.17	87 971	102 829	3.8	30.8	65.4	7 528	898	東広島
-0.34	52 748	58 781	2.2	23.9	73.8	4 525	129	廿日市
-1.83	13 408	14 151	12.0	28.9	59.2	1 291	952	安芸高田
-2.62	11 977	10 662	12.4	18.6	69.0	1 059	88	江田島
								山口県
-1.38	129 226	125 762	4.0	24.0	72.0	12 061	1 151	下関
-0.82	79 665	78 964	2.0	27.7	70.3	6 725	241	宇部
-0.57	90 057	97 501	4.3	17.3	78.3	8 520	1 120	山口
-2.05	22 967	22 525	12.3	18.3	69.4	2 754	598	萩
-0.85	56 008	58 392	2.5	32.2	65.3	4 416	180	防府
-0.11	26 576	27 447	1.5	34.9	63.6	2 170	47	下松
-1.40	65 382	62 897	3.0	28.2	68.8	5 699	464	岩国
-1.11	23 490	23 338	2.5	33.1	64.3	1 800	82	光
-2.29	15 698	15 966	11.6	22.3	66.1	1 607	662	長門
-1.73	15 421	14 065	5.7	23.4	70.9	1 881	135	柳井
-2.65	10 795	11 572	11.3	27.0	61.7	1 113	283	美祢
-1.07	68 113	66 741	2.6	32.2	65.2	6 761	319	周南
-1.16	28 919	28 952	3.0	32.5	64.6	2 300	170	山陽小野田
								徳島県
-0.54	121 469	116 419	3.6	18.9	77.5	15 247	1 266	徳島

市町村統計 市の統計 I

市の統計 I （15）

	面積 (2021年 10月1日) (km²)	人口 (2022年1月1日)（人）			人口 密度 (1km²あ たり 人)	年齢別人口構成 (2022年1月1日)（%）		
		計	男	女		0～14 歳	15～64 歳	65歳 以上
鳴門	135.66	55 466	26 567	28 899	408.9	10.0	54.7	35.3
小松島	45.37	36 391	17 673	18 718	802.1	9.7	54.9	35.4
阿南	279.25	70 785	34 432	36 353	253.5	11.6	54.9	33.5
吉野川	144.14	39 543	18 717	20 826	274.3	10.1	52.1	37.8
阿波	191.11	35 878	17 243	18 635	187.7	9.8	52.7	37.5
美馬	367.14	27 771	13 312	14 459	75.6	9.6	51.3	39.1
三好	721.42	24 115	11 409	12 706	33.4	8.0	46.1	46.0
香川県								
高松	375.54	424 414	205 042	219 372	1 130.1	12.9	58.9	28.2
丸亀	111.83	112 302	54 783	57 519	1 004.2	13.2	58.2	28.5
坂出	92.49	51 370	24 738	26 632	555.4	11.0	53.8	35.2
善通寺	39.93	31 037	15 489	15 548	777.3	12.1	56.0	31.9
観音寺	117.83	58 487	28 209	30 278	496.4	11.5	55.0	33.4
さぬき	158.63	46 561	22 360	24 201	293.5	9.5	52.9	37.6
東かがわ	152.86	29 037	13 778	15 259	190.0	8.2	48.8	43.0
三豊	222.70	63 195	30 487	32 708	283.8	10.9	52.8	36.3
愛媛県								
松山	429.35	507 211	238 454	268 757	1 181.3	12.5	59.1	28.4
今治	419.21	153 532	72 923	80 609	366.2	10.8	53.6	35.6
宇和島	468.15	71 448	33 667	37 781	152.6	9.7	50.3	40.0
八幡浜	132.65	31 898	14 950	16 948	240.5	9.3	49.7	41.0
新居浜	234.47	116 624	56 153	60 471	497.4	12.2	55.4	32.5
西条	510.04	106 842	51 632	55 210	209.5	12.1	55.3	32.7
大洲	432.12	41 300	19 812	21 488	95.6	11.1	52.1	36.8
伊予	194.44	36 107	17 045	19 062	185.7	11.8	54.2	34.1
四国中央	421.24	84 404	41 359	43 045	200.4	11.4	55.5	33.1
西予	514.34	35 876	17 007	18 869	69.8	9.7	46.5	43.7
東温	211.30	33 299	15 728	17 571	157.6	12.5	56.0	31.5
高知県								
高知	309.00	322 526	150 715	171 811	1 043.8	11.8	58.0	30.2
室戸	248.22	12 319	5 917	6 402	49.6	*6.6	*41.9	*51.5
安芸	317.16	16 592	7 914	8 678	52.3	8.7	50.0	41.3
南国	125.30	46 648	22 257	24 391	372.3	12.2	56.2	31.6
土佐	91.50	26 497	12 857	13 640	289.6	10.9	52.2	36.9
須崎	135.35	20 603	10 067	10 536	152.2	9.1	50.2	40.7
宿毛	286.20	19 539	9 176	10 363	68.3	10.0	50.8	39.2
土佐清水	266.34	12 603	5 967	6 636	47.3	6.7	43.0	50.3
四万十	632.29	32 904	15 547	17 357	52.0	11.1	52.2	36.8
香南	126.46	33 187	16 092	17 095	262.4	12.2	55.7	32.1
香美	537.86	25 676	12 185	13 491	47.7	10.2	50.1	39.7
福岡県								
北九州	491.71	936 586	444 085	492 501	1 904.8	12.1	56.8	31.2
福岡	343.46	1 568 265	742 849	825 416	4 566.1	13.3	64.5	22.2
大牟田	81.45	110 266	51 217	59 049	1 353.8	11.0	51.6	37.4
久留米	229.96	303 052	144 055	158 997	1 317.8	13.8	58.5	27.7
直方	61.76	55 941	26 377	29 564	905.8	13.0	53.6	33.4
飯塚	213.96	126 555	60 169	66 386	591.5	12.9	55.1	32.0
田川	54.55	46 202	21 437	24 765	847.0	12.7	53.0	34.3
柳川	77.15	63 969	30 393	33 576	829.2	11.7	54.2	34.1
八女	482.44	61 405	29 013	32 392	127.3	11.8	52.1	36.2

人口増減率 (2021年) (%)	世帯数 2022年 1月1日	産業別就業者割合 (2020年10月1日)				民営事業所数 2021年 6月1日 速報	農業産出額 (推計) (2020年) (千万円)	
		総数 (人)	第1次産業 (%)	第2次産業 (%)	第3次産業 (%)			
-1.37	26 193	26 330	9.8	24.2	66.0	2 661	1 160	鳴門
-1.37	17 114	17 963	8.1	24.0	67.9	1 716	275	小松島
-1.40	31 197	33 457	8.8	30.1	61.1	3 011	672	阿南
-1.60	17 940	18 276	6.4	24.5	69.0	1 873	444	吉野川
-1.92	15 327	17 209	18.3	25.2	56.4	1 371	1 467	阿波
-2.10	12 557	13 710	8.8	28.9	62.4	1 318	458	美馬
-2.64	12 177	10 722	6.1	25.6	68.3	1 438	215	三好
-0.43	201 338	209 548	2.4	19.4	78.2	23 641	1 251	**香川県** 高松
-0.28	51 083	55 931	3.8	29.9	66.2	4 500	362	丸亀
-1.48	24 613	24 511	5.1	27.5	67.4	2 822	542	坂出
-1.45	14 952	15 808	5.2	23.8	71.0	1 458	232	善通寺
-1.28	25 372	30 592	9.9	32.8	57.2	2 923	998	観音寺
-1.58	20 751	22 403	7.1	26.9	66.0	1 926	537	さぬき
-1.99	13 676	13 786	8.8	34.4	56.7	1 366	220	東かがわ
-1.71	26 133	31 163	10.5	32.6	56.9	2 837	2 082	三豊
-0.45	253 278	248 564	2.8	17.6	79.5	23 619	1 281	**愛媛県** 松山
-1.74	75 684	74 145	5.3	32.0	62.7	8 219	1 098	今治
-2.22	35 495	34 432	18.0	14.8	67.2	4 267	1 379	宇和島
-2.11	15 708	16 075	21.6	18.5	59.9	1 885	1 336	八幡浜
-1.04	57 614	57 059	1.3	33.1	65.7	5 350	97	新居浜
-1.10	50 649	52 322	6.9	33.1	60.0	4 766	1 107	西条
-1.68	19 744	20 114	11.4	22.3	66.3	2 186	1 112	大洲
-0.98	16 121	18 241	12.3	25.8	61.9	1 514	468	伊予
-1.22	38 819	40 805	3.7	39.2	57.1	4 079	436	四国中央
-2.07	17 593	17 414	19.6	17.3	63.0	1 984	1 629	西予
-0.71	15 387	16 669	6.9	17.9	75.2	1 300	288	東温
-0.83	164 276	165 897	2.9	15.6	81.5	17 206	1 605	**高知県** 高知
-2.87	7 132	4 879	21.4	17.0	61.6	642	220	室戸
-1.64	8 113	8 493	28.2	13.3	58.4	856	908	安芸
-0.62	22 378	23 205	10.7	18.3	71.0	2 113	675	南国
-0.79	12 581	12 484	16.9	19.9	63.2	1 019	702	土佐
-2.30	10 580	9 929	19.6	17.8	62.6	1 031	458	須崎
-1.79	10 004	9 047	14.1	18.7	67.2	1 228	295	宿毛
-2.89	7 026	5 231	14.9	17.9	67.3	771	116	土佐清水
-1.29	16 687	16 335	9.6	15.4	75.0	2 130	350	四万十
-0.02	15 269	16 988	16.3	16.3	67.4	1 164	1 080	香南
-0.91	13 135	12 667	16.6	17.5	66.0	1 027	929	香美
-0.86	486 858	444 060	0.7	24.1	75.2	45 052	481	**福岡県** 北九州
0.35	824 687	844 542	0.5	13.4	86.1	91 422	618	福岡
-1.52	55 937	49 556	1.8	25.8	72.4	5 370	136	大牟田
-0.53	138 383	143 699	5.4	19.8	74.8	14 732	2 856	久留米
-0.53	27 383	26 508	1.7	28.5	69.8	2 705	149	直方
-0.78	62 964	60 516	1.9	22.6	75.5	5 778	403	飯塚
-1.24	24 093	20 495	1.6	23.6	74.7	2 415	102	田川
-1.61	26 065	31 807	9.7	25.0	65.3	2 927	607	柳川
-0.95	25 293	32 014	18.3	22.5	59.3	3 117	2 462	八女

市町村統計　市の統計Ⅰ

市の統計 I （16）

	面積 2021年 10月1日 (km²)	人口 (2022年1月1日)（人）			人口 密度 1 km²あ たり 人	年齢別人口構成 (2022年1月1日)（%）		
		計	男	女		0～14 歳	15～64 歳	65歳 以上
筑後	41.78	49 283	23 748	25 535	1 179.6	14.4	58.0	27.6
大川	33.62	32 852	15 624	17 228	977.2	10.4	53.4	36.2
行橋	70.06	72 778	35 019	37 759	1 038.8	13.2	56.7	30.1
豊前	111.01	24 493	11 551	12 942	220.6	11.4	51.6	36.9
中間	15.96	40 348	18 948	21 400	2 528.1	10.7	50.9	38.3
小郡	45.51	59 434	28 185	31 249	1 306.0	13.6	58.2	28.2
筑紫野	87.73	105 692	50 599	55 093	1 204.7	14.4	59.6	26.0
春日	14.15	113 164	54 854	58 310	7 997.5	15.1	62.2	22.6
大野城	26.89	101 925	49 216	52 709	3 790.4	15.5	62.4	22.2
宗像	119.94	97 214	46 614	50 600	810.5	13.9	56.1	30.0
太宰府	29.60	71 834	34 437	37 397	2 426.8	14.3	57.6	28.1
古賀	42.07	59 499	28 518	30 981	1 414.3	14.2	58.4	27.4
福津	52.76	67 851	32 071	35 780	1 286.0	16.7	55.5	27.8
うきは	117.46	28 564	13 561	15 003	243.2	12.1	52.8	35.2
宮若	139.99	27 080	13 001	14 079	193.4	11.8	52.7	35.5
嘉麻	135.11	36 271	16 977	19 294	268.5	10.8	49.0	40.1
朝倉	246.71	51 468	24 299	27 169	208.6	11.8	52.9	35.3
みやま	105.21	36 033	16 814	19 219	342.5	10.9	50.4	38.7
糸島	215.69	103 188	49 463	53 725	478.4	13.8	56.3	29.8
那珂川	74.95	50 228	24 304	25 924	670.2	15.8	60.3	23.9
佐賀県								
佐賀	431.82	230 316	108 816	121 500	533.4	13.4	57.8	28.8
唐津	487.60	118 400	55 879	62 521	242.8	13.2	54.0	32.8
鳥栖	71.72	74 037	35 884	38 153	1 032.3	15.1	61.0	23.9
多久	96.56	18 569	8 805	9 764	192.3	11.4	51.8	36.8
伊万里	255.25	53 336	25 821	27 515	209.0	13.6	54.0	32.5
武雄	195.40	48 151	22 948	25 203	246.4	13.6	54.8	31.6
鹿島	112.12	28 258	13 352	14 906	252.0	13.2	53.7	33.1
小城	95.81	44 639	21 291	23 348	465.9	13.8	56.9	29.3
嬉野	126.41	25 323	11 882	13 441	200.3	12.4	52.4	35.1
神埼	125.13	30 891	14 910	15 981	246.9	12.5	55.4	32.1
長崎県								
長崎	405.86	406 116	187 615	218 501	1 000.6	11.4	55.2	33.4
佐世保	426.01	243 074	115 117	127 957	570.6	12.9	54.8	32.3
島原	82.96	43 670	20 382	23 288	526.4	12.4	51.8	35.9
諫早	341.79	135 349	64 282	71 067	396.0	13.2	56.2	30.6
大村	126.73	97 824	46 857	50 967	771.9	15.7	58.9	25.4
平戸	235.12	29 777	14 127	15 650	126.6	11.2	47.7	41.2
松浦	130.55	21 700	10 486	11 214	166.2	11.9	50.0	38.1
対馬	707.42	29 019	14 357	14 662	41.0	11.2	50.1	38.8
壱岐	139.42	25 494	12 216	13 278	182.9	12.3	49.3	38.3
五島	420.12	35 577	16 899	18 678	84.7	10.0	49.0	40.9
西海	241.60	26 323	12 968	13 355	109.0	10.9	49.7	39.4
雲仙	214.31	42 227	20 104	22 123	197.0	11.6	52.7	35.7
南島原	170.13	43 449	20 282	23 167	255.4	10.5	48.9	40.5
熊本県								
熊本	390.32	731 722	345 753	385 969	1 874.7	13.8	59.4	26.8
八代	681.29	123 982	57 865	66 117	182.0	11.9	53.4	34.6
人吉	210.55	31 136	14 420	16 716	147.9	11.9	50.8	37.3
荒尾	57.37	50 976	24 133	26 843	888.5	12.3	51.7	36.0

人口増減率(2021年)(%)	世帯数 2022年 1月1日	産業別就業者割合 (2020年10月1日)				民営事業所数 2021年 6月1日 速報	農業産出額(推計)(2020年)(千万円)	
		総数(人)	第1次産業(%)	第2次産業(%)	第3次産業(%)			
-0.50	20 287	25 987	6.2	25.5	68.4	2 064	615	筑後
-1.57	13 898	16 685	6.8	29.1	64.1	2 311	341	大川
-0.37	33 441	34 696	2.3	31.5	66.1	2 908	207	行橋
-1.79	11 663	11 298	5.4	31.9	62.7	1 102	156	豊前
-1.57	20 431	17 856	0.9	30.8	68.3	1 548	31	中間
-0.25	25 081	28 936	3.7	16.8	79.6	1 656	353	小郡
1.03	46 672	51 230	1.5	16.6	81.9	3 618	139	筑紫野
-0.13	50 215	56 681	0.3	15.8	83.9	3 641	2	春日
-0.02	45 386	52 032	0.3	17.2	82.5	4 368	5	大野城
0.01	44 044	46 442	3.1	21.8	75.1	2 792	429	宗像
-0.12	32 487	34 552	0.8	16.6	82.7	2 302	12	太宰府
-0.24	26 292	30 207	1.9	25.4	72.7	2 129	123	古賀
0.88	29 126	31 561	2.5	19.1	78.4	2 092	226	福津
-1.22	11 253	14 231	15.7	27.2	57.1	1 242	718	うきは
-1.32	13 220	12 625	5.2	31.1	63.7	1 072	238	宮若
-1.83	18 273	15 402	5.1	26.5	68.5	1 277	365	嘉麻
-1.33	21 604	26 555	13.5	24.9	61.6	2 517	1 384	朝倉
-1.51	14 527	18 025	14.7	24.6	60.7	1 594	1 030	みやま
0.63	44 580	49 626	8.0	17.9	74.2	3 353	1 809	糸島
-0.43	21 328	26 064	1.5	21.5	77.0	1 985	50	那珂川
								佐賀県
-0.58	102 415	117 480	5.4	18.8	75.8	12 417	1 698	佐賀
-1.23	50 959	59 137	10.6	23.2	66.1	5 497	2 359	唐津
0.07	32 173	38 087	1.6	24.8	73.6	3 200	164	鳥栖
-0.81	7 853	9 223	8.1	27.4	64.5	793	343	多久
-1.13	23 521	27 422	7.9	32.0	60.1	2 602	967	伊万里
-1.00	18 804	25 172	5.6	27.7	66.7	2 457	574	武雄
-1.22	10 861	15 184	12.9	25.6	61.5	1 492	799	鹿島
-0.70	17 005	22 838	6.8	24.5	68.7	1 485	539	小城
-1.38	9 896	13 578	7.9	24.1	68.0	1 218	404	嬉野
-1.19	12 192	16 376	8.2	27.7	64.1	1 078	398	神埼
								長崎県
-1.31	205 774	196 240	1.7	17.3	81.0	19 600	774	長崎
-1.37	120 922	119 595	3.8	19.0	77.2	10 888	1 060	佐世保
-1.61	19 706	21 484	14.4	18.6	67.0	2 497	1 796	島原
-0.38	61 251	68 266	5.7	22.8	71.5	6 474	1 566	諫早
0.50	44 725	48 004	3.8	19.7	76.4	3 349	470	大村
-1.61	13 802	14 569	18.0	19.2	62.9	1 659	394	平戸
-1.97	10 059	11 113	13.1	28.4	58.6	1 057	410	松浦
-2.17	14 785	14 288	18.8	13.5	67.7	1 863	54	対馬
-1.86	11 608	12 035	16.9	15.2	67.9	1 513	602	壱岐
-1.96	19 633	15 948	14.9	12.9	72.2	2 251	699	五島
-2.50	12 367	13 565	15.1	30.9	54.0	1 001	1 069	西海
-1.30	17 447	22 182	22.7	19.6	57.7	1 961	2 830	雲仙
-2.23	18 596	21 168	22.5	18.1	59.4	2 300	2 402	南島原
								熊本県
-0.13	349 886	379 927	3.3	16.9	79.8	35 576	4 514	熊本
-1.19	56 807	60 353	13.7	21.8	64.6	6 032	3 413	八代
-1.34	15 295	14 755	7.3	18.9	73.8	1 968	307	人吉
-1.30	24 047	23 011	3.9	27.9	68.2	1 686	233	荒尾

市町村統計　市の統計 I

市の統計Ⅰ（17）

	面積 2021年 10月1日 (km²)	人口 (2022年1月1日)（人）			人口密度 1 km²あ たり 人	年齢別人口構成 (2022年1月1日)（%)		
		計	男	女		0～14 歳	15～64 歳	65歳 以上
水俣	163.29	23 246	10 851	12 395	142.4	*11.0*	*48.0*	*40.9*
玉名	152.60	64 753	31 060	33 693	424.3	*12.3*	*53.0*	*34.7*
山鹿	299.69	50 051	23 645	26 406	167.0	*11.7*	*50.3*	*38.0*
菊池	276.85	47 414	22 785	24 629	171.3	*12.7*	*53.0*	*34.2*
宇土	74.30	36 584	17 552	19 032	492.4	*13.4*	*56.2*	*30.4*
上天草	126.94	25 652	12 144	13 508	202.1	*9.8*	*48.2*	*42.0*
宇城	188.61	57 981	27 681	30 300	307.4	*12.5*	*53.0*	*34.5*
阿蘇	376.30	25 213	11 965	13 248	67.0	*10.9*	*49.7*	*39.4*
天草	683.82	76 683	36 131	40 552	112.1	*10.6*	*48.2*	*41.2*
合志	53.19	63 701	30 799	32 902	1 197.6	*18.4*	*57.3*	*24.2*
大分県								
大分	502.39	477 584	229 542	248 042	950.6	*13.4*	*58.7*	*27.9*
別府	125.34	113 454	52 075	61 379	905.2	*10.8*	*54.7*	*34.6*
中津	491.44	83 110	40 358	42 752	169.1	*13.3*	*56.1*	*30.7*
日田	666.03	62 983	29 885	33 098	94.6	*12.0*	*52.2*	*35.7*
佐伯	903.14	68 364	31 891	36 473	75.7	*10.0*	*49.3*	*40.7*
臼杵	291.20	36 830	17 569	19 261	126.5	*9.9*	*48.8*	*41.4*
津久見	79.48	16 307	7 664	8 643	205.2	**8.2*	**46.3*	**45.5*
竹田	477.53	20 412	9 577	10 835	42.7	*8.5*	*43.5*	*48.0*
豊後高田	206.24	22 294	10 656	11 638	108.1	*11.2*	*50.6*	*38.2*
杵築	280.08	27 638	13 398	14 240	98.7	*10.6*	*51.2*	*38.3*
宇佐	439.05	54 000	25 536	28 464	123.0	*11.3*	*51.7*	*37.0*
豊後大野	603.14	34 082	15 978	18 104	56.5	*9.6*	*46.2*	*44.3*
由布	319.32	33 811	16 207	17 604	105.9	*12.8*	*53.2*	*34.0*
国東	318.10	26 543	12 755	13 788	83.4	*8.9*	*48.2*	*42.9*
宮崎県								
宮崎	643.54	400 918	189 150	211 768	623.0	*13.7*	*57.7*	*28.6*
都城	653.36	162 572	76 866	85 706	248.8	*13.7*	*54.5*	*31.8*
延岡	868.02	119 352	56 704	62 648	137.5	*12.4*	*52.9*	*34.7*
日南	536.10	50 958	24 147	26 811	95.1	*11.4*	*49.7*	*38.9*
小林	562.95	44 047	20 624	23 423	78.2	*12.1*	*50.9*	*37.0*
日向	336.87	59 953	28 730	31 223	178.0	*13.2*	*54.0*	*32.8*
串間	295.17	17 394	8 259	9 135	58.9	*11.3*	*45.8*	*42.9*
西都	438.79	29 190	13 847	15 343	66.5	*11.5*	*50.5*	*37.9*
えびの	282.93	18 267	8 621	9 646	64.6	*10.2*	*46.2*	*43.6*
鹿児島県								
鹿児島	547.61	600 318	279 670	320 648	1 096.3	*13.7*	*58.3*	*28.0*
鹿屋	448.15	101 522	48 635	52 887	226.5	*15.1*	*54.9*	*30.0*
枕崎	74.78	20 020	9 241	10 779	267.7	*10.0*	*48.5*	*41.5*
阿久根	134.28	19 314	9 157	10 157	143.8	*10.0*	*47.6*	*42.3*
出水	329.98	52 646	24 867	27 779	159.5	*13.3*	*53.2*	*33.5*
指宿	148.81	39 138	18 222	20 916	263.0	*11.5*	*48.4*	*40.1*
西之表	205.65	14 725	7 043	7 682	71.6	*12.2*	*49.2*	*38.6*
垂水	162.12	13 885	6 505	7 380	85.6	*8.8*	*46.7*	*44.4*
薩摩川内	682.92	93 176	45 053	48 123	136.4	*13.7*	*53.7*	*32.6*
日置	253.01	47 452	22 525	24 927	187.5	*12.8*	*51.9*	*35.3*
曽於	390.14	34 075	16 021	18 054	87.3	*10.5*	*47.6*	*41.9*
霧島	603.17	124 826	60 310	64 516	206.9	*14.2*	*57.9*	*28.0*
いちき串木野	112.30	26 800	12 581	14 219	238.6	*11.1*	*50.6*	*38.4*
南さつま	283.59	32 909	15 255	17 654	116.0	*11.2*	*48.3*	*40.5*

人口増減率(2021年)(%)	世帯数2022年1月1日	産業別就業者割合(2020年10月1日)				民営事業所数2021年6月1日速報	農業産出額(推計)(2020年)(千万円)	
		総数(人)	第1次産業(%)	第2次産業(%)	第3次産業(%)			
-2.15	11 400	10 615	5.9	22.7	71.4	1 157	165	水俣
-1.10	28 153	31 822	16.9	25.0	58.1	2 470	2 601	玉名
-1.47	21 858	25 047	15.5	26.2	58.3	2 191	1 955	山鹿
-1.20	19 641	23 932	16.1	28.5	55.3	2 107	3 830	菊池
-0.92	15 564	18 053	8.2	23.2	68.7	1 418	348	宇土
-2.29	11 373	11 444	12.0	20.8	67.3	1 470	226	上天草
-0.63	24 847	28 445	15.2	22.2	62.6	2 337	2 273	宇城
-1.06	11 580	12 908	18.8	22.6	58.6	1 357	1 519	阿蘇
-2.01	36 527	35 563	12.3	16.7	71.0	4 405	1 018	天草
1.06	25 503	29 855	4.3	27.2	68.5	1 762	917	合志
								大分県
-0.18	226 889	235 330	1.8	22.1	76.1	21 550	659	大分
-1.35	61 097	53 159	1.3	13.2	85.5	5 906	70	別府
-0.83	40 318	41 775	4.3	35.1	60.7	4 103	542	中津
-1.58	27 427	32 578	10.0	24.5	65.5	3 981	1 259	日田
-1.78	33 191	30 686	8.1	26.5	65.3	3 624	448	佐伯
-2.07	16 929	16 930	9.2	27.1	63.8	1 639	539	臼杵
-2.58	7 881	7 160	7.5	28.7	63.8	874	55	津久見
-2.12	10 035	10 659	31.2	12.6	56.2	1 234	2 167	竹田
-0.62	10 811	11 072	14.5	29.5	56.0	1 183	1 031	豊後高田
-2.11	13 206	13 411	14.4	27.6	58.0	1 190	709	杵築
-1.54	25 802	25 431	9.5	30.8	59.7	2 556	981	宇佐
-1.76	15 825	15 982	18.5	19.0	62.6	1 563	1 032	豊後大野
-0.42	15 651	16 584	8.9	14.9	76.2	1 558	332	由布
-2.28	12 967	12 831	16.6	29.6	53.8	1 338	671	国東
								宮崎県
-0.28	199 892	201 398	4.8	15.7	79.5	19 305	3 155	宮崎
-0.61	79 824	79 851	8.6	23.8	67.6	8 058	8 646	都城
-1.30	59 892	56 864	5.1	28.4	66.5	6 049	650	延岡
-1.77	26 257	23 634	11.7	20.3	68.0	2 529	1 175	日南
-1.32	22 118	21 997	19.1	19.7	61.1	2 244	3 042	小林
-1.02	29 081	30 163	6.7	29.0	64.3	3 377	2 619	日向
-1.85	8 848	8 074	25.9	15.5	58.6	766	801	串間
-1.54	13 891	14 938	23.2	21.2	55.7	1 298	1 764	西都
-2.91	9 444	8 641	22.1	20.0	57.9	907	1 776	えびの
								鹿児島県
-0.20	300 643	281 777	1.3	14.8	84.0	29 188	1 945	鹿児島
-0.66	51 087	50 680	10.8	18.1	71.1	4 625	4 397	鹿屋
-2.24	10 458	9 610	12.1	22.2	65.7	1 108	767	枕崎
-2.66	9 903	9 133	13.1	25.5	61.4	945	479	阿久根
-0.85	25 506	25 129	11.7	26.2	62.1	2 402	3 110	出水
-1.57	19 904	19 186	21.1	13.4	65.5	2 031	2 182	指宿
-1.56	7 883	7 960	22.8	10.8	66.3	806	550	西之表
-2.79	7 306	6 467	17.3	23.4	59.2	677	1 675	垂水
-0.43	46 260	44 938	5.5	29.2	65.3	4 072	801	薩摩川内
-0.69	22 664	22 318	6.1	24.6	69.3	1 916	832	日置
-2.23	17 473	16 334	20.5	21.8	57.7	1 413	4 239	曽於
-0.13	61 909	61 469	5.0	27.6	67.4	4 863	2 122	霧島
-1.65	13 091	12 885	5.8	28.1	66.2	1 282	335	いちき串木野
-1.37	17 067	14 328	10.5	21.0	68.5	1 401	1 072	南さつま

市町村統計　市の統計Ⅰ

市の統計Ⅰ （18）

	面積 2021年 10月1日 (km²)	人口 (2022年1月1日)（人）			人口 密度 1km²あ たり人	年齢別人口構成 (2022年1月1日)（%）		
		計	男	女		0〜14 歳	15〜64 歳	65歳 以上
志布志	290.28	30 179	14 472	15 707	104.0	13.2	50.7	36.2
奄美	308.33	42 157	20 296	21 861	136.7	13.3	53.8	32.9
南九州	357.91	33 478	15 671	17 807	93.5	10.8	48.6	40.6
伊佐	392.56	24 509	11 485	13 024	62.4	10.9	47.1	42.0
姶良	231.25	77 904	36 604	41 300	336.9	14.5	54.2	31.3
沖縄県 那覇	41.42	318 339	154 230	164 109	7 685.6	14.6	61.4	24.0
宜野湾	19.80	100 317	48 766	51 551	5 066.5	17.2	62.7	20.1
石垣	229.15	49 745	25 012	24 733	217.1	17.0	60.2	22.8
浦添	19.44	115 744	56 290	59 454	5 953.9	16.9	62.6	20.5
名護	210.94	64 036	31 921	32 115	303.6	16.9	60.0	23.1
糸満	46.60	62 375	31 595	30 780	1 338.5	17.8	59.9	22.3
沖縄	49.72	143 119	69 569	73 550	2 878.5	17.0	62.0	21.1
豊見城	19.34	65 940	32 390	33 550	3 409.5	19.4	60.8	19.8
うるま	87.02	125 701	63 072	62 629	1 444.5	17.0	60.2	22.9
宮古島	203.90	55 466	28 026	27 440	272.0	15.3	57.6	27.1
南城	49.94	45 577	23 027	22 550	912.6	17.5	56.6	25.9

面積　国土交通省国土地理院編「全国都道府県市区町村別面積調」（2021年10月1日時点）より作成。
市区町村間の行政界に境界未定部がある場合の面積値については、参考値（便宜上の概算数値）として
発表されている。

人口　総務省自治行政局「住民基本台帳に基づく人口、人口動態および世帯数」（2022年1月1日現在）
より作成。2012年3月31日現在までの住民基本台帳人口は、日本人のみを対象としていたが、2012年7
月9日から外国人が住民基本台帳法の適用対象となったことにより、2013年3月31日現在の人口より外
国人が含まれるようになった。なお、2014年の調査より、調査期日が3月31日現在から1月1日現在に
変更された。

人口密度　本表の面積および人口を用いて算出。

年齢別人口構成　資料は人口に同じ。年齢不詳人口を除いて算出。0〜14歳を年少人口、15〜64歳を生
産年齢人口、65歳以上を老年人口に区分している。一般に、65歳以上を高齢者として扱い、総人口に対
する65歳以上人口の割合が高齢化社会の進度の目安となっている。

人口増減率　資料は人口に同じ。

世帯数　資料は人口に同じ。外国人世帯を含む。

産業別就業者割合　総務省統計局「国勢調査（就業状態等基本集計）」（2020年）より作成。15歳以上人
口が対象。調査週間は、調査年9月24日から30日までの1週間。就業者とは、収入（現物収入を含む）
を伴う仕事を少しでもした者で、収入を伴う仕事を持っていて、何らかの理由で休んでいる者を含む。
家族の人が自家営業（個人経営の農業や工場・店の仕事など）の手伝いをした場合は、無給であって↗

人口増減率(2021年)(%)	世帯数2022年1月1日	産業別就業者割合(2020年10月1日)				民営事業所数2021年6月1日速報	農業産出額(推計)(2020年)(千万円)	
		総数(人)	第1次産業(%)	第2次産業(%)	第3次産業(%)			
-1.52	15 341	14 713	22.0	19.7	58.3	1 459	2 379	志布志
-1.09	23 685	20 578	3.7	13.6	82.6	2 558	215	奄美
-1.97	16 454	16 502	22.6	21.1	56.4	1 757	3 251	南九州
-2.25	12 984	11 788	17.1	24.3	58.5	1 088	1 719	伊佐
0.25	37 582	36 325	2.6	19.8	77.7	2 865	274	姶良
								沖縄県
-0.66	156 309	157 500	0.7	10.2	89.1	20 508	31	那覇
-0.14	46 347	49 635	0.8	14.3	85.0	4 294	65	宜野湾
-0.21	25 446	26 359	8.0	13.1	78.9	3 448	876	石垣
0.17	52 156	59 325	0.4	13.7	85.9	6 059	8	浦添
0.49	31 288	31 501	6.0	14.5	79.6	3 057	564	名護
0.04	27 578	30 096	6.6	17.3	76.2	2 575	520	糸満
0.10	65 172	69 508	1.2	16.3	82.5	6 093	59	沖縄
0.26	27 676	32 983	3.0	12.8	84.2	2 570	214	豊見城
0.29	55 191	62 102	3.4	19.4	77.2	4 939	306	うるま
-0.20	28 771	28 047	15.8	14.8	69.4	3 447	1 684	宮古島
1.45	19 054	20 946	8.0	17.6	74.4	1 604	772	南城

市町村統計　市の統計 I

↘も、収入を伴う仕事をしたこととして、就業者に含まれる。産業別は日本標準産業分類（2013年10月改定）により、第1次産業は農業、林業、漁業、第2次産業は鉱業、採石業、砂利採取業、建設業、製造業、第3次産業はそれ以外のもの。本表の統計値は不詳補完値（集計結果における「分類不能の産業」をあん分等によって補完した値）による。

民営事業所数　総務省・経済産業省「経済センサス－活動調査」（2021年）（速報）より作成。調査日は2021年6月1日。調査対象は国内すべての民営事業所（農林漁家に属する個人経営の事業所、家事サービス業に属する事業所、外国公務に属する事業所を除く）。本表のデータは事業内容等不詳の事業所を含む。2021年調査では、調査票の欠測値や回答内容の矛盾などを精査して補足訂正を行っている。

農業産出額　農林水産省「市町村別農業産出額（推計）」（2020年）より作成。農林業センサス結果等を活用した市町村別農業産出額の推計結果。原則、都道府県別農業産出額（品目別）を市町村別にあん分して作成した加工統計で、推計値には各市町村における農業産出額が十分に反映されない場合がある。また、農林業センサスは属人統計（作物を生産した人が所在する場所別に集計される統計）であるため、属地統計（作物が生産された場所別に集計される統計）とは異なることに留意。

市は2022年3月末現在。

1) 歯舞群島（94.84㎢）を含む。2) 境界未定地域分を含む。

*外国人の年齢別人口が非公表のため、日本人のみの年齢別人口構成。

市の統計Ⅱ　(1)

	工業統計 (2020年6月1日)			卸売業、小売業 (2016年6月1日)			歳入決算額 (普通会計) (2020年度)	
	事業所数	従業者数 (人)	製造品 出荷額等 (2019年) (億円)	事業所数	従業者数 (人)	年間商品 販売額 (2015年) (億円)	総額 (百万円)	うち地方税 (百万円)
北海道								
札幌	886	28 549	5 896	14 167	153 927	99 560	1 288 834	335 437
函館	247	7 231	1 731	2 875	21 240	7 802	167 660	31 613
小樽	212	7 401	1 705	1 382	9 116	2 603	72 356	13 938
旭川	318	8 787	2 233	3 101	27 821	10 632	202 769	39 828
室蘭	123	7 058	4 054	829	6 282	2 299	55 847	12 962
釧路	158	4 581	2 433	1 636	13 106	5 347	117 656	20 753
帯広	122	4 946	1 617	1 881	16 177	6 510	104 230	22 513
北見	107	2 589	661	1 200	9 658	3 531	92 007	14 498
夕張	16	618	109	108	457	84	12 206	861
岩見沢	59	2 754	832	647	5 196	1 557	60 074	8 486
網走	47	1 532	472	362	2 485	639	31 922	4 622
留萌	16	745	85	252	1 499	515	17 052	2 235
苫小牧	192	11 702	13 285	1 407	13 275	5 285	102 997	27 985
稚内	65	1 613	565	399	3 076	1 321	33 745	4 662
美唄	38	754	147	173	1 037	260	20 110	2 037
芦別	22	1 052	175	139	734	128	12 337	1 415
江別	78	3 901	968	621	6 307	1 403	60 052	12 699
赤平	24	1 083	223	101	470	104	11 673	840
紋別	58	1 545	580	260	1 670	913	40 422	3 023
士別	33	460	146	226	1 361	345	19 056	2 239
名寄	22	419	232	318	2 326	623	25 737	3 141
三笠	22	487	113	98	594	147	11 991	847
根室	73	1 726	504	306	1 961	1 121	40 990	2 975
千歳	93	7 695	2 437	684	6 756	1 926	67 960	14 524
滝川	21	526	111	411	3 284	918	27 723	4 357
砂川	20	737	267	182	1 545	471	19 073	2 068
歌志内	2	37	x	31	118	58	4 990	191
深川	16	252	56	225	1 445	388	18 945	2 162
富良野	21	351	70	255	1 613	404	17 398	2 574
登別	36	742	212	303	2 594	552	28 383	4 995
恵庭	84	4 810	1 607	358	3 721	1 219	38 487	8 266
伊達	24	713	195	301	2 232	450	22 958	3 955
北広島	76	3 652	949	428	4 961	2 096	33 968	8 019
石狩	121	4 257	1 251	361	4 297	2 042	36 566	8 720
北斗	57	2 770	730	401	3 309	1 122	28 171	5 296
青森県								
青森	176	5 778	1 155	2 988	23 945	11 007	158 713	33 596
弘前	154	7 257	2 723	1 833	14 949	4 926	97 696	19 807
八戸	328	14 178	5 475	2 587	19 950	7 510	139 168	30 142
黒石	43	2 678	564	331	2 170	468	21 216	2 945
五所川原	61	1 629	266	671	4 229	1 091	39 255	5 229
十和田	85	3 248	667	691	4 913	1 584	45 416	7 114
三沢	36	2 362	841	338	2 319	631	27 895	4 760
むつ	41	1 589	128	618	4 295	1 265	44 096	5 796
つがる	29	687	55	314	2 063	562	29 829	2 672
平川	39	2 857	742	255	1 763	437	22 202	2 480
岩手県								
盛岡	146	5 565	1 255	3 269	28 335	12 664	154 591	42 255

財政力指数（2018～20年度平均）	実質公債費比率（%）（2018～20年度平均）	地方債現在高（2020）年度（百万円）	市（区）職員数（2021年4月1日）（人）	着工新設住宅戸数（2021年度）（戸）	医療施設調査（病院のみ）（2021年10月1日）		汚水処理人口普及率 2021年度末（%）	
					施設数（施設）	病床数（床）		
								北海道
0.74	2.6	1 098 668	1) 22 868	15 616	201	36 492	99.9	札幌
0.48	6.4	135 798	3 326	1 122	27	6 087	93.0	函館
0.46	6.8	48 015	1 707	490	15	2 859	99.3	小樽
0.54	8.2	173 907	3 006	1 999	36	6 934	98.6	旭川
0.63	9.5	51 280	1 122	308	7	2 092	99.4	室蘭
0.45	11.0	114 507	2 496	606	17	3 452	98.9	釧路
0.61	8.7	82 305	1 333	1 071	18	3 253	98.9	帯広
0.45	8.9	117 582	1 026	616	14	1 712	97.7	北見
0.21	70.0	27 204	158	2	—	—	54.3	夕張
0.38	8.4	62 736	1 129	314	8	1 611	95.3	岩見沢
0.44	17.4	32 028	352	120	4	623	99.1	網走
0.33	12.5	12 392	490	65	3	516	90.7	留萌
0.79	6.5	91 069	1 932	1 283	13	2 488	99.9	苫小牧
0.39	11.3	24 589	674	96	5	487	95.6	稚内
0.27	12.9	14 793	396	22	3	311	82.1	美唄
0.26	5.5	10 420	313	33	3	391	90.7	芦別
0.56	6.3	37 875	1 146	764	6	1 173	99.1	江別
0.20	11.6	11 925	242	48	2	486	90.0	赤平
0.32	10.0	22 921	282	57	5	404	94.8	紋別
0.26	13.5	27 352	454	44	1	148	95.2	士別
0.27	9.7	26 711	922	99	4	678	97.4	名寄
0.20	8.7	10 875	306	13	2	292	87.5	三笠
0.35	8.6	16 395	557	75	3	350	83.0	根室
0.78	8.2	35 126	1 061	946	7	1 031	99.6	千歳
0.41	9.4	17 814	697	197	5	1 127	96.7	滝川
0.32	4.5	15 857	1 033	68	2	622	97.0	砂川
0.11	11.2	3 452	133	2	1	60	99.0	歌志内
0.27	14.6	22 163	492	59	5	1 039	94.3	深川
0.37	7.0	11 629	263	109	3	524	91.2	富良野
0.47	12.4	22 241	427	116	6	1 228	97.4	登別
0.61	4.9	27 588	529	467	7	1 098	99.1	恵庭
0.39	4.8	18 450	285	113	3	842	92.6	伊達
0.65	6.0	30 564	484	392	5	544	98.3	北広島
0.53	7.4	31 146	456	382	5	560	95.4	石狩
0.48	4.4	15 256	243	187	—	—	93.8	北斗
								青森県
0.56	14.2	133 006	2 457	1 200	19	4 317	87.1	青森
0.50	6.4	83 898	1 377	701	15	3 310	98.5	弘前
0.67	9.5	123 834	2 432	1 131	21	3 900	80.4	八戸
0.37	15.6	12 286	519	73	3	638	65.7	黒石
0.33	10.5	52 678	464	167	6	907	62.1	五所川原
0.44	8.2	34 895	812	294	5	978	90.3	十和田
0.52	10.0	14 861	736	348	4	494	89.9	三沢
0.38	15.4	37 252	481	154	3	604	48.9	むつ
0.24	12.4	39 052	388	88	1	43	75.2	つがる
0.29	8.9	15 765	316	156	—	—	98.6	平川
								岩手県
0.75	9.7	135 325	2 200	2 304	27	4 784	96.5	盛岡

市町村統計　市の統計Ⅱ

市の統計Ⅱ (2)

	工業統計 (2020年 6 月 1 日)			卸売業、小売業 (2016年 6 月 1 日)			歳入決算額 (普通会計) (2020年度)	
	事業所数	従業者数 (人)	製造品 出荷額等 (2019年) (億円)	事業所数	従業者数 (人)	年間商品 販売額 (2015年) (億円)	総額 (百万円)	うち地方税 (百万円)
宮古	109	2 682	748	655	3 858	1 364	48 773	5 603
大船渡	95	2 508	634	510	3 011	1 015	30 949	4 317
花巻	200	8 072	2 335	934	6 828	2 225	64 192	11 395
北上	238	14 830	3 852	874	6 452	2 542	58 046	14 236
久慈	68	2 593	611	433	2 486	616	29 722	4 172
遠野	60	2 271	661	327	1 627	360	23 255	2 669
一関	250	10 796	1 884	1 249	7 342	1 841	85 040	12 665
陸前高田	31	872	189	167	981	337	70 865	1 797
釜石	67	3 441	1 183	410	2 392	901	42 192	4 289
二戸	41	2 115	241	359	2 290	856	21 857	3 061
八幡平	61	2 188	318	256	1 452	292	24 210	3 016
奥州	269	10 227	3 388	1 272	8 140	2 196	74 065	13 399
滝沢	45	1 993	385	249	2 253	711	26 468	5 581
宮城県								
仙台	461	15 999	9 944	11 193	108 514	91 240	662 372	218 822
石巻	283	8 925	3 571	1 247	9 917	2 984	255 010	19 341
塩竈	116	3 019	819	677	3 268	1 170	36 549	5 866
気仙沼	145	3 864	929	664	4 447	1 847	112 337	6 705
白石	49	3 890	1 531	344	2 313	836	20 903	4 107
名取	85	3 516	942	629	6 720	2 378	54 501	11 954
角田	57	5 682	1 983	262	1 659	354	22 352	3 386
多賀城	42	2 990	674	364	3 330	985	35 718	8 174
岩沼	70	4 400	1 953	369	3 178	1 474	27 087	6 802
登米	137	5 847	1 259	887	5 170	1 356	54 503	7 754
栗原	141	5 974	1 088	785	4 214	897	53 495	7 379
東松島	31	953	176	222	1 645	420	41 973	3 876
大崎	171	11 484	3 264	1 409	9 129	2 784	86 468	16 142
富谷	20	1 447	244	2) 256	2) 2 567	2) 1 087	21 940	6 319
秋田県								
秋田	257	10 807	2 833	3 348	27 781	11 478	184 296	42 662
能代	104	2 602	385	679	4 191	1 057	35 707	6 131
横手	183	7 485	1 271	1 196	7 576	2 124	69 071	8 527
大館	124	6 873	1 551	806	5 553	1 874	52 612	7 910
男鹿	31	624	135	293	1 730	311	19 667	3 288
湯沢	131	4 278	519	595	3 244	622	34 993	4 312
鹿角	60	1 599	241	341	2 059	445	23 279	3 054
由利本荘	134	7 990	2 094	889	4 951	1 079	59 938	8 305
潟上	33	1 581	471	256	1 609	316	21 771	2 857
大仙	183	5 085	727	1 027	6 165	1 398	57 277	8 063
北秋田	88	2 032	281	356	1 929	444	29 395	2 992
にかほ	81	3 226	1 224	257	1 305	267	19 271	2 713
仙北	48	1 555	178	330	1 746	310	26 149	2 680
山形県								
山形	325	11 389	2 408	2 866	23 646	10 327	131 820	35 882
米沢	242	10 650	5 865	968	6 974	1 832	54 051	11 037
鶴岡	262	11 790	3 821	1 546	8 603	2 127	92 593	15 577
酒田	177	8 141	2 417	1 373	8 012	2 381	75 506	13 575
新庄	98	3 783	647	510	3 258	863	25 934	4 622
寒河江	100	5 026	1 374	386	2 642	741	31 910	5 127
上山	73	3 103	865	305	1 498	323	19 759	3 713

財政力指数 (2018～20年度平均)	実質公債費比率 (%) (2018～20年度平均)	地方債現在高 (2020年度) (百万円)	市(区)職員数 (2021年4月1日) (人)	着工新設住宅戸数 (2021年度) (戸)	医療施設調査 (病院のみ) (2021年10月1日) 施設数(施設)	病床数(床)	汚水処理人口普及率 (2021年度末) (%)	
0.39	8.2	46 961	603	130	4	1 054	81.3	宮古
0.46	11.9	23 465	409	93	1	489	75.8	大船渡
0.48	8.6	56 657	894	579	6	871	91.0	花巻
0.76	7.9	41 175	654	1 018	3	782	90.5	北上
0.42	13.6	22 102	354	176	3	625	67.4	久慈
0.31	11.1	18 842	332	81	2	238	72.5	遠野
0.37	10.7	75 610	1 291	375	10	1 517	70.2	一関
0.33	14.9	13 486	250	69	2	213	71.8	陸前高田
0.53	15.8	20 615	396	86	5	929	88.7	釜石
0.36	11.2	17 896	306	77	1	253	66.6	二戸
0.30	16.2	17 330	364	71	2	210	83.5	八幡平
0.44	16.2	64 457	1 059	601	9	1 559	81.9	奥州
0.60	6.2	18 604	328	303	2	230	89.8	滝沢
								宮城県
0.91	6.1	767 101	1)14 874	10 200	56	12 428	99.8	仙台
0.54	9.1	84 222	1 739	725	8	1 689	87.8	石巻
0.52	5.3	18 394	615	271	4	888	99.9	塩竈
0.46	9.2	40 146	1 305	149	5	898	52.7	気仙沼
0.50	4.5	10 752	331	193	3	611	90.3	白石
0.85	3.9	29 221	626	579	3	753	99.0	名取
0.52	9.2	16 275	277	153	3	230	79.8	角田
0.72	4.7	22 783	445	548	1	143	100.0	多賀城
0.82	-1.1	12 114	324	233	5	737	99.2	岩沼
0.37	7.2	51 802	1 351	321	5	683	84.5	登米
0.32	8.6	45 754	1 446	211	4	558	75.3	栗原
0.46	7.5	15 034	368	185	2	272	93.3	東松島
0.50	6.9	75 685	2 176	713	15	1 969	75.6	大崎
0.83	-2.2	6 303	352	303	3	369	99.5	富谷
								秋田県
0.67	9.1	140 730	2 601	1 952	22	5 332	98.7	秋田
0.45	7.4	31 783	448	192	5	1 023	76.1	能代
0.33	7.0	68 963	1 480	399	4	1 216	80.6	横手
0.42	8.4	33 092	1 326	301	6	1 103	80.2	大館
0.35	9.6	13 757	435	32	1	145	82.9	男鹿
0.31	12.4	32 059	464	112	2	536	76.8	湯沢
0.33	8.4	19 013	264	89	3	404	65.7	鹿角
0.34	10.6	67 978	931	245	6	1 575	93.1	由利本荘
0.33	6.8	19 035	285	187	2	404	97.8	潟上
0.34	10.6	51 999	820	296	6	1 190	85.5	大仙
0.26	10.0	26 207	463	78	2	464	84.0	北秋田
0.36	8.5	14 384	290	56	2	196	99.2	にかほ
0.26	9.9	23 537	664	49	2	266	77.9	仙北
								山形県
0.78	7.6	103 802	2 461	1 777	17	5 046	99.7	山形
0.59	8.2	37 917	988	274	6	1 141	88.3	米沢
0.43	5.8	81 486	1 906	620	6	1 251	95.7	鶴岡
0.50	10.0	59 376	897	369	5	1 242	98.6	酒田
0.53	7.2	15 488	274	168	3	904	80.2	新庄
0.55	7.5	16 143	443	236	2	228	89.5	寒河江
0.50	6.8	16 426	316	129	3	597	94.3	上山

市町村統計　市の統計Ⅱ

市の統計Ⅱ (3)

	工業統計 （2020年 6 月 1 日）			卸売業、小売業 （2016年 6 月 1 日）			歳入決算額 （普通会計） （2020年度）	
	事業所数	従業者数 （人）	製造品 出荷額等 （2019年） （億円）	事業所数	従業者数 （人）	年間商品 販売額 （2015年） （億円）	総額 （百万円）	うち地方税 （百万円）
村山	79	2 662	478	253	1 082	245	18 875	2 408
長井	102	3 312	500	337	2 064	486	25 993	3 196
天童	129	7 358	1 706	684	4 836	1 763	37 712	8 614
東根	109	8 859	4 300	430	2 759	759	30 181	6 820
尾花沢	43	1 360	236	214	1 007	300	15 879	1 735
南陽	94	3 160	573	390	2 065	424	19 877	3 618
福島県								
福島	323	16 854	4 768	2 726	21 771	8 366	161 426	39 844
会津若松	178	9 116	2 290	1 498	10 663	3 009	64 897	15 281
郡山	402	18 922	6 321	3 364	29 586	14 030	193 861	50 475
いわき	535	24 057	9 736	3 062	21 405	8 698	199 829	51 386
白河	149	7 842	3 376	618	4 232	1 184	45 450	9 379
須賀川	163	6 729	1 627	668	4 591	1 319	55 033	9 478
喜多方	132	4 447	726	585	2 740	597	33 208	4 869
相馬	69	3 987	2 688	398	2 575	873	32 361	5 184
二本松	145	7 099	1 938	550	3 357	946	42 527	6 163
田村	91	4 276	1 054	408	2 154	503	37 719	3 877
南相馬	143	4 029	935	544	3 486	1 219	70 610	9 620
伊達	137	4 736	1 821	560	3 243	740	43 910	5 560
本宮	82	5 305	2 349	321	2 505	1 326	25 273	4 489
茨城県								
水戸	198	5 925	1 412	2 848	26 539	15 376	156 491	41 705
日立	339	22 541	10 420	1 382	10 192	3 521	101 568	27 755
土浦	139	13 601	6 250	1 406	11 932	4 878	69 771	22 956
古河	349	17 918	11 978	1 239	9 168	2 685	68 896	21 238
石岡	126	5 241	2 526	650	4 554	1 448	42 299	9 859
結城	156	7 060	2 338	473	3 475	1 018	26 127	6 828
龍ケ崎	102	7 055	3 130	534	4 889	1 024	35 996	10 177
下妻	141	5 934	1 924	486	3 492	1 151	22 988	5 890
常総	234	12 669	4 600	584	3 826	1 143	31 909	9 100
常陸太田	98	2 053	393	380	2 401	481	33 103	5 430
高萩	45	3 147	1 224	273	1 925	362	16 829	3 906
北茨城	124	7 361	2 661	356	2 294	465	30 945	5 757
笠間	150	6 289	1 715	727	4 660	963	44 110	9 554
取手	47	7 695	2 962	650	5 301	1 505	54 649	13 597
牛久	55	4 300	1 431	502	4 996	1 161	38 109	12 170
つくば	174	10 421	3 462	1 826	17 375	6 456	125 446	47 156
ひたちなか	196	23 269	10 492	1 247	11 311	3 556	78 651	25 094
鹿嶋	62	6 209	6 813	481	4 025	1 299	34 499	11 364
潮来	52	1 867	592	279	1 932	498	18 699	3 154
守谷	60	3 786	2 737	408	4 122	1 297	38 359	12 044
常陸大宮	99	4 706	1 231	416	2 416	631	31 501	4 912
那珂	67	2 291	555	393	2 930	756	27 675	7 204
筑西	281	13 312	4 598	1 010	6 825	2 142	55 836	14 931
坂東	189	7 515	3 738	494	2 996	956	28 904	7 866
稲敷	131	4 225	1 620	402	2 469	557	29 733	5 246
かすみがうら	68	4 817	2 251	269	2 514	1 021	24 566	5 591
桜川	146	3 974	969	450	2 491	509	25 480	4 753
神栖	180	13 757	15 322	716	6 414	2 667	59 342	21 760
行方	83	2 908	620	353	1 983	432	21 631	3 983

財政力指数 (2018～20年度平均)	実質公債費比率（%）(2018～20年度平均)	地方債現在高 (2020年度)(百万円)	市（区）職員数 (2021年4月1日)(人)	着工新設住宅戸数 (2021年度)(戸)	医療施設調査（病院のみ）(2021年10月1日) 施設数（施設）	医療施設調査（病院のみ）(2021年10月1日) 病床数（床）	汚水処理人口普及率 (2021年度末)(%)	
0.37	10.0	13 772	261	67	—	—	91.5	村山
0.45	11.3	22 347	290	127	2	250	85.7	長井
0.71	4.4	22 170	515	324	4	560	99.5	天童
0.68	7.1	19 909	374	374	2	622	95.9	東根
0.30	6.9	12 528	261	21	1	152	85.3	尾花沢
0.49	11.9	15 090	285	128	2	218	88.5	南陽
								福島県
0.79	1.1	94 724	2 177	1 943	21	4 170	88.6	福島
0.63	5.1	45 765	973	516	7	2 417	86.9	会津若松
0.85	3.2	83 899	2 055	1 724	22	5 495	91.3	郡山
0.80	7.2	129 889	3 749	2 059	26	4 573	89.9	いわき
0.64	10.4	37 548	540	300	2	621	97.2	白河
0.59	8.4	41 706	598	423	6	1 113	83.7	須賀川
0.37	7.5	25 889	511	173	6	854	62.1	喜多方
0.70	11.8	17 622	313	133	2	295	71.2	相馬
0.46	9.3	32 666	501	219	3	485	85.4	二本松
0.35	8.3	21 179	360	140	1	32	72.8	田村
0.68	9.3	27 828	875	284	5	911	86.3	南相馬
0.40	7.2	41 123	513	312	3	452	66.9	伊達
0.67	6.4	17 644	265	178	2	376	81.9	本宮
								茨城県
0.86	9.4	133 512	2 056	2 287	25	3 314	92.7	水戸
0.84	-0.6	63 459	1 446	742	14	2 799	99.4	日立
0.88	4.1	72 394	990	1 043	8	1 849	96.5	土浦
0.76	7.4	54 198	850	720	9	1 691	82.7	古河
0.62	7.8	29 925	649	323	8	1 166	88.1	石岡
0.74	7.2	17 110	376	240	2	455	82.9	結城
0.77	5.6	22 409	435	413	3	493	94.3	龍ケ崎
0.69	7.7	21 780	333	183	3	236	67.3	下妻
0.74	10.1	30 840	508	256	4	556	81.8	常総
0.41	2.0	18 341	567	170	4	365	84.4	常陸太田
0.61	8.9	13 343	315	93	4	591	93.9	高萩
0.70	10.6	23 122	529	178	3	440	66.5	北茨城
0.61	7.3	31 588	697	374	5	1 215	79.2	笠間
0.67	6.5	49 996	796	651	8	1 063	89.5	取手
0.87	2.5	26 071	348	383	2	802	94.5	牛久
1.06	5.1	54 818	1 937	3 923	12	3 237	93.4	つくば
0.97	9.7	65 384	935	1 074	5	500	91.2	ひたちなか
0.99	6.4	17 480	438	422	4	691	84.0	鹿嶋
0.50	9.7	11 410	223	120	—	—	87.3	潮来
1.00	4.0	11 245	417	535	3	559	100.0	守谷
0.43	8.9	24 845	489	183	2	338	75.5	常陸大宮
0.65	3.8	18 440	485	295	4	552	87.0	那珂
0.69	8.4	44 788	760	436	6	1 181	76.7	筑西
0.66	6.8	31 524	447	201	2	538	74.7	坂東
0.50	8.9	25 359	391	107	3	874	79.2	稲敷
0.61	9.3	19 321	404	152	—	—	93.9	かすみがうら
0.49	7.7	19 475	374	124	2	364	71.3	桜川
1.41	5.5	14 608	679	997	4	697	70.8	神栖
0.44	7.9	17 824	319	96	1	199	64.0	行方

市町村統計　市の統計 II

市の統計Ⅱ　(4)

	工業統計 (2020年 6 月 1 日)			卸売業、小売業 (2016年 6 月 1 日)			歳入決算額 (普通会計) (2020年度)	
	事業所数	従業者数 (人)	製造品 出荷額等 (2019年) (億円)	事業所数	従業者数 (人)	年間商品 販売額 (2015年) (億円)	総額 (百万円)	うち地方税 (百万円)
鉾田	62	1 530	569	379	2 571	651	30 688	5 288
つくばみらい	82	4 321	3 440	255	2 222	788	26 911	8 208
小美玉	117	6 814	2 165	374	3 360	1 204	33 582	6 855
栃木県								
宇都宮	501	32 623	21 883	4 794	44 375	26 144	290 797	91 732
足利	488	15 748	3 876	1 525	10 202	2 807	71 589	19 799
栃木	391	19 855	10 948	1 514	10 168	2 842	94 317	22 234
佐野	402	14 522	4 079	1 445	9 379	3 406	68 161	18 147
鹿沼	387	14 173	4 450	952	6 428	1 940	58 637	14 481
日光	181	7 065	3 259	934	5 306	1 084	52 317	12 703
小山	265	18 469	9 110	1 406	12 112	4 510	89 088	28 332
真岡	165	13 090	5 876	665	4 675	1 198	51 825	13 425
大田原	158	12 683	6 276	693	4 352	1 215	45 441	10 808
矢板	62	2 249	525	319	2 062	456	18 617	4 552
那須塩原	229	10 701	3 486	1 190	8 967	2 636	65 102	19 082
さくら	100	5 034	2 278	326	2 355	547	24 387	6 899
那須烏山	109	3 055	636	258	1 412	314	16 830	3 321
下野	103	4 717	1 631	434	3 232	1 498	36 016	9 894
群馬県								
前橋	401	19 079	5 125	3 266	26 351	11 479	192 015	53 584
高崎	609	27 145	9 519	3 729	33 009	30 570	207 033	62 071
桐生	326	8 361	2 037	1 148	6 629	1 380	62 981	13 228
伊勢崎	612	27 848	11 789	1 835	15 255	5 414	101 773	31 719
太田	717	46 803	29 865	1 923	16 220	8 657	111 386	38 041
沼田	88	2 681	856	618	3 706	811	29 748	6 357
館林	174	7 433	2 805	773	6 031	2 604	39 584	12 565
渋川	116	4 642	1 978	757	5 259	1 733	45 837	11 080
藤岡	196	9 136	2 690	580	3 693	885	34 166	8 986
富岡	201	8 048	2 788	504	3 173	675	30 248	7 083
安中	140	6 491	3 193	461	2 958	634	31 237	10 625
みどり	137	3 414	792	514	3 663	1 022	28 655	6 323
埼玉県								
さいたま	846	26 401	8 892	8 125	92 141	52 182	717 948	274 686
川越	441	22 818	8 408	2 182	23 435	7 661	154 730	57 681
熊谷	276	13 796	9 608	1 791	14 662	7 133	93 974	30 111
川口	1 269	22 716	5 208	3 388	30 842	11 230	285 145	98 362
行田	170	8 366	2 790	674	4 814	1 773	36 202	10 531
秩父	154	5 654	1 087	652	4 198	816	38 605	8 926
所沢	237	7 828	1 707	1 797	17 557	5 209	152 110	53 399
飯能	113	5 935	2 999	539	3 958	752	41 082	12 208
加須	269	13 952	4 799	807	5 990	1 914	57 858	15 874
本庄	138	7 129	3 269	685	6 067	5 171	40 819	11 626
東松山	139	8 162	2 502	751	6 727	1 643	44 169	13 370
春日部	207	6 806	2 047	1 518	13 464	3 924	104 749	28 949
狭山	167	16 105	10 757	880	7 920	2 876	65 108	21 671
羽生	151	6 291	2 739	531	4 195	1 049	25 906	7 875
鴻巣	143	6 592	2 313	770	6 494	1 804	55 438	15 203
深谷	258	13 284	4 750	1 124	9 551	2 823	74 929	19 365
上尾	202	10 003	4 361	1 159	13 320	5 044	92 075	31 459
草加	393	13 048	4 690	1 283	12 433	4 595	112 663	37 470

財政力指数 (2018～20年度平均)	実質公債費比率（%）(2018～20年度平均)	地方債現在高 (2020年度)（百万円）	市（区）職員数 (2021年4月1日)（人）	着工新設住宅戸数 (2021年度)（戸）	医療施設調査（病院のみ）(2021年10月1日) 施設数（施設）	病床数（床）	汚水処理人口普及率 (2021年度末)（%）	
0.47	8.7	22 508	392	173	2	117	64.8	鉾田
0.81	7.1	22 296	410	565	—	—	91.2	つくばみらい
0.62	7.3	28 353	521	187	5	625	83.1	小美玉
								栃木県
0.99	4.4	115 767	3 300	3 611	31	6 271	99.2	宇都宮
0.77	6.6	39 968	1 106	640	12	1 822	90.2	足利
0.74	8.9	60 657	1 294	952	5	765	80.9	栃木
0.74	2.0	39 459	1 004	680	4	1 091	81.2	佐野
0.72	2.3	27 421	873	560	3	822	89.5	鹿沼
0.59	7.3	58 889	961	342	8	933	84.0	日光
0.98	5.7	57 784	1 142	1 120	9	1 129	90.9	小山
0.85	4.6	31 529	483	501	3	670	84.8	真岡
0.65	6.4	32 380	559	299	4	888	84.1	大田原
0.68	9.1	12 583	256	123	3	666	75.9	矢板
0.82	3.6	33 446	816	728	6	1 160	77.9	那須塩原
0.75	7.4	15 287	336	264	2	361	83.2	さくら
0.46	6.4	10 551	245	75	2	272	63.6	那須烏山
0.74	1.6	28 008	398	427	4	1 649	98.2	下野
								群馬県
0.82	7.9	153 770	2 587	1 988	20	4 355	94.4	前橋
0.85	4.9	149 133	2 350	2 642	26	4 044	85.3	高崎
0.58	4.5	36 397	1 044	330	8	1 162	93.5	桐生
0.86	5.1	68 565	2 423	1 192	10	2 524	68.8	伊勢崎
0.99	5.4	60 587	1 435	1 428	11	2 456	87.2	太田
0.52	7.6	28 229	398	143	4	615	82.3	沼田
0.86	5.2	26 674	623	452	6	915	82.7	館林
0.59	5.1	34 993	738	311	9	1 689	89.9	渋川
0.67	8.5	21 419	575	305	5	866	72.3	藤岡
0.65	7.8	17 498	396	198	3	904	65.0	富岡
0.79	8.4	21 703	630	341	5	451	61.9	安中
0.64	3.7	16 520	390	212	4	903	66.0	みどり
								埼玉県
0.98	5.8	452 628	1) 15 440	11 522	39	7 981	97.0	さいたま
0.97	5.8	98 326	2 318	2 608	26	4 309	96.4	川越
0.89	0.0	31 947	1 325	1 128	12	2 358	77.9	熊谷
0.96	5.0	169 391	4 744	4 609	20	3 590	96.1	川口
0.71	3.7	24 210	543	392	2	664	85.7	行田
0.58	4.4	29 658	707	327	5	445	87.2	秩父
0.97	3.1	65 970	2 129	2 312	24	4 214	96.2	所沢
0.77	3.6	33 073	599	447	7	1 502	90.8	飯能
0.75	4.4	32 924	705	1 008	5	499	81.7	加須
0.76	3.7	28 219	571	626	11	1 388	89.9	本庄
0.88	2.8	27 959	742	632	7	1 112	98.1	東松山
0.76	3.1	68 433	1 951	1 345	13	2 433	98.0	春日部
0.91	4.9	36 533	890	932	11	2 077	98.1	狭山
0.81	9.4	18 093	409	410	3	500	87.4	羽生
0.71	4.3	45 489	692	645	4	841	89.4	鴻巣
0.77	-1.5	46 946	1 066	795	9	1 329	92.9	深谷
0.91	5.0	54 822	1 421	1 499	5	1 317	89.8	上尾
0.93	3.9	63 218	1 901	2 359	6	656	98.4	草加

市町村統計　市の統計Ⅱ

市の統計 II　(5)

	工業統計 (2020年6月1日)			卸売業、小売業 (2016年6月1日)			歳入決算額 (普通会計) (2020年度)	
	事業所数	従業者数 (人)	製造品出荷額等 (2019年) (億円)	事業所数	従業者数 (人)	年間商品販売額 (2015年) (億円)	総額 (百万円)	うち地方税 (百万円)
越谷	374	8 907	2 319	2 397	21 992	8 225	161 610	49 788
蕨	52	2 868	933	470	3 995	1 004	36 071	12 075
戸田	417	11 163	2 489	810	9 445	5 350	80 396	28 649
入間	255	11 750	4 748	955	8 904	2 479	60 524	21 290
朝霞	137	4 536	858	523	5 530	2 132	62 322	23 206
志木	76	1 439	256	357	3 200	697	36 513	11 291
和光	67	1 264	321	305	3 328	1 286	41 213	15 648
新座	190	6 001	1 306	803	7 757	2 916	76 791	24 957
桶川	69	3 854	1 240	449	4 036	1 400	33 330	10 345
久喜	219	12 317	5 116	1 090	9 803	3 330	70 974	23 134
北本	71	3 002	614	397	3 882	1 212	29 103	8 844
八潮	578	12 641	4 061	593	5 083	2 363	42 840	17 433
富士見	47	763	206	606	5 631	1 071	48 355	15 728
三郷	382	6 493	1 261	888	8 554	2 714	69 013	23 212
蓮田	73	3 905	1 836	304	2 809	898	27 938	8 185
坂戸	92	6 238	1 509	524	4 689	1 018	44 589	13 621
幸手	83	3 334	1 142	394	3 294	775	22 926	6 700
鶴ヶ島	35	1 993	551	412	4 772	1 212	32 191	10 098
日高	141	6 277	2 168	287	3 186	851	26 964	8 345
吉川	181	4 632	1 017	320	3 302	796	30 952	9 878
ふじみ野	107	4 536	1 157	557	5 289	1 206	56 726	16 705
白岡	48	2 431	608	264	2 229	755	21 621	7 413
千葉県								
千葉	400	21 276	12 760	5 861	66 932	36 823	582 080	205 620
銚子	166	4 888	1 815	971	5 424	1 527	35 512	7 971
市川	203	6 853	3 752	2 089	19 274	6 904	221 597	86 563
船橋	266	14 291	6 779	3 048	32 241	11 630	287 125	102 585
館山	36	640	87	629	4 320	977	32 673	5 841
木更津	84	3 784	1 926	1 144	10 026	3 298	63 736	20 604
松戸	285	9 291	3 373	2 393	23 295	7 404	214 011	70 434
野田	304	10 613	4 470	907	7 748	2 164	72 825	22 951
茂原	84	5 365	1 869	749	6 674	2 153	43 540	12 303
成田	121	7 891	2 729	1 173	11 160	3 835	83 945	32 354
佐倉	122	8 777	3 353	870	7 791	2 168	71 677	24 544
東金	91	2 844	905	482	4 238	1 050	28 158	7 615
旭	122	3 336	1 156	723	4 582	1 699	48 581	7 770
習志野	66	7 036	2 071	747	9 775	2 425	82 779	28 603
柏	251	10 066	2 552	2 398	26 006	9 173	188 372	69 219
勝浦	18	417	183	244	1 048	271	12 412	2 198
市原	252	21 839	40 666	1 643	14 933	4 091	131 043	49 218
流山	76	2 259	517	761	8 234	1 917	91 691	30 370
八千代	145	8 736	2 716	951	9 885	2 692	81 055	29 970
我孫子	25	768	487	555	4 698	997	54 883	17 241
鴨川	35	612	142	454	2 836	725	21 640	4 266
鎌ケ谷	93	2 036	326	477	4 772	1 027	49 128	13 841
君津	77	7 990	7 318	566	4 841	1 526	46 874	17 952
富津	64	2 393	1 120	397	2 304	462	26 195	9 582
浦安	100	2 092	1 098	844	10 728	5 385	92 203	36 669
四街道	38	1 267	449	463	4 136	1 151	40 256	11 734
袖ケ浦	80	6 240	9 891	296	2 508	662	34 964	14 238

財政力指数 (2018～20年度平均)	実質公債費比率 (%) (2018～20年度平均)	地方債現在高 (2020年度) (百万円)	市(区)職員数 (2021年4月1日) (人)	着工新設住宅戸数 (2021年度) (戸)	医療施設調査 (病院のみ) (2021年10月1日) 施設数 (施設)	病床数 (床)	汚水処理人口普及率 (2021年度末) (%)	
0.93	7.6	83 209	2 886	1 788	15	3 108	90.9	越谷
0.88	2.3	17 845	647	708	3	236	97.4	蕨
1.25	7.1	26 219	933	1 102	6	1 508	99.0	戸田
0.93	2.3	31 615	908	736	8	786	97.8	入間
0.99	4.7	26 712	765	1 070	4	692	98.6	朝霞
0.86	1.0	17 808	388	513	2	198	99.6	志木
1.07	3.2	18 581	437	998	5	1 329	99.1	和光
0.92	5.4	52 746	854	1 140	6	1 041	98.4	新座
0.81	5.5	25 806	470	449	2	260	96.5	桶川
0.86	5.7	43 249	955	961	7	1 611	90.6	久喜
0.80	7.4	21 471	435	394	2	568	80.3	北本
1.03	5.0	19 414	605	704	4	1 075	92.0	八潮
0.84	2.3	24 474	602	990	5	656	99.6	富士見
0.96	8.7	40 788	966	689	7	1 310	91.2	三郷
0.77	5.2	14 530	487	383	4	1 055	85.7	蓮田
0.83	6.1	29 531	586	566	5	432	91.7	坂戸
0.74	3.0	14 340	343	342	6	786	78.0	幸手
0.87	6.8	17 563	377	444	2	319	94.6	鶴ヶ島
0.88	2.9	16 784	376	210	3	963	92.0	日高
0.86	7.5	23 603	419	336	2	452	90.4	吉川
0.81	2.0	38 885	643	693	3	590	96.5	ふじみ野
0.86	6.5	11 480	376	363	4	506	81.7	白岡
								千葉県
0.93	11.8	699 160	1) 12 051	8 221	47	9 097	98.7	千葉
0.62	12.2	27 235	621	189	5	678	59.9	銚子
1.09	1.7	59 948	3 117	3 714	12	2 953	86.4	市川
0.96	1.9	188 040	5 045	4 954	22	4 487	97.4	船橋
0.57	5.7	18 290	416	390	5	756	48.5	館山
0.88	3.5	33 380	1 014	1 303	11	1 990	81.7	木更津
0.90	1.0	121 265	4 289	3 396	19	3 699	97.0	松戸
0.86	4.6	44 900	1 065	988	8	1 495	81.7	野田
0.83	10.2	40 007	620	569	8	1 116	79.7	茂原
1.33	7.9	49 499	1 314	922	6	2 795	94.5	成田
0.93	1.4	31 055	1 016	1 059	6	1 207	97.1	佐倉
0.71	2.8	21 901	495	323	2	757	76.4	東金
0.50	8.1	34 705	645	317	5	1 467	60.2	旭
0.95	8.0	51 990	1 441	1 073	6	1 445	98.2	習志野
0.96	2.5	87 823	2 786	3 401	18	5 154	94.9	柏
0.48	7.3	8 701	240	57	1	290	54.8	勝浦
1.07	5.8	45 980	2 038	1 609	13	2 404	80.9	市原
0.95	1.0	55 487	1 117	2 406	6	1 129	97.7	流山
0.95	6.2	47 968	1 303	2 374	10	2 838	97.9	八千代
0.81	1.3	30 321	858	869	8	833	94.8	我孫子
0.53	10.3	18 883	468	110	7	1 462	48.1	鴨川
0.78	4.3	37 638	745	765	5	1 283	85.8	鎌ケ谷
1.04	3.5	14 752	923	414	4	552	76.8	君津
0.93	8.4	15 494	447	269	3	113	63.1	富津
1.52	7.8	35 505	1 379	951	6	1 520	99.9	浦安
0.82	2.4	20 578	642	637	4	847	98.3	四街道
1.13	1.7	15 031	614	750	1	409	91.3	袖ケ浦

市町村統計　市の統計Ⅱ

市の統計Ⅱ (6)

	工業統計 （2020年 6 月 1 日）			卸売業、小売業 （2016年 6 月 1 日）			歳入決算額 （普通会計） （2020年度）	
	事業所数	従業者数 （人）	製造品 出荷額等 （2019年） （億円）	事業所数	従業者数 （人）	年間商品 販売額 （2015年） （億円）	総額 （百万円）	うち地方税 （百万円）
八街	133	2 684	583	445	4 159	1 208	32 189	7 515
印西	42	1 182	277	509	6 369	1 665	58 424	21 478
白井	144	3 930	1 431	274	3 105	912	28 164	9 322
富里	35	1 290	454	300	3 409	1 175	23 021	6 510
南房総	59	1 056	130	479	1 873	292	34 524	3 975
匝瑳	74	1 997	559	390	2 284	684	23 294	3 908
香取	90	2 720	730	854	4 970	1 173	43 772	9 001
山武	97	2 953	1 274	340	2 619	1 067	32 111	5 751
いすみ	61	1 298	319	378	2 247	449	23 068	3 880
大網白里	30	385	111	242	2 000	428	21 583	5 091
東京都 (23区)	7 450	134 553	29 275	86 582	1 239 446	1 782 162	5 191 559	1 139 992
千代田区	82	2 074	421	5 627	142 113	470 079	79 336	20 574
中央区	106	1 909	324	7 390	162 310	329 391	145 033	32 478
港区	80	1 197	267	5 039	151 500	404 943	184 266	82 851
新宿区	224	5 054	1 013	4 009	75 157	58 870	187 633	50 011
文京区	209	4 747	927	2 239	29 532	25 145	142 922	36 318
台東区	337	3 547	601	5 857	58 362	47 356	131 603	23 543
墨田区	645	12 109	2 952	3 105	31 664	20 112	159 726	26 488
江東区	452	8 783	2 655	3 421	53 389	47 221	259 979	55 351
品川区	327	5 429	1 063	3 522	69 705	103 148	239 565	52 996
目黒区	118	2 447	483	2 132	20 100	11 402	146 577	47 687
大田区	1 162	19 288	4 424	5 271	60 688	69 720	355 838	78 563
世田谷区	125	1 887	373	4 676	43 771	19 296	428 421	128 613
渋谷区	38	808	148	4 624	73 919	62 461	134 070	55 283
中野区	58	762	113	1 964	19 614	9 632	195 962	36 085
杉並区	81	962	205	3 106	23 785	9 422	270 587	67 511
豊島区	114	2 002	398	3 320	39 451	22 971	154 992	34 826
北区	234	9 533	1 854	2 299	18 885	10 239	190 408	30 878
荒川区	372	5 072	810	1 682	13 097	5 929	124 308	18 437
板橋区	570	14 208	3 381	2 902	29 697	12 308	295 221	48 482
練馬区	153	2 900	645	3 363	30 487	9 572	354 024	69 279
足立区	717	12 343	2 536	4 367	37 361	14 264	370 073	51 515
葛飾区	618	8 351	1 708	3 075	22 749	7 331	273 998	35 416
江戸川区	628	9 141	1 978	3 443	30 833	10 446	367 018	56 807
八王子	512	16 190	3 936	3 302	35 613	12 385	270 945	90 751
立川	76	3 765	1 082	1 434	16 799	7 989	105 528	39 757
武蔵野	25	333	49	1 450	14 580	4 060	88 166	41 823
三鷹	66	1 342	290	728	7 255	2 185	92 277	38 404
青梅	220	7 080	1 732	756	7 026	4 278	68 437	19 720
府中	114	13 100	7 276	1 256	13 999	5 297	138 748	52 037
昭島	113	9 801	4 531	702	7 115	2 535	56 528	19 899
調布	77	2 006	470	1 104	11 127	3 814	125 162	47 291
町田	134	4 853	1 059	2 261	23 941	6 602	222 653	69 257
小金井	15	335	41	494	4 955	1 222	60 260	21 827
小平	66	3 165	1 081	837	7 735	1 985	93 306	31 076
日野	58	11 496	3 233	675	7 231	2 094	93 042	30 612
東村山	80	3 146	785	630	6 160	1 448	77 061	21 116
国分寺	21	917	181	561	5 414	1 436	64 794	23 864
国立	19	353	38	441	4 531	2 193	39 731	15 450

財政力指数 （2018～20年度平均）	実質公債費比率（%）（2018～20年度平均）	地方債現在高（2020年度）（百万円）	市（区）職員数（2021年4月1日）（人）	着工新設住宅戸数（2021年度）（戸）	医療施設調査（病院のみ）（2021年10月1日） 施設数（施設）	病床数（床）	汚水処理人口普及率（2021年度末）（%）	
0.67	6.3	18 113	554	546	4	516	75.2	八街
1.07	0.1	13 368	681	1 020	3	1 089	97.2	印西
0.89	3.5	21 356	398	231	3	451	96.7	白井
0.80	7.7	14 542	448	289	2	473	97.9	富里
0.32	8.1	25 033	506	149	3	452	48.4	南房総
0.49	5.8	16 010	449	107	3	308	53.5	匝瑳
0.54	8.4	41 265	748	227	6	966	63.1	香取
0.50	7.9	20 394	447	132	1	312	66.7	山武
0.42	7.3	17 255	347	136	2	342	64.7	いすみ
0.63	8.6	16 189	530	223	2	219	89.6	大網白里
								東京都
0.54	-3.0	472 148	63 425	105 999	418	79 035	99.9	（23区）
0.89	-0.2	68	1 163	787	15	2 271	3) 100.0	千代田区
0.67	-0.2	19 675	1 636	1 506	4	1 186	3) 100.0	中央区
1.26	-1.6	325	2 225	4 304	12	3 838	3) 99.9	港区
0.67	-3.5	20 376	2 806	5 225	13	5 543	3) 100.0	新宿区
0.65	-4.5	4 183	1 966	2 535	9	5 192	3) 100.0	文京区
0.48	-2.7	12 190	1 922	5 523	8	1 061	3) 100.0	台東区
0.41	-1.2	29 040	1 876	4 995	13	2 395	3) 100.0	墨田区
0.50	-3.7	24 815	2 667	4 255	19	3 368	3) 99.7	江東区
0.55	-4.5	10 634	2 711	4 728	15	2 881	3) 99.9	品川区
0.75	-4.0	11 906	2 048	2 587	9	2 172	3) 100.0	目黒区
0.54	-3.7	16 242	4 279	7 793	26	4 861	3) 100.0	大田区
0.71	-3.8	70 658	5 507	8 337	27	5 693	3) 99.9	世田谷区
0.96	-3.8	5 617	2 022	2 906	16	2 982	3) 100.0	渋谷区
0.51	-3.5	24 022	2 087	3 504	8	1 694	3) 100.0	中野区
0.62	-5.6	32 091	3 498	6 111	20	2 717	3) 99.9	杉並区
0.54	-1.7	22 970	2 021	3 776	14	1 643	3) 100.0	豊島区
0.39	-3.0	26 606	2 793	4 009	19	2 595	3) 100.0	北区
0.34	-0.3	18 793	1 787	2 802	12	1 429	3) 100.0	荒川区
0.44	-4.6	28 623	3 691	6 707	41	9 840	3) 100.0	板橋区
0.47	-3.1	48 849	4 480	6 899	18	3 101	3) 100.0	練馬区
0.36	-3.6	29 666	3 463	7 785	57	6 940	3) 99.5	足立区
0.35	-1.6	14 471	2 989	4 474	22	2 777	3) 99.7	葛飾区
0.40	-5.7	327	3 788	4 451	21	2 856	3) 99.8	江戸川区
0.94	-0.9	136 315	2 870	3 221	37	8 007	99.8	八王子
1.17	1.8	24 386	1 060	1 403	8	1 587	100.0	立川
1.52	-0.7	11 781	954	957	8	1 121	100.0	武蔵野
1.16	1.0	34 366	998	1 023	8	2 903	100.0	三鷹
0.85	2.6	33 365	1 517	645	14	4 279	99.2	青梅
1.22	3.0	38 539	1 313	1 950	14	3 608	100.0	府中
0.98	0.5	18 551	639	938	8	1 788	99.9	昭島
1.19	0.4	40 888	1 297	1 603	8	1 551	100.0	調布
0.97	0.5	87 458	2 945	2 989	20	3 976	99.7	町田
1.02	1.8	19 283	670	817	5	1 140	100.0	小金井
0.97	2.0	25 720	960	1 278	9	2 295	100.0	小平
0.96	-2.3	36 566	1 443	1 057	7	1 210	99.8	日野
0.80	2.3	40 193	790	1 334	12	2 283	100.0	東村山
1.04	-1.6	19 892	656	1 069	2	251	100.0	国分寺
1.00	0.0	12 430	490	550	2	66	100.0	国立

市町村統計　市の統計Ⅱ

市の統計Ⅱ　(7)

	工業統計 (2020年6月1日)			卸売業、小売業 (2016年6月1日)			歳入決算額 (普通会計) (2020年度)	
	事業所数	従業者数 (人)	製造品出荷額等 (2019年) (億円)	事業所数	従業者数 (人)	年間商品販売額 (2015年) (億円)	総額 (百万円)	うち地方税 (百万円)
福生	39	1 103	207	376	2 731	801	32 018	8 046
狛江	24	421	84	342	2 616	632	40 607	12 910
東大和	35	1 254	806	472	4 591	1 112	44 274	12 830
清瀬	19	1 027	199	341	2 517	484	43 641	9 906
東久留米	49	3 524	1 395	583	6 034	2 088	58 639	17 259
武蔵村山	123	4 125	951	517	4 948	1 350	38 481	10 493
多摩	22	925	253	706	10 770	5 038	74 978	29 447
稲城	61	1 699	264	324	3 976	902	47 117	15 810
羽村	69	7 579	6 012	335	2 980	1 157	30 409	10 123
あきる野	73	2 020	368	479	3 395	675	42 373	10 884
西東京	33	1 075	307	917	8 020	2 311	102 231	32 632
神奈川県								
横浜	2 214	87 983	39 269	20 225	227 556	106 996	2 392 988	843 870
川崎	1 070	47 621	40 828	6 694	74 184	30 232	907 177	365 388
相模原	871	37 254	13 278	3 751	40 395	11 948	391 464	131 083
横須賀	187	13 124	6 401	2 524	21 266	5 187	203 240	59 323
平塚	336	21 325	12 476	1 780	17 109	5 982	120 143	43 537
鎌倉	66	6 424	2 683	1 539	10 558	2 134	82 872	36 337
藤沢	282	24 048	14 765	2 480	26 001	7 429	206 571	82 068
小田原	202	10 229	6 149	1 732	14 871	4 003	103 999	32 673
茅ヶ崎	105	6 513	2 968	1 106	9 344	2 057	106 190	37 146
逗子	6	95	9	350	2 682	465	28 939	9 545
三浦	33	496	213	384	2 624	936	24 991	5 495
秦野	197	12 963	5 785	868	7 896	1 742	70 218	22 750
厚木	306	19 710	6 234	1 777	18 542	11 964	125 261	48 786
大和	185	8 768	3 010	1 315	14 198	4 321	105 831	36 920
伊勢原	126	7 656	2 785	598	6 608	2 442	45 221	16 613
海老名	126	7 220	3 261	816	9 356	3 003	66 492	23 669
座間	129	8 566	2 895	550	6 322	2 987	59 105	19 455
南足柄	49	3 966	2 313	221	1 695	329	22 801	6 745
綾瀬	342	10 762	3 280	364	3 736	1 420	38 741	13 015
新潟県								
新潟	949	37 478	11 469	7 985	68 805	32 319	490 300	133 682
長岡	694	25 725	6 436	3 129	23 944	9 729	158 246	37 784
三条	535	13 433	2 826	1 399	11 378	4 033	62 794	13 139
柏崎	196	8 282	1 877	837	5 624	1 573	59 626	15 242
新発田	154	7 098	1 542	986	7 322	1 906	56 531	11 571
小千谷	133	6 262	1 159	411	2 485	536	23 387	4 936
加茂	89	2 746	645	346	1 707	315	15 010	2 730
十日町	133	3 215	458	665	3 867	888	43 492	5 858
見附	108	4 498	1 457	398	2 902	817	28 143	4 882
村上	141	4 901	1 031	752	4 260	829	42 889	6 493
燕	677	16 595	4 261	1 107	8 224	2 699	49 571	10 735
糸魚川	81	3 717	1 377	512	2 882	599	35 069	6 879
妙高	46	3 446	1 016	336	1 903	372	25 221	4 600
五泉	100	5 298	1 157	541	2 963	575	29 625	5 372
上越	329	17 448	6 026	2 109	14 768	4 332	122 451	30 977
阿賀野	101	4 519	1 366	402	2 089	352	27 081	4 527
佐渡	71	1 146	139	865	4 176	904	52 856	5 086
魚沼	104	3 242	565	464	2 496	529	35 802	4 045

財政力指数（2018〜20年度平均）	実質公債費比率（％）（2018〜20年度平均）	地方債現在高（2020年度）（百万円）	市（区）職員数2021年4月1日（人）	着工新設住宅戸数（2021年度）（戸）	医療施設調査（病院のみ）（2021年10月1日）施設数（施設）	病床数（床）	汚水処理人口普及率2021年度末（％）	
0.76	-3.1	7 075	385	358	4	688	100.0	福生
0.88	1.7	18 950	444	432	2	717	100.0	狛江
0.84	-2.2	20 409	464	482	2	412	100.0	東大和
0.68	3.7	21 336	466	519	11	2 047	100.0	清瀬
0.84	0.1	25 172	589	780	4	330	100.0	東久留米
0.82	0.3	14 777	391	918	4	839	100.0	武蔵村山
1.13	2.0	14 043	843	874	8	2 221	100.0	多摩
0.96	3.0	24 455	870	615	4	1 015	99.1	稲城
0.98	1.0	10 265	379	364	2	246	99.7	羽村
0.72	7.1	25 381	466	463	4	578	97.0	あきる野
0.90	2.1	55 268	1 017	1 279	5	1 043	100.0	西東京
								神奈川県
0.97	10.5	2 386 413	1) 45 965	26 107	132	27 919	100.0	横浜
1.03	8.2	808 415	1) 19 235	11 767	39	10 951	99.7	川崎
0.88	2.6	273 802	1) 7 951	4 202	35	7 089	98.4	相模原
0.81	6.4	185 818	3 314	1 874	12	3 218	98.7	横須賀
0.98	2.5	54 928	2 499	2 495	9	2 323	99.3	平塚
1.09	1.1	34 723	1 344	1 282	12	2 056	98.0	鎌倉
1.08	3.2	79 493	3 802	3 659	16	3 201	96.7	藤沢
0.96	1.8	59 626	2 234	1 277	13	2 171	88.3	小田原
0.96	1.2	66 356	2 222	2 492	7	1 614	97.7	茅ヶ崎
0.86	6.0	17 699	439	351	2	133	100.0	逗子
0.61	13.5	23 713	473	132	2	546	65.6	三浦
0.88	1.1	35 088	1 085	1 141	8	2 148	97.5	秦野
1.26	2.5	58 568	2 045	1 581	12	2 746	94.4	厚木
0.97	1.8	56 372	1 899	1 821	9	1 607	97.6	大和
0.98	7.3	23 073	657	627	3	1 356	89.9	伊勢原
1.06	2.8	28 273	862	1 589	4	890	99.2	海老名
0.91	0.0	28 413	809	769	4	950	99.0	座間
0.89	4.1	16 246	311	204	2	398	88.2	南足柄
0.93	5.7	15 881	634	533	1	168	95.3	綾瀬
								新潟県
0.69	10.9	639 824	1) 11 471	5 323	43	10 469	90.3	新潟
0.62	5.6	154 143	2 368	1 319	11	3 723	98.3	長岡
0.58	15.8	71 823	732	475	7	1 128	48.7	三条
0.69	10.0	46 895	899	256	5	1 204	98.7	柏崎
0.49	7.0	49 844	862	479	6	1 123	82.1	新発田
0.56	9.7	16 541	427	86	2	470	99.3	小千谷
0.43	9.3	9 145	228	49	1	168	77.0	加茂
0.34	11.9	46 799	514	100	2	330	95.2	十日町
0.59	9.0	21 715	484	137	1	94	98.0	見附
0.34	12.7	33 934	755	127	7	950	99.2	村上
0.63	12.7	46 569	598	357	2	499	66.7	燕
0.47	11.6	42 148	500	138	2	321	96.3	糸魚川
0.43	7.1	18 532	324	67	2	176	89.6	妙高
0.43	9.4	28 714	531	153	2	319	79.6	五泉
0.62	11.3	124 863	1 795	966	10	2 559	90.4	上越
0.42	8.3	21 730	467	136	2	333	97.4	阿賀野
0.23	12.6	51 361	1 099	94	5	697	80.5	佐渡
0.29	7.9	32 492	484	76	2	234	99.8	魚沼

市町村統計　市の統計Ⅱ

市の統計Ⅱ　(8)

	工業統計 (2020年6月1日)			卸売業、小売業 (2016年6月1日)			歳入決算額 (普通会計) (2020年度)	
	事業所数	従業者数 (人)	製造品出荷額等 (2019年) (億円)	事業所数	従業者数 (人)	年間商品販売額 (2015年) (億円)	総額 (百万円)	うち地方税 (百万円)
南魚沼	114	3 710	969	645	4 005	1 094	42 101	7 237
胎内	80	3 858	1 146	296	1 506	340	20 683	3 742
富山県								
富山	786	43 349	13 830	4 469	34 795	17 346	219 947	73 826
高岡	498	15 620	4 281	2 189	15 181	5 300	89 032	25 986
魚津	99	4 229	1 266	541	3 293	881	23 311	6 532
氷見	104	3 639	762	507	2 607	458	30 203	5 159
滑川	114	7 305	3 861	294	1 746	412	18 412	5 227
黒部	109	10 545	2 135	347	2 099	535	26 822	7 987
砺波	143	5 330	1 838	540	3 617	1 087	29 374	7 003
小矢部	124	5 114	837	394	2 171	649	18 825	4 616
南砺	206	7 757	2 152	664	2 810	500	42 005	6 780
射水	256	12 835	5 313	919	6 622	2 886	57 784	15 375
石川県								
金沢	714	21 317	5 781	5 502	45 948	26 663	232 379	82 263
七尾	114	3 472	752	781	4 255	1 245	39 797	7 649
小松	337	15 727	5 715	1 175	7 892	2 457	59 843	15 751
輪島	81	1 086	153	405	1 619	245	27 757	2 511
珠洲	39	813	103	268	976	155	13 460	1 474
加賀	260	9 184	2 450	710	4 232	915	43 085	8 881
羽咋	55	2 139	413	246	1 391	292	14 669	2 736
かほく	187	4 326	1 349	336	2 143	503	24 091	4 250
白山	389	21 613	6 245	919	7 129	2 805	68 912	18 282
能美	193	10 976	3 265	410	2 803	877	29 622	8 791
野々市	44	1 615	323	560	6 311	2 115	25 547	8 187
福井県								
福井	557	17 511	4 604	3 539	27 824	11 862	151 058	44 480
敦賀	74	3 538	1 317	735	5 066	1 568	47 114	13 200
小浜	63	1 616	434	407	2 685	593	20 598	3 734
大野	79	2 523	602	378	1 944	327	24 824	3 905
勝山	62	2 218	603	240	1 163	227	16 288	2 730
鯖江	342	9 550	2 064	681	4 817	1 153	37 434	9 774
あわら	76	4 330	1 857	253	1 390	249	19 003	4 535
越前	286	16 272	6 489	992	5 847	1 373	46 313	13 245
坂井	310	9 524	3 038	797	5 510	1 333	58 189	12 532
山梨県								
甲府	232	9 019	2 509	2 442	17 377	7 000	97 766	28 831
富士吉田	143	4 112	1 265	622	3 634	911	35 192	6 524
都留	135	3 066	549	336	2 339	449	19 830	3 733
山梨	59	1 696	447	286	1 855	352	24 103	4 119
大月	75	1 841	394	233	1 042	208	16 528	4 519
韮崎	101	6 670	2 400	274	1 878	501	18 531	5 375
南アルプス	146	8 731	2 735	508	3 546	1 990	41 388	8 910
北杜	111	5 068	2 296	446	2 521	460	36 711	7 503
甲斐	79	2 200	424	544	4 620	1 242	39 271	9 029
笛吹	102	4 390	1 115	595	4 500	1 217	42 548	8 551
上野原	100	2 949	821	189	1 310	291	14 648	3 153
甲州	72	1 635	321	284	1 676	384	21 702	4 164
中央	43	3 211	1 134	311	3 459	1 522	18 756	4 705

財政力指数（2018〜20年度平均）	実質公債費比率（%）（2018〜20年度平均）	地方債現在高（2020年度）（百万円）	市（区）職員数2021年4月1日（人）	着工新設住宅戸数（2021年度）（戸）	医療施設調査（病院のみ）（2021年10月1日）施設数（施設）	病床数（床）	汚水処理人口普及率2021年度末（%）	
0.41	*12.9*	35 386	969	147	5	920	99.0	南魚沼
0.48	*12.3*	19 701	341	72	2	359	99.7	胎内
								富山県
0.83	*7.7*	233 776	4 073	2 835	46	6 858	99.3	富山
0.76	*12.1*	106 324	1 761	901	16	2 550	96.4	高岡
0.69	*11.8*	16 996	331	178	6	862	97.9	魚津
0.48	*11.3*	23 883	412	114	4	407	93.0	氷見
0.76	*6.2*	9 946	217	225	2	329	97.0	滑川
0.67	*11.6*	30 348	946	160	4	655	96.0	黒部
0.59	*12.9*	24 164	1 055	334	6	819	92.2	砺波
0.60	*14.9*	18 656	259	80	6	543	88.4	小矢部
0.35	*4.8*	42 559	1 013	106	4	696	99.6	南砺
0.66	*8.8*	63 823	910	513	6	725	99.9	射水
								石川県
0.89	*4.8*	212 193	3 278	3 398	43	9 074	99.8	金沢
0.44	*13.0*	38 114	1 130	144	6	1 299	79.3	七尾
0.71	*12.9*	64 967	1 112	637	9	1 143	91.7	小松
0.23	*10.8*	29 969	530	52	1	199	82.7	輪島
0.23	*13.7*	13 354	418	25	1	163	73.0	珠洲
0.58	*8.7*	38 186	1 134	236	6	1 114	71.6	加賀
0.43	*8.4*	12 383	164	94	1	174	84.9	羽咋
0.43	*11.4*	23 818	352	339	3	591	100.0	かほく
0.69	*10.5*	85 010	740	699	4	539	99.7	白山
0.68	*5.6*	32 268	708	389	3	338	100.0	能美
0.85	*7.1*	20 172	347	627	4	649	99.7	野々市
								福井県
0.83	*10.4*	142 914	2 279	2 133	27	4 839	97.9	福井
0.92	*6.1*	24 884	1 031	504	5	902	94.6	敦賀
0.43	*12.0*	15 922	288	211	2	516	99.1	小浜
0.42	*8.6*	13 409	362	86	4	176	87.2	大野
0.44	*8.5*	12 588	255	85	2	334	98.7	勝山
0.69	*6.5*	25 683	393	513	7	963	95.6	鯖江
0.60	*6.9*	17 458	296	68	3	345	97.0	あわら
0.75	*11.1*	47 082	566	785	7	782	94.7	越前
0.65	*6.5*	56 920	838	496	4	342	99.7	坂井
								山梨県
0.76	*7.0*	78 192	1 761	997	14	3 374	99.0	甲府
0.71	*8.0*	18 074	833	274	1	310	74.1	富士吉田
0.49	*10.9*	12 076	505	195	3	490	52.6	都留
0.42	*11.4*	24 290	361	176	4	969	71.7	山梨
0.66	*15.3*	16 039	290	39	1	197	48.5	大月
0.76	*8.8*	19 563	365	121	5	668	88.4	韮崎
0.51	*3.7*	29 220	620	477	5	643	79.8	南アルプス
0.43	*5.4*	21 710	759	275	2	230	97.7	北杜
0.63	*6.8*	22 261	459	610	4	426	90.0	甲斐
0.52	*9.1*	40 423	581	289	8	1 271	84.0	笛吹
0.50	*10.7*	13 108	236	58	2	395	67.2	上野原
0.44	*16.4*	20 958	352	118	2	200	72.1	甲州
0.68	*8.2*	17 274	238	181	1	618	97.0	中央

市町村統計　市の統計Ⅱ

市の統計 II　(9)

	工業統計 (2020年6月1日)			卸売業、小売業 (2016年6月1日)			歳入決算額 (普通会計) (2020年度)	
	事業所数	従業者数 (人)	製造品 出荷額等 (2019年) (億円)	事業所数	従業者数 (人)	年間商品 販売額 (2015年) (億円)	総額 (百万円)	うち地方税 (百万円)
長野県								
長野	459	19 725	5 938	3 807	30 572	16 850	220 270	58 094
松本	298	13 682	5 826	2 712	22 000	10 618	130 227	36 579
上田	387	18 604	5 255	1 534	11 899	4 448	96 420	21 430
岡谷	248	8 012	1 824	507	3 350	1 111	26 868	6 790
飯田	253	8 878	2 176	1 199	7 947	2 460	59 940	13 123
諏訪	171	5 085	954	604	4 391	1 779	27 666	7 696
須坂	149	6 159	1 354	484	2 949	795	34 367	6 302
小諸	97	4 198	1 444	386	3 353	888	25 588	5 480
伊那	136	6 373	1 858	681	4 485	1 205	48 930	8 977
駒ヶ根	105	5 124	1 571	368	2 609	593	19 300	4 619
中野	95	4 672	1 113	487	3 206	772	29 351	6 181
大町	40	2 110	1 056	276	1 665	349	20 478	4 094
飯山	20	1 555	775	259	1 447	341	20 042	2 553
茅野	203	8 485	2 062	472	2 961	835	32 551	8 555
塩尻	158	11 970	6 703	596	4 211	1 533	40 455	10 161
佐久	237	9 038	2 175	957	6 630	1 943	67 271	12 995
千曲	189	7 400	2 091	518	3 495	1 008	35 976	7 515
東御	91	3 442	1 169	236	1 773	565	20 657	4 073
安曇野	206	11 297	4 593	746	6 208	1 786	56 283	11 939
岐阜県								
岐阜	464	10 989	2 572	4 395	36 629	14 933	250 156	66 510
大垣	352	16 850	5 446	1 664	12 848	4 545	79 961	27 283
高山	170	4 970	1 337	1 428	8 006	2 263	63 753	13 189
多治見	257	6 300	1 357	1 098	8 038	2 275	56 396	15 098
関	523	16 777	4 244	946	6 081	1 690	55 811	13 299
中津川	248	12 494	4 380	780	4 971	1 313	52 869	10 973
美濃	155	4 854	1 354	215	1 126	265	13 758	2 976
瑞浪	121	3 704	1 289	397	2 419	630	22 068	6 040
羽島	149	3 666	686	519	3 790	1 264	31 519	9 218
恵那	161	6 882	1 726	516	3 301	797	35 422	7 220
美濃加茂	139	6 789	2 234	458	3 048	837	30 730	8 630
土岐	286	7 754	1 749	822	5 083	1 383	29 832	8 082
各務原	367	20 554	7 602	1 104	8 813	2 656	75 376	22 645
可児	180	13 287	4 852	625	5 175	1 374	47 437	14 979
山県	140	3 358	697	222	1 502	221	18 032	3 000
瑞穂	99	3 989	948	348	3 256	889	25 862	7 150
飛驒	70	3 113	740	280	1 228	283	25 151	3 615
本巣	78	4 787	1 133	333	2 773	608	21 949	5 420
郡上	145	3 837	807	539	2 600	524	33 949	5 006
下呂	106	2 648	570	451	2 341	509	28 936	4 368
海津	157	4 110	1 204	357	1 784	344	20 560	4 185
静岡県								
静岡	1 302	47 845	21 203	8 025	61 885	29 692	409 766	139 759
浜松	1 839	70 246	19 656	7 615	58 204	28 568	451 429	148 178
沼津	509	18 789	6 015	2 100	16 175	8 309	97 046	35 030
熱海	19	206	30	494	2 482	614	23 071	9 344
三島	159	6 949	1 824	964	6 274	1 867	51 380	17 636
富士宮	330	23 930	8 842	1 140	7 266	1 698	63 634	20 927
伊東	44	607	89	864	4 905	1 157	35 996	10 638

財政力指数 (2018～20年度平均)	実質公債費比率（％）(2018～20年度平均)	地方債現在高 (2020)年度 (百万円)	市（区）職員数 (2021年4月1日)(人)	着工新設住宅戸数 (2021年度)(戸)	医療施設調査（病院のみ）(2021年10月1日) 施設数（施設）	病床数（床）	汚水処理人口普及率 (2021)年度末(％)	
								長野県
0.74	3.6	154 408	2 832	2 221	25	4 962	97.9	長野
0.74	3.7	71 704	2 119	1 555	16	3 606	99.8	松本
0.60	5.3	67 061	1 270	1 089	13	2 213	98.3	上田
0.65	9.2	22 561	867	205	3	589	99.9	岡谷
0.55	8.0	41 224	1 577	446	6	1 356	97.3	飯田
0.74	5.2	20 485	472	178	3	580	99.8	諏訪
0.58	9.3	18 840	474	291	2	419	100.0	須坂
0.58	7.1	19 940	323	280	3	664	99.0	小諸
0.49	7.8	30 571	595	339	4	779	96.0	伊那
0.60	12.2	19 823	270	135	3	475	98.3	駒ヶ根
0.54	7.1	19 694	425	164	2	539	97.0	中野
0.45	7.7	14 719	606	92	1	199	94.6	大町
0.36	12.0	13 326	224	61	1	284	99.3	飯山
0.59	6.8	26 284	516	316	1	360	99.6	茅野
0.64	6.2	28 725	548	334	5	415	99.8	塩尻
0.51	-0.2	45 912	1 178	714	7	1 340	99.2	佐久
0.53	8.0	31 963	473	352	4	611	100.0	千曲
0.50	7.6	19 436	357	163	2	161	98.6	東御
0.55	9.5	40 351	718	559	5	983	97.0	安曇野
								岐阜県
0.87	4.1	144 788	4 166	2 984	32	6 449	97.4	岐阜
0.88	1.3	69 349	2 749	1 141	8	1 986	96.0	大垣
0.53	5.5	21 393	837	412	4	1 055	98.6	高山
0.73	-3.7	33 482	777	461	4	920	98.0	多治見
0.63	1.9	29 186	709	361	2	645	99.2	関
0.50	7.7	34 269	1 297	356	2	440	87.2	中津川
0.56	9.3	7 109	310	57	1	122	98.4	美濃
0.64	3.0	13 666	415	167	3	626	88.6	瑞浪
0.78	4.5	20 045	722	555	1	281	82.5	羽島
0.46	1.0	26 179	641	179	2	255	87.6	恵那
0.82	5.2	14 597	363	387	3	851	99.5	美濃加茂
0.69	5.6	18 819	569	291	3	647	94.6	土岐
0.90	2.0	25 326	904	957	5	715	96.3	各務原
0.89	0.6	23 051	542	584	4	506	99.8	可児
0.40	10.5	12 845	243	87	1	284	85.8	山県
0.79	0.2	11 772	347	460	—	—	60.8	瑞穂
0.32	13.8	14 820	467	61	2	136	97.4	飛騨
0.58	6.7	17 197	306	181	—	—	90.7	本巣
0.32	12.4	31 312	855	113	5	811	98.0	郡上
0.34	12.3	21 003	620	67	3	448	97.0	下呂
0.49	9.2	17 267	402	80	2	275	93.7	海津
								静岡県
0.89	6.5	440 435	1) 9 027	4 581	27	7 277	93.6	静岡
0.87	5.1	257 561	1) 9 123	4 682	32	8 367	90.5	浜松
0.96	5.0	67 530	1 713	1 009	10	1 723	88.1	沼津
0.92	3.0	17 068	493	79	5	724	76.5	熱海
0.93	5.3	40 186	724	535	6	868	93.6	三島
0.92	2.2	33 273	1 470	791	5	1 060	72.3	富士宮
0.73	5.9	24 467	593	183	1	250	61.5	伊東

市町村統計　市の統計Ⅱ

市の統計Ⅱ (10)

	工業統計 (2020年6月1日)			卸売業、小売業 (2016年6月1日)			歳入決算額 (普通会計) (2020年度)	
	事業所数	従業者数 (人)	製造品 出荷額等 (2019年) (億円)	事業所数	従業者数 (人)	年間商品 販売額 (2015年) (億円)	総額 (百万円)	うち地方税 (百万円)
島田	300	11 184	3 590	935	5 944	1 572	58 363	14 721
富士	771	35 752	14 250	2 355	16 543	7 055	125 724	46 403
磐田	513	36 434	14 920	1 349	9 385	2 979	91 143	27 252
焼津	528	16 707	6 240	1 398	9 400	3 516	76 946	20 923
掛川	323	21 859	11 588	997	6 764	1 964	63 674	20 844
藤枝	332	12 718	5 143	1 340	9 740	3 556	69 849	21 555
御殿場	136	8 042	4 252	782	6 639	1 842	50 878	16 269
袋井	218	14 251	6 061	650	5 222	2 052	47 051	15 215
下田	8	154	15	431	2 099	429	15 464	2 811
裾野	109	6 569	3 501	306	3 443	4 027	28 270	10 300
湖西	186	24 787	16 714	450	2 899	860	29 865	11 629
伊豆	56	926	138	336	1 845	317	23 403	4 205
御前崎	107	3 919	1 285	259	1 642	332	22 093	7 359
菊川	167	8 591	2 841	351	2 496	657	24 983	7 474
伊豆の国	90	3 670	1 374	400	2 278	520	28 290	6 701
牧之原	194	11 987	10 477	537	3 495	901	28 980	7 692
愛知県								
名古屋	3 484	94 533	32 969	24 144	260 130	273 595	1 513 931	594 560
豊橋	715	35 073	13 900	3 317	28 666	10 899	179 940	65 636
岡崎	664	47 044	25 764	2 923	24 657	9 667	178 369	70 829
一宮	728	21 769	5 507	2 778	21 506	8 224	162 815	51 377
瀬戸	395	13 276	4 522	983	7 040	2 060	57 985	18 877
半田	227	18 054	8 430	967	8 880	2 951	55 149	23 970
春日井	593	24 530	7 694	1 859	18 851	6 967	139 997	51 497
豊川	472	25 065	8 220	1 477	11 496	2 989	89 650	28 523
津島	149	4 527	1 136	610	4 558	1 321	29 768	8 798
碧南	316	16 805	9 607	632	4 127	1 242	41 340	18 040
刈谷	334	49 764	15 850	1 034	16 509	7 977	83 238	36 290
豊田	789	112 478	151 717	2 430	24 087	22 757	253 257	106 952
安城	452	49 526	25 196	1 329	12 407	6 939	105 479	39 545
西尾	571	40 500	17 461	1 493	10 580	2 690	80 307	31 906
蒲郡	248	8 039	2 619	854	5 857	1 386	46 291	13 746
犬山	192	12 309	4 878	447	3 133	900	36 370	11 676
常滑	139	6 546	1 914	543	3 630	1 063	39 226	11 733
江南	152	4 321	1 426	633	4 799	1 396	42 440	13 078
小牧	583	38 140	14 574	1 181	12 678	7 124	79 275	32 049
稲沢	289	19 342	7 945	935	8 731	3 767	67 330	21 850
新城	157	7 865	3 274	420	2 423	491	30 158	7 157
東海	217	17 327	14 407	690	6 697	5 497	63 565	29 264
大府	315	22 601	12 528	507	4 995	1 703	48 269	19 052
知多	79	3 972	10 534	367	2 999	992	38 160	15 725
知立	119	5 313	1 479	460	3 898	1 622	32 000	12 766
尾張旭	79	3 918	1 200	424	5 061	1 484	35 800	12 563
高浜	151	11 833	5 361	276	2 163	568	23 561	9 355
岩倉	58	2 274	700	283	2 220	732	22 968	7 014
豊明	139	5 892	1 896	397	3 616	1 314	32 566	10 957
日進	80	4 298	1 110	435	4 786	1 488	37 356	16 042
田原	67	13 133	17 628	564	3 613	1 077	37 758	14 135
愛西	161	4 285	978	362	2 532	670	31 376	7 747
清須	186	7 533	2 712	529	5 562	3 245	37 855	12 379

財政力指数 (2018〜20年度平均)	実質公債費比率（%）(2018〜20年度平均)	地方債現在高 (2020年度)（百万円）	市（区）職員数 2021年4月1日（人）	着工新設住宅戸数（2021年度）（戸）	医療施設調査（病院のみ）（2021年10月1日） 施設数（施設）	病床数（床）	汚水処理人口普及率 2021年度末（%）	
0.74	6.8	41 795	1 461	554	1	536	70.5	島田
1.01	3.2	87 227	2 782	1 632	12	2 323	91.0	富士
0.85	3.3	53 372	2 054	1 063	9	1 469	91.7	磐田
0.89	6.5	51 840	1 596	821	5	1 405	73.0	焼津
0.90	8.0	44 755	777	624	5	1 180	77.1	掛川
0.88	7.7	40 707	1 677	718	5	1 281	77.5	藤枝
1.05	9.9	24 612	667	582	7	988	66.5	御殿場
0.89	6.7	30 567	541	595	2	309	82.0	袋井
0.49	6.4	10 307	246	66	2	242	58.6	下田
1.01	9.9	19 499	356	244	2	198	81.0	裾野
1.05	5.0	17 281	690	300	2	329	72.7	湖西
0.50	6.9	18 555	340	89	5	646	74.4	伊豆
0.99	0.0	7 028	724	90	1	199	87.0	御前崎
0.77	10.2	18 438	682	289	1	260	73.4	菊川
0.70	6.9	23 777	391	210	6	1 047	83.4	伊豆の国
0.81	6.5	21 377	375	133	1	450	53.5	牧之原
								愛知県
0.99	7.9	1 360 580	1) 35 701	26 701	122	23 884	99.7	名古屋
1.00	3.8	100 347	3 788	2 448	21	4 936	90.9	豊橋
1.04	-0.6	62 261	4 018	2 583	15	2 706	96.3	岡崎
0.83	3.5	106 797	3 908	2 284	16	3 641	84.5	一宮
0.88	2.3	26 636	748	610	8	1 471	85.5	瀬戸
0.98	0.0	10 010	1 464	911	4	919	91.5	半田
0.98	4.8	78 551	2 940	2 131	13	2 681	88.5	春日井
0.87	-1.5	39 975	2 033	1 385	12	1 389	99.5	豊川
0.77	4.1	16 920	976	291	4	711	79.1	津島
1.21	1.9	9 115	902	664	4	608	92.3	碧南
1.33	-2.7	10 139	1 153	1 068	7	1 484	97.6	刈谷
1.39	2.3	51 631	3 426	2 729	18	3 222	90.8	豊田
1.28	0.2	19 459	1 223	1 201	3	1 355	91.9	安城
0.98	1.6	30 514	1 683	1 359	5	892	92.2	西尾
0.87	-0.4	25 140	1 217	495	3	698	84.7	蒲郡
0.91	4.9	20 340	571	402	5	957	89.7	犬山
0.98	12.3	28 023	941	386	1	266	83.0	常滑
0.81	3.6	24 865	659	613	3	1 048	82.0	江南
1.25	0.0	8 623	2 022	873	3	810	83.9	小牧
0.89	2.8	47 798	1 331	766	4	969	85.0	稲沢
0.57	6.6	28 929	903	171	3	299	69.8	新城
1.29	-0.1	22 775	941	670	2	708	94.8	東海
1.14	-1.5	8 474	687	710	3	849	98.1	大府
0.97	0.6	16 548	713	527	3	312	97.3	知多
1.00	2.3	17 210	490	658	2	280	88.0	知立
0.92	3.4	19 833	636	518	1	250	94.9	尾張旭
1.02	-0.1	9 513	285	300	1	142	84.0	高浜
0.82	4.3	11 474	383	317	1	141	85.5	岩倉
0.90	-0.3	14 525	414	349	3	1 987	87.8	豊明
1.05	1.0	8 297	514	581	3	387	91.8	日進
1.01	4.9	20 412	651	295	1	316	97.3	田原
0.63	4.1	18 118	483	344	—	—	86.8	愛西
0.88	1.5	18 768	445	469	2	280	67.6	清須

市の統計Ⅱ （11）

	工業統計 （2020年 6 月 1 日）			卸売業、小売業 （2016年 6 月 1 日）			歳入決算額 （普通会計） （2020年度）	
	事業所数	従業者数 （人）	製造品 出荷額等 （2019年） （億円）	事業所数	従業者数 （人）	年間商品 販売額 （2015年） （億円）	総額 （百万円）	うち地方税 （百万円）
北名古屋	184	6 054	1 818	568	5 341	2 143	41 631	13 641
弥富	142	4 859	2 300	325	3 482	1 392	20 551	8 524
みよし	174	16 206	10 836	320	4 326	3 005	35 017	15 547
あま	237	5 999	1 507	449	3 075	847	42 499	11 242
長久手	18	713	201	388	4 684	2 069	28 245	11 798
三重県								
津	360	21 657	8 236	2 183	19 098	7 165	144 733	41 702
四日市	535	36 632	27 570	2 652	22 692	9 930	160 244	73 555
伊勢	216	8 828	2 518	1 570	10 072	2 928	69 542	16 541
松阪	304	14 212	4 061	1 513	11 278	3 314	91 452	22 283
桑名	313	13 254	4 060	1 356	10 443	2 770	74 512	22 443
鈴鹿	267	24 695	13 430	1 461	12 355	3 408	87 287	30 047
名張	97	7 092	2 886	564	4 112	857	37 589	9 985
尾鷲	24	554	270	327	1 599	584	13 438	1 997
亀山	117	11 708	9 573	328	2 361	576	27 623	10 143
鳥羽	38	603	107	272	1 330	248	15 396	2 737
熊野	15	421	60	276	1 191	254	15 157	1 543
いなべ	179	19 501	17 227	330	2 058	447	29 720	9 943
志摩	46	1 108	150	600	3 040	576	31 516	5 667
伊賀	302	19 628	7 925	820	5 535	1 509	55 134	14 682
滋賀県								
大津	205	10 230	3 883	1 935	17 533	4 691	167 654	51 299
彦根	176	11 624	7 037	1 069	9 099	2 449	64 203	17 540
長浜	276	15 411	5 866	1 170	8 571	2 077	74 607	16 643
近江八幡	86	5 831	2 489	732	5 663	1 483	47 664	11 371
草津	214	15 369	6 181	960	10 553	3 166	69 156	23 403
守山	100	7 143	2 672	553	4 896	1 279	47 032	12 923
栗東	126	9 307	4 641	548	5 800	3 152	34 195	13 443
甲賀	339	17 418	10 112	852	6 243	1 507	52 596	14 002
野洲	107	12 169	3 833	324	2 826	871	29 518	8 831
湖南	184	11 613	5 230	352	2 851	764	27 044	8 629
高島	149	4 113	1 131	525	3 073	617	36 092	5 653
東近江	286	16 891	6 676	899	6 266	1 607	64 664	17 361
米原	105	5 402	5 213	255	1 759	459	29 747	6 189
京都府								
京都	2 067	63 642	24 620	14 428	136 063	53 632	1 070 395	295 943
福知山	143	7 650	3 139	808	6 246	2 115	54 145	11 463
舞鶴	101	4 062	1 843	812	5 367	1 598	45 359	11 618
綾部	91	5 339	1 465	309	1 852	479	20 589	4 425
宇治	297	10 151	6 844	950	8 990	2 063	87 287	24 090
宮津	22	401	110	300	1 510	238	14 155	2 503
亀岡	152	5 726	1 300	605	4 620	995	47 325	10 040
城陽	108	4 138	962	466	3 855	813	38 809	9 025
向日	41	1 435	329	334	2 822	721	29 256	7 860
長岡京	82	5 413	3 171	431	3 752	1 302	40 890	12 775
八幡	117	4 680	1 548	401	4 313	2 267	37 426	9 419
京田辺	82	4 278	2 322	301	3 300	714	34 208	11 467
京丹後	166	4 396	726	692	3 709	713	42 608	5 136
南丹	86	3 280	1 700	282	1 380	325	29 834	4 055

財政力指数 (2018〜 20年度 平均)	実質公債費比率 (%) (2018〜 20年度 平均)	地方債現在高 (2020 年度) (百万円)	市(区)職員数 (2021年 4月1日) (人)	着工新設住宅戸数 (2021年度) (戸)	医療施設調査 (病院のみ) (2021年10月1日)		汚水処理人口普及率 (2021 年度末) (%)	
					施設数 (施設)	病床数 (床)		
0.91	5.5	31 177	535	731	2	431	80.0	北名古屋
0.98	5.4	14 383	345	260	2	660	80.3	弥富
1.40	3.0	6 068	570	457	2	295	99.8	みよし
0.74	6.2	22 688	546	609	3	660	62.7	あま
1.09	-1.7	11 229	437	556	2	958	97.8	長久手
								三重県
0.71	4.9	111 338	2 600	1 666	22	4 342	92.6	津
1.21	2.5	48 947	3 239	2 614	13	3 059	92.4	四日市
0.60	4.1	59 305	1 555	621	4	1 251	81.4	伊勢
0.58	4.0	44 044	1 891	640	7	2 390	91.6	松阪
0.84	8.2	69 292	1 101	908	9	1 223	91.9	桑名
0.91	0.9	47 250	1 438	1 264	10	2 076	93.5	鈴鹿
0.70	16.0	34 808	830	318	2	295	99.0	名張
0.37	11.7	9 741	390	27	1	255	43.1	尾鷲
0.90	2.0	15 771	583	301	3	245	88.8	亀山
0.44	9.3	12 342	342	34	—	—	42.6	鳥羽
0.26	4.3	11 993	275	33	1	320	42.2	熊野
0.84	8.0	29 854	365	311	4	598	99.8	いなべ
0.39	11.2	23 530	793	82	3	473	56.7	志摩
0.64	10.5	53 263	1 256	283	4	1 078	83.4	伊賀
								滋賀県
0.82	1.7	122 827	2 401	3 407	15	3 862	99.0	大津
0.82	6.6	47 728	1 582	661	3	881	96.4	彦根
0.54	1.5	46 687	1 990	570	4	1 411	100.0	長浜
0.69	1.5	26 075	1 236	444	3	925	99.6	近江八幡
0.97	6.6	46 109	827	1 085	7	1 228	100.0	草津
0.87	4.5	32 119	543	660	3	834	99.8	守山
0.99	13.3	39 975	459	445	1	393	99.6	栗東
0.69	6.9	49 646	814	462	5	1 239	97.0	甲賀
0.82	8.5	27 617	695	437	3	458	99.4	野洲
0.79	8.5	26 075	436	436	2	299	99.1	湖南
0.38	9.5	25 749	894	153	3	410	99.3	高島
0.62	8.8	54 280	1 015	893	7	1 435	99.0	東近江
0.55	4.8	27 049	403	155	—	—	100.0	米原
								京都府
0.81	11.4	1 367 869	1) 20 884	10 841	95	20 206	99.8	京都
0.54	10.1	49 527	1 428	443	6	1 145	98.5	福知山
0.67	12.4	37 133	793	337	8	1 387	97.7	舞鶴
0.51	9.1	14 352	396	143	3	391	85.6	綾部
0.75	0.6	44 174	1 414	788	9	2 148	97.2	宇治
0.42	17.9	17 393	213	57	1	65	82.9	宮津
0.60	13.3	40 739	755	406	5	627	97.3	亀岡
0.67	9.4	40 252	502	421	5	789	99.7	城陽
0.73	3.3	17 745	389	343	1	158	100.0	向日
0.82	1.8	32 895	564	581	6	1 284	99.9	長岡京
0.72	2.9	27 113	609	256	4	555	99.9	八幡
0.80	0.4	18 885	679	670	4	599	99.5	京田辺
0.30	12.3	37 999	1 035	211	4	835	80.8	京丹後
0.31	12.2	24 625	370	196	3	638	97.4	南丹

市町村統計

市の統計Ⅱ

市の統計 Ⅱ （12）

	工業統計 （2020年 6 月 1 日）			卸売業、小売業 （2016年 6 月 1 日）			歳入決算額 （普通会計） （2020年度）	
	事業所数	従業者数 （人）	製造品 出荷額等 （2019年） （億円）	事業所数	従業者数 （人）	年間商品 販売額 （2015年） （億円）	総額 （百万円）	うち地方税 （百万円）
木津川	53	1 322	444	381	3 370	722	38 650	10 261
大阪府								
大阪	4 879	112 970	35 747	36 335	404 846	415 637	2 042 685	744 663
堺	1 337	51 293	34 782	5 104	48 614	17 546	509 918	151 241
岸和田	302	8 632	2 422	1 431	10 961	3 152	97 742	24 921
豊中	491	11 034	3 127	2 189	20 582	10 876	204 545	70 090
池田	37	9 987	8 109	650	5 331	1 487	50 340	17 229
吹田	122	4 941	2 671	2 445	28 448	19 199	181 989	67 725
泉大津	125	3 626	1 505	545	5 567	3 582	38 775	11 608
高槻	185	9 798	4 380	1 725	18 288	5 550	169 889	50 499
貝塚	219	7 097	2 542	601	4 642	1 506	43 997	11 333
守口	241	5 433	1 399	1 029	8 309	2 630	85 021	21 809
枚方	279	17 754	7 713	1 829	18 572	5 035	193 101	56 214
茨木	175	7 565	2 951	1 754	20 057	11 206	126 961	48 074
八尾	1 308	29 625	11 246	1 841	17 036	6 339	134 998	39 296
泉佐野	179	6 618	2 672	1 039	9 107	3 194	68 579	19 644
富田林	244	6 847	1 547	562	4 270	978	55 761	13 683
寝屋川	217	7 508	1 800	1 301	12 353	3 875	118 910	28 739
河内長野	88	3 110	1 123	502	4 532	1 089	47 858	11 953
松原	283	6 119	1 491	840	6 719	1 964	58 553	14 079
大東	387	10 758	3 968	682	6 397	2 028	61 798	16 697
和泉	304	7 660	1 964	1 097	10 528	3 057	87 462	24 010
箕面	27	1 062	259	885	9 248	3 689	96 761	24 206
柏原	205	9 177	2 896	417	3 009	921	36 314	8 934
羽曳野	210	4 818	1 344	611	5 141	1 319	53 258	12 694
門真	278	13 719	3 121	849	7 469	2 851	71 770	18 230
摂津	291	13 193	3 821	611	6 124	4 217	45 739	18 413
高石	59	3 375	7 483	346	2 286	522	32 573	10 257
藤井寺	68	2 104	450	488	3 141	891	30 563	8 582
東大阪	2 417	49 915	11 655	4 290	41 768	17 974	259 651	77 710
泉南	96	4 081	935	451	3 679	854	30 600	8 763
四條畷	50	1 262	285	363	2 879	500	27 174	6 883
交野	93	2 884	1 019	330	2 911	652	35 753	9 693
大阪狭山	40	1 841	606	338	2 633	664	26 949	7 400
阪南	55	1 440	297	272	1 842	311	25 117	5 448
兵庫県								
神戸	1 394	67 951	34 211	12 808	118 372	56 483	1 064 735	305 466
姫路	918	49 038	23 339	5 044	40 830	16 824	295 466	96 685
尼崎	714	33 263	14 613	3 081	26 930	10 374	259 808	79 557
明石	289	24 900	13 853	1 788	15 423	6 242	147 553	43 591
西宮	168	8 828	2 676	2 509	26 426	15 249	239 348	87 653
洲本	62	2 502	443	537	2 897	953	36 388	5 725
芦屋	13	229	30	541	3 819	1 115	57 156	23 271
伊丹	246	16 158	6 539	1 055	11 299	5 157	104 259	31 501
相生	48	2 338	1 135	243	1 566	793	16 550	4 200
豊岡	191	6 127	1 340	1 091	6 339	1 707	59 352	9 782
加古川	297	16 173	10 208	1 589	15 023	5 263	120 680	39 797
赤穂	93	4 516	3 000	410	2 702	586	25 728	8 295
西脇	128	3 086	831	478	2 815	781	31 373	4 870
宝塚	56	3 846	772	983	8 510	1 831	104 420	36 187

財政力指数（2018〜20年度平均）	実質公債費比率（%）（2018〜20年度平均）	地方債現在高（2020年度）（百万円）	市（区）職員数（2021年4月1日）（人）	着工新設住宅戸数（2021年度）（戸）	医療施設調査（病院のみ）（2021年10月1日）施設数（施設）	病床数（床）	汚水処理人口普及率（2021年度末）（%）	
0.64	9.0	32 249	491	403	1	321	99.1	木津川
								大阪府
0.94	2.7	1 734 635	1) 36 472	32 718	176	31 661	100.0	大阪
0.81	5.8	474 550	1) 10 154	4 336	43	11 890	98.9	堺
0.62	7.2	62 223	2 014	1 011	17	3 279	97.7	岸和田
0.91	3.1	86 637	3 544	2 413	19	3 972	100.0	豊中
0.89	3.4	36 650	1 253	717	3	536	100.0	池田
0.99	-2.1	55 556	2 875	2 921	15	4 605	99.9	吹田
0.74	8.7	27 560	818	489	4	429	97.3	泉大津
0.81	-0.4	47 537	2 446	2 003	18	4 204	99.7	高槻
0.68	5.4	28 502	974	268	8	2 372	87.1	貝塚
0.73	6.7	63 102	684	637	7	1 708	100.0	守口
0.80	-0.4	111 037	2 927	2 411	23	5 169	99.3	枚方
0.97	-2.3	47 459	1 765	2 218	14	3 832	99.7	茨木
0.74	4.1	95 617	2 407	1 495	11	2 282	93.4	八尾
0.95	12.0	62 555	582	883	12	1 635	82.6	泉佐野
0.65	-1.3	31 377	917	377	7	1 378	97.1	富田林
0.66	-0.3	62 031	1 220	1 030	14	1 869	99.7	寝屋川
0.63	2.3	29 760	603	228	8	1 352	97.1	河内長野
0.60	5.6	41 033	805	909	6	958	98.7	松原
0.75	6.2	34 533	633	416	5	1 191	99.5	大東
0.75	6.7	45 647	1 135	783	13	3 101	91.4	和泉
0.95	2.0	56 622	1 659	1 392	10	1 772	100.0	箕面
0.62	3.1	22 359	743	462	3	481	95.2	柏原
0.57	4.7	36 442	699	645	7	1 628	86.9	羽曳野
0.70	4.3	52 155	826	579	5	749	98.0	門真
0.99	-0.7	17 715	631	453	4	399	99.3	摂津
0.83	13.9	35 368	324	389	5	1 012	92.5	高石
0.62	1.3	19 237	621	416	4	300	96.4	藤井寺
0.77	6.3	182 821	3 073	4 013	21	4 198	99.0	東大阪
0.73	10.1	28 254	417	141	7	1 165	83.8	泉南
0.62	5.8	14 865	330	250	3	576	99.8	四條畷
0.71	9.4	28 228	540	484	2	268	98.1	交野
0.70	2.2	17 215	343	355	7	2 415	100.0	大阪狭山
0.54	7.4	16 357	376	128	3	386	70.3	阪南
								兵庫県
0.79	4.3	1 137 676	1) 21 808	7 493	108	18 616	99.8	神戸
0.89	2.9	208 407	4 001	4 103	35	5 961	98.5	姫路
0.84	10.9	224 807	3 269	3 505	24	4 138	100.0	尼崎
0.78	3.4	120 270	2 039	1 996	21	3 691	99.8	明石
0.96	4.1	137 394	3 860	2 957	25	5 191	99.9	西宮
0.49	14.3	29 574	425	180	3	844	69.9	洲本
1.02	7.4	53 322	1 079	312	3	353	100.0	芦屋
0.83	5.1	60 795	2 174	1 009	10	1 898	100.0	伊丹
0.57	14.5	12 693	270	101	4	739	100.0	相生
0.39	13.8	48 888	885	290	3	672	99.9	豊岡
0.91	2.0	78 629	1 791	1 513	13	2 767	95.8	加古川
0.71	10.4	30 011	948	260	5	1 014	99.5	赤穂
0.45	8.5	24 259	730	144	2	519	100.0	西脇
0.88	3.7	72 021	2 284	1 073	7	1 356	99.7	宝塚

市町村統計　市の統計Ⅱ

市の統計Ⅱ （13）

	工業統計 （2020年 6 月 1 日）			卸売業、小売業 （2016年 6 月 1 日）			歳入決算額 （普通会計） （2020年度）	
	事業所数	従業者数 （人）	製造品 出荷額等 （2019年） （億円）	事業所数	従業者数 （人）	年間商品 販売額 （2015年） （億円）	総額 （百万円）	うち地方税 （百万円）
三木	208	7 215	1 945	712	5 873	2 015	41 287	11 304
高砂	139	13 867	8 353	579	4 779	1 093	57 829	16 342
川西	88	2 492	666	750	6 999	1 529	72 022	19 789
小野	179	9 581	2 973	401	2 717	652	26 436	7 264
三田	100	10 456	5 993	559	5 877	1 569	50 713	17 717
加西	242	10 005	3 214	370	2 614	732	31 619	6 944
丹波篠山	92	3 878	2 994	4) 414	4) 2 650	4) 556	28 101	4 995
養父	61	1 668	465	278	1 509	561	24 525	2 397
丹波	213	8 327	2 470	649	3 800	1 170	42 469	7 997
南あわじ	121	2 891	617	689	3 573	850	32 874	5 648
朝来	75	3 085	824	363	2 432	630	24 813	4 464
淡路	119	2 845	576	549	2 951	593	34 804	5 348
宍粟	163	3 049	656	438	2 334	507	30 000	4 427
加東	139	7 212	3 679	368	2 488	739	24 967	6 864
たつの	302	10 656	4 116	728	4 909	1 262	49 115	10 692
奈良県								
奈良	184	5 125	2 153	2 254	20 379	6 027	182 986	51 631
大和高田	125	2 914	549	530	3 561	1 047	34 363	6 724
大和郡山	129	11 239	4 591	725	6 850	2 453	44 490	11 996
天理	102	4 383	3 940	572	3 836	1 026	34 585	7 942
橿原	124	5 496	2 185	996	9 350	2 947	56 854	15 825
桜井	110	2 581	498	518	3 229	689	31 522	6 305
五條	77	3 205	928	324	1 784	342	25 192	3 372
御所	80	2 146	529	239	1 406	413	18 346	2 830
生駒	102	3 098	735	575	5 128	1 072	52 450	17 032
香芝	97	2 069	303	334	3 271	655	35 884	9 307
葛城	108	3 881	1 113	230	1 512	412	21 280	4 257
宇陀	36	555	97	295	1 389	200	22 327	2 591
和歌山県								
和歌山	577	23 112	13 571	3 522	26 762	11 333	192 761	59 202
海南	146	4 525	2 420	602	3 610	1 063	31 122	6 770
橋本	121	2 633	452	549	3 589	796	34 890	6 852
有田	55	2 451	5 178	396	1 816	338	21 196	3 519
御坊	49	1 087	371	452	2 501	501	16 674	3 317
田辺	134	2 647	492	1 130	6 052	1 653	57 046	8 248
新宮	25	425	57	602	2 966	932	23 366	3 178
紀の川	131	4 478	1 266	510	3 023	1 082	37 613	6 722
岩出	45	1 548	194	321	3 031	626	25 171	6 096
鳥取県								
鳥取	266	11 834	2 707	1 871	14 301	4 499	132 640	23 589
米子	164	6 441	1 826	1 530	12 262	4 518	88 347	18 566
倉吉	91	3 755	970	667	4 033	1 036	34 860	5 612
境港	77	3 350	855	404	2 862	1 211	22 403	3 985
島根県								
松江	235	6 864	1 367	2 169	16 660	6 688	128 201	28 463
浜田	99	2 618	661	760	4 674	1 243	44 027	7 388
出雲	296	14 852	5 584	1 875	11 843	3 057	108 657	23 228
益田	68	2 095	423	595	3 715	838	32 244	5 326
大田	70	2 239	515	453	2 311	478	30 351	3 578
安来	89	5 662	1 690	392	1 933	503	30 029	5 167

財政力指数 (2018~20年度平均)	実質公債費比率 (%) (2018~20年度平均)	地方債現在高 (2020年度) (百万円)	市(区)職員数 (2021年4月1日) (人)	着工新設住宅戸数 (2021年度) (戸)	医療施設調査 (病院のみ) (2021年10月1日) 施設数 (施設)	病床数 (床)	汚水処理人口普及率 (2021年度末) (%)	
0.70	3.5	38 145	573	272	6	1 491	97.7	三木
0.88	4.8	41 314	982	427	2	418	98.1	高砂
0.71	9.3	72 700	1 110	678	8	2 002	99.8	川西
0.72	4.6	21 695	347	198	5	1 124	99.6	小野
0.87	6.0	33 581	1 207	352	10	2 892	99.4	三田
0.66	8.1	20 188	597	174	4	447	99.9	加西
0.45	15.6	19 450	496	139	4	399	99.7	丹波篠山
0.24	5.9	16 126	296	40	2	635	99.6	養父
0.44	5.7	35 586	632	298	3	971	99.4	丹波
0.41	13.6	31 319	466	162	5	635	87.7	南あわじ
0.40	11.3	20 491	333	85	2	400	98.6	朝来
0.35	14.9	38 517	409	316	3	563	84.2	淡路
0.34	7.9	30 309	677	91	1	199	98.9	宍粟
0.69	5.1	21 781	472	361	3	640	99.9	加東
0.56	10.2	41 686	539	327	9	1 069	99.9	たつの
								奈良県
0.77	10.3	200 604	2 680	1 877	22	4 264	97.2	奈良
0.49	8.3	22 128	1 140	282	3	599	76.8	大和高田
0.72	11.2	38 196	605	348	6	961	98.9	大和郡山
0.59	10.7	23 867	556	222	5	1 444	99.7	天理
0.73	3.9	36 323	915	598	8	2 153	88.1	橿原
0.54	7.4	22 147	472	257	3	482	87.4	桜井
0.36	13.4	28 759	396	42	1	90	77.1	五條
0.41	12.4	19 579	331	33	2	711	57.9	御所
0.82	4.6	16 651	810	550	6	1 314	84.8	生駒
0.70	13.5	30 065	582	378	3	690	82.8	香芝
0.52	8.5	20 354	327	255	2	279	99.6	葛城
0.29	13.4	24 316	627	22	2	242	75.1	宇陀
								和歌山県
0.82	10.6	185 923	2 829	2 291	37	5 635	68.0	和歌山
0.55	6.8	34 156	745	298	5	343	44.1	海南
0.46	13.2	29 983	848	255	3	664	96.6	橋本
0.53	7.9	9 934	472	72	2	256	36.7	有田
0.53	12.5	13 580	310	114	3	649	49.6	御坊
0.38	8.8	50 150	892	279	5	1 075	64.7	田辺
0.37	13.5	23 229	624	74	3	545	53.0	新宮
0.40	6.0	25 913	542	345	4	600	73.1	紀の川
0.64	4.0	6 305	316	402	4	514	78.5	岩出
								鳥取県
0.52	9.6	112 833	1 867	973	12	3 140	97.9	鳥取
0.68	8.4	62 721	1 016	848	12	2 626	91.8	米子
0.45	11.6	29 529	417	210	9	1 312	95.9	倉吉
0.57	11.8	12 338	249	206	2	273	89.7	境港
								島根県
0.58	11.2	107 037	2 492	906	11	2 969	98.0	松江
0.40	10.7	49 767	627	205	4	882	49.1	浜田
0.56	12.9	96 064	1 541	851	11	2 645	89.5	出雲
0.40	12.5	31 986	438	231	3	752	48.2	益田
0.29	12.7	31 149	768	152	2	397	52.1	大田
0.38	15.5	34 030	670	105	2	529	90.1	安来

市町村統計　市の統計Ⅱ

市の統計Ⅱ （14）

	工業統計 (2020年6月1日)			卸売業、小売業 (2016年6月1日)			歳入決算額 (普通会計) (2020年度)	
	事業所数	従業者数 (人)	製造品出荷額等 (2019年) (億円)	事業所数	従業者数 (人)	年間商品販売額 (2015年) (億円)	総額 (百万円)	うち地方税 (百万円)
江津	54	1 640	472	301	1 482	311	20 630	2 816
雲南	80	3 409	1 033	408	1 999	429	34 451	3 956
岡山県								
岡山	781	31 437	10 657	6 795	62 724	31 941	431 751	128 979
倉敷	705	37 785	38 786	3 808	30 752	10 477	262 617	83 740
津山	183	6 536	2 053	1 103	8 001	2 240	60 037	13 317
玉野	143	7 429	3 429	473	2 711	823	33 046	7 890
笠岡	110	5 336	1 710	416	2 622	697	29 576	7 092
井原	125	5 749	1 378	379	1 998	461	28 926	4 600
総社	129	9 170	2 554	427	3 187	759	36 076	8 630
高梁	57	3 899	1 412	397	1 884	343	29 236	3 876
新見	66	2 152	977	364	1 825	420	32 620	3 466
備前	119	5 695	3 206	367	2 086	551	23 063	4 742
瀬戸内	96	6 810	2 329	253	1 760	374	26 313	6 110
赤磐	72	3 895	944	249	2 092	437	26 593	4 855
真庭	104	3 698	1 105	555	2 789	608	39 843	5 128
美作	74	2 329	566	278	1 525	269	26 885	3 537
浅口	74	2 599	564	260	1 753	350	19 682	3 616
広島県								
広島	1 109	55 772	31 008	11 631	109 489	78 442	783 966	236 748
呉	391	20 356	11 204	2 232	14 108	3 691	127 859	30 334
竹原	43	1 679	763	318	1 925	429	16 273	3 615
三原	171	8 814	4 135	918	5 983	1 671	66 728	13 376
尾道	349	14 944	5 671	1 732	10 257	3 447	78 273	17 935
福山	1 106	40 012	17 164	4 601	38 444	15 944	230 354	74 494
府中	212	7 071	1 893	514	2 758	571	27 604	5 054
三次	81	4 004	1 108	718	4 351	1 337	46 136	6 629
庄原	68	2 121	544	475	2 604	438	36 761	3 790
大竹	37	3 896	2 724	265	1 934	406	20 981	5 201
東広島	399	23 220	8 539	1 373	12 824	3 825	111 434	37 376
廿日市	155	7 457	2 043	972	7 716	2 143	68 627	15 985
安芸高田	87	4 075	1 358	289	1 604	328	23 810	3 565
江田島	34	825	170	274	1 263	228	18 511	2 464
山口県								
下関	353	15 312	5 996	2 699	19 010	5 514	150 571	32 488
宇部	160	8 896	4 754	1 524	11 908	3 711	87 501	24 064
山口	159	6 945	1 880	1 971	16 084	6 508	112 235	27 060
萩	80	1 644	242	707	3 610	738	35 216	5 084
防府	128	14 002	11 181	1 011	7 491	1 892	56 447	16 936
下松	90	7 588	3 651	604	5 004	1 895	29 250	9 645
岩国	155	8 181	3 348	1 326	8 713	2 482	89 683	18 206
光	56	4 699	6 169	426	2 849	875	27 212	7 694
長門	60	1 808	566	460	2 344	511	25 377	3 530
柳井	35	1 284	314	453	3 124	691	21 407	4 712
美祢	57	2 898	1 130	271	1 549	368	19 913	3 439
周南	159	11 347	12 801	1 425	9 897	3 348	82 922	24 732
山陽小野田	97	6 887	7 605	541	3 924	936	36 132	9 772
徳島県								
徳島	295	10 106	4 191	2 899	21 710	9 050	130 284	41 195

財政力指数 (2018~20年度平均)	実質公債費比率(%) (2018~20年度平均)	地方債現在高 (2020年度)(百万円)	市(区)職員数 (2021年4月1日)(人)	着工新設住宅戸数 (2021年度)(戸)	医療施設調査(病院のみ)(2021年10月1日) 施設数(施設)	病床数(床)	汚水処理人口普及率 (2021年度末)(%)	
0.35	*12.9*	21 109	260	103	3	427	55.1	江津
0.26	*11.3*	37 725	743	88	3	496	90.9	雲南
								岡山県
0.79	*5.4*	336 866	1) 8 947	5 837	55	10 933	85.2	岡山
0.87	*3.7*	196 427	3 504	3 974	36	7 290	93.3	倉敷
0.54	*12.4*	71 249	840	451	9	1 616	76.4	津山
0.58	*4.7*	20 729	617	189	7	751	98.5	玉野
0.58	*6.4*	26 613	529	231	5	855	80.3	笠岡
0.42	*9.7*	19 680	559	124	3	272	77.0	井原
0.61	*7.4*	30 750	569	547	3	214	96.3	総社
0.32	*12.5*	32 544	626	85	4	549	81.4	高梁
0.25	*9.6*	29 861	521	43	4	323	88.8	新見
0.45	*10.7*	21 518	679	58	4	316	92.8	備前
0.58	*8.6*	17 279	588	220	4	1 235	77.2	瀬戸内
0.46	*7.1*	19 934	488	220	1	245	91.5	赤磐
0.30	*10.3*	35 929	758	137	7	729	89.2	真庭
0.27	*11.8*	23 911	520	52	3	223	99.0	美作
0.45	*10.1*	12 927	276	187	2	207	90.6	浅口
								広島県
0.83	*11.7*	1 080 422	1) 15 620	8 748	83	13 707	98.2	広島
0.61	*8.1*	119 159	1 830	719	26	4 099	93.0	呉
0.60	*8.4*	13 558	248	78	4	469	48.1	竹原
0.55	*6.7*	68 237	932	328	11	2 084	79.6	三原
0.56	*6.4*	77 572	1 947	522	11	1 844	58.2	尾道
0.82	*1.6*	142 433	4 049	3 545	40	5 647	86.1	福山
0.47	*9.6*	23 303	461	122	4	563	65.9	府中
0.34	*6.4*	47 513	947	315	5	1 109	80.7	三次
0.26	*11.9*	38 631	577	97	5	577	73.5	庄原
0.81	*14.9*	23 219	295	117	3	876	99.2	大竹
0.84	*1.0*	74 639	1 549	1 763	16	2 774	88.4	東広島
0.63	*4.6*	70 323	1 089	706	10	1 607	80.2	廿日市
0.32	*12.9*	23 800	373	96	1	311	81.9	安芸高田
0.31	*6.8*	18 317	351	81	4	321	83.3	江田島
								山口県
0.55	*9.8*	141 997	2 562	1 230	25	5 047	87.1	下関
0.73	*3.1*	65 940	1 233	941	19	4 142	92.7	宇部
0.64	*5.4*	111 427	1 713	1 119	17	2 789	94.8	山口
0.33	*5.7*	24 457	823	136	7	947	88.8	萩
0.82	*3.2*	42 377	885	688	10	1 812	90.8	防府
0.90	*3.5*	22 879	453	468	3	400	93.5	下松
0.58	*3.9*	63 438	1 311	701	17	2 254	78.7	岩国
0.68	*7.0*	23 611	843	277	6	819	88.9	光
0.35	*6.6*	23 191	456	91	5	834	91.3	長門
0.52	*9.9*	17 123	313	158	4	1 038	74.4	柳井
0.38	*9.0*	16 091	616	58	3	540	86.2	美祢
0.80	*8.9*	86 256	1 362	1 126	15	2 420	94.5	周南
0.61	*7.9*	40 363	754	249	6	908	82.8	山陽小野田
								徳島県
0.82	*6.0*	101 726	2 748	1 234	46	6 114	83.3	徳島

市町村統計　市の統計Ⅱ

市の統計 II （15）

	工業統計 (2020年 6 月 1 日)			卸売業、小売業 (2016年 6 月 1 日)			歳入決算額 (普通会計) (2020年度)	
	事業所数	従業者数 (人)	製造品出荷額等 (2019年) (億円)	事業所数	従業者数 (人)	年間商品販売額 (2015年) (億円)	総額 (百万円)	うち地方税 (百万円)
鳴門	108	4 905	2 531	614	3 478	809	33 520	7 278
小松島	81	1 915	583	394	2 342	477	20 616	4 504
阿南	108	10 730	4 913	675	3 566	913	41 624	12 907
吉野川	60	2 015	377	422	2 290	455	26 164	4 069
阿波	71	2 405	493	254	1 524	281	26 182	3 661
美馬	34	1 289	421	335	1 906	436	24 010	3 046
三好	46	1 269	271	361	1 453	290	28 006	2 552
香川県								
高松	496	16 170	3 713	4 862	40 595	23 973	217 613	64 405
丸亀	145	7 582	2 950	971	7 176	2 267	65 212	14 012
坂出	154	7 084	4 053	602	4 067	1 655	30 344	9 476
善通寺	41	1 594	418	315	2 217	633	19 159	3 657
観音寺	180	7 116	2 036	745	4 646	1 640	35 205	9 025
さぬき	123	4 652	1 958	415	2 636	613	32 756	5 298
東かがわ	79	3 840	1 185	288	1 969	458	22 912	3 379
三豊	184	7 583	2 493	608	3 365	925	43 714	7 755
愛媛県								
松山	347	14 301	4 404	4 327	38 513	16 484	251 344	69 252
今治	362	11 479	10 540	1 914	11 379	5 134	93 792	20 597
宇和島	82	1 635	326	1 096	6 307	2 536	57 839	7 857
八幡浜	47	1 623	354	525	2 547	645	26 858	3 452
新居浜	184	9 940	8 500	1 117	8 420	2 774	64 612	19 331
西条	223	9 383	7 947	1 014	7 177	1 784	61 731	15 796
大洲	58	2 361	377	595	3 236	802	35 568	4 406
伊予	68	2 460	767	374	2 522	691	22 211	3 866
四国中央	330	13 015	6 691	935	5 865	3 120	50 800	15 588
西予	72	1 577	305	513	2 381	603	37 094	3 198
東温	55	2 697	732	258	2 225	1 104	20 631	4 145
高知県								
高知	331	7 257	1 778	3 579	27 617	9 725	183 972	44 608
室戸	28	501	155	230	851	147	15 720	1 133
安芸	20	306	70	236	1 176	241	18 458	1 785
南国	132	4 752	1 059	467	3 514	1 343	31 332	6 149
土佐	55	1 389	239	274	1 735	343	17 069	2 673
須崎	42	968	568	333	1 823	458	18 294	2 687
宿毛	50	1 129	159	308	1 452	472	20 662	2 182
土佐清水	29	528	48	206	765	97	12 487	1 151
四万十	46	722	140	552	2 941	691	27 694	3 597
香南	45	1 012	344	297	1 915	514	24 164	3 167
香美	45	1 543	372	258	1 373	206	20 199	2 662
福岡県								
北九州	921	48 163	23 221	8 993	68 712	26 967	682 339	174 596
福岡	660	20 080	5 823	15 887	155 378	137 433	1 265 070	341 070
大牟田	124	7 232	3 023	1 332	8 546	2 139	69 707	14 124
久留米	344	12 183	3 244	3 030	22 735	8 031	170 672	41 504
直方	138	6 132	1 670	659	5 022	1 209	36 007	6 760
飯塚	170	6 633	1 742	1 219	9 662	2 682	91 203	14 347
田川	58	2 727	813	535	3 325	787	35 853	5 248
柳川	136	2 967	525	738	4 579	1 052	43 409	6 523
八女	164	3 490	998	720	4 475	1 030	49 763	6 997

財政力指数 (2018～20年度平均)	実質公債費比率（%）(2018～20年度平均)	地方債現在高 (2020年度)（百万円）	市（区）職員数 (2021年4月1日)（人）	着工新設住宅戸数 (2021年度)（戸）	医療施設調査（病院のみ）(2021年10月1日) 施設数（施設）	病床数（床）	汚水処理人口普及率 (2021年度末)（%）	
0.64	13.2	26 857	571	173	7	1 169	49.9	鳴門
0.59	13.6	16 615	410	90	7	905	40.6	小松島
0.83	4.9	37 379	855	335	6	715	46.8	阿南
0.38	9.0	25 705	392	130	4	865	74.2	吉野川
0.35	8.0	21 010	366	94	3	198	60.1	阿波
0.30	9.7	28 680	404	65	6	590	53.3	美馬
0.22	7.1	32 396	430	71	5	559	62.5	三好
								香川県
0.82	7.5	178 056	3 712	3 248	33	5 643	88.9	高松
0.66	8.9	58 841	965	770	12	1 885	73.5	丸亀
0.84	9.4	24 349	843	229	7	1 343	65.2	坂出
0.53	5.5	11 368	291	172	3	776	90.6	善通寺
0.64	9.6	34 931	479	302	5	1 219	63.8	観音寺
0.40	13.2	22 923	697	116	2	407	90.1	さぬき
0.38	2.7	18 854	298	50	3	260	70.3	東かがわ
0.45	5.9	34 696	737	206	8	812	65.1	三豊
								愛媛県
0.77	7.9	174 734	3 361	3 256	41	7 228	89.7	松山
0.54	11.6	72 950	1 333	828	28	2 209	87.1	今治
0.34	3.7	33 971	1 415	225	7	1 436	60.9	宇和島
0.34	9.2	24 320	572	91	5	812	88.5	八幡浜
0.77	1.4	53 072	931	1 036	11	2 155	82.2	新居浜
0.67	6.5	62 070	970	635	10	1 506	78.1	西条
0.36	7.1	31 066	670	120	6	904	60.2	大洲
0.42	7.5	23 523	349	198	1	290	80.1	伊予
0.74	8.8	60 797	875	374	8	1 235	85.3	四国中央
0.25	10.5	39 916	853	133	3	289	63.5	西予
0.50	11.6	13 723	362	348	4	1 221	90.6	東温
								高知県
0.64	13.6	210 377	2 854	1 433	61	8 664	80.4	高知
0.23	10.2	13 609	257	24	2	246	43.0	室戸
0.32	6.7	13 366	271	115	2	342	73.1	安芸
0.63	7.3	21 873	442	335	9	1 694	86.1	南国
0.39	12.0	17 764	520	151	3	387	77.2	土佐
0.42	14.9	16 928	265	29	4	559	50.2	須崎
0.37	12.2	14 847	304	54	5	693	71.0	宿毛
0.27	18.5	15 348	269	11	3	190	68.8	土佐清水
0.35	10.1	25 471	566	124	8	683	86.5	四万十
0.35	4.6	16 356	430	190	1	171	93.9	香南
0.32	9.9	14 631	394	145	3	539	69.7	香美
								福岡県
0.71	10.6	1 022 320	1) 12 476	6 230	90	18 463	99.9	北九州
0.89	9.7	1 176 640	1) 17 478	18 412	115	21 180	99.9	福岡
0.54	6.9	45 366	883	739	23	4 262	82.1	大牟田
0.67	3.5	141 907	1 869	2 410	32	6 512	96.6	久留米
0.56	5.5	23 509	455	422	6	946	73.6	直方
0.51	6.0	73 590	884	722	12	2 684	82.8	飯塚
0.44	8.0	25 854	744	335	7	1 987	65.2	田川
0.47	5.4	35 649	473	271	7	956	81.2	柳川
0.39	8.9	29 868	553	444	8	1 374	68.9	八女

市の統計 II （16）

	工業統計 （2020年6月1日）			卸売業、小売業 （2016年6月1日）			歳入決算額 （普通会計） （2020年度）	
	事業所数	従業者数 （人）	製造品 出荷額等 （2019年） （億円）	事業所数	従業者数 （人）	年間商品 販売額 （2015年） （億円）	総額 （百万円）	うち地方税 （百万円）
筑後	95	4 762	1 921	463	3 555	1 165	26 249	6 380
大川	176	2 506	425	544	3 401	1 142	21 700	3 846
行橋	81	4 974	1 403	568	4 598	1 063	39 787	8 153
豊前	52	3 688	1 187	263	1 603	296	15 053	3 238
中間	45	1 466	626	281	1 717	334	25 122	4 152
小郡	19	1 704	428	321	2 837	1 325	28 626	6 596
筑紫野	67	1 907	2 909	782	7 094	2 419	45 884	13 680
春日	19	436	69	659	5 380	1 570	51 323	13 479
大野城	119	3 411	542	843	8 019	3 800	49 210	14 024
宗像	36	1 407	336	586	4 675	1 052	48 752	10 471
太宰府	37	990	602	490	4 246	1 268	34 236	8 441
古賀	98	8 320	2 279	412	3 343	1 788	29 655	7 208
福津	24	1 663	301	459	3 664	774	32 254	6 853
うきは	54	2 145	533	304	1 674	322	19 428	2 879
宮若	55	12 318	12 852	165	1 168	325	22 014	5 376
嘉麻	60	2 183	537	300	1 563	271	30 984	2 988
朝倉	100	5 672	3 236	613	4 104	1 030	46 255	7 043
みやま	66	1 657	328	364	1 705	352	26 991	3 736
糸島	71	3 215	585	637	4 478	951	49 589	9 990
那珂川	40	644	102	5) 325	5) 2 359	5) 601	26 145	5 906
佐賀県								
佐賀	254	10 045	3 117	2 597	20 276	5 746	133 968	30 767
唐津	150	6 139	1 573	1 308	7 974	1 812	90 652	12 813
鳥栖	109	8 854	3 794	799	6 532	3 246	37 380	13 126
多久	38	2 066	685	175	980	339	16 804	1 911
伊万里	127	7 706	3 742	550	3 582	965	35 662	7 099
武雄	84	3 035	678	540	3 372	840	34 180	5 697
鹿島	60	2 304	462	378	2 179	486	18 757	3 078
小城	56	1 646	425	341	2 361	681	26 876	4 369
嬉野	56	1 380	237	303	1 329	191	22 341	2 582
神埼	71	3 063	1 414	240	1 330	337	25 458	3 603
長崎県								
長崎	296	10 579	4 457	4 303	30 849	11 087	280 912	53 636
佐世保	266	7 885	2 322	2 501	18 393	6 916	157 063	29 105
島原	76	1 957	363	650	3 771	1 010	28 892	4 726
諫早	168	10 485	4 179	1 388	10 103	3 139	89 152	16 772
大村	88	4 318	1 158	811	6 384	2 101	61 212	11 651
平戸	58	911	92	442	1 908	326	31 876	2 752
松浦	30	1 780	417	271	1 271	367	24 701	5 488
対馬	31	356	51	454	1 958	474	36 702	2 969
壱岐	35	539	61	474	2 008	348	27 035	2 297
五島	33	470	54	607	2 502	587	37 034	3 549
西海	42	2 804	1 372	238	1 214	202	28 628	3 148
雲仙	56	1 882	287	492	2 358	418	36 928	3 900
南島原	138	1 360	102	579	2 748	479	41 342	3 676
熊本県								
熊本	447	18 328	4 581	6 114	53 434	22 921	459 325	116 857
八代	147	7 732	2 753	1 388	8 754	2 663	83 462	15 312
人吉	53	1 245	191	449	2 852	649	30 093	3 426
荒尾	46	1 908	383	402	2 737	542	30 717	5 237

439

財政力指数 (2018～20年度平均)	実質公債費比率(%) (2018～20年度平均)	地方債現在高 (2020年度)(百万円)	市(区)職員数 (2021年4月1日)(人)	着工新設住宅戸数 (2021年度)(戸)	医療施設調査(病院のみ)(2021年10月1日) 施設数(施設)	病床数(床)	汚水処理人口普及率 (2021年度末)(%)	
0.68	8.1	15 392	351	346	2	454	77.8	筑後
0.53	9.0	15 630	255	139	2	619	77.8	大川
0.67	5.9	21 486	489	532	6	1 178	63.3	行橋
0.54	9.4	9 705	219	98	2	472	70.6	豊前
0.45	9.3	11 113	356	238	1	145	93.7	中間
0.68	7.8	18 461	348	460	8	1 039	96.5	小郡
0.79	4.1	25 791	475	842	9	1 391	99.5	筑紫野
0.76	2.4	27 750	402	656	5	973	100.0	春日
0.83	2.4	22 131	469	908	7	1 548	100.0	大野城
0.60	-2.7	23 426	498	687	9	1 252	99.8	宗像
0.68	2.2	21 854	388	500	4	582	99.9	太宰府
0.71	5.0	13 888	373	292	5	1 401	98.3	古賀
0.59	5.6	18 912	337	580	5	1 011	99.7	福津
0.39	9.1	12 501	235	132	3	350	97.1	うきは
0.64	5.9	20 435	248	125	4	618	55.9	宮若
0.28	4.9	25 352	419	104	7	745	49.8	嘉麻
0.54	9.4	31 428	532	305	5	782	87.0	朝倉
0.43	4.3	21 383	377	150	2	477	66.9	みやま
0.58	6.7	27 889	539	758	8	956	91.3	糸島
0.74	6.8	13 900	267	223	2	159	99.4	那珂川
								佐賀県
0.65	1.7	94 921	1 797	1 474	27	4 177	93.7	佐賀
0.43	11.9	84 539	1 337	710	17	1 979	92.3	唐津
0.96	1.5	17 797	469	640	8	1 376	99.9	鳥栖
0.38	11.5	14 443	281	51	3	304	60.2	多久
0.58	12.3	21 128	470	224	8	926	74.8	伊万里
0.49	9.0	28 389	351	250	5	656	71.1	武雄
0.48	8.6	11 369	233	120	2	281	66.6	鹿島
0.42	6.9	17 963	456	355	3	397	82.8	小城
0.38	9.8	11 524	219	124	4	1 286	69.9	嬉野
0.45	9.0	20 685	266	107	3	199	82.0	神埼
								長崎県
0.59	8.2	265 239	3 189	1 958	44	9 650	97.9	長崎
0.54	4.3	108 167	2 465	996	25	4 609	79.4	佐世保
0.45	3.1	23 805	341	169	9	1 074	52.0	島原
0.55	6.8	53 228	863	1 073	20	3 019	91.6	諫早
0.64	9.2	42 471	683	875	8	1 633	99.6	大村
0.24	3.0	26 852	558	106	7	667	40.4	平戸
0.50	11.5	20 129	377	41	3	238	54.9	松浦
0.19	6.0	43 761	534	29	2	335	39.1	対馬
0.22	6.7	27 229	421	54	5	483	53.4	壱岐
0.24	6.7	38 490	566	87	4	508	46.6	五島
0.29	-2.8	20 616	360	73	2	383	81.3	西海
0.28	3.5	22 539	388	161	4	663	70.1	雲仙
0.25	-4.1	23 173	441	96	4	453	54.3	南島原
								熊本県
0.71	6.0	490 423	1) 10 252	6 528	94	14 916	97.4	熊本
0.51	9.4	75 515	1 079	745	10	2 236	72.6	八代
0.45	4.9	17 990	334	344	9	1 168	88.3	人吉
0.49	9.4	16 622	839	323	5	1 160	81.8	荒尾

市町村統計　市の統計Ⅱ

市の統計 II　(17)

	工業統計 (2020年 6 月 1 日)			卸売業、小売業 (2016年 6 月 1 日)			歳入決算額 (普通会計) (2020年度)	
	事業所数	従業者数 (人)	製造品 出荷額等 (2019年) (億円)	事業所数	従業者数 (人)	年間商品 販売額 (2015年) (億円)	総額 (百万円)	うち地方税 (百万円)
水俣	33	1 658	421	283	1 780	348	20 953	2 992
玉名	61	2 775	578	628	3 717	877	41 354	6 931
山鹿	98	3 301	732	497	2 951	618	37 847	4 985
菊池	111	8 938	2 015	381	2 514	1 136	34 218	5 513
宇土	44	2 325	752	304	2 267	745	23 366	4 098
上天草	44	995	121	348	1 417	241	22 945	2 299
宇城	91	4 606	1 302	526	3 604	845	46 227	6 060
阿蘇	36	2 165	903	291	1 619	404	21 828	2 894
天草	127	2 268	299	1 301	6 019	1 315	67 905	7 593
合志	44	5 803	4 320	271	1 884	758	36 770	7 595
大分県								
大分	368	22 876	27 660	4 197	37 483	14 679	242 718	78 691
別府	46	734	87	1 172	8 447	1 872	68 796	13 793
中津	130	11 466	6 416	998	6 402	1 741	53 060	11 256
日田	171	3 863	1 191	886	4 825	1 017	49 106	7 880
佐伯	142	4 206	992	837	4 753	1 099	56 635	7 448
臼杵	65	2 465	725	419	2 393	533	27 518	3 975
津久見	27	937	609	208	1 036	229	11 966	2 202
竹田	24	293	28	284	1 267	370	24 648	1 950
豊後高田	51	2 849	682	251	1 357	260	18 607	2 280
杵築	42	2 072	495	280	1 499	316	27 296	3 101
宇佐	102	4 544	1 574	556	3 307	746	39 184	6 143
豊後大野	45	1 395	301	416	2 314	468	34 237	3 412
由布	31	1 493	275	323	1 977	420	25 031	4 010
国東	47	4 074	1 329	310	1 348	294	28 743	3 014
宮崎県								
宮崎	282	11 595	2 305	3 922	32 567	14 805	226 180	54 059
都城	247	11 743	4 484	1 855	13 477	4 644	127 013	19 762
延岡	180	8 119	3 400	1 369	8 277	2 016	77 776	14 850
日南	87	3 055	752	604	3 194	768	37 247	5 492
小林	67	2 032	456	523	3 208	766	35 519	4 892
日向	110	5 049	1 640	797	4 703	1 138	39 785	8 039
串間	25	399	32	176	940	204	16 309	1 727
西都	41	1 672	275	312	1 724	330	27 422	3 245
えびの	27	1 208	308	211	1 062	219	17 377	1 963
鹿児島県								
鹿児島	444	11 676	3 501	6 103	53 636	26 050	347 836	87 422
鹿屋	89	3 584	815	1 104	7 341	2 309	72 353	11 218
枕崎	78	1 424	497	297	1 465	284	18 420	2 202
阿久根	45	1 434	459	259	1 426	304	15 809	2 011
出水	93	3 676	815	523	3 177	1 112	37 748	5 814
指宿	48	993	260	518	2 785	504	33 366	4 094
西之表	20	284	28	229	958	173	13 090	1 419
垂水	29	1 084	396	202	945	222	14 617	1 407
薩摩川内	114	7 547	2 014	1 009	6 118	1 516	70 457	13 800
日置	80	2 847	506	464	2 862	543	37 996	4 856
曽於	49	2 124	843	324	1 896	515	34 207	3 372
霧島	143	11 461	3 303	1 020	7 725	2 055	82 018	16 211
いちき串木野	56	2 266	674	317	1 564	299	21 710	3 026
南さつま	50	1 617	444	379	2 096	421	34 833	3 261

財政力指数 (2018～20年度平均)	実質公債費比率(%) (2018～20年度平均)	地方債現在高 (2020年度) (百万円)	市(区)職員数 (2021年4月1日) (人)	着工新設住宅戸数 (2021年度) (戸)	医療施設調査 (病院のみ) (2021年10月1日) 施設数(施設)	病床数(床)	汚水処理人口普及率 (2021年度末)(%)	
0.39	*10.7*	17 182	698	58	7	1 069	79.0	水俣
0.45	*8.5*	34 286	527	392	4	900	82.8	玉名
0.34	*9.5*	33 940	756	187	6	826	92.8	山鹿
0.44	*10.8*	33 446	470	395	5	513	88.4	菊池
0.54	*10.3*	20 076	259	207	1	282	84.5	宇土
0.26	*11.9*	17 757	568	61	1	195	58.5	上天草
0.41	*8.7*	41 989	478	285	8	1 224	83.4	宇城
0.37	*7.8*	22 163	454	130	4	803	67.2	阿蘇
0.27	*9.4*	51 803	948	287	14	2 097	69.8	天草
0.68	*6.7*	23 105	337	670	5	1 379	99.8	合志
								大分県
0.90	*5.2*	168 224	3 369	3 086	54	7 531	85.4	大分
0.58	*2.8*	37 869	957	824	25	3 651	83.8	別府
0.51	*6.3*	40 312	1 187	648	11	1 305	80.8	中津
0.41	*4.1*	35 888	613	311	17	1 423	87.7	日田
0.33	*8.3*	50 665	884	189	8	1 169	79.0	佐伯
0.39	*7.7*	27 893	391	84	4	508	70.1	臼杵
0.42	*10.8*	10 648	219	18	1	120	70.4	津久見
0.26	*4.3*	18 464	331	50	3	458	55.3	竹田
0.31	*6.0*	15 802	314	91	3	361	78.0	豊後高田
0.35	*10.4*	22 714	536	62	3	324	62.3	杵築
0.43	*6.4*	29 498	668	264	8	772	70.8	宇佐
0.28	*4.8*	25 038	713	84	3	369	66.6	豊後大野
0.43	*6.8*	22 867	407	241	4	922	82.2	由布
0.31	*5.4*	19 422	720	45	3	292	75.5	国東
								宮崎県
0.70	*6.8*	179 440	2 478	3 500	36	5 857	99.2	宮崎
0.55	*4.9*	70 501	1 402	1 225	27	3 312	88.4	都城
0.49	*8.1*	55 429	1 138	592	16	2 168	93.2	延岡
0.41	*9.2*	27 086	643	277	9	1 260	67.1	日南
0.39	*10.9*	29 805	609	176	11	1 174	76.0	小林
0.55	*10.6*	34 067	595	390	6	1 062	85.8	日向
0.29	*6.1*	11 278	367	33	2	554	68.4	串間
0.40	*4.0*	11 608	374	144	5	514	83.4	西都
0.36	*2.7*	9 075	301	61	3	167	69.1	えびの
								鹿児島県
0.73	*3.0*	260 131	5 686	5 015	87	12 441	94.4	鹿児島
0.49	*6.1*	40 642	756	647	14	2 402	76.7	鹿屋
0.42	*9.3*	11 200	315	41	8	653	78.9	枕崎
0.37	*6.5*	12 041	210	40	3	506	61.4	阿久根
0.42	*7.9*	24 704	916	288	5	721	92.3	出水
0.39	*9.2*	30 369	445	157	9	1 196	71.5	指宿
0.28	*10.0*	9 859	205	52	2	334	65.3	西之表
0.30	*7.4*	9 860	232	45	1	126	68.1	垂水
0.53	*7.9*	38 179	993	614	11	1 365	78.2	薩摩川内
0.40	*6.5*	32 131	467	222	9	775	81.7	日置
0.31	*7.2*	25 775	355	118	6	607	70.2	曽於
0.56	*6.5*	52 946	1 091	876	15	2 237	84.7	霧島
0.40	*11.6*	21 045	311	126	6	421	81.8	いちき串木野
0.29	*7.7*	29 896	515	129	7	896	71.4	南さつま

市町村統計

市の統計Ⅱ

市の統計 Ⅱ （18）

	工業統計 （2020年 6 月 1 日）			卸売業、小売業 （2016年 6 月 1 日）			歳入決算額 （普通会計） （2020年度）	
	事業所数	従業者数 （人）	製造品 出荷額等 （2019年） （億円）	事業所数	従業者数 （人）	年間商品 販売額 （2015年） （億円）	総額 （百万円）	うち地方税 （百万円）
志布志	62	2 149	2 206	319	1 777	752	34 270	3 768
奄美	38	344	36	581	2 994	666	41 747	4 169
南九州	119	2 987	427	418	2 086	575	28 592	3 774
伊佐	36	1 656	663	308	1 689	332	20 652	3 270
姶良	76	3 370	501	629	4 727	1 387	42 138	7 730
沖縄県								
那覇	83	2 068	289	3 148	23 047	8 494	200 498	50 122
宜野湾	31	493	52	645	5 882	1 723	58 546	11 966
石垣	54	774	104	577	3 347	737	39 814	6 162
浦添	56	2 653	653	862	11 551	5 286	64 942	16 803
名護	50	1 174	450	604	4 399	961	48 896	6 991
糸満	103	3 202	464	476	3 147	988	36 565	6 070
沖縄	77	1 508	465	900	6 700	1 369	101 791	15 970
豊見城	36	866	179	410	3 534	991	34 263	6 818
うるま	139	3 515	602	757	6 647	1 452	79 795	12 626
宮古島	56	870	176	516	2 782	675	56 128	6 310
南城	45	1 057	231	274	1 376	292	31 242	3 819

工業統計　経済産業省「工業統計調査（地域別統計表）」（2020年）より作成。調査対象は従業者 4 人以上の事業所で、東日本大震災に伴う調査困難地域を除く。事業所数と従業者数は2020年 6 月 1 日現在。製造品出荷額等は、2019年の 1 年間における製造品出荷額、加工賃収入額、くず廃物の出荷額及びその他収入額の合計であり、消費税及び酒税、たばこ税、揮発油税及び地方揮発税を含んだ額。本表は、日本標準産業分類（2013年総務省告示第405号）に掲げる「大分類 E－製造業」に属する事業所が対象。

卸売業、小売業　総務省、経済産業省「経済センサス－活動調査　産業別集計（卸売業、小売業に関する集計）」（2016年）より作成。事業所数、従業者数は2016年 6 月 1 日。年間商品販売額は2015年の 1 年間における有体商品の販売額で、商品券やプリペイドカード、宝くじ、切手などの有価証券の販売額を含まない。本表における調査対象は、産業大分類が「Ⅰ－卸売業、小売業」に格付けられた民営事業所（国及び地方公共団体の事業所を除く）のうち、①管理、補助的経済活動（いわゆる本社機構など）のみを行う事業所ではない、②年間商品販売額の数値に記載がある上に、各事業所の産業の決定（格付け）に必要な事項の数値が得られた事業所であること。第2部第4章、表4-48に掲載された卸売業、小売業の事業所数135万5060のうち、本表で掲載しているのは①と②に該当する108万7137。また、東日本大震災に伴う帰宅困難区域を含む調査区は調査範囲から除外している。東京23区には境界未定地域（事業所数149、従業者数1277人、年間商品販売額902億円）を含んでおり、各区合計と一致しない。

歳入決算額　総務省「市町村別決算状況調」（2020年度）より作成。地方税の主な内訳は市町村民税（個人分、法人分）、固定資産税、市町村たばこ税、都市計画税など。市の区分は2021年 3 月31日現在。

財政力指数　総務省「市町村別決算状況調」（2020年度）および東京都総務局行政部資料より作成。財政力指数は地方公共団体の財政の強さを示す指標で、1 に近い、または 1 を超えるほど財政に余裕がある。基準財政収入額を基準財政需要額で割った数値で、2018～20年度の 3 年間の平均値。ただし、市の区分は2021年 3 月31日現在。なお、東京都特別区は、基準財政収入額と基準財政需要額を都と特別区で合算するため、各特別区個別の基準財政収入額と基準財政需要額が存在しない。本表では特別区財政調整交付金の算出に用いた基準財政収入額と基準財政需要額で計算した数値を掲載したが、特別区以外とは比較できないためカッコ付けとした。

財政力指数 2018〜20年度平均	実質公債費比率（％）2018〜20年度平均	地方債現在高（2020年度）（百万円）	市（区）職員数 2021年4月1日（人）	着工新設住宅戸数（2021年度）（戸）	医療施設調査（病院のみ）（2021年10月1日）施設数（施設）	病床数（床）	汚水処理人口普及率 2021年度末（％）	
0.39	10.0	22 179	318	124	3	363	77.9	志布志
0.27	9.5	43 584	605	141	7	1 430	93.2	奄美
0.35	7.1	19 856	380	90	6	748	70.0	南九州
0.39	8.4	15 319	262	56	6	612	65.8	伊佐
0.51	11.3	30 639	572	634	11	1 893	82.9	姶良
								沖縄県
0.84	9.5	135 624	2 389	1 644	17	3 167	98.6	那覇
0.68	7.6	30 127	730	413	3	575	95.9	宜野湾
0.45	7.2	24 878	555	484	3	474	60.9	石垣
0.81	5.2	37 293	808	528	7	1 351	97.8	浦添
0.46	5.7	29 178	612	499	6	1 455	79.2	名護
0.54	8.1	18 863	454	385	5	1 172	95.4	糸満
0.59	6.2	43 299	1 018	975	9	1 877	97.6	沖縄
0.65	9.4	30 055	455	346	4	828	85.3	豊見城
0.49	6.7	48 600	881	804	6	1 438	82.7	うるま
0.36	7.5	45 103	700	271	4	758	48.6	宮古島
0.37	6.8	20 873	415	415	1	199	86.5	南城

市町村統計　市の統計II

実質公債費比率　資料および市の区分は歳入決算額に同じ。地方公共団体の財政の健全度を示す指標。地方税や普通交付税など地方公共団体での使途が特定されない財源のうち、実質的な公債費相当額に充当されたものの占める割合で、2018〜20年度の3年間の平均。

地方債現在高　資料および市の区分は歳入決算額に同じ。

市（区）職員数　総務省「地方公共団体定員管理調査結果」（2021年）より作成。一般業務を行うもののほか、教育、消防、公益企業等会計部門を含む当該自治体のすべての職員数。市（区）の職員のみで、一部事業組合等の職員を含まない。

着工新設住宅戸数　国土交通省「建築着工統計調査」（2021年度分）より作成。2021年4月1日から2022年3月31日の間に、新築あるいは増改築によって新たに建てられた住宅の戸数（部分的な増改築のように新たに戸数が増えるものは除く）。

医療施設調査　厚生労働省「医療施設（動態）調査・病院報告の概況」（2021年）より作成。病院は患者20人以上の入院施設を有するもの。病床数は病院のみの病床数で、診療所および歯科診療所（患者の入院施設が19人以下）の病床数を含んでいない。

汚水処理人口普及率　国土交通省ウェブサイトおよび東京都下水道局「東京都下水道局事業概要」（2022年度）より作成。下水道のほか、農業集落排水施設等や浄化槽、コミュニティプラントでの処理を含めた総人口に対する普及率。福島県内の数値は、調査不能市以外でも東日本大震災に伴う避難の影響より人口が流動していることに留意する必要がある。

市は2022年3月末現在。
1) 2017年度より県費負担教職員に関する権限が指定都市に移譲された。これに伴い、従来は都道府県で計上されていた教職員数が指定都市において計上されている。2) 旧富谷町（2016年10月10日、市制に移行）の数値。3) 下水道のみの普及率。4) 旧篠山市（2019年5月1日に丹波篠山市に市名変更）の数値。5) 旧那珂川町（2018年10月1日市制施行）の数値。

図2　製造品出荷額等の多い市町村（2019年）（従業者4人以上事業所）

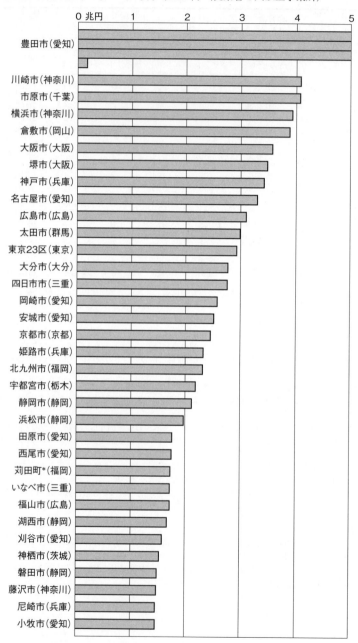

経済産業省「工業統計調査（地域別統計表）」（2020年）より作成。市町村単位で、製造品出荷額等
（442ページの注記参照）を多い順に並べたもの。＊京都郡苅田町。

図3 歳入決算額の多い市町村 (2020年度)

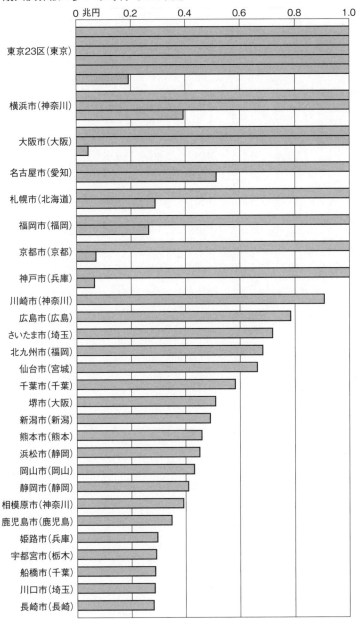

市町村統計

総務省「市町村別決算状況調」(2020年度)より作成。市町村単位で、歳入決算額を多い順に並べたもの。町村で最も歳入決算額が多いのは、宮城県南三陸町の367億円。

表 3　町村の統計 (1)

	面積 2021年 10月1日 (km²)	人口 (2022年1月1日) (人)			人口 増減率 (2021年) (%)	年齢別人口構成 (2022年1月1日) (%)		
		計	男	女		0～14 歳	15～64 歳	65歳 以上
北海道								
(石狩)								
石狩郡								
当別町	422.86	15 445	7 506	7 939	-1.11	7.6	56.0	36.4
新篠津村	78.04	2 913	1 403	1 510	-2.22	*9.9	*50.7	*39.5
(渡島)								
松前郡								
松前町	293.25	6 445	3 045	3 400	-4.56	*5.2	*42.8	*52.0
福島町	187.25	3 702	1 714	1 988	-4.07	*5.8	*43.5	*50.7
上磯郡								
知内町	196.76	4 044	1 980	2 064	-3.67	*7.9	*50.4	*41.7
木古内町	221.86	3 853	1 781	2 072	-2.60	*5.9	*44.1	*50.0
亀田郡								
七飯町	216.75	28 062	12 956	15 106	-0.04	11.6	53.8	34.6
茅部郡								
鹿部町	110.63	3 721	1 777	1 944	-2.36	8.9	51.7	39.4
森町	368.79	14 456	6 768	7 688	-2.65	8.8	52.2	39.1
二海郡								
八雲町	956.08	15 338	7 543	7 795	-2.14	9.6	54.5	35.9
山越郡								
長万部町	310.76	4 953	2 322	2 631	-3.09	8.2	47.9	43.9
(檜山)								
檜山郡								
江差町	109.48	7 156	3 459	3 697	-2.11	*7.5	*53.3	*39.2
上ノ国町	547.72	4 467	2 092	2 375	-3.21	*7.8	*47.8	*44.4
厚沢部町	460.58	3 599	1 720	1 879	-2.76	*9.6	*46.6	*43.7
爾志郡								
乙部町	162.59	3 428	1 567	1 861	-2.61	*7.7	*45.5	*46.8
奥尻郡								
奥尻町	142.99	2 425	1 293	1 132	-2.92	*6.4	*52.4	*41.2
瀬棚郡								
今金町	568.25	4 963	2 374	2 589	-1.80	*9.4	*49.2	*41.4
久遠郡								
せたな町	638.68	7 368	3 482	3 886	-2.58	*7.5	*45.4	*47.1
(後志)								
島牧郡								
島牧村	437.18	1 352	667	685	-4.11	*8.0	*49.0	*43.0
寿都郡								
寿都町	95.25	2 799	1 388	1 411	-3.05	*9.1	*49.5	*41.4
黒松内町	345.65	2 690	1 291	1 399	-1.65	*11.3	*50.4	*38.2
磯谷郡								
蘭越町	449.78	4 547	2 195	2 352	-1.26	10.1	50.6	39.3
虻田郡								
ニセコ町	197.13	4 946	2 465	2 481	-1.00	13.5	59.7	26.8
真狩村	114.25	1 951	974	977	-2.94	*11.5	*51.4	*37.0
留寿都村	119.84	1 895	969	926	-0.84	12.0	61.7	26.3
喜茂別町	189.41	2 078	1 051	1 027	-2.49	8.1	53.3	38.5
京極町	231.49	2 853	1 386	1 467	-2.53	10.5	53.6	35.9

世帯数 (2022年 1月1日)	民営 事業所数 (2021年 6月1日)	農業産出額 (推計) (2020年) (千万円)	製造品 出荷額等 (2019年) (百万円)	卸売・小売 業の年間 商品販売額 (2015年) (百万円)	歳入決算額 (普通会計) (2020年度) (百万円)	地方債 現在高 (2020年度) (百万円)	
							北海道 (石狩) 石狩郡
7 718	597	561	37 454	19 215	15 953	9 929	当別町
1 378	110	473	x	2 173	4 485	4 235	新篠津村
							(渡島) 松前郡
3 760	295	12	4 551	6 849	6 538	7 126	松前町
1 992	228	33	2 808	3 696	4 568	4 649	福島町
							上磯郡
2 011	180	83	5 417	4 865	5 265	4 593	知内町
2 111	220	65	1 043	5 293	5 515	5 760	木古内町
							亀田郡
14 034	850	789	23 613	19 308	15 610	13 941	七飯町
							茅部郡
1 850	153	47	7 067	6 434	5 246	3 274	鹿部町
7 391	795	1 007	44 628	40 190	13 303	9 555	森町
							二海郡
8 015	853	963	27 618	25 672	21 648	14 157	八雲町
							山越郡
2 798	295	336	8 733	5 764	6 478	4 842	長万部町
							(檜山) 檜山郡
4 189	461	66	1 153	15 271	6 486	5 473	江差町
2 402	199	70	1 965	3 143	6 810	7 817	上ノ国町
1 849	193	332	1 712	3 372	5 452	3 468	厚沢部町
							爾志郡
1 830	177	34	4 034	2 694	4 937	3 992	乙部町
							奥尻郡
1 491	197	16	245	2 561	4 537	4 955	奥尻町
							瀬棚郡
2 490	246	425	396	7 367	6 559	6 265	今金町
							久遠郡
4 002	425	453	1 777	9 832	10 014	8 824	せたな町
							(後志) 島牧郡
775	76	9	—	671	3 014	2 836	島牧村
							寿都郡
1 594	177	4	3 573	3 620	6 411	6 756	寿都町
1 465	156	304	x	1 845	5 246	5 952	黒松内町
							磯谷郡
2 339	221	288	45	7 787	7 912	8 808	蘭越町
							蛇田郡
2 550	358	266	2 168	2 513	7 258	7 256	ニセコ町
941	117	466	298	5 407	2 988	2 637	真狩村
1 007	102	357	1 004	1 879	3 078	3 653	留寿都村
1 222	121	202	x	2 275	3 139	3 325	喜茂別町
1 419	160	266	5 753	2 347	4 576	4 102	京極町

市町村統計

町村 (北海道)

町村の統計 (2)

	面積 2021年 10月1日 (km²)	人口 (2022年1月1日)（人） 計	男	女	人口 増減率 (2021年) (%)	年齢別人口構成 (2022年1月1日)（%） 0～14 歳	15～64 歳	65歳 以上
倶知安町	261.34	14 789	7 551	7 238	-2.21	13.2	61.7	25.1
岩内郡								
共和町	304.92	5 659	2 881	2 778	-1.24	*11.2	*55.1	*33.7
岩内町	70.60	11 658	5 505	6 153	-2.71	9.1	52.8	38.1
古宇郡								
泊村	82.27	1 526	730	796	-2.24	*8.9	*50.3	*40.8
神恵内村	147.79	797	391	406	-2.21	*7.8	*47.6	*44.6
積丹郡								
積丹町	238.13	1 883	876	1 007	-2.03	*7.2	*44.7	*48.1
古平郡								
古平町	188.36	2 798	1 315	1 483	-3.52	*7.2	*47.1	*45.6
余市郡								
仁木町	167.96	3 165	1 519	1 646	-1.59	*11.1	*47.7	*41.2
余市町	140.59	17 920	8 379	9 541	-1.82	9.1	50.2	40.7
赤井川村	280.09	1 115	566	549	-5.19	11.4	56.9	31.7
(空知)								
空知郡								
南幌町	81.36	7 378	3 523	3 855	-0.93	*9.4	*55.4	*35.2
奈井江町	88.19	5 090	2 413	2 677	-2.77	*8.4	*49.6	*42.0
上砂川町	39.98	2 698	1 237	1 461	-3.68	*6.7	*42.2	*51.2
夕張郡								
由仁町	133.74	4 871	2 329	2 542	-1.26	*8.3	*48.7	*43.0
長沼町	168.52	10 336	4 970	5 366	-1.70	*9.6	*52.1	*38.3
栗山町	203.93	11 308	5 262	6 046	-1.45	*9.4	*49.7	*40.9
樺戸郡								
月形町	150.40	2 955	1 501	1 454	-4.06	*7.3	*50.6	*42.2
浦臼町	101.83	1 692	817	875	-3.26	*9.7	*44.8	*45.4
新十津川町	495.47	6 507	3 035	3 472	-0.63	*11.5	*49.3	*39.3
雨竜郡								
妹背牛町	48.64	2 757	1 312	1 445	-2.48	*7.5	*43.5	*49.0
秩父別町	47.18	2 331	1 082	1 249	-1.44	*9.6	*48.0	*42.4
雨竜町	191.15	2 214	1 077	1 137	-1.95	*8.6	*48.8	*42.7
北竜町	158.70	1 713	824	889	-2.45	*9.2	*46.2	*44.6
沼田町	283.35	2 951	1 403	1 548	-0.81	*8.4	*48.0	*43.6
(上川)								
上川郡								
鷹栖町	139.42	6 701	3 179	3 522	-1.03	*11.2	*53.8	*34.9
東神楽町	68.50	10 110	4 772	5 338	-0.43	*14.6	*57.3	*28.0
当麻町	204.90	6 267	2 910	3 357	-1.65	*10.2	*48.0	*41.8
比布町	86.90	3 532	1 658	1 874	-2.32	*9.7	*47.5	*42.8
愛別町	250.13	2 612	1 226	1 386	-2.57	*8.3	*44.7	*47.0
上川町	1 049.47	3 308	1 562	1 746	-2.65	*7.3	*45.8	*47.0
東川町	247.30	8 390	3 919	4 471	-0.56	13.1	54.5	32.4
美瑛町	676.78	9 636	4 516	5 120	-1.42	9.3	52.1	38.6
空知郡								
上富良野町	237.10	10 342	5 283	5 059	-1.51	11.1	56.2	32.7
中富良野町	108.65	4 796	2 293	2 503	-1.09	*11.8	*51.5	*36.6
南富良野町	665.54	2 363	1 202	1 161	-0.92	*10.2	*56.6	*33.2

世帯数 (2022年 1月1日)	民営 事業所数 (2021年 6月1日)	農業産出額 (推計) (2020年) (千万円)	製造品 出荷額等 (2019年) (百万円)	卸売・小売 業の年間 商品販売額 (2015年) (百万円)	歳入決算額 (普通会計) (2020年度) (百万円)	地方債 現在高 (2020年度) (百万円)	
7 967	1 043	379	7 044	45 073	13 167	10 642	倶知安町
							岩内郡
2 801	225	607	5 045	8 707	6 734	6 744	共和町
6 535	714	18	7 109	15 519	8 950	9 519	岩内町
							古宇郡
863	104	0	—	2 134	4 571	263	泊村
465	62	0	x	373	3 963	3 220	神恵内村
							積丹郡
1 050	134	35	x	1 924	3 192	3 443	積丹町
							古平郡
1 662	159	24	3 761	1 482	5 564	4 337	古平町
							余市郡
1 652	172	444	10 276	2 159	4 153	3 286	仁木町
9 688	857	534	8 249	32 042	11 866	6 274	余市町
623	60	118	459	523	2 878	2 281	赤井川村
							(空知)
							空知郡
3 475	292	449	6 493	6 745	8 381	6 470	南幌町
2 712	247	205	26 895	4 318	5 581	4 887	奈井江町
1 648	99	0	4 413	1 060	4 293	4 288	上砂川町
							夕張郡
2 380	284	549	8 061	10 475	5 947	5 982	由仁町
4 924	528	1 078	3 104	17 145	10 608	9 090	長沼町
5 780	608	666	13 204	20 395	11 036	10 385	栗山町
							樺戸郡
1 585	153	356	x	4 180	5 568	3 948	月形町
818	94	291	x	1 758	4 143	3 986	浦臼町
2 994	193	478	433	5 064	9 924	6 609	新十津川町
							雨竜郡
1 368	143	349	5 294	4 482	5 100	3 819	妹背牛町
1 118	127	304	436	3 298	4 180	4 173	秩父別町
1 076	110	311	—	2 638	4 438	3 844	雨竜町
795	91	264	x	1 744	4 003	4 885	北竜町
1 457	158	394	640	5 265	5 813	3 026	沼田町
							(上川)
							上川郡
3 116	270	368	3 890	16 720	7 232	6 455	鷹栖町
4 394	331	307	3 757	14 830	7 938	5 445	東神楽町
3 037	278	441	7 744	9 767	7 518	9 198	当麻町
1 773	161	287	1 570	2 841	4 442	4 641	比布町
1 321	147	229	1 472	2 989	3 789	3 300	愛別町
1 923	217	201	809	3 762	6 290	7 798	上川町
4 000	324	455	12 423	7 436	12 397	11 634	東川町
4 755	466	1 347	6 318	14 071	11 972	13 368	美瑛町
							空知郡
5 324	444	906	5 088	8 540	9 125	7 684	上富良野町
2 188	191	718	874	8 189	5 498	4 718	中富良野町
1 331	137	231	1 979	1 710	4 562	5 408	南富良野町

町村の統計 (3)

	面積 2021年 10月1日 (km²)	人口 (2022年1月1日)(人)			人口 増減率 (2021年)(%)	年齢別人口構成 (2022年1月1日)(%)		
		計	男	女		0～14歳	15～64歳	65歳以上
勇払郡 占冠村	571.41	1 229	604	625	*-6.54*	*8.2*	*64.8*	*26.9*
上川郡 和寒町	225.11	3 097	1 467	1 630	*-3.88*	*9.1*	*45.8*	*45.1*
剣淵町	130.99	2 950	1 440	1 510	*-2.06*	*8.6*	*50.1*	*41.3*
下川町	644.20	3 098	1 487	1 611	*-2.76*	*9.7*	*50.0*	*40.3*
中川郡 美深町	672.09	3 991	1 953	2 038	*-2.94*	*8.9*	*48.9*	*42.2*
音威子府村	275.63	682	361	321	*-2.43*	*5.7*	*62.1*	*32.2*
中川町	594.74	1 413	709	704	*-1.88*	*10.0*	*50.4*	*39.6*
雨竜郡 幌加内町	767.04	1 332	662	670	*-3.90*	*8.5*	*50.3*	*41.2*
(留萌) 増毛郡 増毛町	369.71	3 964	1 810	2 154	*-3.69*	*7.9*	*47.3*	*44.9*
留萌郡 小平町	627.22	2 922	1 378	1 544	*-2.47*	*9.0*	*49.7*	*41.3*
苫前郡 苫前町	454.60	2 888	1 398	1 490	*-3.28*	*9.7*	*48.3*	*42.0*
羽幌町	472.65	6 531	3 134	3 397	*-1.95*	*9.2*	*47.2*	*43.5*
初山別村	279.52	1 113	533	580	*-1.07*	*8.5*	*53.5*	*38.0*
天塩郡 遠別町	590.80	2 466	1 185	1 281	*-3.03*	*9.2*	*48.8*	*41.9*
天塩町	353.56	2 891	1 465	1 426	*-2.76*	*10.4*	*52.1*	*37.5*
(宗谷) 宗谷郡 猿払村	589.99	2 627	1 287	1 340	*-3.49*	*13.9*	*61.6*	*24.5*
枝幸郡 浜頓別町	401.64	3 442	1 692	1 750	*-1.32*	*8.5*	*54.9*	*36.6*
中頓別町	398.51	1 637	815	822	*-1.21*	*9.7*	*50.7*	*39.6*
枝幸町	1 115.93	7 640	3 659	3 981	*-2.75*	*9.8*	*54.4*	*35.8*
天塩郡 豊富町	520.69	3 756	1 914	1 842	*-1.75*	*10.4*	*53.6*	*36.0*
礼文郡 礼文町	81.64	2 360	1 202	1 158	*-2.32*	*10.1*	*51.8*	*38.1*
利尻郡 利尻町	76.50	1 931	946	985	*-1.68*	*9.1*	*49.8*	*41.1*
利尻富士町	105.62	2 333	1 139	1 194	*-2.30*	*10.2*	*51.2*	*38.6*
天塩郡 幌延町	574.10	2 240	1 153	1 087	*-1.28*	*12.7*	*56.8*	*30.5*
(オホーツク) 網走郡 美幌町	438.41	18 563	9 036	9 527	*-2.00*	*9.6*	*54.1*	*36.3*
津別町	716.80	4 331	2 121	2 210	*-3.41*	*8.3*	*46.6*	*45.1*
斜里郡 斜里町	737.13	11 001	5 424	5 577	*-2.65*	*11.4*	*54.0*	*34.6*
清里町	402.76	3 879	1 912	1 967	*-1.82*	*11.5*	*50.1*	*38.4*
小清水町	286.89	4 579	2 173	2 406	*-2.07*	*11.5*	*50.4*	*38.1*

世帯数 (2022年 1月1日)	民営 事業所数 (2021年 6月1日)	農業産出額 (推計) (2020年) (千万円)	製造品 出荷額等 (2019年) (百万円)	卸売・小売 業の年間 商品販売額 (2015年) (百万円)	歳入決算額 (普通会計) (2020年度) (百万円)	地方債 現在高 (2020年度) (百万円)	
							勇払郡
775	88	43	x	543	2 676	2 973	占冠村
							上川郡
1 568	167	425	1 328	3 087	4 978	3 686	和寒町
1 457	132	313	432	4 710	4 721	3 385	剣淵町
1 678	204	238	2 642	3 054	5 673	6 049	下川町
							中川郡
2 118	252	400	634	5 451	6 324	5 313	美深町
463	48	15	x	868	2 197	3 011	音威子府村
768	111	133	543	1 550	4 666	5 411	中川町
							雨竜郡
722	91	97	866	1 455	4 607	4 786	幌加内町
							(留萌)
							増毛郡
2 155	221	65	10 774	7 142	6 439	4 219	増毛町
							留萌郡
1 561	147	153	x	1 721	4 906	4 579	小平町
							苫前郡
1 470	182	313	1 009	1 221	6 246	5 369	苫前町
3 472	464	155	3 521	12 107	7 636	6 467	羽幌町
532	66	100	x	987	2 981	2 261	初山別村
							天塩郡
1 287	167	244	1 094	3 764	4 594	5 279	遠別町
1 487	181	649	x	3 643	5 218	4 085	天塩町
							(宗谷)
							宗谷郡
1 224	99	481	10 052	4 060	5 159	5 237	猿払村
							枝幸郡
1 889	192	444	8 775	6 481	5 530	6 004	浜頓別町
871	103	215	173	2 202	4 031	4 810	中頓別町
3 875	416	738	20 836	14 660	12 622	10 514	枝幸町
							天塩郡
1 954	243	933	8 466	14 589	7 428	5 545	豊富町
							礼文郡
1 236	158	—	2 794	4 222	5 547	7 263	礼文町
							利尻郡
1 032	142	—	973	3 524	4 243	4 842	利尻町
1 236	169	—	1 800	3 077	5 049	6 324	利尻富士町
							天塩郡
1 227	146	521	x	1 703	5 414	3 406	幌延町
							(オホーツク)
							網走郡
9 438	799	1 226	22 535	31 671	16 988	11 042	美幌町
2 227	234	1 107	24 387	6 815	11 111	9 236	津別町
							斜里郡
5 437	692	1 104	33 628	24 265	11 520	12 157	斜里町
1 746	143	724	1 263	4 927	5 982	5 411	清里町
2 034	298	1 200	3 079	6 301	6 667	6 087	小清水町

市町村統計　町村（北海道）

町村の統計 (4)

	面積 2021年 10月1日 (km²)	人口 (2022年1月1日) (人)			人口増減率 (2021年) (%)	年齢別人口構成 (2022年1月1日) (%)		
		計	男	女		0〜14歳	15〜64歳	65歳以上
常呂郡								
訓子府町	190.95	4 738	2 278	2 460	-1.50	*11.3	*49.3	*39.4
置戸町	527.27	2 715	1 257	1 458	-1.81	*10.1	*45.3	*44.6
佐呂間町	404.94	4 842	2 295	2 547	-2.28	9.9	50.6	39.5
紋別郡								
遠軽町	1 332.45	18 956	9 249	9 707	-2.08	10.1	52.1	37.8
湧別町	505.79	8 316	3 975	4 341	-1.81	9.1	51.9	39.0
滝上町	766.89	2 412	1 176	1 236	-2.70	*8.4	*47.1	*44.6
興部町	362.55	3 687	1 821	1 866	-1.81	12.0	54.2	33.8
西興部村	308.08	1 033	521	512	-2.36	*9.5	*55.6	*34.9
雄武町	636.89	4 223	2 045	2 178	-2.67	10.3	55.5	34.3
網走郡								
大空町	343.66	6 843	3 323	3 520	-1.72	*11.3	*51.6	*37.1
(胆振)								
虻田郡								
豊浦町	233.57	3 731	1 767	1 964	-0.74	10.1	52.5	37.4
有珠郡								
壮瞥町	205.01	2 392	1 142	1 250	-1.52	*9.9	*48.9	*41.2
白老郡								
白老町	425.64	16 052	7 613	8 439	-1.86	6.6	47.0	46.4
勇払郡								
厚真町	404.61	4 393	2 199	2 194	-0.61	*12.4	*49.4	*38.2
虻田郡								
洞爺湖町	180.87	8 235	3 823	4 412	-3.05	8.2	48.8	43.0
勇払郡								
安平町	237.16	7 394	3 646	3 748	-2.27	10.0	52.3	37.8
むかわ町	711.36	7 579	3 731	3 848	-2.00	9.2	49.6	41.3
(日高)								
沙流郡								
日高町	992.07	11 445	5 786	5 659	-1.73	10.2	54.1	35.7
平取町	743.09	4 659	2 276	2 383	-2.63	10.8	52.5	36.7
新冠郡								
新冠町	585.81	5 249	2 571	2 678	-2.65	11.4	55.5	33.1
浦河郡								
浦河町	694.26	11 720	5 812	5 908	-2.32	10.0	55.8	34.2
様似郡								
様似町	364.30	4 087	1 949	2 138	-0.92	*8.5	*49.1	*42.4
幌泉郡								
えりも町	284.00	4 428	2 245	2 183	-1.95	*11.6	*54.0	*34.3
日高郡								
新ひだか町	1 147.55	21 388	10 422	10 966	-2.21	11.0	54.0	35.0
(十勝)								
河東郡								
音更町	466.02	43 483	20 610	22 873	-1.28	12.5	58.0	29.4
士幌町	259.19	5 946	2 932	3 014	-1.34	11.5	54.7	33.8
上士幌町	694.23	4 935	2 417	2 518	-0.58	11.3	54.4	34.3
鹿追町	402.88	5 228	2 575	2 653	-0.36	13.3	55.9	30.8

世帯数 (2022年 1月1日)	民営事業所数 (2021年 6月1日)	農業産出額 (推計) (2020年) (千万円)	製造品出荷額等 (2019年) (百万円)	卸売・小売業の年間商品販売額 (2015年) (百万円)	歳入決算額 (普通会計) (2020年度) (百万円)	地方債現在高 (2020年度) (百万円)	
							常呂郡
2 088	179	1 246	5 424	14 588	5 323	4 891	訓子府町
1 391	162	438	540	5 452	5 044	5 004	置戸町
2 373	247	1 045	47 720	5 554	5 959	6 825	佐呂間町
							紋別郡
10 052	832	535	9 108	41 562	18 877	24 291	遠軽町
4 070	457	1 674	17 674	17 420	10 020	10 789	湧別町
1 349	131	323	1 055	7 039	5 102	5 100	滝上町
1 801	194	685	9 598	4 039	5 809	5 361	興部町
653	55	216	1 133	462	2 680	3 991	西興部村
2 180	216	462	15 263	4 777	6 820	5 304	雄武町
							網走郡
3 026	369	1 350	1 959	11 793	11 404	15 713	大空町
							(胆振)
							虻田郡
2 080	217	484	91	3 313	4 977	7 362	豊浦町
							有珠郡
1 289	144	171	186	3 666	4 291	3 397	壮瞥町
							白老郡
9 350	764	842	65 618	19 760	13 421	9 316	白老町
							勇払郡
2 114	227	799	9 639	6 916	17 960	11 711	厚真町
							虻田郡
4 712	491	476	6 019	9 802	8 636	8 752	洞爺湖町
							勇払郡
3 951	352	915	21 111	6 874	10 633	8 292	安平町
4 006	405	792	2 659	10 607	12 031	9 536	むかわ町
							(日高)
							沙流郡
6 228	644	1 511	10 885	19 059	12 902	13 819	日高町
2 414	246	581	406	5 551	7 941	7 938	平取町
							新冠郡
2 753	327	1 122	x	3 263	7 258	5 982	新冠町
							浦河郡
6 580	810	1 017	2 722	35 131	12 182	10 097	浦河町
							様似郡
2 118	223	204	4 982	5 044	5 415	7 161	様似町
							幌泉郡
2 102	242	23	3 267	5 187	6 462	4 829	えりも町
							日高郡
11 452	1 268	1 528	3 056	40 539	18 848	19 720	新ひだか町
							(十勝)
							河東郡
20 538	1 421	2 281	85 037	65 743	29 233	23 712	音更町
2 739	267	2 610	21 550	3 471	8 493	6 751	士幌町
2 587	289	2 077	2 025	9 847	10 904	10 581	上士幌町
2 501	233	1 933	563	4 085	8 863	7 583	鹿追町

市町村統計

町村（北海道）

町村の統計 (5)

	面積 (2021年10月1日) (km²)	人口 (2022年1月1日) (人)			人口増減率 (2021年) (%)	年齢別人口構成 (2022年1月1日) (%)		
		計	男	女		0～14歳	15～64歳	65歳以上
上川郡								
新得町	1 063.83	5 668	2 797	2 871	-2.86	*9.7	*51.7	*38.6
清水町	402.25	9 157	4 511	4 646	-1.59	10.1	52.5	37.4
河西郡								
芽室町	513.76	18 181	8 690	9 491	-0.79	13.1	56.7	30.2
中札内村	292.58	3 913	1 907	2 006	-0.23	12.8	57.9	29.3
更別村	176.90	3 177	1 564	1 613	0.83	*13.0	*55.9	*31.2
広尾郡								
大樹町	815.68	5 423	2 706	2 717	-0.51	11.3	53.2	35.5
広尾町	596.54	6 359	3 077	3 282	-2.87	*9.1	*50.4	*40.5
中川郡								
幕別町	477.64	26 273	12 540	13 733	-0.64	11.9	54.7	33.4
池田町	371.79	6 288	2 961	3 327	-2.36	*7.6	*48.5	*43.9
豊頃町	536.71	3 031	1 474	1 557	-1.85	*9.3	*49.8	*40.9
本別町	391.91	6 545	3 222	3 323	-2.79	8.4	49.8	41.9
足寄郡								
足寄町	1 408.04	6 545	3 216	3 329	-2.08	*10.6	*49.0	*40.3
陸別町	608.90	2 279	1 143	1 136	-1.51	9.5	51.6	38.9
十勝郡								
浦幌町	729.85	4 416	2 143	2 273	-2.82	*9.5	*47.4	*43.1
(釧路)								
釧路郡								
釧路町	252.66	19 152	9 159	9 993	-1.24	11.2	58.6	30.2
厚岸郡								
厚岸町	739.27	8 808	4 171	4 637	-2.82	9.6	53.8	36.6
浜中町	423.63	5 499	2 710	2 789	-2.91	11.0	56.5	32.6
川上郡								
標茶町	1 099.37	7 287	3 511	3 776	-1.86	11.1	53.6	35.3
弟子屈町	774.33	6 840	3 288	3 552	-1.40	8.7	50.7	40.7
阿寒郡								
鶴居村	571.80	2 481	1 244	1 237	-1.55	*11.3	*55.0	*33.7
白糠郡								
白糠町	773.13	7 391	3 467	3 924	-1.96	7.3	49.7	43.0
(根室)								
野付郡								
別海町	1 319.63	14 558	7 403	7 155	-1.81	12.9	58.2	28.9
標津郡								
中標津町	684.87	22 978	11 303	11 675	-0.97	12.5	60.4	27.1
標津町	624.69	5 056	2 459	2 597	-1.31	12.4	56.3	31.3
目梨郡								
羅臼町	397.72	4 595	2 287	2 308	-3.59	*10.1	*57.3	*32.6
青森県								
東津軽郡								
平内町	217.09	10 422	4 990	5 432	-2.04	*8.6	*49.5	*41.9
今別町	125.27	2 426	1 173	1 253	-2.77	*4.0	*40.5	*55.5
蓬田村	80.84	2 648	1 282	1 366	-1.45	*9.7	*48.4	*42.0
外ヶ浜町	230.30	5 521	2 636	2 885	-3.71	*4.7	*44.0	*51.2

世帯数 (2022年1月1日)	民営事業所数 (2021年6月1日)	農業産出額 (推計)(2020年)(千万円)	製造品出荷額等 (2019年)(百万円)	卸売・小売業の年間商品販売額 (2015年)(百万円)	歳入決算額 (普通会計)(2020年度)(百万円)	地方債現在高 (2020年度)(百万円)	
							上川郡
3 185	345	995	3 660	7 563	9 390	7 048	新得町
4 680	477	2 657	22 607	16 877	10 166	11 379	清水町
							河西郡
7 983	787	2 308	75 639	79 498	19 836	12 272	芽室町
1 917	239	1 200	15 257	9 308	7 365	4 665	中札内村
1 359	139	1 053	x	3 026	5 395	3 662	更別村
							広尾郡
2 738	341	1 715	23 723	14 860	8 530	7 265	大樹町
3 239	418	775	9 761	8 348	8 034	11 482	広尾町
							中川郡
12 581	1 000	2 726	16 704	46 240	20 240	17 583	幕別町
3 294	343	709	13 809	7 582	8 506	7 514	池田町
1 465	155	1 336	586	4 753	5 750	5 063	豊頃町
3 530	386	1 009	27 782	15 107	7 944	7 182	本別町
							足寄郡
3 414	336	964	3 386	11 603	9 828	11 811	足寄町
1 299	135	519	x	3 708	5 990	4 981	陸別町
							十勝郡
2 214	254	1 000	17 425	3 106	8 391	9 120	浦幌町
							(釧路)
							釧路郡
9 606	1 038	122	11 648	66 185	11 363	8 893	釧路町
							厚岸郡
4 251	491	860	19 965	23 413	13 137	12 158	厚岸町
2 449	272	1 604	45 443	10 912	12 487	12 742	浜中町
							川上郡
3 642	403	2 831	29 555	24 392	13 322	12 676	標茶町
3 814	441	870	2 087	8 818	13 283	10 256	弟子屈町
							阿寒郡
1 195	121	1 027	576	5 763	5 503	4 443	鶴居村
							白糠郡
4 020	379	449	45 591	9 187	19 804	13 289	白糠町
							(根室)
							野付郡
6 768	735	6 626	81 393	19 008	20 565	16 537	別海町
							標津郡
11 386	1 615	2 600	17 283	82 919	17 948	18 857	中標津町
2 365	288	1 456	7 188	11 883	7 394	7 458	標津町
							目梨郡
2 034	335	49	12 444	16 028	5 911	5 038	羅臼町
							青森県
							東津軽郡
4 844	362	85	10 259	7 062	9 488	7 344	平内町
1 381	128	21	x	1 600	3 843	3 363	今別町
1 145	78	213	x	3 298	2 769	1 833	蓬田村
2 761	288	24	3 495	4 548	6 983	6 481	外ヶ浜町

市町村統計

町村 （北海道／青森）

町村の統計 (6)

	面積 (2021年 10月1日) (km²)	人口 (2022年1月1日)(人)			人口 増減率 (2021年) (%)	年齢別人口構成 (2022年1月1日)(%)		
		計	男	女		0〜14 歳	15〜64 歳	65歳 以上
西津軽郡								
鰺ヶ沢町	343.08	9 235	4 317	4 918	*-2.50*	*7.1*	*48.4*	*44.5*
深浦町	488.90	7 538	3 573	3 965	*-3.20*	*6.1*	*43.5*	*50.4*
中津軽郡								
西目屋村	246.02	1 301	608	693	*-1.96*	*11.1*	*48.5*	*40.4*
南津軽郡								
藤崎町	37.29	14 704	6 894	7 810	*-0.73*	*11.3*	*55.7*	*33.0*
大鰐町	163.43	8 947	4 098	4 849	*-2.56*	*7.0*	*49.0*	*44.0*
田舎館村	22.35	7 578	3 606	3 972	*-1.57*	*11.1*	*52.8*	*36.1*
北津軽郡								
板柳町	41.88	12 987	5 978	7 009	*-1.70*	*9.2*	*52.7*	*38.1*
鶴田町	46.43	12 238	5 729	6 509	*-2.09*	*9.9*	*52.6*	*37.5*
中泊町	216.34	10 278	4 831	5 447	*-2.74*	*7.5*	*47.8*	*44.7*
上北郡								
野辺地町	81.68	12 646	5 924	6 722	*-1.92*	*8.3*	*52.6*	*39.1*
七戸町	337.23	14 911	7 147	7 764	*-1.53*	*8.9*	*49.5*	*41.5*
六戸町	83.89	10 913	5 358	5 555	*-0.32*	*12.9*	*53.6*	*33.6*
横浜町	126.38	4 319	2 173	2 146	*-1.30*	*8.2*	*51.5*	*40.4*
東北町	326.50	16 934	8 189	8 745	*-1.28*	*10.2*	*52.0*	*37.8*
六ヶ所村	252.68	9 999	5 447	4 552	*-1.30*	*10.5*	*61.6*	*27.8*
おいらせ町	71.96	25 324	12 221	13 103	*0.14*	*13.8*	*58.8*	*27.4*
下北郡								
大間町	52.09	4 972	2 530	2 442	*-2.99*	*10.2*	*54.4*	*35.4*
東通村	295.27	6 037	3 123	2 914	*-1.89*	*9.9*	*53.1*	*37.0*
風間浦村	69.46	1 740	852	888	*-3.12*	*6.8*	*47.5*	*45.7*
佐井村	135.05	1 825	915	910	*-4.55*	*6.4*	*47.3*	*46.4*
三戸郡								
三戸町	151.79	9 456	4 540	4 916	*-2.41*	*8.3*	*49.5*	*42.1*
五戸町	177.67	16 388	7 902	8 486	*-1.74*	*8.5*	*50.6*	*40.9*
田子町	241.98	5 145	2 503	2 642	*-2.59*	*7.8*	*48.2*	*44.0*
南部町	153.12	17 301	8 235	9 066	*-1.53*	*8.8*	*51.8*	*39.4*
階上町	94.00	13 064	6 564	6 500	*-1.27*	*9.7*	*56.3*	*34.0*
新郷村	150.77	2 300	1 140	1 160	*-2.50*	*7.0*	*43.4*	*49.6*
岩手県								
岩手郡								
雫石町	608.82	15 795	7 605	8 190	*-1.97*	*9.7*	*51.5*	*38.7*
葛巻町	434.96	5 745	2 819	2 926	*-2.20*	*6.9*	*44.4*	*48.7*
岩手町	360.46	12 425	6 059	6 366	*-3.13*	*8.3*	*51.2*	*40.5*
紫波郡								
紫波町	238.98	33 188	15 924	17 264	*0.03*	*12.1*	*56.6*	*31.3*
矢巾町	67.32	26 940	12 888	14 052	*-0.71*	*12.5*	*60.1*	*27.3*
和賀郡								
西和賀町	590.74	5 219	2 454	2 765	*-2.70*	*6.5*	*42.5*	*51.0*
胆沢郡								
金ケ崎町	179.76	15 419	7 907	7 512	*-0.91*	*11.7*	*57.5*	*30.7*
西磐井郡								
平泉町	63.39	7 232	3 506	3 726	*-1.34*	*10.3*	*49.9*	*39.9*

世帯数 （2022年 1月1日）	民営事業所数 （2021年 6月1日）	農業産出額 （推計） （2020年） （千万円）	製造品出荷額等 （2019年） （百万円）	卸売・小売業の年間商品販売額 （2015年） （百万円）	歳入決算額 （普通会計） （2020年度） （百万円）	地方債現在高 （2020年度） （百万円）	
							西津軽郡
4 458	458	398	1 628	8 589	10 329	11 033	鰺ヶ沢町
3 609	380	238	444	7 667	8 257	8 344	深浦町
							中津軽郡
552	70	45	*x*	110	2 722	2 355	西目屋村
							南津軽郡
6 125	514	659	6 130	21 293	10 242	10 574	藤崎町
4 147	321	283	4 042	5 836	6 744	7 596	大鰐町
2 831	238	247	13 609	6 288	5 996	4 560	田舎館村
							北津軽郡
5 475	521	803	4 499	25 793	9 131	6 726	板柳町
5 368	412	869	8 008	11 542	8 760	7 908	鶴田町
5 010	470	333	1 128	11 325	9 864	11 979	中泊町
							上北郡
6 424	651	224	7 165	17 982	8 060	6 050	野辺地町
6 846	638	1 069	8 426	22 560	13 304	9 881	七戸町
4 577	370	754	6 483	9 138	7 313	4 147	六戸町
2 104	203	1 222	17 293	3 230	4 763	3 737	横浜町
7 279	682	1 560	6 343	20 689	14 824	12 134	東北町
4 942	557	685	242 316	19 823	16 008	3 033	六ヶ所村
10 662	881	832	47 463	43 497	13 405	9 633	おいらせ町
							下北郡
2 494	304	5	2 397	10 157	6 265	3 598	大間町
2 825	268	73	3 807	2 761	9 755	6 684	東通村
879	88	0	534	708	3 532	3 161	風間浦村
899	101	2	*x*	496	3 329	1 628	佐井村
							三戸郡
4 193	470	762	14 128	13 675	8 075	6 245	三戸町
6 997	579	1 281	22 595	17 070	11 439	10 633	五戸町
2 118	237	677	10 928	3 813	5 313	5 527	田子町
7 504	576	1 042	12 371	15 063	16 539	13 374	南部町
6 004	518	540	8 853	7 836	7 960	5 715	階上町
905	93	229	*x*	1 886	3 656	2 792	新郷村
							岩手県
							岩手郡
6 376	702	684	42 760	30 105	12 499	9 336	雫石町
2 686	278	504	9 095	4 976	9 669	8 652	葛巻町
5 375	479	1 340	16 320	14 663	10 186	8 622	岩手町
							紫波郡
12 702	1 116	744	47 334	65 750	18 670	12 646	紫波町
10 881	1 409	380	33 854	290 505	15 312	12 821	矢巾町
							和賀郡
2 257	329	173	3 944	5 879	8 328	7 616	西和賀町
							胆沢郡
6 236	565	814	591 117	30 046	12 482	7 024	金ケ崎町
							西磐井郡
2 620	407	113	13 540	14 401	6 057	4 581	平泉町

市町村統計　町村（青森／岩手）

町村の統計 (7)

	面積 (2021年 10月1日) (km²)	人口 (2022年1月1日)（人）			人口 増減率 (2021年) (%)	年齢別人口構成 (2022年1月1日)（%）		
		計	男	女		0〜14 歳	15〜64 歳	65歳 以上
気仙郡 住田町	334.84	5 050	2 480	2 570	*-3.35*	*7.4*	*46.4*	*46.2*
上閉伊郡 大槌町	200.42	11 158	5 339	5 819	*-2.27*	**9.9*	**51.4*	**38.7*
下閉伊郡 山田町	262.81	14 808	7 250	7 558	*-1.76*	*9.2*	*50.7*	*40.1*
岩泉町	992.36	8 591	4 217	4 374	*-3.15*	*8.2*	*46.4*	*45.3*
田野畑村	156.19	3 117	1 557	1 560	*-2.38*	**9.1*	**47.4*	**43.5*
普代村	69.66	2 483	1 242	1 241	*-3.39*	**8.6*	**47.6*	**43.8*
九戸郡 軽米町	245.82	8 555	4 196	4 359	*-2.48*	**8.3*	**49.2*	**42.5*
野田村	80.80	4 105	1 993	2 112	*-1.56*	**10.8*	**50.9*	**38.2*
九戸村	134.02	5 468	2 613	2 855	*-2.50*	**8.8*	**46.9*	**44.3*
洋野町	302.92	15 717	7 631	8 086	*-1.96*	*8.3*	*50.3*	*41.4*
二戸郡 一戸町	300.03	11 560	5 587	5 973	*-2.85*	*8.1*	*48.8*	*43.1*
宮城県 　**刈田郡** 蔵王町	152.83	11 490	5 642	5 848	*-1.85*	*10.2*	*51.0*	*38.8*
七ヶ宿町	263.09	1 285	637	648	*-2.73*	**7.9*	**46.1*	**46.0*
柴田郡 大河原町	24.99	23 660	11 598	12 062	*0.39*	*12.7*	*59.1*	*28.2*
村田町	78.38	10 404	5 187	5 217	*-1.90*	**10.0*	**53.2*	**36.9*
柴田町	54.03	37 267	18 587	18 680	*-0.88*	*11.5*	*58.0*	*30.6*
川崎町	270.77	8 430	4 188	4 242	*-1.90*	*8.6*	*53.0*	*38.4*
伊具郡 丸森町	273.30	12 534	6 296	6 238	*-2.87*	*8.5*	*48.3*	*43.2*
亘理郡 亘理町	73.60	33 419	16 442	16 977	*-0.08*	*11.2*	*56.6*	*32.2*
山元町	64.58	11 945	5 899	6 046	*-1.13*	*9.0*	*49.4*	*41.6*
宮城郡 松島町	53.56	13 502	6 548	6 954	*-1.29*	*8.8*	*51.8*	*39.4*
七ヶ浜町	13.19	18 247	9 106	9 141	*-1.07*	*10.4*	*57.7*	*32.0*
利府町	44.89	36 074	17 770	18 304	*0.13*	*14.1*	*61.2*	*24.6*
黒川郡 大和町	225.49	28 130	14 501	13 629	*-0.70*	*14.3*	*62.3*	*23.4*
大郷町	82.01	7 831	3 881	3 950	*-1.27*	*10.9*	*50.8*	*38.3*
大衡村	60.32	5 770	2 904	2 866	*-1.70*	*15.0*	*54.7*	*30.3*
加美郡 色麻町	109.28	6 523	3 155	3 368	*-1.88*	**11.4*	**52.6*	**36.0*
加美町	460.67	22 115	10 876	11 239	*-2.01*	*10.0*	*52.2*	*37.8*
遠田郡 涌谷町	82.16	15 182	7 446	7 736	*-2.35*	*9.2*	*52.7*	*38.1*
美里町	74.99	23 845	11 609	12 236	*-1.52*	*10.7*	*53.2*	*36.1*
牡鹿郡 女川町	65.35	6 098	3 019	3 079	*-2.15*	*9.0*	*51.7*	*39.4*
本吉郡 南三陸町	163.40	12 218	6 019	6 199	*-1.67*	*8.9*	*52.7*	*38.4*

世帯数 (2022年 1月1日)	民営 事業所数 (2021年 6月1日)	農業産出額 (推計) (2020年) (千万円)	製造品 出荷額等 (2019年) (百万円)	卸売・小売 業の年間 商品販売額 (2015年) (百万円)	歳入決算額 (普通会計) (2020年度) (百万円)	地方債 現在高 (2020年度) (百万円)	
							気仙郡
2 080	196	539	12 882	3 129	5 930	5 992	住田町
							上閉伊郡
5 291	446	32	13 371	10 264	20 355	6 838	大槌町
							下閉伊郡
6 495	594	80	15 796	16 422	21 437	9 894	山田町
4 294	488	216	10 536	7 389	13 181	14 551	岩泉町
1 366	126	167	3 063	1 625	8 653	5 397	田野畑村
1 105	126	27	3 959	2 736	5 166	4 076	普代村
							九戸郡
3 725	349	784	8 427	14 626	8 277	8 397	軽米町
1 668	178	183	588	2 531	4 776	3 574	野田村
2 156	198	841	13 174	3 569	4 921	4 433	九戸村
6 794	575	1 265	4 705	9 800	13 788	12 797	洋野町
							二戸郡
5 554	501	1 740	13 214	12 280	10 527	7 223	一戸町
							宮城県 刈田郡
4 522	603	557	65 140	15 649	8 193	4 590	蔵王町
622	94	92	2 012	498	2 965	2 022	七ヶ宿町
							柴田郡
10 128	1 158	101	22 830	57 322	12 467	8 383	大河原町
4 056	468	129	46 194	14 538	7 471	6 445	村田町
16 113	1 120	96	157 225	56 279	21 661	16 659	柴田町
3 402	412	311	15 102	5 584	6 420	2 517	川崎町
							伊具郡
4 975	513	510	28 428	7 962	19 683	10 536	丸森町
							亘理郡
13 018	1 045	488	68 056	36 349	20 675	10 599	亘理町
4 818	432	343	19 332	10 577	16 484	7 837	山元町
							宮城郡
5 701	548	87	3 663	9 598	11 697	5 411	松島町
6 804	485	13	1 549	8 250	12 105	5 113	七ヶ浜町
13 862	1 270	70	37 351	59 712	18 201	14 677	利府町
							黒川郡
12 053	1 228	211	622 672	81 875	17 665	5 433	大和町
2 854	380	244	36 110	9 718	9 000	5 285	大郷町
2 106	310	119	341 872	40 675	5 424	3 666	大衡村
							加美郡
2 080	238	976	24 120	4 145	5 469	3 680	色麻町
8 170	1 124	751	77 046	24 209	16 764	12 890	加美町
							遠田郡
5 963	572	498	54 461	34 734	10 224	6 453	涌谷町
9 243	872	585	34 022	67 774	14 700	10 843	美里町
							牡鹿郡
2 991	357	—	15 665	13 049	35 873	6 353	女川町
							本吉郡
4 440	582	125	23 004	15 217	36 694	12 959	南三陸町

市町村統計

町村（岩手／宮城）

町村の統計 (8)

	面積 2021年 10月1日 (km²)	人口 (2022年1月1日)(人) 計	男	女	人口 増減率 (2021年) (%)	年齢別人口構成 (2022年1月1日)(%) 0～14歳	15～64歳	65歳以上
秋田県								
鹿角郡								
小坂町	201.70	4 794	2 233	2 561	-1.74	*7.5	*47.0	*45.5
北秋田郡								
上小阿仁村	256.72	2 113	1 008	1 105	-3.60	*5.3	*40.2	*54.4
山本郡								
藤里町	282.13	3 002	1 435	1 567	-2.63	*6.9	*44.2	*48.9
三種町	247.98	15 353	7 116	8 237	-2.92	7.2	47.4	45.4
八峰町	234.14	6 693	3 152	3 541	-2.52	*6.2	*46.2	*47.6
南秋田郡								
五城目町	214.92	8 617	4 029	4 588	-2.07	*6.7	*45.2	*48.1
八郎潟町	17.00	5 491	2 508	2 983	-2.24	*7.6	*47.7	*44.8
井川町	47.95	4 504	2 130	2 374	-1.81	*7.2	*49.9	*42.8
大潟村	170.11	3 070	1 533	1 537	-2.29	*11.1	*55.8	*33.1
仙北郡								
美郷町	168.32	18 549	8 782	9 767	-2.47	*9.1	*51.0	*39.9
雄勝郡								
羽後町	230.78	13 963	6 764	7 199	-2.66	*8.9	*50.8	*40.2
東成瀬村	203.69	2 416	1 215	1 201	-4.09	*8.4	*49.2	*42.4
山形県								
東村山郡								
山辺町	61.45	13 895	6 769	7 126	-0.96	*11.5	*54.2	*34.3
中山町	31.15	10 897	5 330	5 567	-1.09	10.2	53.3	36.6
西村山郡								
河北町	52.45	17 636	8 580	9 056	-2.01	10.4	52.0	37.6
西川町	393.19	4 913	2 363	2 550	-3.29	*7.9	*45.8	*46.3
朝日町	196.81	6 361	3 149	3 212	-2.97	8.2	47.0	44.9
大江町	154.08	7 617	3 810	3 807	-2.53	9.6	50.5	39.9
北村山郡								
大石田町	79.54	6 518	3 227	3 291	-2.95	*8.7	*49.9	*41.4
最上郡								
金山町	161.67	5 098	2 508	2 590	-3.15	*10.0	*51.9	*38.1
最上町	330.37	8 030	3 935	4 095	-3.01	*9.8	*49.0	*41.3
舟形町	119.04	5 016	2 441	2 575	-2.34	*9.2	*48.6	*42.2
真室川町	374.22	7 111	3 417	3 694	-2.72	*9.1	*49.4	*41.4
大蔵村	211.63	3 030	1 518	1 512	-2.48	*10.8	*48.6	*40.6
鮭川村	122.14	3 979	1 930	2 049	-1.49	*9.8	*48.8	*41.4
戸沢村	261.31	4 186	2 001	2 185	-3.17	*8.4	*49.8	*41.8
東置賜郡								
高畠町	180.26	22 454	10 977	11 477	-1.66	11.6	54.4	34.0
川西町	166.60	14 360	7 068	7 292	-2.36	10.0	51.0	39.0
西置賜郡								
小国町	737.56	7 085	3 541	3 544	-2.25	9.1	49.4	41.5
白鷹町	157.71	13 005	6 423	6 582	-1.89	10.1	50.8	39.0
飯豊町	329.41	6 651	3 268	3 383	-2.54	*10.8	*50.7	*38.6
東田川郡								
三川町	33.22	7 311	3 585	3 726	-0.89	*13.7	*53.2	*33.2
庄内町	249.17	20 307	9 763	10 544	-1.69	10.4	52.1	37.5

世帯数 (2022年 1月1日)	民営 事業所数 (2021年 6月1日)	農業産出額 (推計) (2020年) (千万円)	製造品 出荷額等 (2019年) (百万円)	卸売・小売 業の年間 商品販売額 (2015年) (百万円)	歳入決算額 (普通会計) (2020年度) (百万円)	地方債 現在高 (2020年度) (百万円)	
							秋田県 鹿角郡
2 329	257	458	30 159	3 273	5 734	4 614	小坂町
							北秋田郡
1 077	106	45	587	1 106	2 919	2 438	上小阿仁村
							山本郡
1 328	142	68	215	1 394	4 240	3 117	藤里町
6 767	606	675	6 000	12 402	12 083	9 839	三種町
3 027	301	187	3 495	5 343	7 680	6 940	八峰町
							南秋田郡
3 917	412	175	5 504	10 840	8 456	6 328	五城目町
2 447	232	106	2 397	4 241	4 606	3 022	八郎潟町
1 740	178	144	9 048	6 401	4 133	2 385	井川町
1 146	132	1 353	8 211	9 748	4 203	3 384	大潟村
							仙北郡
6 596	818	714	15 074	16 513	15 117	8 989	美郷町
							雄勝郡
5 201	558	674	14 031	11 423	10 261	8 052	羽後町
931	125	53	486	832	4 275	4 474	東成瀬村
							山形県 東村山郡
4 828	466	387	4 950	8 072	7 545	5 421	山辺町
3 721	323	237	5 726	21 750	7 008	5 501	中山町
							西村山郡
6 275	894	573	34 592	20 684	12 983	7 149	河北町
1 815	263	63	3 629	3 490	6 009	5 945	西川町
2 368	299	400	5 978	5 008	6 918	6 421	朝日町
2 804	348	252	23 127	3 957	6 812	5 815	大江町
							北村山郡
2 269	326	272	7 504	5 617	6 889	6 565	大石田町
							最上郡
1 728	232	238	3 346	3 489	5 250	4 173	金山町
2 826	374	416	5 655	6 377	8 111	6 603	最上町
1 862	186	171	4 736	2 414	6 940	5 199	舟形町
2 630	296	284	6 104	6 824	8 658	4 879	真室川町
1 043	164	170	387	1 518	4 680	4 533	大蔵村
1 336	148	373	4 602	1 756	4 864	3 203	鮭川村
1 577	197	159	1 435	1 895	5 499	5 930	戸沢村
							東置賜郡
7 741	1 063	941	54 731	27 316	14 588	13 535	高畠町
5 016	594	672	26 410	10 854	14 381	14 277	川西町
							西置賜郡
3 014	362	120	35 905	4 828	8 192	8 107	小国町
4 712	625	453	22 674	9 427	10 964	11 895	白鷹町
2 314	284	385	20 320	4 271	9 360	10 402	飯豊町
							東田川郡
2 474	460	318	21 254	48 228	7 749	5 953	三川町
7 136	835	931	20 514	23 123	15 803	16 087	庄内町

市町村統計 　町村（秋田／山形）

町村の統計 (9)

	面積 (2021年 10月1日) (km²)	人口 (2022年1月1日)(人)			人口 増減率 (2021年) (%)	年齢別人口構成 (2022年1月1日)(%)		
		計	男	女		0～14 歳	15～64 歳	65歳 以上
飽海郡 　遊佐町	208.39	13 059	6 253	6 806	*-2.52*	*8.7*	*48.9*	*42.5*
福島県 　伊達郡								
桑折町	42.97	11 422	5 519	5 903	*-1.26*	*10.2*	*52.2*	*37.6*
国見町	37.95	8 601	4 135	4 466	*-2.44*	*8.0*	*50.1*	*42.0*
川俣町	127.70	#12 347	6 129	6 218	*-2.26*	*7.3*	*50.6*	*42.1*
安達郡 大玉村	79.44	8 735	4 350	4 385	*-0.42*	*14.5*	*57.8*	*27.6*
岩瀬郡								
鏡石町	31.30	12 615	6 240	6 375	*-0.43*	*13.5*	*58.3*	*28.2*
天栄村	225.52	5 403	2 701	2 702	*-2.03*	*9.5*	*53.7*	*36.7*
南会津郡								
下郷町	317.04	5 289	2 645	2 644	*-2.54*	*8.2*	*46.6*	*45.2*
檜枝岐村	390.46	530	278	252	*1.53*	*12.5*	*50.8*	*36.7*
只見町	747.56	4 053	1 990	2 063	*-2.99*	*8.5*	*44.1*	*47.4*
南会津町	886.47	14 517	7 145	7 372	*-2.88*	*8.8*	*49.2*	*42.0*
耶麻郡								
北塩原村	234.08	2 591	1 300	1 291	*-2.81*	*9.5*	*51.1*	*39.4*
西会津町	298.18	5 850	2 845	3 005	*-2.86*	*7.9*	*44.2*	*47.9*
磐梯町	59.77	3 349	1 643	1 706	*-1.70*	*12.5*	*49.9*	*37.6*
猪苗代町	394.85	13 387	6 533	6 854	*-2.03*	*10.1*	*50.6*	*39.4*
河沼郡								
会津坂下町	91.59	15 116	7 305	7 811	*-2.00*	*10.2*	*52.6*	*37.1*
湯川村	16.37	3 139	1 522	1 617	*-1.97*	*13.2*	*52.4*	*34.4*
柳津町	175.82	3 135	1 551	1 584	*-2.18*	*9.5*	*44.7*	*45.8*
大沼郡								
三島町	90.81	1 471	735	736	*-3.73*	*6.4*	*39.5*	*54.1*
金山町	293.92	1 875	917	958	*-2.60*	*4.4*	*34.1*	*61.5*
昭和村	209.46	1 172	567	605	*-3.78*	*5.4*	*36.9*	*57.7*
会津美里町	276.33	19 329	9 357	9 972	*-2.25*	*9.8*	*50.7*	*39.5*
西白河郡								
西郷村	192.06	20 201	10 204	9 997	*-0.26*	*13.8*	*60.9*	*25.3*
泉崎村	35.43	6 324	3 156	3 168	*-0.53*	*12.4*	*55.2*	*32.4*
中島村	18.92	4 895	2 401	2 494	*-1.90*	*12.5*	*56.4*	*31.1*
矢吹町	60.40	17 092	8 548	8 544	*-0.75*	*12.5*	*56.5*	*31.0*
東白川郡								
棚倉町	159.93	13 490	6 667	6 823	*-1.90*	*11.7*	*55.7*	*32.7*
矢祭町	118.27	5 481	2 685	2 796	*-2.11*	*10.6*	*49.4*	*40.0*
塙町	211.41	8 337	4 108	4 229	*-1.48*	*10.1*	*51.4*	*38.5*
鮫川村	131.34	3 121	1 579	1 542	*-3.19*	*9.4*	*49.5*	*41.1*
石川郡								
石川町	115.71	14 390	7 126	7 264	*-2.40*	*9.5*	*52.3*	*38.2*
玉川村	46.67	6 421	3 211	3 210	*-1.91*	*11.8*	*55.4*	*32.8*
平田村	93.42	5 754	2 918	2 836	*-2.47*	*9.8*	*55.7*	*34.5*
浅川町	37.43	6 152	3 095	3 057	*-1.54*	*10.9*	*54.4*	*34.7*
古殿町	163.29	4 869	2 406	2 463	*-3.14*	*9.4*	*50.1*	*40.5*
田村郡								
三春町	72.76	16 662	8 285	8 377	*-0.92*	*10.6*	*54.4*	*35.0*
小野町	125.18	9 545	4 749	4 796	*-2.76*	*9.6*	*54.0*	*36.4*

世帯数 (2022年1月1日)	民営事業所数 (2021年6月1日)	農業産出額 (推計)(2020年)(千万円)	製造品出荷額等 (2019年)(百万円)	卸売・小売業の年間商品販売額 (2015年)(百万円)	歳入決算額(普通会計)(2020年度)(百万円)	地方債現在高(2020年度)(百万円)	
4 968	569	547	13 220	10 258	11 918	9 499	飽海郡 遊佐町
							福島県 伊達郡
4 626	453	319	52 091	11 958	8 764	5 036	桑折町
3 401	312	352	12 028	9 573	8 132	5 856	国見町
5 388	614	203	31 277	19 720	11 829	7 899	川俣町
							安達郡
3 003	269	284	13 354	11 333	6 023	4 218	大玉村
							岩瀬郡
4 883	525	232	59 183	17 617	8 916	5 714	鏡石町
1 977	208	155	8 852	2 169	5 591	3 539	天栄村
							南会津郡
2 176	350	147	5 198	3 812	6 135	3 975	下郷町
199	83	0	x	x	2 675	3 296	檜枝岐村
1 845	292	92	5 050	2 719	6 496	6 398	只見町
6 473	980	293	9 664	16 724	17 286	16 951	南会津町
							耶麻郡
1 094	231	158	1 259	908	3 469	4 443	北塩原村
2 547	317	123	5 660	5 115	8 126	7 595	西会津町
1 187	124	86	45 598	1 775	5 371	5 717	磐梯町
5 304	794	391	6 777	16 602	10 712	8 735	猪苗代町
							河沼郡
5 875	803	451	15 139	21 221	9 615	7 841	会津坂下町
1 027	99	142	8 343	5 266	3 532	3 181	湯川村
1 264	179	148	5 068	6 065	4 956	4 138	柳津町
							大沼郡
716	88	9	153	456	3 155	3 779	三島町
1 020	152	26	x	978	3 722	2 672	金山町
640	71	60	x	231	2 298	1 910	昭和村
7 295	685	615	14 713	13 351	15 151	11 615	会津美里町
							西白河郡
8 397	779	245	244 831	30 514	12 993	6 260	西郷村
2 376	258	265	84 400	9 374	4 964	4 100	泉崎村
1 709	169	177	23 466	3 117	4 636	2 753	中島村
6 827	774	470	66 982	28 321	12 122	8 078	矢吹町
							東白川郡
5 099	716	207	92 431	23 243	10 248	5 761	棚倉町
2 087	270	72	67 739	3 160	5 820	5 077	矢祭町
3 293	488	271	19 241	8 754	8 210	6 380	塙町
1 076	142	124	3 647	626	4 893	2 522	鮫川村
							石川郡
5 654	790	247	26 207	17 203	11 598	7 904	石川町
2 189	303	194	45 799	5 693	7 115	3 285	玉川村
2 204	254	179	15 437	3 474	5 809	7 539	平田村
2 171	269	148	24 903	3 563	5 445	3 228	浅川町
1 710	257	83	11 531	2 586	6 171	6 017	古殿町
							田村郡
6 510	664	153	36 614	15 375	11 758	7 672	三春町
3 786	478	212	14 514	11 386	7 267	5 588	小野町

町村の統計 (10)

	面積 2021年 10月1日 (km²)	人口 (2022年1月1日)(人)			人口 増減率 (2021年) (%)	年齢別人口構成 (2022年1月1日)(%)		
		計	男	女		0〜14 歳	15〜64 歳	65歳 以上
双葉郡								
広野町	58.69	#4 702	2 485	2 217	-0.04	10.0	57.2	32.8
楢葉町	103.64	#6 682	3 445	3 237	-1.26	9.0	56.0	35.0
富岡町	68.39	#12 043	6 225	5 818	-2.67	9.2	58.0	32.7
川内村	197.35	#2 432	1 231	1 201	-3.61	*6.3	*48.2	*45.4
大熊町	78.71	#10 160	5 048	5 112	-1.02	*13.1	*59.1	*27.8
双葉町	51.42	#5 641	2 711	2 930	-2.56	*9.5	*53.1	*37.3
浪江町	223.14	#16 208	7 989	8 219	-3.05	8.7	53.3	38.1
葛尾村	84.37	#1 335	689	646	-2.77	*8.5	*50.9	*40.7
相馬郡								
新地町	46.70	7 812	3 927	3 885	-0.62	*12.3	*53.8	*33.9
飯舘村	230.13	#4 996	2 510	2 486	-4.77	*8.1	*50.2	*41.7
茨城県								
東茨城郡								
茨城町	121.58	31 518	15 761	15 757	-1.57	10.2	55.3	34.5
大洗町	23.89	16 094	8 003	8 091	-2.25	9.2	56.6	34.1
城里町	161.80	18 618	9 265	9 353	-1.73	8.3	53.5	38.2
那珂郡								
東海村	38.00	38 328	19 389	18 939	-0.13	13.8	61.1	25.1
久慈郡								
大子町	325.76	15 833	7 852	7 981	-2.57	7.1	46.3	46.6
稲敷郡								
美浦村	66.61	14 745	7 622	7 123	-1.52	9.6	58.9	31.5
阿見町	71.40	48 395	24 185	24 210	0.68	12.5	59.3	28.2
河内町	44.30	8 368	4 135	4 233	-2.45	6.9	53.2	39.9
結城郡								
八千代町	58.99	21 281	11 123	10 158	-2.09	10.9	57.9	31.2
猿島郡								
五霞町	23.11	8 257	4 213	4 044	-1.53	8.6	56.2	35.2
境町	46.59	24 927	12 801	12 126	-0.59	12.0	58.9	29.1
北相馬郡								
利根町	24.86	15 556	7 663	7 893	-1.93	7.2	47.6	45.2
栃木県								
河内郡								
上三川町	54.39	31 177	15 963	15 214	-0.35	12.8	63.0	24.2
芳賀郡								
益子町	89.40	22 196	11 093	11 103	-1.48	10.9	56.8	32.3
茂木町	172.69	12 178	6 052	6 126	-2.36	7.6	49.5	42.9
市貝町	64.25	11 498	5 890	5 608	-1.58	10.7	59.0	30.4
芳賀町	70.16	15 651	7 925	7 726	0.25	12.5	55.4	32.1
下都賀郡								
壬生町	61.06	38 831	19 252	19 579	-0.68	11.8	57.9	30.3
野木町	30.27	25 305	12 648	12 657	-0.75	11.3	55.6	33.2
塩谷郡								
塩谷町	176.06	10 557	5 264	5 293	-2.29	8.1	51.3	40.6
高根沢町	70.87	29 350	15 387	13 963	-0.25	11.7	62.4	25.9
那須郡								
那須町	372.34	24 538	12 209	12 329	-0.88	8.2	50.4	41.4
那珂川町	192.78	15 286	7 729	7 557	-2.62	8.0	51.5	40.5

世帯数（2022年1月1日）	民営事業所数（2021年6月1日）	農業産出額（推計）（2020年）（千万円）	製造品出荷額等（2019年）（百万円）	卸売・小売業の年間商品販売額（2015年）（百万円）	歳入決算額（普通会計）（2020年度）（百万円）	地方債現在高（2020年度）（百万円）	
							双葉郡
2 236	297	19	18 326	4 876	5 905	1 768	広野町
3 068	270	37	10 016	1 812	17 539	712	楢葉町
5 617	192	4	x	x	22 385	617	富岡町
1 196	107	50	306	950	9 493	2 448	川内村
3 892	32	0	—	—	35 701	—	大熊町
2 187	6	—	—	—	25 727	1 635	双葉町
6 773	115	10	618	x	34 299	2 267	浪江町
475	36	3	x	—	6 532	1 510	葛尾村
							相馬郡
2 941	311	158	14 224	8 571	9 314	5 743	新地町
1 811	101	16	4 389	—	17 716	3 415	飯舘村
							茨城県
							東茨城郡
13 297	1 289	1 821	60 600	315 158	17 352	10 078	茨城町
7 607	874	198	25 046	21 466	11 131	9 818	大洗町
7 881	629	675	27 621	11 780	15 527	11 140	城里町
							那珂郡
16 547	1 185	182	16 203	52 498	25 002	1 749	東海村
							久慈郡
7 203	912	465	16 564	16 933	14 152	10 069	大子町
							稲敷郡
6 705	640	152	51 962	10 276	8 835	7 599	美浦村
21 559	1 653	299	340 539	58 751	22 870	15 189	阿見町
3 398	318	354	15 229	6 311	6 558	3 893	河内町
							結城郡
7 648	923	2 305	98 950	33 461	10 848	7 505	八千代町
							猿島郡
3 357	445	92	217 414	34 235	6 004	3 638	五霞町
9 967	1 352	552	91 909	41 048	22 074	10 010	境町
							北相馬郡
7 008	387	101	5 291	6 730	8 226	5 220	利根町
							栃木県
							河内郡
12 292	1 123	530	333 225	87 378	15 633	6 399	上三川町
							芳賀郡
8 785	1 054	314	17 872	27 477	10 951	6 395	益子町
4 946	536	673	6 643	8 208	9 775	7 279	茂木町
4 535	416	400	137 037	6 596	7 124	3 443	市貝町
5 787	587	770	249 445	50 591	12 693	2 622	芳賀町
							下都賀郡
16 190	1 560	585	104 935	76 116	19 363	8 408	壬生町
10 839	773	168	139 424	20 612	11 366	7 523	野木町
							塩谷郡
4 032	426	385	32 309	6 163	7 597	3 796	塩谷町
12 746	888	633	17 792	30 137	15 107	7 973	高根沢町
							那須郡
10 505	1 534	2 411	43 518	32 520	17 984	11 709	那須町
5 990	720	467	52 922	13 783	11 059	8 264	那珂川町

市町村統計　町村（福島／茨城／栃木）

町村の統計 (11)

	面積 (2021年 10月1日) (km²)	人口 (2022年1月1日)(人)			人口 増減率 (2021年) (%)	年齢別人口構成 (2022年1月1日)(%)		
		計	男	女		0〜14 歳	15〜64 歳	65歳 以上
群馬県								
北群馬郡								
榛東村	27.92	14 577	7 427	7 150	-0.08	13.0	60.3	26.7
吉岡町	20.46	22 111	10 864	11 247	1.39	15.9	61.5	22.5
多野郡								
上野村	181.85	1 138	582	556	0.18	*10.1	*44.5	*45.4
神流町	114.60	1 699	813	886	-2.07	*3.6	*34.6	*61.8
甘楽郡								
下仁田町	188.38	6 782	3 337	3 445	-3.21	*4.8	*43.4	*51.9
南牧村	118.83	1 636	771	865	-4.72	*2.4	*30.9	*66.7
甘楽町	58.61	12 767	6 325	6 442	-1.36	10.0	54.8	35.2
吾妻郡								
中之条町	439.28	15 222	7 439	7 783	-2.13	8.7	51.1	40.2
長野原町	133.85	5 383	2 688	2 695	-0.77	8.2	53.3	38.5
嬬恋村	337.58	9 287	4 704	4 583	-1.39	9.5	52.3	38.2
草津町	49.75	6 152	3 080	3 072	-1.28	7.2	52.8	40.0
高山村	64.18	3 501	1 739	1 762	-3.26	9.7	53.4	36.9
東吾妻町	253.91	12 956	6 387	6 569	-2.31	8.0	49.6	42.4
利根郡								
片品村	391.76	4 185	2 059	2 126	-2.15	7.7	51.7	40.6
川場村	85.25	3 181	1 529	1 652	-1.18	*11.4	*51.2	*37.4
昭和村	64.14	7 033	3 546	3 487	-2.13	11.2	55.3	33.6
みなかみ町	781.08	17 941	8 756	9 185	-1.87	8.2	50.7	41.1
佐波郡								
玉村町	25.78	36 099	17 920	18 179	-0.55	11.2	62.3	26.5
邑楽郡								
板倉町	41.86	14 064	7 038	7 026	-1.80	9.4	55.7	35.0
明和町	19.64	10 953	5 522	5 431	-1.22	11.4	57.1	31.5
千代田町	21.73	11 096	5 637	5 459	-0.97	11.2	57.7	31.1
大泉町	18.03	41 658	21 670	19 988	-0.14	12.4	64.3	23.3
邑楽町	31.11	26 004	13 141	12 863	-0.70	10.7	56.9	32.4
埼玉県								
北足立郡								
伊奈町	14.79	45 030	22 819	22 211	0.16	13.3	62.6	24.1
入間郡								
三芳町	15.33	37 942	18 893	19 049	-0.51	11.9	59.5	28.6
毛呂山町	34.07	32 900	16 340	16 560	-0.84	8.6	56.4	35.0
越生町	40.39	11 248	5 610	5 638	-0.92	8.1	54.7	37.2
比企郡								
滑川町	29.68	19 670	10 039	9 631	0.55	15.5	61.6	22.9
嵐山町	29.92	17 630	8 793	8 837	-0.66	9.2	57.0	33.8
小川町	60.36	28 647	14 281	14 366	-1.47	7.7	52.0	40.3
川島町	41.63	19 345	9 895	9 450	-1.66	9.0	54.6	36.5
吉見町	38.64	18 390	9 285	9 105	-1.42	8.2	56.7	35.1
鳩山町	25.73	13 289	6 521	6 768	-1.17	7.1	47.7	45.1
ときがわ町	55.90	10 759	5 470	5 289	-1.28	8.0	52.0	40.0
秩父郡								
横瀬町	49.36	7 976	3 959	4 017	-1.91	10.4	55.4	34.1
皆野町	63.74	9 371	4 679	4 692	-1.58	10.1	51.5	38.4
長瀞町	30.43	6 748	3 300	3 448	-1.96	*9.1	*51.6	*39.3

世帯数 (2022年 1月1日)	民営事業所数 (2021年 6月1日)	農業産出額 (推計) (2020年) (千万円)	製造品出荷額等 (2019年) (百万円)	卸売・小売業の年間商品販売額 (2015年) (百万円)	歳入決算額 (普通会計) (2020年度) (百万円)	地方債現在高 (2020年度) (百万円)	
							群馬県
							北群馬郡
6 042	472	161	23 121	6 640	8 232	2 200	榛東村
8 565	699	453	25 496	46 118	10 602	5 048	吉岡町
							多野郡
574	109	15	272	216	3 995	3 135	上野村
923	177	5	x	1 032	3 670	2 322	神流町
							甘楽郡
3 253	447	81	12 409	4 867	6 561	5 371	下仁田町
941	106	11	2 939	436	2 568	1 875	南牧村
5 081	639	195	47 717	9 822	7 530	5 200	甘楽町
							吾妻郡
6 699	829	192	6 463	16 340	13 183	7 783	中之条町
2 533	445	498	1 222	11 612	9 341	4 648	長野原町
3 888	597	1 888	2 102	13 838	10 108	6 177	嬬恋村
3 394	667	15	—	7 546	6 187	3 529	草津町
1 465	137	181	x	610	4 067	1 863	高山村
5 543	608	985	39 838	31 245	10 344	11 358	東吾妻町
							利根郡
1 702	350	147	2 535	1 541	4 574	4 954	片品村
1 134	139	177	1 105	5 366	3 643	2 147	川場村
2 718	241	1 902	40 826	9 286	6 888	2 611	昭和村
7 909	1 020	297	59 491	16 279	16 756	9 709	みなかみ町
							佐波郡
15 845	1 281	138	136 024	107 504	15 908	9 416	玉村町
							邑楽郡
5 785	601	548	53 658	14 148	7 868	4 359	板倉町
4 297	391	187	106 126	9 857	7 351	4 129	明和町
4 562	538	118	194 094	31 168	6 823	3 554	千代田町
19 784	1 485	23	627 111	62 692	18 282	6 451	大泉町
10 483	1 005	257	245 392	34 744	12 849	7 468	邑楽町
							埼玉県
							北足立郡
19 089	1 376	54	93 682	92 494	17 490	11 046	伊奈町
							入間郡
16 771	1 731	266	235 854	148 205	18 423	12 653	三芳町
15 970	1 143	37	40 255	36 173	14 158	9 475	毛呂山町
5 084	449	26	7 702	5 059	6 213	3 566	越生町
							比企郡
8 092	591	122	113 126	39 567	9 012	5 301	滑川町
8 173	732	80	144 904	19 818	8 677	6 583	嵐山町
13 019	1 081	75	105 004	23 209	13 131	9 122	小川町
8 089	905	206	97 694	51 378	9 979	6 312	川島町
7 840	635	145	137 667	61 638	9 853	5 501	吉見町
6 030	447	57	3 889	7 585	8 235	7 372	鳩山町
4 740	595	25	60 092	6 381	7 165	7 487	ときがわ町
							秩父郡
3 339	328	22	31 631	5 611	5 159	3 379	横瀬町
3 992	499	17	10 886	20 074	5 627	2 993	皆野町
2 895	431	9	10 964	5 830	4 235	2 879	長瀞町

市町村統計　町村（群馬／埼玉）

町村の統計 (12)

	面積 (2021年 10月1日) (km²)	人口 (2022年1月1日)(人)			人口 増減率 (2021年) (%)	年齢別人口構成 (2022年1月1日)(%)		
		計	男	女		0～14 歳	15～64 歳	65歳 以上
小鹿野町	171.26	10 893	5 412	5 481	-2.86	8.9	51.3	39.8
東秩父村	37.06	2 635	1 342	1 293	-2.80	*6.0	*49.0	*44.9
児玉郡								
美里町	33.41	10 994	5 553	5 441	-1.07	10.6	56.3	33.2
神川町	47.40	13 173	6 725	6 448	-1.44	9.9	57.7	32.4
上里町	29.18	30 702	15 281	15 421	-0.47	11.5	60.2	28.3
大里郡								
寄居町	64.25	32 587	16 232	16 355	-1.00	9.6	56.3	34.1
南埼玉郡								
宮代町	15.95	33 664	16 915	16 749	-0.47	11.0	56.2	32.8
北葛飾郡								
杉戸町	30.03	44 219	22 162	22 057	-0.59	10.2	56.4	33.4
松伏町	16.20	28 550	14 426	14 124	-1.00	10.4	59.9	29.8
千葉県								
印旛郡								
酒々井町	19.01	20 460	10 188	10 272	-0.96	9.4	57.7	32.8
栄町	32.51	20 086	9 878	10 208	-1.02	8.0	51.3	40.7
香取郡								
神崎町	19.90	5 806	2 952	2 854	-1.41	8.6	56.1	35.3
多古町	72.80	14 035	7 097	6 938	-2.45	8.8	53.0	38.1
東庄町	46.25	13 375	6 690	6 685	-1.91	9.2	51.7	39.1
山武郡								
九十九里町	24.46	14 953	7 444	7 509	-2.50	7.2	51.7	41.1
芝山町	43.24	6 998	3 562	3 436	-1.66	8.5	55.7	35.8
横芝光町	67.01	23 041	11 372	11 669	-1.40	9.9	53.0	37.2
長生郡								
一宮町	22.99	12 344	6 093	6 251	-1.20	12.1	55.3	32.5
睦沢町	35.59	6 870	3 352	3 518	-0.85	9.9	49.2	40.9
長生村	28.25	13 874	6 859	7 015	-1.10	9.1	56.3	34.6
白子町	27.50	10 847	5 467	5 380	-1.75	8.4	50.4	41.2
長柄町	47.11	6 588	3 343	3 245	-2.46	7.3	50.8	41.9
長南町	65.51	7 594	3 772	3 822	-1.92	*7.3	*47.8	*44.9
夷隅郡								
大多喜町	129.87	8 544	4 191	4 353	-2.30	8.5	48.7	42.8
御宿町	24.85	7 201	3 442	3 759	-1.52	6.1	42.4	51.5
安房郡								
鋸南町	45.17	7 183	3 469	3 714	-3.05	6.6	44.6	48.8
東京都								
西多摩郡								
瑞穂町	16.85	32 328	16 400	15 928	-0.74	10.7	59.6	29.7
日の出町	28.07	16 549	8 166	8 383	-0.24	13.6	50.3	36.1
檜原村	105.41	2 069	1 030	1 039	-2.04	*7.3	*40.5	*52.2
奥多摩町	225.53	4 897	2 451	2 446	-1.88	7.1	41.9	50.9
大島支庁								
大島町	90.76	7 262	3 751	3 511	-2.01	9.8	51.7	38.5
利島村	4.12	332	184	148	7.10	*16.0	*60.7	*23.3
新島村	27.54	2 547	1 238	1 309	-3.27	*9.6	*49.3	*41.1
神津島村	18.58	1 877	967	910	-0.53	*14.2	*53.1	*32.7

世帯数 （2022年 1月1日）	民営 事業所数 （2021年 6月1日）	農業産出額 （推計） （2020年） （千万円）	製造品 出荷額等 （2019年） （百万円）	卸売・小売 業の年間 商品販売額 （2015年） （百万円）	歳入決算額 （普通会計） （2020年度） （百万円）	地方債 現在高 （2020年度） （百万円）	
4 594	584	58	24 599	9 283	9 535	7 966	小鹿野町
1 068	131	12	1 377	375	3 011	1 411	東秩父村
							児玉郡
4 493	431	135	110 551	19 819	6 989	4 667	美里町
5 756	484	165	71 464	15 416	8 400	6 297	神川町
13 108	1 036	474	133 037	38 954	13 566	7 962	上里町
							大里郡
14 769	1 264	422	391 626	37 244	16 031	10 564	寄居町
							南埼玉郡
15 317	1 017	74	7 325	14 380	15 177	7 983	宮代町
							北葛飾郡
19 597	1 518	178	32 806	97 849	19 238	8 815	杉戸町
12 176	1 040	56	27 965	24 161	12 622	7 414	松伏町
							千葉県 印旛郡
9 840	836	96	22 069	44 355	9 886	5 720	酒々井町
9 141	505	167	30 889	28 802	10 100	7 382	栄町
							香取郡
2 479	225	106	29 011	3 601	4 003	1 962	神崎町
5 991	799	1 148	56 826	21 907	9 684	3 963	多古町
5 214	505	1 401	25 038	11 692	8 633	4 606	東庄町
							山武郡
7 029	664	181	31 429	11 412	8 530	7 400	九十九里町
3 018	539	463	55 939	24 820	7 053	2 296	芝山町
9 847	952	774	46 567	31 630	14 859	10 973	横芝光町
							長生郡
5 556	560	128	11 883	8 859	6 882	3 456	一宮町
2 802	244	73	4 832	5 399	4 747	3 132	睦沢町
6 108	440	124	47 313	12 667	9 978	4 871	長生村
4 945	402	221	11 037	6 602	6 609	4 450	白子町
2 963	288	74	45 790	1 882	6 151	3 425	長柄町
3 239	337	117	35 867	6 172	6 442	4 011	長南町
							夷隅郡
3 779	547	142	23 694	11 998	6 758	4 317	大多喜町
3 685	337	36	1 051	3 976	4 953	3 512	御宿町
							安房郡
3 501	362	132	1 534	8 445	7 802	4 839	鋸南町
							東京都 西多摩郡
15 097	1 858	54	519 498	120 195	19 429	8 172	瑞穂町
7 466	771	13	46 697	36 576	11 546	5 641	日の出町
1 137	170	0	1 134	516	4 250	929	檜原村
2 620	258	0	575	1 780	7 792	1 962	奥多摩町
							大島支庁
4 462	546	59	405	5 783	10 246	10 022	大島町
187	30	6	x	x	1 593	532	利島村
1 339	214	7	385	1 891	4 911	2 853	新島村
930	170	2	x	2 053	3 407	1 043	神津島村

市町村統計　町村　（埼玉／千葉／東京）

町村の統計 (13)

	面積 (2021年 10月1日) (km²)	人口 (2022年1月1日)(人)			人口 増減率 (2021年) (%)	年齢別人口構成 (2022年1月1日)(%)		
		計	男	女		0～14 歳	15～64 歳	65歳 以上
三宅支庁								
三宅村	55.26	2 362	1 314	1 048	*-0.88*	*10.4*	*49.4*	*40.2*
御蔵島村	20.55	299	163	136	*-2.61*	*19.1*	*62.1*	*18.8*
八丈支庁								
八丈町	72.24	7 128	3 558	3 570	*-1.33*	10.9	49.2	39.9
青ヶ島村	5.96	170	98	72	*3.03*	10.0	68.2	21.8
小笠原支庁								
小笠原村	106.88	2 575	1 441	1 134	*-1.19*	*15.6*	*67.3*	*17.1*
神奈川県								
三浦郡								
葉山町	17.04	32 864	15 564	17 300	*-0.16*	12.7	56.0	31.3
高座郡								
寒川町	13.34	49 064	24 941	24 123	*0.27*	12.7	59.8	27.5
中郡								
大磯町	17.18	32 464	15 914	16 550	*-0.76*	11.0	54.6	34.4
二宮町	9.08	28 183	13 690	14 493	*-0.49*	9.9	54.9	35.2
足柄上郡								
中井町	19.99	9 099	4 588	4 511	*-1.76*	9.3	55.2	35.5
大井町	14.38	17 351	8 591	8 760	*0.20*	11.5	60.0	28.5
松田町	37.75	10 756	5 320	5 436	*-1.60*	9.4	55.7	35.0
山北町	224.61	9 783	4 802	4 981	*-1.78*	8.2	50.6	41.3
開成町	6.55	18 386	9 007	9 379	*0.89*	14.8	60.3	24.9
足柄下郡								
箱根町	92.86	11 032	5 299	5 733	*-1.46*	6.1	55.6	38.3
真鶴町	7.05	6 984	3 252	3 732	*-1.84*	6.6	49.9	43.4
湯河原町	40.97	24 151	11 384	12 767	*-1.40*	7.2	50.6	42.1
愛甲郡								
愛川町	34.28	39 690	20 760	18 930	*-0.72*	10.3	58.8	30.9
清川村	71.24	2 860	1 459	1 401	*-0.80*	*10.2*	*52.0*	*37.7*
新潟県								
北蒲原郡								
聖籠町	37.58	14 115	7 075	7 040	*-0.41*	15.0	59.5	25.5
西蒲原郡								
弥彦村	25.17	7 802	3 785	4 017	*-1.39*	*11.1*	*56.3*	*32.6*
南蒲原郡								
田上町	31.71	11 197	5 399	5 798	*-1.72*	*8.8*	*53.4*	*37.8*
東蒲原郡								
阿賀町	952.89	10 090	4 919	5 171	*-2.65*	*6.4*	*44.4*	*49.2*
三島郡								
出雲崎町	44.38	4 193	2 006	2 187	*-1.73*	*8.2*	*47.8*	*44.1*
南魚沼郡								
湯沢町	357.29	8 002	4 087	3 915	*-0.47*	8.3	52.5	39.2
中魚沼郡								
津南町	170.21	9 057	4 386	4 671	*-1.96*	9.4	48.4	42.2
刈羽郡								
刈羽村	26.27	4 374	2 224	2 150	*-1.64*	*12.2*	*54.4*	*33.4*

世帯数 (2022年1月1日)	民営事業所数 (2021年6月1日)	農業産出額(推計)(2020年)(千万円)	製造品出荷額等(2019年)(百万円)	卸売・小売業の年間商品販売額(2015年)(百万円)	歳入決算額(普通会計)(2020年度)(百万円)	地方債現在高(2020年度)(百万円)	
							三宅支庁
1 540	242	7	x	1 946	4 878	3 306	三宅村
163	29	2	—	x	1 942	610	御蔵島村
							八丈支庁
4 228	540	220	905	6 884	10 120	6 465	八丈町
119	16	3	x	—	1 201	90	青ヶ島村
							小笠原支庁
1 499	303	10	x	1 596	6 009	2 538	小笠原村
							神奈川県
							三浦郡
14 655	1 153	13	840	20 406	14 758	5 629	葉山町
							高座郡
22 083	1 863	60	427 495	82 863	22 898	7 523	寒川町
							中郡
14 535	1 066	59	8 925	30 597	14 770	8 191	大磯町
12 793	949	21	4 943	20 640	11 925	7 518	二宮町
							足柄上郡
3 789	507	90	78 588	22 715	5 570	494	中井町
7 289	722	52	14 727	115 610	8 736	3 221	大井町
4 866	567	11	10 377	5 244	7 003	4 790	松田町
4 227	443	25	48 323	10 783	7 512	4 295	山北町
7 479	711	22	35 650	19 268	8 975	6 870	開成町
							足柄下郡
6 725	1 480	0	1 208	14 928	13 964	8 408	箱根町
3 409	307	9	598	4 176	4 906	3 500	真鶴町
12 817	1 223	45	3 547	30 018	13 428	10 601	湯河原町
							愛甲郡
18 633	1 692	204	244 523	73 551	17 739	6 760	愛川町
1 262	132	78	6 170	461	2 725	854	清川村
							新潟県
							北蒲原郡
4 896	626	200	177 778	38 292	9 449	2 445	聖籠町
							西蒲原郡
2 755	371	155	25 983	14 106	5 580	3 046	弥彦村
							南蒲原郡
4 221	406	119	19 136	14 899	7 379	4 636	田上町
							東蒲原郡
4 423	549	197	4 989	8 438	13 787	14 396	阿賀町
							三島郡
1 715	226	54	6 361	2 449	4 303	3 198	出雲崎町
							南魚沼郡
3 948	778	27	2 256	14 108	9 133	4 274	湯沢町
							中魚沼郡
3 467	469	652	12 313	10 216	8 829	6 734	津南町
							刈羽郡
1 582	211	68	11 642	4 820	7 785	—	刈羽村

市町村統計　町村（東京／神奈川／新潟）

町村の統計 (14)

	面積 (2021年 10月1日) (km²)	人口 (2022年1月1日)(人)			人口 増減率 (2021年) (%)	年齢別人口構成 (2022年1月1日)(%)		
		計	男	女		0~14 歳	15~64 歳	65歳 以上
岩船郡								
関川村	299.61	5 162	2 487	2 675	-3.01	*8.6	*48.4	*43.1
粟島浦村	9.78	338	163	175	-1.74	*12.5	*42.4	*45.1
富山県								
中新川郡								
舟橋村	3.47	3 274	1 623	1 651	1.93	*17.0	*64.6	*18.4
上市町	236.71	19 638	9 407	10 231	-1.61	9.0	53.7	37.3
立山町	307.29	25 174	12 140	13 034	-1.27	11.0	55.4	33.7
下新川郡								
入善町	71.25	23 576	11 325	12 251	-2.07	9.5	53.7	36.9
朝日町	226.30	11 293	5 337	5 956	-2.17	7.8	48.0	44.3
石川県								
能美郡								
川北町	14.64	6 161	3 065	3 096	-0.10	16.1	60.8	23.1
河北郡								
津幡町	110.59	37 569	18 367	19 202	0.05	13.3	61.9	24.7
内灘町	20.33	26 276	12 726	13 550	-0.62	12.6	59.6	27.8
羽咋郡								
志賀町	246.76	19 178	9 156	10 022	-1.91	8.2	47.3	44.5
宝達志水町	111.51	12 541	5 983	6 558	-1.95	8.6	52.4	38.9
鹿島郡								
中能登町	89.45	17 351	8 408	8 943	-1.52	11.3	52.1	36.6
鳳珠郡								
穴水町	183.21	7 754	3 737	4 017	-1.66	6.9	44.4	48.7
能登町	273.27	16 086	7 658	8 428	-2.60	7.0	44.1	48.9
福井県								
吉田郡								
永平寺町	94.43	18 149	8 844	9 305	-0.98	11.5	57.1	31.4
今立郡								
池田町	194.65	2 397	1 156	1 241	-2.44	*7.8	*47.2	*45.1
南条郡								
南越前町	343.69	10 083	4 884	5 199	-1.71	11.1	51.6	37.3
丹生郡								
越前町	153.15	20 581	10 025	10 556	-1.71	11.2	53.5	35.2
三方郡								
美浜町	152.35	9 130	4 487	4 643	-1.64	10.5	52.0	37.6
大飯郡								
高浜町	72.40	10 049	5 045	5 004	-1.80	12.0	55.3	32.7
おおい町	212.19	8 105	3 989	4 116	-0.83	13.6	54.2	32.1
三方上中郡								
若狭町	178.49	14 131	6 841	7 290	-2.08	12.2	52.5	35.3
山梨県								
西八代郡								
市川三郷町	75.18	15 196	7 431	7 765	-1.95	9.7	52.0	38.3
南巨摩郡								
早川町	369.96	951	479	472	-5.09	*6.4	*46.2	*47.4
身延町	301.98	10 720	5 197	5 523	-3.02	6.0	45.8	48.2
南部町	200.87	7 240	3 568	3 672	-2.62	7.3	49.2	43.5

世帯数 (2022年 1月1日)	民営 事業所数 (2021年 6月1日)	農業産出額 (推計) (2020年) (千万円)	製造品 出荷額等 (2019年) (百万円)	卸売・小売 業の年間 商品販売額 (2015年) (百万円)	歳入決算額 (普通会計) (2020年度) (百万円)	地方債 現在高 (2020年度) (百万円)	
							岩船郡
1 865	264	191	6 201	3 039	5 548	5 104	関川村
167	57	0	—	112	1 255	902	粟島浦村
							富山県 中新川郡
1 154	75	21	4 396	965	2 426	1 964	舟橋村
7 796	781	138	73 727	15 740	12 932	8 351	上市町
9 507	968	352	82 102	21 683	16 375	10 051	立山町
							下新川郡
8 906	982	430	109 254	24 740	14 609	13 429	入善町
4 702	604	172	15 310	12 359	10 519	9 689	朝日町
							石川県 能美郡
2 002	257	80	41 681	20 936	4 752	4 327	川北町
							河北郡
14 603	1 105	152	59 576	64 203	21 541	16 022	津幡町
11 106	851	158	3 509	13 759	13 612	13 040	内灘町
							羽咋郡
7 987	1 013	336	75 461	20 768	15 413	8 011	志賀町
4 927	466	285	120 485	16 980	10 037	7 083	宝達志水町
							鹿島郡
6 613	698	171	38 191	13 801	13 655	12 355	中能登町
							鳳珠郡
3 649	558	260	5 815	15 430	7 984	8 205	穴水町
7 377	1 008	243	6 421	15 469	19 230	22 291	能登町
							福井県 吉田郡
6 491	732	94	15 038	16 280	11 808	8 986	永平寺町
							今立郡
912	157	46	1 488	705	4 109	3 340	池田町
							南条郡
3 401	402	120	10 864	6 548	10 795	5 856	南越前町
							丹生郡
7 199	1 002	123	45 825	18 439	18 518	12 733	越前町
							三方郡
3 661	518	93	4 578	8 204	11 863	6 132	美浜町
							大飯郡
4 289	552	48	4 661	8 330	13 044	3 962	高浜町
3 274	491	65	2 562	4 221	11 824	1 587	おおい町
							三方上中郡
4 969	753	222	73 193	13 951	13 629	10 354	若狭町
							山梨県 西八代郡
6 660	653	105	34 903	11 349	11 218	14 438	市川三郷町
							南巨摩郡
560	78	7	—	296	3 172	2 300	早川町
5 189	710	22	23 450	11 599	11 184	5 687	身延町
3 067	389	19	22 387	6 365	6 940	3 382	南部町

市町村統計

町村（新潟／富山／石川／福井／山梨）

町村の統計 (15)

	面積 2021年 10月1日 (km²)	人口 (2022年1月1日) (人)			人口増減率 (2021年) (%)	年齢別人口構成 (2022年1月1日) (%)		
		計	男	女		0〜14歳	15〜64歳	65歳以上
富士川町	112.00	14 475	7 027	7 448	-1.42	10.0	55.4	34.6
中巨摩郡								
昭和町	9.08	20 849	10 467	10 382	0.91	16.3	64.4	19.3
南都留郡								
道志村	79.68	1 602	818	784	-1.90	*8.3	*52.3	*39.4
西桂町	15.22	4 130	1 995	2 135	-1.50	*10.7	*58.2	*31.1
忍野村	25.05	9 751	5 322	4 429	0.72	14.9	65.1	20.0
山中湖村	53.05	5 811	2 942	2 869	-0.41	11.1	56.8	32.2
鳴沢村	89.58	3 127	1 577	1 550	-0.32	*11.2	*55.0	*33.8
富士河口湖町	158.40	26 716	13 185	13 531	0.01	13.0	60.4	26.5
北都留郡								
小菅村	52.78	679	346	333	-3.82	*9.4	*44.2	*46.3
丹波山村	101.30	532	277	255	-2.39	*5.9	*47.2	*47.0
長野県								
南佐久郡								
小海町	114.20	4 414	2 182	2 232	-1.98	8.9	49.7	41.4
川上村	209.61	3 844	2 056	1 788	-2.61	11.8	55.0	33.2
南牧村	133.09	3 065	1 578	1 487	-3.07	10.8	55.9	33.3
南相木村	66.05	969	465	504	-2.71	*10.0	*49.4	*40.6
北相木村	56.32	690	336	354	-4.03	*13.8	*47.3	*38.9
佐久穂町	188.15	10 605	5 174	5 431	-1.40	10.5	50.9	38.6
北佐久郡								
軽井沢町	156.03	21 231	10 140	11 091	1.48	11.8	56.1	32.1
御代田町	58.79	16 052	7 976	8 076	1.08	12.3	60.1	27.6
立科町	66.87	6 970	3 470	3 500	-1.32	9.4	54.0	36.5
小県郡								
青木村	57.10	4 293	2 083	2 210	-0.92	*11.4	*50.0	*38.6
長和町	183.86	5 815	2 872	2 943	-1.22	8.6	49.1	42.3
諏訪郡								
下諏訪町	66.87	19 332	9 333	9 999	-1.16	10.4	51.8	37.8
富士見町	144.76	14 326	7 027	7 299	-0.46	11.4	52.9	35.7
原村	43.26	8 041	3 961	4 080	0.06	11.9	54.1	34.0
上伊那郡								
辰野町	169.20	18 864	9 193	9 671	-1.46	10.4	51.8	37.8
箕輪町	85.91	24 681	12 383	12 298	-0.56	12.5	57.4	30.1
飯島町	86.96	9 268	4 556	4 712	-0.54	10.8	52.6	36.5
南箕輪村	40.99	15 833	7 879	7 954	0.50	15.7	60.3	24.0
中川村	77.05	4 767	2 274	2 493	-1.06	12.4	52.3	35.4
宮田村	54.50	8 908	4 407	4 501	-0.80	13.3	57.9	28.8
下伊那郡								
松川町	72.79	12 843	6 253	6 590	-1.02	11.7	54.5	33.8
高森町	45.36	12 916	6 281	6 635	-0.55	13.4	54.5	32.0
阿南町	123.07	4 321	2 107	2 214	-1.75	*9.2	*45.3	*45.5
阿智村	214.43	6 150	2 994	3 156	-1.33	12.7	51.5	35.8
平谷村	77.37	389	189	200	-1.27	*9.8	*52.3	*37.8
根羽村	89.97	883	431	452	1.15	*8.3	*39.6	*52.2
下條村	38.12	3 606	1 748	1 858	-2.28	*12.2	*52.6	*35.3
売木村	43.43	507	236	271	-1.93	*11.6	*44.6	*43.8
天龍村	109.44	1 167	554	613	-3.07	*5.1	*33.1	*61.8

世帯数 (2022年 1月1日)	民営 事業所数 (2021年 6月1日)	農業産出額 (推計) (2020年) (千万円)	製造品 出荷額等 (2019年) (百万円)	卸売・小売 業の年間 商品販売額 (2015年) (百万円)	歳入決算額 (普通会計) (2020年度) (百万円)	地方債 現在高 (2020年度) (百万円)	
6 277	683	57	30 290	18 212	11 471	8 043	富士川町
							中巨摩郡
9 245	1 762	37	279 159	114 416	11 281	3 959	昭和町
							南都留郡
621	130	7	1 389	641	2 654	3 028	道志村
1 562	186	4	5 218	6 622	3 285	1 762	西桂町
4 097	427	34	336 552	8 513	6 238	50	忍野村
2 490	515	3	6 433	4 871	5 417	197	山中湖村
1 316	171	81	30 535	2 017	2 825	300	鳴沢村
11 122	1 726	254	70 201	44 619	18 472	19 616	富士河口湖町
							北都留郡
339	64	0	629	236	1 740	1 387	小菅村
302	41	3	—	216	1 820	1 419	丹波山村
							長野県 南佐久郡
1 949	276	310	1 417	8 115	5 519	4 075	小海町
1 412	169	1 787	—	7 943	6 204	3 419	川上村
1 318	141	1 101	x	8 967	5 263	4 046	南牧村
424	49	78	—	102	2 324	2 132	南相木村
329	33	91	x	91	2 141	1 869	北相木村
4 292	447	344	8 356	6 632	11 085	4 696	佐久穂町
							北佐久郡
10 466	2 089	105	2 605	59 620	19 173	2 420	軽井沢町
7 326	573	363	79 990	17 287	8 302	5 591	御代田町
2 905	356	312	9 399	5 601	6 126	2 814	立科町
							小県郡
1 739	175	35	9 790	1 484	3 877	1 786	青木村
2 634	345	137	4 717	3 283	7 729	6 577	長和町
							諏訪郡
8 725	988	7	23 983	37 197	10 739	9 966	下諏訪町
6 128	634	274	48 552	11 893	10 312	5 558	富士見町
3 397	417	363	7 059	3 074	5 643	1 787	原村
							上伊那郡
7 744	849	74	114 738	29 180	11 788	7 412	辰野町
9 937	989	193	137 143	33 293	13 685	9 560	箕輪町
3 662	414	196	50 793	5 011	6 687	4 238	飯島町
6 479	617	165	52 385	36 363	8 581	5 555	南箕輪村
1 687	182	149	4 001	2 343	4 619	2 928	中川村
3 505	400	87	50 382	13 037	5 696	2 989	宮田村
							下伊那郡
4 744	598	460	35 660	12 119	8 384	4 329	松川町
4 544	537	291	21 819	28 781	8 943	5 900	高森町
1 995	224	31	3 494	3 721	5 213	1 973	阿南町
2 358	417	97	17 693	4 974	7 195	2 935	阿智村
199	40	4	—	75	1 227	566	平谷村
406	64	7	954	447	2 488	1 305	根羽村
1 291	151	123	20 770	1 985	3 602	916	下條村
265	41	5	x	82	1 270	836	売木村
660	77	5	x	291	2 928	2 461	天龍村

市町村統計　町村（山梨／長野）

町村の統計 (16)

	面積 2021年 10月1日 (km²)	人口 (2022年1月1日) (人)			人口 増減率 (2021年) (%)	年齢別人口構成 (2022年1月1日) (%)		
		計	男	女		0～14 歳	15～64 歳	65歳 以上
泰阜村	64.59	1 558	741	817	*-1.77*	*11.3*	*46.2*	*42.5*
喬木村	66.61	6 107	2 998	3 109	*-2.24*	12.7	51.3	36.0
豊丘村	76.79	6 687	3 335	3 352	*-0.31*	13.4	53.9	32.7
大鹿村	248.28	941	462	479	*-3.68*	*10.3*	*42.5*	*47.2*
木曽郡								
上松町	168.42	4 160	2 038	2 122	*-2.71*	8.4	48.3	43.3
南木曽町	215.93	3 970	1 901	2 069	*-1.07*	*10.4*	*46.0*	*43.6*
木祖村	140.50	2 716	1 266	1 450	*-1.98*	*9.4*	*47.1*	*43.5*
王滝村	310.82	713	339	374	*-2.60*	*4.8*	*50.7*	*44.4*
大桑村	234.47	3 487	1 698	1 789	*-2.30*	8.1	48.5	43.4
木曽町	476.03	10 425	5 041	5 384	*-1.91*	8.5	48.4	43.1
東筑摩郡								
麻績村	34.38	2 581	1 246	1 335	*-3.26*	*8.9*	*47.1*	*44.0*
生坂村	39.05	1 705	854	851	*-1.10*	*10.3*	*46.8*	*42.9*
山形村	24.98	8 587	4 232	4 355	*-0.88*	12.6	58.6	28.8
朝日村	70.62	4 405	2 161	2 244	*-1.63*	*11.2*	*55.9*	*32.9*
筑北村	99.47	4 270	2 120	2 150	*-1.34*	*7.3*	*46.4*	*46.3*
北安曇郡								
池田町	40.16	9 557	4 640	4 917	*-1.37*	9.2	50.8	40.0
松川村	47.07	9 670	4 691	4 979	*-0.36*	11.1	55.7	33.3
白馬村	189.36	8 513	4 263	4 250	*-1.64*	10.9	56.5	32.7
小谷村	267.91	2 697	1 388	1 309	*-2.60*	9.8	51.9	38.3
埴科郡								
坂城町	53.64	14 407	7 104	7 303	*-1.85*	10.3	53.7	35.9
上高井郡								
小布施町	19.12	11 020	5 309	5 711	*-0.08*	12.8	53.1	34.2
高山村	98.56	6 720	3 340	3 380	*-2.00*	10.1	54.2	35.6
下高井郡								
山ノ内町	265.90	11 680	5 732	5 948	*-2.32*	8.1	50.5	41.4
木島平村	99.32	4 508	2 219	2 289	*-1.55*	*11.5*	*50.5*	*38.0*
野沢温泉村	57.96	3 454	1 664	1 790	*-1.79*	10.4	52.8	36.8
上水内郡								
信濃町	149.30	7 923	3 935	3 988	*-2.19*	8.0	48.3	43.7
小川村	58.11	2 357	1 167	1 190	*-1.38*	*7.6*	*45.6*	*46.8*
飯綱町	75.00	10 713	5 276	5 437	*-1.30*	9.7	50.6	39.7
下水内郡								
栄村	271.66	1 692	805	887	*-3.09*	*6.0*	*39.2*	*54.8*
岐阜県								
羽島郡								
岐南町	7.91	26 272	12 990	13 282	*0.57*	14.7	62.7	22.6
笠松町	10.30	21 985	10 607	11 378	*-0.50*	12.4	60.0	27.6
養老郡								
養老町	72.29	27 381	13 480	13 901	*-2.28*	10.0	55.6	34.4
不破郡								
垂井町	57.09	26 547	13 118	13 429	*-1.32*	11.9	57.1	30.9
関ケ原町	49.28	6 645	3 228	3 417	*-2.87*	8.4	50.5	41.1
安八郡								
神戸町	18.78	18 704	9 136	9 568	*-0.97*	11.1	56.2	32.8
輪之内町	22.33	9 403	4 696	4 707	*-1.99*	12.8	60.1	27.1

世帯数 （2022年 1月1日）	民営 事業所数 （2021年 6月1日）	農業産出額 （推計） （2020年） （千万円）	製造品 出荷額等 （2019年） （百万円）	卸売・小売 業の年間 商品販売額 （2015年） （百万円）	歳入決算額 （普通会計） （2020年度） （百万円）	地方債 現在高 （2020年度） （百万円）	
682	84	14	*x*	321	2 729	2 558	泰阜村
2 123	263	127	6 048	4 456	5 458	1 921	喬木村
2 226	240	186	25 460	5 682	7 304	3 634	豊丘村
473	69	24	489	357	2 939	1 712	大鹿村
							木曽郡
2 011	300	14	14 814	5 243	5 794	5 329	上松町
1 715	298	20	7 015	2 370	4 967	4 174	南木曽町
1 105	206	41	1 093	1 372	3 898	2 930	木祖村
375	68	5	*x*	299	2 372	2 479	王滝村
1 527	210	16	34 652	2 611	4 951	5 309	大桑村
4 823	819	83	5 636	14 706	14 993	17 163	木曽町
							東筑摩郡
1 092	133	34	1 846	1 009	3 581	3 008	麻績村
714	77	28	640	164	2 781	2 695	生坂村
3 124	348	348	6 365	24 652	5 024	2 648	山形村
1 533	122	259	10 457	1 904	4 023	2 018	朝日村
1 800	184	77	1 453	2 068	5 772	3 520	筑北村
							北安曇郡
4 052	494	128	14 205	4 717	6 556	5 230	池田町
3 953	417	160	7 664	7 804	5 824	3 570	松川村
3 994	1 120	108	2 201	8 789	7 639	7 115	白馬村
1 189	305	16	1 134	1 549	6 090	5 123	小谷村
							埴科郡
6 140	650	169	221 859	14 576	9 005	6 446	坂城町
							上高井郡
3 975	490	507	9 115	11 966	8 719	2 726	小布施町
2 456	285	328	17 878	4 110	5 514	3 766	高山村
							下高井郡
4 952	707	490	1 713	6 440	8 963	8 067	山ノ内町
1 812	222	130	2 489	1 943	4 652	3 669	木島平村
1 339	415	37	165	2 432	5 427	5 053	野沢温泉村
							上水内郡
3 348	426	173	25 860	6 842	6 779	4 877	信濃町
1 044	122	23	3 310	934	3 178	2 128	小川村
4 220	359	401	21 457	5 518	11 094	7 657	飯綱町
							下水内郡
798	98	63	691	1 261	3 546	2 915	栄村
							岐阜県
							羽島郡
11 290	1 693	30	37 201	145 449	12 106	5 138	岐南町
9 189	905	12	35 883	45 688	9 917	6 775	笠松町
							養老郡
10 315	1 092	243	93 033	65 090	16 598	11 195	養老町
							不破郡
10 547	889	75	166 622	24 251	12 880	8 023	垂井町
2 680	296	11	38 807	4 591	5 045	3 771	関ケ原町
							安八郡
7 087	700	220	142 234	12 673	9 058	5 168	神戸町
3 366	388	88	71 472	25 453	5 625	3 315	輪之内町

市町村統計　町村　（長野／岐阜）

町村の統計 (17)

	面積 2021年 10月1日 (km²)	人口 (2022年1月1日)(人)			人口 増減率 (2021年) (%)	年齢別人口構成 (2022年1月1日)(%)		
		計	男	女		0〜14 歳	15〜64 歳	65歳 以上
安八町	18.16	14 623	7 202	7 421	-1.02	12.5	58.9	28.7
揖斐郡 揖斐川町	803.44	19 953	9 624	10 329	-2.47	9.5	51.3	39.2
大野町	34.20	22 347	11 006	11 341	-1.53	12.1	58.2	29.7
池田町	38.80	23 186	11 446	11 740	-1.60	12.1	58.8	29.1
本巣郡 北方町	5.18	18 550	8 884	9 666	0.30	13.7	61.4	24.9
加茂郡 坂祝町	12.87	8 023	4 103	3 920	-1.75	13.3	58.3	28.5
富加町	16.82	5 696	2 808	2 888	-0.96	14.2	54.9	30.9
川辺町	41.16	10 013	4 939	5 074	-0.96	12.1	55.0	32.9
七宗町	90.47	3 511	1 658	1 853	-2.93	*7.7	*45.2	*47.1
八百津町	128.79	10 446	5 086	5 360	-2.04	9.3	50.8	39.9
白川町	237.90	7 634	3 610	4 024	-2.33	7.3	46.9	45.8
東白川村	87.09	2 141	1 016	1 125	-1.70	*8.4	*47.9	*43.7
可児郡 御嵩町	56.69	17 968	9 019	8 949	-0.91	11.5	56.1	32.4
大野郡 白川村	356.64	1 541	759	782	-1.97	*12.6	*54.3	*33.2
静岡県 賀茂郡 東伊豆町	77.81	11 657	5 586	6 071	-1.35	6.2	47.2	46.6
河津町	100.69	6 892	3 332	3 560	-1.95	8.7	48.6	42.7
南伊豆町	109.94	7 856	3 780	4 076	-2.07	*8.0	*44.2	*47.8
松崎町	85.19	6 151	2 909	3 242	-2.40	*6.8	*44.1	*49.2
西伊豆町	105.54	7 290	3 466	3 824	-3.05	5.5	42.9	51.6
田方郡 函南町	65.16	37 280	18 300	18 980	-0.69	11.4	56.4	32.2
駿東郡 清水町	8.81	31 930	15 618	16 312	-0.55	12.4	61.4	26.2
長泉町	26.63	43 463	21 481	21 982	-0.32	15.4	62.1	22.5
小山町	135.74	17 836	9 102	8 734	-1.37	11.9	57.1	30.9
榛原郡 吉田町	20.73	29 230	14 621	14 609	-0.65	12.2	61.8	26.0
川根本町	496.88	6 258	3 069	3 189	-3.26	6.2	43.5	50.3
周智郡 森町	133.91	17 684	8 836	8 848	-1.64	11.0	53.6	35.4
愛知県 愛知郡 東郷町	18.03	43 757	21 948	21 809	-0.58	15.0	62.3	22.7
西春日井郡 豊山町	6.18	15 831	8 102	7 729	-0.05	15.3	62.5	22.2
丹羽郡 大口町	13.61	24 282	12 320	11 962	-0.16	15.1	61.9	23.0
扶桑町	11.19	34 999	17 431	17 568	0.21	13.5	60.3	26.1
海部郡 大治町	6.59	33 167	16 817	16 350	0.43	15.2	63.9	20.9
蟹江町	11.09	37 214	18 449	18 765	-0.59	12.2	62.1	25.7

世帯数 (2022年 1月1日)	民営事業所数 (2021年 6月1日)	農業産出額 （推計） (2020年) (千万円)	製造品 出荷額等 (2019年) (百万円)	卸売・小売業の年間商品販売額 (2015年) (百万円)	歳入決算額 （普通会計） (2020年度) (百万円)	地方債 現在高 (2020年度) (百万円)	
5 493	516	70	67 738	20 898	7 832	6 183	安八町
							揖斐郡
7 966	946	143	56 844	15 119	17 381	14 122	揖斐川町
8 251	807	181	46 882	19 663	11 129	7 404	大野町
8 472	880	95	84 101	20 629	12 335	8 874	池田町
							本巣郡
7 776	756	9	5 776	25 676	11 882	7 779	北方町
							加茂郡
3 284	259	42	61 892	9 062	4 458	2 699	坂祝町
2 058	257	40	49 317	2 646	3 936	1 922	富加町
3 936	417	17	42 477	8 721	6 579	3 973	川辺町
1 438	173	14	6 077	1 487	3 816	1 408	七宗町
4 288	494	63	60 118	8 195	7 881	3 226	八百津町
3 098	489	134	6 242	5 596	7 621	4 468	白川町
816	168	46	3 030	1 428	3 373	2 983	東白川村
							可児郡
7 498	666	30	145 097	18 167	13 500	5 553	御嵩町
							大野郡
598	219	7	823	1 523	5 348	3 646	白川村
							静岡県
							賀茂郡
6 213	711	80	409	10 679	7 208	5 153	東伊豆町
3 308	468	44	1 979	6 308	5 172	2 746	河津町
3 903	539	71	2 955	5 644	6 539	5 273	南伊豆町
2 903	455	13	547	7 030	4 764	3 079	松崎町
3 660	507	8	2 694	8 272	9 766	4 357	西伊豆町
							田方郡
16 624	1 362	265	25 805	46 809	16 873	11 174	函南町
							駿東郡
14 220	1 648	17	102 260	150 680	14 464	9 075	清水町
18 515	1 539	133	450 403	102 076	21 713	2 534	長泉町
7 547	718	77	143 523	14 048	16 405	8 465	小山町
							榛原郡
11 716	1 307	105	274 618	59 281	15 255	10 917	吉田町
2 786	444	58	9 611	3 856	7 481	5 072	川根本町
							周智郡
6 649	783	286	134 355	18 440	11 694	8 828	森町
							愛知県
							愛知郡
17 928	1 551	50	178 524	45 743	19 010	9 982	東郷町
							西春日井郡
6 956	926	6	159 554	304 651	9 924	2 922	豊山町
							丹羽郡
9 787	914	27	446 201	207 405	12 468	2 485	大口町
14 584	1 097	81	38 202	45 585	14 322	7 429	扶桑町
							海部郡
14 191	1 067	34	74 862	33 285	13 771	7 034	大治町
16 805	1 586	67	80 515	66 820	17 098	10 083	蟹江町

市町村統計　町村（岐阜／静岡／愛知）

町村の統計 (18)

	面積 2021年 10月1日 (km²)	人口 (2022年1月1日)(人)			人口 増減率 (2021年) (%)	年齢別人口構成 (2022年1月1日)(%)		
		計	男	女		0〜14 歳	15〜64 歳	65歳 以上
飛島村	22.42	4 706	2 390	2 316	-1.77	13.4	56.8	29.8
知多郡								
阿久比町	23.80	28 556	14 146	14 410	-0.14	16.9	56.9	26.2
東浦町	31.14	50 415	25 326	25 089	0.15	13.5	60.8	25.7
南知多町	38.37	16 660	8 112	8 548	-2.72	8.5	52.2	39.3
美浜町	46.20	21 367	10 623	10 744	-1.45	10.0	57.9	32.1
武豊町	26.38	43 401	21 850	21 551	-0.43	13.5	61.3	25.3
額田郡								
幸田町	56.72	42 532	21 548	20 984	-0.12	16.4	61.9	21.7
北設楽郡								
設楽町	273.94	4 528	2 189	2 339	-1.95	*7.1	*41.9	*51.0
東栄町	123.38	2 935	1 411	1 524	-3.83	*8.2	*41.1	*50.6
豊根村	155.88	1 030	494	536	-2.55	*6.5	*42.3	*51.2
三重県								
桑名郡								
木曽岬町	15.74	6 081	3 140	2 941	-1.84	9.3	57.6	33.1
員弁郡								
東員町	22.68	25 891	12 730	13 161	-0.20	13.8	55.6	30.6
三重郡								
菰野町	107.01	41 476	20 491	20 985	-0.40	13.6	60.3	26.1
朝日町	5.99	11 071	5 520	5 551	0.79	17.8	63.6	18.6
川越町	8.72	15 477	7 991	7 486	1.60	14.3	66.8	18.9
多気郡								
多気町	103.06	14 176	6 817	7 359	-1.18	12.3	54.2	33.5
明和町	41.06	22 991	11 082	11 909	-0.40	13.0	56.7	30.3
大台町	362.86	8 710	4 145	4 565	-2.75	8.8	48.1	43.0
度会郡								
玉城町	40.91	15 271	7 395	7 876	-0.70	13.8	58.4	27.8
度会町	134.98	7 892	3 854	4 038	-1.30	*10.8	*53.4	*35.8
大紀町	233.32	7 875	3 764	4 111	-3.03	6.8	44.4	48.8
南伊勢町	241.89	11 637	5 451	6 186	-2.90	5.4	42.4	52.2
北牟婁郡								
紀北町	256.54	14 824	6 952	7 872	-2.94	7.4	47.6	45.0
南牟婁郡								
御浜町	88.13	8 237	3 878	4 359	-1.41	*10.0	*49.9	*40.1
紀宝町	79.62	10 585	4 959	5 626	-1.18	11.0	52.3	36.8
滋賀県								
蒲生郡								
日野町	117.60	21 160	10 635	10 525	-0.67	12.2	57.0	30.8
竜王町	44.55	11 724	6 090	5 634	-1.05	12.9	58.1	29.0
愛知郡								
愛荘町	37.97	21 389	10 754	10 635	-0.14	15.9	61.4	22.7
犬上郡								
豊郷町	7.80	7 252	3 552	3 700	-1.33	14.7	58.0	27.3
甲良町	13.63	6 681	3 237	3 444	-1.58	11.0	55.1	33.9
多賀町	135.77	7 527	3 653	3 874	-0.69	*14.1	*52.2	*33.6
京都府								
乙訓郡								
大山崎町	5.97	16 437	7 949	8 488	0.45	14.4	58.4	27.2

世帯数 (2022年 1月1日)	民営 事業所数 (2021年 6月1日)	農業産出額 (推計) (2020年) (千万円)	製造品 出荷額等 (2019年) (百万円)	卸売・小売 業の年間 商品販売額 (2015年) (百万円)	歳入決算額 (普通会計) (2020年度) (百万円)	地方債 現在高 (2020年度) (百万円)	
1 723	767	120	238 526	94 129	7 072	137	飛島村
							知多郡
10 886	925	247	95 793	39 209	14 547	10 155	阿久比町
21 101	1 507	217	172 592	63 028	21 799	8 424	東浦町
6 974	1 089	423	17 969	18 477	10 980	7 321	南知多町
8 907	899	440	50 170	22 360	10 934	6 487	美浜町
18 532	1 222	277	282 411	33 089	19 712	6 632	武豊町
							額田郡
16 537	1 246	358	904 158	50 749	23 257	3 583	幸田町
							北設楽郡
2 088	265	256	3 982	2 586	7 605	6 600	設楽町
1 384	197	50	1 373	3 510	4 253	3 707	東栄町
486	76	9	—	539	2 712	2 131	豊根村
							三重県 桑名郡
2 500	275	165	45 849	17 409	4 136	3 265	木曽岬町
							員弁郡
10 041	909	40	171 238	37 297	12 065	6 458	東員町
							三重郡
16 916	1 575	217	172 279	63 745	18 425	10 534	菰野町
4 260	307	8	65 266	10 903	6 147	4 360	朝日町
7 048	681	5	71 247	43 013	9 229	335	川越町
							多気郡
5 735	651	296	139 788	16 863	11 415	5 988	多気町
9 371	776	227	24 274	42 074	14 315	11 537	明和町
4 065	531	147	6 595	9 070	8 319	7 976	大台町
							度会郡
5 836	501	318	129 771	19 246	8 366	5 335	玉城町
3 072	332	81	4 130	4 946	5 029	2 830	度会町
3 890	462	150	10 642	6 510	8 857	10 274	大紀町
5 727	628	84	1 699	19 211	11 672	12 635	南伊勢町
							北牟婁郡
7 839	876	145	17 819	17 299	12 936	13 106	紀北町
							南牟婁郡
4 137	429	644	5 896	14 468	6 472	4 416	御浜町
5 213	440	79	43 444	4 991	8 511	8 526	紀宝町
							滋賀県 蒲生郡
8 475	933	217	350 982	22 797	11 844	8 510	日野町
4 465	745	288	729 819	53 543	8 525	4 619	竜王町
							愛知郡
8 393	819	144	180 195	30 997	12 764	12 093	愛荘町
							犬上郡
3 071	310	37	14 693	15 600	5 991	2 089	豊郷町
2 632	273	55	51 626	3 942	4 996	2 217	甲良町
2 903	415	42	224 518	5 178	5 774	5 240	多賀町
							京都府 乙訓郡
7 174	453	7	134 268	10 953	8 408	6 522	大山崎町

市町村統計　町村（愛知／三重／滋賀／京都）

町村の統計 (19)

	面積 (2021年 10月1日) (km²)	人口 (2022年1月1日)(人)			人口 増減率 (2021年) (%)	年齢別人口構成 (2022年1月1日)(%)		
		計	男	女		0〜14 歳	15〜64 歳	65歳 以上
久世郡 久御山町	13.86	15 553	7 700	7 853	-1.48	11.3	57.5	31.2
綴喜郡 井手町	18.04	7 152	3 470	3 682	-2.03	8.9	55.7	35.4
宇治田原町	58.16	8 947	4 493	4 454	-2.02	10.9	57.7	31.4
相楽郡 笠置町	23.52	1 210	579	631	-3.04	*3.9	*43.2	*52.9
和束町	64.93	3 689	1 735	1 954	-2.10	*7.0	*45.6	*47.4
精華町	25.68	36 972	17 732	19 240	-0.43	13.3	61.2	25.4
南山城村	64.11	2 562	1 229	1 333	-1.61	*5.8	*44.4	*49.8
船井郡 京丹波町	303.09	13 320	6 357	6 963	-2.17	8.1	48.1	43.9
与謝郡 伊根町	61.95	1 989	974	1 015	-2.07	*9.7	*43.0	*47.4
与謝野町	108.38	20 660	9 916	10 744	-1.81	10.3	52.2	37.5
大阪府 三島郡 島本町	16.81	31 899	15 108	16 791	-0.05	14.6	57.6	27.8
豊能郡 豊能町	34.34	18 823	8 975	9 848	-1.41	6.4	46.0	47.6
能勢町	98.75	9 487	4 598	4 889	-2.29	6.5	51.3	42.2
泉北郡 忠岡町	3.97	16 793	8 120	8 673	-0.82	11.4	60.0	28.5
泉南郡 熊取町	17.24	43 154	20 868	22 286	-0.58	13.2	57.6	29.2
田尻町	5.62	8 492	4 184	4 308	-1.74	13.5	62.7	23.8
岬町	49.18	15 035	7 069	7 966	-2.50	8.2	52.4	39.4
南河内郡 太子町	14.17	13 076	6 427	6 649	-1.43	11.3	58.7	29.9
河南町	25.26	15 147	7 402	7 745	-1.30	11.1	56.4	32.5
千早赤阪村	37.30	4 970	2 357	2 613	-2.15	*7.9	*46.1	*46.0
兵庫県 川辺郡 猪名川町	90.33	30 006	14 337	15 669	-1.60	11.9	56.5	31.5
多可郡 多可町	185.19	19 766	9 667	10 099	-1.90	9.6	53.2	37.3
加古郡 稲美町	34.92	30 705	15 109	15 596	-0.48	12.4	55.8	31.8
播磨町	9.13	34 793	16 971	17 822	0.23	14.2	58.4	27.4
神崎郡 市川町	82.67	11 426	5 556	5 870	-2.10	9.4	52.6	37.9
福崎町	45.79	18 857	9 060	9 797	-0.75	13.3	57.5	29.2
神河町	202.23	10 884	5 149	5 735	-2.08	10.4	52.2	37.4
揖保郡 太子町	22.61	33 815	16 568	17 247	-0.56	13.9	58.8	27.2
赤穂郡 上郡町	150.26	14 313	7 013	7 300	-1.61	8.5	51.5	40.0

世帯数 (2022年 1月1日)	民営 事業所数 (2021年 6月1日)	農業産出額 (推計) (2020年) (千万円)	製造品 出荷額等 (2019年) (百万円)	卸売・小売 業の年間 商品販売額 (2015年) (百万円)	歳入決算額 (普通会計) (2020年度) (百万円)	地方債 現在高 (2020年度) (百万円)	
7 172	1 687	182	240 672	184 628	9 836	3 653	久世郡 久御山町
3 451	356	17	23 829	2 067	5 381	3 032	綴喜郡 井手町
3 735	473	110	85 311	27 397	6 815	6 747	宇治田原町
617	70	2	924	330	1 830	1 496	相楽郡 笠置町
1 695	168	210	1 502	2 604	3 862	3 586	和束町
15 282	1 003	124	45 589	26 468	17 706	15 016	精華町
1 215	101	103	390	235	3 101	2 804	南山城村
6 191	744	549	50 835	11 147	14 313	14 444	船井郡 京丹波町
901	151	23	390	487	3 865	4 392	与謝郡 伊根町
8 999	1 326	119	22 671	22 170	15 158	14 544	与謝野町
13 967	676	6	56 298	31 487	17 333	12 613	大阪府 三島郡 島本町
8 680	448	23	1 841	6 172	9 189	5 696	豊能郡 豊能町
4 565	436	140	8 548	6 589	7 860	7 031	能勢町
7 854	689	3	57 941	28 176	9 199	7 546	泉北郡 忠岡町
18 377	1 284	27	26 808	26 328	20 410	9 175	泉南郡 熊取町
4 010	371	7	7 866	36 050	6 199	295	田尻町
7 436	424	5	8 018	6 588	9 145	8 171	岬町
5 576	386	72	12 179	6 045	7 044	4 319	南河内郡 太子町
6 663	555	84	10 253	9 797	7 841	6 304	河南町
2 267	213	28	15 777	6 519	3 777	3 518	千早赤阪村
12 548	694	61	7 786	32 518	14 807	8 594	兵庫県 川辺郡 猪名川町
7 666	1 035	207	48 843	22 106	14 247	13 822	多可郡 多可町
12 796	1 250	193	187 813	294 623	15 588	10 400	加古郡 稲美町
15 352	1 086	5	251 578	22 060	17 911	10 430	播磨町
4 929	498	96	32 909	8 360	7 993	6 602	神崎郡 市川町
7 760	962	59	209 770	56 462	10 466	11 513	福崎町
4 200	539	67	26 493	11 770	10 317	13 537	神河町
13 859	1 318	28	137 669	92 044	17 453	13 041	揖保郡 太子町
6 457	585	605	40 760	11 687	9 953	9 792	赤穂郡 上郡町

市町村統計

町村（京都／大阪／兵庫）

町村の統計 (20)

	面積 (2021年 10月1日) (km²)	人口 (2022年1月1日)(人)			人口 増減率 (2021年) (%)	年齢別人口構成 (2022年1月1日)(%)		
		計	男	女		0～14 歳	15～64 歳	65歳 以上
佐用郡 佐用町	307.44	15 869	7 620	8 249	-2.61	8.8	49.0	42.2
美方郡 香美町	368.77	16 452	7 815	8 637	-2.64	9.5	49.9	40.7
新温泉町	241.01	13 634	6 516	7 118	-2.41	9.6	49.7	40.6
奈良県 山辺郡 山添村	66.52	3 307	1 594	1 713	-2.10	*7.2	*42.8	*50.0
生駒郡 平群町	23.90	18 582	8 777	9 805	-0.48	9.9	51.8	38.3
三郷町	8.79	22 750	10 839	11 911	-0.64	11.9	56.9	31.3
斑鳩町	14.27	28 249	13 387	14 862	-0.00	13.6	55.6	30.8
安堵町	4.31	7 153	3 400	3 753	-1.58	8.8	56.2	35.0
磯城郡 川西町	5.93	8 370	4 058	4 312	-1.09	11.3	53.9	34.8
三宅町	4.06	6 654	3 158	3 496	-1.79	9.7	54.0	36.3
田原本町	21.09	31 771	15 215	16 556	-0.02	11.8	56.5	31.8
宇陀郡 曽爾村	47.76	1 361	632	729	-2.23	*6.7	*41.1	*52.2
御杖村	79.58	1 506	713	793	-3.03	*3.5	*37.4	*59.1
高市郡 高取町	25.79	6 415	3 033	3 382	-2.52	*9.2	*50.5	*40.3
明日香村	24.10	5 381	2 587	2 794	-1.65	*10.3	*49.5	*40.2
北葛城郡 上牧町	6.14	21 910	10 380	11 530	-1.16	9.7	56.0	34.4
王寺町	7.01	24 183	11 454	12 729	-0.04	14.5	56.5	29.0
広陵町	16.30	35 204	16 866	18 338	0.51	14.5	59.2	26.4
河合町	8.23	17 277	8 041	9 236	-0.86	9.2	51.6	39.2
吉野郡 吉野町	95.65	6 471	2 972	3 499	-2.53	5.8	42.5	51.7
大淀町	38.10	16 770	8 020	8 750	-2.06	9.2	55.7	35.1
下市町	61.99	4 910	2 316	2 594	-3.86	*6.1	*46.4	*47.5
黒滝村	47.70	657	315	342	-1.65	*6.9	*40.2	*52.9
天川村	175.66	1 302	619	683	-2.47	*7.5	*42.6	*50.0
野迫川村	154.90	347	169	178	-2.25	*5.0	*41.9	*53.1
十津川村	672.38	3 050	1 551	1 499	-3.33	*7.6	*46.3	*46.1
下北山村	133.39	832	388	444	-3.14	*6.2	*44.7	*49.1
上北山村	274.22	472	244	228	-1.46	*3.8	*47.8	*48.4
川上村	269.26	1 285	614	671	-2.73	*5.6	*36.5	*57.9
東吉野村	131.65	1 639	769	870	-1.97	*5.0	*37.0	*58.0
和歌山県 海草郡 紀美野町	128.34	8 302	3 864	4 438	-2.57	*7.0	*45.3	*47.7
伊都郡 かつらぎ町	151.69	16 137	7 645	8 492	-1.60	10.1	50.4	39.5
九度山町	44.15	3 981	1 838	2 143	-2.33	*7.4	*45.8	*46.8
高野町	137.03	2 794	1 345	1 449	-3.29	*7.9	*46.9	*45.1
有田郡 湯浅町	20.80	11 397	5 360	6 037	-2.32	10.3	53.4	36.3

世帯数 (2022年1月1日)	民営事業所数 (2021年6月1日)	農業産出額 (推計) (2020年) (千万円)	製造品出荷額等 (2019年) (百万円)	卸売・小売業の年間商品販売額 (2015年) (百万円)	歳入決算額 (普通会計) (2020年度) (百万円)	地方債現在高 (2020年度) (百万円)	
							佐用郡
6 842	888	233	30 593	16 125	15 666	12 854	佐用町
							美方郡
6 408	1 088	194	22 384	15 676	17 752	19 244	香美町
5 592	697	138	13 607	14 418	14 058	15 202	新温泉町
							奈良県
							山辺郡
1 342	179	55	21 308	1 398	3 677	2 296	山添村
							生駒郡
8 123	503	220	6 403	17 126	9 360	14 716	平群町
10 651	494	9	7 871	5 115	11 758	9 503	三郷町
12 077	870	51	19 976	21 798	13 017	8 311	斑鳩町
3 511	194	44	30 339	1 767	4 386	2 921	安堵町
							磯城郡
3 626	300	20	81 809	7 519	7 220	4 754	川西町
3 040	207	17	10 229	1 988	5 172	3 684	三宅町
13 280	1 268	138	49 427	66 470	16 484	13 364	田原本町
							宇陀郡
669	132	29	1 143	670	2 590	2 665	曽爾村
804	103	57	x	901	3 009	2 222	御杖村
							高市郡
2 857	319	30	9 307	8 120	4 410	3 525	高取町
2 218	282	64	1 994	2 280	5 223	3 335	明日香村
							北葛城郡
10 104	572	10	9 349	24 500	11 148	11 018	上牧町
10 645	867	2	10 085	21 293	13 808	7 954	王寺町
13 608	1 154	57	27 667	36 442	17 639	11 106	広陵町
7 949	473	18	34 457	19 327	8 850	12 779	河合町
							吉野郡
3 139	607	14	10 640	3 424	7 353	6 065	吉野町
7 395	770	60	13 515	20 850	10 989	6 284	大淀町
2 368	290	88	9 671	4 524	5 099	3 818	下市町
349	54	13	x	204	1 600	1 409	黒滝村
648	223	0	285	884	2 988	3 539	天川村
209	36	0	x	91	1 629	2 047	野迫川村
1 725	256	12	785	1 334	6 671	6 515	十津川村
531	84	0	293	217	2 973	3 444	下北山村
301	69	—	x	277	2 222	1 979	上北山村
755	140	0	1 978	207	3 462	3 226	川上村
917	153	0	1 256	300	2 817	2 752	東吉野村
							和歌山県
							海草郡
4 134	469	158	8 609	7 762	10 839	8 525	紀美野町
							伊都郡
7 134	787	623	50 605	16 508	12 566	13 962	かつらぎ町
1 767	167	142	831	1 555	4 237	4 009	九度山町
1 564	349	6	1 163	4 460	4 583	3 319	高野町
							有田郡
5 335	746	308	8 705	21 222	14 128	10 066	湯浅町

市町村統計 町村 （兵庫／奈良／和歌山）

町村の統計 (21)

	面積 (2021年 10月1日) (km²)	人口 (2022年1月1日)（人）			人口 増減率 (2021年) (%)	年齢別人口構成 (2022年1月1日)（%）		
		計	男	女		0～14 歳	15～64 歳	65歳 以上
広川町	65.35	6 761	3 218	3 543	-1.34	*11.3	*53.7	*35.0
有田川町	351.84	25 909	12 278	13 631	-0.75	12.7	55.0	32.3
日高郡								
美浜町	12.77	6 757	3 162	3 595	-2.76	*9.5	*52.8	*37.7
日高町	46.21	7 959	3 837	4 122	0.24	*15.4	*55.1	*29.4
由良町	30.93	5 430	2 663	2 767	-1.86	*8.6	*51.3	*40.1
印南町	113.62	8 007	3 800	4 207	-1.29	*11.5	*51.5	*36.9
みなべ町	120.28	12 116	5 760	6 356	-1.72	11.4	55.3	33.3
日高川町	331.59	9 509	4 586	4 923	-1.73	*11.2	*52.6	*36.2
西牟婁郡								
白浜町	200.98	20 675	9 806	10 869	-1.04	9.5	52.2	38.3
上富田町	57.37	15 685	7 502	8 183	0.71	13.8	58.8	27.4
すさみ町	174.45	3 713	1 774	1 939	-2.85	*7.6	*44.6	*47.8
東牟婁郡								
那智勝浦町	183.31	14 386	6 720	7 666	-1.51	9.1	47.9	43.0
太地町	5.81	2 939	1 314	1 625	-2.20	*7.2	*48.4	*44.4
古座川町	294.23	2 529	1 173	1 356	-2.01	*7.0	*38.7	*54.2
北山村	48.20	421	188	233	-1.41	10.7	45.6	43.7
串本町	135.67	15 160	7 179	7 981	-1.99	8.1	45.5	46.5
鳥取県								
岩美郡								
岩美町	122.32	11 145	5 380	5 765	-1.18	10.5	52.0	37.5
八頭郡								
若桜町	199.18	2 941	1 402	1 539	-3.57	*6.2	*44.4	*49.4
智頭町	224.70	6 572	3 064	3 508	-2.29	*9.3	*46.9	*43.8
八頭町	206.71	16 412	7 868	8 544	-1.79	11.0	52.6	36.5
東伯郡								
三朝町	233.52	6 189	2 943	3 246	-2.38	10.7	48.8	40.5
湯梨浜町	77.94	16 651	7 986	8 665	-0.54	13.6	54.1	32.4
琴浦町	139.97	16 714	7 919	8 795	-1.83	11.7	51.0	37.3
北栄町	56.94	14 692	7 058	7 634	-0.26	12.4	52.4	35.3
西伯郡								
日吉津村	4.20	3 575	1 684	1 891	0.59	*14.9	*56.5	*28.6
大山町	189.83	15 625	7 554	8 071	-1.89	10.8	49.1	40.2
南部町	114.03	10 503	5 042	5 461	-0.92	10.7	51.7	37.6
伯耆町	139.44	10 624	5 111	5 513	-1.39	*11.7	*49.0	*39.2
日野郡								
日南町	340.96	4 251	2 024	2 227	-3.17	*6.5	*41.0	*52.4
日野町	133.98	2 916	1 342	1 574	-2.47	*6.0	*43.8	*50.2
江府町	124.52	2 685	1 253	1 432	-3.24	*7.3	*44.3	*48.4
島根県								
仁多郡								
奥出雲町	368.01	11 923	5 776	6 147	-2.08	9.5	46.1	44.4
飯石郡								
飯南町	242.88	4 656	2 189	2 467	-1.46	*9.8	*44.2	*46.0
邑智郡								
川本町	106.43	3 162	1 497	1 665	-1.28	*9.9	*45.1	*45.0
美郷町	282.92	4 353	2 091	2 262	-3.25	*10.5	*41.7	*47.8
邑南町	419.29	10 194	4 860	5 334	-1.60	10.7	44.4	44.9

世帯数（2022年1月1日）	民営事業所数（2021年6月1日）	農業産出額（推計）（2020年）（千万円）	製造品出荷額等（2019年）（百万円）	卸売・小売業の年間商品販売額（2015年）（百万円）	歳入決算額（普通会計）（2020年度）（百万円）	地方債現在高（2020年度）（百万円）	
2 823	299	256	8 710	3 231	6 714	3 985	広川町
10 670	1 423	1 132	35 692	46 142	20 975	17 517	有田川町
							日高郡
3 085	331	40	4 989	5 175	6 344	3 717	美浜町
3 259	281	84	3 099	6 007	6 171	3 971	日高町
2 670	324	94	15 653	3 497	4 796	4 570	由良町
3 326	400	389	16 527	6 087	7 266	7 232	印南町
4 716	655	1 147	34 887	18 573	11 671	10 344	みなべ町
4 223	456	296	20 077	3 306	10 956	10 270	日高川町
							西牟婁郡
11 015	1 075	145	6 142	22 944	15 804	16 167	白浜町
7 350	633	166	21 726	24 045	8 573	6 556	上富田町
2 041	250	24	3 187	2 424	5 021	5 690	すさみ町
							東牟婁郡
7 598	1 000	37	1 899	35 171	11 281	11 620	那智勝浦町
1 560	158	1	384	1 482	3 831	4 358	太地町
1 412	152	84	x	1 075	3 974	2 708	古座川町
260	38	2	x	23	2 183	1 508	北山村
8 339	941	26	3 867	19 739	14 908	14 955	串本町
							鳥取県 岩美郡
4 421	355	93	12 424	7 953	8 410	7 340	岩美町
							八頭郡
1 292	157	58	2 925	1 362	4 531	4 068	若桜町
2 683	303	65	6 141	4 171	7 766	8 184	智頭町
6 137	537	326	4 496	7 304	13 451	12 149	八頭町
							東伯郡
2 562	195	77	2 141	4 812	6 328	5 224	三朝町
6 417	536	238	5 027	14 212	12 566	12 960	湯梨浜町
6 458	670	1 219	44 849	26 073	13 430	11 495	琴浦町
5 459	542	863	9 506	26 687	11 930	7 366	北栄町
							西伯郡
1 245	271	21	2 721	21 233	3 009	2 339	日吉津村
5 670	494	962	18 750	26 738	13 899	9 470	大山町
3 896	259	144	20 577	4 900	9 764	6 448	南部町
3 866	317	200	8 667	9 493	9 018	5 839	伯耆町
							日野郡
1 940	243	251	1 667	4 644	8 208	7 850	日南町
1 325	162	43	481	2 713	4 167	3 083	日野町
1 014	105	65	5 479	1 502	4 927	4 565	江府町
							島根県 仁多郡
4 750	644	350	27 159	12 263	15 681	19 330	奥出雲町
							飯石郡
2 056	301	252	7 647	3 837	9 494	10 894	飯南町
							邑智郡
1 646	249	31	722	5 333	5 233	5 220	川本町
2 123	285	64	1 289	2 519	7 985	10 166	美郷町
4 767	592	315	9 481	6 964	14 572	13 255	邑南町

市町村統計　町村（和歌山／鳥取／島根）

町村の統計 (22)

	面積 (2021年 10月1日) (km²)	人口 (2022年1月1日)(人)			人口 増減率 (2021年) (%)	年齢別人口構成 (2022年1月1日)(%)		
		計	男	女		0〜14 歳	15〜64 歳	65歳 以上
鹿足郡								
津和野町	307.03	6 964	3 263	3 701	*-1.42*	*8.6	*41.8	*49.6
吉賀町	336.50	5 948	2 847	3 101	*-3.11*	9.5	46.0	44.5
隠岐郡								
海士町	33.44	2 242	1 083	1 159	*1.26*	*11.1	*48.1	*40.8
西ノ島町	55.96	2 668	1 343	1 325	*-2.81*	*9.2	*42.6	*48.2
知夫村	13.70	624	314	310	*-3.26*	*9.1	*44.4	*46.5
隠岐の島町	1)242.82	13 725	6 705	7 020	*-1.02*	11.2	47.9	41.0
岡山県								
和気郡								
和気町	144.21	13 689	6 578	7 111	*-1.28*	9.0	50.8	40.2
都窪郡								
早島町	7.62	12 726	6 121	6 605	*0.04*	16.3	56.0	27.6
浅口郡								
里庄町	12.23	11 062	5 335	5 727	*-0.78*	13.7	55.2	31.1
小田郡								
矢掛町	90.62	13 698	6 584	7 114	*-1.71*	10.5	50.5	39.1
真庭郡								
新庄村	67.11	873	414	459	*-4.28*	*10.5	*46.2	*43.3
苫田郡								
鏡野町	419.68	12 610	6 115	6 495	*-1.01*	12.2	50.2	37.5
勝田郡								
勝央町	54.05	10 981	5 276	5 705	*-1.14*	14.5	54.5	30.9
奈義町	69.52	5 768	2 883	2 885	*-1.03*	*13.1	*51.7	*35.2
英田郡								
西粟倉村	57.97	1 395	653	742	*-1.69*	*12.6	*49.5	*37.9
久米郡								
久米南町	78.65	4 605	2 205	2 400	*-1.79*	*8.1	*46.5	*45.4
美咲町	232.17	13 513	6 438	7 075	*-1.82*	10.4	48.6	41.0
加賀郡								
吉備中央町	268.78	10 680	5 190	5 490	*-2.25*	8.5	49.5	42.0
広島県								
安芸郡								
府中町	10.41	52 935	25 993	26 942	*1.60*	14.6	60.8	24.6
海田町	13.79	30 408	15 031	15 377	*0.21*	14.7	61.4	23.9
熊野町	33.76	23 584	11 397	12 187	*-0.54*	12.2	52.4	35.4
坂町	15.69	12 943	6 184	6 759	*-0.27*	14.0	56.4	29.6
山県郡								
安芸太田町	341.89	5 840	2 727	3 113	*-3.22*	*7.8	*40.2	*52.0
北広島町	646.20	17 797	8 686	9 111	*-2.45*	10.0	50.8	39.1
豊田郡								
大崎上島町	43.11	7 153	3 537	3 616	*-2.44*	7.7	45.1	47.2
世羅郡								
世羅町	278.14	15 452	7 324	8 128	*-1.74*	10.1	48.0	41.9
神石郡								
神石高原町	381.98	8 496	4 095	4 401	*-2.24*	8.1	43.3	48.6

世帯数 （2022年 1月1日）	民営 事業所数 （2021年 6月1日）	農業産出額 （推計） （2020年） （千万円）	製造品 出荷額等 （2019年） （百万円）	卸売・小売 業の年間 商品販売額 （2015年） （百万円）	歳入決算額 （普通会計） （2020年度） （百万円）	地方債 現在高 （2020年度） （百万円）	
							鹿足郡
3 408	413	84	1 135	5 388	10 750	13 631	津和野町
3 090	329	148	13 793	5 583	7 941	8 357	吉賀町
							隠岐郡
1 223	164	50	436	1 619	7 232	10 190	海士町
1 501	201	33	—	3 250	6 810	12 074	西ノ島町
368	42	28	—	199	2 198	3 135	知夫村
7 071	939	70	1 025	16 269	19 876	27 470	隠岐の島町
							岡山県 和気郡
6 341	551	257	39 373	11 687	10 187	9 282	和気町
							都窪郡
5 120	541	19	7 486	159 701	6 962	4 519	早島町
							浅口郡
4 600	349	19	117 044	13 484	6 623	3 598	里庄町
							小田郡
5 441	567	221	47 872	14 136	11 422	10 194	矢掛町
							真庭郡
388	49	23	x	x	1 905	1 271	新庄村
							苫田郡
5 648	515	229	25 765	47 638	14 382	12 620	鏡野町
							勝田郡
4 646	469	298	153 453	16 541	8 148	6 233	勝央町
2 516	258	303	37 415	3 611	5 912	3 773	奈義町
							英田郡
601	81	15	x	x	3 696	3 987	西粟倉村
							久米郡
2 226	168	166	10 224	2 936	4 475	3 059	久米南町
6 057	549	884	34 033	5 209	13 882	12 014	美咲町
							加賀郡
5 227	496	406	62 825	6 230	12 914	9 054	吉備中央町
							広島県 安芸郡
23 666	1 694	0	442 833	154 476	22 746	24 841	府中町
13 821	1 205	1	101 671	72 705	15 436	9 578	海田町
10 578	756	20	26 259	16 329	13 290	8 268	熊野町
5 783	480	0	101 134	272 241	9 551	8 068	坂町
							山県郡
3 082	446	52	3 324	5 827	9 190	11 322	安芸太田町
8 358	1 129	702	144 544	24 499	18 291	14 846	北広島町
							豊田郡
4 193	537	124	63 388	7 103	8 339	10 179	大崎上島町
							世羅郡
6 774	903	1 162	12 335	24 284	13 601	10 624	世羅町
							神石郡
3 869	498	423	13 737	6 620	14 255	12 433	神石高原町

市町村統計　町村（島根／岡山／広島）

町村の統計 (23)

	面積 2021年 10月1日 (km²)	人口 (2022年1月1日)(人)			人口増減率 (2021年) (%)	年齢別人口構成 (2022年1月1日)(%)		
		計	男	女		0～14歳	15～64歳	65歳以上
山口県								
大島郡								
周防大島町	138.09	14 808	6 881	7 927	-2.85	6.2	39.0	54.8
玖珂郡								
和木町	10.58	6 076	2 970	3 106	-1.79	16.0	55.2	28.8
熊毛郡								
上関町	34.69	2 505	1 181	1 324	-3.39	*6.2	*36.5	*57.3
田布施町	50.42	14 741	7 052	7 689	-1.74	10.1	53.2	36.7
平生町	34.59	11 385	5 378	6 007	-1.85	9.4	50.5	40.0
阿武郡								
阿武町	115.95	3 118	1 405	1 713	-2.07	*8.0	*41.0	*51.0
徳島県								
勝浦郡								
勝浦町	69.83	4 962	2 384	2 578	-1.80	*8.7	*46.0	*45.3
上勝町	109.63	1 457	700	757	-3.57	*6.8	*40.1	*53.1
名東郡								
佐那河内村	42.28	2 203	1 070	1 133	-2.13	*7.4	*44.8	*47.8
名西郡								
石井町	28.85	25 310	12 040	13 270	-1.06	12.0	54.8	33.2
神山町	173.30	4 978	2 373	2 605	-2.64	6.0	41.3	52.7
那賀郡								
那賀町	694.98	7 716	3 700	4 016	-2.53	*7.0	*41.7	*51.3
海部郡								
牟岐町	56.62	3 832	1 799	2 033	-2.94	*5.9	*41.4	*52.6
美波町	140.74	6 230	2 916	3 314	-3.17	*7.4	*43.6	*49.0
海陽町	327.67	8 768	4 171	4 597	-2.31	7.1	46.3	46.5
板野郡								
松茂町	14.24	14 789	7 360	7 429	-1.08	12.5	61.6	25.9
北島町	8.74	23 447	11 378	12 069	0.71	15.0	59.3	25.7
藍住町	16.27	35 539	17 160	18 379	0.15	14.7	60.0	25.3
板野町	36.22	13 165	6 343	6 822	-1.41	10.8	55.7	33.6
上板町	34.58	11 622	5 580	6 042	-1.32	10.4	54.2	35.4
美馬郡								
つるぎ町	194.84	8 161	3 830	4 331	-3.51	*6.9	*46.1	*47.0
三好郡								
東みよし町	122.48	13 878	6 677	7 201	-1.34	11.1	52.9	36.0
香川県								
小豆郡								
土庄町	74.38	13 265	6 286	6 979	-1.84	9.2	47.6	43.2
小豆島町	95.59	13 881	6 629	7 252	-2.38	8.9	47.9	43.2
木田郡								
三木町	75.78	27 432	13 304	14 128	-1.02	12.6	55.1	32.3
香川郡								
直島町	14.22	3 009	1 557	1 452	-1.05	*10.2	*55.2	*34.7
綾歌郡								
宇多津町	8.10	18 454	9 035	9 419	-0.30	14.3	64.2	21.5
綾川町	109.75	23 563	11 464	12 099	-1.05	11.2	52.9	35.9

世帯数 （2022年 1月1日）	民営 事業所数 （2021年 6月1日）	農業産出額 （推計） （2020年） （千万円）	製造品 出荷額等 （2019年） （百万円）	卸売・小売 業の年間 商品販売額 （2015年） （百万円）	歳入決算額 （普通会計） （2020年度） （百万円）	地方債 現在高 （2020年度） （百万円）	
							山口県
							大島郡
8 565	752	161	5 077	8 680	16 467	16 031	周防大島町
							玖珂郡
2 658	182	0	503 179	2 197	4 830	5 403	和木町
							熊毛郡
1 440	209	6	180	806	4 149	3 643	上関町
7 000	494	46	44 950	16 368	8 336	5 547	田布施町
5 473	461	22	32 803	13 067	6 879	4 425	平生町
							阿武郡
1 540	145	98	3 545	1 989	3 865	1 777	阿武町
							徳島県
							勝浦郡
2 168	278	320	13 440	2 751	4 857	3 434	勝浦町
757	102	50	x	x	3 416	3 465	上勝町
							名東郡
945	89	99	x	x	3 699	1 688	佐那河内村
							名西郡
10 753	1 276	633	36 840	39 890	14 151	5 448	石井町
2 427	273	168	1 858	1 468	6 576	3 881	神山町
							那賀郡
3 776	418	172	27 885	4 586	13 147	13 858	那賀町
							海部郡
1 999	247	11	630	2 796	4 280	4 009	牟岐町
3 147	346	116	2 040	4 586	7 387	8 179	美波町
4 486	498	160	20 354	9 744	9 194	6 608	海陽町
							板野郡
6 792	611	257	94 623	51 054	10 235	2 895	松茂町
10 070	1 010	46	67 050	69 606	12 385	6 027	北島町
15 066	1 423	371	70 649	70 456	16 293	10 010	藍住町
5 742	522	410	152 624	18 033	9 316	5 740	板野町
4 934	406	323	6 287	12 717	6 768	3 694	上板町
							美馬郡
4 031	368	78	29 476	10 011	8 806	10 342	つるぎ町
							三好郡
6 276	646	154	5 933	14 642	10 931	10 272	東みよし町
							香川県
							小豆郡
6 578	860	95	39 619	21 089	13 055	12 297	土庄町
6 837	888	71	38 097	17 092	12 399	9 594	小豆島町
							木田郡
11 827	1 027	395	33 776	29 113	15 877	8 027	三木町
							香川郡
1 557	230	0	416 273	4 445	4 123	3 213	直島町
							綾歌郡
8 772	874	10	43 093	74 036	9 299	5 588	宇多津町
10 024	1 012	476	70 441	68 971	14 312	4 062	綾川町

市町村統計　町村（山口／徳島／香川）

町村の統計 (24)

	面積 (2021年10月1日) (km²)	人口 (2022年1月1日) (人)			人口増減率 (2021年) (%)	年齢別人口構成 (2022年1月1日) (%)		
		計	男	女		0〜14歳	15〜64歳	65歳以上
仲多度郡								
琴平町	8.47	8 611	4 051	4 560	-2.30	8.7	51.0	40.3
多度津町	24.39	22 392	11 130	11 262	-2.88	11.4	55.6	33.0
まんのう町	194.45	17 875	8 654	9 221	-2.02	11.8	50.8	37.4
愛媛県								
越智郡								
上島町	30.38	6 437	3 353	3 084	-1.82	6.4	46.7	46.9
上浮穴郡								
久万高原町	583.69	7 650	3 659	3 991	-3.46	*7.4	*43.3	*49.3
伊予郡								
松前町	20.41	30 430	14 423	16 007	-0.63	12.9	55.7	31.4
砥部町	101.59	20 494	9 750	10 744	-1.06	11.6	54.2	34.2
喜多郡								
内子町	299.43	15 758	7 562	8 196	-1.86	9.9	49.4	40.7
西宇和郡								
伊方町	93.98	8 689	4 205	4 484	-2.38	7.0	45.1	48.0
北宇和郡								
松野町	98.45	3 747	1 767	1 980	-1.76	*8.1	*45.2	*46.7
鬼北町	241.88	9 741	4 563	5 178	-1.75	8.8	45.2	46.0
南宇和郡								
愛南町	238.99	20 052	9 510	10 542	-2.16	7.5	47.2	45.4
高知県								
安芸郡								
東洋町	74.02	2 239	1 077	1 162	-2.95	*5.4	*41.7	*52.8
奈半利町	28.37	3 055	1 424	1 631	-2.05	*8.9	*45.1	*46.1
田野町	6.53	2 553	1 201	1 352	-2.03	*9.5	*48.4	*42.1
安田町	52.36	2 507	1 227	1 280	-3.35	*8.3	*46.6	*45.1
北川村	196.73	1 222	585	637	-2.00	*7.3	*47.3	*45.3
馬路村	165.48	834	399	435	0.24	*9.9	*50.3	*39.8
芸西村	39.60	3 644	1 729	1 915	-0.76	10.6	51.6	37.8
長岡郡								
本山町	134.22	3 340	1 566	1 774	-2.48	*8.3	*44.7	*47.0
大豊町	315.06	3 342	1 553	1 789	-2.22	*5.4	*34.8	*59.9
土佐郡								
土佐町	212.13	3 704	1 795	1 909	-2.11	*9.9	*45.3	*44.8
大川村	95.27	371	186	185	-1.59	*11.1	*45.4	*43.5
吾川郡								
いの町	470.97	21 866	10 425	11 441	-1.66	*9.5	*50.5	*40.0
仁淀川町	333.00	4 970	2 403	2 567	-2.66	*6.7	*37.7	*55.6
高岡郡								
中土佐町	193.21	6 283	2 915	3 368	-2.94	*7.3	*44.0	*48.7
佐川町	100.80	12 388	5 829	6 559	-1.06	*10.5	*49.3	*40.2
越知町	111.95	5 259	2 461	2 798	-2.18	*8.0	*45.3	*46.7
檮原町	236.45	3 343	1 623	1 720	-1.79	*9.4	*44.1	*46.5
日高村	44.85	4 891	2 326	2 565	-1.79	*9.2	*47.8	*43.0
津野町	197.85	5 583	2 653	2 930	-0.66	*9.9	*44.9	*45.2
四万十町	642.28	16 107	7 682	8 425	-2.17	9.1	46.1	44.8

世帯数 (2022年 1月1日)	民営事業所数 (2021年 6月1日)	農業産出額 (推計) (2020年) (千万円)	製造品出荷額等 (2019年) (百万円)	卸売・小売業の年間商品販売額 (2015年) (百万円)	歳入決算額 (普通会計) (2020年度) (百万円)	地方債現在高 (2020年度) (百万円)	
							仲多度郡
4 193	621	35	5 811	11 214	5 900	5 475	琴平町
10 349	894	89	139 015	35 970	12 737	12 538	多度津町
7 445	754	483	44 913	13 860	14 253	12 737	まんのう町
							愛媛県
							越智郡
3 827	326	41	35 052	2 684	8 260	9 981	上島町
							上浮穴郡
4 225	441	154	3 186	6 122	11 191	8 841	久万高原町
							伊予郡
13 625	1 260	313	124 956	85 623	15 511	12 410	松前町
9 373	805	149	17 436	85 760	11 955	9 956	砥部町
							喜多郡
7 073	788	384	18 360	13 910	12 702	7 998	内子町
							西宇和郡
4 510	417	460	x	3 727	11 763	8 978	伊方町
							北宇和郡
1 979	148	77	x	1 468	4 089	4 451	松野町
4 915	487	212	4 479	12 286	9 429	8 233	鬼北町
							南宇和郡
10 089	1 096	241	3 562	25 168	18 170	18 014	愛南町
							高知県
							安芸郡
1 369	128	26	185	2 070	3 473	4 093	東洋町
1 669	196	94	2 927	3 809	3 570	3 523	奈半利町
1 299	151	90	1 166	3 996	4 213	2 889	田野町
1 248	99	211	x	1 772	4 540	4 408	安田町
605	44	80	x	137	2 392	2 369	北川村
422	48	32	3 205	222	2 819	2 706	馬路村
1 758	149	409	345	5 124	6 001	2 261	芸西村
							長岡郡
1 849	177	111	1 249	2 858	5 359	6 310	本山町
2 001	211	68	4 395	3 325	7 095	5 580	大豊町
							土佐郡
1 907	215	122	1 324	2 309	5 535	4 436	土佐町
216	18	21	x	132	1 545	2 440	大川村
							吾川郡
10 432	900	212	28 305	21 082	17 972	17 386	いの町
2 825	293	42	3 110	1 651	8 288	7 098	仁淀川町
							高岡郡
3 379	285	149	3 041	6 601	11 408	14 460	中土佐町
6 013	478	274	4 499	12 380	9 569	5 236	佐川町
2 715	274	197	3 240	6 175	5 691	6 263	越知町
1 758	208	40	3 976	1 988	8 368	7 480	檮原町
2 437	227	85	11 527	4 174	5 366	3 929	日高村
2 656	242	101	2 288	3 836	8 166	6 968	津野町
8 234	881	890	10 629	17 841	20 800	18 578	四万十町

市町村統計　町村（香川／愛媛／高知）

町村の統計 (25)

	面積 (2021年 10月1日) (km²)	人口 (2022年1月1日)(人)			人口 増減率 (2021年) (%)	年齢別人口構成 (2022年1月1日)(%)		
		計	男	女		0～14 歳	15～64 歳	65歳 以上
幡多郡								
大月町	102.94	4 712	2 290	2 422	-1.94	*6.6	*44.6	*48.7
三原村	85.37	1 468	721	747	-1.41	*6.9	*46.3	*46.8
黒潮町	188.46	10 594	5 070	5 524	-2.44	8.5	46.4	45.1
福岡県								
糟屋郡								
宇美町	30.21	37 250	18 263	18 987	-0.25	14.2	57.4	28.4
篠栗町	38.93	31 353	15 333	16 020	-0.58	14.7	60.5	24.8
志免町	8.69	46 572	22 516	24 056	-0.09	15.9	60.3	23.8
須恵町	16.31	29 045	14 208	14 837	0.44	16.8	56.8	26.4
新宮町	18.93	33 615	16 284	17 331	-0.22	19.7	61.4	18.9
久山町	37.44	9 209	4 405	4 804	0.30	17.0	55.9	27.0
粕屋町	14.13	48 580	24 066	24 514	0.69	17.5	64.5	17.9
遠賀郡								
芦屋町	11.60	13 303	6 477	6 826	-1.79	11.7	55.5	32.8
水巻町	11.01	27 906	13 160	14 746	-0.30	12.4	54.4	33.2
岡垣町	48.64	31 607	14 992	16 615	-0.14	12.8	53.7	33.5
遠賀町	22.15	19 224	9 111	10 113	0.06	12.8	52.9	34.3
鞍手郡								
小竹町	14.28	7 281	3 516	3 765	-1.82	8.4	49.7	41.9
鞍手町	35.60	15 346	7 283	8 063	-1.39	10.7	50.0	39.2
嘉穂郡								
桂川町	20.14	13 200	6 227	6 973	-0.76	12.0	52.8	35.2
朝倉郡								
筑前町	67.10	30 105	14 460	15 645	0.34	14.2	55.6	30.2
東峰村	51.97	1 978	922	1 056	-1.74	*9.7	*44.5	*45.8
三井郡								
大刀洗町	22.84	15 867	7 662	8 205	0.25	14.9	56.9	28.2
三潴郡								
大木町	18.44	13 995	6 700	7 295	-0.64	14.7	56.4	29.0
八女郡								
広川町	37.94	19 422	9 460	9 962	-0.67	13.7	57.1	29.2
田川郡								
香春町	44.50	10 575	4 953	5 622	-1.28	*10.9	*47.3	*41.8
添田町	132.20	9 047	4 258	4 789	-3.34	*9.2	*46.3	*44.4
糸田町	8.04	8 724	4 109	4 615	-1.77	13.1	49.4	37.5
川崎町	36.14	15 893	7 433	8 460	-1.73	10.8	50.7	38.5
大任町	14.26	5 203	2 391	2 812	-0.34	*14.0	*48.5	*37.5
赤村	31.98	2 992	1 415	1 577	-2.60	*11.4	*47.9	*40.6
福智町	42.06	21 898	10 453	11 445	-2.06	12.4	51.7	35.9
京都郡								
苅田町	49.58	37 406	19 297	18 109	-0.12	14.2	60.7	25.1
みやこ町	151.34	18 764	8 895	9 869	-1.90	10.1	48.8	41.1
築上郡								
吉富町	5.72	6 724	3 201	3 523	-0.01	13.1	55.6	31.3
上毛町	62.44	7 494	3 583	3 911	-1.10	12.9	51.1	36.0
築上町	119.61	17 489	8 526	8 963	-1.78	10.6	51.6	37.7

世帯数 (2022年 1月1日)	民営 事業所数 (2021年 6月1日)	農業産出額 (推計) (2020年) (千万円)	製造品 出荷額等 (2019年) (百万円)	卸売・小売 業の年間 商品販売額 (2015年) (百万円)	歳入決算額 (普通会計) (2020年度) (百万円)	地方債 現在高 (2020年度) (百万円)	
							幡多郡
2 575	263	195	310	2 518	6 689	5 932	大月町
759	89	82	93	213	2 312	3 373	三原村
5 373	495	243	3 992	5 572	11 714	12 197	黒潮町
							福岡県
							糟屋郡
16 267	1 401	9	55 450	75 219	18 054	9 887	宇美町
13 633	833	17	23 965	180 138	15 191	8 381	篠栗町
20 490	1 811	6	26 110	219 335	21 266	10 802	志免町
12 368	1 135	23	52 574	61 211	13 841	7 301	須恵町
13 567	1 191	49	100 369	173 048	19 936	14 060	新宮町
3 657	525	78	64 324	62 570	6 277	4 656	久山町
21 259	2 046	26	52 876	238 142	22 040	10 002	粕屋町
							遠賀郡
6 468	500	36	5 779	9 205	11 486	13 127	芦屋町
13 549	874	12	21 362	35 422	13 959	7 793	水巻町
14 119	970	180	15 599	22 684	14 632	8 306	岡垣町
8 560	892	69	28 314	30 292	10 648	6 577	遠賀町
							鞍手郡
3 831	270	35	47 544	5 109	5 604	5 949	小竹町
7 403	646	149	102 413	16 274	12 158	9 863	鞍手町
							嘉穂郡
6 268	365	71	17 459	6 768	8 358	4 960	桂川町
							朝倉郡
11 775	920	600	36 939	42 403	16 496	13 826	筑前町
836	160	16	1 929	654	5 466	4 003	東峰村
							三井郡
5 935	518	336	25 095	15 899	10 676	4 817	大刀洗町
							三潴郡
5 160	579	231	11 135	20 280	8 624	5 012	大木町
							八女郡
7 905	783	493	69 617	40 622	11 444	7 826	広川町
							田川郡
5 446	360	38	9 712	8 069	10 380	6 466	香春町
4 579	367	67	649	3 890	8 552	6 099	添田町
4 572	175	14	1 181	1 727	6 951	5 106	糸田町
8 659	587	58	5 591	17 481	12 580	13 923	川崎町
2 615	193	23	2 636	4 526	10 689	20 049	大任町
1 486	119	84	255	1 186	3 716	2 912	赤村
11 075	714	72	20 278	12 624	23 833	20 784	福智町
							京都郡
18 198	1 609	36	1 733 138	107 192	19 486	9 108	苅田町
8 481	674	272	80 210	10 669	14 571	10 630	みやこ町
							築上郡
3 043	217	16	24 367	6 698	4 646	3 412	吉富町
3 247	211	105	38 834	1 967	7 831	2 397	上毛町
8 702	633	210	10 834	11 762	16 438	12 862	築上町

市町村統計　町村（高知／福岡）

町村の統計 (26)

	面積 2021年 10月1日 (km²)	人口 (2022年1月1日)(人)			人口 増減率 (2021年) (%)	年齢別人口構成 (2022年1月1日)(%)		
		計	男	女		0〜14 歳	15〜64 歳	65歳 以上
佐賀県								
神埼郡								
吉野ヶ里町	43.99	16 234	7 937	8 297	0.40	14.9	59.9	25.2
三養基郡								
基山町	22.15	17 491	8 350	9 141	0.19	12.8	55.4	31.8
上峰町	12.80	9 713	4 689	5 024	0.62	15.4	58.7	25.9
みやき町	51.92	25 823	12 401	13 422	0.29	13.3	52.5	34.2
東松浦郡								
玄海町	35.92	5 292	2 716	2 576	-2.11	*11.4	*53.6	*35.0
西松浦郡								
有田町	65.85	19 265	8 993	10 272	-1.21	12.5	52.2	35.2
杵島郡								
大町町	11.50	6 245	2 894	3 351	-0.97	*10.5	*49.3	*40.2
江北町	24.88	9 667	4 563	5 104	-0.43	15.0	56.4	28.6
白石町	99.56	22 130	10 476	11 654	-1.49	11.3	53.0	35.7
藤津郡								
太良町	74.30	8 413	4 015	4 398	-1.41	10.2	51.2	38.6
長崎県								
西彼杵郡								
長与町	28.73	40 922	19 519	21 403	-1.08	14.2	58.1	27.6
時津町	20.94	29 473	14 240	15 233	-0.31	15.1	58.0	26.9
東彼杵郡								
東彼杵町	74.29	7 651	3 667	3 984	-1.05	*10.5	*50.7	*38.8
川棚町	37.25	13 570	6 412	7 158	-1.55	12.3	53.8	34.0
波佐見町	56.00	14 482	6 888	7 594	-0.57	*13.7	*53.6	*32.7
北松浦郡								
小値賀町	25.50	2 284	1 059	1 225	-2.23	*8.4	*40.4	*51.2
佐々町	32.26	14 039	6 688	7 351	-0.43	16.3	55.5	28.2
南松浦郡								
新上五島町	213.99	18 035	8 601	9 434	-2.43	8.6	48.7	42.6
熊本県								
下益城郡								
美里町	144.00	9 386	4 445	4 941	-2.87	7.8	46.0	46.2
玉名郡								
玉東町	24.33	5 206	2 473	2 733	-0.80	*13.7	*49.4	*36.8
南関町	68.92	9 201	4 379	4 822	-2.63	10.3	49.3	40.5
長洲町	19.44	15 601	7 766	7 835	-1.91	11.9	51.3	36.8
和水町	98.78	9 541	4 556	4 985	-1.56	10.1	47.7	42.3
菊池郡								
大津町	99.10	35 807	17 725	18 082	1.17	16.8	60.5	22.7
菊陽町	37.46	43 335	21 265	22 070	1.15	17.4	61.7	20.9
阿蘇郡								
南小国町	115.90	3 877	1 841	2 036	-1.27	10.7	48.7	40.6
小国町	136.94	6 730	3 212	3 518	-2.60	*10.2	*46.6	*43.2
産山村	60.81	1 416	731	685	-1.80	*10.8	*45.4	*43.8
高森町	175.06	6 121	2 959	3 162	-2.11	10.1	47.4	42.5
西原村	77.22	6 729	3 313	3 416	-0.30	13.6	54.1	32.3
南阿蘇村	137.32	10 285	5 000	5 285	-0.85	9.9	47.5	42.6

世帯数 (2022年 1月1日)	民営 事業所数 (2021年 6月1日)	農業産出額 (推計) (2020年) (千万円)	製造品 出荷額等 (2019年) (百万円)	卸売・小売 業の年間 商品販売額 (2015年) (百万円)	歳入決算額 (普通会計) (2020年度) (百万円)	地方債 現在高 (2020年度) (百万円)	
							佐賀県 神埼郡
6 639	523	90	113 743	12 331	12 533	8 769	吉野ヶ里町
							三養基郡
7 213	555	32	114 821	48 005	11 117	6 655	基山町
3 808	329	60	69 008	13 812	13 443	3 040	上峰町
10 277	846	206	45 933	35 755	21 647	15 579	みやき町
							東松浦郡
1 970	243	454	x	2 973	9 552	12	玄海町
							西松浦郡
7 799	1 215	277	27 984	32 029	15 128	11 225	有田町
							杵島郡
2 718	250	34	49 680	2 973	6 914	4 836	大町町
3 612	403	283	x	15 220	7 205	4 870	江北町
7 758	930	1 518	6 705	29 925	17 813	13 775	白石町
							藤津郡
3 187	364	974	1 915	6 600	9 239	4 550	太良町
							長崎県 西彼杵郡
17 214	1 124	190	5 624	37 927	19 583	13 305	長与町
13 188	1 393	58	66 679	120 914	17 487	11 256	時津町
							東彼杵郡
3 152	286	181	x	5 541	6 568	3 974	東彼杵町
5 709	513	96	27 131	9 674	8 405	5 554	川棚町
5 306	916	89	65 001	24 543	11 019	6 363	波佐見町
							北松浦郡
1 244	141	66	x	1 490	4 178	3 532	小値賀町
6 093	638	80	46 929	22 176	9 760	4 229	佐々町
							南松浦郡
9 625	1 037	14	2 084	19 281	21 525	19 457	新上五島町
							熊本県 下益城郡
4 169	376	135	3 501	5 860	9 475	8 169	美里町
							玉名郡
2 027	171	249	2 232	4 301	5 856	2 361	玉東町
4 081	397	206	82 423	9 084	8 369	7 588	南関町
7 207	494	78	159 690	12 690	10 009	5 938	長洲町
3 823	431	670	25 676	7 014	11 047	8 324	和水町
							菊池郡
15 371	1 304	842	239 477	84 556	23 001	17 566	大津町
18 493	1 768	366	149 671	125 939	21 311	16 138	菊陽町
							阿蘇郡
1 778	283	150	790	2 747	6 178	3 264	南小国町
3 001	470	220	2 045	11 786	7 328	6 199	小国町
620	72	200	—	498	2 455	2 189	産山村
2 897	346	515	6 246	8 727	7 659	5 404	高森町
2 723	303	332	34 075	7 731	10 853	10 695	西原村
4 662	526	409	4 754	12 869	17 117	22 756	南阿蘇村

市町村統計　町村（佐賀／長崎／熊本）

町村の統計 (27)

	面積 (2021年 10月1日) (km²)	人口 (2022年1月1日)(人)			人口 増減率 (2021年) (%)	年齢別人口構成 (2022年1月1日)(%)		
		計	男	女		0〜14 歳	15〜64 歳	65歳 以上
上益城郡								
御船町	99.03	17 048	8 181	8 867	0.43	13.6	51.7	34.7
嘉島町	16.65	9 891	4 791	5 100	1.28	18.1	55.7	26.1
益城町	65.68	33 488	16 196	17 292	0.39	15.7	54.5	29.8
甲佐町	57.93	10 326	4 953	5 373	-1.14	12.5	48.1	39.4
山都町	544.67	13 966	6 721	7 245	-2.79	8.7	41.5	49.8
八代郡								
氷川町	33.36	11 334	5 240	6 094	-1.88	10.7	50.3	39.0
葦北郡								
芦北町	234.01	16 141	7 647	8 494	-2.51	*9.6	*45.0	*45.4
津奈木町	34.08	4 408	2 070	2 338	-1.17	*10.1	*46.9	*43.0
球磨郡								
錦町	85.04	10 391	4 936	5 455	-1.50	14.3	52.1	33.6
多良木町	165.86	9 069	4 277	4 792	-1.71	11.0	46.6	42.4
湯前町	48.37	3 703	1 735	1 968	-1.31	*10.2	*44.8	*45.0
水上村	190.96	2 088	989	1 099	-2.20	*11.4	*45.2	*43.5
相良村	94.54	4 179	1 975	2 204	-1.90	*10.5	*47.2	*42.3
五木村	252.92	1 016	490	526	-1.65	*7.0	*43.5	*49.5
山江村	121.19	3 344	1 557	1 787	-1.76	*15.2	*49.5	*35.4
球磨村	207.58	3 219	1 542	1 677	-4.42	*8.8	*44.3	*46.9
あさぎり町	159.56	14 815	6 900	7 915	-1.87	12.5	49.1	38.4
天草郡								
苓北町	67.58	6 758	3 204	3 554	-3.06	10.2	46.6	43.1
大分県								
東国東郡								
姫島村	6.99	1 878	899	979	-2.85	*7.0	*40.1	*52.8
速見郡								
日出町	73.26	28 240	13 552	14 688	-0.37	13.4	55.9	30.7
玖珠郡								
九重町	271.37	8 916	4 286	4 630	-2.26	10.0	45.7	44.3
玖珠町	286.60	14 694	7 106	7 588	-1.91	10.7	50.4	38.9
宮崎県								
北諸県郡								
三股町	110.02	26 098	12 303	13 795	0.28	17.2	55.4	27.4
西諸県郡								
高原町	85.39	9 009	4 314	4 695	-1.33	*10.8	*47.5	*41.7
東諸県郡								
国富町	130.63	18 923	8 955	9 968	-0.83	11.4	51.3	37.3
綾町	95.19	7 112	3 390	3 722	-1.19	*12.4	*49.0	*38.6
児湯郡								
高鍋町	43.80	19 978	9 486	10 492	-0.81	12.9	53.7	33.4
新富町	61.53	17 048	8 372	8 676	-0.93	13.1	55.4	31.5
西米良村	271.51	1 086	553	533	-1.45	*13.5	*43.8	*42.7
木城町	145.96	4 987	2 329	2 658	-1.85	*15.0	*47.9	*37.2
川南町	90.12	15 284	7 277	8 007	-1.33	12.2	51.9	35.9
都農町	102.11	10 333	4 910	5 423	-1.19	12.3	48.5	39.2
東臼杵郡								
門川町	120.40	17 644	8 474	9 170	-0.96	13.2	52.8	34.0
諸塚村	187.56	1 542	761	781	-2.77	*9.2	*45.2	*45.6

世帯数 （2022年 1月1日）	民営 事業所数 （2021年 6月1日）	農業産出額 （推計） （2020年） （千万円）	製造品 出荷額等 （2019年） （百万円）	卸売・小売 業の年間 商品販売額 （2015年） （百万円）	歳入決算額 （普通会計） （2020年度） （百万円）	地方債 現在高 （2020年度） （百万円）	
							上益城郡
7 349	713	449	10 235	36 396	15 645	16 444	御船町
3 892	726	94	37 537	98 963	7 780	8 003	嘉島町
13 888	1 097	566	63 018	67 965	34 189	44 075	益城町
4 378	461	228	12 106	7 868	9 324	11 288	甲佐町
6 410	690	1 114	4 878	16 962	16 043	8 104	山都町
							八代郡
4 538	455	778	719	8 526	8 899	7 321	氷川町
							葦北郡
7 055	583	329	15 263	15 236	18 425	11 424	芦北町
1 902	142	93	2 303	2 883	4 303	2 472	津奈木町
							球磨郡
3 920	423	602	33 296	46 312	9 436	5 248	錦町
3 736	447	420	5 979	10 186	8 696	5 658	多良木町
1 561	180	113	2 345	2 099	4 333	2 872	湯前町
866	90	62	1 380	449	4 685	3 833	水上村
1 592	191	265	1 670	3 449	5 315	3 220	相良村
490	49	2	428	438	3 560	3 484	五木村
1 204	84	55	854	1 946	4 981	3 405	山江村
1 348	68	54	382	840	8 460	4 280	球磨村
5 925	632	812	12 207	17 981	14 765	10 538	あさぎり町
							天草郡
3 089	339	125	1 973	4 794	6 195	6 881	苓北町
							大分県 東国東郡
890	99	0	183	852	3 607	2 882	姫島村
							速見郡
12 593	1 038	442	46 387	34 925	15 138	10 658	日出町
							玖珠郡
3 892	523	457	6 478	3 628	9 636	5 521	九重町
6 644	807	456	9 312	23 588	11 939	7 895	玖珠町
							宮崎県 北諸県郡
11 502	853	476	13 593	33 418	14 374	7 557	三股町
							西諸県郡
4 444	354	499	6 733	6 275	8 126	5 054	高原町
							東諸県郡
8 978	737	782	65 163	23 898	11 943	8 964	国富町
3 250	311	454	10 897	6 458	6 122	4 492	綾町
							児湯郡
9 588	1 001	724	62 659	36 758	13 165	7 954	高鍋町
7 941	610	983	17 051	21 632	13 916	5 866	新富町
547	78	30	x	418	4 097	2 203	西米良村
2 239	225	472	2 894	2 565	6 224	1 059	木城町
7 056	642	2 219	54 468	25 854	13 054	6 041	川南町
4 764	346	970	6 873	19 763	25 617	5 987	都農町
							東臼杵郡
8 186	666	397	20 620	18 757	13 464	7 539	門川町
689	78	36	841	798	3 674	2 925	諸塚村

町村の統計 (28)

	面積 (2021年 10月1日) (km²)	人口 (2022年1月1日)(人)			人口 増減率 (2021年) (%)	年齢別人口構成 (2022年1月1日)(%)		
		計	男	女		0～14 歳	15～64 歳	65歳 以上
椎葉村	537.29	2 637	1 346	1 291	*-2.04*	*10.4	*44.4	*45.2
美郷町	448.84	4 994	2 437	2 557	*-2.52*	*8.5	*40.1	*51.5
西臼杵郡								
高千穂町	237.54	11 655	5 617	6 038	*-1.84*	*11.0	*45.5	*43.5
日之影町	277.67	3 726	1 788	1 938	*-3.07*	*9.1	*44.1	*46.8
五ヶ瀬町	171.73	3 606	1 779	1 827	*-3.14*	*11.8	*44.6	*43.6
鹿児島県								
鹿児島郡								
三島村	31.39	388	180	208	*1.04*	*24.9	*48.3	*26.8
十島村	101.14	681	360	321	*-0.44*	*21.7	*48.4	*30.0
薩摩郡								
さつま町	303.90	20 050	9 362	10 688	*-2.54*	10.5	47.8	41.7
出水郡								
長島町	116.19	10 017	4 890	5 127	*-1.98*	13.9	48.8	37.3
姶良郡								
湧水町	144.29	8 869	4 166	4 703	*-1.51*	10.2	45.3	44.5
曽於郡								
大崎町	100.67	12 448	5 937	6 511	*-2.43*	11.1	48.5	40.4
肝属郡								
東串良町	27.78	6 540	3 096	3 444	*0.03*	13.8	49.3	36.9
錦江町	163.19	6 939	3 305	3 634	*-3.24*	9.6	44.4	45.9
南大隅町	213.59	6 604	3 151	3 453	*-2.77*	*8.5	*41.3	*50.1
肝付町	308.10	14 548	7 137	7 411	*-2.07*	10.8	47.2	42.0
熊毛郡								
中種子町	136.94	7 629	3 630	3 999	*-1.88*	*12.2	*47.8	*40.0
南種子町	110.00	5 429	2 715	2 714	*-2.18*	*12.6	*50.0	*37.4
屋久島町	540.44	11 938	5 896	6 042	*-1.72*	12.8	50.4	36.9
大島郡								
大和村	88.26	1 430	721	709	*-0.14*	*10.6	*46.4	*43.0
宇検村	103.07	1 667	815	852	*-1.94*	*11.9	*43.2	*44.9
瀬戸内町	239.65	8 612	4 249	4 363	*-2.33*	*12.1	*49.3	*38.6
龍郷町	81.82	6 054	2 924	3 130	*0.23*	*15.3	*51.7	*33.0
喜界町	56.82	6 747	3 342	3 405	*-1.79*	*11.6	*46.9	*41.4
徳之島町	104.92	10 417	5 157	5 260	*-1.44*	*14.9	*51.9	*33.3
天城町	80.40	5 694	2 911	2 783	*-1.93*	*13.4	*49.2	*37.4
伊仙町	62.71	6 483	3 302	3 181	*-0.67*	*15.4	*47.0	*37.7
和泊町	40.39	6 325	3 130	3 195	*-1.59*	14.3	49.0	36.7
知名町	53.30	5 727	2 861	2 866	*-1.19*	*14.2	*47.1	*38.7
与論町	20.58	5 150	2 514	2 636	*-1.32*	*14.2	*49.3	*36.5
沖縄県								
国頭郡								
国頭村	194.80	4 596	2 377	2 219	*-0.41*	*12.2	*51.6	*36.2
大宜味村	63.55	3 049	1 609	1 440	*-0.81*	*11.3	*49.3	*39.4
東村	81.88	1 721	950	771	*-0.58*	*11.8	*52.0	*36.2
今帰仁村	39.93	9 370	4 820	4 550	*0.51*	14.6	51.5	33.9
本部町	54.36	13 107	6 667	6 440	*-0.35*	14.2	53.4	32.4
恩納村	50.84	11 082	5 631	5 451	*0.29*	14.0	61.2	24.7
宜野座村	31.30	6 253	3 153	3 100	*1.07*	*19.3	*55.8	*24.9
金武町	37.84	11 487	5 766	5 721	*0.32*	17.1	56.0	26.9

世帯数 （2022年 1月1日）	民営 事業所数 （2021年 6月1日）	農業産出額 （推計） （2020年） （千万円）	製造品 出荷額等 （2019年） （百万円）	卸売・小売 業の年間 商品販売額 （2015年） （百万円）	歳入決算額 （普通会計） （2020年度） （百万円）	地方債 現在高 （2020年度） （百万円）	
1 196	142	66	*x*	1 520	7 339	6 096	椎葉村
2 510	253	422	648	2 672	9 657	8 006	美郷町
							西臼杵郡
4 972	692	617	1 734	17 728	10 653	6 755	高千穂町
1 644	172	125	1 398	4 675	7 413	7 290	日之影町
1 538	150	128	2 762	2 241	6 288	4 140	五ヶ瀬町
							鹿児島県
							鹿児島郡
205	24	18	*x*	*x*	2 030	2 922	三島村
371	44	44	*x*	*x*	5 985	5 225	十島村
							薩摩郡
10 209	1 099	1 644	57 739	18 608	17 255	12 557	さつま町
							出水郡
4 438	462	1 415	12 135	15 642	14 293	16 672	長島町
							姶良郡
4 694	458	439	5 026	9 641	9 685	8 211	湧水町
							曽於郡
6 582	614	3 421	28 413	13 340	15 209	6 436	大崎町
							肝属郡
3 249	337	779	6 385	13 537	7 217	5 763	東串良町
3 676	320	1 197	2 372	7 966	7 669	7 616	錦江町
3 752	347	1 143	701	5 413	9 149	10 882	南大隅町
7 735	680	439	9 260	24 488	14 054	12 374	肝付町
							熊毛郡
4 151	422	501	2 261	8 643	8 551	8 306	中種子町
2 935	339	388	3 075	5 409	6 522	6 207	南種子町
6 510	970	247	10 034	13 168	13 437	11 761	屋久島町
							大島郡
859	79	17	*x*	187	4 034	3 106	大和村
951	91	22	2 289	488	3 801	3 901	宇検村
5 201	526	45	1 092	6 512	11 616	8 438	瀬戸内町
3 147	366	53	3 464	6 894	7 010	7 201	龍郷町
3 745	405	379	2 321	5 363	8 269	7 160	喜界町
5 775	687	337	3 518	16 043	10 661	8 297	徳之島町
3 054	295	393	397	2 720	7 859	6 882	天城町
3 491	258	391	1 421	1 926	7 243	7 381	伊仙町
3 287	432	831	1 678	8 878	7 879	9 584	和泊町
3 032	380	531	*x*	3 642	7 188	8 264	知名町
2 628	348	344	1 242	3 562	5 683	6 153	与論町
							沖縄県
							国頭郡
2 328	243	326	640	3 719	7 455	6 309	国頭村
1 684	156	217	319	819	4 450	4 562	大宜味村
923	84	195	1 098	226	3 826	3 240	東村
4 470	464	376	2 224	3 220	8 184	2 911	今帰仁村
6 482	816	168	7 805	10 592	11 650	8 307	本部町
5 534	435	111	1 430	6 960	13 861	5 284	恩納村
2 669	236	147	494	2 212	10 000	3 031	宜野座村
5 602	471	132	1 426	5 099	11 837	3 489	金武町

市町村統計　町村（宮崎／鹿児島／沖縄）

町村の統計（29）

	面積 （2021年 10月1日） （km²）	人口 （2022年1月1日）（人） 計			人口 増減率 （2021年） （％）	年齢別人口構成 （2022年1月1日）（％） 0〜14 歳		
		計	男	女		0〜14 歳	15〜64 歳	65歳 以上
伊江村	22.78	4 434	2 261	2 173	-0.92	*13.7	*50.7	*35.6
中頭郡								
読谷村	35.28	41 793	20 573	21 220	0.36	17.0	60.5	22.5
嘉手納町	15.12	13 271	6 442	6 829	-1.03	17.0	58.2	24.7
北谷町	13.91	29 016	13 904	15 112	0.58	17.8	61.4	20.7
北中城村	11.54	17 892	8 610	9 282	0.40	16.7	60.5	22.8
中城村	15.53	22 223	11 113	11 110	0.80	18.8	61.4	19.8
西原町	15.90	35 582	17 878	17 704	0.36	16.2	61.4	22.4
島尻郡								
与那原町	5.18	20 071	9 797	10 274	-0.23	18.9	60.1	21.0
南風原町	10.76	40 584	19 954	20 630	0.52	20.4	60.4	19.2
渡嘉敷村	19.23	716	393	323	-1.10	*19.6	*56.6	*23.8
座間味村	16.74	920	514	406	0.55	*16.7	*58.9	*24.4
粟国村	7.65	681	366	315	-1.16	*10.7	*51.2	*38.2
渡名喜村	3.87	341	194	147	-1.16	*8.3	*47.0	*44.7
南大東村	30.52	1 230	702	528	-2.15	*16.5	*57.3	*26.2
北大東村	13.07	561	326	235	-1.06	*17.5	*61.4	*21.1
伊平屋村	21.82	1 205	642	563	-0.41	*14.8	*54.1	*31.0
伊是名村	15.43	1 315	702	613	-2.88	*16.1	*49.9	*34.0
久米島町	63.65	7 585	4 024	3 561	-1.42	*14.4	*54.8	*30.8
八重瀬町	26.96	32 146	15 980	16 166	0.83	19.4	58.3	22.2
宮古郡 多良間村	22.00	1 092	594	498	-1.00	*13.0	*54.9	*32.1
八重山郡								
竹富町	334.40	4 295	2 232	2 063	-0.12	*17.0	*59.5	*23.5
与那国町	28.90	1 693	909	784	-0.24	*17.5	*59.9	*22.6

町村の配列は2022年3月31日現在。北方領土の6村は除く。支庁制度改革により、2010年4月1日以降、北海道の支庁は総合振興局および振興局となった。北海道のカッコ内は総合振興局名。ただし、石狩、檜山、留萌、日高、根室は振興局。＃2011年3月11日に発生した東日本大震災に伴う原子力災害により避難指示区域に指定された地域を含む町村の人口（2022年1月1日現在、避難指示が解除された地域も含む）。これら町村の2020年10月1日現在の国勢調査による人口数は、川俣町が1万2170人、広野町が5412人、楢葉町が3710人、富岡町が2128人、川内村が2044人、大熊町が847人、双葉町が0人、浪江町が1923人、葛尾村が420人、飯舘村が1318人となっている。国勢調査人口と住民基本台帳人口の違いについては、右ページの脚注参照。＊日本人のみ（詳しくは下記参照）。xは秘匿。1）竹島の面積（0.20km²）を含む。

面積　国土交通省国土地理院「全国都道府県市区町村別面積調」（2021年10月1日時点）より作成。

人口、人口増減率、年齢別人口構成、世帯数　総務省自治行政局「住民基本台帳に基づく人口、人口動態及び世帯数」（2022年1月1日現在）より作成。外国人を含む。年齢別人口構成は、年齢不詳者および年齢別人口が非公表の外国人を除いて算出した。なお、外国人住民の数が「男性総数が1〜9人」、「女性総数が1〜9人」、「男女計総数が49人以下」のいずれかに該当する町村がある場合、その町村の外国人の年齢階級別人口が非公表となっており、それらの町村については＊印をつけ、日本人のみについて年齢別人口構成を算出した。

民営事業所数　総務省「経済センサス−活動調査」（2021年）（速報）より作成。調査日は2021年6月1日。国内に所在するすべての民営事業所が対象。本表のデータは事業内容など不詳の事業所を含む。407ページの脚注を参照。

農業産出額　農林水産省「市町村別農業産出額（推計）」（2020年）より作成。農林業センサス等を活⤴

世帯数 (2022年 1月1日)	民営事業所数 (2021年 6月1日)	農業産出額 (推計) (2020年) (千万円)	製造品出荷額等 (2019年) (百万円)	卸売・小売業の年間商品販売額 (2015年) (百万円)	歳入決算額 (普通会計) (2020年度) (百万円)	地方債現在高 (2020年度) (百万円)	
2 282	267	386	877	3 085	8 634	4 272	伊江村
							中頭郡
17 192	1 207	18	17 483	21 115	21 747	8 579	読谷村
5 623	588	16	1 265	12 467	12 546	2 254	嘉手納町
12 629	1 643	0	1 399	41 427	19 636	6 327	北谷町
7 657	859	10	491	26 273	11 690	5 117	北中城村
9 333	690	54	12 978	22 584	12 853	5 827	中城村
15 229	1 466	23	42 688	97 630	17 469	9 497	西原町
							島尻郡
8 693	729	5	1 520	31 720	13 311	8 470	与那原町
16 249	1 709	244	8 603	104 530	19 665	12 724	南風原町
410	85	0	x	415	1 689	1 388	渡嘉敷村
560	173	0	x	492	2 532	1 258	座間味村
417	45	13	167	155	1 757	1 619	粟国村
217	17	1	x	x	1 449	908	渡名喜村
670	73	235	2 653	1 410	5 841	3 021	南大東村
292	34	80	x	x	3 610	2 889	北大東村
594	69	95	350	910	4 539	3 404	伊平屋村
725	80	62	743	1 013	3 263	2 266	伊是名村
3 985	577	350	4 733	7 331	9 832	6 346	久米島町
12 807	916	355	5 032	20 027	18 938	13 558	八重瀬町
							宮古郡
534	68	154	809	629	4 232	1 930	多良間村
							八重山郡
2 486	499	162	872	1 433	10 121	8 080	竹富町
945	191	65	497	1 272	5 120	2 566	与那国町

市町村統計　町村（沖縄）

＼用し、都道府県別農業産出額を市町村別に按分して作成した加工統計。原資料が属人統計であるため、属地統計とは異なることに留意。農業産出額の詳細については407ページ市の統計Ⅰの脚注を参照。
製造品出荷額等　経済産業省「工業統計表（地域別統計表）」（2020年）より作成。日本標準産業分類に掲げる「大分類Ｅ－製造業」に属する事業所対象。従業者４人以上の事業所。調査は2020年６月１日現在で実施。製造品出荷額等は2019年１年間で、製造品出荷額、加工賃収入額、くず廃物の出荷額およびその他収入額の合計であり、消費税および酒税、たばこ税、揮発油税および地方揮発油税を含んだ額。
卸売・小売業の年間商品販売額　総務省・経済産業省「経済センサス－活動調査（事業所に関する統計）」（2016年）（卸売業、小売業に関する集計）（確報）より作成。2015年の年間商品販売額。管理、補助的経済活動のみを行う事業所を除き、また産業細分類の格付けに必要な事項の数値が得られた事業所のみが対象となっている。
歳入決算額、地方債現在高　総務省「市町村別決算状況調」（2020年度）より作成。
【国勢調査人口と住民基本台帳人口の違いについて】　国勢調査人口は、５年ごとに行われる調査時にその地域に常住するか、３か月以上常住予定の人を対象にしている。一方、住民基本台帳人口は、居住する市区町村への届け出を基に住民基本台帳に登録された住民数である。この二つの人口の差は、調査時点の違いのほか、住民登録を残したまま他地域や海外に住んでいる事例が数多くあることなどが影響している。なお、国勢調査人口、住民基本台帳人口ともに外国人を含んでいる。
　災害などにより住民票を残したまま避難した場合、国勢調査では避難先で人口調査の対象となるが、住民基本台帳では住民票の登録地で対象となる。そのため、2011年３月11日に発生した東日本大震災に伴う原子力災害により避難指示区域に指定された10町村については、2020年10月１日現在の国勢調査による人口数も掲載した。

図 4　病床数の多い市町村（2021年10月 1 日現在）

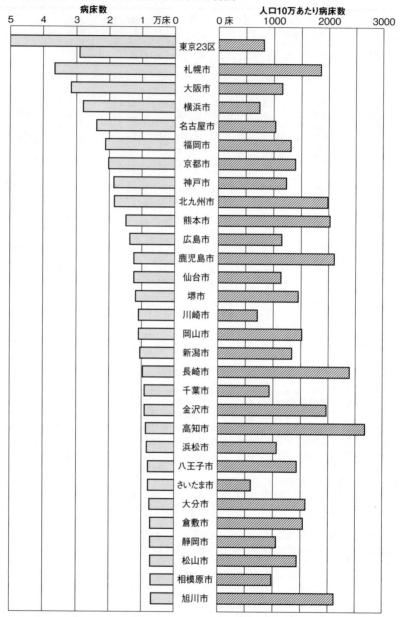

厚生労働省「医療施設（動態）調査・病院報告の概況」（2021年）より作成。病院の病床数で、診療所の病床数を含まない。

索引

本書の内容や、引用転載等に関するお問い合わせは、編集室までメールにてご連絡ください。
編集室メール：edit@yanotsuneta-kinenkai.jp

［編集］
編集長　　岡田　康弘
　　　　　原　　正和
　　　　　白崎　あけみ
　　　　　吉田　博一
　　　　　井口　萌奈
　　　　　福地　早希子
　　　　　大沼　昇一
編集協力　有働　洋

データでみる県勢 2023

2022年（令和4年）12月1日発行
編集・発行　公益財団法人 矢野恒太記念会
理事長　斎　藤　勝　利
編集長　岡　田　康　弘
〒100-0006　東京都千代田区有楽町1-13-1　第一生命本館
URL: https://www.yanotsuneta-kinenkai.jp

ISBN978-4-87549-348-8

定価 2,970円（本体2,700円＋税10%）

乱丁・落丁本はお取りかえいたします。印刷／大日本印刷株式会社

カバーには、環境を配慮してリサイクルしやすいニス仕上げを用いています

《データでみる県勢の姉妹図書》

日本国勢図会 2022/23 （ずえ） （公財）矢野恒太記念会編（毎年 6 月刊） Ａ 5 判/528頁/電子書籍も好評発売中 定価2,970円（本体2,700円＋税10%）	1927年の初版以来、日本の現状をさまざまな分野の統計データをもとに解明したロングセラー。最新の統計と簡潔、平易な解説で定評がある。
世界国勢図会 2022/23 （ずえ） （公財）矢野恒太記念会編（毎年 9 月刊） Ａ 5 判/480頁/電子書籍も好評発売中 定価2,970円（本体2,700円＋税10%）	日本国勢図会の国際統計版。世界情勢を、人口、GDP、産業、軍事など経済・社会の各局面から最新のデータによって明らかにしている。
日本のすがた 2022 —最新データで学ぶ社会科資料集— （公財）矢野恒太記念会編（毎年 3 月刊） Ａ 5 判/224頁/電子書籍も好評発売中 定価1,100円（本体1,000円＋税10%）	日本国勢図会のジュニア版。最新のデータによるグラフや分かりやすい解説で、日本の現状を伝える社会科資料集。コンパクトで便利と一般の読者にも好評を得ている。
数字でみる　日本の100年 改訂第 7 版 （公財）矢野恒太記念会編（2020年 2 月刊） Ａ 5 判/544頁/電子書籍も好評発売中 定価3,190円（本体2,900円＋税10%）	日本国勢図会の長期統計版。内容の検討と更新を行い 7 年ぶりに改訂。分野によっては明治から、ほとんどの統計で戦後から現代までのデータを掲載。解説と年表も加えた。